Linux深度攻略

於岳 编著

AF834811

人民邮电出版社
北京

图书在版编目（C I P）数据

Linux深度攻略 / 於岳编著. -- 北京 : 人民邮电出版社, 2017.5
ISBN 978-7-115-44753-1

Ⅰ. ①L… Ⅱ. ①於… Ⅲ. ①Linux操作系统 Ⅳ. ①TP316.85

中国版本图书馆CIP数据核字(2017)第058874号

内 容 提 要

Linux 是一个免费的多用户、多任务的操作系统，其稳定性和安全性显著，网络功能强大。目前，Linux 已经成为全球增长最快的操作系统，其应用更加丰富，特别是在系统级的数据库、消息管理、Web 应用、桌面办公和嵌入式开发等方面。

本书首先从介绍 Linux 系统的安装入手，讲述了 Linux 系统管理和服务器配置两部分的知识。系统管理方面内容有 Linux 系统简介和安装，Linux 字符界面，目录和文件管理，Linux 常用命令，Shell 编程，用户和组群账户管理，权限、所有者和 ACL，归档、压缩和备份，软件包管理，磁盘和文件系统管理，逻辑卷管理，进程和服务管理，任务计划以及 Linux 系统引导和启动。服务器配置方面内容有 Linux 网络基本配置，配置 OpenSSH、VNC、NFS、DHCP、Samba、DNS、Apache、vsftpd、Sendmail、Squid 服务器。

本书内容全面、深入和系统，使用大量图表和实例进行讲述，便于读者理解和掌握知识点；讲解由浅入深，脉络清晰，突出实践性和实用性，实例详细，通俗易懂。本书适合 Linux 爱好者、Linux 系统管理工程师、培训机构教师和学生以及大专院校计算机专业教师和学生使用。

◆ 编　　著　於　岳
　责任编辑　李永涛
　责任印制　彭志环
◆ 人民邮电出版社出版发行　　北京市丰台区成寿寺路 11 号
　邮编　100164　　电子邮件　315@ptpress.com.cn
　网址　http://www.ptpress.com.cn

◆ 开本：787×1092　1/16
　印张：30.5
　字数：786 千字　　　　2017 年 5 月第 1 版
　　　　　　　　　　　　2017 年 5 月河北第 1 次印刷

定价：69.00 元

读者服务热线：(010)81055410　印装质量热线：(010)81055316
反盗版热线：(010)81055315

前　言

Linux是一个免费的多用户、多任务的操作系统，它的运行方式、功能和UNIX操作系统很相似，但Linux系统的稳定性、安全性与网络功能是许多商业操作系统所无法比拟的。Linux系统最大的特色是源代码完全公开，在符合GNU/GPL的原则下，任何人都可以自由取得、转发甚至修改源代码。

Linux系统已经成为全球增长最快的操作系统，其应用更加普及，特别是在系统级的数据库、消息管理、Web应用、桌面办公和嵌入式开发方面。同时，业界许多大公司对Linux专业人才的渴求与日俱增，比如百度、腾讯、阿里巴巴、京东、新浪等大型企业都在急剧扩招Linux人才。Linux目前在中国已经成功地应用于游戏、电子商务、金融、电信、政府、制造、电力、能源以及交通等各行各业，并得到了充分的肯定和广泛的认可。

本书内容由浅入深、全面、细致，实例详细，以便读者能掌握Linux系统管理和服务器配置等相关知识。读者可以从零基础开始学习本书。书中所举实例具有很强的实战性，且有非常详细的操作步骤和实验流程，适合企业生产环境。

本书使用对象

- Linux爱好者；
- Linux系统运维、管理工程师；
- 备考Linux认证（如RHCE、LPI）的读者；
- Linux培训机构教师和学生；
- 大专院校计算机专业教师和学生；
- Linux自学者。

本书特色

- 内容涉及Linux系统管理和服务器配置方面的知识，全面、深入和系统；
- 本书作者具有十多年IT工作和授课经验，遵循理论和实践并重原则；
- 使用大量图表和实例进行讲述，便于读者理解和掌握知识点；
- 由浅入深进行讲解，脉络清晰，突出实践性、实用型，通俗易懂；
- 从培训讲课的角度来编写本书，更加易于读者进行自学和练习。

本书作者从事计算机工作十多年，担任过高级系统工程师、高级数据库工程师、架构师、培训专家。书中所有的实例都经过了笔者反复测试，能在Linux系统上实现，读者只要按步骤操作即可。

由于笔者水平有限，编写时间仓促，书中难免遗漏和不足之处，恳请广大读者提出宝贵意见，笔者电子邮箱为：airfish2000@126.com。

2017年3月

目 录

第1章 Linux系统的简介和安装

1.1 Linux系统简介

Linux系统发展至今已经有二十几年了。现在有众多的系统管理员开始接触这个系统，并且将其安装到他们公司的服务器上。

1.1.1 什么是Linux

Linux是一个免费的多用户、多任务的操作系统，其运行方式、功能和UNIX系统很相似，但Linux系统的稳定性、安全性与网络功能是许多商业操作系统所无法比拟的。Linux系统最大的特色是源代码完全公开，在符合GNU/GPL（通用公共许可证）的原则下，任何人都可以自由获取、散布甚至修改源代码。

现在，越来越多的大中型企业的服务器选择将Linux作为其操作系统。近几年来，Linux系统又以其友好的图形界面、丰富的应用程序及低廉的价格，在桌面领域得到了较好的发展，受到了普通用户的欢迎。

1.1.2 Linux系统的产生

Linux系统的内核最早由芬兰大学生Linus Torvalds开发，并于1991年8月发布。当时，由于UNIX系统的商业化，Andrew Tannebaum教授开发了Minix操作系统，该系统不受AT&T许可协议的约束，可以发布在Internet上免费给全世界的学生使用，这为教学和科研提供了一个操作系统。Minix系统具有较多UNIX的特点，但与UNIX不完全兼容。1991年，Linus Torvalds为了给Minix系统用户设计一个比较有效的UNIX PC版本，自己动手写了一个类似Minix的操作系统，这就是Linux的雏形。

Linux的兴起可以说是Internet创造的一个奇迹。到1992年1月，全世界大约只有1000人在使用Linux系统，但由于它发布在Internet上，互联网上的任何人在任何地方都可以得到它。在众多热心人的努力下，Linux系统在不到3年的时间里成为了一个功能完善、稳定可靠的操作系统。

1.1.3 Linux系统的应用领域

Linux系统的应用主要涉及应用服务器、嵌入式领域、软件开发以及桌面应用四个方面。在桌面应用领域，Windows系统占有绝对优势，其友好的界面、易操作性和多种多样的应用程序是Linux所缺乏的。Linux的长处主要在于服务器端和嵌入式两个领域。

1. Linux服务器

Linux系统的可靠性使它成为企业Web服务器的重要选择。同时，Linux支持多种硬件平台，非常容易与其他平台如Windows、UNIX等系统共存，其相关应用软件多为免费甚至开放源代码，例如Web服务器Apache以及邮件服务器Sendmail都附在Linux系统安装套件之中。Linux厂商大都将服务器应用作为一个重要方向，Linux群集更是大家都看好的趋势，也是Linux提高可扩展性和可用性的必经之路。当然，除了Web服务器以外，Linux还适用于防火墙、代理服务器、DNS服务器、DHCP服务器、数据库、FTP服务器、VPN服务器以及用于一些办公系统的文件与打印服务器等。

2. 嵌入式Linux系统

嵌入式操作系统是当前操作系统领域的热点。Linux在该领域的低成本、小内核及模块化的特色，使很多Linux厂商在该领域投入人力、物力，开展研发工作。

3. 软件开发平台

Linux开发工具和应用正日臻完善，Linux开发者可以使用Java、C、C ++、Perl或PHP来开发应用程序。PHP很容易学习，执行速度很快，而且开放程序代码的PHP支持大部分数据库，具有各种功能的动态链接库资源，是目前电子商务开发常用的语言。

4. 桌面应用

Linux系统在桌面应用方面进行了改进，达到了相当的水平，完全可以作为一种集办公应用、多媒体应用、游戏娱乐和网络应用等多方面功能于一体的图形界面操作系统。

1.2 Linux系统的特点和组成

Linux系统之所以在短短的几年之内就得到了非常迅猛的发展，这与Linux系统具有的良好特性是分不开的。本节主要讲述Linux系统的特点以及Linux系统的组成。

1.2.1 Linux系统的特点

Linux系统具有以下主要特点。

1. 开放性

开放性是指系统遵循世界标准规范，特别是遵循开放系统互连（OSI）国际标准。凡遵循OSI国际标准所开发的硬件和软件都能彼此兼容，可方便地实现互连。

2. 多用户

多用户是指系统资源可以被不同的用户拥有并使用，即每个用户对自己的资源（如文件、设备）有特定的权限，并且互不影响。

3. 多任务

多任务是指计算机可以同时执行多个程序，而且各个程序的运行互相独立。Linux系统可以调度每一个进程平等地访问计算机处理器。

4. 良好的用户界面

Linux系统向用户提供了文本界面和图形界面两种交互方式。Linux的传统界面是基于文本的命令行界面，即Shell，Shell有很强的程序设计能力，用户可方便地用它编写程序，从而为用户扩充系统功能提供了更高级的手段。

Linux系统还为用户提供了图形用户界面。它利用鼠标、菜单、窗口、滚动条，给用户呈现一个直观、易操作、交互性强的友好的图形化界面。

5. 设备独立性

设备独立性是指操作系统把所有的外部设备（如显卡、内存等）统一当作文件来看待，只要安装了它们的驱动程序，任何用户都可以像使用文件一样操纵、使用这些设备，而不必知道它们的具体存在形式。

6. 丰富的网络功能

完善的内置网络是Linux系统的一大特点。Linux系统在通信和网络功能方面优于其他操作系统。其他操作系统不包含如此紧密地和内核结合在一起的连接网络的能力，也没有内置这些联网特性的灵活性。而Linux系统为用户提供了完善的、强大的网络功能。

7. 可靠的系统安全

Linux采取了许多安全技术措施，包括读写权限控制、带保护的子系统、审计跟踪、核心授权等，这为网络多用户环境中的用户提供了必要的安全保障。

8. 良好的可移植性

可移植性是指将操作系统从一个平台转移到另一个平台时，它仍然能按其自身的方式运行。Linux是一种可移植的操作系统，能够在从微型计算机到大型计算机的任何环境中和任何平台上运行。

1.2.2　Linux系统的组成

Linux系统一般由内核、Shell、文件系统和应用程序这四个主要部分组成。内核、Shell和文件系统一起形成了基本的操作系统结构，它们使得用户可以运行程序、管理文件并使用Linux系统。

1. 内核

内核是操作系统的核心，具有很多最基本的功能，如虚拟内存、多任务、共享库、需求加载、可执行程序和TCP/IP网络功能。Linux内核的主要模块分为存储管理、CPU和进程管理、文件系统、设备管理和驱动、网络通信、系统的初始化和系统调用等部分。

2. Shell

Shell是系统的用户界面，提供了用户与内核进行交互操作的一种接口。它接收用户输入的命令并把它送入内核去执行。Shell实际上是一个命令解释器，它解释由用户输入的命令并且将它们送到内核。另外，Shell编程语言具有普通编程语言的很多特点，用这种编程语言编写的Shell程序与其他应用程序具有同样的效果。

3. 文件系统

文件系统是文件存放在磁盘等存储设备上的组织方法。Linux系统能支持多种目前流行的文件系统，比如xfs、ext4、ext3、ext2、msdos、vfat和iso9660 等。

4. 应用程序

标准的Linux系统都有一套称为应用程序的程序集，它包括文本编辑器、编程语言、X Window、办公软件、影音工具、Internet工具和数据库等。

1.3　Linux内核版本和发行版本

在讲到Linux系统的版本时，主要是指Linux的内核版本和发行版本，安装在服务器上的一般是指发行版本。

1.3.1 Linux内核版本

内核是一个用来和硬件打交道并为用户程序提供有限服务集的支撑软件，是操作系统中最核心的功能框架部分。一个计算机系统是一个硬件和软件的共生体，它们互相依赖，不可分割。

内核版本是Linux内核在历次修改或增加相应的功能后的版本编号。内核版本号是由点分隔的3段数字组成，比如3.10.0-327。

注意：

要查看Linux内核版本，可以使用“uname –r”命令。

1.3.2 Linux发行版本

目前市面上已经发行了几百种Linux发行版本，选择一款稳定、快速和高效的版本应用在服务器上是非常重要的。

1. Linux发行版本简介

一些组织和公司将Linux系统的内核、应用软件和文档包装起来，并提供一些系统安装界面、系统配置设定管理工具，就构成了Linux发行版本。相对于Linux操作系统内核版本，每一个发布厂商发行版本的版本号都不一样，它与Linux系统内核的版本号是相对独立的。根据GPL准则，这些发行版本虽然都源自一个内核，但都没有自己的版权。Linux的各个发行版本都是使用Linus主导开发并发布的同一个Linux内核，因此在内核层不存在什么兼容性问题。这其中最著名的便是Red Hat公司开发的Red Hat系列以及社区组织开发的Debian系列发行版本。

2. 主流Linux发行版本

Linux发行版本有几百种之多，在此简单地介绍几款目前比较著名、流行以及在企业中经常使用的Linux发行版本。

（1）Red Hat。

Red Hat是Linux用户最熟悉、最耳熟能详的发行版系统。Red Hat最早由Bob Young和Marc Ewing两人在1995年创建。而公司在最近几年才开始真正步入盈利时代，这归功于收费的Red Hat Enterprise Linux（简称RHEL，Red Hat企业版Linux）。

（2）SUSE。

SUSE Linux是德国最著名的Linux发行版，在全世界范围中享有较高的声誉。SUSE自主开发的软件包管理系统YaST也大受好评。SUSE已经于2004年被Novell公司收购。

（3）Oracle。

Oracle Enterprise Linux（简称OEL）是由Oracle公司提供支持的企业级Linux发行版，该系统在2006年初发布第一个版本。Oracle Enterprise Linux与Red Hat Enterprise Linux二进制兼容，也就是说能运行在Red Hat Enterprise Linux系统上的软件也能运行在Oracle Enterprise Linux上。

（4）CentOS。

CentOS来自于Red Hat Enterprise Linux，依照开放源代码规定释出的源代码编译而成。由于出自同样的源代码，因此有些要求高度稳定性的服务器以CentOS替代商业版的Red Hat Enterprise

Linux。两者的不同，在于CentOS并不包含封闭源代码软件。

（5）Ubuntu。

Ubuntu是一个基于Debian系统，拥有Debian的所有优点，并进一步加强的近乎完美的Linux操作系统。Ubuntu是一个相对较新的发行版，它的出现改变了许多潜在用户对Linux系统的看法，因为Ubuntu的安装更加方便和简单。

Ubuntu被誉为对硬件支持最好、最全面的Linux发行版之一，许多在其他发行版上无法使用，或者默认配置时无法使用的硬件，在Ubuntu上能轻松搞定。并且，Ubuntu采用自行加强的内核，安全性方面更加突出。

（6）Debian。

Debian最早由Ian Murdock于1993年创建。由于Debian采用了Linux内核，但是大部分基础的操作系统工具都来自于GNU工程，因此又称为Debian GNU/Linux。Debian附带了超过29000个软件包，这些预先编译好的软件被包裹成一种良好的格式以便于在计算机上进行安装。

（7）Mandriva。

Mandriva原名Mandrake，最早由Gaël Duval创建，并在1998年7月发布，最早的Mandrake开发者是基于Red Hat进行开发的。Red Hat默认采用GNOME桌面系统，而Mandrake将之改为KDE桌面系统。由于当时的Linux普遍比较难安装，不适合第一次接触Linux的新手，所以Mandrake还简化了安装系统，这也是当时Mandrake在国内如此红火的原因之一。

（8）Gentoo。

Gentoo最初由Daniel Robbins创建。由于开发者对FreeBSD的熟识，所以Gentoo拥有媲美FreeBSD的广受美誉的ports系统——portage。Gentoo的首个稳定版本发布于2002年。

Gentoo的出名是因为其高度的自定制：因为它是一个基于源代码的发行版。尽管安装时可以选择预先编译好的软件包，但是大部分使用Gentoo的用户都选择自己手动编译。这也是为什么Gentoo适合有Linux使用经验的老手使用的原因。

（9）Slackware。

Slackware由Patrick Volkerding创建于1992年，是历史最悠久的Linux发行版本。由于Slackware尽量采用原版的软件包而不进行任何修改，所以产生新漏洞的机率便低了很多。

（10）Fedora。

Fedora Linux是一款由Fedora Project社区开发、Red Hat公司赞助，面向日常应用的快速、稳定、强大的操作系统。Fedora基于Red Hat Linux，在Red Hat Linux终止发布后，Red Hat公司以Fedora来取代Red Hat Linux在个人领域的应用，而另外发布的Red Hat Enterprise Linux（Red Hat企业版Linux）则取代Red Hat Linux在商业应用的领域。

1.4 准备安装Linux系统

在安装Linux系统之前要做好相应的准备工作，这些工作包括了解安装Linux系统的硬件要求、交换分区的工作原理以及Linux系统磁盘分区规划和挂载目录。

1.4.1 安装Linux系统的硬件要求

在计算机上安装Linux系统，首先需要了解计算机是否能达到安装所必需的硬件要求。如果计算机配置较低，则是无法正常安装的Linux系统。

1. 安装Linux的硬件要求

安装Linux系统，需要计算机硬件配置最好达到以下要求，目前主流的计算机都能达到该要求。

- CPU：主流计算机和服务器都能达到要求；
- 内存：安装Linux系统至少需要1GB内存（建议使用2GB甚至更高内存）；
- 磁盘空间：若要安装所有软件包至少需要10GB以上磁盘空间；
- 显示器和显卡；
- DVD光驱。

2. 硬件兼容性

硬件兼容性在老式电脑和组装电脑上显得特别重要。Linux系统与最近几年厂家生产的多数硬件相兼容，然而硬件的技术规范每天都在改变，很难保证计算机的硬件会百分之百地兼容。

要查看Red Hat硬件兼容性可以访问网址https://hardware.redhat.com，以查看众多厂家的硬件产品。

1.4.2 交换分区

直接从物理内存读写数据要比从磁盘读写数据快得多，而物理内存是有限的，这样就使用到了虚拟内存。虚拟内存是为了满足物理内存的不足而提出的一种策略，它是利用磁盘空间虚拟出的一块逻辑内存，用作虚拟内存的磁盘空间被称为交换分区（swap分区）。

Linux系统会在物理内存不足的时候，使用交换分区的虚拟内存，也就是说内核会将暂时不用的内存块信息写到交换分区。这样一来，物理内存得到了释放，这块内存就可以用于其他用途，当需要用到原始的内容时，这些信息会被重新从交换分区读入物理内存。

Linux的内存管理采取的是分页存取机制，为了保证物理内存能得到充分的利用，内核会在适当的时候将物理内存中不经常使用的数据块自动交换到虚拟内存中，而将经常使用的信息保留到物理内存。

Linux系统会不时地进行页面交换操作，以保持尽可能多的空闲物理内存。即使并没有什么操作需要使用内存，Linux也会交换出暂时不用的内存页面，这可以避免等待交换所需的时间。

Linux进行页面交换是有条件的，不是所有页面在不用时都交换到虚拟内存。Linux内核根据“最近最常使用”算法，仅仅将一些不经常使用的页面文件交换到虚拟内存。

1.4.3 Linux磁盘的分区和挂载

磁盘被用来可靠地存储和检索数据，在磁盘分区之前用户需要了解Linux系统下磁盘的相关知识。

1. 分区命名方案

Linux系统使用字母和数字的组合来指代磁盘分区，这与Windows系统不同，Windows系统分区会指派一个驱动器字母。驱动器字母从“C”开始，然后依据分区数量按字母顺序排列。

Linux系统使用一种更加灵活的分区命名方案，该命名方案是基于文件的，文件名的格式为“/dev/*xxyN*”（比如/dev/sda1分区）。

下面详细讲解Linux系统分区的命名方法。

- /dev：这是Linux系统下所有设备文件所在的目录名。因为分区位于磁盘上，而磁盘是设备，所以这些文件代表了在/dev上所有可能的分区；
- *xx*：分区名的前两个字母表示分区所在设备的类型，通常是hd（IDE硬盘）或sd（SCSI硬盘）。
- *y*：这个字母表示分区所在的设备。例如/dev/hda（第1个 IDE 硬盘）或/dev/sdb（第2个SCSI硬盘）；
- *N*：最后的数字*N*代表分区。前4个分区（主分区或扩展分区）用数字1～4表示，逻辑驱动器从5开始。例如/dev/hda3是第1个IDE 硬盘上的第3个主分区或扩展分区；/dev/sdb6是第2个SCSI硬盘上的第2个逻辑驱动器。

2. 磁盘分区和挂载目录

许多学习Linux系统的新用户经常感到困惑，磁盘上各分区是如何被Linux系统使用和访问的。在Windows系统中相对来说较为简单，每一分区有一个驱动器字母，用户用驱动器字母来指代相应分区上的文件和目录。

Linux系统处理分区及磁盘存储的方法与Windows系统截然不同，Linux系统中的每一个分区都是构成支持一组文件和目录所必需的存储区的一部分。它是通过挂载来实现的，挂载是将分区关联到某一目录的过程，挂载分区使起始于这个指定目录（称为挂载目录）的存储区能够被使用。

例如，如果分区/dev/sda5被挂载在目录/usr上，这意味着所有在/usr下的文件和目录在物理上位于/dev/sda5。因此文件/usr/bin/cal被保存在分区/dev/sda5上，而文件/etc/passwd却不是。

/usr目录下的目录还有可能是其他分区的挂载目录。例如，某个分区（如/dev/sda7）可以被挂载到/usr/local目录下，这意味着文件/usr/local/man/whatis将位于分区/dev/sda7上，而不是分区/dev/sda5上。

3. 磁盘分区规划

在计算机上安装Linux系统，对磁盘进行分区是一个非常重要的步骤，下面介绍常见的分区规划。

（1）最简单的分区规划。

- swap分区：即交换分区，实现虚拟内存，建议大小是物理内存的1～2倍；
- /boot分区：用来存放与Linux系统启动有关的程序，比如引导装载程序等，最少200MB；
- /分区：建议大小至少在10GB以上。

使用以上的分区规划，所有的数据都放在/分区上，对于系统来说不安全，数据不容易备份。

（2）合理的分区规划。

- swap分区：实现虚拟内存，建议大小是物理内存的1～2倍；
- /boot分区：建议大小最少为200MB；
- /usr分区：用来存放Linux系统中的应用程序，其相关数据较多，建议大小最少为8GB；
- /var分区：用来存放Linux系统中经常变化的数据以及日志文件，建议大小最少为1GB；
- /分区：Linux系统的根目录，所有的目录都挂在这个目录下面，建议大小最少为1GB；

● /home分区：存放普通用户的数据，是普通用户的宿主目录，建议大小为剩下的空间。

1.5 安装Linux系统

可以通过图形界面和字符界面两种方式安装Linux系统，本节主要讲述图形界面安装方式，而字符界面的安装过程与图形界面相似。

1.5.1 安装Linux系统的步骤

在安装Linux系统前需要获取该软件，读者可以从网上搜寻并下载“Red Hat Enterprise Linux 7 update 2 x86_64（64位系统）”。

1. 安装引导

首先要设置计算机的BIOS启动顺序为光驱启动，保存设置后将Linux系统的DVD安装光盘放入DVD驱动器中，然后重新启动计算机。计算机启动以后会出现如图1.1所示的界面，这时可以使用[↑]键（向上键）和[↓]键（向下键）切换到【Install Red Hat Enterprise Linux 7.2】选项，然后按回车键就可以通过图形界面开始安装Linux系统。如果选择【Test this media & Install Red Hat Enterprise Linux 7.2】选项，会要求检查光盘介质MD5SUM信息。

图1.1 安装引导界面

2. 开始安装进程

进入图1.2所示的界面，按回车键开始Linux系统安装进程。

3. 选择安装过程语言

在图1.3所示的语言选择界面中，可以根据实际情况选择语言。在此处选择的语言即是安装Linux系统过程中所使用的语言，在此选择【中文】和【（简体中文（中国））】选项，然后单击【继续】按钮。

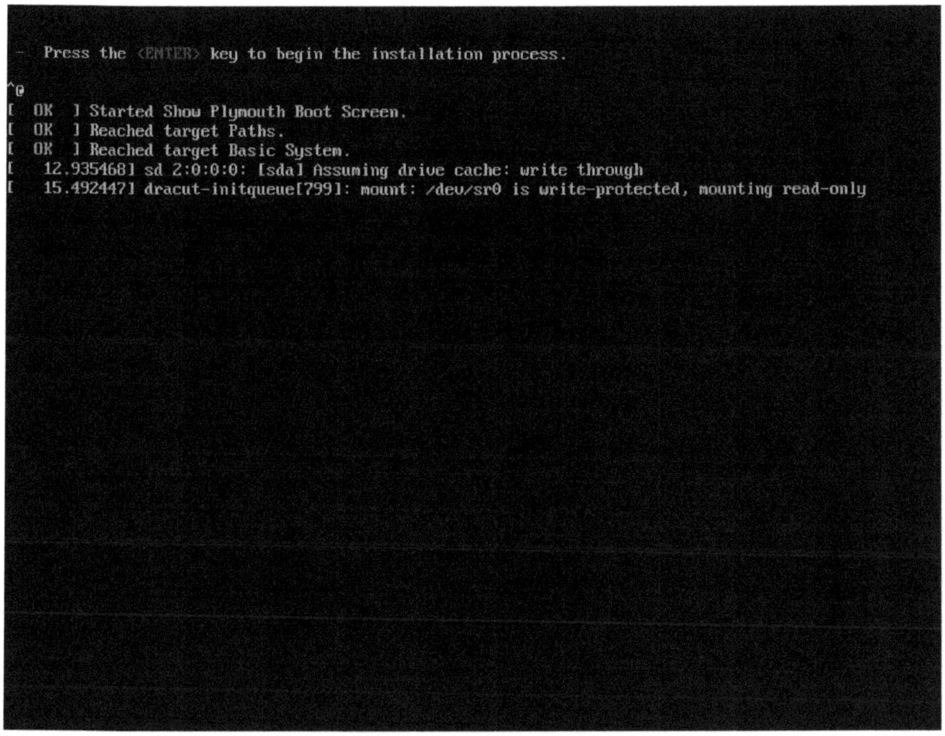

图1.2　开始安装进程

图1.3　选择安装过程语言

4. 安装信息摘要

在图1.4所示的界面中，设置和显示安装信息，比如设置日期和时间、软件选择、设置磁盘分区、启用Kdump、设置主机名、设置网络、选择安装源等操作。

图1.4　安装信息摘要

5. 日期和时间

在图1.4界面中单击【日期和时间】，打开图1.5所示的界面，用户可以手工配置计算机系统的日期和时间，也可以通过连接到互联网上的网络时间服务器（NTP服务器）为本机传输日期和时间信息，并且可以和NTP服务器的时间同步。

图1.5　选择日期和时间

在此选择计算机所在的地区（时区）为【亚洲/上海】，并设置好日期和时间，然后单击【完成】按钮。如果需要使用网络时间，则需要选择“开启”，并指定时间服务器。

6. 键盘布局

在图1.4界面中单击【键盘】，打开图1.6所示的界面并选择键盘类型，在此使用默认的选择即可，然后单击【完成】按钮。

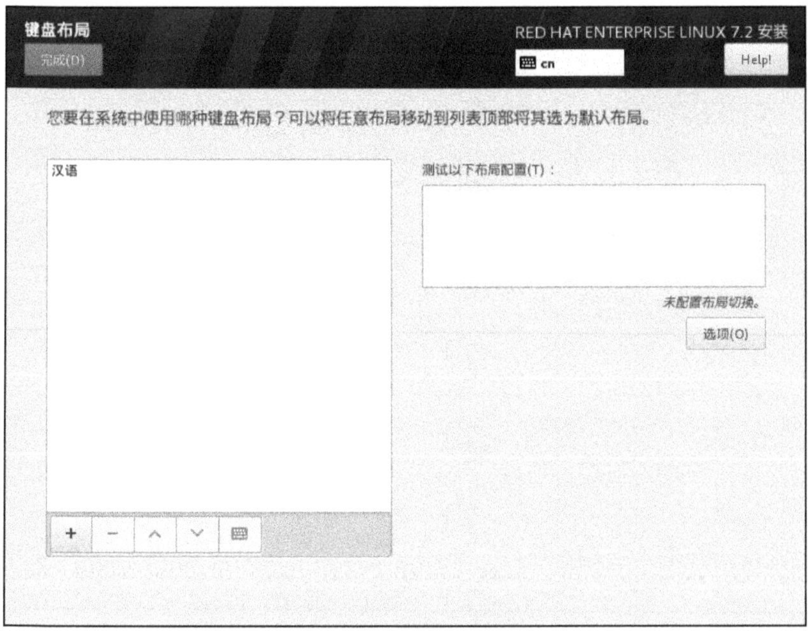

图1.6　选择键盘类型

7. 安全策略

在图1.4界面中单击【SECURITY POLICY】，打开图1.7所示的界面，启用安全策略并选择策略类型。

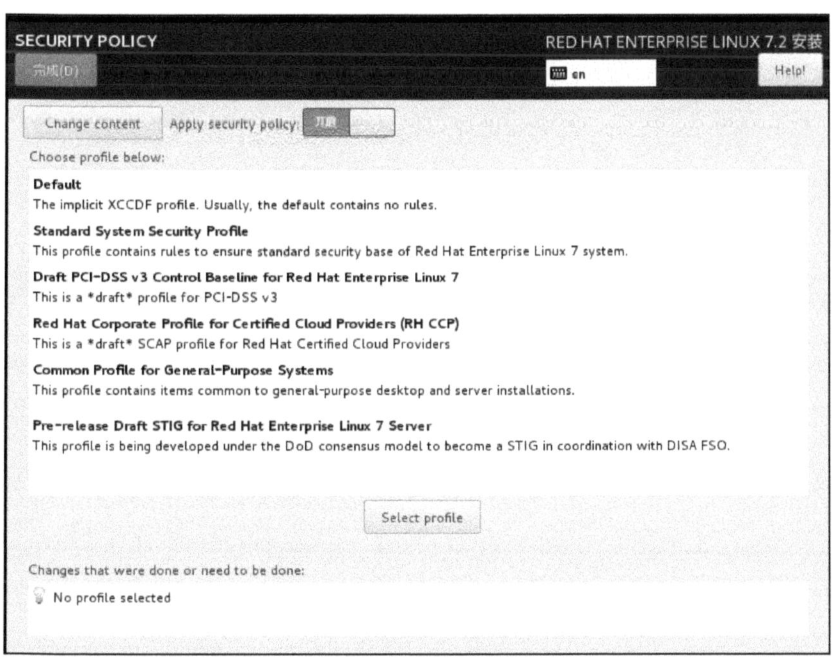

图1.7　设置安全策略

第1章　Linux系统的简介和安装

8. 安装源

在图1.4界面中单击【安装源】，打开图1.8所示的界面，默认选择【自动检测到的安装介质】单选框，显示在光盘中检测到安装源，然后单击【完成】按钮。如果安装源来自于Web服务器、FTP服务器或NFS服务器，则选择【在网络上】单选框，并指定安装源的位置。

图1.8　选择安装源

9. 软件选择

在图1.4界面中单击【软件选择】，打开图1.9所示的软件选择界面，选择需要安装到计算机上的软件。"基本环境"可以选择最小安装、基础设施服务器、文件及打印服务器、基本网页服务器、虚拟化主机以及带GUI的服务器。选择不同的基本环境，安装的软件包和数量是不同的。

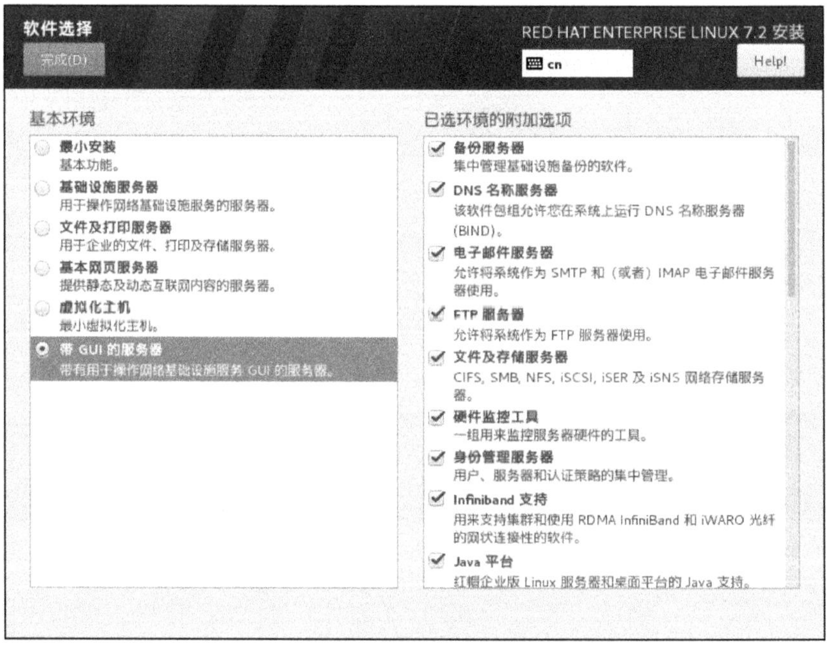

图1.9　选择软件

建议读者在此选择“带GUI的服务器”，然后在右侧界面选择要安装的附加选项。建议刚开始学习Linux的读者在此选择所有的附加选项，然后单击【完成】按钮。

10. 安装目标位置

在图1.4界面中单击【安装位置】，打开图1.10所示的界面选择要安装的磁盘并进行分区。

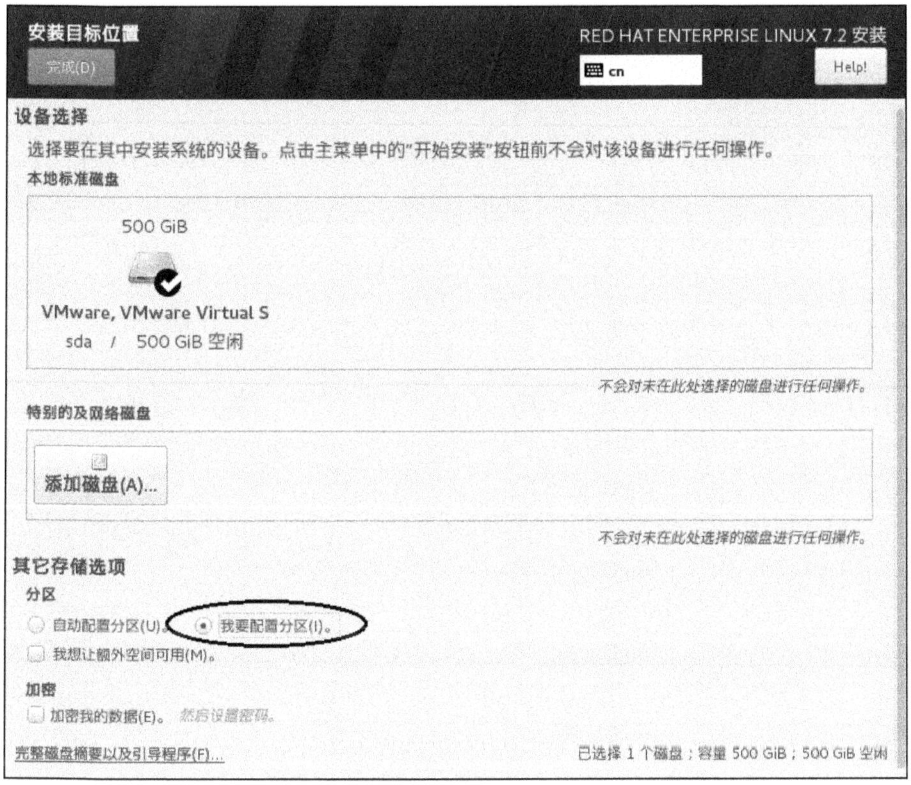

图1.10 设置磁盘分区

在Linux系统安装过程中，有自动配置分区和手动配置分区两种磁盘分区方式。

（1）自动配置分区方式。

自动配置分区方式无须用户进行设置，会自动对磁盘进行分区，默认创建/分区、/boot分区、/home分区和swap分区。

（2）手工配置分区方式。

在图1.10所示界面中选择【我要配置分区】单选框，然后单击【完成】按钮，进入图1.11所示的手工配置分区界面，选择分区方案为【标准分区】创建普通的标准Linux分区，在这里可以按用户预先设计的分区规划进行分区。

下面详细介绍在创建标准分区时各分区字段的含义及其使用方法。

- 挂载点：输入分区的挂载点。如果这个分区是根分区，输入/；如果是/boot 分区，输入/boot，如果是swap分区则不需挂载点。也可以通过使用下拉菜单为磁盘分区选择正确的挂载点；
- 文件系统类型：使用下拉菜单，选择用于该分区的合适的文件系统类型，比如swap或xfs；
- 设备：包括用户计算机上安装的磁盘列表。如果一个磁盘的列表突出显示，那么在该磁盘上可以创建分区；

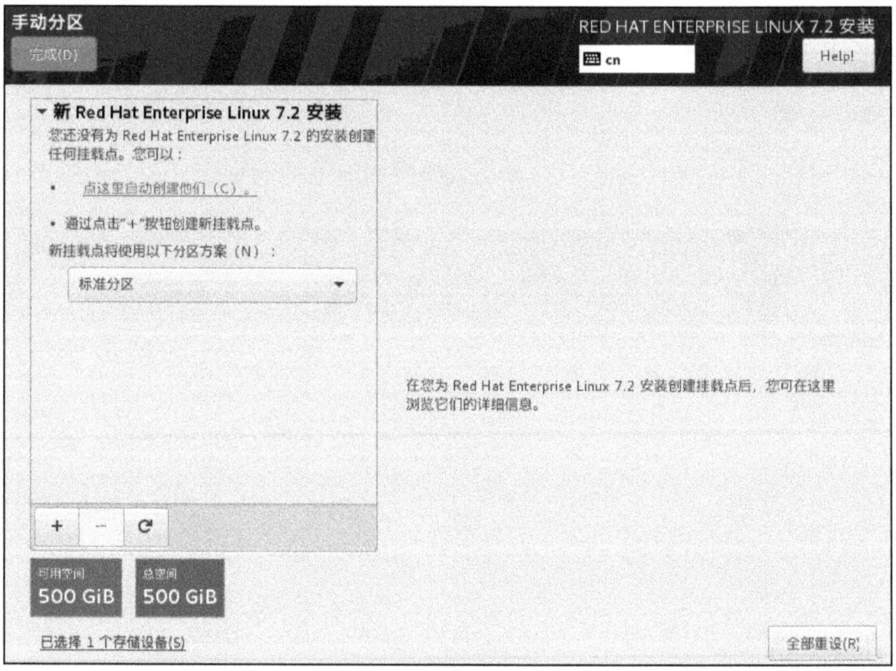

图1.11　手动分区

- 期望容量：输入分区的大小；
- 设备类型：指定标准分区；
- 加密：将磁盘分区进行加密；
- 标签：分区的卷标。

接下来开始对磁盘进行手工分区，按以下规划进行分区。

- 磁盘总空间：500GB；
- /boot分区：1024MB；
- swap分区：2048MB（2GB）；
- /分区：153600MB（150GB）；
- 剩余空间（为以后实验使用）：347GB。

开始创建分区，首先创建/boot分区，指定挂载点为/boot，以及分区的容量大小为1024MB，如图1.12所示，最后单击【添加挂载点】按钮，默认为分区创建xfs文件系统。

接着创建swap分区，swap分区指定挂载点为swap，分区的容量大小为2048MB（2GB），如图1.13所示，最后单击【添加挂载点】按钮。

最后创建/分区，指定挂载点为/，以及分区的容量大小为153600MB（150GB），如图1.14所示，最后单击【添加挂载点】按钮，默认为分区创建xfs文件系统。

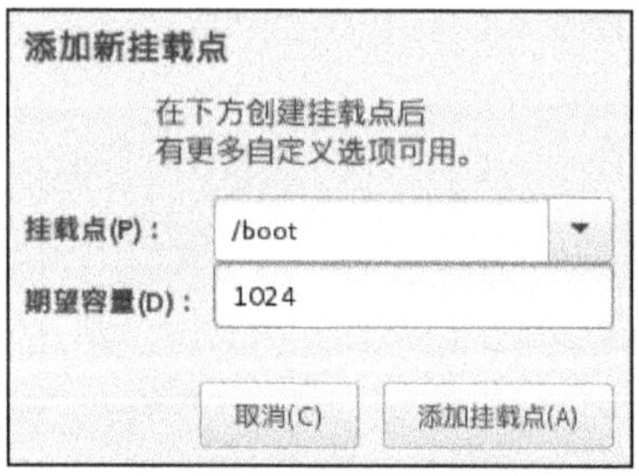

图1.12　创建/boot分区

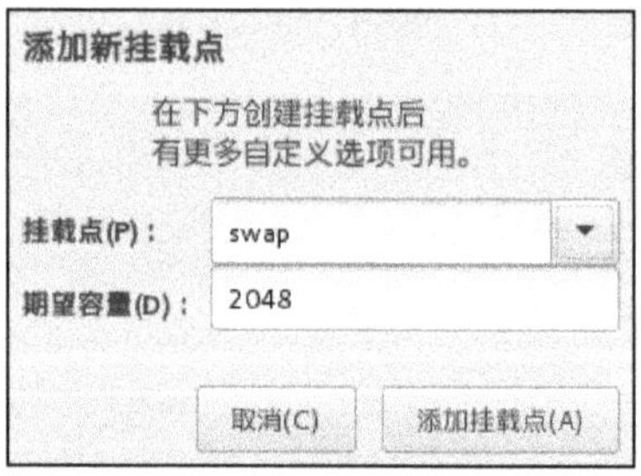

图1.13　创建swap分区

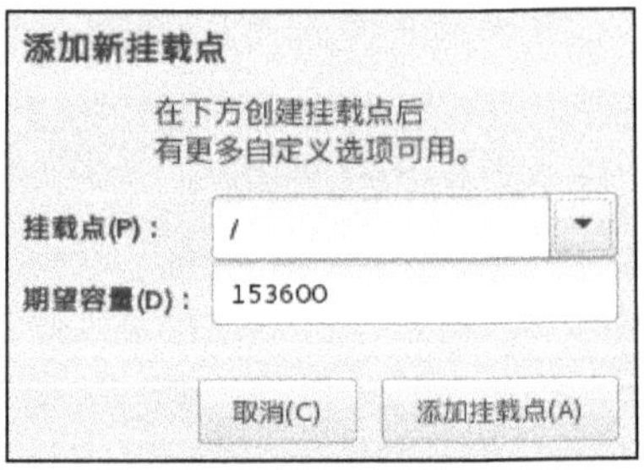

图1.14　创建/分区

按分区规划将所有的分区创建完毕以后，效果如图1.15所示，共3个磁盘分区，分别是sda1、sda2和sda3，然后单击【完成】按钮。

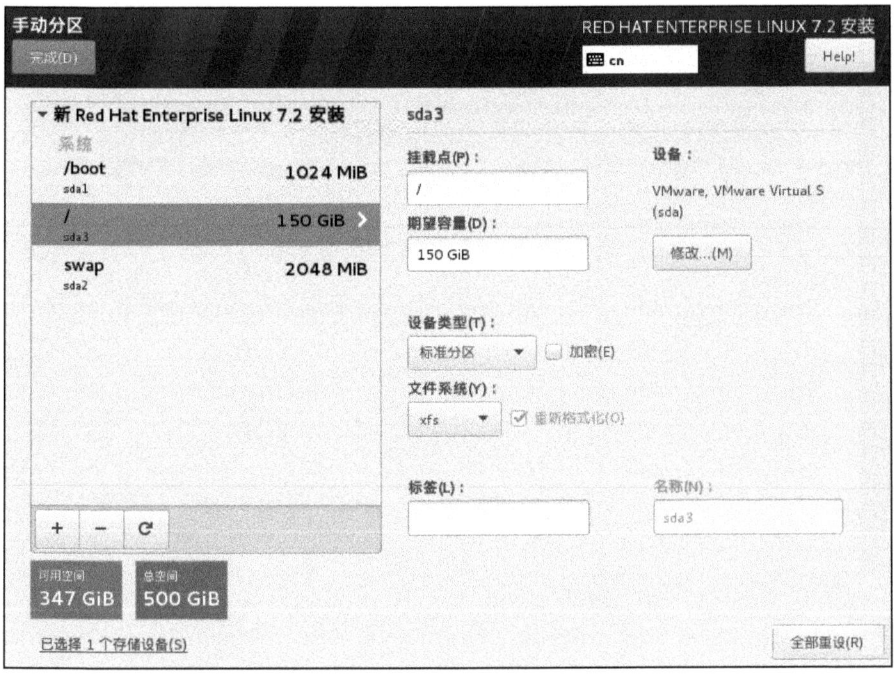

图1.15　最终分区效果

出现图1.16所示的【更改摘要】界面，单击【接受更改】按钮，这样将会在安装Linux时生效所设置的分区。

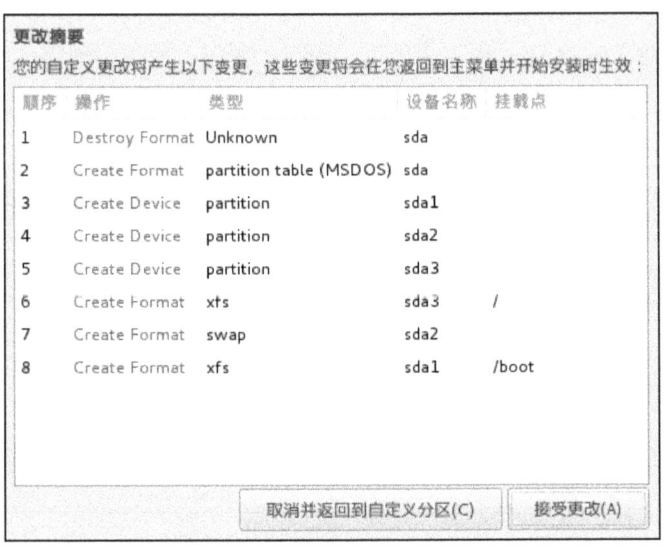

图1.16　将存储配置写入磁盘

11. KDUMP

在图1.4界面中单击【KDUMP】，打开图1.17所示的界面，可以启用Kdump，并且设置Kdump内存的大小。如果系统内存设置的太小，那么将无法启用Kdump。Kdump是在系统崩溃、死锁或者死机的时候用来转储内存运行参数的一个工具和服务。如果系统崩溃，那么正常的内核就没有办法工作了。在这个时候将由Kdump产生一个用于捕获当前运行信息的内核，该内核会将此时内存中的所有运行状态和数据信息收集到一个dump core文件中，以便于用来分析崩溃原因。一旦内存信息收集完成，系统将自动重启。

在此选择【启用Kdump】复选框，并且指定“自动”为Kdump保留内存，然后单击【完成】按钮。

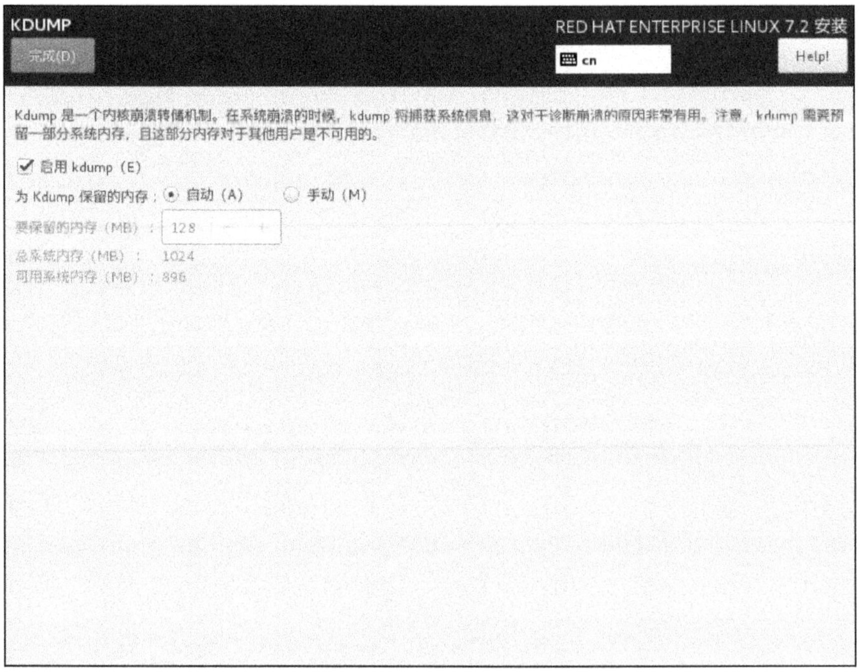

图1.17　设置KDUMP

12. 指定网络和主机名

在图1.4界面中单击【网络和主机名】，打开图1.18所示的界面指定计算机的主机名。主机名是用来识别计算机的一种方法，在网络内不允许出现同名的主机，在此指定主机名为rhel。

图1.18　设置计算机主机名

在图1.18界面中单击【配置】按钮，将打开图1.19所示的界面。安装程序会自动检测系统中的网络设备，已经搜索到一块网卡，该网卡的名称为eno16777736。在【常规】选项卡中，选择【可用时自动链接到这个网络】复选框，这样当Linux系统启动时，该网卡将会自动激活。

图1.19　自动链接到网络

接下来就该设置IP地址了，这里我们使用IPv4地址。选择【IPv4设置】选项卡，在【方法】下拉菜单中选择【手动】，然后依次输入IP地址、子网掩码、网关、DNS服务器等信息，如图1.20所示。

图1.20　设置IPv4地址

在图1.21所示【IPv6设置】选项卡中，在【方法】下拉菜单中选择【忽略】，这样就不启用IPv6地址了，最后单击【保存】按钮。

图1.21　设置IPv6地址

在图1.22所示的界面中，如果网卡还没开启则单击“开启”，以启用该网卡，最后单击【完成】按钮。

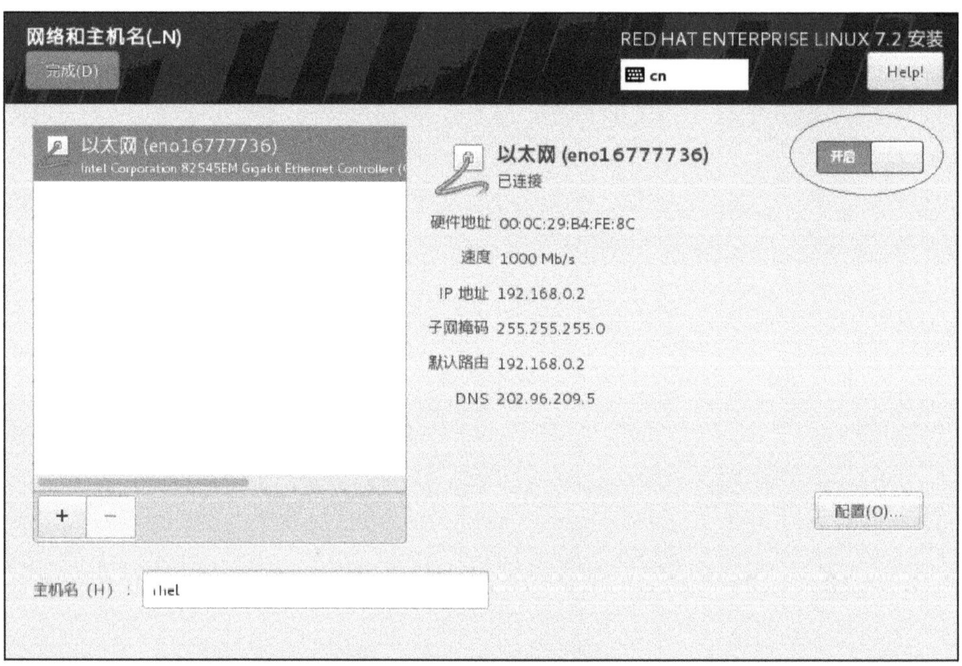

图1.22　已经设置好网络

13. 开始安装Linux系统

在图1.4所示的界面中，经过安装前的设置后开始安装Linux系统。单击【开始安装】按钮，进入图1.23所示的界面，显示每一个正在安装的软件包名称。在此需要设置root用户密码和创建用户。

图1.23 安装Linux系统过程

14. 设置根用户密码

在图1.23界面中单击【ROOT密码】，打开图1.24所示的界面，指定根用户（root用户）密码，root用户是Linux系统中的超级管理员账户。根密码必须至少包含6个字符，输入的密码不会在屏幕上显示，而且密码是区分大小写的，建议在此设置包含有大写字母、小写字母、数字以及特殊符号的复杂密码，密码设置好之后单击【完成】按钮。

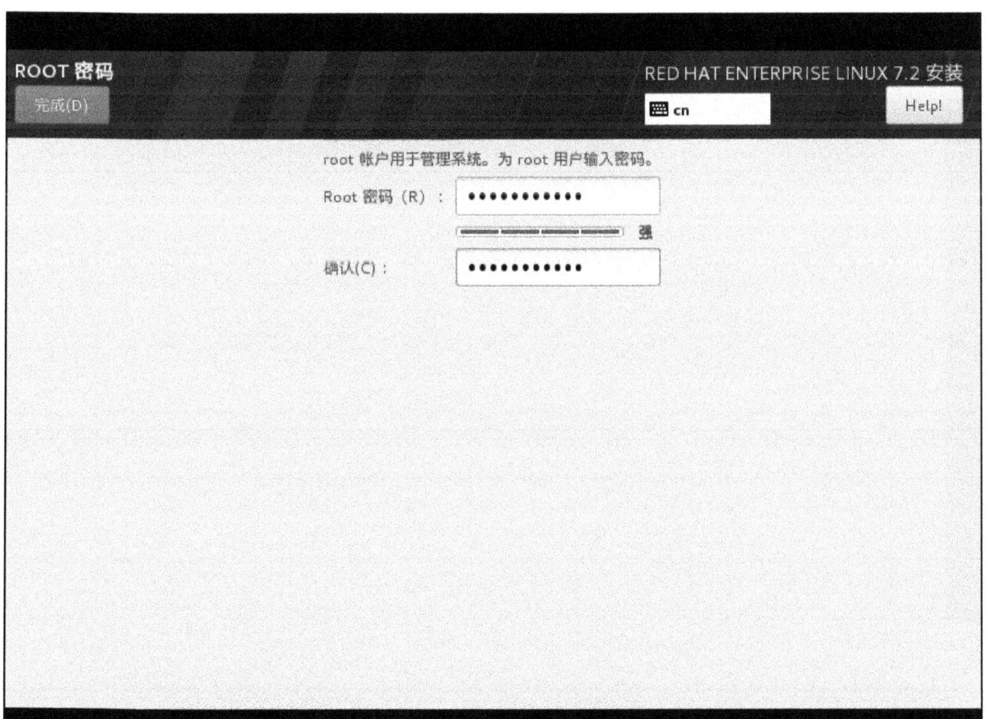

图1.24 设置root密码

15. 创建用户

在图1.23界面中单击【创建用户】，打开图1.25所示的界面。在这里可以通过输入全名、用户名和密码创建一个普通用户的账号，也可以将此用户设置为管理员账户。假如不需要创建新的用户账户可以直接跳过该步骤。

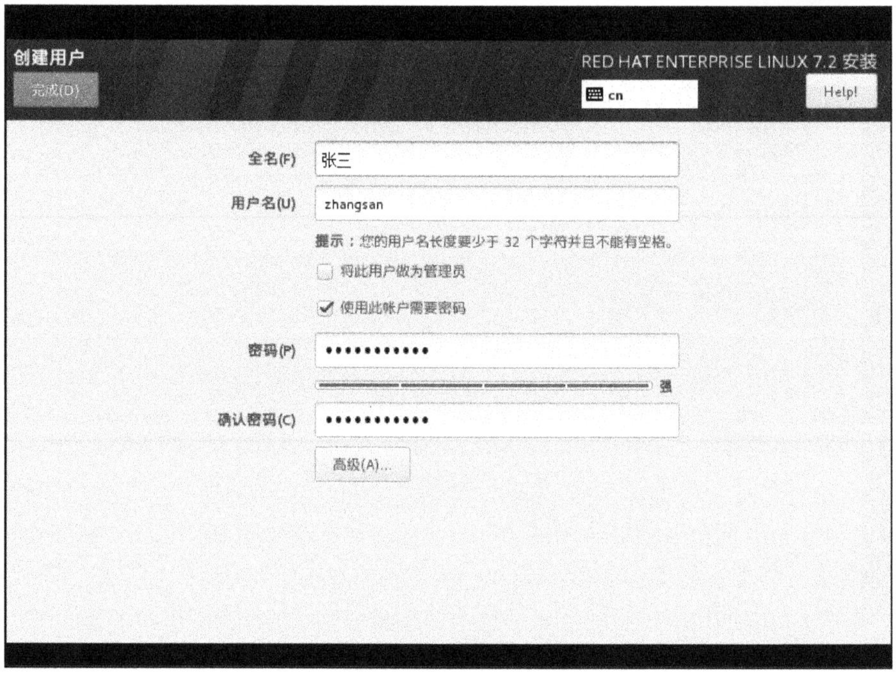

图1.25　创建用户

16. Linux安装完毕

Linux系统安装完毕之后，出现图1.26所示的界面，单击【重启】按钮开始安装后的初始化配置。

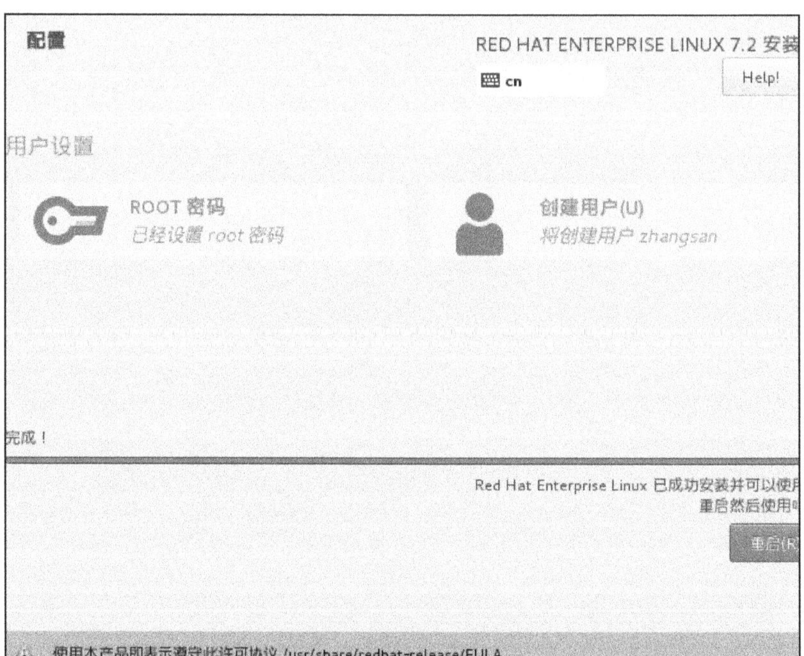

图1.26　Linux安装完毕

1.5.2 Linux安装后的初始化配置

Linux系统安装完之后，还需要对其进行配置，主要内容为同意许可协议、注册系统、配置网络和主机名等。

1. 重新引导系统

当Linux系统安装完毕，重新引导系统后出现图1.27所示的界面，按回车键后开始安装后的初始化配置。

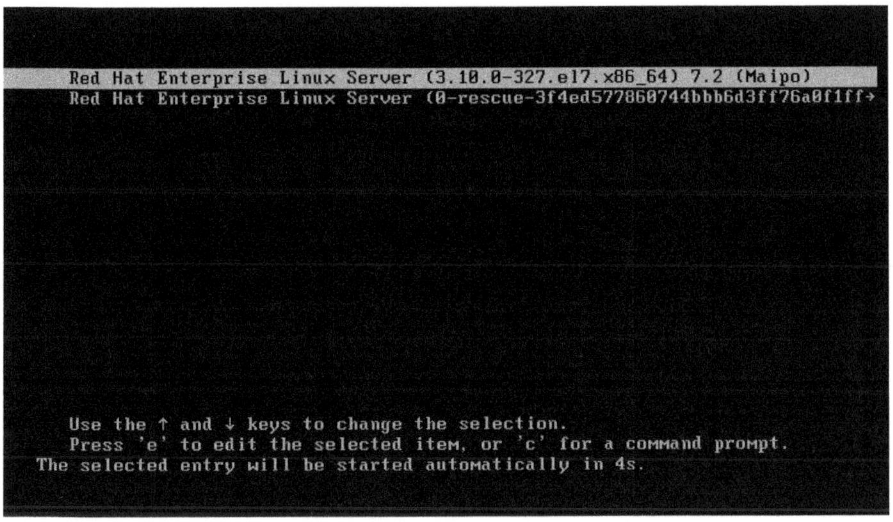

图1.27　重新引导系统

2. 初始设置

首次启动Linux系统时，系统会出现图1.28所示的【初始设置】界面后进行一些基本配置。

图1.28　初始设置

3. 许可信息

在图1.28界面中单击【LICENSE INFORMATION】，打开图1.29所示的界面，浏览Linux系统的许可协议。Linux中集成的软件包都有许可证，用户可以随意地使用、复制和修改源代码，选择【我同意许可协议】复选框，然后单击【完成】按钮。

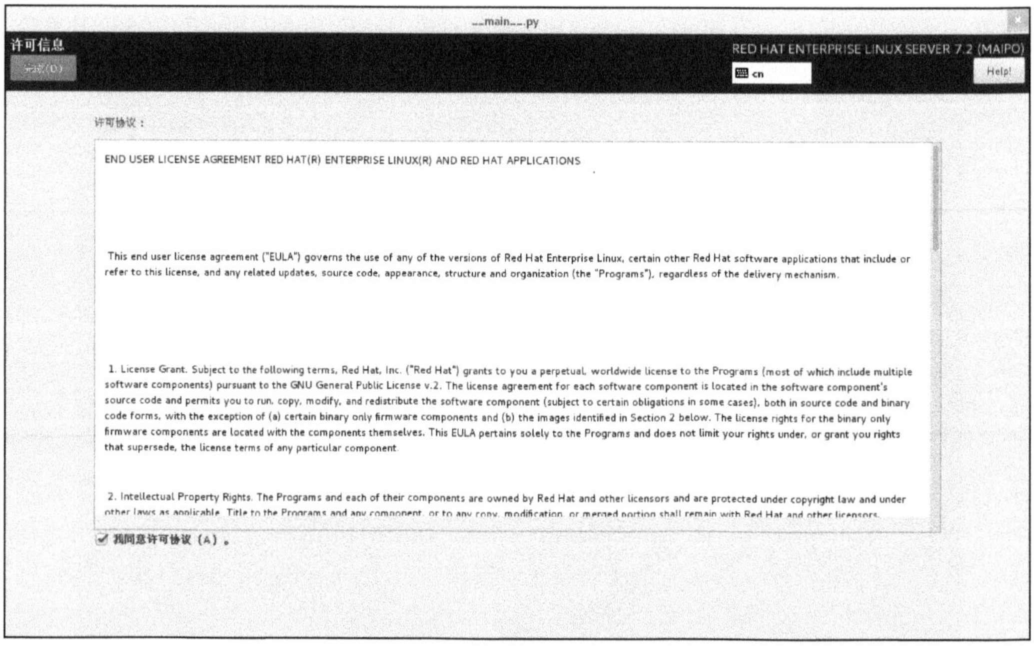

图1.29　选择许可信息

4. 注册系统

在图1.28界面中单击【Subscription Manager】，打开图1.30所示的界面，通过注册Red Hat系统以便能从官网上面更新软件包。这是一项收费服务，如果你暂时不需要这项服务，那么现在可以不用注册。

图1.30　注册系统

初始设置完毕以后，返回图1.31所示的界面，单击【完成配置】按钮。

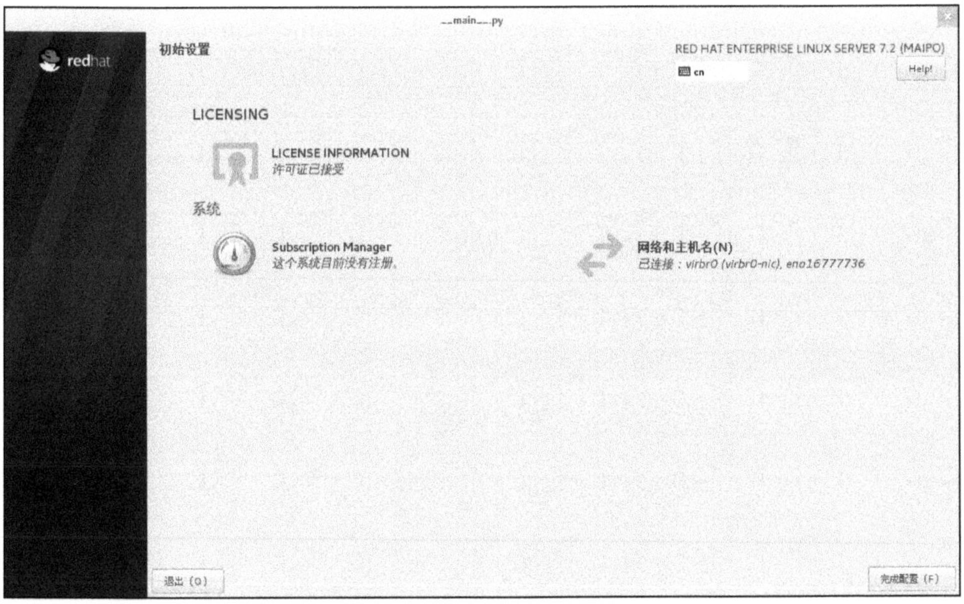

图1.31　完成初始配置

1.5.3　登录Linux系统

登录Linux系统实际上是一个验证用户身份的过程，如果用户输入了错误的用户账户名或密码，就会出现错误信息，从而不能登录系统。

Linux系统使用用户账户来管理特权和维护安全，不是所有的账户都具有相同的权限，某些账户所拥有的文件访问权限和服务要比其他账户少。当Linux系统启动引导以后，会出现图1.32所示的图形化登录界面。

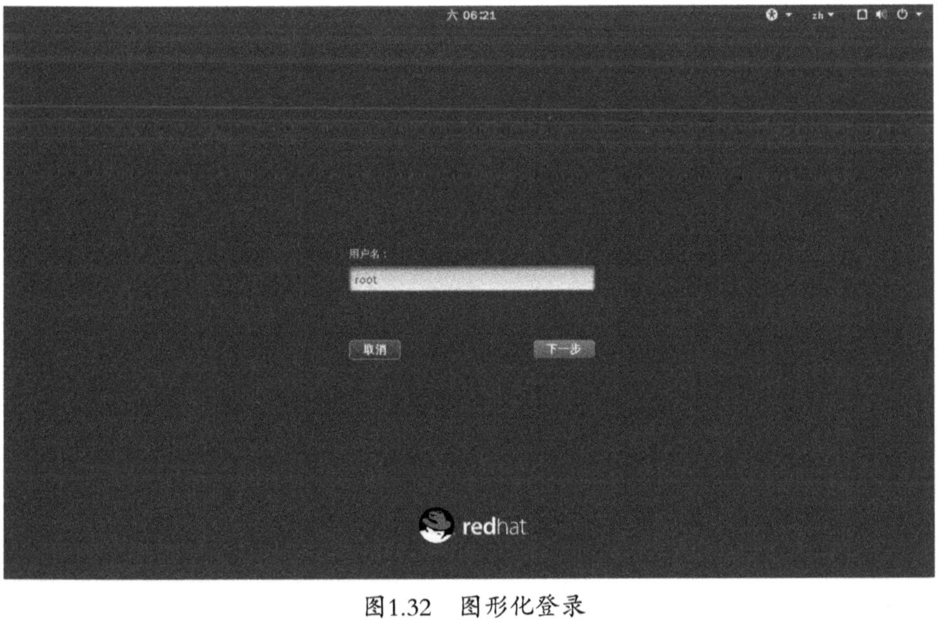

图1.32　图形化登录

在该界面的【用户名】文本框中输入希望登录系统的用户账户名，如果需要以超级管理员root身份登录系统进行管理，在文本框中输入用户账户名为root，然后单击【下一步】按钮。

在图1.33所示的【密码】提示文本框中输入安装系统时设置的root密码，然后单击【登录】按钮即可。

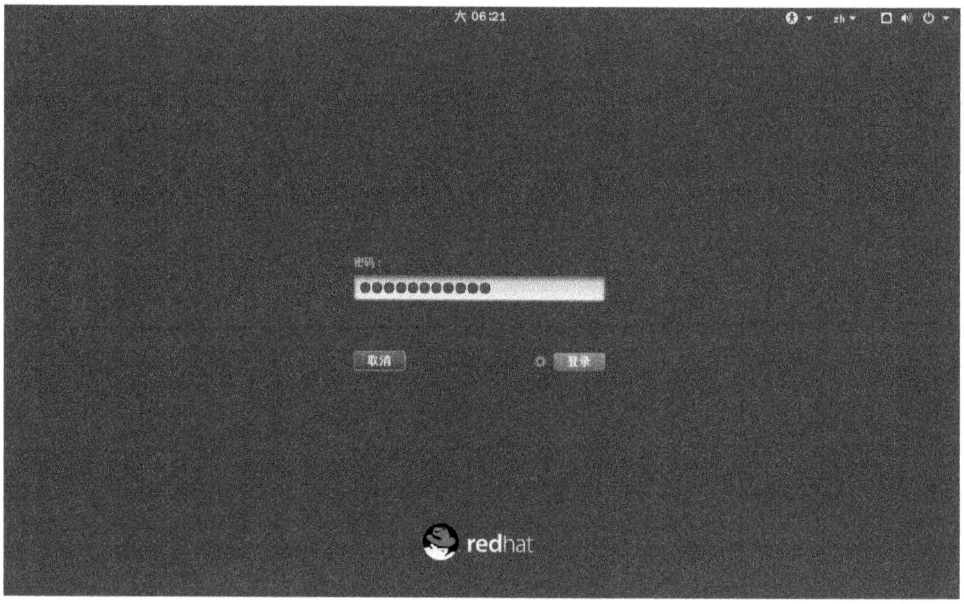

图1.33　输入登录密码

在安装Linux系统的时候，一般都安装图形化登录界面的软件包。一旦启动了图形窗口系统，就会看到一个被称为“桌面”的图形化界面，图1.34所示为默认的GNOME桌面环境。

图1.34　GNOME图形化桌面

1.5.4　GNOME初始设置

Linux系统有GNOME和KDE两种图形化桌面，最常使用的便是GNOME。通过图形化桌面环境能够使用图形化应用程序以及对计算机进行系统设置。GNOME可以很方便地访问应用程序、文件和系统资源。

登录Linux系统以后，会出现图1.35所示的界面进行GNOME初始设置。如果之前没有设置时间，没有创建用户，那么会在这里提示进行操作。默认已经选择语言为【汉语】，单击【前进】按钮。

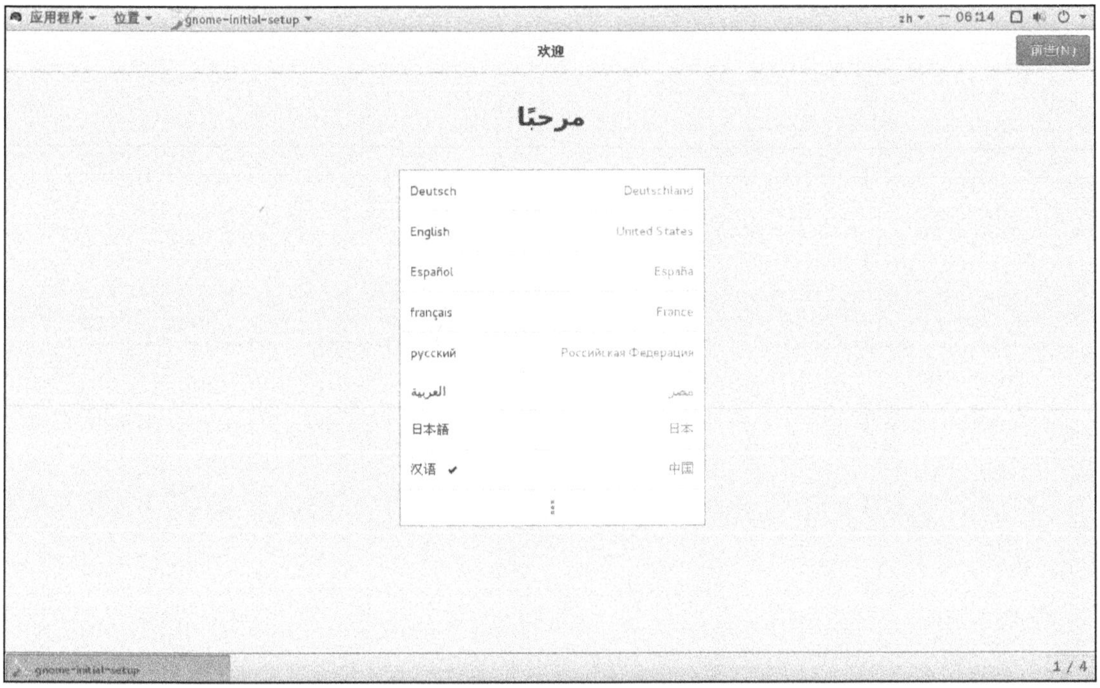

图1.35　选择语言

在图1.36所示的界面选择键盘布局，默认已经选择【汉语】，单击【前进】按钮。

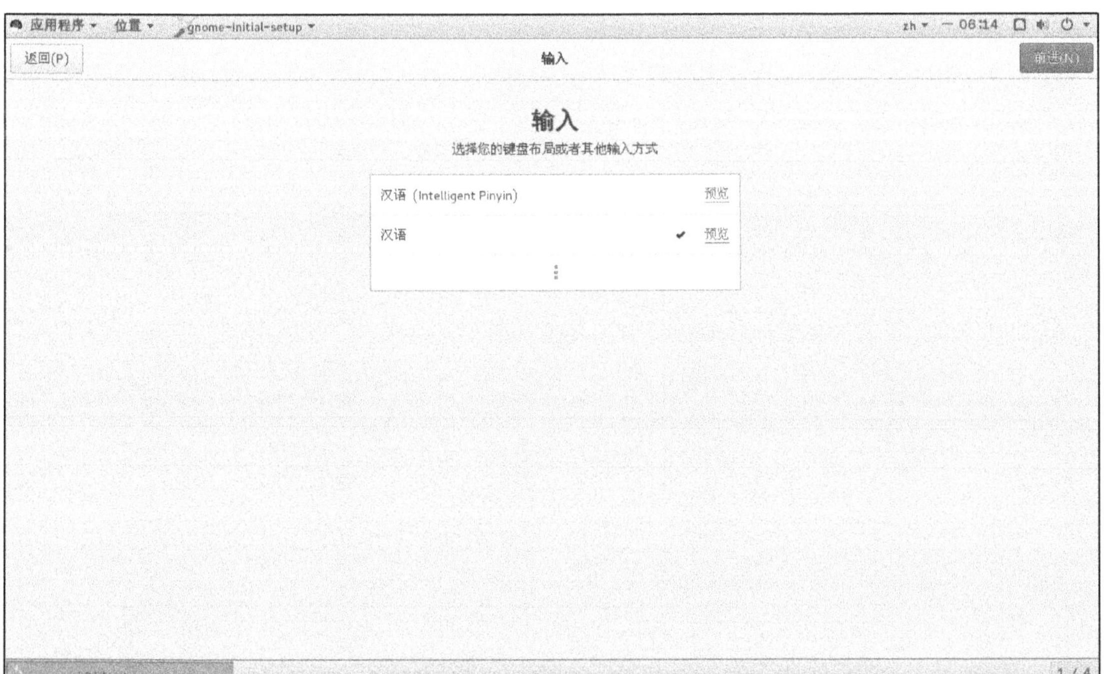

图1.36　选择键盘布局

在图1.37所示的界面中，指定要连接的在线账号，在此无须设置，单击【跳过】按钮。

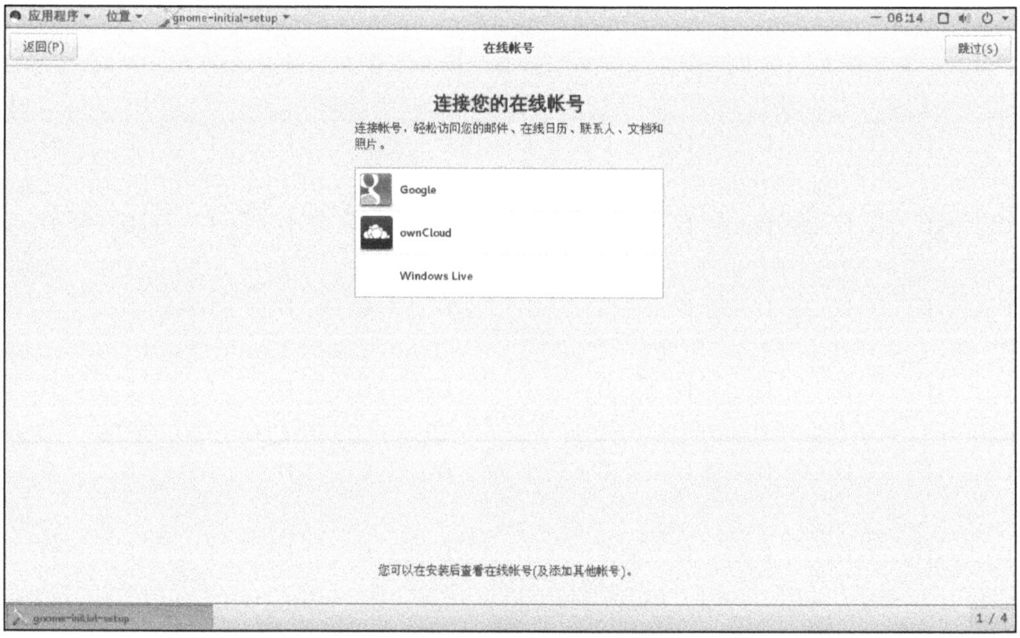

图1.37　指定要连接的在线账号

在图1.38所示的界面中，单击【开始使用Red Hat Enterprise Linux Server】按钮，完成GNOME初始设置。

图1.38　完成GNOME初始设置

1.6　注销、关闭和重启Linux系统

1.6.1　注销Linux系统

如果要注销Linux系统，在图形化界面中单击通知区域的电源按钮，然后单击【root】→【注销】，如图1.39所示。

出现图1.40所示的对话框，单击【注销】按钮即可注销系统。如果不单击【注销】按钮，那么系统会在等待60秒之后自动注销系统。

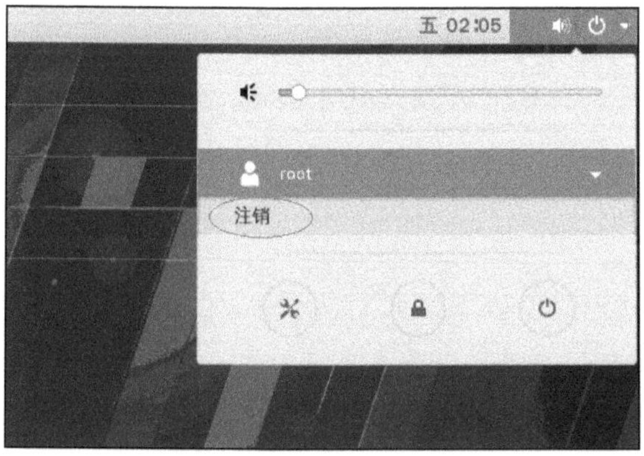

图1.39　注销Linux系统

图1.40　注销系统确认对话框

1.6.2　关闭和重启Linux系统

在切断计算机电源之前请先关闭Linux系统，如果不执行关闭系统就直接切断计算机的电源，会导致数据没有保存就丢失或者系统出现故障。

如果要关闭或重启Linux系统，在图形化界面中单击通知区域的电源按钮，然后单击电源按钮，如图1.41所示。

出现图1.42所示的对话框，单击【关机】按钮将关闭系统，单击【重启】按钮将重新启动系统。如果不单击【关机】按钮，那么系统会在等待60秒之后自动关闭系统。

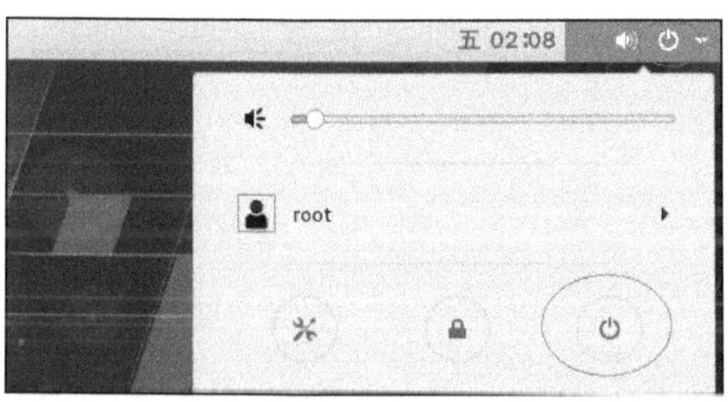

图1.41　关闭或重启Linux系统

图1.42　关机系统确认对话框

1.7　防火墙配置

1.7.1　FirewallD防火墙简介

为增加系统安全性，Linux提供了防火墙保护功能。防火墙存在于计算机和网络之间，用于判断网络中的远程用户的访问权限。在RHEL 7系统中默认使用FirewallD防火墙。FirewallD提供了支持网络/防火墙区域定义网络链接以及接口安全等级的动态防火墙管理工具。它支持IPv4、IPv6防火墙设置以及以太网桥接，并且拥有运行时配置和永久配置选项。它也支持允许服务或者应用程序直接添加防火墙规则的接口。以前的Iptables防火墙是静态的，每次修改都要求防火墙完全重启。FirewallD可以动态管理防火墙，支持动态配置，不用重启服务。

通过将网络划分成不同的区域，制定出不同区域之间的访问控制策略，来控制不同程度区域间传送的数据流。比如互联网是不可信任的区域，而内部网络是高度信任的区域。数据包进入到内核必须要通过区域，而不同的区域定义的规则是不一样的。可以根据网卡所连接的网络的安全性来判断：这块网卡的流量到底使用哪个区域。可以把这些区域想象成进入火车站的安检，不同的入口检测的严格度不一样。默认情况下，FirewallD防火墙的连接区域为public，public在公共区域内使用，指定外部连接可以进入内部网络或主机。

1.7.2 FirewallD防火墙配置

在Linux系统图形界面中，单击面板上的【应用程序】→【杂项】→【防火墙】，或在图形界面下的终端中输入firewall-config命令，打开图1.43所示的【防火墙配置】界面，默认使用public区域。

图1.43　打开【防火墙配置】界面

1. 添加可信服务

在public区域中选择【服务】选项卡，在该页面上选择允许访问的可信服务，如dns、ftp、http等，防火墙在默认启用状态下只有dhcpv6-client和ssh可信服务。图1.44所示为勾选了http可信服务，这样一来，这台Linux主机上的Web网站就能被别的主机访问。

2. 添加端口

如果需要添加的服务在【服务】选项卡内没有，那么只能通过添加允许让其他主机或网络访问的端口来实现。在public区域中选择【端口】选项卡，在该页面上单击【添加】按钮，打开图1.45所示的【端口和协议】对话框，输入端口和协议，协议有tcp和udp之分，然后单击【确定】按钮。

返回【端口】选项卡页面，如图1.46所示，已经添加了5801端口号（tcp协议），这样一来，在别的主机上就能访问这台Linux系统上端口号为5801的服务了。

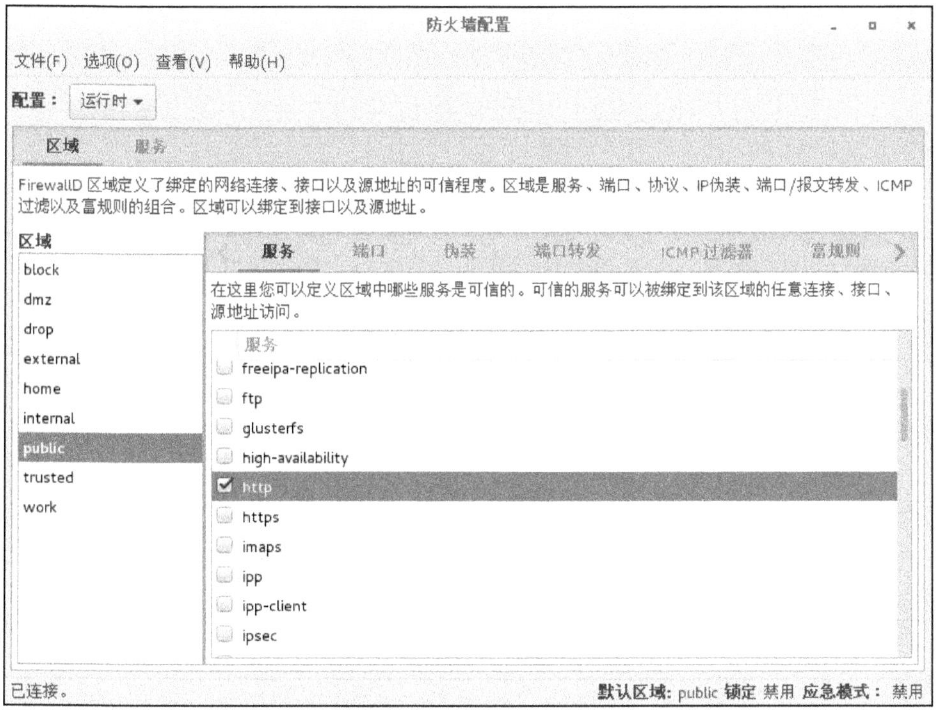

图1.44　添加可信的服务

图1.45　添加端口和协议

图1.46　已经添加了新端口

3. 伪装

在public区域中选择【伪装】选项卡，在该页面上选择【伪装区域】复选框，如图1.47所示，通过伪装方式可以将本地网络连接到互联网，这样本地网络将不可见。

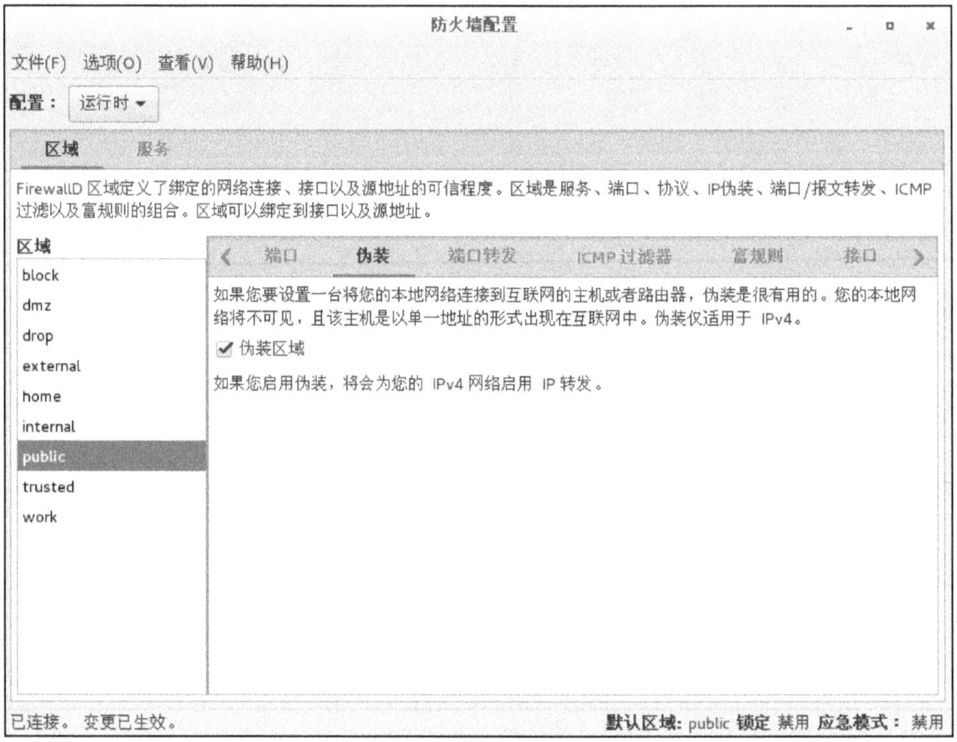

图1.47 伪装

4. 端口转发

在public区域中选择【端口转发】选项卡，在该页面上可以添加条目进行端口转发。单击【添加】按钮，打开【端口转发】对话框，指定来源的协议和端口，以及目标的IP地址和端口。如图1.48所示，将进入本机接口eno16777736的TCP协议80端口的数据包转发给主机192.168.0.5的80端口，设置完单击【确定】按钮。

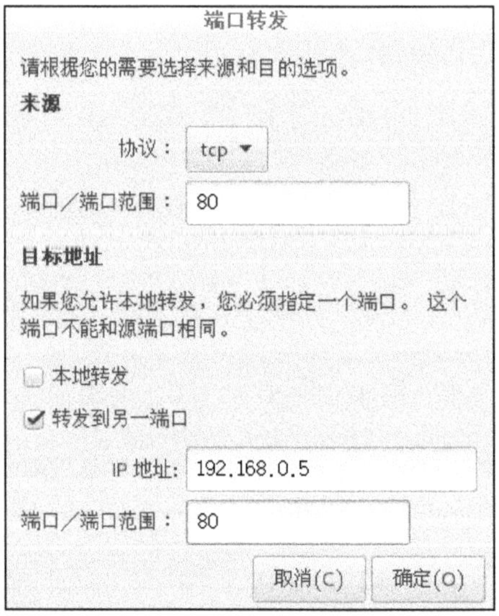

图1.48 端口转发

添加端口转发之后，返回到图1.49所示的界面，可以看到端口转发条目。

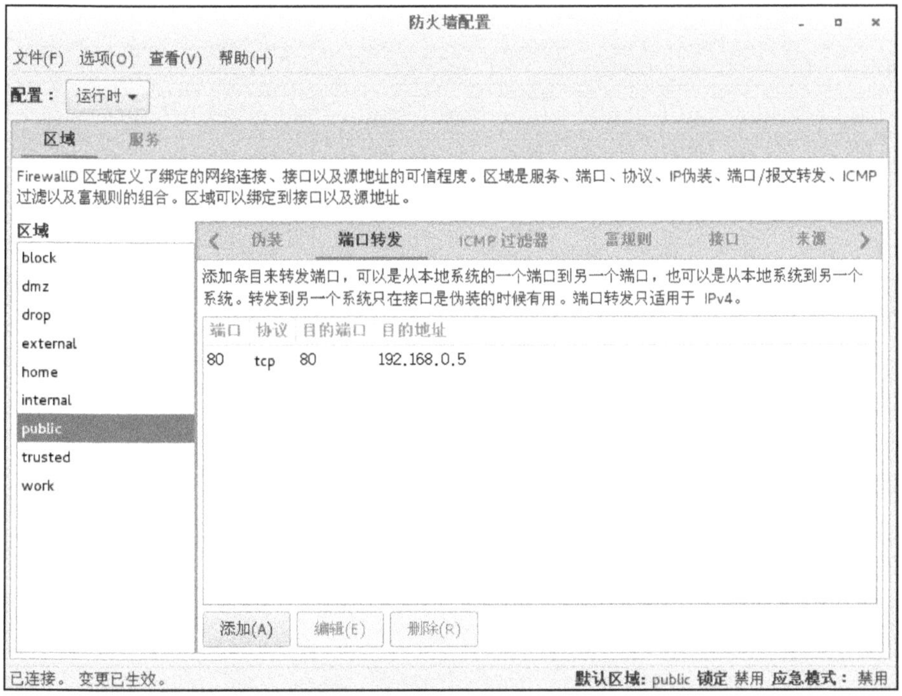

图1.49 已经添加端口转发

1.8 配置网络连接

在Linux系统中使用【网络】工具可以用来配置计算机系统的IP地址、子网掩码、网关地址、首选DNS服务器IP地址等信息。

在Linux系统图形界面中，单击面板上的【应用程序】→【系统工具】→【设置】，打开图1.50所示的【全部设置】界面，单击【网络】。

图1.50 网络

出现图1.51所示的界面，选择【有线】，目前检测到的网络连接就一个，状态为启用，单击⚙按钮。

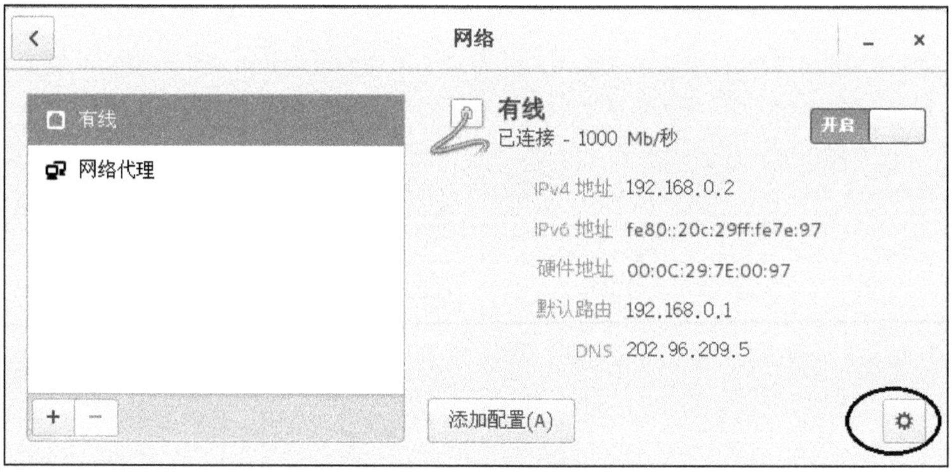

图1.51 【网络】界面

在图1.52所示的界面中，选择【认证】选项卡，选择【自动连接】复选框，这样当计算机重启的时候，该网卡也跟着自动激活连接。

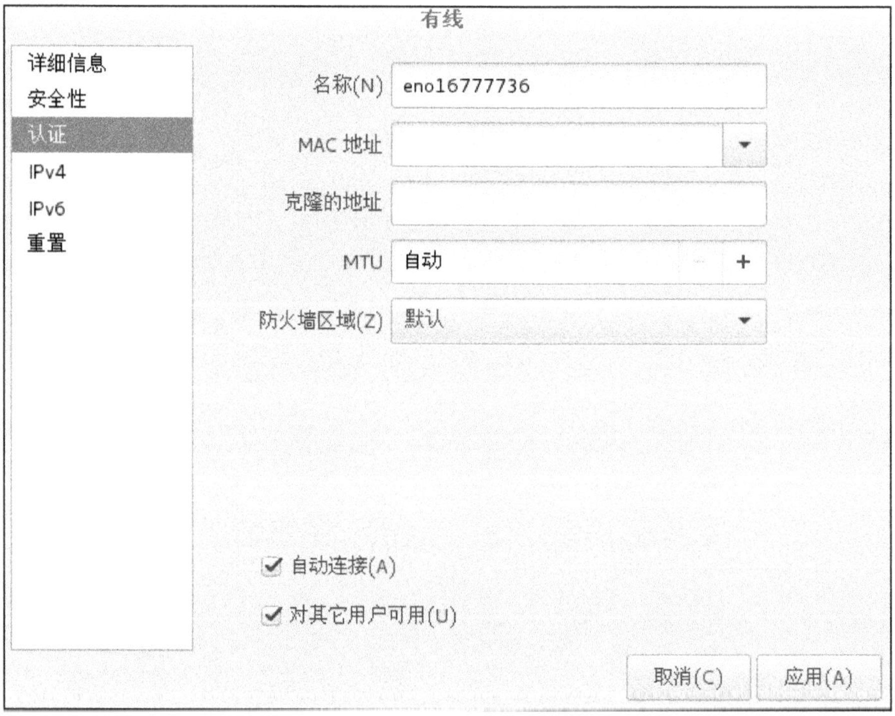

图1.52 【认证】选项卡

在【IPv4】选项卡中，在【方法】下拉菜单中选择【手动】选项，并输入地址、网络掩码、网关和DNS服务器，如图1.53所示，配置完毕单击【应用】按钮并返回。如果需要使用DHCP服务器分配该计算机IP地址，则在【方法】下拉菜单中选择【自动（DHCP）】选项。

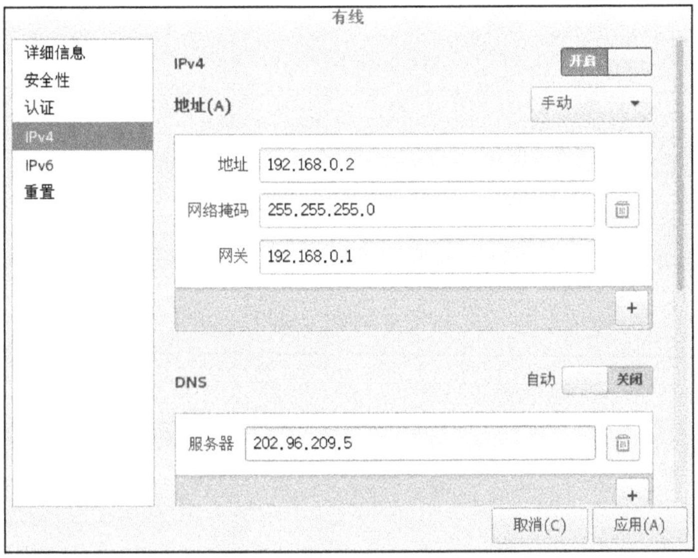

图1.53　手动配置IPv4设置

1.9　管理SELinux

1.9.1　SELinux简介

SELinux（Security-Enhanced Linux，安全增强型Linux）是一种基于域—类型模型的强制访问控制（MAC）安全系统。它由美国国家安全局编写并设计成内核模块包含到内核中，相应的某些安全相关的应用也被打了SELinux的补丁，最后还有一个相应的安全策略。

在SELinux中定义了许多类型（TYPE），每一个进程、文件、设备等都必须标识它所属的类型。进程只能读取相同类型的文件，如果没有相关类型，并且SELinux不允许读取的时候，则无法读取文件。SELinux除了约束进程读取文件的能力之外，还限制进程对设备、网络联机、通信端口、跨进程通信等的读取能力，并提供更细致的读取控制。

在Linux系统中，通过使用SELinux管理工具可以以图形界面方式来管理SELinux，使用这种方式管理时简单、明了。

使用以下命令安装policycoreutils-gui软件包。

```
[root@rhel ~]# cd /run/media/root/RHEL-7.2\ Server.x86_64/Packages
//进入Linux系统安装光盘软件包目录
[root@rhel Packages]# rpm -ivh policycoreutils-gui-2.2.5-20.el7.x86_64.rpm
警告：policycoreutils-gui-2.2.5-20.el7.x86_64.rpm: 头V3 RSA/SHA256 Signature, 密钥 ID fd431d51: NOKEY
准备中...                  ################################# [100%]
正在升级/安装...
   1:policycoreutils-gui-2.2.5-20.el7 ################################# [100%]
[root@rhel ~]# rpm -q policycoreutils-gui
policycoreutils-gui-2.2.5-20.el7.x86_64
//policycoreutils-gui软件包已经成功安装
```

1.9.2　设置SELinux

在Linux系统图形界面中，单击面板上的【应用程序】→【其他】→【SELinux管理】，打开【添加管理员】界面。

1. 状态

在图1.54所示的【状态】选项卡页面上，设置系统默认的应用模式（更改之后会在重启系统后应用新的模式）、当前应用模式（更改之后会立即应用新的模式）和系统默认的策略类型。系统默认的策略类型为targeted，用来保护常用的网络服务，是SELinux的默认值。

可以设置以下三种系统默认的应用模式。

- enforcing：强制模式，只要SELinux不允许，就无法执行；
- permissive：允许模式，将该事件记录下来，依然允许执行；
- disabled：禁用SELinux。

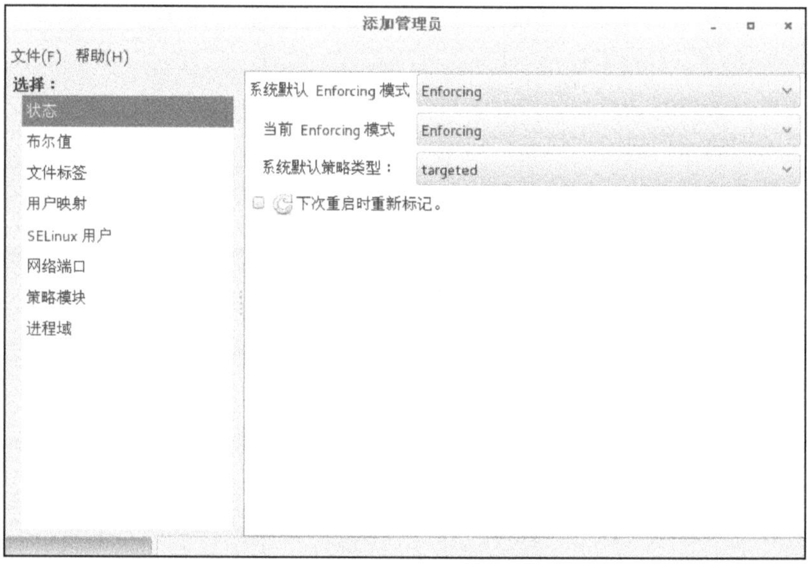

图1.54 状态

2. 布尔值

SELinux提供了许多变量来快速启用或停用SELinux的部分功能，这些变量称为布尔值。在图1.55所示的【布尔值】选项卡页面上可以配置SELinux布尔值，如启用或禁用SELinux布尔值。

图1.55 布尔值

第2章 Linux字符界面

2.1 Linux字符界面简介

对Linux服务器进行维护基本上都是在字符界面下进行的，本节主要讲述如何进入字符界面、关机以及重启计算机。

2.1.1 进入Linux字符界面

要进入Linux系统的字符界面可以通过字符界面、图形界面下的终端以及虚拟控制台等多种方式。

1. Linux字符界面

安装Linux系统之后，系统启动时默认进入的是图形化界面，可以通过以下命令修改为进入字符界面，所做改变在系统重新引导之后即可生效。

```
[root@rhel ~]# systemctl get-default
graphical.target
//查看计算机系统启动后要进入的默认目标，graphical.target表示图形化界面
[root@rhel ~]# systemctl set-default multi-user.target
Removed symlink /etc/systemd/system/default.target.
Created symlink from /etc/systemd/system/default.target to /usr/lib/systemd/system/multi-user.target.
//将multi-user.target目标设置为启动计算机系统后要进入的默认目标，multi-user.target表示字符界面
```

如果用户使用命令界面登录Linux系统，在系统被引导后，会看到图2.1所示的登录提示界面。

Linux系统用户登录分两步：第一步输入用户的登录名，系统根据该登录名识别用户；第二步输入用户的密码。当用户正确地输入用户名和密码之后，就能合法地进入系统，屏幕会显示图2.2所示的信息。这时就可以对系统做各种操作了，注意超级用户root登录的提示符是“#”，而其他用户登录的提示符是“$”。

图2.1　字符界面登录提示

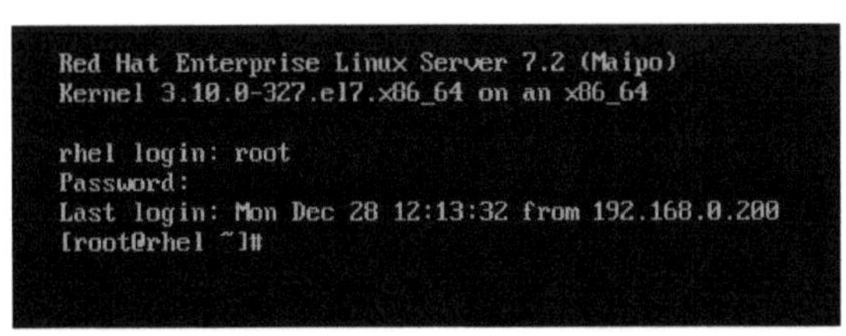

图2.2　已登录字符界面

如果要注销当前用户的登录，可以使用logout命令。登录命令界面之后，也可以通过输入startx命令启动Linux图形化桌面（前提是已经安装了图形化桌面的软件包）。

备注：

要使Linux系统默认进入图形化界面，使用命令systemctl set-default graphical.target。

2. 使用终端

在Linux系统图形化桌面环境中提供了打开终端命令行界面的方式，终端方式允许用户通过输入命令来管理计算机。

在Linux系统图形界面中，单击面板上的【应用程序】→【工具】→【终端】，或者是右击桌面，选择【在终端中打开】，打开图2.3所示的终端界面。在终端命令行界面中可以直接输入命令并执行，执行的结果显示在终端界面中。如果要退出终端界面，可以单击终端界面右上角的“×”按钮，或在终端界面中输入命令exit，或者按[Ctrl+d]键退出。

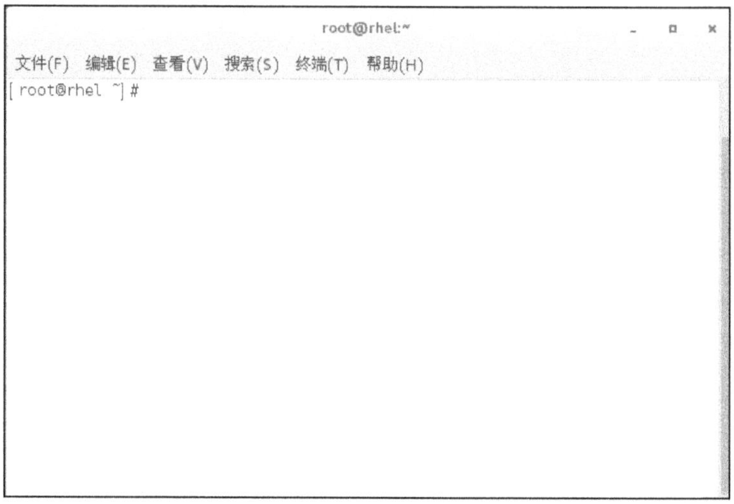

图2.3　终端界面

3. 使用虚拟控制台

Linux系统可以同时接受多个用户登录，还允许用户在同一时间进行多次登录，这是因为Linux系统提供了虚拟控制台的访问方式。在字符界面下，虚拟控制台的选择可以通过按下[Alt]键和一个功能键来实现，通常使用F1～F6键。比如用户登录后，按下[Alt+F2]键，用户可以看到“login:”提示符，说明用户进入了第二个虚拟控制台。然后只须按[Alt+F1]键，就可以回到第一个虚拟控制台。

如果用户在图形界面下，那么可以使用[Ctrl+ Alt+F2]～[Ctrl+ Alt+F6]键切换字符虚拟控制台，使用[Ctrl+Alt+F1]可以切换到图形界面。虚拟控制台可使用户同时在多个控制台上工作，真正体现Linux系统多用户的特性。用户可以在某一虚拟控制台上进行的工作尚未结束时，切换到另一虚拟控制台开始另一项工作。

2.1.2　关闭和重启Linux系统

在Linux系统下，常用的关闭/重启系统的命令有shutdown、halt、reboot和systemctl等，每个命令的内部工作过程是不同的。

1. shutdown命令

shutdown命令可以安全地关闭或重启Linux系统，有些用户会使用直接断掉电源的方式来关闭计算机，这是十分危险的。Linux系统与Windows不同，其后台运行着许多进程，所以强制关机可能会导致进程的数据丢失，使系统处于不稳定的状态，在有的系统中甚至会损坏硬件设备。

在系统关机前使用shutdown命令，系统管理员会通知一条警告信息给所有登录的用户，告诉他们系统将要关闭，新的用户不能再登录。直接关机或者延迟一定的时间才关机都是可能的，还可能重启。

shutdown命令还允许用户指定一个时间参数，该参数可以是一个精确的时间，也可以是从现在开始的一个时间段。精确时间的格式是hh:mm，表示小时和分钟，时间段由“+”和分钟数表示。系统执行该命令后，会自动进行数据同步的工作。

命令语法：

```
shutdown [选项] [时间] [警告信息]
```

命令中各选项的含义如表2.1所示。

表2.1　shutdown命令中选项的含义

选项	选项含义
-k	并不执行shutdown，只是发出警告信息给所有用户
-r	重新启动系统
-h	关闭系统
-c	取消运行shutdown

例2.1：立即关闭计算机系统。

```
[root@rhel ~]# shutdown -h now
```

例2.2：定时45分钟之后关闭计算机系统。

```
[root@rhel ~]# shutdown -h +45
//在这里使用shutdown -h 45和shutdown -h +45起到的作用一样
```

例2.3：立即重新启动计算机系统，并发出警告信息。

```
[root@rhel ~]# shutdown -r now "system will be reboot now."
```

例2.4：定时在1点38分重新启动计算机系统。

```
[root@rhel ~]# shutdown -r 01:38
```

2. halt命令

使用halt命令就是调用“shutdown -h”命令执行关机任务。

命令语法：

```
halt [选项]
```

命令中各选项的含义如表2.2所示。

表2.2　halt命令选项的含义

选项	选项含义
-w	并不是真正的关闭系统，只是写入到/var/log/wtmp文件中
-d	关闭系统，不把记录写到 /var/log/wtmp日志文件中
-f	没有调用shutdown而强制关闭系统

例2.5：使用halt命令关闭系统。

```
[root@rhel ~]# halt
```

3. reboot命令

reboot的工作过程与halt相似，不过reboot是引发计算机重启，而halt是引发计算机关闭。它的选项与halt相似。

命令语法：

```
reboot [选项]
```

命令中各选项的含义如表2.3所示。

表2.3　reboot命令中选项的含义

选项	选项含义
-w	并不是真正的重启系统，只是写入到/var/log/wtmp文件中
-d	重启系统，不把记录写到 /var/log/wtmp日志文件中
-f	没有调用shutdown而强制重新启动系统

例2.6：使用reboot命令重启计算机系统。

```
[root@rhel ~]# reboot
```

例2.7：模拟重启系统（只有记录并不会真的重启系统）。

```
[root@rhel ~]# reboot -w
```

4. systemctl命令

使用systemctl命令可以关闭或重新启动Linux系统。

命令语法：

```
systemctl [选项] [系统命令]
```

systemctl系统命令的描述如表2.4所示。

表2.4　systemctl系统命令的描述

系统命令	描述
halt	关闭和停止系统
poweroff	关闭并切断电源系统
reboot <参数>	关闭和重新启动系统
suspend	暂停系统

例2.8：重新启动Linux系统。

```
[root@rhel ~]# systemctl reboot
```

例2.9：关闭Linux系统。

```
[root@rhel ~]# systemctl halt
```

2.1.3　目标

RHEL 7之前的版本使用运行级别代表特定的操作模式。运行级别被定义为7个级别，用数字0到6表示，每个运行级别可以启动特定的一些服务。RHEL 7使用目标（target）替换运行级别。目标使用目标单元文件描述，目标单位文件扩展名是.target，目标单元文件的唯一目标是将其他systemd单元文件通过一连串的依赖关系组织在一起。比如graphical.target单元，用于启动一个图形会话，systemd会启动像GNOME显示管理（gdm.service）、账号服务（axxounts-daemon）这样的服务，并且会激活multi-user.target单元。相似的multi-user.target单元，会启动必不可少的NetworkManager.service、dbus.service服务，并激活basic.target单元。

每一个目标都有名字和独特的功能，并且能够同时启用多个。一些目标继承其他目标的服务，并启动新服务。systemd 提供了一些模仿System V init启动级别的目标，仍可以使用旧的telinit启动级别命令切换。

RHEL 7系统预定义了一些目标，目标和以前版本系统的运行级别有一些不同。为了兼容，systemd也提供一些目标映射为System V init的运行级别，具体的对应关系如表2.5所示。

表2.5　目标和运行级别的对应关系

运行级别	目标	目标的链接文件	功能
0	poweroff.target	runlevel0.target	关闭系统
1	rescue.target	runlevel1.target	进入救援模式
2	multi-user.target	runlevel2.target	进入非图形界面的多用户方式
3	multi-user.target	runlevel3.target	进入非图形界面的多用户方式
4	multi-user.target	runlevel4.target	进入非图形界面的多用户方式
5	graphical.target	runlevel5.target	进入图形界面的多用户方式
6	reboot.target	runlevel6.target	重启系统

在/lib/systemd/system目录下定义runlevelX.target文件的目的主要是为了能够兼容以前的运行级别的管理方法。事实上，/lib/systemd/system/runlevel3.target同样是被软链接到multi-user.target。

```
[root@rhel ~]# ls -l /lib/systemd/system/runlevel*.target

lrwxrwxrwx. 1 root root 15 2月  12 05:45 /lib/systemd/system/runlevel0.target -> poweroff.target
lrwxrwxrwx. 1 root root 13 2月  12 05:45 /lib/systemd/system/runlevel1.target -> rescue.target
lrwxrwxrwx. 1 root root 17 2月  12 05:45 /lib/systemd/system/runlevel2.target -> multi-user.target
lrwxrwxrwx. 1 root root 17 2月  12 05:45 /lib/systemd/system/runlevel3.target -> multi-user.target
lrwxrwxrwx. 1 root root 17 2月  12 05:45 /lib/systemd/system/runlevel4.target -> multi-user.target
lrwxrwxrwx. 1 root root 16 2月  12 05:45 /lib/systemd/system/runlevel5.target -> graphical.target
lrwxrwxrwx. 1 root root 13 2月  12 05:45 /lib/systemd/system/runlevel6.target -> reboot.target
```

以前的Linux系统都是通过修改/etc/inittab文件中的id:x:initdefault来改变默认运行级别的。RHEL 7放弃了在/etc/inittab文件中进行修改的方式，而使用systemctl命令改变目标。比如下面这个例子改变当前目标为multi-user.target。

```
[root@rhel ~]# systemctl isolate multi-user.target
```

2.2　在Linux系统下获取帮助

Linux系统中的每个命令都具有众多的选项和参数，要完全记住它们是不可能的。本节主要讲述在Linux系统下如何获取和使用帮助。

2.2.1　使用--help选项获取帮助

使用--help选项可以显示命令的使用方法以及命令选项的含义。只要在所需要显示的命令后面输入“--help”选项，就可以看到所查命令的帮助内容了。

命令语法：

```
[命令] --help
```

例2.10：使用--help选项查看mkdir命令的帮助信息。

```
[root@rhel ~]# mkdir --help
用法：mkdir [选项]... 目录...
Create the DIRECTORY(ies), if they do not already exist.

Mandatory arguments to long options are mandatory for short options too.
  -m, --mode=MODE   set file mode (as in chmod), not a=rwx - umask
```

```
-p, --parents     no error if existing, make parent directories as needed
-v, --verbose     print a message for each created directory
-Z                    set SELinux security context of each created directory
                      to the default type
  --context[=CTX]  like -Z, or if CTX is specified then set the SELinux
                   or SMACK security context to CTX
  --help           显示此帮助信息并退出
  --version        显示版本信息并退出

GNU coreutils online help: <http://www.gnu.org/software/coreutils/>
请向<http://translationproject.org/team/zh_CN.html> 报告mkdir 的翻译错误
要获取完整文档，请运行：info coreutils 'mkdir invocation'
```

2.2.2 查看man手册页

安装好Linux系统后，首先要做的是学会如何在Linux系统下获取帮助。man手册页是一种不错的方法，man是一种显示UNIX/Linux在线手册的命令。它可以用来查看命令、函数或者是文件的帮助手册，另外还可以显示一些gzip压缩格式的文件。

一般情况下，Linux系统下所有的资源都会随操作系统一起发行，包括内核源代码。而在线手册是操作系统所有资源的一本很好的使用手册。有不懂的命令时，可以用man查看这个命令；写程序时有不会用的函数，可以用man查看这个函数；有不懂的文件时，也可以用man查看文件。

一般情况下，man手册页的资源主要位于/usr/share/man目录下，使用以下命令显示。

```
[root@rhel ~]# ls -d /usr/share/man/man?
/usr/share/man/man1  /usr/share/man/man4  /usr/share/man/man7  /usr/share/man/mann
/usr/share/man/man2  /usr/share/man/man5  /usr/share/man/man8
/usr/share/man/man3  /usr/share/man/man6  /usr/share/man/man9
```

手册页大部分都是以.gz为扩展名的压缩文件，其命名方法为“手册页名称.手册类型.gz”。

```
[root@rhel ~]# ls /usr/share/man/man4
ati.4.gz          hpsa.4.gz                null.4.gz        ttyS.4.gz
cciss.4.gz        hunspell.4.gz            port.4.gz        urandom.4.gz
console.4.gz      initrd.4.gz              ptmx.4.gz        v4l.4.gz
console_codes.4.gz intel.4.gz              pts.4.gz         vcs.4.gz
console_ioctl.4.gz intel-virtual-output.4.gz radeon.4.gz    vcsa.4.gz
cpuid.4.gz        intro.4.gz               ram.4.gz         vesa.4.gz
crontabs.4.gz     kmem.4.gz                random.4.gz      vmmouse.4.gz
dsp56k.4.gz       lp.4.gz                  rtc.4.gz         vmware.4.gz
evdev.4.gz        mailcap.4.gz             run-parts.4.gz   void.4.gz
exa.4.gz          md.4.gz                  sd.4.gz          wacom.4.gz
fbdev.4.gz        mem.4.gz                 sk98lin.4.gz     wavelan.4.gz
fbdevhw.4.gz      modesetting.4.gz         st.4.gz          zero.4.gz
fd.4.gz           mouse.4.gz               synaptics.4.gz
full.4.gz         msr.4.gz                 tty.4.gz
hd.4.gz           nouveau.4.gz             tty_ioctl.4.gz
```

可以使用一个数字来表示手册页的不同类型，具体含义如表2.6所示。

表2.6　man手册页的类型

类型	描述
1	用户命令
2	系统调用
3	C语言函数库
4	设备和特殊文件
5	文件格式和约定
6	游戏程序
7	杂记
8	系统管理工具
9	Linux内核API（内核调用）

Linux系统下，man手册页组成的内容说明如表2.7所示。

表2.7　man手册页组成的内容

手册页内容	描述
Header	标题
NAME	命令/函数的功能概述
SYNOPSIS	命令/函数用法的简单描述
AVAILABILITY	可用性说明
DESCRIPTION	命令/函数的详细描述
OPTIONS	该命令的所有可选项的详细说明
RETURN VALUE	如果是函数，则列出函数返回值
ERRORS	如果函数调用出错，则列出所有出错的值和可能引起错误的原因
FILES	该命令/函数所用到的相关系统文件
ENVIRONMENT	和该命令/函数相关的环境变量
NOTES	表示不常用的用法或实现的细节
BUGS	已知的错误和警告
HISTORY	该命令/函数的历史发展
SEE ALSO	可以参照的其他的相关命令/函数
Others	和一些具体命名/函数有关的特殊信息
EXAMPLES	命令/函数的示例

man命令格式化并显示在线的手册页。通常使用者只要在命令man后输入想要获取的命令的名称，man就会列出一份完整的说明，其内容包括命令语法、各选项的意义以及相关命令等。

命令语法：

```
man [选项] [名称]
```

命令中各选项的含义如表2.8所示。

表2.8　man命令选项的含义

选项	选项含义
-M <路径>	指定man手册页的搜索路径
-a	显示所有的手册页，而不是只显示第一个
-d	主要用于检查，如果用户加入了一个新的文件，就可以用这个选项检查是否出错，这个选项并不会列出文件内容
-f	只显示出命令的功能而不显示详细的说明文件，和whatis命令功能一样
-p	字符串设定运行的预先处理程序的顺序
-w	不显示手册页内容，只显示将被格式化和显示的文件所在位置

例2.11：显示pwd命令的man手册页。

```
[root@rhel ~]# man pwd
```

例2.12：查看/etc/passwd文件的man手册页。

```
[root@rhel ~]# man 5 passwd
```

例2.13：显示passwd命令和/etc/passwd文件手册页所在位置。

```
[root@rhel ~]# man -w passwd
/usr/share/man/man1/passwd.1.gz
//在这里使用man -w 1 passwd和man -w passwd命令起到的效果一样
[root@rhel ~]# man -w 5 passwd
/usr/share/man/man5/passwd.5.gz
```

3.3 Shell基础知识

在Linux系统中，Shell是最常使用的程序，其主要作用是侦听用户命令、启动命令所指定的进程并将结果返回给用户。本节主要介绍Shell和bash。

2.3.1 Shell简介

在AT&T工作的Dennis Ritchie和Ken Thompson两人在设计UNIX操作系统的时候，想要为用户创建一种与UNIX系统交流的方法。那时的操作系统带有命令解释器。命令解释器接受用户的命令，然后解释它们，这使得计算机可以使用这些命令。

但是Ritchie和Thompson想要的不只是这些功能，他们想要提供比当时的命令解释器具备更优异功能的工具。这导致了Bourne Shell（通称为sh）的开发，由S.R.Bourne创建。自从Bourne Shell出现以后，其他类型的Shell也被一一开发，比如C Shell（csh）和Korn Shell（ksh）。

Shell接收用户命令，然后调用相应的应用程序，同时它还是一种程序设计语言，是系统管理维护时的重要工具。 作为命令语言，它交互式地解释和执行用户输入的命令或者自动地解释和执行预先设定好的一连串的命令。作为程序设计语言，它可以定义各种变量和参数，并提供了许多在高级语言中才具有的控制结构（循环和分支）。

Shell命令重新初始化用户的登录会话。当给出该命令时，就会重新设置进程的控制终端的端口特征，并取消对端口的所有访问。然后Shell命令为用户把进程凭证和环境重新设置为缺省值，并执行用户的初始程序。根据调用进程的登录用户标识建立所有的凭证和环境。

Linux 系统对Shell的处理采用独立、自由、开放的方式，因此Shell 的种类相当多，目前流行的Shell 有sh、csh 、ksh、tcsh 和bash等。大部分Linux系统的默认Shell类型为bash。

2.3.2 bash简介

bash（Bourne-Again Shell）最早是在1987年由布莱恩·福克斯开发的一个为GNU计划编写的UNIX Shell。bash目前是大多数Linux系统默认的Shell，它还能运行于大多数UNIX风格的操作系统上，甚至被移植到了Windows上的Cygwin系统中，以实现Windows的POSIX虚拟接口。

bash的命令语法是Bourne shell命令语法的超集。数量庞大的Bourne shell脚本大多不经过修改就可以在bash中执行，只有那些引用了Bourne特殊变量或使用了Bourne内置命令的脚本才需要修改。很多bash的命令语法来自ksh和csh，比如命令行编辑、命令历史、目录栈、$RANDOM变量、$PPID变量以及POSIX命令置换语法。

对于刚接触Linux系统的人而言，bash就相当于Windows系统上的DOS命令提示符。bash可以交互操作，也可以进行批处理操作，而且bash的开发具有较强针对性，因而其功能及易用性比DOS命令提示符强得多。

3.3.3 bash命令

当登录Linux系统或打开一个Linux终端窗口时，首先看到的是bash Shell提示符。Linux系统的标准提示符包括了用户登录名、登录的主机名、当前所在的工作目录路径和提示符号。

例如以普通用户zhangsan登录名为rhel的主机，他的工作目录是/home/zhangsan，如下所示。

```
[zhangsan@rhel ~]$
```

以root用户登录系统的提示符如下所示。

```
[root@rhel ~]#
```

除了不同的用户名外，提示符号由“$”变成了“#”。根据bash的传统，普通用户的提示符以“$”结尾，而超级用户以“#”结尾，提示符的每个部分都可以定制。

要运行命令的话，只需要在提示符后键入命令，然后再按回车键即可。Shell将在其路径中搜索这个命令，找到以后就运行，并在终端里输出相应的结果，命令结束后，再给出新的提示符。比如下面这个示例。

```
[zhangsan@rhel ~]$ whoami
zhangsan
//显示当前登录Linux系统的用户是zhangsan
[zhangsan@rhel ~]$
```

一个Shell命令可能含有一些选项和参数，其一般格式为：

```
[Shell命令] [选项] [参数]
```

下面举一个例子来详细描述Shell命令格式。

```
[root@rhel ~]# ls -l /root
```

其中“-l”是命令ls的一个选项，而/root则是参数。所有选项在该命令的man手册页中都有详细的介绍，而参数则由用户提供。选项决定命令如何工作，而参数则用于确定命令作用的目标。

选项有短命令行选项和长命令行选项两种。

下面这个示例就使用了短命令行选项。

```
[root@rhel ~]# ls -l /root
```

下面两种方法实现一样的效果。

```
[root@rhel ~]# ls -l -a /root
[root@rhel ~]# ls -la /root
```

下面这个示例就使用了长命令行选项。

```
[root@rhel ~]# ls --size /root
```

在Linux系统中，命令可以分为以下两大类。

- bash 内置的命令。
- 应用程序。

如果是bash内置的命令，则由 bash 负责回应。 如果是应用程序，那么Shell会找出该应用程序，然后将控制权交给内核，由内核执行该应用程序，执行完之后，再将控制权交回给Shell。

使用which 命令可以查看哪些命令是 bash 内置的命令，哪些是应用程序。

例2.14：查看echo和ls命令。

```
[root@rhel ~]# which echo
/usr/bin/echo
[root@rhel ~]# which ls
alias ls='ls --color=auto'
        /usr/bin/ls
```

2.4 使用bash

2.4.1 常用控制组合键

在操作Linux系统时，经常会使用一些组合键来控制Shell的活动。表2.9列出了一些常用的控制组合键。

表2.9 常用的控制组合键

控制组合键	功能
Ctrl+l	清屏
Ctrl+o	执行当前命令，并选择上一条命令
Ctrl+s	阻止屏幕输出
Ctrl+q	允许屏幕输出
Ctrl+c	终止命令
Ctrl+z	挂起命令
Ctrl+m	相当于按回车键
Ctrl+d	输入结束，即EOF的意思，或者注销Linux系统

2.4.2 光标操作

在Linux系统中，通过使用表2.10所示的组合键可以快速地进行光标操作。

表2.10 光标操作

组合键	功能
Ctrl+a	移动光标到命令行首
Ctrl+e	移动光标到命令行尾
Ctrl+f	按字符前移（向右）
Ctrl+b	按字符后移（向左）
Ctrl+xx	在命令行首和光标之间移动
Ctrl+u	删除从光标到命令行首的部分
Ctrl+k	删除从光标到命令行尾的部分
Ctrl+w	删除从光标到当前单词开头的部分
Ctrl+d	删除光标处的字符
Ctrl+h	删除光标前的一个字符
Ctrl+y	插入最近删除的单词
Ctrl+t	交换光标处字符和光标前面的字符
Alt+f	按单词前移（向右）
Alt+b	按单词后移（向左）
Alt+d	从光标处删除至单词尾
Alt+c	从光标处更改单词为首字母大写

续表

组合键	功能
Alt+u	从光标处更改单词为全部大写
Alt+l	从光标处更改单词为全部小写
Alt+t	交换光标处单词和光标前面的单词
Alt+Backspace	与Ctrl+w功能类似，分隔符有些差别

2.4.3 特殊字符

在Linux系统中，许多字符对于Shell来说是具有特殊意义的。表2.11列出了一些常用的特殊字符的意义。

表2.11 常用的特殊字符

符号	功能
~	用户主目录
`	反引号，用来命令替代（在Tab键上面的那个键）
#	注释
$	变量取值
&	后台进程工作
(	子Shell开始
)	子Shell结束
\	使命令持续到下一行
|	管道
<	输入重定向
>	输出重定向
>>	追加重定向
‘	单引号（不具有变数置换的功能）
“	双引号（具有置换的功能）
/	路径分隔符
;	命令分隔符

2.4.4 通配符

如果命令的参数中含有文件名，那么通配符可以带来十分便利的操作。表2.12列出了 bash 中经常使用的通配符。

表2.12 常用的通配符

符号	功能
?	代表任何单一字符
*	代表任何字符
[字符组合]	在中括号中的字符都符合，比如[a-z]代表所有的小写字母
[!字符组合]	不在中括号中的字符都符合，比如[!0-9]代表非数字的都符合

2.5 Shell实用功能

Shell的实用功能主要有命令行自动补全、命令历史记录、命令排列、命令替换、命令别名、文件名匹配和管道。

2.5.1 命令行自动补全

在Linux系统中，有太多的命令和文件名称需要记忆，使用命令行补全功能可以快速地写出文件名和命令名。

如果需要快速地从当前所在的目录跳转到/usr/src/kernels/目录，可以执行以下操作。

```
[root@rhel ~]# cd /u<Tab>/sr<Tab>/k<Tab>
```

<Tab>是按[Tab]键的意思，使用[Tab]键也称为命令行自动补全，这在平常应用中是不可缺少的。

让我们仔细看看这个例子。

```
[root@rhel ~]# cd /u<Tab>
```

扩展成了“cd /usr/”，再按[Tab]键，如下所示，扩展为“cd /usr/src/”。

```
[root@rhel ~]# cd /u<Tab>/sr<Tab>
```

因此，使用[Tab]键可以很方便地根据前几个字母来查找匹配的文件或子目录。

2.5.2 命令历史记录

在操作Linux系统的时候，每一个操作的命令都会被记录到命令历史中，在以后可以通过命令历史查看和使用以前操作的命令。

1. 和命令历史有关的变量

bash启动的时候会读取~/.bash_history文件，并将其载入到内存中。$HISTFILE变量用于设置~/.bash_history文件，bash退出时也会把内存中的历史记录回写到~/.bash_history文件中。

例2.15：显示$HISTFILE变量的值。

```
[root@rhel ~]# echo $HISTFILE
/root/.bash_history
```

在/etc/profile 文件文件中，默认定义了1000个命令历史记录，如下所示。

```
[root@rhel ~]# cat /etc/profile |grep HISTSIZE
HISTSIZE=1000
```

下面介绍一下$HISTSIZE和$HISTFILESIZE变量。

- $HISTSIZE：设置bash会话期间命令历史包含的命令数量；
- $HISTFILESIZE：设置历史文件中实际存储的命令数量。

例2.16：显示$HISTSIZE和$HISTFILESIZE变量的值。

```
[root@rhel ~]# echo $HISTSIZE
1000
[root@rhel ~]# echo $HISTFILESIZE
1000
```

2. 使用命令历史

使用history命令可以查看命令历史记录，每一条命令前面都会有一个序列号标示。

命令语法：

```
history [选项]
```

命令中各选项的含义如表2.13所示。

表2.13 history命令选项的含义

选项	选项含义
-c	清除命令历史记录
-w	将当前的历史命令写到.bash_history文件中，覆盖.bash_history文件的内容
-a	将目前新增的 history 历史命令写入.bash_history文件
n	显示最近n个命令历史记录，n代表数字
-r	读取历史文件的内容，并把它们作为当前历史

在Linux系统中使用命令历史的举例如表2.14所示。

表2.14 使用命令历史的举例

举例	描述
!!	运行上一个命令
!6	运行第6个命令
!8 /test	运行第8个命令并在命令后面加上/test
!?CF?	运行上一个包含CF字符串的命令
!ls	运行上一个ls命令（或以ls开头的历史命令）
!ls:s/CF/G	运行上一个ls命令，其中把CF替换成G
fc	编辑并运行上一个历史命令
fc 6	编辑并运行第6条历史命令
^boot^root^	快速替换。将最后一个命令中的boot替换为root后运行
!-5	运行倒数第5个命令
!$	运行前一个命令最后的参数

通过表2.15所示的快捷键可以非常方便地搜索历史命令。

表2.15 搜索历史命令

快捷键	描述
↑（向上方向箭）	查看上一个命令
↓（向下方向箭）	查看下一个命令
Ctrl+p	查看历史列表中的上一个命令
Ctrl+n	查看历史列表中的下一个命令
Ctrl+r	向上搜索历史列表
Alt+p	向上搜索历史列表
Alt+>	移动到历史列表末尾

例2.17：使用命令历史记录功能键。

```
[root@rhel ~]# mkdir /root/aaa
//创建目录/root/aaa
[root@rhel ~]# cd !$
cd /root/aaa
//!$是指重复前一个命令最后的参数，参数是/root/aaa
[root@rhel aaa]# pwd
/root/aaa
//显示用户当前目录是/root/aaa
```

例2.18：查看命令历史记录。

```
[root@rhel ~]# history
//显示过去曾经输入过的命令，只有两列信息：编号和命令
```

例2.19：显示执行过的前两条命令。

```
[root@rhel ~]# history 2
//在这里使用history +2和history 2命令起到的效果一样
```

例2.20：查看/root/.bash_history文件。

```
[root@rhel ~]# cat /root/.bash_history
```

例2.21：将当前的历史命令写入.bash_history文件。

```
[root@rhel ~]# history -w
```

例2.22：将目前新增的 history 历史命令写入.bash_history文件。

```
[root@rhel ~]# history -a
```

例2.23：清空命令历史记录。

```
[root@rhel ~]# history -c
//清空命令历史记录以后，再次使用history命令已经无法查看以前的命令历史
```

2.5.3 命令排列

如果希望一次执行多个命令，Shell允许在不同的命令之间放上特殊的排列字符。命令排列可以使用两种排列字符："；"和"&&"。

1. 使用"；"

使用"；"命令时先执行命令1，不管命令1是否出错，接下来就执行命令2。

命令语法：

```
命令1;命令2
```

例2.24：使用排列命令"；"同时执行两个命令。

```
[root@rhel ~]# ls /boot;du -hs /root
config-3.10.0-327.el7.x86_64
extlinux
grub2
initramfs-0-rescue-695707d564a94beba0e784062566b7e0.img
initramfs-3.10.0-327.el7.x86_64.img
initramfs-3.10.0-327.el7.x86_64kdump.img
initrd-plymouth.img
symvers-3.10.0-327.el7.x86_64.gz
System.map-3.10.0-327.el7.x86_64
vmlinuz-0-rescue-695707d564a94beba0e784062566b7e0
vmlinuz-3.10.0-327.el7.x86_64
4.4    M       /root
//先在屏幕上列出/boot目录中的所有内容，然后列出目录/root及其子目录所占用的磁盘空间大小
```

2. 使用"&&"

使用"&&"命令时，只有当命令1正确运行完毕后，才能执行命令2 。

命令语法：

```
命令1&&命令2
```

例2.25：使用排列命令"&&"同时执行两个命令。

```
[root@rhel ~]# ls -a /root/bogusdir&&du -sh
ls: 无法访问/root/bogusdir: 没有那个文件或目录
//将返回"ls: 无法访问/root/bogusdir: 没有那个文件或目录"，而"du -sh"命令根本没有运行，因为第一个命令都没有成功执行
```

2.5.4 命令替换

在Linux系统中，Shell命令的参数可以由另外一个命令的结果来替代，这种操作称为命令替换。

命令替换可以使用两种替换字符："$( )"和"``"。

1. 使用"$( )"

命令语法：

```
命令1 $(命令2)
```

下面讲解一个例子。

结束一个名为less的进程前先得用命令pidof找出相应的进程号，然后以这个进程号为参数，运行kill命令，这样就可以结束less进程，使用以下命令。

```
[root@rhel ~]# pidof less
7552
//less进程号为7552
[root@rhel ~]# kill -9 7552
//结束进程号为7552的进程（也就是less进程）
```

例2.26：使用命令替换功能结束less进程。

```
[root@rhel ~]# kill -9 $(pidof less)
// pidof less命令的输出7552作为命令kill -9的参数，然后就可以结束该进程了
```

2. 使用"``"

除了可以使用"$（ ）"之外，还可以使用后引号"'"（位于Tab键上面那个键）。

命令语法：

```
命令1 '命令2'
```

这样虽然可以减少输入，但可读性差，而且很容易和没有替换功能的一般单引号混淆。

例2.27：使用命令替换功能结束less进程。

```
[root@rhel ~]# kill -9 'pidof less'
```

2.5.5 命令别名

在需要执行某一个非常长的命令时，所有的命令以及命令的选项、参数都要一一输入，很枯燥也容易出现错误。可以为常用命令定义快捷方式，这些快捷方式可以用比较简单的命令别名来定义。

1. 创建别名

使用alias命令可以为命令定义别名。如果命令中有空格的话，就需要使用双引号（比如在命令与选项之间就有空格）。

命令语法：

```
alias [别名]=[需要定义别名的命令]
```

例如，使用下面的命令查看/boot目录的内容。

```
[root@rhel ~]# ls /boot
```

显然，如果每次需要查看/boot目录的内容都要输入这样的命令，会非常麻烦，因此可以定义别名。

例2.28：为ls /boot命令创建别名ok。

```
[root@rhel ~]# alias ok="ls /boot"
[root@rhel ~]# ok
```

```
config-3.10.0-327.el7.x86_64
extlinux
grub2
initramfs-0-rescue-695707d564a94beba0e784062566b7e0.img
initramfs-3.10.0-327.el7.x86_64.img
initramfs-3.10.0-327.el7.x86_64kdump.img
initrd-plymouth.img
symvers-3.10.0-327.el7.x86_64.gz
System.map-3.10.0-327.el7.x86_64
vmlinuz-0-rescue-695707d564a94beba0e784062566b7e0
vmlinuz-3.10.0-327.el7.x86_64
//在终端中输入别名ok就可以查看/boot目录的内容
```

例2.29：查看系统中所有的别名。

```
[root@rhel ~]# alias
alias cp='cp -i'
alias egrep='egrep --color=auto'
alias fgrep='fgrep --color=auto'
alias grep='grep --color=auto'
alias l.='ls -d .* --color=auto'
alias ll='ls -l --color=auto'
alias ls='ls --color=auto'
alias mv='mv -i'
alias ok='ls /boot'
alias rm='rm -i'
alias which='alias | /usr/bin/which --tty-only --read-alias --show-dot --show-tilde'
//有些别名（比如cp、ll、ls、mv、rm、which）是系统定义的，有些别名（比如ok）是用户定义的
```


2. 取消别名

当用户需要取消别名的定义时，可以使用unalias命令。

命令语法：

```
unalias [别名]
```

例2.30：取消之前定义的别名ok。

```
[root@rhel ~]# unalias ok
[root@rhel ~]# ok
bash: ok: 未找到命令...
//取消别名之后不能使用别名ok了
```

在重新启动计算机系统以及关闭终端以后，定义的别名会失效。若系统中有一个命令，同时定义了一个与其同名的别名，则别名将优先于系统中原有的命令而执行。

> **注意：**
>
> 如果希望重新启动计算机系统以及关闭终端以后，定义的别名仍旧生效，可以编辑/etc/bashrc（针对系统中所有用户）或$HOME/.bashrc（针对某一个指定用户，$HOME代表用户主目录）文件，将别名定义命令写到这两个文件中。

2.5.6 文件名匹配

文件名匹配使得用户不必一一写出文件名称就可以指定多个文件。这将用到一些特殊的字符，称之为通配符。

1. 通配符“*”

“*”可匹配一个或多个字符。假设想用rm命令删除当前目录下所有以字符串“.bak”结尾的文件，除了在rm命令后面写上所有文件名作为参数，还可以使用通配符“*”，使用以下命令。

```
[root@rhel ~]# rm *.bak
```

在本例中，告诉Shell将命令rm的参数扩展到所有以“.bak”结尾的文件，Shell就将扩展后的参数告诉rm命令。Shell在命令执行前，将读取并解释命令行。

假如当前目录下，包含文件124.bak、346.bak和583.bak。如果只想保留文件583.bak，将其余两个文件删除，可以使用以下命令。

```
[root@rhel ~]# rm *4*.bak
```

Shell就将“*4*.bak”扩展成所有含“4”并以“.bak”结尾的字符串。

2. 通配符“? ”

第二个通配符是“?”。在匹配时，一个问号只能代表一个字符。为了示范其用途，我们在上例的假设中另外再添加311.bak和abcd.text两个新文件。现在，列出所有在“.”后有4个字符的文件，使用以下命令。

```
[root@rhel ~]# ls *.????
abcd.text
```

2.5.7 管道

Linux系统的理念是汇集许多小程序，每个程序都有特殊的专长。复杂的任务不是由大型软件完成，而是运用Shell 的机制，组合许多小程序共同完成。管道就在其中发挥着重要的作用，它可以将某个命令的输出信息当作某个命令的输入，由管道符号“|”来标识。

命令语法：

```
[命令1]|[ 命令2]|[ 命令3]
```

例2.31：使用简单的管道。

```
[root@rhel ~]# ls /etc|more
abrt
adjtime
akonadi
aliases
aliases.db
alsa
...（省略）
cgconfig.conf
cgconfig.d
cgrules.conf
cgsnapshot_blacklist.conf
chkconfig.d
chrony.conf
--More--
//命令ls /etc显示/etc目录的内容，命令more是分页显示内容
```

例2.32：使用复杂的管道。

```
[root@rhel ~]# rpm -qa|grep a|more
//命令rpm -qa显示已经安装在系统上的RPM包，命令grep a是过滤软件包，命令more是分页显示这些信息
```

2.6 重定向

希望将命令的输出结果保存到文件中，或者以文件内容作为命令的参数，这时就需要用到重定向。重定向不使用系统的标准输入端口、标准输出端口或是标准错误端口，而是进行重新的指定。

重定向有4种方式，分别是：输出重定向、输入重定向、错误重定向以及同时实现输出和错误的重定向。

2.6.1 输出重定向

输出重定向，即将某一命令执行的输出保存到文件中，如果已经存在相同的文件，那么覆盖源文件中的内容。

命令语法：

```
[命令] > [文件]
```

例2.33：使用输出重定向将/boot目录的内容保存到/root/abc文件中。

```
[root@rhel ~]# ls /boot > /root/abc
[root@rhel ~]# cat /root/abc
config-3.10.0-327.el7.x86_64
extlinux
grub2
initramfs-0-rescue-695707d564a94beba0e784062566b7e0.img
initramfs-3.10.0-327.el7.x86_64.img
initramfs-3.10.0-327.el7.x86_64kdump.img
initrd-plymouth.img
symvers-3.10.0-327.el7.x86_64.gz
System.map-3.10.0-327.el7.x86_64
vmlinuz-0-rescue-695707d564a94beba0e784062566b7e0
vmlinuz-3.10.0-327.el7.x86_64
//查看/root/abc文件的内容
```

例2.34：使用echo命令和输出重定向创建/root/mm文件，文件内容是Hello。

```
[root@rhel ~]# echo Hello > /root/mm
[root@rhel ~]# cat /root/mm
Hello
//显示/root/mm文件，可以看到文件的内容是Hello
```

另外一种特殊的输出重定向是输出追加重定向，即将某一命令执行的输出添加到已经存在的文件中。

命令语法：

```
[命令] >> [文件]
```

例2.35：使用输出追加重定向将数据写入文件/root/ao。

```
[root@rhel ~]# echo Hello > /root/ao
//先创建文件/root/ao，文件内容是Hello
 [root@rhel ~]# echo Linux >> /root/ao
//向文件/root/ao中追加数据Linux
[root@rhel ~]# cat /root/ao
Hello
```

```
Linux
//查看文件/root/ao，可以看到两次输入的数据都在
```

2.6.2 输入重定向

输入重定向，即将某一文件的内容作为命令的输入。

命令语法；

```
[命令] < [文件]
```

例2.36：使用输入重定向将文件/root/mm的内容作为输入让cat命令执行。

```
[root@rhel ~]# cat < /root/mm
Hello
//可以看到文件/root/mm的内容是Hello
```

另外一种特殊的输入重定向是输入追加重定向，这种输入重定向告诉Shell，当前标准输入来自命令行的一对分隔符之间的内容。

命令语法；

```
[命令] << [分隔符]
> [文本内容]
> [分隔符]
```

例2.37：使用输入追加重定向创建/root/bc文件。

```
[root@rhel ~]# cat > /root/bc << EOF
> Hello Linux
> EOF
//一般使用EOF作为分隔符
[root@rhel ~]# cat /root/bc
Hello Linux
```

2.6.3 错误重定向

错误重定向，即将某一命令执行的出错信息输出到指定文件中。

命令语法：

```
[命令] 2> [文件]
```

例2.38：查看根本不存在的/root/kk文件，出现报错信息，将其保存到文件/root/b中。

```
[root@rhel ~]# cat /root/kk 2> /root/b
[root@rhel ~]# cat /root/b
cat: /root/kk: 没有那个文件或目录
//使用cat命令查看/root/b文件，可以看到其内容就是执行命令cat /root/kk的报错信息
```

另外一种特殊的错误重定向是错误追加重定向，即将某一命令执行的出错信息添加到已经存在的文件中。

命令语法：

```
[命令] 2>> [文件]
```

例2.39：使用错误追加重定向，将执行命令的多次出错信息保存到/root/b文件。

```
[root@rhel ~]# cat /root/kk 2> /root/b
[root@rhel ~]# cat /root/kk 2>> /root/b
[root@rhel ~]# cat /root/b
cat: /root/kk: 没有那个文件或目录
cat: /root/kk: 没有那个文件或目录
```

2.6.4 同时实现输出和错误的重定向

同时实现输出和错误的重定向，即可以同时实现输出重定向和错误重定向的功能。

命令语法：

```
[命令] &> [文件]
```

例2.40：同时使用输出和错误重定向列出/boot目录内容到/root/kk文件中。

```
[root@rhel ~]# ls /boot &> /root/kk
[root@rhel ~]# cat /root/kk
config-3.10.0-327.el7.x86_64
extlinux
grub2
initramfs-0-rescue-695707d564a94beba0e784062566b7e0.img
initramfs-3.10.0-327.el7.x86_64.img
initramfs-3.10.0-327.el7.x86_64kdump.img
initrd-plymouth.img
symvers-3.10.0-327.el7.x86_64.gz
System.map-3.10.0-327.el7.x86_64
vmlinuz-0-rescue-695707d564a94beba0e784062566b7e0
vmlinuz-3.10.0-327.el7.x86_64
//因为/boot目录下有文件，所以最终使用了输出重定向
```

例2.41：同时使用输出和错误重定向列出/nn目录内容到/root/oo文件中。

```
[root@rhel ~]# ls /nn &> /root/oo
[root@rhel ~]# cat /root/oo
ls: 无法访问/nn: 没有那个文件或目录
//因为没有/nn目录，所以最终使用了错误重定向
```

2.7 vi编辑器

2.7.1 vi编辑器工作模式

vi编辑器是Linux系统字符界面下最常使用的文本编辑器，用于编辑任何ASCII文本，对于编辑源程序尤其有用。vi编辑器功能非常强大，通过使用vi编辑器，可以对文本进行创建、查找、替换、删除、复制和粘贴等操作。

在Linux系统Shell提示符下输入vi和文件名称后，就进入vi编辑界面。如果系统内还不存在该文件，就意味着创建文件；如果系统内存在该文件，就意味着编辑该文件。

vi编辑器有3种基本工作模式，分别是命令模式、插入模式和末行模式。

1. 命令模式

进入vi编辑器之后，系统默认处于命令模式。命令模式控制屏幕光标的移动，字符、字或行的删除，某区域的移动、复制等。在命令模式下，按冒号键[:]可以进入末行模式。在命令模式下按字母[a]键就可以进入插入模式。

2. 插入模式

只有在插入模式下，才可以进行文本编辑。在插入模式下按[ESC]键可以回到命令模式。

3. 末行模式

在末行模式下，可以将文件进行保存或退出vi编辑器，也可以设置编辑环境、替换字符或删

除字符。在末行模式下按[ESC]键可以回到命令模式。

图2.4所示为vi编辑器的3种模式之间的关系。

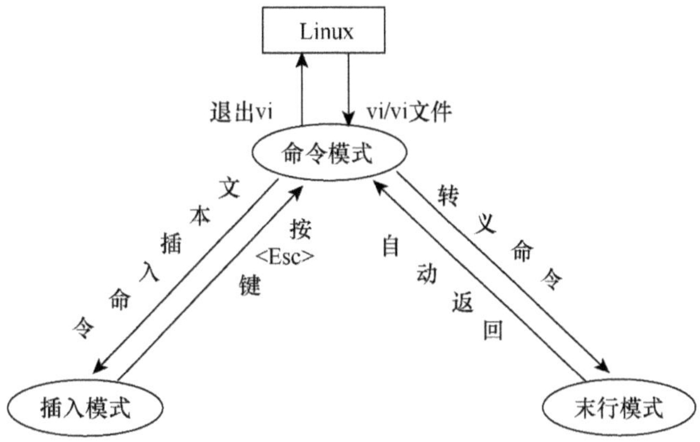

图2.4 vi编辑器的3种模式

2.7.2 进入插入模式

当在Shell提示符下输入“vi 文件名”之后就进入了命令模式，在命令模式下是不能输入任何数据的。

在命令模式下使用表2.16所示的命令可以进入插入模式。

表2.16 进入插入模式命令

命令	功能
i	从光标当前所在位置之前开始插入
a	从光标当前所在位置之后开始插入
I	在光标所在行的行首插入
A	在光标所在行的行末尾插入
o	在光标所在行的下面新开一行插入
O	在光标所在行的上面新开一行插入
s	删除光标位置的一个字符，然后进入插入模式
S	删除光标所在的行，然后进入插入模式

2.7.3 光标移动

在命令模式下可以使用表2.17所示的命令进行光标的移动。

表2.17 光标移动

命令	功能
↑键（向上箭头）	使光标向上移动一行
↓键（向下箭头）	使光标向下移动一行
←键（向左箭头）	使光标向左移动一个字符
→键（向右箭头）	使光标向右移动一个字符
k	使光标向上移动一行
j	使光标向下移动一行
h	使光标向左移动一个字符

命令	功能
l	使光标向右移动一个字符
nk	使光标向上移动n行，n代表数字
nj	使光标向下移动n行，n代表数字
nh	使光标向左移动n个字符，n代表数字
nl	使光标向右移动n个字符，n代表数字
H	使光标移动到屏幕的顶部
M	使光标移动到屏幕的中间
L	使光标移动到屏幕的底部
Ctrl+b	使光标往上移动一页屏幕
Ctrl+f	使光标往下移动一页屏幕
Ctrl+u	使光标往上移动半页屏幕
Ctrl+d	使光标往下移动半页屏幕
0（数字0）	使光标移到所在行的行首
$	使光标移动到光标所在行的行尾
^	使光标移动到光标所在行的行首
w	使光标跳到下一个字的开头
W	使光标跳到下一个字的开头，但会忽略一些标点符号
e	使光标跳到下一个字的字尾
E	使光标跳到下一个字的字尾，但会忽略一些标点符号
b	使光标回到上一个字的开头
B	使光标回到上一个字的开头，但会忽略一些标点符号
(	使光标移动到上一个句首
)	使光标移动到下一个句首
{	使光标移动到上一个段落首
}	使光标移动到下一个段落首
G	使光标移动到文件尾（最后一行的第一个非空白字符处）
gg	使光标移动到文件首（第一行第一个非空白字符处）
space键（空格键）	使光标向右移动一个字符
Backspace键	使光标向左移动一个字符
Enter键	使光标向下移动一行
Ctrl+p	使光标向上移动一行
Ctrl+n	使光标向下移动一行
n|	使光标移动到第n个字符处，n代表数字
nG	使光标移动到第n行首，n代表数字
n+	使光标向下移动n行，n代表数字
n-	使光标向上移动n行，n代表数字
n$	使光标移动到以当前行算起的第n行尾，n代表数字

2.7.4 命令模式操作

在命令模式下可以使用表2.18所示的命令进行命令模式操作。

表2.18　命令模式的命令

类型	命令	功能
删除	x	删除光标所在位置的字符
	X	删除光标所在位置的前面一个字符
	nx	删除光标所在位置开始的n个字符，n代表数字
	nX	删除光标所在位置前面n个字符，n代表数字
	dd	删除光标所在行
	ndd	从光标所在行开始删除n行，n代表数字
	db	删除光标所在位置的前面一个单词
	ndb	删除光标所在位置的前面n个单词，n代表数字
	dw	从光标所在位置开始删除一个单词
	ndw	从光标所在位置开始删除几个单词，n代表数字
	d$	删除光标到行尾的内容（含光标所在处字符）
	D	删除光标到行尾的内容（含光标所在处字符）
	dG	从光标位置所在行一直删除到文件尾
复制和粘贴	yw	复制光标所在位置到单词尾的字符
	nyw	复制光标所在位置开始的n个单词，n代表数字
	yy	复制光标所在行
	nyy	复制从光标所在行开始的n行，n代表数字
	y$	复制光标所在位置到行尾内容到缓存区
	y^	复制光标前面所在位置到行首内容到缓存区
	YY	将当前行复制到缓冲区
	nYY	将当前开始的n行复制到缓冲区，n代表数字
	p	将缓冲区内的内容写到光标所在的位置
替换	r	替换光标所在处的字符，按[r]键之后输入要替换的字符
	R	替换光标所到之处的字符，直到按下[Esc]键为止，按[R]键之后输入要替换的字符
撤销和重复	u	撤销上一个操作。按多次u可以执行多次撤销
	U	取消所有操作
	.	再执行一次前面刚完成的操作
列出行号	Ctrl+g	列出光标所在行的行号
保存和退出	ZZ	保存退出
	ZQ	不保存退出
查找字符	/关键字	先按[/]键，再输入想查找的字符，如果第一次查找的关键字不是想要的，可以一直按[n]键会往后查找下一个关键字，而按[N]键会往相反的方向查找
	?关键字	先按[?]键，再输入想查找的字符，如果第一次查找的关键字不是想要的，可以一直按[n]键往前查找下一个关键字，而按[N]键会往相反的方向查找
合并	nJ	将当前行开始的n行进行合并，n代表数字
	J	清除光标所在行与下一行之间的换行，行尾没有空格的话会自动添加一个空格

2.7.5　末行模式操作

在使用末行模式之前，请记住先按[ESC]键确定已经处于命令模式后，再按“：”即可进入末行模式。可以使用表2.19所示的命令进行末行模式操作。

表2.19　末行模式命令

类型	命令	功能
运行Shell命令	:!command	运行Shell命令，command代表命令
	:r!command	将命令运行的结果信息输入到当前行位置，command代表命令
	:n1,n2 w !command	将n1到n2行的内容作为命令的输入，n1和n2代表数字，command代表命令
查找字符	:/str/	从当前光标开始往右移动到有str的地方，str代表字符
	:?str?	从当前光标开始往左移动到有str的地方，str代表字符
替换字符	:s/str1/str2/	将光标所在行第一个字符str1替换为str2，str1和str2代表字符
	:s/str1/str2/g	将光标所在行所有的字符str1替换为str2，str1和str2代表字符
	:n1,n2s/str1/str2/g	用str2替换从第n1行到第n2行中出现的str1，str1和str2代表字符，n1和n2代表数字
	:% s/str1/str2/g	用str2替换文件中所有的str1，str1和str2代表字符
	:.,$s/str1/str2/g	将从当前位置到结尾的所有的str1替换为str2，str1和str2代表字符
保存和退出	:w	保存文件
	:w filename	将文件另存为filename
	:wq	保存文件并退出vi编辑器
	:wq filename	将文件另存为filename后退出vi编辑器
	:wq!	保存文件并强制退出vi编辑器
	:wq! filename	将文件另存为filename后强制退出vi编辑器
	:x	保存文件并强制退出vi编辑器，其功能和:wq!相同
	:q	退出vi编辑器
	:q!	如果无法离开vi，强制退出vi编辑器
	:n1,n2w filename	将从n1行开始到n2行结束的内容保存到文件filename中，n1和n2代表数字
	:nw filename	将第n行内容保存到文件filename中，n代表数字
	:1,.w filename	将从第一行开始到光标当前位置的所有内容保存到文件filename中
	:.,$w filename	将从光标当前位置开始到文件末尾的所有内容保存到文件filename中
	:r filename	打开另外一个已经存在的文件filename
	:e filename	新建名为filename的文件
	:f filename	把当前文件改名为filename文件
	:/str/w filename	将包含有str的行写到文件filename中，str代表字符
	:/str1/,/str2/w filename	将从包含有str1开始到str2结束的行内容写入文件filename，str1和str2代表字符
删除	:d	删除当前行
	:nd	删除第n行，n代表数字
	:n1,n2 d	删除从n1行开始到n2行为止的所有内容，n1和n2代表数字
	:.,$d	删除从当前行开始到文件末尾是所有内容
	:/str1/ , /str2/d	删除从str1开始到str2为止的所在行的所有内容，str1和str2代表字符
复制和移动	:n1,n2 co n3	将从n1行开始到n2行为止的所有内容复制到n3行后面，n1、n2和n3代表数字
	:n1,n2 m n3	将从n1行开始到n2行为止的所有内容移动到n3行后面，n1、n2和n3代表数字
跳到某一行	:n	在冒号后输入一个数字，再按回车键就会跳到该行，n代表数字
设置vi环境	:set number	在文件中的每一行前面列出行号
	:set nonumber	取消在文件中的每一行前面列出行号
	:set readonly	设置文件为只读状态

2.8　远程连接Linux系统

Xshell是一个用于Windows平台的强大的SSH、telnet和RLOGIN终端仿真软件，它使得用户能够轻松、安全地从Windows计算机上访问Linux服务器。Xftp是一个用于Windows平台的强大的FTP和SFTP文件传输程序，能安全地在Linux和Windows计算机系统之间传输文件。

2.8.1 使用Xshell

使用Xshell软件可以实现在Windows系统上远程登录Linux服务器，这样你就没必要跑到机房去操作服务器了，可以直接在办公室通过网络连接远程服务器。

在Xshell软件主界面上单击【新建】按钮，打开【新建会话属性】对话框，在该对话框中输入名称、协议、主机、端口号，这里协议选择【SSH】，主机为Linux系统的IP地址，端口号为22，如图2.5所示。

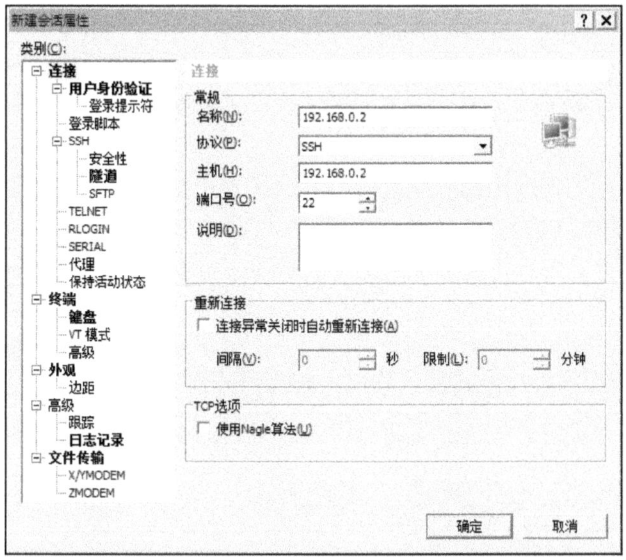

图2.5 指定名称、协议、主机和端口号

单击左侧【类别】树形目录下的【用户身份验证】选项卡，选择【方法】为【Password】，即通过密码验证用户身份，然后输入用户名和密码，如图2.6所示，最后单击【确定】按钮即可完成会话的创建。

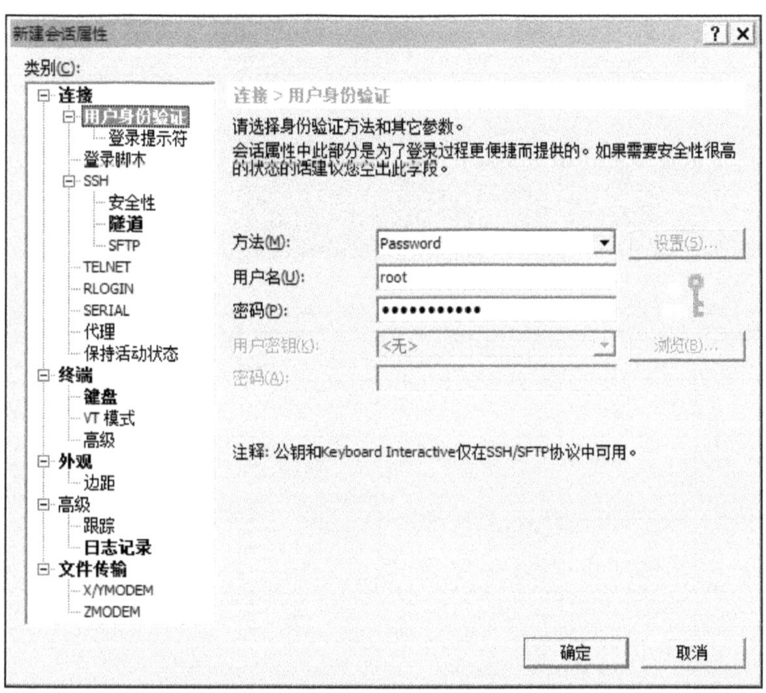

图2.6 用户身份验证

第2章 Linux字符界面

单击Xshell菜单栏上的【文件】→【打开】，打开图2.7所示的对话框，选择需要连接的远程Linux主机，然后单击【连接】按钮即可。当第一次连接时，需要接受主机密钥。

图2.7　会话（一）

图2.8所示为已经通过Xshell登录远程Linux主机的界面，在此输入命令操作和在主机终端上输入命令操作是一样的。

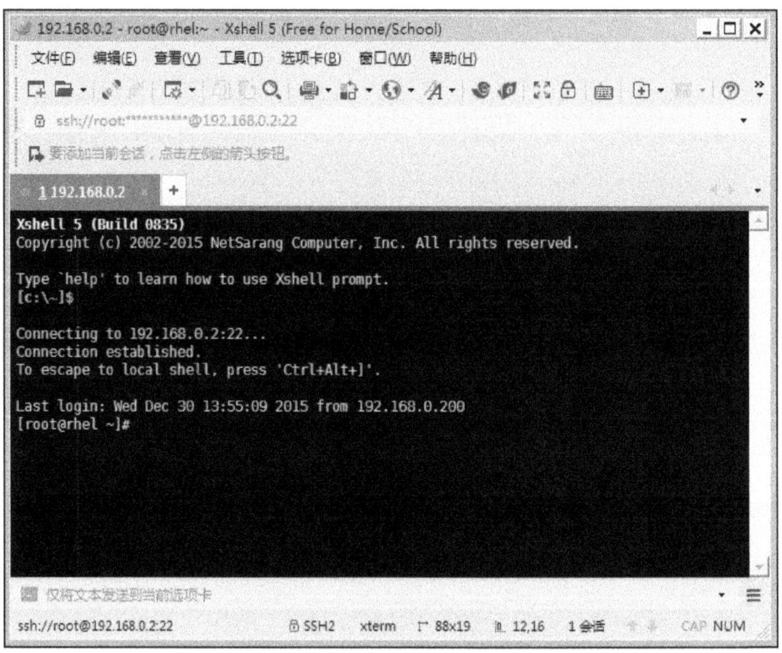

图2.8　已经登录到Linux系统

2.8.2　使用Xftp

使用Xftp软件可以实现在Windows系统和Linux系统之间上传和下载文件，比如把Linux服务器上的某一个配置文件保存到本地Windows系统上；或者把某个软件包从Windows系统上传到Linux服务器。

在Xftp软件主界面上单击【新建】按钮，打开【新建会话属性】对话框，在【常规】选项卡对话框中输入名称、主机、协议、端口号、方法、用户名和密码，这里协议选择【SFTP】，主机为Linux系统的IP地址，端口号为22，方法选择【Password】，即通过密码验证用户身份，如图2.9所示。

图2.9 【常规】选项卡

在图2.10所示的【选项】选项卡页面上勾选【使用UTF-8编码】复选框，不然的话连接到Linux系统之后会出现中文显示乱码的现象。最后单击【确定】按钮即可完成会话创建。

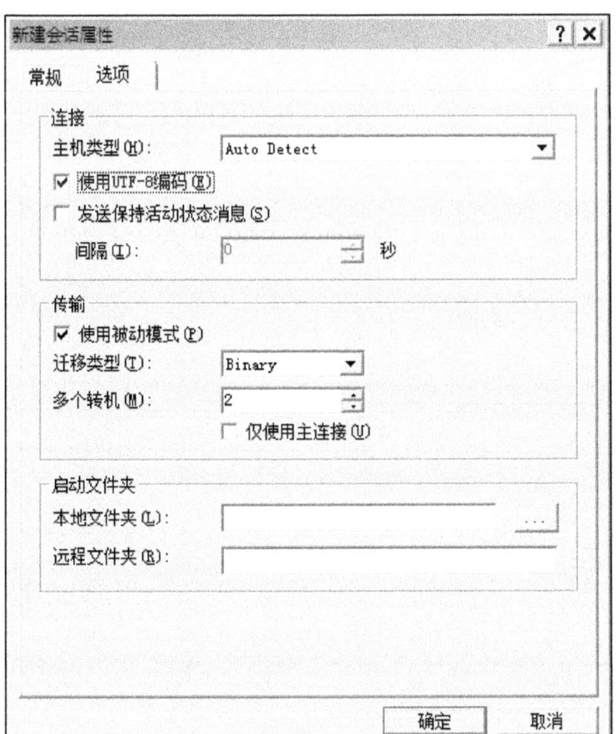

图2.10 【选项】选项卡

单击Xftp菜单栏上的【文件】→【打开】，打开图2.11所示的对话框，选择需要连接的远程Linux主机，然后单击【连接】按钮即可。

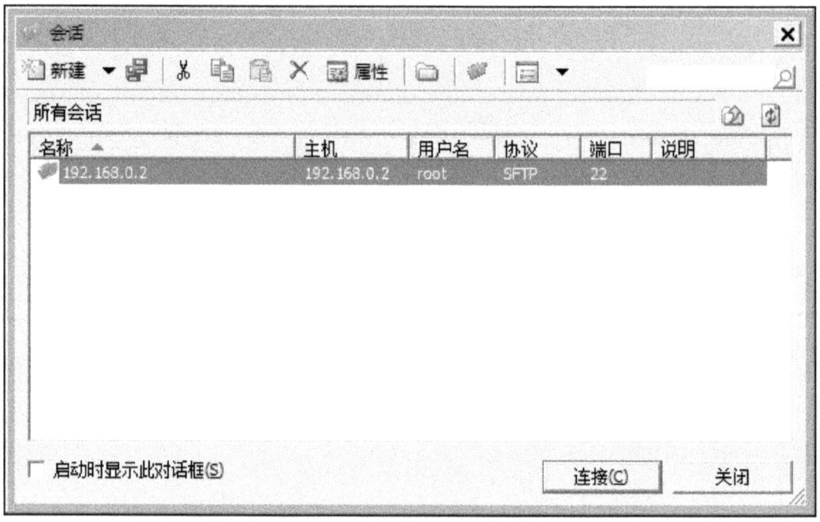

图2.11　会话（二）

图2.12所示为已经通过Xftp连接远程Linux主机的界面，该界面与CuteFTP（FTP客户端软件）软件界面相类似，在此就可以实现Windows系统和Linux系统之间文件的上传和下载。

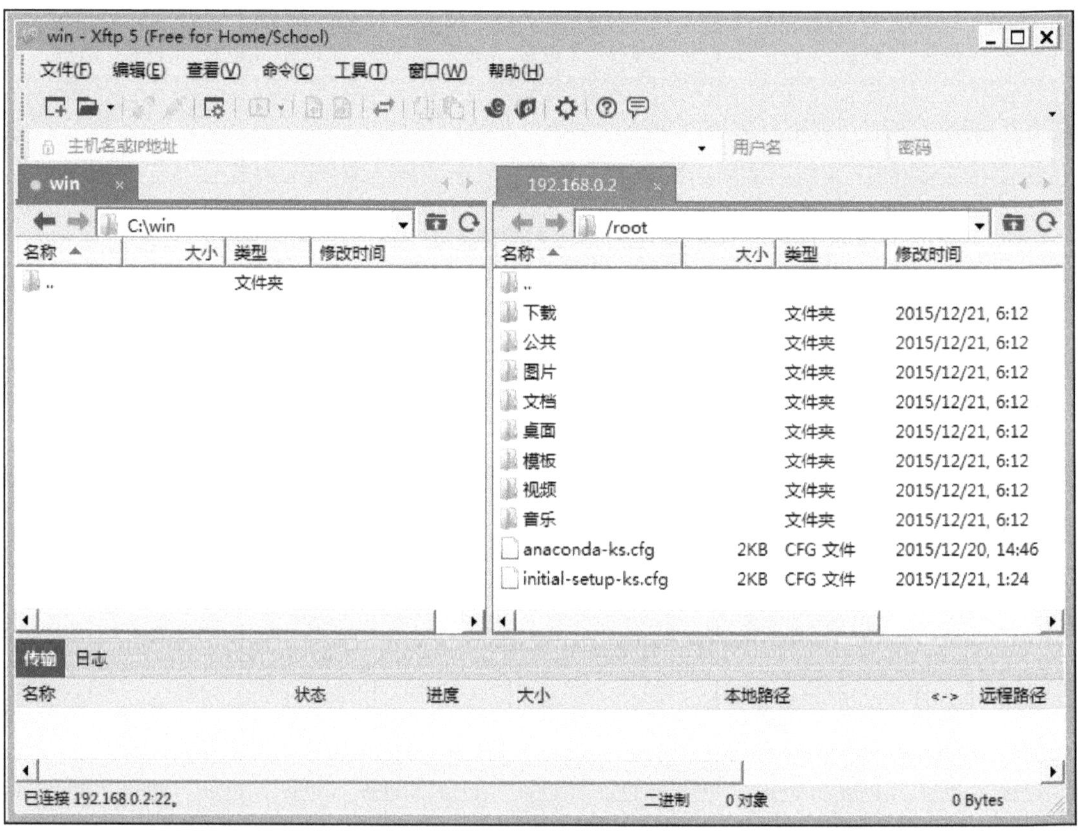

图2.12　已经连接到Linux系统

第3章 目录和文件管理

3.1 Linux文件类型

在Linux系统上除了一般文件之外，所有的目录和设备（如光驱、硬盘等）都是以文件的形式存在的。 Linux文件类型和Linux文件的文件名所代表的意义是不同的。通过一般应用程序创建的文件，比如file.txt、file.tar.gz，虽然要用不同的程序来打开，但放在Linux文件类型中衡量的话，大多称为普通文件。

Linux文件类型常见的有：普通文件、目录文件、设备文件（字符设备文件和块设备文件）、管道文件和链接文件等。

1. 普通文件

用ls -lh命令查看某个文件的属性，可以看到有类似“-rw------”的属性符号，其属性第一个符号是“-”，这样的文件在Linux系统中就是普通文件。这些文件一般用一些相关的应用程序创建，比如图像工具、文档工具或归档工具等。

```
[root@Linux ~]# ls -lh /root/anaconda-ks.cfg
-rw-------. 1 root root 2.1K 12月 20 14:46 /root/anaconda-ks.cfg
```

2. 目录文件

当我们在某个目录下执行，看到有类似“drwxr-xr-x”的属性符号，其属性第一个字符是“d”，这样的文件在Linux系统中就是目录文件。

```
[root@rhel ~]# ls -lh /root
总用量 8.0K
-rw-------. 1 root root 2.1K 12月 20 14:46 anaconda-ks.cfg
-rw-------. 1 root root 2.2K 12月 21 01:24 initial-setup-ks.cfg
drwxr-xr-x. 2 root root    6 12月 21 06:12 公共
drwxr-xr-x. 2 root root    6 12月 21 06:12 模板
drwxr-xr-x. 2 root root    6 12月 21 06:12 视频
drwxr-xr-x. 2 root root    6 12月 21 06:12 图片
drwxr-xr-x. 2 root root    6 12月 21 06:12 文档
drwxr-xr-x. 2 root root    6 12月 21 06:12 下载
drwxr-xr-x. 2 root root    6 12月 21 06:12 音乐
drwxr-xr-x. 2 root root    6 12月 21 06:12 桌面
```

3. 设备文件

Linux系统下的/dev目录中有大量的设备文件，主要是块设备文件和字符设备文件。

（1）块设备文件。

块设备文件的主要特点是可以随机读写，而最常见的块设备文件就是磁盘，如/dev/hda1、/dev/sda2、/dev/fd0等。下面列出来的都是块设备文件，可以看到其中有类似“brw-rw----”的属性符号，其属性第一个字符是“b”。

```
[root@rhel ~]# ls -l /dev|grep sd
brw-rw----. 1 root disk     8,  0 12月 21 22:41 sda
brw-rw----. 1 root disk     8,  1 12月 21 22:41 sda1
brw-rw----. 1 root disk     8,  2 12月 21 22:41 sda2
brw-rw----. 1 root disk     8,  3 12月 21 22:41 sda3
```

（2）字符设备文件。

最常见的字符设备文件是打印机和终端，可以接收字符流。/dev/null是一个非常有用的字符设备文件，送入这个设备的所有内容都被忽略。如果将任何程序的输出结果重定向到/dev/null，则看不到任何输出信息。甚至于，可以将某一用户的Shell指向/dev/null，以禁止其登录系统。

下面列出来的都是字符设备文件，可以看到其中有类似“crw--w----”的属性符号，其属性第一个字符是“c”。

```
[root@rhel ~]# ls -l /dev|grep tty5
crw--w----. 1 root tty     4,  5 12月 21 09:07 tty5
crw--w----. 1 root tty     4, 50 12月 21 09:07 tty50
crw--w----. 1 root tty     4, 51 12月 21 09:07 tty51
crw--w----. 1 root tty     4, 52 12月 21 09:07 tty52
crw--w----. 1 root tty     4, 53 12月 21 09:07 tty53
crw--w----. 1 root tty     4, 54 12月 21 09:07 tty54
crw--w----. 1 root tty     4, 55 12月 21 09:07 tty55
crw--w----. 1 root tty     4, 56 12月 21 09:07 tty56
crw--w----. 1 root tty     4, 57 12月 21 09:07 tty57
crw--w----. 1 root tty     4, 58 12月 21 09:07 tty58
crw--w----. 1 root tty     4, 59 12月 21 09:07 tty59
```

4. 管道文件

管道文件有时候也被叫作FIFO文件（FIFO是先进先出的意思），管道文件就是从一头流入，从另一头流出。

使用以下命令可以看到管道文件属性第一个字符是“p”，这样的文件就是管道文件。

```
[root@rhel ~]# ls -l /run/systemd/inhibit/9.ref
prw-------. 1 root root 0 12月 21 06:12 /run/systemd/inhibit/9.ref
```

以前，UNIX系统对文件的最大容量限制为2GB，虽然现在新版本的Linux、Solaris、FreeBSD等系统不再有此限制，但处理大文件的需求仍然存在。假设想用镜像（dd命令）的方式来备份一个容量为20GB的分区，就会产生一个20GB的文件。根据磁盘实际的使用状况，这个文件在压缩后可能只有几MB到几GB大小。

5. 链接文件

链接文件有两种类型：软链接文件和硬链接文件。

（1）软链接文件。

软链接文件又叫符号链接文件，这个文件包含了另一个文件的路径名，可以是任意文件或目录，可以链接不同文件系统的文件。在对软链接文件进行读写操作的时候，系统会自动把该操作转换为对源文件的操作，但删除链接文件时，系统仅仅删除链接文件，而不删除源文件本身。

可以从下面的列子中看到其文件属性第一个字符是“l”，这样的文件就是软链接文件。

```
[root@rhel ~]# ls -l /etc/httpd/logs
lrwxrwxrwx. 1 root root 19 12月 20 13:31 /etc/httpd/logs -> ../../var/log/httpd
```

（2）硬链接文件。

硬链接是已存在文件的另一个文件，对硬链接文件进行读写和删除操作时候，结果和软链接相同。但如果删除硬链接文件的源文件，硬链接文件仍然存在，而且保留了原有的内容。这时，系统就“忘记”了它曾经是硬链接文件，而把它当成一个普通文件。

3.2 Linux系统目录结构

Linux系统都有根文件系统，它包含系统引导和使其他文件系统得以挂载所必要的文件。根文件系统需要有单用户状态所必需的足够的内容，还应该包括修复损坏系统、恢复备份等的工具。

Linux系统的目录结构是分层的树形结构，都是挂载在根文件系统“/”下，下面列出了Linux系统的目录结构。

```
[root@rhel ~]# ls -l /
总用量 36
lrwxrwxrwx.   1 root root     7 12月 20 12:49 bin -> usr/bin
dr-xr-xr-x.   4 root root  4096 12月 21 01:16 boot
drwxr-xr-x.  19 root root  3240 12月 21 06:12 dev
drwxr-xr-x. 166 root root 12288 12月 21 06:10 etc
drwxr-xr-x.   3 root root    21 12月 20 14:43 home
lrwxrwxrwx.   1 root root     7 12月 20 12:49 lib -> usr/lib
lrwxrwxrwx.   1 root root     9 12月 20 12:49 lib64 -> usr/lib64
drwxr-xr-x.   2 root root     6 5月  25 2015 media
drwxr-xr-x.   2 root root     6 5月  25 2015 mnt
drwxr-xr-x.   3 root root    15 12月 20 14:20 opt
dr-xr-xr-x. 486 root root     0 12月 21 09:06 proc
dr-xr-x---.  15 root root  4096 12月 23 05:35 root
drwxr-xr-x.  53 root root  1460 12月 23 05:04 run
lrwxrwxrwx.   1 root root     8 12月 20 12:49 sbin -> usr/sbin
drwxr-xr-x.   2 root root     6 5月  25 2015 srv
dr-xr-xr-x.  13 root root     0 12月 21 09:06 sys
drwxrwxrwt.  15 root root  4096 12月 23 05:28 tmp
drwxr-xr-x.  13 root root  4096 12月 20 12:49 usr
drwxr-xr-x.  24 root root  4096 12月 21 09:07 var
```

表3.1详细描述了Linux系统目录结构中常见的目录。

表3.1　Linux系统目录结构中常见的目录

目录	描述
/home	包含Linux系统上各用户的主目录，子目录名称默认以该用户名命名
/root	是root用户的主目录
/bin	包含常用的命令文件，不能包含子目录
/sbin	包含系统管理员和root用户所使用的命令文件
/dev	包含大部分的设备文件，比如磁盘、光驱等
/lib	包含Linux系统的共享文件和内核模块文件
/lib64	包含64位版本Linux系统的共享文件和内核模块文件
/tmp	包含一些临时文件
/mnt	手动为某些设备（比如硬盘）挂载提供挂载目录
/boot	包含Linux系统的内核文件和引导装载程序（如GRUB）文件
/opt	包含某些第三方应用程序的安装文件

续表

目录	描述
/media	由系统自动为某些设备（一般为光盘、U盘等设备）挂载提供挂载目录
/var	该目录存放不经常变化的数据，如系统日志、打印队列、DNS数据库文件等
/etc	包含Linux系统上大部分的配置文件，建议修改配置文件之前先备份
/usr	包含可以供所有用户使用的程序和数据
/srv	存储一些服务启动之后所需要取用的资料目录
/run	一个临时文件系统，一些程序或服务启动以后，会将它们的PID放置在该目录中
/sys	在Linux系统提供热插拔能力的同时，该目录包含所检测到的硬件设置，它们被转换成/dev目录中的设备文件
/proc	是一个虚拟的文件系统，它不存在磁盘上，而是由内核在内存中产生，用于提供系统的相关信息

3.3 Linux文件信息

3.3.1 inode和目录项

1. 什么是inode和目录项

文件在硬盘上的最小存储单位叫作扇区，每个扇区存储512B。操作系统读取硬盘的时候，不会一个一个扇区地读取，这样效率太低，而是一次性连续读取多个扇区，即一次性读取一个“块”。块的大小，最常见的是4KB，即连续八个扇区组成一个块。

文件数据都存储在块中，那么很显然，还必须有一个地方存储文件的元信息，比如文件的创建者、文件的创建日期、文件的长度等。这种存储文件元信息的区域就叫作inode（索引节点）。

inode包含以下内容。

- 文件长度；
- 文件的用户所有者；
- 文件的组群所有者；
- 文件的权限；
- 文件的时间戳（atime、mtime和ctime）；
- 文件链接数，即有多少个文件指向这个inode；
- 文件数据块的位置。

文件名不是保存在inode中，而是保存在目录项（directory entry）中。文件名把文件的名称和对应的inode关联在一起。

2. inode大小

inode也会占用硬盘空间，所以硬盘格式化的时候，操作系统自动将硬盘分成两个区域。一个是数据区，存放文件数据；另一个是inode区，存放inode所包含的信息。

每一个inode节点的大小，一般是256B。inode节点的总数，在格式化时就给定了，一般是每1KB或每2KB就设置一个inode。假定在一块1GB的硬盘中，每个inode节点的大小为256B，每1KB就设置一个inode，那么inode表的大小就会达到256MB，占整块硬盘的25.6%。

使用df命令可以查看每个硬盘分区的inode总数和已经使用的数量。

```
[root@rhel ~]# df -i
件系统          Inode 已用(I)   可用(I) 已用(I)% 挂载点
/dev/sda3    157286400  193434 157092966      1% /
devtmpfs        121514     377    121137      1% /dev
tmpfs           125167       6    125161      1% /dev/shm
tmpfs           125167     561    124606      1% /run
tmpfs           125167      13    125154      1% /sys/fs/cgroup
/dev/sda1      1048576     372   1048204      1% /boot
tmpfs           125167      32    125135      1% /run/user/0
//显示/dev/sda1分区总inode数量为1048576个，使用了372个inode，可用1048204个
```

查看每个inode的大小，可以使用以下命令。

```
[root@rhel ~]# xfs_info /dev/sda3|grep isize
meta-data=/dev/sda3              isize=256    agcount=4, agsize=9830400 blks
//使用xfs_info命令查看xfs文件系统所在分区上的inode大小是256B
[root@rhel ~]# dumpe2fs -h /dev/sda6 | grep "Inode size"
dumpe2fs 1.42.9 (28-Dec-2013)
Inode size:              256
//使用dumpe2fs命令查看ext4文件系统所在分区上的inode大小是256B
```

由于每个文件都必须有一个inode，因此有可能发生inode已经用光，但是硬盘还未存满的情况。这时就无法在硬盘上创建新文件。

3. inode号码

每个inode都有一个号码，Linux系统用inode号码来识别不同的文件。Linux系统内部不使用文件名，而使用inode号码来识别文件。对于系统来说，文件名只是inode号码便于识别的别名。表面上用户通过文件名打开文件。实际上系统内部将这个过程分成三步：首先系统找到这个文件名对应的inode号码；其次通过inode号码获取inode信息；最后根据inode信息找到文件数据所在的块，然后读出数据。

使用ls -i命令可以查看文件名对应的inode号码。

```
[root@rhel ~]# ls -i /root/anaconda-ks.cfg
543065542 /root/anaconda-ks.cfg
```

4. 目录文件

Linux系统中，目录也是一种文件。打开目录，实际上就是打开目录文件。

目录文件的结构非常简单，就是一系列目录项的列表。每个目录项，由两部分组成：所包含文件的文件名，以及该文件名对应的inode号码。

使用ls -id命令列出/root目录文件，即文件名和inode号码。

```
[root@rhel ~]# ls -i /root
543065542 anaconda-ks.cfg  543108941 公共  543108942 视频  809581702 文档     33429 音乐
543097820 initial-setup-ks.cfg  538871295 notes    273955039 模板  273955040 图片       33428 下载
809581701 桌面
[root@rhel ~]# ls -id /root
537178241 /root
```

3.3.2 使用stat命令查看文件信息

使用stat命令可以查看文件的信息，比如文件的inode、权限、时间属性、文件大小、所有者、链接数量以及文件类型等。

命令语法：

```
stat [选项] [文件|目录]
```

stat命令中各选项的含义如表3.2所示。

表3.2　stat命令选项的含义

选项	选项含义
-L	跟踪链接
-f	显示文件或者目录所在文件系统的状态信息
-t	以简明格式显示文件或者目录的信息
-c <格式>	使用指定输出格式代替默认值，每用一次，指定格式换一新行

有效的文件格式序列（不使用-f选项）如表3.3所示。

表3.3　有效的文件格式序列

格式	描述
%a	八进制权限
%A	用可读性较好的方式输出权限
%b	计算已分配块数
%B	以字节为单位输出%b所报告的每个块的大小
%C	SELinux安全环境字符串
%d	十进制设备编号
%D	十六进制设备编号
%f	十六进制原始模式
%F	文件类型
%g	文件的属组ID
%G	文件的属组组名
%h	硬链接数量
%i	inode编号
%m	挂载点
%n	文件名
%N	如果对象是一个符号链接，显示引用到的其它文件名
%o	I/O 块大小
%s	总计大小，以字节为单位
%t	十六进制主设备类型
%T	十六进制子设备类型
%u	文件的属主ID
%U	文件的属主用户名
%w	文件生成时间
%W	从UNIX元年起计的文件生成时间
%x	上次访问时间
%X	从UNIX元年起计的上次访问时间
%y	上次修改时间
%Y	从UNIX元年起计的上次修改时间
%z	上次更改时间
%Z	从UNIX元年起计的上次更改时间

有效的文件系统格式序列（需要使用-f选项）如表3.4所示。

表3.4　有效的文件系统格式序列

格式	描述
%a	非超级用户可用的剩余块数
%b	文件系统的总数据块数
%c	文件系统中文件节点总数
%d	文件系统中空闲文件节点数
%f	文件系统中空闲块数
%i	十六进制文件系统ID
%l	文件名的最大长度
%n	文件名
%s	块大小
%S	基本块大小
%t	十六进制类型描述
%T	可读性较好的类型描述

例3.1：使用stat命令查看/root/anaconda-ks.cfg文件信息。

```
[root@rhel ~]# stat /root/anaconda-ks.cfg
  文件："/root/anaconda-ks.cfg"
  大小：2124          块：8          IO 块：4096   普通文件
设备：803h/2051d      Inode：543065542   硬链接：1
权限：(0600/-rw-------) Uid：(    0/    root)  Gid：(    0/    root)
环境：system_u:object_r:admin_home_t:s0
最近访问：2015-12-21 01:15:55.468019352 +0800
最近更改：2015-12-20 14:46:09.816467576 +0800
最近改动：2015-12-20 14:46:09.816467576 +0800
创建时间：-
```

stat /root/anaconda-ks.cfg命令输出信息描述如表3.5所示。

表3.5　stat /root/anaconda-ks.cfg命令输出信息描述

输出信息	信息描述
文件：" /root/anaconda-ks.cfg"	文件名称
大小：2124	文件长度（也就是文件大小，不是文件的磁盘占用量）
块：8	文件占用的文件系统空间块数（磁盘占用量，可以把它理解为8个扇区，每个扇区512B，也就是该文件磁盘占用量是4KB）
IO 块：4096	文件系统数据块大小
普通文件	文件类型
硬链接：1	文件链接数量
权限：(0600/-rw-------)	文件权限
Uid: (0/ root) Gid: (0/ root)	文件的用户所有者、组群所有者
最近访问：2015-12-21 01:15:55.468019352 +0800	文件的最后访问时间（atime）
最近更改：2015-12-20 14:46:09.816467576 +0800	文件的更改时间（mtime）
最近改动：2015-12-20 14:46:09.816467576 +0800	文件的改动时间（ctime）

stat命令显示的时间信息（atime、mtime和ctime）描述如表3.6所示。

表3.6　stat命令显示的时间信息描述

缩写	名称	描述
atime	访问时间	文件数据每次被阅读后都更新
mtime	更改时间	文件数据每次被改变后的时间
ctime	改动时间	文件inode信息每次被改变后都更新，比如修改文件权限

例3.2：以简明格式显示/root/anaconda-ks.cfg文件的信息。

```
[root@rhel ~]# stat -t /root/anaconda-ks.cfg
/root/anaconda-ks.cfg 2124 8 8180 0 0 803 543065542 1 0 0 1450631755 1450593969 1450593969 0 4096 system_u:object_r:admin_home_t:s0
```

例3.3：显示/root/anaconda-ks.cfg文件所在文件系统的状态信息。

```
[root@rhel ~]# stat -f /root/install.log
 文件："/root/anaconda-ks.cfg"
  ID：80300000000 文件名长度：255    类型：xfs
块大小：4096     基本块大小：4096
  块：总计：39302400  空闲：38112331  可用：38112331
Inodes: 总计：157286400 空闲：157093224
```

例3.4：显示/root/anaconda-ks.cfg文件的文件类型。

```
[root@ rhel ~]# stat -c %F /root/anaconda-ks.cfg
普通文件
例3.5：显示/root/anaconda-ks.cfg文件的inode号码。
[root@rhel ~]# stat -c %i /root/anaconda-ks.cfg
543065542
```

例3.6：显示/root/anaconda-ks.cfg文件所在文件系统中inode总数。

```
[root@rhel ~]# stat -c %c -f /root/anaconda-ks.cfg
157286400
```


3.3.3 使用ls命令查看文件信息

使用ls 命令可以查看文件的详细信息。

例3.7：查看/root/anaconda-ks.cfg文件信息。

```
[root@rhel ~]# ls -l /root/anaconda-ks.cfg
-rw-------. 1 root root 2124 12月 20 14:46 /root/anaconda-ks.cfg
```

ls -l /root/anaconda-ks.cfg命令输出信息描述如表3.7所示。

表3.7 /root/anaconda-ks.cfg命令输出信息描述

输出信息	信息描述
-	文件类型，这里是指普通文件
rw-------	文件权限
1	文件的链接数
root	文件的用户所有者
root	文件的组群所有者
2124	文件长度（也就是文件大小，不是文件的磁盘占用量）
12月 20 14:46	文件的更改时间（mtime），或者是文件的最后访问时间（atime）
/root/anaconda-ks.cfg	文件名称

文件类型描述如表3.8所示。

表3.8 文件类型描述

符号	文件类型
-	普通文件
d	目录文件
l	符号链接文件
p	管道文件

符号	文件类型
s	socket文件
b	块设备文件
c	字符设备文件

例3.8：查看/root/anaconda-ks.cfg文件的inode。

```
[root@rhel ~]# ls -i /root/anaconda-ks.cfg
543065542 /root/anaconda-ks.cfg
```

例3.9：查看/root/anaconda-ks.cfg文件磁盘占用量。

```
[root@rhel ~]# ls -s /root/anaconda-ks.cfg
4 /root/anaconda-ks.cfg
//文件/root/anaconda-ks.cfg磁盘占用量为4KB
```

3.4 文件和目录操作管理

本节主要讲述在Linux系统下如何使用命令对文件和目录进行操作，这些命令有pwd、cd、ls、touch、mkdir、rmdir、cp、mv、rm、file、du和wc。

3.4.1 pwd：显示工作目录路径

使用pwd命令可以显示当前用户所处的工作目录的绝对路径。

pwd命令语法：

```
pwd [选项]
```

pwd命令中各选项的含义如表3.9所示。

表3.9 pwd命令选项的含义

选项	选项含义
-L	目录链接时，输出链接路径
-P	输出物理路径

例3.10：显示用户当前工作目录路径。

```
[root@rhel ~]# pwd
/root
//用户当前的工作目录路径是/root
```

例3.11：显示用户当前工作目录的实际物理路径和链接路径。

```
[root@Linux ~]# cd /etc/init.d
[root@rhel init.d]# pwd
/etc/init.d
[root@rhel init.d]# pwd -P
/etc/rc.d/init.d
//显示实际物理路径
[root@rhel init.d]# pwd -L
/etc/init.d
//显示链接路径
```

3.4.2 cd：更改工作目录路径

使用cd命令可以更改用户的工作目录路径。工作目录路径可以使用绝对路径名或相对路径名，绝对路径从/（根）开始，然后循序到所需的目录下，相对路径从当前目录开始。

cd命令语法：

```
cd [选项] [目录]
```

cd命令中各选项的含义如表3.10所示。

表3.10　cd命令选项的含义

选项	选项含义
-P	如果是链接路径，则进入链接路径的源物理路径

cd命令结合各种符号使用方法如下所示。

- cd：进入用户主目录；
- cd ～：进入用户主目录；
- cd –：返回进入此目录之前所在的目录；
- cd..：返回上级目录（若当前目录为“/”，则执行完后还在“/”）；
- cd ../..：返回上两级目录；

例3.12：更改用户工作目录路径为/etc。

```
[root@rhel ～]# cd /etc
[root@rhel etc]# pwd
/etc
//查看当前用户的工作目录路径，可以看到已经更改为/etc了
```

例3.13：改变用户工作目录路径位置至当前目录的父目录。

```
[root@rhel etc]# pwd
/etc
//查看用户的当前工作目录路径是/etc
[root@rhel etc]# cd ..
[root@rhel /]# pwd
/
//可以看到工作目录路径已经更改为当前目录的父级目录"/"了
```

例3.14：更改用户工作目录路径位置为用户主目录。

```
[root@rhel /]# pwd
/
//查看用户的当前工作目录路径是"/"
[root@rhel /]# cd ～
[root@rhel ～]# pwd
/root
//可以看到用户的工作目录路径已经更改为当前用户的主目录
```

例3.15：更改用户工作目录路径位置至用户zhangsan的主目录。

```
[root@rhel ～]# cd ～zhangsan
[root@rhel zhangsan]# pwd
/home/zhangsan
//可以看到用户的工作目录路径已经更改为用户zhangsan的主目录/home/zhangsan
```

例3.16：更改用户工作目录路径位置为/etc/init.d，如果是链接路径，则进入源物理路径。

```
[root@rhel ～]# cd -P /etc/init.d
[root@rhel init.d]# pwd
/etc/rc.d/init.d
//当前工作目录路径为/etc/rc.d/init.d
```

3.4.3 ls：列出目录和文件信息

使用ls命令，对于目录而言将列出其中的所有子目录与文件信息；对于文件而言将输出其文件名以及所要求的其他信息。

ls命令语法：

```
ls [选项] [目录|文件]
```

ls命令中各选项的含义如表3.11所示。

表3.11　ls命令选项的含义

选项	选项含义
-a	显示指定目录下所有子目录与文件，包括隐藏文件
-A	显示指定目录下所有子目录与文件，包括隐藏文件，但不列出"."和".."
-c	配合-lt，根据ctime 排序并显示ctime
-d	如果参数是目录，只显示其名称而不显示其下的各文件和子目录
-F	显示文件类型
-i	在输出的第一列显示文件的inode号
-l	以长格式来显示文件的详细信息
-r	逆序排列
-t	根据修改时间排序
-s	以块数形式显示每个文件分配的尺寸
-S	根据文件大小排序

不同类型的文件在Linux系统中具有不同的颜色，这些颜色的含义如表3.12所示。

表3.12　文件颜色的含义

颜色	描述
绿色	代表可执行文件
红色	代表压缩文件
深蓝色	代表目录
浅蓝色	代表链接文件
黄色	代表设备文件，包括块设备文件和字符设备文件
白色	代表一般文件
灰色	代表其他的一些文件
红色闪烁	代表链接的文件有问题

例3.17：显示目录/var下文件和子目录的简单信息。

```
[root@rhel ~]# ls /var
account  cache  db     ftp    gopher   lib    lock  mail   nis  preserve  spool   tmp  yp
adm      crash  empty  games  kerberos local  log   named  opt  run       target  www
```

例3.18：显示/root目录下所有文件和子目录的详细信息，包括隐藏文件。

```
[root@rhel ~]# ls -al /root
总用量 56
dr-xr-x---. 15 root root 4096 12月 24 08:13 .
dr-xr-xr-x. 17 root root 4096 12月 20 14:42 ..
-rw-------.  1 root root 2124 12月 20 14:46 anaconda-ks.cfg
-rw-------.  1 root root   20 12月 24 04:30 .bash_history
-rw-r--r--.  1 root root   18 12月 29 2013 .bash_logout
-rw-r--r--.  1 root root  176 12月 29 2013 .bash_profile
-rw-r--r--.  1 root root  176 12月 29 2013 .bashrc
```

```
drwx------. 10 root root 4096 12月 21 06:14 .cache
...（省略）
//文件名前面带有“.”的就是隐藏文件
```

例3.19：显示/etc目录下的文件和子目录信息，用标记标出文件类型。

```
[root@rhel ~]# ls -F /etc
```

文件类型的标记描述如表3.13所示。

表3.13　文件类型的标记描述

标记	描述
/	表示目录
@	表示符号链接文件
*	表示可执行文件
|	表示管道文件
=	表示socket文件
没有标记	表示普通文件

例3.20：以文件的最后一次访问时间（最近时间在前）对/root目录中的文件和子目录进行排序显示。

```
[root@rhel ~]# ls -lt /root
总用量 8
drwxr-xr-x. 2 root root    6 12月 21 06:12 公共
drwxr-xr-x. 2 root root    6 12月 21 06:12 模板
drwxr-xr-x. 2 root root    6 12月 21 06:12 视频
drwxr-xr-x. 2 root root    6 12月 21 06:12 图片
drwxr-xr-x. 2 root root    6 12月 21 06:12 文档
drwxr-xr-x. 2 root root    6 12月 21 06:12 下载
drwxr-xr-x. 2 root root    6 12月 21 06:12 音乐
drwxr-xr-x. 2 root root    6 12月 21 06:12 桌面
-rw-------. 1 root root 2217 12月 21 01:24 initial-setup-ks.cfg
-rw-------. 1 root root 2124 12月 20 14:46 anaconda-ks.cfg
```

例3.21：以文件的最后一次访问时间（最近时间在后）对/root目录中的文件和子目录进行排序显示。

```
[root@rhel ~]# ls -ltr /root
总用量 8
-rw-------. 1 root root 2124 12月 20 14:46 anaconda-ks.cfg
-rw-------. 1 root root 2217 12月 21 01:24 initial-setup-ks.cfg
drwxr-xr-x. 2 root root    6 12月 21 06:12 桌面
drwxr-xr-x. 2 root root    6 12月 21 06:12 音乐
drwxr-xr-x. 2 root root    6 12月 21 06:12 下载
drwxr-xr-x. 2 root root    6 12月 21 06:12 文档
drwxr-xr-x. 2 root root    6 12月 21 06:12 图片
drwxr-xr-x. 2 root root    6 12月 21 06:12 视频
drwxr-xr-x. 2 root root    6 12月 21 06:12 模板
drwxr-xr-x. 2 root root    6 12月 21 06:12 公共
```

例3.22：以文件的大小对/root目录中的文件和子目录进行排序。

```
[root@rhel ~]# ls -Sl /root
总用量 8
-rw-------. 1 root root 2217 12月 21 01:24 initial-setup-ks.cfg
-rw-------. 1 root root 2124 12月 20 14:46 anaconda-ks.cfg
```

```
drwxr-xr-x. 2 root root    6 12月 21 06:12 公共
drwxr-xr-x. 2 root root    6 12月 21 06:12 模板
drwxr-xr-x. 2 root root    6 12月 21 06:12 视频
drwxr-xr-x. 2 root root    6 12月 21 06:12 图片
drwxr-xr-x. 2 root root    6 12月 21 06:12 文档
drwxr-xr-x. 2 root root    6 12月 21 06:12 下载
drwxr-xr-x. 2 root root    6 12月 21 06:12 音乐
drwxr-xr-x. 2 root root    6 12月 21 06:12 桌面
```

3.4.4 touch：创建空文件、更改文件时间

使用touch命令可以创建空文件以及更改文件的时间（atime和mtime）。

touch命令语法：

```
touch [选项] [文件]
```

touch命令中各选项的含义如表3.14所示。

表3.14 touch命令选项的含义

选项	选项含义
-a	只更改访问时间（atime）
-m	更改文件的修改时间记录（mtime）
-c	假如目标文件不存在，不会建立新的文件
-r <文件>	使用指定文件的时间属性而非当前时间
-d <字符串>	使用指定字符串表示时间而非当前时间
-t <日期时间>	使用[[CC]YY]MMDDhhmm[.ss] 格式的时间而非当前时间

例3.23：创建空文件file1、file2和file3。

```
[root@rhel ~]# touch file1
[root@rhel ~]# touch file2 file3
[root@rhel ~]# ls -l file1 file2 file3
-rw-r--r--. 1 root root 0 12月 21 23:14 file1
-rw-r--r--. 1 root root 0 12月 21 23:14 file2
-rw-r--r--. 1 root root 0 12月 21 23:14 file3
//file1、file2、file3这3个都是空文件，文件内没有任何数据
```

例3.24：将文件file1的时间记录更改为9月17日19点30分。

```
[root@rhel ~]# ls -l /root/file1
-rw-r--r--. 1 root root 0 12月 21 23:14 /root/file1
//空文件/root/file1的创建日期为12月21日23点14分（2015年创建的文件）
[root@rhel ~]# touch -c -t 09171930 /root/file1
[root@rhel ~]# ls -l /root/file1
-rw-r--r--. 1 root root 0  9月  17 2015 /root/file1
//文件/root/file1更新atime和mtime时间，现在的时间已经更改为2015年9月17日19点30分
```

注意：

时间格式MMDDHHmm是指月（MM）、日（DD）、时（HH）、分（mm）的组合。如果还要加上年份，那么是YYYYMMDDHHmm，比如2014年9月17日19点30分，那么使用201409171930。

例3.25：将/root/file4文件的访问/修改时间（atime和mtime）设置成与/etc/passwd文件相同。

```
[root@rhel ~]# touch /root/file4
[root@rhel ~]# ls -l /root/file4
```

```
-rw-r--r--. 1 root root 0 12月 24 09:22 /root/file4
[root@rhel ~]# ls -l /etc/passwd
-rw-r--r--. 1 root root 3472 12月 24 06:36 /etc/passwd
//现在/root/file4文件和/etc/passwd文件的修改时间是不同的
[root@rhel ~]# touch -r /etc/passwd /root/file4
[root@rhel ~]# ls -l /root/file4
-rw-r--r--. 1 root root 0 12月 24 06:36 /root/file4
```

3.4.5 mkdir：创建目录

使用mkdir命令可以在Linux系统中创建目录。

mkdir命令语法：

```
mkdir [选项] [目录]
```

mkdir命令中各选项的含义如表3.15所示。

表3.15 mkdir命令选项的含义

选项	选项含义
-m <权限模式>	对新创建的目录设置权限，在没有-m选项时，默认权限是755
-v	每次创建新目录都显示信息
-p	可以是一个路径名称。此时若路径中的某些目录尚不存在，加上此选项后，系统将自动创建那些尚不存在的目录，即一次可以建立多个目录

例3.26：创建目录newdir1，其默认权限为755。

```
[root@rhel ~]# mkdir newdir1
[root@rhel ~]# ls -ld newdir1
drwxr-xr-x. 2 root root 6 12月 21 23:18 newdir1
//目录newdir1的权限为rwxr-xr-x（755）
```

例3.27：创建目录newdir2，其权限为777。

```
[root@rhel ~]# mkdir -m 777 newdir2
[root@rhel ~]# ls -ld newdir2
drwxrwxrwx. 2 root root 6 12月 21 23:18 newdir2
//目录newdir2的权限为rwxrwxrwx（777）
```

3.4.6 rmdir：删除空目录

使用rmdir命令可以在Linux系统中删除空目录。

rmdir命令语法：

```
rmdir [选项] [目录]
```

rmdir命令中各选项的含义如表3.16所示。

表3.16 rmdir命令选项的含义

选项	选项含义
-p	递归删除目录，当子目录删除后其父目录为空时，也一同被删除
-v	输出处理的目录详情

例3.28：删除空目录newdir1。

```
[root@rhel ~]# rmdir newdir1
```

例3.29：同时删除/root/newdir2和/root/newdir2/newdir3这两个空目录。

```
[root@rhel ~]# mkdir /root/newdir2
[root@rhel ~]# mkdir /root/newdir2/newdir3
```

```
//创建目录/root/newdir2和/root/newdir2/newdir3
[root@rhel ~]# rmdir -p /root/newdir2/newdir3
rmdir: 删除目录 "/root" 失败: 目录非空
//这个命令将删除空目录/root/newdir2和/root/newdir2/newdir3，但由于/root目录不是空的，所以/root目录无法被删除，而其他两个目录已经被删除
```

3.4.7 cp：复制文件和目录

使用cp命令可以复制文件和目录到其他目录中。如果同时指定两个以上的文件或目录，且最后的目的地是一个已经存在的目录，则它会把前面指定的所有文件或目录复制到该目录中。若同时指定多个文件或目录，而最后的目的地并非是一个已存在的目录，则会出现错误信息。

cp命令语法：

```
cp [选项] [源文件|目录] [目标文件|目录]
```

cp命令中各选项的含义如表3.17所示。

表3.17 cp命令选项的含义

选项	选项含义
-a	在复制目录时保留链接、文件属性，并递归地复制目录，等同于-dpr选项
-d	复制时保留链接
-f	在覆盖目标文件之前不给出提示信息要求用户确认
-i	和-f选项相反，在覆盖目标文件之前将给出提示信息要求用户确认
-p	除复制源文件的内容外，还把其修改时间和访问权限也复制到新文件中
-l	不作复制，只是链接文件
-r	如果给出的源文件是一个目录文件，将递归复制该目录下所有的子目录和文件。此时目标必须为一个目录名

例3.30：将/etc/grub2.cfg文件复制到/root目录下，并改名为grub。

```
[root@rhel ~]# cp /etc/grub2.cfg /root/grub
```

例3.31：将/etc/grub2.cfg文件复制到/root目录下。

```
[root@rhel ~]# cp /etc/grub2.cfg /root
```

例3.32：将/boot目录以及该目录中的所有文件和子目录都复制到/root目录中。

```
[root@rhel ~]# cp -r /boot /root
```

3.4.8 mv：文件和目录改名、移动文件和目录路径

使用mv命令可以对文件和目录更改名称以及移动文件和目录的路径。

mv命令语法：

```
mv [选项] [源文件|目录] [目标文件|目录]
```

mv命令中各选项的含义如表3.18所示。

表3.18 mv命令选项的含义

选项	选项含义
-i	覆盖前询问
-f	覆盖前不询问
-n	不覆盖已存在的文件
-u	只有在源文件文件比目标文件新或目标文件不存在时才进行移动
-T	将目标文件视作普通文件处理

例3.33：将/root/pic目录下所有的后缀名为“.png”的文件移动到/usr/local/share/pic目录下。

```
[root@rhel ~]# mv -f /root/pic/*.png /usr/local/share/pic
```

例3.34：把/root/pic/kpic.png文件改名为/root/pic/life.png。

```
[root@rhel ~]# mv /root/pic/kpic.png /root/pic/life.png
```

例3.35：把/root/pic目录名称更改为/root/mypic。

```
[root@rhel ~]# mv /root/pic /root/mypic
```

3.4.9 rm：删除文件或目录

使用rm命令可以删除系统中的文件或目录。

rm命令语法：

```
rm [选项] [文件|目录]
```

rm命令中各选项的含义如表3.19所示。

表3.19 rm命令选项的含义

选项	选项含义
-f	强制删除。忽略不存在的文件，不给出提示信息
-r	递归删除目录及其内容
-i	在删除前需要确认

例3.36：删除当前目录下的file4文件。

```
[root@rhel ~]# touch file4
[root@rhel ~]# rm file4
rm：是否删除普通空文件 "file4"？ y                //输入y确认删除该文件
```

例3.37：连同/root/ab/a文件和/root/ab目录一起删除。

```
[root@rhel ~]# mkdir /root/ab
[root@rhel ~]# touch /root/ab/a
//创建/root/ab目录和/root/ab/a文件
[root@rhel ~]# rm -rf /root/ab
//连同/root/ab/a文件和/root/ab目录一起删除
```

注意：

在删除文件和目录时要谨慎使用-f选项，因为使用该选择在删除的时候不会提示任何信息就强制删除。

3.4.10 file：查询文件类型

使用file命令可以查询指定文件的文件类型，可以知道某个文件究竟是二进制的可执行文件，还是Shell脚本文件，或者是其他的格式。file命令能识别的文件类型目录、Shell脚本、英文文本、二进制可执行文件、C语言源文件、文本文件以及DOS可执行文件。

file命令语法：

```
file [选项] [文件名]
```

file命令中各选项的含义如表3.20所示。

表3.20　file命令选项的含义

选项	选项含义
-v	在标准输出后显示版本信息，并且退出
-z	探测压缩过的文件类型
-L	允许符号链接
-b	列出辨识结果时，不显示文件名称
-c	详细显示命令执行过程，便于排错或分析程序执行的情形
-i	显示MIME类型
-f <名称文件>	从文件中读取要分析的文件名列表

例3.38：查看/root/anaconda-ks.cfg文件的文件类型。

```
[root@rhel ~]# file /root/anaconda-ks.cfg
/root/anaconda-ks.cfg: ASCII text
```

例3.39：查看/root/anaconda-ks.cfg文件的文件类型时不显示文件名称。

```
[root@rhel ~]# file -b /root/anaconda-ks.cfg
ASCII text
```

例3.40：显示/root/anaconda-ks.cfg文件的MIME类型。

```
[root@rhel ~]# file -i /root/anaconda-ks.cfg
/root/anaconda-ks.cfg: text/plain; charset=us-ascii
```

3.4.11　du：显示目录或文件的磁盘占用量

使用du命令可以显示目录或文件的磁盘占用量，逐级进入指定目录的每一个子目录并显示该目录占用文件系统数据块的情况。如果没有给出文件或目录名称，那么就对当前目录进行统计。

du命令语法：

```
du [选项] [文件|目录]
```

du命令中各选项的含义如表3.21所示。

表3.21　du命令选项的含义

选项	选项含义
-s	只分别计算命令列中每个参数所占的总用量
-a	输出所有文件的磁盘用量，不仅仅是目录
-c	显示总计信息
-l	如果是硬连接，就多次计算其尺寸
-x	跳过处于不同文件系统之上的目录
-h	以KB、MB、GB为单位显示，提高信息的可读性
-S	不包括子目录的占用量
-L	找出任何符号链接指示的真正目的地

例3.41：显示文件/root/anaconda-ks.cfg的磁盘占用量。

```
[root@rhel ~]# ls -l /root/anaconda-ks.cfg
-rw-------. 1 root root 2124 12月 20 14:46 /root/anaconda-ks.cfg
//使用ls命令可以看到/root/install.log文件大小为2124B
[root@rhel ~]# du /root/anaconda-ks.cfg
4       /root/anaconda-ks.cfg
//显示/root/install.log文件磁盘占用量为4KB，比文件大小还要大
```

例3.42：显示/root目录磁盘占用量。

```
[root@rhel ~]# du -s /root
4328    /root
  //显示/root目录磁盘占用量为4328KB
```

例3.43：以MB为单位显示/root目录磁盘占用量。

```
[root@rhel ~]# du -sh /root
4.3   M      /root
//显示/root目录磁盘占用量为4.3MB
```

3.4.12 wc：统计文件行数、单词数、字节数和字符数

使用wc命令可以统计指定文件的行数、单词数、字节数和字符数，并将统计结果显示输出到屏幕。如果没有给出文件名，则从标准输入读取。wc同时给出所有指定文件的总统计数。单词是由空格字符区分开的最大字符串。输出列的顺序和数目不受选项的顺序和数目的影响，总是按行数、单词数、字节数、文件的顺序显示每项信息。

wc命令语法：

```
wc [选项] [文件]
```

wc命令中各选项的含义如表3.22所示。

表3.22　wc命令选项的含义

选项	选项含义
-l	统计行数
-w	统计单词数
-c	统计字节数
-m	统计字符数
-L	统计文件中最长行的长度

例3.44：统计/root/aa文件的行数。

```
[root@rhel ~]# cat /root/aa
a b
c de f
中国 g h
//查看/root/aa文件内容
[root@rhel ~]# wc -l /root/aa
3 /root/aa
//文件总计为3行数据
```

例3.45：统计/root/aa文件的单词数。

```
[root@rhel ~]# wc -w /root/aa
8 /root/aa
//文件总计为8个单词
```

例3.46：统计/root/aa文件的字符数。

```
[root@rhel ~]# wc -m /root/aa
18 /root/aa
//root/aa总计为18个字符，包括空格符和换行符，每一个空格都是一个字符，每一个换行都是一个字符
```

例3.47：统计文件/root/aa的字节数。

```
[root@rhel ~]# wc -c /root/aa
22 /root/aa
//文件总计为22字节，1个中文以3字节表示
```

例3.48：统计/root/aa文件中最长行的长度。

```
[root@rhel ~]# wc -L /root/aa
8 /root/aa
```

例3.49：统计/root/aa文件的行数、单词数和字节数。

```
[root@rhel ~]# wc /root/aa
 3  8 22 /root/aa
```

例3.50：统计/root目录下有多少个子目录和文件。

```
[root@rhel ~]# ls /root
anaconda-ks.cfg  initial-setup-ks.cfg  公共  模板  视频  图片  文档  下载  音乐  桌面
//查看/root目录下的子目录和文件，数数一共有几个
[root@rhel ~]# ls /root|wc -l
10
//可以看到/root目录下的子目录和文件总数为10个
```

3.5 链接文件

在Linux系统中，内核为每一个新创建的文件分配一个inode（索引结点）号。文件属性保存在inode里，在访问文件时，inode被复制到内存里，从而实现文件的快速访问。

3.5.1 链接文件简介

链接是一种在共享文件和访问它的用户的若干目录项之间建立联系的方法。Linux系统中包括硬链接和软链接（也被称为符号链接）两种。

1. 硬链接

硬链接是一个指针，指向文件inode，系统并不为它重新分配inode，如图3.1所示，/root/a和/root/b文件具有相同的inode。可以使用ln命令来建立硬链接，硬链接节省空间，也是Linux系统整合文件系统的传统方式。

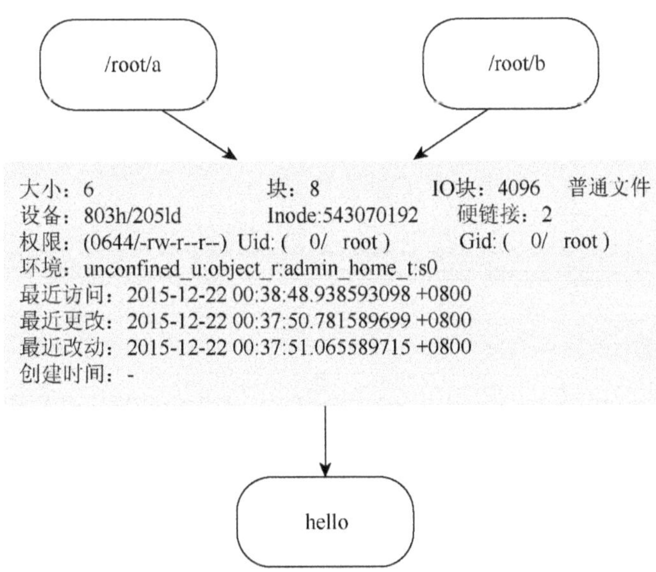

图3.1　硬链接文件

硬链接文件有以下两处限制。

- 不允许给目录创建硬链接；
- 只有在同一文件系统中的文件之间才能创建链接。

对硬链接文件进行读写和删除操作的时候，结果和软链接相同。但是如果删除硬链接文件的源文件，硬链接文件仍然存在，而且保留了原有的内容，系统把它当成一个普通文件。修改其中一个，与其链接的文件同时被修改。

2. 软链接

软链接也叫符号链接，这个文件包含了另一个文件的路径名，如图3.2所示，/root/a文件指向了/root/b文件。软链接可以是任意文件或目录，可以链接不同文件系统的文件，和Windows下的快捷方式相似。链接文件甚至可以链接不存在的文件，这就产生一般称之为“断链”的问题，链接文件甚至可以循环链接自己。

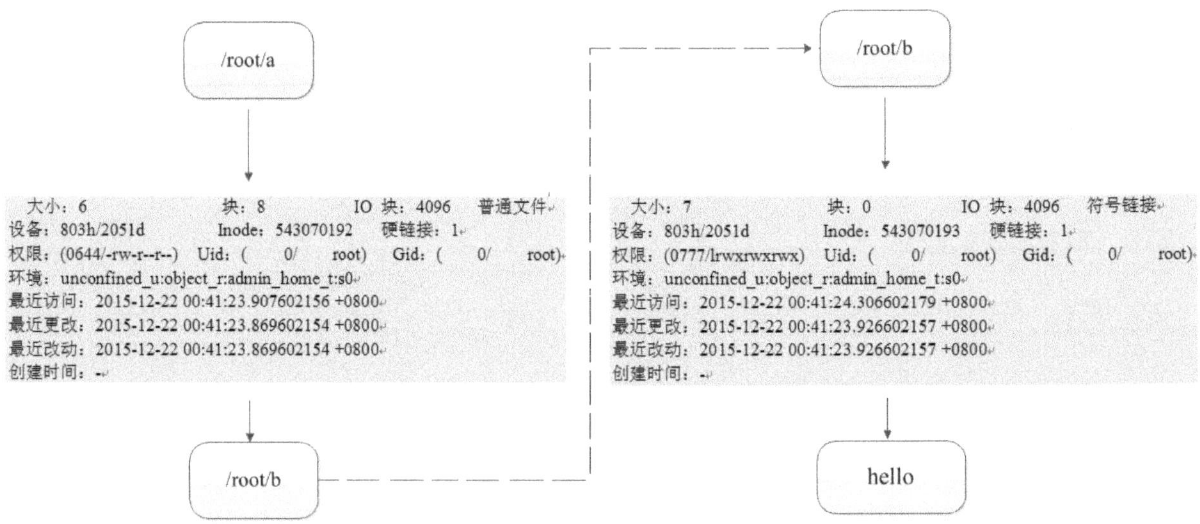

图3.2　软链接文件

3. 硬链结和软链接的区别

在Linux系统中，硬链接和软链接有以下区别。

- 硬链接记录的是目标的inode，软链接记录的是目标的路径；
- 软链接就像快捷方式，而硬链接就像备份；
- 软链接可以做跨分区（文件系统）的链接，而硬链接由于inode的缘故，只能在本分区（文件系统）中做链接。

3.5.2　使用链接文件

本节主要以实例的形式讲述在Linux系统下如何创建、使用硬链接文件和软链接文件。

使用ln命令可以创建链接文件（包括软链接文件和硬链接文件）。

ln命令语法：

```
ln [选项] [源文件] [链接文件]
```

ln命令中各选项的含义如表3.23所示。

表3.23 ln命令选项的含义

选项	选项含义
-i	删除文件前进行确认
-s	创建符号链接文件而不是硬链接文件
-d	允许超级用户创建指向目录的硬链接
-f	强行删除任何已存在的目标文件
-n	如果目的地是一个链接至某目录的符号链接，会将该符号链接当作普通文件处理，并先将该已存在的链接备份或删除
-L	将硬链接创建为符号链接引用
-t <目录>	在指定目录中创建链接
-T	将链接名称当作普通文件
-v	链接前先列出每个文件的名称

例3.51：硬链接文件的使用。

通过这个例子详细讲解硬链接文件的创建，以及在修改和删除源文件后硬链接文件的变化。

```
[root@rhel ~]# echo Hello > /root/a
[root@rhel ~]# cat /root/a
Hello
//创建一个源文件/root/a，文件内容为Hello
[root@rhel ~]# ln /root/a /root/b
//创建/root/a文件的硬链接文件/root/b
[root@rhel ~]# ls -l /root/a /root/b
-rw-r--r--. 2 root root 6 12月 22 00:37 /root/a
-rw-r--r--. 2 root root 6 12月 22 00:37 /root/b
//查看源文件和硬链接文件属性，可以看到这两个文件的大小和其他属性都是一样的，链接数由原来的1变为2
[root@rhel ~]# cat /root/b
Hello
//可以看到硬链接文件内容和源文件内容是一样的
[root@rhel ~]# stat /root/a
文件："/root/a"
 大小：6          块：8        IO 块：4096   普通文件
设备：803h/2051d      Inode：543070192   硬链接：2
权限：(0644/-rw-r--r--)  Uid：(    0/    root)   Gid：(    0/    root)
环境：unconfined_u:object_r:admin_home_t:s0
最近访问：2015-12-22 00:38:48.938593098 +0800
最近更改：2015-12-22 00:37:50.781589699 +0800
最近改动：2015-12-22 00:37:51.065589715 +0800
创建时间：-
//使用stat命令查看/root/a文件，其inode都是543070192，和/root/b文件一样
[root@rhel ~]# echo Linux >> /root/a
[root@rhel ~]# cat /root/a
Hello
Linux
[root@rhel ~]# cat /root/b
Hello
Linux
//修改源文件内容，可以看到硬链接文件也跟着源文件改变了文件内容
[root@rhel ~]# rm -rf /root/a
[root@rhel ~]# ls -l /root/a /root/b
ls: 无法访问/root/a: 没有那个文件或目录
```

```
-rw-r--r--. 1 root root 12 12月 22 00:40 /root/b
//删除源文件，硬链接文件还是存在的，其文件属性的文件链接数现在为1
[root@rhel ~]# cat /root/b
Hello
Linux
//删除源文件后还是可以查看到硬链接文件内容
```

例3.52：软链接文件的使用。

通过这个例子详细讲解软链接文件的创建，以及在修改和删除源文件后软链接文件的变化。

```
[root@rhel ~]# echo Hello > /root/a
[root@rhel ~]# cat /root/a
Hello
//创建一个源文件/root/a，文件内容为Hello
[root@rhel ~]# ln -s /root/a /root/b
//创建/root/a文件的软链接文件/root/b
[root@rhel ~]# ls -l /root/a /root/b
-rw-r--r--. 1 root root 6 12月 22 00:41 /root/a
lrwxrwxrwx. 1 root root 7 12月 22 00:41 /root/b -> /root/a
//查看源文件和软链接文件属性，可以看到软链接文件容量很小，因为它只是一个指向源文件的快捷方式。还可以看到"/root/b -> a"，说明b文件的源文件是a，链接数还是1
[root@rhel ~]# cat /root/b
Hello
//查看软链接文件内容，它将指向源文件，从而看到文件内容和源文件一样
[root@rhel ~]# stat /root/a
文件："/root/a"
 大小：6          块：8       IO 块：4096  普通文件
设备：803h/2051d     Inode：543070192  硬链接：1
权限：(0644/-rw-r--r--) Uid：(  0/  root)  Gid：(  0/  root)
环境：unconfined_u:object_r:admin_home_t:s0
最近访问：2015-12-22 00:41:23.907602156 +0800
最近更改：2015-12-22 00:41:23.869602154 +0800
最近改动：2015-12-22 00:41:23.869602154 +0800
创建时间：-
[root@rhel ~]# stat /root/b
 文件："/root/b" -> "/root/a"
 大小：7          块：0       IO 块：4096  符号链接
设备：803h/2051d     Inode：543070193  硬链接：1
权限：(0777/lrwxrwxrwx) Uid：(  0/  root)  Gid：(  0/  root)
环境：unconfined_u:object_r:admin_home_t:s0
最近访问：2015-12-22 00:41:24.306602179 +0800
最近更改：2015-12-22 00:41:23.926602157 +0800
最近改动：2015-12-22 00:41:23.926602157 +0800
创建时间：-
//使用stat命令查看/root/a和/root/b文件，其inode是不一样的，分别是543070192和543070193
[root@rhel ~]# echo Linux >> /root/a
[root@rhel ~]# cat /root/a
Hello
Linux
[root@rhel ~]# cat /root/b
Hello
Linux
//修改源文件内容，可以看到软链接文件也跟着源文件改变了文件内容
[root@rhel ~]# rm -rf /root/a
[root@rhel ~]# ls -l /root/a /root/b
ls: 无法访问/root/a: 没有那个文件或目录
```

```
lrwxrwxrwx. 1 root root 7 12月 22 00:41 /root/b -> /root/a
//删除源文件，软链接文件还是存在的
[root@rhel ~]# cat /root/b
cat: /root/b: 没有那个文件或目录
//由于所指向的源文件已删除，所以不能查看软链接文件内容
```

3.6 文件和目录属性

3.6.1 文件和目录属性简介

Linux系统支持一些针对文件和目录的额外标记（属性）以增强安全性。在对具有A属性的文件进行操作时，A属性可以提高一定的性能。而S属性能够最大限度地保障文件的完整性。最常使用的是a属性和i属性，这两个属性对于提高文件系统的安全性和保障文件系统的完整性有很大的好处。

文件和目录的属性描述如表3.24所示。

表3.24 文件和目录的属性

属性	描述
a	只允许在这个文件内容后面追加数据，不允许任何进程覆盖或截断这个文件
c	设定文件经压缩后再存储，读取时需要经过自动解压操作
d	当dump程序执行时，该文件或目录不会被dump备份
i	文件不能被删除、改名，不能创建文件链接，同时不能写入或新增内容
s	当一个文件被删除后，其块清零并写回磁盘
S	当一个文件被修改时，立即将更改同步写入磁盘
u	当删除一个文件时，系统会保留其数据块以便以后能够恢复这个文件，用来防止意外删除文件或目录
A	设置文件或目录被访问时，它的最后访问时间（atime）记录不会被修改
e	表明该文件是使用区映射磁盘上的块
X	可以直接访问压缩文件的内容

3.6.2 查看和设置文件和目录属性

使用lsatt和chattr命令可以分别查看或更改文件和目录的属性。

1. 查看文件和目录属性

使用lsattr命令可以查看文件和目录的属性。

lsattr命令语法：

```
lsattr [选项] [文件|目录]
```

lsattr命令中各选项的含义如表3.25所示。

表3.25 lsattr命令选项的含义

选项	选项含义
-a	列出目录中的所有文件，包括以“.”开头的文件
-d	以和文件相同的方式列出目录，并显示其包含的内容
-R	递归地列出目录及其内容属性
-v	列出文件的版本/生成号码

例3.53：查看/root/anaconda-ks.cfg文件属性。

```
[root@rhel ~]# lsattr /root/anaconda-ks.cfg
---------------- /root/anaconda-ks.cfg
```

2. 设置文件和目录属性

使用chattr命令可以更改文件和目录的属性。

chattr命令语法：

```
chattr [选项] [属性设置] [文件|目录]
```

chattr命令中各选项的含义如表3.26所示。

表3.26 chattr命令选项的含义

选项	选项含义
-R	递归改变目录及其内容的属性
-V	显示命令执行过程
-f	禁止大多数错误消息

chattr命令属性设置描述如表3.27所示。

表3.27 chattr命令属性设置描述

属性设置	描述
+ <属性>	添加文件或目录的属性
- <属性>	删除文件或目录的属性
= <属性>	指定文件或目录的属性

例3.54：使用chattr命令防止/root/anaconda-ks.cfg文件被更改。

```
[root@rhel ~]#  chattr +i /root/anaconda-ks.cfg
[root@rhel ~]# lsattr /root/anaconda-ks.cfg
----i----------- /root/anaconda-ks.cfg
//查看/root/anaconda-ks.cfg文件属性
[root@rhel ~]# rm -rf /root/anaconda-ks.cfg
rm: 无法删除"/root/anaconda-ks.cfg": 不允许的操作
//使用rm命令已经无法删除/root/anaconda-ks.cfg文件，当然也不能更改文件内容，比如添加、删除、修改文件数据
```

注意：

在文件添加i属性之后，如果要更改文件内容，会出现以下信息。

```
E45: 'readonly' option is set (add ! to override)
```

例3.55：去除/root/anaconda-ks.cfg文件的i属性。

```
[root@rhel ~]# chattr -i /root/anaconda-ks.cfg
[root@rhel ~]# lsattr /root/anaconda-ks.cfg
---------------- /root/anaconda-ks.cfg
```

例3.56：让/var/log/messages文件只能往里面追加数据，但不能删除文件。

```
[root@rhel ~]# chattr +a /var/log/messages
[root@rhel ~]# lsattr /var/log/messages
-----a---------- /var/log/messages
[root@rhel ~]# rm -rf /var/log/messages
rm: 无法删除"/var/log/messages": 不允许的操作
//使用rm命令已经无法删除/var/log/messages文件，但是可以往该文件中追加数据
```

注意：

在文件添加a属性之后，如果打开文件（比如用vi编辑器）更改文件内容，比如添加、删除、修改文件数据，会出现以下信息。

```
"/var/log/messages" E212: Can't open file for writing
```

例3.57：递归给/root/www目录，以及该目录下的文件和子目录添加i属性。

```
[root@rhel ~]# mkdir /root/www
[root@rhel ~]# chattr -R +i /root/www
```

第4章 Linux常用命令

4.1 文本内容显示

本节主要讲述在Linux系统中显示文本内容的相关命令，这些命令有cat、more、less、head和tail等。

4.1.1 cat：显示文本文件

使用cat命令可以显示文本文件的内容，也可以把几个文件内容附加到另一个文件中。如果没有指定文件，或者文件为“-”，那么就从标准输入读取。

cat命令语法：

```
cat [选项] [文件]
```

cat命令中各选项的含义如表4.1所示。

表4.1 cat命令选项的含义

选项	选项含义
-n	对输出的所有行编号
-b	对非空输出行编号
-s	当遇到有连续两行以上的空白行时，就替换为一行的空白行
-E	在每行结束处显示$

例4.1：显示/etc/inittab文件的内容。

```
[root@rhel ~]# cat /etc/inittab
# inittab is no longer used when using systemd.
#
# ADDING CONFIGURATION HERE WILL HAVE NO EFFECT ON YOUR SYSTEM.
#
# Ctrl-Alt-Delete is handled by /usr/lib/systemd/system/ctrl-alt-del.target
#
# systemd uses 'targets' instead of runlevels. By default, there are two main targets:
#
# multi-user.target: analogous to runlevel 3
# graphical.target: analogous to runlevel 5
#
# To view current default target, run:
# systemctl get-default
#
# To set a default target, run:
# systemctl set-default TARGET.target
#
```

例4.2：把文件textfile1的文件内容加上行号后输入到textfile2文件中。

```
[root@rhel ~]# cat textfile1
a
b
```

```
c
//查看文件textfile1的文件内容
[root@rhel ~]# cat -n textfile1 > textfile2
[root@rhel ~]# cat textfile2
     1  a
     2  b
     3  c
//查看文件textfile2的文件内容，有两列数据，第一列是textfile1文件的行号，第二列是textfile1文件的内容
```

例4.3：把文件textfile1和textfile2的文件内容加上行号（空白行不加）之后，将内容附加到文件textfile3中。

```
[root@rhel ~]# cat textfile1
a
b
c
[root@rhel ~]# cat textfile2
     1  a
     2  b
     3  c
//分别查看文件textfile1和textfile2的文件内容
[root@rhel ~]# cat -b textfile1 textfile2 >> textfile3
[root@rhel ~]# cat textfile3
     1  a
     2  b
     3  c
     4       1  a
     5       2  b
     6       3  c
//查看文件textfile3的文件内容
```

例4.4：在每行的结尾处附加$符号，显示/etc/passwd文件。

```
[root@rhel ~]# cat -E /etc/passwd
root:x:0:0:root:/root:/bin/bash$
bin:x:1:1:bin:/bin:/sbin/nologin$
daemon:x:2:2:daemon:/sbin:/sbin/nologin$
adm:x:3:4:adm:/var/adm:/sbin/nologin$
lp:x:4:7:lp:/var/spool/lpd:/sbin/nologin$
sync:x:5:0:sync:/sbin:/bin/sync$
shutdown:x:6:0:shutdown:/sbin:/sbin/shutdown$
halt:x:7:0:halt:/sbin:/sbin/halt$
mail:x:8:12:mail:/var/spool/mail:/sbin/nologin$
...（省略）
```

例4.5：使用cat命令创建mm.txt文件。

```
[root@rhel ~]# cat >mm.txt<<EOF
> Hello                    //在此输入字符Hello
> Linux                    //在此输入字符Linux
> EOF                      //在此输入字符EOF，会自动回到Shell提示符界面
[root@rhel ~]# cat mm.txt
Hello
Linux
//查看mm.txt文件内容
```

4.1.2 more：分页显示文本文件

使用more命令可以分页显示文本文件的内容，类似于cat命令，不过是以分页方式显示文件内容，方便使用者逐页阅读。其最基本的按键就是按空格键就显示下一页内容，按[b]键返回显示上一页内容。

more命令语法：

```
more [选项] [文件]
```

more命令中各选项的含义如表4.2所示。

表4.2 more命令选项的含义

选项	选项含义
-f	计算行数时，以实际的行数，而不是自动换行过后的行数
-p	不以卷动的方式显示每一页，而是先清除屏幕后再显示内容
-c	跟-p选项相似，不同的是先显示内容再清除其他旧资料
-s	当遇到有连续两行以上的空白行时，就替换为一行的空白行
-u	不显示下引号（根据环境变量TERM指定的终端而有所不同）
+n	从第n行开始显示文件内容，n代表数字
-n	一次显示的行数，n代表数字

在使用more命令时，可以使用表4.3所示的子命令。

表4.3 more子命令的功能

子命令	功能
h或?	显示more命令子命令帮助
q或Q	退出more
v	在当前行启动一个编辑器
:f	显示当前文件的文件名和行号
!<命令>或:!<命令>	在子Shell中执行指定命令
回车键	向下移动一行
空格键	向下移动一页
Ctrl+l	刷新屏幕
=	显示当前行的行号
‘	转到上一次搜索开始的地方
Ctrl+f	向下滚动一页
.	重复上次输入的命令
d	向下移动半页
b	向上移动一页

例4.6：分页显示/etc/services文件的内容。

```
[root@rhel ~]# more /etc/services
# /etc/services:
# $Id: services,v 1.55 2013/04/14 ovasik Exp $
#
# Network services, Internet style
# IANA services version: last updated 2013-04-10
#
# Note that it is presently the policy of IANA to assign a single well-known
```

```
# port number for both TCP and UDP; hence, most entries here have two entries
# even if the protocol doesn't support UDP operations.
# Updated from RFC 1700, "Assigned Numbers" (October 1994).  Not all ports
# are included, only the more common ones.
#
# The latest IANA port assignments can be gotten from
#       http://www.iana.org/assignments/port-numbers
# The Well Known Ports are those from 0 through 1023.
# The Registered Ports are those from 1024 through 49151
# The Dynamic and/or Private Ports are those from 49152 through 65535
#
# Each line describes one service, and is of the form:
#
# service-name  port/protocol  [aliases ...]   [# comment]

tcpmux          1/tcp                           # TCP port service multiplexer
tcpmux          1/udp                           # TCP port service multiplexer
rje             5/tcp                           # Remote Job Entry
rje             5/udp                           # Remote Job Entry
echo            7/tcp
echo            7/udp
discard         9/tcp           sink null
discard         9/udp           sink null
systat          11/tcp          users
systat          11/udp          users
daytime         13/tcp
daytime         13/udp
qotd            17/tcp          quote
qotd            17/udp          quote
msp             18/tcp                          # message send protocol (historic)
--More--(0%)
```

例4.7：逐页显示/root/testfile文件内容，如有连续两行以上的空白行则以一行空白行显示。

```
[root@rhel ~]# more -s /root/testfile
```

例4.8：从第20行开始显示/root/testfile文件的内容。

```
[root@rhel ~]# more +20 /root/testfile
```

例4.9：一次两行显示/etc/passwd文件的内容。

```
[root@rhel ~]# more -2 /etc/passwd
root:x:0:0:root:/root:/bin/bash
bin:x:1:1:bin:/bin:/sbin/nologin
--More--(1%)
```

4.1.3 less：回卷显示文本文件

使用less命令可以回卷显示文本文件的内容。less命令的作用与more十分相似，都可以用来浏览文本文件的内容，不同的是less命令允许使用者往回卷动。

less命令语法：

```
less [选项] [文件]
```

less命令中各选项的含义如表4.4所示。

表4.4　less命令选项的含义

选项	选项含义
-N	显示每行的行号
-S	行过长时将超出部分舍弃
-e	当文件显示结束后，自动离开
-g	只标志最后搜索到的关键词
-Q	不使用警告音
-i	忽略搜索时的大小写
-m	显示类似more命令的百分比
-f	强迫打开特殊文件，比如外围设备代号、目录和二进制文件
-s	显示连续空行为一行
-b <缓冲区大小>	设置缓冲区的大小
-o <文件名>	将less输出的内容保存到指定文件中
-x <数字>	将[Tab]键显示为规定的数字空格

在使用less命令时，可以使用表4.5所示的子命令。

表4.5　less子命令功能

子命令	功能
/字符串	向下搜索“字符串”的功能
?字符串	向上搜索“字符串”的功能
n	重复前一个搜索（与 / 或 ? 有关）
N	反向重复前一个搜索（与 / 或 ? 有关）
b	向上移动一页
d	向下移动半页
h或H	显示帮助界面
q或Q	退出less命令
y	向上移动一行
空格键	向下移动一页
回车键	向下移动一行
[PgDn]键	向下移动一页
[PgUp]键	向上移动一页
Ctrl+f	向下移动一页
Ctrl+b	向上移动一页
Ctrl+d	向下移动半页
Ctrl+u	向上移动半页
j	向下移动一行
k	向上移动一行
G	移动到最后一行
g	移动到第一行
ZZ	退出 less 命令
v	使用配置的编辑器编辑当前文件
[	移动到本文档的上一个节点
]	移动到本文档的下一个节点
p	移动到同级的上一个节点
u	向上移动半页

例4.10：回卷显示/etc/services文件的内容。

```
[root@rhel ~]# less /etc/services
# /etc/services:
# $Id: services,v 1.55 2013/04/14 ovasik Exp $
#
# Network services, Internet style
# IANA services version: last updated 2013-04-10
#
# Note that it is presently the policy of IANA to assign a single well-known
# port number for both TCP and UDP; hence, most entries here have two entries
# even if the protocol doesn't support UDP operations.
# Updated from RFC 1700, "Assigned Numbers" (October 1994).  Not all ports
# are included, only the more common ones.
#
# The latest IANA port assignments can be gotten from
#       http://www.iana.org/assignments/port-numbers
# The Well Known Ports are those from 0 through 1023.
# The Registered Ports are those from 1024 through 49151
# The Dynamic and/or Private Ports are those from 49152 through 65535
#
# Each line describes one service, and is of the form:
#
# service-name  port/protocol  [aliases ...]   [# comment]

tcpmux        1/tcp                  # TCP port service multiplexer
tcpmux        1/udp                  # TCP port service multiplexer
rje           5/tcp                  # Remote Job Entry
rje           5/udp                  # Remote Job Entry
echo          7/tcp
echo          7/udp
discard       9/tcp        sink null
discard       9/udp        sink null
systat        11/tcp       users
systat        11/udp       users
daytime       13/tcp
daytime       13/udp
qotd          17/tcp       quote
qotd          17/udp       quote
msp           18/tcp                 # message send protocol (historic)
/etc/services
```

4.1.4 head：显示指定文件前若干行

使用head命令可以显示指定文件的前若干行文件内容。如果没有给出具体行数值，默认缺省设置为10行。如果没有指定文件，head就从标准输入读取。

head命令语法：

```
head [选项] [文件]
```

head命令中各选项的含义如表4.6所示。

表4.6 head命令选项的含义

选项	选项含义
-n <K>	显示每个文件的前K行内容；如果附加“-”参数，则除了每个文件的最后K行外，显示剩余全部内容，这里K是数字
-c <K>	显示每个文件的前K字节内容；如果附加“-”参数，则除了每个文件的最后K字节数据外显示剩余全部内容，这里K是数字
-v	总是显示包含给定文件名的文件头

例4.11：查看/etc/passwd文件的开始10行数据内容。

```
[root@rhel ~]# head /etc/passwd
root:x:0:0:root:/root:/bin/bash
bin:x:1:1:bin:/bin:/sbin/nologin
daemon:x:2:2:daemon:/sbin:/sbin/nologin
adm:x:3:4:adm:/var/adm:/sbin/nologin
lp:x:4:7:lp:/var/spool/lpd:/sbin/nologin
sync:x:5:0:sync:/sbin:/bin/sync
shutdown:x:6:0:shutdown:/sbin:/sbin/shutdown
halt:x:7:0:halt:/sbin:/sbin/halt
mail:x:8:12:mail:/var/spool/mail:/sbin/nologin
operator:x:11:0:operator:/root:/sbin/nologin
```

例4.12：查看/etc/passwd文件的前3行数据内容。

```
[root@rhel ~]# head -n 3 /etc/passwd
root:x:0:0:root:/root:/bin/bash
bin:x:1:1:bin:/bin:/sbin/nologin
daemon:x:2:2:daemon:/sbin:/sbin/nologin
[root@rhel ~]# head -3 /etc/passwd
root:x:0:0:root:/root:/bin/bash
bin:x:1:1:bin:/bin:/sbin/nologin
daemon:x:2:2:daemon:/sbin:/sbin/nologin
//可以发现head -n 3 /etc/passwd命令和head -3 /etc/passwd命令起到的作用一样
```

例4.13：查看/etc/passwd文件除了最后60行的全部数据内容。

```
[root@rhel ~]# head -n -60 /etc/passwd
root:x:0:0:root:/root:/bin/bash
bin:x:1:1:bin:/bin:/sbin/nologin
daemon:x:2:2:daemon:/sbin:/sbin/nologin
adm:x:3:4:adm:/var/adm:/sbin/nologin
lp:x:4:7:lp:/var/spool/lpd:/sbin/nologin
sync:x:5:0:sync:/sbin:/bin/sync
shutdown:x:6:0:shutdown:/sbin:/sbin/shutdown
```

例4.14：查看/etc/passwd文件的前100字节数据内容。

```
[root@rhel ~]# head -c 100 /etc/passwd
root:x:0:0:root:/root:/bin/bash
bin:x:1:1:bin:/bin:/sbin/nologin
daemon:x:2:2:daemon:/sbin:/sbin/nol
```

例4.15：查看/etc/passwd文件除了最后100字节以外的数据内容。

```
[root@rhel ~]# head -c -100 /etc/passwd
```

例4.16：查看/etc/passwd文件的文件内容，并显示文件名。

```
[root@rhel ~]# head -v /etc/passwd
==> /etc/passwd <==
```

```
root:x:0:0:root:/root:/bin/bash
bin:x:1:1:bin:/bin:/sbin/nologin
daemon:x:2:2:daemon:/sbin:/sbin/nologin
adm:x:3:4:adm:/var/adm:/sbin/nologin
lp:x:4:7:lp:/var/spool/lpd:/sbin/nologin
sync:x:5:0:sync:/sbin:/bin/sync
shutdown:x:6:0:shutdown:/sbin:/sbin/shutdown
halt:x:7:0:halt:/sbin:/sbin/halt
mail:x:8:12:mail:/var/spool/mail:/sbin/nologin
operator:x:11:0:operator:/root:/sbin/nologin
```

4.1.5 tail：查看文件末尾数据

使用tail命令可以查看文件的末尾数据，默认显示指定文件的最后10 行到标准输出。如果指定了多个文件，tail会在每段输出的开始添加相应文件名作为头。如果不指定文件或文件为“-”，则从标准输入读取数据

tail命令语法：

```
tail [选项] [文件]
```

tail命令中各选项的含义如表4.7所示。

表4.7 tail命令选项的含义

选项	选项含义
-n <K>	输出最后K行，这里K是数字，使用-n +K则从每个文件的第K行输出
-c <K>	输出最后K字节，这里K是数字，使用-c +K则从每个文件的第K字节输出
-f	即时输出文件变化后追加的数据

例4.17：查看/etc/passwd文件的末尾3行数据内容。

```
[root@rhel ~]# tail -n 3 /etc/passwd
sshd:x:74:74:Privilege-separated SSH:/var/empty/sshd:/sbin/nologin
oprofile:x:16:16:Special user account to be used by OProfile:/var/lib/oprofile:/sbin/nologin
tcpdump:x:72:72::/:/sbin/nologin
[root@rhel ~]# tail -3 /etc/passwd
sshd:x:74:74:Privilege-separated SSH:/var/empty/sshd:/sbin/nologin
oprofile:x:16:16:Special user account to be used by OProfile:/var/lib/oprofile:/sbin/nologin
tcpdump:x:72:72::/:/sbin/nologin
//可以发现tail -n 3 /etc/passwd命令和tail -3 /etc/passwd起到一样的作用
```

例4.18：从第50行开始显示/etc/passwd文件的数据内容。

```
[root@rhel ~]# tail -n +50 /etc/passwd
gdm:x:42:42::/var/lib/gdm:/sbin/nologin
gnome-initial-setup:x:985:980::/run/gnome-initial-setup/:/sbin/nologin
avahi:x:70:70:Avahi mDNS/DNS-SD Stack:/var/run/avahi-daemon:/sbin/nologin
postgres:x:26:26:PostgreSQL Server:/var/lib/pgsql:/bin/bash
dovecot:x:97:97:Dovecot IMAP server:/usr/libexec/dovecot:/sbin/nologin
dovenull:x:984:979:Dovecot's unauthorized user:/usr/libexec/dovecot:/sbin/nologin
sshd:x:74:74:Privilege-separated SSH:/var/empty/sshd:/sbin/nologin
oprofile:x:16:16:Special user account to be used by OProfile:/var/lib/oprofile:/sbin/nologin
tcpdump:x:72:72::/:/sbin/nologin
```

例4.19：查看/etc/passwd文件末尾100字节的数据内容。

```
[root@rhel ~]# tail -c 100 /etc/passwd
```

例4.20：从第900字节开始显示/etc/passwd文件的数据内容。

```
[root@rhel ~]# tail -c +900 /etc/passwd
```

例4.21：动态跟踪/var/log/messages文件的增长情况。

```
[root@rhel ~]# tail -f /var/log/messages
    //tail命令会每隔一秒去检查一下文件是否增加新的内容，如果增加就追加在原来的输出后面并显示。
如果想终止输出，按[Ctrl+c]键中断tail命令即可
```

4.2 文本处理

本节主要讲述在Linux系统中文本处理的相关命令，这些命令有sort、uniq、cut、comm以及diff等。

4.2.1 sort：对文件中的数据进行排序

使用sort命令可以对文件中的数据进行排序，并将结果显示在标准输出上。

sort命令语法：

```
sort [选项] [文件]
```

sort命令中各选项的含义如表4.8所示。

表4.8 sort命令选项的含义

选项	选项含义
-m	如果给定文件已排好序，那么合并文件
-u	对排序后认为相同的行只留其中一行
-d	按字典顺序排序，比较时仅字母、数字、空格和制表符有意义
-f	将小写字母与大写字母同等对待
-M	作为月份比较，如JAN < FEB
-r	按逆序输出排序结果
-c	检查给定文件是否已排好序，如果它们没有排好序，则打印一个出错信息，并以状态值1退出

例4.22：排序文件textfile1数据，并显示在屏幕上。

```
[root@rhel ~]# cat textfile1
a
b
c
//查看文件textfile1的文件内容
[root@rhel ~]# sort textfile1
a
b
c
```

例4.23：读取文件textfile1内容，以倒序排序该文件并显示在屏幕上。

```
[root@rhel ~]# sort -r textfile1
c
b
a
```

4.2.2 uniq：将重复行从输出文件中删除

使用uniq命令可以将文件内的重复行数据从输出文件中删除，只留下每条记录的唯一样本。

uniq命令语法：

```
uniq [选项] [文件]
```

uniq命令中各选项的含义如表4.9所示。

表4.9　uniq命令选项的含义

选项	选项含义
-c	显示输出中在每行行首加上本行在文件中出现的次数
-d	只输出重复的行
-D	显示所有重复的行
-u	只显示文件中不重复的行
-s K	比较时跳过前K 个字符，K是数字
-w K	对每行第K个字符以后的内容不作对照，K是数字
-f K	比较时跳过前K列，K是数字
-i	在比较的时候不区分大小写

例4.24：查看文件file3中重复行数据的内容。

```
[root@rhel ~]# cat file3
aaa
aaa
bbb
//查看文件file3文件内容
[root@rhel ~]# uniq -d file3
aaa
// file3文件中重复行数据的内容为aaa
```

例4.25：查看文件file3中不重复行数据的内容。

```
[root@rhel ~]# uniq -u file3
bbb
//file3文件中不重复行数据的内容为bbb
```

例4.26：显示file3文件中每行连续出现的次数。

```
[root@rhel ~]# uniq -c file3
   2 aaa
   1 bbb
```

例4.27：显示file3文件所有重复的行，每个重复的行都显示。

```
[root@rhel ~]# uniq -D file3
aaa
aaa
```

4.2.3　cut：从文件每行中输出选定的字节、字符或字段

使用cut命令可以从文件的每行中输出选定的字节、字符或字段（域），只能使用-b、-c或-f选项中的一个。每一个列表都是专门为一个类别做出的，或者可以用逗号隔开要同时显示的不同类别。输入顺序将作为读取顺序，每个仅能输入一次。

cut命令语法：

```
cut [选项] [ 文件 ]
```

cut命令中各选项的含义如表4.10所示。

表4.10　cut命令选项的含义

选项	选项含义
-b <列表>	只选中指定的这些字节
-c <列表>	只选中指定的这些字符
-d <分界符>	使用指定分界符代替制表符作为区域分界
-f <列表>	指定文件中设想被定界符（缺省情况下为制表符）隔开的字段的列表
-n	取消分割多字节字符。仅和-b选项一起使用。如果字符的最后一个字节落在由-b选项的列表参数指示的范围之内，该字符将被写出；否则该字符将被排除
-s	不打印没有包含分界符的行

在使用-b、-c和-f选项时，每种参数格式表示的范围如表4.11所示。

表4.11　参数格式表示的范围

参数格式	描述
N	从第1个开始数的第N个字节、字符或字段
N-	从第N个开始到所在行结束的所有字符、字节或字段
N-M	从第N个开始到第M个之间（包括第M个）的所有字符、字节或字段
-M	从第1个开始到第M个之间（包括第M个）的所有字符、字节或字段

例4.28：cut输出选定字节。

```
[root@rhel ~]# date
2015年 12月 25日 星期五 05:38:47 CST
[root@rhel ~]# date |cut -b 1-4
2015
//取前4个字节
[root@rhel ~]# date |cut -b 1-7
2015年
//取前7个字节，这里1个汉字占3字节
[root@rhel ~]# date |cut -b 1-10
2015年 12
//取前10个字节，这里1个汉字占3字节，1个空格算1字节
[root@rhel ~]# date |cut -b -4
2015
//-4表示从第1个字节到第4个字节
[root@rhel ~]# date |cut -b 4-
5年 12月 25日 星期五 05:39:47 CST
//4-表示从第4个字节到行尾
[root@rhel ~]# date |cut -b -4,4-
2015年 12月 25日 星期五 05:39:47 CST
//会输出整行
```

例4.29：cut输出选定字符。

```
[root@rhel ~]# date |cut -c 1-5
2015年
//取前5个字符
[root@rhel ~]# date |cut -c 5,9,13
年月日
//取第5、9、13个字符
```

例4.30：显示文件/etc/passwd中的用户登录名和用户名全称字段，这是第1个和第5个字段，由冒号隔开。

```
[root@rhel ~]# cut -f 1,5 -d: /etc/passwd
root:root
bin:bin
daemon:daemon
adm:adm
lp:lp
sync:sync
shutdown:shutdown
halt:halt
mail:mail
operator:operator
games:games
ftp:FTP User
...（省略）
```

4.2.4 comm：逐行比较两个已排序的文件

使用comm命令可以比较两个已排过序的文件，并将其结果显示出来。

comm命令语法：

```
comm [选项] [文件1] [文件2]
```

comm命令中各选项的含义如表4.12所示。

表4.12 comm命令选项的含义

选项	选项含义
-1	不输出文件1特有的行
-2	不输出文件2特有的行
-3	不输出两个文件共有的行

例4.31：比较文件file1和file2的文件内容。

```
[root@rhel ~]# cat file1
a
aa
[root@rhel ~]# cat file2
a
bb
//查看文件file1和file2的文件内容
[root@rhel ~]# comm file1 file2
                a
aa
        bb
```

例4.32：比较文件file1和file2，只显示文件file1和file2中相同行的数据内容。

```
[root@rhel ~]# comm -12 file1 file2
a
//file1和file2文件中相同行的数据内容是a
```

4.2.5 diff：逐行比较两个文本文件，列出其不同之处

使用diff命令可以逐行比较两个文本文件，列出其不同之处。与comm命令相比，它能完成更复杂的检查。它对给出的文件进行系统的检查，并显示两个文件中所有不同的行，不要求事先对文件进行排序。

diff命令语法：

```
diff [选项] [文件1] [文件2]
```

diff命令中各选项的含义如表4.13所示。

表4.13 diff命令选项的含义

选项	选项含义
-b	忽略行尾的空格，而字符串中的一个或多个空格符都视为相等
-c	使用上下文输出格式
-e	输出一个ed脚本
-r	当比较目录时，递归比较任何找到的子目录
-y	以两列并排格式输出
-W <n>	在并列格式输出时，使用指定的列宽，n代表数字
-u	使用统一的输出格式
-i	文件内容中忽略大小写差异
-w	忽略所有的空白
-a	所有的文件都视为文本文件来逐行比较
-B	忽略插入删除空行引起的变化
-q	只简短地输出文件是否不同
-s	当两个文件相同时报告
-t	在输出时扩展tab为空格，保护输入文件的tab对齐方式
-x <模式>	排除匹配模式的文件
-X <文件>	比较目录的时候，忽略和目录中与任何包含在指定文件的样式相配的文件和目录

例4.33：比较file1和file2文件，列出其不同之处。

```
[root@rhel ~]# cat file1
a
aa
[root@rhel ~]# cat file2
a
bb
//查看文件file1和file2的文件内容
[root@rhel ~]# diff file1 file2
2c2
< aa
---
> bb
//可以看到file1和file2文件的不同之处是第二行的aa和bb
```

例4.34：以并排格式输出比较file1和file2文件的不同之处。

```
[root@rhel ~]# diff file1 file2 -y -W 50
a                    a
aa                   | bb
```

并排格式输出说明如下所示。

- |：表示前后2个文件内容有不同。
- <：表示后面文件比前面文件少了一行内容。
- >：表示后面文件比前面文件多了一行内容。

4.3 文件和命令查找

本节主要讲述在Linux系统中查找文件和命令的相关命令，这些命令有grep、find、locate以及whereis等。

4.3.1 grep：查找文件中符合条件的字符串

使用grep命令可以查找文件内符合条件的字符串。

grep命令语法：

```
grep [选项] [查找模式] [文件]
```

grep命令中各选项的含义如表4.14所示。

表4.14 grep命令选项的含义

选项	选项含义
-E	模式是一个可扩展的正则表达式
-F	模式是一组由断行符分隔的定长字符串
-P	模式是一个Perl正则表达式
-b	在输出的每一行前显示包含匹配字符串的行在文件中的字节偏移量
-c	只显示匹配行的数量
-i	比较时不区分大小写
-h	抑制输出的文件名前缀
-l	只显示匹配的文件名
-L	只显示不匹配的文件名
-n	在输出前加上匹配字符串所在行的行号（文件首行行号为1）
-v	只显示不包含匹配字符的行
-x	强制模式仅完全匹配一行
-w	强制模式仅完全匹配字词
-e <模式>	用模式来进行匹配操作
-f <文件>	从文件中取得模式
-r	递归地读取每个目录下的所有文件
-q	禁止一切正常输出
-I	强制认为该二进制文件没有包含任何搜寻样式
-s	取消错误消息

例4.35：在文件kkk中搜索匹配字符“test file”。

```
[root@rhel ~]# cat kkk
akkk
test file
oooo
ppppp
//查看文件kkk文件内容
[root@rhel ~]# grep 'test file' kkk
test file
```

例4.36：在文件kkk中搜索匹配字符“es”，并且加上行号输出。

```
[root@rhel ~]# grep -n es kkk
2:test file
```

例4.37：显示所有以d开头的文件中包含“test”的行数据内容。

```
[root@rhel ~]# cat d1
1
test1
[root@rhel ~]# cat d2
2
test2
//查看文件d1和d2的文件内容
[root@rhel ~]# grep 'test' d*
d1:test1
d2:test2
```

例4.38：在文件aa中显示所有包含至少有5个连续小写字符的行数据内容。

```
[root@rhel ~]# cat aa
aaaaa
bbb
AAAAA
BBB
aaaaaa
//查看文件aa文件内容
[root@rhel ~]# grep '[a-z]\{5\}' aa
aaaaa
aaaaaa
```

例4.39：查找sshd进程信息。

```
[root@rhel ~]# ps -ef|grep sshd
root      1593      1  0 02:13 ?        00:00:00 /usr/sbin/sshd -D
root     13194   1593  0 02:34 ?        00:00:00 sshd: root@pts/0
root     13508  13206  0 02:54 pts/0    00:00:00 grep --color=auto sshd
//在这里结合管道方式查找sshd进程信息
```

例4.40：在/root/aa文件中找出以b开头的行内容。

```
[root@rhel ~]# grep ^b /root/aa
bbb
```

例4.41：在/root/aa文件中输出不是以b开头的行内容。

```
[root@rhel ~]# grep -v ^b /root/aa
aaaaa
AAAAA
BBB
aaaaaa
```

例4.42：在/root/kkk文件中输出以le结尾的行内容。

```
[root@rhel ~]# grep le$ /root/kkk
test file
```

例4.43：在/root/kkk文件中显示包含es字符或者kk字符的行内容。

```
[root@rhel ~]# grep -E "es|kk" /root/kkk
akkk
test file
```

4.3.2 find：列出文件系统内符合条件的文件

使用find命令可以将文件系统内符合条件的文件列出来，并可以指定文件的名称、类别、时间、大小以及权限等不同信息的组合，只有完全相符的文件才会被列出来。

find命令语法：

```
find [路径] [选项]
```

find命令中各选项的含义如表4.15所示。

表4.15　find命令选项的含义

选项	选项含义
-name <文件名>	按照文件名来查找文件
-perm <权限>	按照文件的权限来查找文件
-user <用户名>	按照文件的用户所有者来查找文件
-group <组名>	按照文件的组群所有者来查找文件
-atime n	在过去n天内被访问过（atime）的文件，n代表数字
-amin n	在过去n分钟内被访问过（atime）的文件，n代表数字
-ctime n	在过去n天内被更改过（ctime）的文件，n代表数字
-cmin n	在过去n分钟内被更改过（ctime）的文件，n代表数字
-mtime n	在过去n天内被修改过（mtime）的文件，n代表数字
-mmin n	在过去n分钟内被修改过（mtime）的文件，n代表数字
-size n[ckMG]	查找大小为n的文件，n代表数字，c代表字节，k代表KB，M代表MB，G代表GB
-empty	查找空文件，可以是普通的文件或目录
-type <文件类型>	按照文件类型来查找文件
-fstype <文件系统类型>	按照指定文件系统类型来查找文件
-nogroup	没有组群的文件
-nouser	没有用户的文件
-uid <用户UID>	按照文件的用户所有者的UID来查找文件
-gid <组群GID>	按照文件的组群所有者的GID来查找文件
-inum n	按照文件的inode号码来查找文件
-readable	匹配只读文件
-samefile <文件名>	查找和指定文件相同inode的文件
-writable	匹配可写文件
-links n	按照文件链接数来查找文件，n代表数字

在查找文件时可以定义不同的文件类型，如表4.16所示。

表4.16　查找时定义的文件类型

字符	含义
b	块设备文件
d	目录
c	字符设备文件
p	管道文件
l	符号链接文件
f	普通文件
s	socket文件

例4.44：查找/boot目录下的启动菜单配置文件grub.cfg。

```
[root@rhel ~]# find /boot -name grub.cfg
/boot/grub2/grub.cfg
//可以看到文件grub.cfg在/boot/grub2目录下
```

例4.45：查找“/”目录下所有以“.conf”为扩展名的文件。

```
[root@rhel ~]# find / -name '*.conf'
/run/media/root/RHEL-7.2 Server.x86_64/isolinux/grub.conf
/run/tmpfiles.d/kmod.conf
/run/systemd/system/session-10.scope.d/50-SendSIGHUP.conf
/run/systemd/system/session-10.scope.d/50-After-systemd-user-sessions\x2eservice.conf
/run/systemd/system/session-10.scope.d/50-After-systemd-logind\x2eservice.conf
/run/systemd/system/session-10.scope.d/50-Description.conf
/run/systemd/system/session-10.scope.d/50-Slice.conf
/run/systemd/system/session-3.scope.d/50-SendSIGHUP.conf
/run/systemd/system/session-3.scope.d/50-After-systemd-user-sessions\x2eservice.conf
/run/systemd/system/session-3.scope.d/50-After-systemd-logind\x2eservice.conf
/run/systemd/system/session-3.scope.d/50-Description.conf
/run/systemd/system/session-3.scope.d/50-Slice.conf
/etc/resolv.conf
/etc/fonts/conf.d/65-0-lohit-tamil.conf
...（省略）
```

例4.46：列出当前目录及其子目录下最近20天内更改过的所有文件。

```
[root@rhel ~]# find . -ctime -20
.
./.bash_logout
./.bash_profile
./.bashrc
./.cshrc
./.tcshrc
./anaconda-ks.cfg
./.cache
./.cache/dconf
./.cache/dconf/user
./.cache/imsettings
./.cache/imsettings/log
./.cache/evolution
./.cache/evolution/addressbook
./.cache/evolution/addressbook/trash
./.cache/evolution/calendar
./.cache/evolution/calendar/trash
./.cache/evolution/mail
...（省略）
```

例4.47：查找/root目录中为空的文件或者子目录。

```
[root@rhel ~]# find /root -empty
/root/.cache/evolution/addressbook/trash
/root/.cache/evolution/calendar/trash
/root/.cache/evolution/mail/trash
/root/.cache/evolution/memos/trash
/root/.cache/evolution/sources/trash
/root/.cache/evolution/tasks/trash
/root/.cache/abrt/applet_dirlist
/root/.cache/gnome-shell/update-check-3.14
/root/.cache/gnome-control-center
```

```
/root/.config/imsettings
/root/.config/gnome-session/saved-session
/root/.config/gconf
/root/.config/goa-1.0
/root/.config/tracker
...（省略）
```

例4.48：在/boot目录中查找文件类型为目录的文件。

```
[root@rhel ~]# find /boot -type d
/boot
/boot/extlinux
/boot/grub2
/boot/grub2/themes
/boot/grub2/themes/system
/boot/grub2/i386-pc
/boot/grub2/locale
/boot/grub2/fonts
```

例4.49：查找/home目录下用户所有者UID为“1000”的文件。

```
[root@rhel ~]# find /home -uid 1000
/home/zhangsan
/home/zhangsan/.mozilla
/home/zhangsan/.mozilla/extensions
/home/zhangsan/.mozilla/plugins
/home/zhangsan/.bash_logout
/home/zhangsan/.bash_profile
/home/zhangsan/.bashrc
```

例4.50：查找inode号码是“543065542”的文件。

```
[root@rhel ~]# stat /root/anaconda-ks.cfg
  文件："/root/anaconda-ks.cfg"
  大小：2124          块：8          IO 块：4096   普通文件
设备：803h/2051d      Inode：543065542   硬链接：1
权限：(0600/-rw-------)  Uid：(    0/    root)   Gid：(    0/    root)
环境：system_u:object_r:admin_home_t:s0
最近访问：2015-12-21 01:15:55.468019352 +0800
最近更改：2015-12-20 14:46:09.816467576 +0800
最近改动：2015-12-20 14:46:09.816467576 +0800
创建时间：-
//文件/root/anaconda-ks.cfg的inode号码是543065542
[root@rhel ~]# find /root -inum 543065542
/root/anaconda-ks.cfg
```

4.3.3 locate：在数据库中查找文件

使用locate命令可以通过数据库（/var/lib/mlocate/mlocate.db文件）来查找文件，这个数据库每天由cron程序来建立。当创建好这个数据库后，就可以方便地搜寻所需文件了，它比find命令的搜索速度还要快。

locate命令语法：

```
locate [选项] [范本样式]
```

locate命令中各选项的含义如表4.17所示。

表4.17 locate命令选项的含义

选项	选项含义
-q	安静模式，不会显示任何错误信息
-r	使用正则表达式作为搜索的条件
-i	匹配模式时忽略区分大小写
-c	显示找到的条目数
-w	匹配完整路径名

例4.51：查找httpd.conf文件。

```
[root@rhel ~]# locate httpd.conf
/etc/httpd/conf/httpd.conf
/usr/lib/tmpfiles.d/httpd.conf
```

例4.52：显示找到几个httpd.conf文件。

```
[root@rhel ~]# locate -c httpd.conf
2
//找到名为httpd.conf文件的数量为2
```

注意：

当执行locate命令查找文件出现以下错误信息时，需要先执行updatedb命令手工创建mlocate.db数据库。

locate: 无法执行 stat () '/var/lib/mlocate/mlocate.db': 没有那个文件或目录

4.3.4 whereis：查找指定文件、命令和手册页位置

使用whereis命令可以查找指定文件、命令和手册页的位置。

whereis命令语法：

```
whereis [选项] [名称]
```

whereis命令中各选项的含义如表4.18所示。

表4.18 whereis命令选项的含义

选项	选项含义
-b	只搜索二进制文件
-m	只搜索man手册页部分
-u	搜索不常见记录

例4.53：查找mv命令的二进制文件、手册页部分。

```
[root@rhel ~]# whereis mv
mv: /usr/bin/mv /usr/share/man/man1/mv.1.gz /usr/share/man/man1p/mv.1p.gz
```

例4.54：查找mv命令的二进制文件。

```
[root@rhel ~]# whereis -b mv
mv: /usr/bin/mv
```

例4.55：查找mv命令的man手册页部分。

```
[root@rhel ~]# whereis -m mv
mv: /usr/share/man/man1/mv.1.gz /usr/share/man/man1p/mv.1p.gz
```

4.4 系统信息显示

本节主要讲述在Linux系统中显示信息的相关命令，这些命令有uname和hostname等。

4.4.1 uname：显示计算机及操作系统相关信息

使用uname命令可以显示计算机以及操作系统的相关信息，比如计算机硬件架构、内核发行号、操作系统名称、计算机主机名等。

uname命令语法：

```
uname [选项]
```

uname命令中各选项的含义如表4.19所示。

表4.19 uname命令选项的含义

选项	选项含义
-a	显示全部的信息
-m	显示计算机硬件架构名称
-n	显示在网络上的主机名称
-r	显示操作系统的内核发行号
-s	显示操作系统名称

例4.56：显示操作系统的内核发行号。

```
[root@rhel ~]# uname -r
3.10.0 -327.el7.x86_64
//显示Linux系统内核发行号为3.10.0-327.el7.x86_64
```

例4.57：显示计算机主机名。

```
[root@rhel ~]# uname -n
rhel
//显示当前计算机主机名为rhel
```

例4.58：显示计算机硬件架构名称。

```
[root@rhel ~]# uname -m
x86_64
//显示计算机硬件架构名称为x86_64，x86_64可以在同一时间内处理64位的整数运算，并兼容x86_32架构
```

例4.59：显示操作系统的全部信息。

```
[root@rhel ~]# uname -a
Linux rhel 3.10.0-327.el7.x86_64 #1 SMP Thu Oct 29 17:29:29 EDT 2015 x86_64 x86_64 x86_64 GNU/Linux
```

4.4.2 hostname：显示或修改计算机主机名

使用hostname命令可以显示或修改计算机的主机名。

hostname命令语法：

```
hostname [选项] [主机名|-F <文件>]          设置主机名
hostname [选项]                          显示格式化主机名
```

hostname命令中各选项的含义如表4.20所示。

表4.20　hostname命令选项的含义

选项	选项含义
-s	显示短主机名
-a	显示主机别名
-i	显示IP地址
-f	显示长主机名
-d	显示DNS域名
-y	显示NIS/YP域名
-F <文件>	从指定文件中读取主机名或者NIS域名

例4.60：显示当前计算机的主机名。

```
[root@rhel ~]# hostname
rhel
//当前计算机的主机名为rhel
```

例4.61：设置当前计算机的主机名为Linux。

```
[root@rhel ~]# hostname Linux
[root@rhel ~]# hostname
Linux
//当前计算机主机名已经更改为Linux了
```

注意：

使用hostname命令修改主机名的方法在系统重启之后将失效，主机名还是原来的。如果需要永久设置，那么需要修改/etc/hostname文件，将主机名添加进去。

4.5　日期和时间

本节主要讲述在Linux系统中查看日期和时间的相关命令，这些命令有cal、date、hwclock等。

4.5.1　cal：显示日历信息

使用cal命令可以显示计算机系统的日历。

cal命令语法：

```
cal [选项] [[[日] 月] 年]
```

cal命令中各选项的含义如表4.21所示。

表4.21　cal命令选项的含义

选项	选项含义
-j	显示出给定月中的每一天是一年中的第几天（从1月1日算起）
-y	显示出整年的日历
-m	以星期一为每周第一天的方式显示
-s	显示星期天为一个星期的第一天，这是默认的格式
-1	只显示当前月份的日历（默认）
-3	显示系统前一个月、当前月和下一个月的日历

例4.62：显示本月的日历。

```
[root@rhel ~]# cal
   十二月 2015
```

```
日 一 二 三 四 五 六
       1  2  3  4  5
 6  7  8  9 10 11 12
13 14 15 16 17 18 19
20 21 22 23 24 25 26
27 28 29 30 31
//这个实例是在2015年12月份做的
```

例4.63：显示系统前一个月、当前月和下一个月的日历。

```
[root@rhel ~]# cal -3
   十一月 2015            十二月 2015            一月 2016
日 一 二 三 四 五 六  日 一 二 三 四 五 六  日 一 二 三 四 五 六
 1  2  3  4  5  6  7         1  2  3  4  5                  1  2
 8  9 10 11 12 13 14   6  7  8  9 10 11 12   3  4  5  6  7  8  9
15 16 17 18 19 20 21  13 14 15 16 17 18 19  10 11 12 13 14 15 16
22 23 24 25 26 27 28  20 21 22 23 24 25 26  17 18 19 20 21 22 23
29 30                 27 28 29 30 31        24 25 26 27 28 29 30
                                            31
```

例4.64：显示公元2001年的日历。

```
[root@rhel ~]# cal 2001
```

例4.65：显示公元2007年9月的日历。

```
[root@rhel ~]# cal 9 2007
     九月 2007
日 一 二 三 四 五 六
                   1
 2  3  4  5  6  7  8
 9 10 11 12 13 14 15
16 17 18 19 20 21 22
23 24 25 26 27 28 29
30
```

例4.66：以星期一为每周的第一天的方式显示本月的日历。

```
[root@rhel ~]# cal -m
    十二月 2015
一 二 三 四 五 六 日
    1  2  3  4  5  6
 7  8  9 10 11 12 13
14 15 16 17 18 19 20
21 22 23 24 25 26 27
28 29 30 31
```

例4.67：以一月一日起的天数显示今年的日历。

```
[root@rhel ~]# cal -jy
```

4.5.2　date：显示和设置系统日期和时间

使用date命令可以显示和设置计算机系统的日期和时间。只有超级用户才有权限使用date命令设置日期和时间，而一般用户只能使用date命令显示日期和时间。

date命令语法：

```
date [选项] [显示时间格式]（以+开头，后面接格式）
```

date命令中各选项的含义如表4.22所示。

表4.22　date命令选项的含义

选项	选项含义
-d <字符串>	显示指定字符串所描述的时间，而非当前时间
-s <字符串>	设置指定字符串来分开时间
-r <文件>	显示文件指定文件的最后修改时间
-u	输出或者设置协调的通用时间
-f <日期文件>	从日期文件中按行读入时间描述

在显示日期和时间时，可以使用时间域，时间域的含义如表4.23所示。

表4.23　时间域的含义

时间域	时间域含义
%a	星期名缩写
%A	星期名全称
%b	月名缩写
%B	月名全称
%c	日期和时间
%C	世纪，通常为省略当前年份的后两位数字
%d	按月计的日期（01～31）
%D	日期（mm/dd/yy）
%e	按月计的日期，添加空格，等于%_d
%F	完整日期格式，等价于 %Y-%m-%d
%g	ISO-8601格式年份的最后两位
%G	ISO-8601格式年份，一般只和%V结合使用
%h	和%b相同
%H	小时（00～23）
%I	小时（01～12）
%j	一年的第几天（001～366）
%k	小时（0～23）
%l	小时（1～12）
%m	月份（01～12）
%M	分（00～59）
%N	纳秒（000000000-999999999）
%p	显示出上午或下午
%P	与%p 类似，但是输出小写字母
%r	时间，12小时制
%R	24 小时时间的时和分，等价于 %H:%M
%s	从1970年1月1日0点到目前经历的秒数
%S	秒（00～60）
%T	时间（24小时制）（hh:mm:ss）
%u	星期，1 代表星期一
%U	一年中的第几周，以周日为每星期第一天
%V	ISO-8601格式规范下的一年中第几周，以周一为每星期第一天（01～53）
%w	一个星期的第几天（0代表星期天）
%W	一年的第几个星期（00～53，星期一为第一天）

时间域	时间域含义
%x	显示日期的格式
%X	显示时间的格式（%H时%M分%S秒）
%y	年份的最后两个数字（1999则是99）
%Y	年份（比如1970、1996等）
%Z	按字母表排序的时区缩写

例4.68：显示当前计算机系统上的日期和时间。

```
[root@rhel ~]# date
2015年 12月 23日 星期三 06:00:50 CST
//这里的CST是指中国标准时间（北京时间）
```

例4.69：设置计算机日期和时间为2028年2月2日19点14分。

```
[root@rhel ~]# date 0202191428
2028年 02月 02日 星期三 19:14:00 CST
```

例4.70：按照指定的格式显示计算机日期和时间。

```
[root@rhel ~]# date +'%r%a%d%h%y'
下午 07时14分14秒三022月28
```

例4.71：设置计算机时间为上午9点16分。

```
[root@rhel ~]# date -s 09:16:00
2028年 02月 02日 星期三 09:16:00 CST
```

例4.72：设置计算机时间为2024年4月14日。

```
[root@rhel ~]# date -s 240414
2024年 04月 14日 星期日 00:00:00 CST
```

4.5.3 hwclock：查看和设置硬件时钟

使用hwclock命令可以查看和设置硬件时钟（RTC），可以显示现在时钟，调整硬件时钟，将系统时间设置成与硬件时钟一致，或是把系统时间回存到硬件时钟。

hwclock命令语法：

```
hwclock [选项]
```

hwclock命令中各选项的含义如表4.24所示。

表4.24 hwclock命令选项的含义

选项	选项含义
-D	调试模式
-s	把系统时间设置成和硬件时钟一致。由于这个动作将会造成系统全面更新文件的存取时间，所以最好在系统启动时就执行它
-r	读取并显示硬件时钟
-w	使用当前系统时间设置硬件时钟
--test	仅作测试，并不真的将时间写入硬件时钟或系统时间
-u	把硬件时钟设置为UTC
-c	定期比较系统时钟与CMOS时钟

例4.73：查看硬件时间。

```
[root@rhel ~]# hwclock
2015年12月23日 星期三 13时57分49秒  -0.999117 秒
```

```
//当前硬件时间为2015年12月23日
```

例4.74：以系统时间更新硬件时间。

```
[root@rhel ~]# date
2015年 12月 25日 星期五 05:57:04 CST
//当前系统时间为2015年12月25日
[root@rhel ~]# hwclock -w
[root@rhel ~]# hwclock
2015年12月25日 星期五 05时57分06秒 -0.360868 秒
//再次查看硬件时间，已经和系统时间一致了
```

例4.75：以硬件时间更新系统时间。

```
[root@rhel ~]# hwclock -s
```

4.6 信息交流

本节主要讲述在Linux系统中信息交流的相关命令，这些命令有echo、mesg、wall以及write等。

4.6.1 echo：在显示器上显示文字

使用echo命令可以在计算机显示器上显示一段文字，一般起到提示的作用。字符串可以加引号，也可以不加引号。用echo命令输出加引号的字符串时，将字符串按原样输出；用echo命令输出不加引号的字符串时，将字符串中的各个单词作为字符串输出，各字符串之间用一个空格分隔。

echo命令语法：

```
echo [选项] [字符串]
```

echo命令中各选项的含义如表4.25所示。

表4.25 echo命令选项的含义

选项	选项含义
-n	表示输出文字后不换行

例4.76：将一段信息写到标准输出。

```
[root@rhel ~]# echo Hello Linux
Hello Linux
```

例4.77：将文本“Hello Linux”添加到新文件/root/notes中。

```
[root@rhel ~]# echo Hello Linux > /root/notes
[root@rhel ~]# cat /root/notes
Hello Linux
//查看/root/notes文件，可以看到文件中的内容为Hello Linux
```

例4.78：显示$HOME变量的值。

```
[root@rhel ~]# echo $HOME
/root
```

4.6.2 mesg：允许或拒绝写消息

使用mesg命令可以控制系统中的其他用户是否能够用 write 命令或 talk 命令向您发送消息。不带选项的情况下，mesg 命令显示当前主机消息许可设置。

mesg命令语法：

```
mesg [选项]
```

mesg命令中各选项的含义如表4.26所示。

表4.26　mesg命令选项的含义

选项	选项含义
y	允许本地网络上的所有主机发送消息到您的主机
n	只允许root用户发送消息到您的主机

例4.79：显示当前的消息许可设置。

```
[root@rhel ~]# mesg
is y
```

例4.80：只允许root用户发送消息到您的主机。

```
[root@rhel ~]# mesg n
[root@rhel ~]# mesg
is n
```

例4.81：允许本地网络上的所有主机发送消息到您的主机。

```
[root@rhel ~]# mesg y
[root@rhel ~]# mesg
is y
```

4.6.3　wall：对全部已登录用户发送信息

使用wall命令可以对全部已登录的用户发送信息。

wall命令语法：

```
wall [消息]
```

例4.82：向所有用户发出“下班以后请关闭计算机”的信息。

```
[root@rhel ~]# wall '下班以后请关闭计算机'
[root@rhel ~]#
Broadcast message from root@rhel (pts/0) (Fri Dec 25 05:54:56 2015):

下班以后请关闭计算机
//执行以上命令后，所有用户的终端中都显示 "下班以后请关闭计算机"信息，并不出现系统提示符$（#），再次按回车键后，屏幕才会出现系统提示符
```

4.6.4　write：向用户发送消息

使用write命令可以向用户发送消息。

write命令语法：

```
write [用户] [终端名称]
```

例4.83：在tty2终端上向tty3终端上的root用户发送信息。

```
[root@rhel ~]# write root tty3
hello
//在终端tty2上输入要发送的信息，输入完毕，希望退出发送状态时，按[Ctrl+c]组合键即可
[root@rhel ~]#
Message from root@rhel on tty2 at 01:12 ...
hello
EOF
```

```
//在终端tty3上，用户root会接收到以上信息，要结束按[Ctrl+c]组合键即可
```

4.7 其他命令

本节主要讲述在Linux系统中的其他命令，这些命令有clear、uptime、type等。

4.7.1 clear：清除计算机屏幕信息

使用clear命令可以清除屏幕上的信息，该命令类似于Windows系统命令行中的cls命令。

clear命令语法：

```
clear
```

例4.84：清除计算机屏幕上显示的信息。

```
[root@rhel ~]# clear
```

4.7.2 uptime：显示系统已经运行的时间

使用uptime命令可以显示系统已经运行了多长时间，它依次显示下列信息：现在的时间，系统已经运行了多长时间，目前有多少登录用户，系统在过去的1分钟、5分钟和15分钟内的平均负载。

uptime命令语法：

```
uptime [选项]
```

uptime命令中各选项的含义如表4.27所示。

表4.27 uptime命令选项含义

选项	选项含义
-p	系统已经运行的时间
-s	系统开始运行的时间

例4.85：显示系统运行时间。

```
[root@rhel ~]# uptime
12:20:48 up 31 min,  2 users,  load average: 0.00, 0.16, 0.51
```

uptime命令输出信息描述如表4.28所示。

表4.28 uptime命令输出信息描述

输出信息	信息描述
12:20:48	系统当前的时间
up 31 min	系统已经运行的时间
2 users	当前在线用户的总连接数
load average: 0.00, 0.16, 0.51	系统平均负载，统计最近1分钟、5分钟、15分钟的系统平均负载

4.7.3 type：显示命令的类型

使用type命令可以用来显示指定命令的类型。

命令类型有以下几种。

- alias：别名。
- keyword：关键字，Shell保留字。

- function：Shell函数。
- builtin：Shell内嵌命令。
- file：文件，磁盘文件，外部命令。
- unfound：没有找到。

它是Linux系统的一种自省机制，知道了是那种类型，我们就可以针对性的获取帮助。比如内嵌命令可以用help命令来获取帮助，外部命令用man或者info来获取帮助。

type命令语法：

```
type [选项] [命令]
```

type命令中各选项的含义如表4.29所示。

表4.29　type命令选项的含义

选项	选项含义
-a	显示所有可能的类型
-p	只返回外部命令的信息，相当于which命令
-f	只返回Shell函数的信息
-t	只返回指定类型的信息

例4.86：显示ls命令的类型。

```
[root@rhel ~]# type -a ls
ls 是 'ls --color=auto' 的别名
ls 是 /usr/bin/ls
//ls命令是别名
```

例4.87：显示cd命令的类型。

```
[root@rhel ~]# type -a cd
cd 是 shell 内嵌
cd 是 /usr/bin/cd
//cd命令是Shell内嵌命令
```

第5章　Shell编程

5.1　熟悉Shell程序的创建

5.1.1　Shell程序基本语法

通常情况下，从命令行每输入一次命令就能够得到系统的响应，如果需要一个接着一个地输入命令才得到结果的时候，这样的做法效率很低。使用Shell程序或者Shell脚本可以很好地解决这个问题。

作为命令语言互动式地解释和执行用户输入的命令是Shell的功能之一，Shell还可以用来进行程序设计，它提供了定义变量和参数的手段以及丰富的过程控制结构。使用Shell编程类似于使用DOS中的批处理文件，称为Shell脚本（又叫Shell程序或Shell命令文件）。

Shell程序基本语法较为简单，主要有开头部分、注释部分以及语句执行部分组成。

1. 开头

Shell程序必须以下面的行开始（必须放在文件的第一行）。

```
#!/bin/bash
```

符号“#!”用来告诉系统它后面的参数是用来执行该文件的程序，在这个例子中使用/bin/bash来执行程序。当编辑好脚本时，如果要执行该脚本，还必须设置权限使其可执行。

要使脚本可执行，需赋予该文件可执行的权限，使用chmod命令才能使文件运行。

```
chmod u+x [Shell程序]
```

2. 注释

在进行Shell编程时，以“#”开头的语句直到这一行的结束表示注释，建议在程序中使用注释。如果使用注释，那么即使相当长的时间内没有使用该脚本，也能在很短的时间内明白该脚本的作用及工作原理。

3. 执行命令

在Shell程序中可以输入多行命令以得到命令的结果信息，这样就提高了系统管理的工作效率。

5.1.2　Shell程序的创建过程

Shell程序就是放在一个文件中的一系列Linux命令和实用程序，在执行的时候，通过Linux系统一个接着一个地解释和执行每个命令，这和Windows系统下的批处理程序非常相似。

下面通过一个简单的实例来了解Shell程序是如何创建和执行的。

1. 创建文件

使用vi编辑器创建/root/date文件，该文件内容如下所示，共有三行命令。

```
#!/bin/bash
#filename:date
echo "Mr.$USER,Today is:"
```

```
echo 'date'
echo Whish you a lucky day !
```

2. 设置可执行权限

创建完/root/date文件之后，它还不能执行，需要给它设置可执行权限，使用以下命令给文件设置权限。

```
[root@rhel ~]# chmod u+x /root/date
[root@rhel ~]# ls -l /root/date
-rwxr--r--. 1 root root 95 6月  25 01:27 /root/date
//可以看到当前/root/date文件具有可执行权限
```

3. 执行Shell程序

输入文件的完整路径执行Shell程序，使用以下命令执行。

```
[root@rhel ~]# /root/date
Mr.root,Today is:
2016年 06月 25日 星期六 01:28:37 CST
Whish you a lucky day !
//可以看到Shell程序的输出信息
```

4. 使用bash命令执行程序

在执行Shell程序时需要将/root/date文件设置为可执行权限。如果不设置文件的可执行权限，那么需要使用bash命令告诉系统它是一个可执行的脚本。

使用以下命令执行Shell程序。

```
[root@rhel ~]# bash /root/date
Mr.root,Today is:
2016年 06月 25日 星期六 01:28:37 CST
Whish you a lucky day !
```

5.2 Shell变量

像高级程序设计语言一样，Shell也提供说明和使用变量的功能。对Shell来讲，所有变量的取值都是一个字符，Shell程序采用“$var”的形式来引用名为var的变量的值。

5.2.1 Shell定义的环境变量

Shell在开始执行时就已经定义了一些与系统工作环境有关的变量，用户还可以重新定义这些变量。

常用的Shell环境变量如表5.1所示。

表5.1 常用的Shell环境变量

Shell环境变量	描述
HOME	用于保存用户主目录的完全路径名
PATH	用于保存用冒号分隔的目录路径名，Shell将按PATH变量中给出的顺序搜索这些目录，找到的第一个与命令名称一致的可执行文件将被执行
TERM	终端的类型
UID	当前用户的UID，由数字构成
PWD	当前工作目录的绝对路径名，该变量的取值随cd命令的使用而变化

续表

Shell环境变量	描述
PS1	主提示符，在root用户下，默认的主提示符是“#”；在普通用户下，默认的主提示符是“$”
PS2	在Shell接收用户输入命令的过程中，如果用户在输入行的末尾输入“\”然后按回车键，或者当用户按回车键时Shell判断出用户输入的命令没有结束时，就显示这个辅助提示符，提示用户继续输入命令的其余部分，默认的辅助提示符是“>”

例5.1：查看当前用户Shell定义的环境变量的值。

```
[root@rhel ~]# echo $HOME
/root
[root@rhel ~]# echo $PWD
/root
[root@rhel ~]# echo $PS1
[\u@\h \W]\$
[root@rhel ~]# echo $PS2
>
[root@rhel ~]# echo $PATH
/usr/lib64/qt-3.3/bin:/usr/local/sbin:/usr/local/bin:/usr/sbin:/usr/bin:/root/bin
[root@rhel ~]# echo $TERM
xterm
[root@rhel ~]# echo $UID
0
```


例5.2：使用env命令查看Linux系统中所有的环境变量。

```
[root@rhel ~]# env
XDG_SESSION_ID=6
HOSTNAME=rhel
SELINUX_ROLE_REQUESTED=
TERM=xterm
SHELL=/bin/bash
HISTSIZE=1000
SSH_CLIENT=192.168.0.200 58091 22
SELINUX_USE_CURRENT_RANGE=
QTDIR=/usr/lib64/qt-3.3
QTINC=/usr/lib64/qt-3.3/include
SSH_TTY=/dev/pts/0
QT_GRAPHICSSYSTEM_CHECKED=1
USER=root
LS_COLORS=rs=0:di=01;34:ln=01;36:mh=00:pi=40;33:so=01;35:do=01;35:bd=40;33;01:cd=40;33;01:or
=40;31;01:mi=01;05;37;41:su=37;41:sg=30;43:ca=30;41:tw=30;42:ow=34;42:st=37;44:ex=01;32:*.tar=01;31:*.
tgz=01;31:*.arc=01;31:*.arj=01;31:*.taz=01;31:*.lha=01;31:*.lz4=01;31:*.lzh=01;31:*.lzma=01;31:*.tlz=01;31:*.
txz=01;31:*.tzo=01;31:*.t7z=01;31:*.zip=01;31:*.z=01;31:*.Z=01;31:*.dz=01;31:*.gz=01;31:*.lrz=01;31:*.
lz=01;31:*.lzo=01;31:*.xz=01;31:*.bz2=01;31:*.bz=01;31:*.tbz=01;31:*.tbz2=01;31:*.tz=01;31:*.deb=01;31:*.
rpm=01;31:*.jar=01;31:*.war=01;31:*.ear=01;31:*.sar=01;31:*.rar=01;31:*.alz=01;31:*.ace=01;31:*.zoo=01;31:*.
cpio=01;31:*.7z=01;31:*.rz=01;31:*.cab=01;31:*.jpg=01;35:*.jpeg=01;35:*.gif=01;35:*.bmp=01;35:*.
pbm=01;35:*.pgm=01;35:*.ppm=01;35:*.tga=01;35:*.xbm=01;35:*.xpm=01;35:*.tif=01;35:*.tiff=01;35:*.
png=01;35:*.svg=01;35:*.svgz=01;35:*.mng=01;35:*.pcx=01;35:*.mov=01;35:*.mpg=01;35:*.mpeg=01;35:*.
m2v=01;35:*.mkv=01;35:*.webm=01;35:*.ogm=01;35:*.mp4=01;35:*.m4v=01;35:*.mp4v=01;35:*.vob=01;35:*.
qt=01;35:*.nuv=01;35:*.wmv=01;35:*.asf=01;35:*.rm=01;35:*.rmvb=01;35:*.flc=01;35:*.avi=01;35:*.fli=01;35:*.
flv=01;35:*.gl=01;35:*.dl=01;35:*.xcf=01;35:*.xwd=01;35:*.yuv=01;35:*.cgm=01;35:*.emf=01;35:*.axv=01;35:*.
anx=01;35:*.ogv=01;35:*.ogx=01;35:*.aac=01;36:*.au=01;36:*.flac=01;36:*.mid=01;36:*.midi=01;36:*.
mka=01;36:*.mp3=01;36:*.mpc=01;36:*.ogg=01;36:*.ra=01;36:*.wav=01;36:*.axa=01;36:*.oga=01;36:*.
spx=01;36:*.xspf=01;36:
```

```
MAIL=/var/spool/mail/root
PATH=/usr/lib64/qt-3.3/bin:/usr/local/sbin:/usr/local/bin:/usr/sbin:/usr/bin:/root/bin
PWD=/root
LANG=zh_CN.UTF-8
KDEDIRS=/usr
SELINUX_LEVEL_REQUESTED=
HISTCONTROL=ignoredups
SHLVL=1
HOME=/root
LOGNAME=root
QTLIB=/usr/lib64/qt-3.3/lib
SSH_CONNECTION=192.168.0.200 58091 192.168.0.2 22
LESSOPEN=||/usr/bin/lesspipe.sh %s
XDG_RUNTIME_DIR=/run/user/0
QT_PLUGIN_PATH=/usr/lib64/kde4/plugins:/usr/lib/kde4/plugins
_=/usr/bin/env
OLDPWD=/run/media/root/RHEL-7.2 Server.x86_64/Packages
```

5.2.2 用户定义的变量

用户可以按照下面的语法规则定义自己的变量。

```
变量名=变量值
```

在定义变量时，变量名前不应该加符号“$”，在引用变量的内容时则应在变量名前加符号“$”。在给变量赋值时，等号两边一定不能留空格，若变量中本身就包含了空格，则整个字符串都要用双引号括起来。在编写Shell程序时，为了使变量名和命令名相区别，建议所有的变量名都用大写字母来表示。

例5.3：用户定义变量的使用。

```
[root@rhel ~]# $AS=120
bash: =120: 未找到命令...
//在定义变量名时，变量名前加符号"$"就报错

[root@rhel ~]# AS=120
[root@rhel ~]# echo $AS
120
//在引用变量名时，在变量名前加符号"$"

[root@rhel ~]# AA="Hello Linux"
[root@rhel ~]# echo $AA
Hello Linux
//变量值中包含了空格，须将整个字符串用双引号括起来
```

在说明一个变量并对它设置为一个特定值后就不再改变它的值时，可以用下面的命令来保证一个变量的只读性。

```
readonly 变量名
```

例5.4：设置变量A为只读。

```
[root@rhel ~]# A=100
[root@rhel ~]# readonly A
[root@rhel ~]# echo $A
100
[root@rhel ~]# A=200
```

```
-bash: A: 只读变量
//无法更改只读变量的值
```

在任何时候创建的变量都只是当前Shell的局部变量，所以不能被Shell运行的其他命令或Shell程序所利用，而export命令可以将一个局部变量提供给Shell命令使用，其格式如下所示。

```
export 变量名
```

例5.5：将局部变量B提供给Shell程序使用。

```
[root@rhel ~]# B=100
[root@rhel ~]# export B
[root@rhel ~]# echo $B
100
[root@rhel ~]# env|grep B
B=100
```

也可以在给变量赋值的同时使用export命令。

```
export 变量名=变量值
```

例5.6：将局部变量C提供给Shell程序使用。

```
[root@rhel ~]# export C=100
[root@rhel ~]# echo $C
100
[root@rhel ~]# env|grep C
C=100
```

使用export设置的变量在Shell以后运行的所有命令或程序中都可以被访问。

5.2.3 位置参数

位置参数是一种在调用Shell程序的命令行中按照各自的位置决定的变量，是在程序名之后输入的参数。位置参数之间用空格分隔，Shell取第一个位置参数替换程序文件中的$1，第二个替换$2，依次类推。$0是一个特殊的变量，它的内容是当前这个Shell程序的文件名，所以$0不是一个位置参数，在显示当前所有的位置参数时是不包括$0的。

5.2.4 预定义变量

预定义变量和环境变量相类似，也是在Shell一开始时就定义了的变量。所不同的是，用户只能根据Shell的定义来使用这些变量，所有预定义变量都是由符号“$”和另一个符号组成的。

常用的Shell预定义变量描述如表5.2所示。

表5.2　Shell预定义变量描述

预定义变量	描述
$#	位置参数的数量
$*	所有位置参数的内容
$?	命令执行后返回的状态，0表示没有错误，非0表示有错误
$$	当前进程的进程号
$!	后台运行的最后一个进程号
$0	当前执行的进程名

5.2.5 参数置换的变量

Shell提供了参数置换功能以便用户可以根据不同的条件来给变量赋不同的值。参数置换的变

量有4种。这些变量通常与某一个位置参数相联系，根据指定的位置参数是否已经设置决定变量的取值。它们的语法和功能分别如下。

1. 变量=${参数-word}

如果设置了参数，则用参数的值置换变量的值，否则用word置换，即这种变量的值等于某一个参数的值。如果该参数没有设置，则变量就等于word的值。

2. 变量=${参数=word}

如果设置了参数，则用参数的值置换变量的值，否则把变量设置成word，然后再用word替换参数的值。位置参数不能用于这种方式，因为在Shell程序中不能为位置参数赋值。

3. 变量=${参数？word}

如果设置了参数，则用参数的值置换变量的值，否则就显示word并从Shell中退出。如果省略了word，则显示标准信息。这种变量要求一定等于某一个参数的值。如果该参数没有设置，就显示一个信息，然后退出，这种方式常用于出错指示。

4. 变量=${参数+word}

如果设置了参数，则用word置换变量，否则不进行置换。

所有这4种形式中的参数既可以是位置参数，也可以是另一个变量，只是用位置参数的情况比较多。

5.3 变量表达式

test是Shell程序中的一个表达式，通过和Shell提供的if等条件语句相结合可以方便地测试字符串、文件状态和数字。其语法如下所示。

```
test [表达式]
```

表达式所代表的操作符有字符串操作符、数字操作符、逻辑操作符以及文件操作符。其中文件操作符是一种Shell特有的操作符，因为Shell里的变量都是字符串，为了达到对文件进行操作的目的，才提供了这样的一种操作符。

5.3.1 字符串比较

字符串比较是用来测试字符串是否相同、长度是否为0、字符串是否为null。

常用的字符串比较符号如表5.3所示。

表5.3 字符串比较符号

字符串比较符号	描述
=	比较两个字符串是否相同，相同则为“是”
!=	比较两个字符串是否相同，不同则为“是”
-n	比较字符串的长度是否大于0，如果大于0则为“是”
-z	比较字符串的长度是否等于0，如果等于0则为“是”

例5.7：字符串比较的使用。

```
[root@rhel ~]# str1=abcd
[root@rhel ~]# test $str1=abcd
[root@rhel ~]# echo $?
```

```
0
//结果显示0表示字符串str1确实等于abcd
```

在test处理含有空格的变量时最好用引号将变量括起来，否则会出现错误的结果。因为Shell在处理命令行时将会去掉多余的空格，而用引号括起来则可以防止Shell去掉这些空格。

5.3.2 数字比较

数字比较是用来测试数字的大小。

常用的数字比较符号如表5.4所示。

表5.4 数字比较符号

数字比较符号	描述
-eq	相等
-ge	大于等于
-le	小于等于
-ne	不等于
-gt	大于
-lt	小于

例5.8：数字相等比较。

```
[root@rhel ~]# int1=1234
[root@rhel ~]# int2=01234
[root@rhel ~]# test $int1 -eq $int2
[root@rhel ~]# echo $?
0
//结果显示0表示字符int1和int2比较，二者值一样大
```

例5.9：数字大于比较。

```
[root@rhel ~]# int1=4
[root@rhel ~]# test $int1 -gt 2
[root@rhel ~]# echo $?
0
//结果显示0表示字符int1的值确实大于2
```

5.3.3 逻辑测试

逻辑测试是用来测试文件是否存在。

常用的逻辑测试符号如表5.5所示。

表5.5 逻辑测试符号

逻辑测试符号	描述
!	与一个逻辑值相反的逻辑值
-a	两个逻辑值为“是”返回值才为“是”，反之为“否”
-o	两个逻辑值有一个为“是”，返回值就为“是”

例5.10：逻辑测试。

```
[root@rhel ~]# test -r empty -a -s empty
[root@rhel ~]# echo $?
1
//结果显示1表示文件empty存在且只读以及长度为0
```

5.3.4 文件操作测试

文件操作测试表达式通常是为了测试文件的文件操作逻辑。

常用的文件操作测试符号如表5.6所示。

表5.6 文件操作测试符号

文件操作测试符号	描述
-d	对象存在且为目录则返回值为“是”
-f	对象存在且为文件则返回值为“是”
-L	对象存在且为符号链接则返回值为“是”
-r	对象存在且可读，则返回值为“是”
-s	对象存在且长度非0则返回值为“是”
-w	对象存在且可写，则返回值为“是”
-x	对象存在且可执行，则返回值为“是”
!	测试条件的否定

例5.11：文件操作测试。

```
[root@rhel ~]# cat /dev/null>empty
[root@rhel ~]# cat empty
[root@rhel ~]# test -r empty
[root@rhel ~]# echo $?
0
//结果显示0表示文件empty存在且只读
[root@rhel ~]# test ! -s empty
[root@rhel ~]# echo $?
0
//结果显示0表示文件empty存在且文件长度为0
```

5.4 执行Shell程序

用户可以用任何编辑程序来编写Shell程序。因为Shell程序是解释执行的，所以不需要编译成目的程序。

在Linux系统下执行Shell程序有以下3种方法。

1. bash [Shell程序文件名]

使用这种方法的命令格式为：

```
bash [Shell程序文件名]
```

这实际上是调用一个新的bash命令解释程序，而把Shell程序文件名作为参数传递给它。新启动的Shell将去读指定的文件，可执行文件中列出的命令，当所有的命令都执行完后结束。该方法的优点是可以利用Shell调试功能。

使用以下命令执行Shell程序/root/kkk。

```
[root@rhel ~]# bash /root/kkk
Please Input Number:
```

2. bash< [Shell程序文件名]

使用这种方法的命令格式为：

```
bash< [Shell程序文件名]
```

这种方式就是利用输入重定向，使Shell命令解释程序的输入取自指定的程序文件。

使用以下命令执行Shell程序/root/kkk。

```
[root@rhel ~]# bash </root/kkk
Please Input Number:
```

3. 设置Shell程序执行权限然后运行

一个文件能否运行取决于该文件的内容本身是否可执行且该文件是否具有执行权。对于Shell程序，当用vi编辑器生成一个文件时，系统赋予的文件权限都是644（rw-r--r--），使用chmod命令设置文件可执行权限之后，当用户需要运行这个文件时，只需要直接输入文件名就可以了。

在这3种运行Shell程序的方法中，最好按下面的方式选择：当刚创建一个Shell程序，对它的正确性还没有把握时，应当使用第一种方式进行调试。当一个Shell程序已经调试好时，应当使用第三种方式把它固定下来，以后只要输入相应的文件名即可，并可以被另一个程序所调用。

5.5 Shell流程控制语句

和其他高级程序设计语言一样，Shell提供了用来控制程序和执行流程的命令，包括条件分支和循环结构，用户可以用这些命令创建非常复杂的程序。与传统语言不同的是，Shell用于指定条件值的不是布尔运算式，而是命令和字符串。

5.5.1 条件判断

在Shell程序中使用条件判断语句时，可以使用if条件语句和case条件语句，两者的区别在于，使用case语句的选项比较多。

1. if条件语句

Shell程序中的条件分支是通过if条件语句来实现的，其语法格式有if-then-fi语句和if-then-else-fi语句两种。

（1）if-then-fi语句。

if-then-fi语句的语法格式如下所示。

```
if   命令行1
then
     命令行2
fi
```

例5.12：使用if-then-fi语句创建简单的Shell程序。

使用vi编辑器创建Shell程序，文件名为/root/continue，文件内容如下所示。

```
#!/bin/bash
#filename:continue
echo -n "Do you want to continue: Y or N"
read ANSWER
if [ $ANSWER=N -o $ANSWER=n ]
then
exit
fi
```

运行Shell程序/root/continue，输出内容如下所示。

```
[root@rhel ~]# bash /root/continue
```

```
Do you want to continue: Y or N
```

（2）if-then-else-fi语句。

if-then-else-fi语句的语法格式如下所示。

```
if
   命令行1
then
   命令行2
else
   命令行3
fi
```

例5.13：使用if-then-else-fi语句创建一个根据输入的分数判断分数是否及格的Shell程序。

使用vi编辑器创建Shell程序，文件名为/root/score，文件内容如下所示。

```
#! /bin/bash
#filename:score
echo -n "please input a score:"
read SCORE
echo "You input Score is $SCORE"
if [ $SCORE -ge 60 ];
then
echo -n "Congratulation!You Pass the examination。"
else
echo -n "Sorry !You Fail the examination!"
fi
echo -n "press any key to continue!"
read $GOOUT
```

运行Shell程序/root/score，输出内容如下所示。

```
[root@rhel ~]# bash /root/score
please input a score:80                //输入数值80
You input Score is 80
Congratulation!You Pass the examination。press any key to continue!
[root@rhel ~]# bash /root/score
please input a score:30                //输入数值30
You input Score is 30
Sorry !You Fail the examination!press any key to continue!
```

2. case条件语句

if条件语句用于在两个选项中选定一项，而case条件选择为用户提供了根据字符串或变量的值从多个选项中选择一项的方法。

case条件语句的语法格式如下所示。

```
case string in
exp-1)
  若干个命令行1
;;
exp-2)
  若干个命令行2
;;
...
*)
  其他命令行
esac
```

Shell通过计算字符串string的值，将其结果依次与运算式exp-1和exp-2等进行比较，直到找到一个匹配的运算式为止。如果找到了匹配项，则执行它下面的命令直到遇到一对分号（；；）为止。

在case运算式中也可以使用Shell通配符（*、？、[ ]）。通常用“*”作为case命令的最后运算式，以便在前面找不到任何相应的匹配项时执行“其他命令行”的命令。

例5.14：使用case语句创建一个菜单选择的Shell脚本。

使用vi编辑器创建Shell程序，文件名为/root/selection，文件内容如下所示。

```
#!/bin/bash
#filename:selection
#Display a menu
echo _
echo "1 Restore"
echo "2 Backup"
echo "3 Unload"
echo
#Read and excute the user's selection
echo -n "Enter Choice:"
read CHOICE
case "$CHOICE" in
1) echo "Restore";;
2) echo "Backup";;
3) echo "Unload";;
*) echo "Sorry $CHOICE is not a valid choice
exit 1
esac
```

运行Shell程序/root/selection，输出内容如下所示。

```
[root@rhel ~]# bash /root/selection
_
1 Restore
2 Backup
3 Unload

Enter Choice:
```

5.5.2 循环控制

在Shell程序中循环控制语句可以使用for语句、while语句以及until语句，下面分别对其进行介绍。

1. for循环语句

for循环语句对一个变量的可能的值都执行一个命令序列。赋给变量的几个数值既可以在程序中以数值列表的形式提供，也可以在程序以外以位置参数的形式提供。

for循环语句的语法格式如下所示。

```
for 变量名 [in数值列表]
do
  若干个命令行
done
```

变量名可以是用户选择的任何字符串，如果变量名是var，则在in之后给出的数值将顺序替换循环命令列表中的“$var”。如果省略了in，则变量var的取值将是位置参数。对变量的每一个可能的赋值都将执行do和done之间的命令列表。

例5.15：使用for语句创建简单的Shell程序。

使用vi编辑器创建Shell程序，文件名为/root/for，文件内容如下所示。

```
#!/bin/bash
#filename:for
for ab in 1 2 3 4
do
 echo $ab
done
```

运行Shell程序/root/for，输出内容如下所示。

```
[root@rhel ~]# bash /root/for
1
2
3
4
```

例5.16：使用for语句创建求命令行上所有整数之和的Shell程序。

使用vi编辑器创建Shell程序，文件名为/root/sum，文件内容如下所示。

```
#!/bin/bash
#filename:sum
sum=0
for INT in $*
do
sum='expr $sum + $INT'
done
echo $sum
```

运行Shell程序/root/sum，输出内容如下所示。

```
[root@rhel ~]# bash /root/sum 1 2 3 4 5
15
```

2. while循环语句

while语句是用命令的返回状态值来控制循环的。

while循环语句的语法格式如下所示。

```
while
  若干个命令行1
do
  若干个命令行2
done
```

只要while的“若干个命令行1”中最后一个命令的返回状态为真，while循环就继续执行“若干个命令行2”。

例5.17：使用while语句创建一个计算1到5的平方的Shell程序。

使用vi编辑器创建Shell程序，文件名为/root/zx，文件内容如下所示。

```
#!/bin/bash
#filename:zx
int=1
while [ $int -le 5 ]
do
```

```
sq='expr $int \* $int'
echo $sq
int='expr $int + 1'
done
echo "Job completed"
```

运行Shell程序/root/zx，输出内容如下所示。

```
[root@rhel ~]# bash /root/zx
1
4
9
16
25
Job completed
```

例5.18：使用while语句创建一个根据输入的数值求累加和（1+2+3+4+…+n）的Shell程序。

使用vi编辑器创建Shell程序，文件名为/root/number，文件内容如下所示。

```
#!/bin/bash
#filename:number
echo -n "Please Input Number:"
read NUM
number=0
sum=0
while [ $number -le $NUM ]
do
echo number
echo "$number"
number=' expr $number + 1 '
echo sum
echo "$sum"
sum=' expr $sum + $number '
done
echo
```

运行Shell程序/root/number，输出内容如下所示。

```
[root@rhel ~]# bash /root/number
Please Input Number:4              //在这里输入了数字4
number
0
sum
0
number
1
sum
1
number
2
sum
3
number
3
sum
6
```

```
number
4
sum
10
```

3. until循环语句

until循环语句是另外一种循环结构，它和while语句相类似。

until循环语句的语句格式如下所示。

```
until
  若干个命令行1
do
  若干个命令行2
done
```

until循环语句和while循环语句的区别在于：while循环语句在条件为真时继续执行循环，而until循环语句则是在条件为假时继续执行循环。

Shell还提供了true和false两条命令用于创建无限循环结构，它们的返回状态分别是总为0或总为非0。

例5.19：使用until语句创建一个输入exit即退出的Shell程序。

使用vi编辑器创建Shell程序，文件名为/root/hk，文件内容如下所示。

```
#!/bin/bash
#filename:hk
echo "This example is for test until....do "
echo "If you input [exit] then quit the system "
echo -n "please input:"
read EXIT
until [ $EXIT = "exit" ]
do
read EXIT
done
echo "OK!"
```

运行Shell程序/root/hk，输出内容如下所示。

```
[root@rhel ~]# bash /root/hk
This example is for test until....do
If you input [exit] then quit the system
please input:exit                //输入exit即退出
OK!
```

第6章 用户和组群账户管理

6.1 用户账户简介

本节主要讲述Linux系统下的用户账户分类以及与用户账户有关的配置文件/etc/passwd和/etc/shadow。用户管理主要是通过修改用户配置文件完成的，使用用户管理控制工具的最终目的也是为了修改用户配置文件。

6.1.1 用户账户分类

用户账户在Linux系统中是分角色的，由于角色不同，每个用户的权限和所能完成的任务也不同。而在实际的管理中，用户的角色是通过UID（用户ID号）来标识的，每个用户的UID都是不同的。

在Linux系统中有3大类用户，分别是root用户、系统用户和普通用户。

1. root用户

在Linux系统中，root用户UID为0，root用户的权限是最高的，普通用户无法执行的操作，root用户都能完成，所以也被称为超级用户。在系统中的每个文件、目录和进程都归属于某一个用户，没有用户许可，其他普通用户是无法操作的，但对root用户除外。root用户的特权性还表现在root用户可以超越任何用户和组群对文件或目录进行读取、修改和删除（在系统正常的许可范围内）；可以控制对可执行程序的执行和终止；可以对硬件设备执行添加、创建和移除等操作；也可以对文件和目录的属性和权限进行修改，以适合系统管理的需要。

2. 系统用户

这类用户也称为虚拟用户、伪用户或假用户，这类用户不具有登录Linux系统的能力，但却是系统运行不可缺少的用户，比如bin、daemon、adm、ftp、mail等，这类用户都是系统自身拥有的。系统用户的UID为1～999。

3. 普通用户

这类用户能登录系统，在Linux系统上进行普通操作，能操作自己目录的内容，其使用系统的权限受限。这类用户都是系统管理员创建的，其UID为1000～60000。

6.1.2 /etc/passwd文件详解

/etc/passwd文件是系统识别用户的一个重要文件，Linux系统中所有的用户都记录在该文件中。假设用户以账户zhangsan登录系统时，系统首先会检查/etc/passwd文件，看是否有zhangsan这个账户；然后确定用户zhangsan的UID，通过UID来确认用户的身份，如果存在则读取/etc/shadow文件中所对应的密码。如果密码核实无误则登录系统，读取用户的配置文件。

1. /etc/passwd文件简介

任何用户都可以读取/etc/passwd文件内容。在/etc/passwd文件中，每一行表示的是一个用户账户的信息，一行有7个段位，每个段位用“:”分隔，下面是/etc/passwd文件的部分内容。

```
root:x:0:0:root:/root:/bin/bash
bin:x:1:1:bin:/bin:/sbin/nologin
daemon:x:2:2:daemon:/sbin:/sbin/nologin
adm:x:3:4:adm:/var/adm:/sbin/nologin
lp:x:4:7:lp:/var/spool/lpd:/sbin/nologin
sync:x:5:0:sync:/sbin:/bin/sync
shutdown:x:6:0:shutdown:/sbin:/sbin/shutdown
halt:x:7:0:halt:/sbin:/sbin/halt
mail:x:8:12:mail:/var/spool/mail:/sbin/nologin
operator:x:11:0:operator:/root:/sbin/nologin
...（省略）
dovecot:x:97:97:Dovecot IMAP server:/usr/libexec/dovecot:/sbin/nologin
dovenull:x:984:979:Dovecot's unauthorized user:/usr/libexec/dovecot:/sbin/nologin
sshd:x:74:74:Privilege-separated SSH:/var/empty/sshd:/sbin/nologin
oprofile:x:16:16:Special user account to be used by OProfile:/var/lib/oprofile:/sbin/nologin
tcpdump:x:72:72::/:/sbin/nologin
zhangsan:x:1000:1000:张三:/home/zhangsan:/bin/bash
```

表6.1所示为/etc/passwd文件中各字段的含义。

表6.1　/etc/passwd文件中各字段的含义

字段	字段含义
用户名	也称为登录名，在系统内用户名应该具有唯一性。在本例中，zhangsan就是用户名
密码	存放加密用户的密码，看到的是一个*，其实密码已被映射到/etc/shadow文件中
用户标识号（UID）	在系统内用一个整数标识用户ID号，每个用户的UID都是唯一的，root用户的UID是0，普通用户的UID默认从1000开始，本例中的用户zhangsan的UID是“1000”
组群标识号（GID）	在系统内用一个整数标识用户所属的主要组群ID号，每个组群的GID都是唯一的
用户名全称	用户名描述，可以不设置。在本例中，zhangsan用户的用户名全称是张三
主目录	用户登录系统后首先进入的目录，zhangsan用户的主目录是/home/zhangsan
登录Shell	用户使用的Shell类型，Linux系统默认使用的Shell是/bin/bash

2. 用户UID

UID是用户的ID值，在系统中每一位用户的UID值都是唯一的，更确切地说每一位用户都要对应唯一的UID。Linux系统用户的UID值是一个正整数，初始值从0开始，在Linux系统中默认的最大值是60000。

UID最大值可以在/etc/login.defs文件中查找到，使用以下命令可以查看到最大的UID值。

```
[root@rhel ~]# cat /etc/login.defs |grep UID_MAX
UID_MAX                    60000
//可以使用的最大UID默认为“60000”
```

在Linux系统中，root的UID是0，拥有系统最高权限。UID的唯一性关系到系统的安全，比如在/etc/passwd文件中把用户zhangsan的UID改为0后，zhangsan这个用户会被确认为root用户，当用这个账户登录到系统后，可以进行所有root用户所能执行的操作。

UID是确认用户权限的标识，用户登录系统所处的角色是通过UID来实现的，而不是用户名。一般情况下，Linux的发行版本都会预留一定的UID给系统虚拟用户使用，比如ftp、nobody、adm、bin以及shutdown等用户账户。在Linux系统中会把1～999的UID预留出来给虚拟用户使用，管理员所创建的新用户UID默认是从1000开始的。

6.1.3 /etc/shadow文件详解

/etc/shadow文件是/etc/passwd的影子文件，这个文件并不是由/etc/passwd文件产生，这两个文件应该是对应互补的。/etc/shadow文件内容包括用户及被加密的密码以及其他/etc/passwd不能包括的信息，比如用户账户的有效期限等。

/etc/shadow文件只有root用户可以读取和操作，文件的权限不能随便更改为其他用户可读，这样做是非常危险的。如果发现这个文件的权限变成了其他组群或用户可读了，要进行检查，以防系统安全问题的发生。

/etc/shadow文件的内容包括9个段位，每个段位之间用“:”分隔，下面是/etc/shadow文件的部分内容。

```
root:$6$FHFK5Ioc8/E6ItOo$.0f9noBjJD/uBi2umPHYbsNOxjPnaCANkFHcRkgkYHTM83qIumF7n1ISKItr
wF8fkngV3Mt9GhPe/kwD6YXDm0::0:99999:7:::
bin:*:16579:0:99999:7:::
daemon:*:16579:0:99999:7:::
adm:*:16579:0:99999:7:::
lp:*:16579:0:99999:7:::
sync:*:16579:0:99999:7:::
shutdown:*:16579:0:99999:7:::
halt:*:16579:0:99999:7:::
mail:*:16579:0:99999:7:::
operator:*:16579:0:99999:7:::
games:*:16579:0:99999:7:::
...（省略）
gnome-initial-setup:!!:16789::::::
avahi:!!:16789::::::
postgres:!!:16789::::::
dovecot:!!:16789::::::
dovenull:!!:16789::::::
sshd:!!:16789::::::
oprofile:!!:16789::::::
tcpdump:!!:16789::::::
zhangsan:$6$Sn23SOzQaGrAqLqx$4fKpeHRrN9Y2z20RJ2coigB07fsGOEQEqtoSUQEhcpjPC73K0QIkvGb
6rp1zXN39zPCRx85iAguSp48GWMleL0::0:99999:7:::
```

表6.2所示为/etc/shadow文件中各字段的含义。

表6.2 /etc/shadow文件字段的含义

字段	字段含义
用户名	这里的用户名和/etc/passwd中的用户名是相同的
加密密码	密码已经加密，如果有些用户在这里显示的是“!!”，则表示这个用户还没有设置密码，不能登录系统
用户最后一次更改密码的日期	从1970年1月1日算起到最后一次修改密码的时间间隔天数
密码允许更换前的天数	如果设置为0，则禁用此功能。该字段是指用户可以更改密码的天数
密码需要更换的天数	如果设置为0，则禁用此功能。该字段是指用户必须更改密码的天数
密码更换前警告的天数	用户登录系统后，系统登录程序提醒用户密码将要过期
账户被取消激活前的天数	表示用户密码过期多少天后，系统会禁用此用户，也就是说系统会不让此用户登录，也不会提示用户过期，是完全禁用的
用户账户过期日期	指定用户账户禁用的天数（从1970年的1月1日开始到账户被禁用的天数），如果这个字段的值为空，账户永久可用
保留字段	目前为空，以备将来Linux系统发展时使用

6.2 管理用户账户

在Linux系统中，可以使用字符命令useradd、usermod和userdel管理用户账户，比如创建、修改和删除用户账户。

6.2.1 创建用户账户

创建用户账户就是在系统中创建一个新账户，为新账户分配用户UID、组群、主目录和登录Shell等资源。新创建的用户账户默认是被锁定的，无法使用，需要使用passwd命令设置密码以后才能使用。创建用户账户就是在/etc/passwd文件中为新用户增加一条记录，同时更新/etc/shadow和/etc/group文件。

使用useradd命令都可以在Linux系统中创建用户账户。

useradd命令语法：

```
useradd [选项] [用户名]
```

useradd命令中各选项的含义如表6.3所示。

表6.3 useradd命令选项含义

选项	选项含义
-d <主目录>	新账户每次登录时所使用的主目录
-e <过期日>	设置账户的有效期限，加上用户账户停止日期，日期格式为MM/DD/YY
-f <失效日>	设置在密码过期后多少天即设定密码为失效状态
-c <用户名全称>	设置用户账户的用户名全称
-g <主要组群名>	指定用户账户所属的主要组群。组群名必须为现有存在的名称
-G <次要组群名>	指定用户账户为多个次要组群的成员。每个组群使用“,”来隔开
-m	用户主目录如果不存在则自动建立
-M	不建立用户主目录，即使/etc/login.defs文件设定要建立用户主目录
-r	创建系统用户账户。不会建立用户主目录，也不会响应在文件/etc/login.defs中定义的值
-s <Shell类型>	用户登录后使用的Shell类型
-u <用户UID>	用户的UID值。数字不可以为负值

例6.1：创建用户账户zhangsan并设置密码。

```
[root@rhel ~]# useradd zhangsan
[root@rhel ~]# cat /etc/passwd|grep zhangsan
zhangsan:x:1000:1000::/home/zhangsan:/bin/bash
//查看/etc/passwd文件，显示已经创建了用户zhangsan
[root@rhel ~]# passwd zhangsan
更改用户 zhangsan 的密码 。
新的 密码：                    //在此设置用户zhangsan的密码
重新输入新的 密码：            //重复设置用户zhangsan的密码
passwd：所有的身份验证令牌已经成功更新。
```

例6.2：对用户账户设置密码和不设置密码的比较。

```
[root@rhel ~]# useradd lisi
[root@rhel ~]# useradd wangwu
//创建用户lisi和wangwu
[root@rhel ~]# passwd wangwu
更改用户 wangwu 的密码 。
```

```
新的 密码：                    //在此设置用户wangwu的密码
重新输入新的 密码：             //重复设置用户wangwu的密码
passwd：所有的身份验证令牌已经成功更新。
[root@rhel ~]# cat /etc/passwd|grep lisi
lisi:x:1001:1001::/home/lisi:/bin/bash
[root@rhel ~]# cat /etc/shadow|grep lisi
lisi:!!:16790:0:99999:7:::
//查看/etc/shadow文件，显示在用户lisi的密码字段上显示的是"!!"，表示该用户还没有设置密码，不能登录Linux系统
[root@rhel ~]# cat /etc/passwd|grep wangwu
wangwu:x:1002:1002::/home/wangwu:/bin/bash
[root@rhel ~]# cat /etc/shadow|grep wangwu
wangwu:$6$/G5khKym$4q185Abo1VAsFScmfS8MZRk.vxU.5RvviejKEI7wNJQ31QnLrj8PPP/bYy0dhiTynI.w9FrY5bVUeGpMWIU7m0:16790:0:99999:7:::
//查看/etc/shadow文件，显示在用户wangwu的密码字段上显示的是加密的密码，表示该用户已经设置密码，能登录Linux系统
```

例6.3：创建用户moon，并设置该用户UID为“1010”。

```
[root@rhel ~]# useradd -u 1010 moon
[root@rhel ~]# cat /etc/passwd|grep moon
moon:x:1010:1010::/home/moon:/bin/bash
//查看/etc/passwd文件，显示用户moon的UID是“1010”
```

例6.4：创建用户newuser，并设置该用户主目录为/home/www。

```
[root@rhel ~]# useradd -d /home/www newuser
[root@rhel ~]# cat /etc/passwd|grep newuser
newuser:x:1011:1011::/home/www:/bin/bash
//查看/etc/passwd文件，显示用户newuser的主目录是/home/www
[root@rhel ~]# ls -l /home
总用量 0
drwx------. 3 lisi     lisi     74 12月 30 12:28 lisi
drwx------. 3 moon     moon     74 12月 30 12:28 moon
drwx------. 3 wangwu   wangwu   74 12月 30 12:28 wangwu
drwx------. 3 newuser  newuser  74 12月 30 12:28 www
drwx------. 3 zhangsan zhangsan 74 12月 20 12:54 zhangsan
//用户newuser的主目录/home/www在创建用户时已经创建了
```

例6.5：创建用户pp，并指定该用户是属于组群root的成员。

```
[root@rhel ~]# useradd -g root pp
[root@rhel ~]# cat /etc/passwd|grep pp
pp:x:1012:0::/home/pp:/bin/bash
//查看/etc/passwd文件，显示pp用户GID字段为0，0为root组群的GID
[root@rhel ~]# id pp
uid=1012(pp) gid=0(root) 组=0(root)
//使用id命令，显示用户pp是属于组群root的成员
```

例6.6：创建用户abc，并设置该用户的Shell类型是/bin/ksh。

```
[root@rhel ~]# useradd -s /bin/ksh abc
[root@rhel ~]# cat /etc/passwd|grep abc
abc:x:1013:1013::/home/abc:/bin/ksh
//查看/etc/passwd文件，显示用户abc的Shell类型是/bin/ksh
```

6.2.2 修改用户账户

使用usermod命令可以更改用户的Shell类型、所属的组群、用户密码的有效期，还能更改用户的登录名。

usermod命令语法：

```
usermod [选项] [用户名]
```

usermod命令中各选项的含义如表6.4所示。

表6.4 usermod命令选项的含义

选项	选项含义
-G <次要组群名>	修改用户所属的次要组群（附加组群）
-l <新登录名>	修改用户账户名称
-L	锁定用户密码，使密码无效
-s <Shell类型>	修改用户登录后使用的Shell。如果没有，系统将选用系统预设的Shell
-U	解除密码锁定
-u <用户UID>	修改用户UID
-c <用户名全称>	修改用户账户的用户名全称
-d <主目录>	修改用户登录时的主目录，如果指定-m选项，用户旧目录会移动到新的目录中，如旧目录不存在，则新建目录
-e <过期日>	修改账户的有效期限，加上用户账户停止日期，日期格式为MM/DD/YY
-f <失效日>	修改在密码过期后多少天即设定密码为失效状态
-g <主要组群名>	修改用户所属的主要组群，组群名必须已存在
-o	允许使用重复的UID
-m	移动主目录的内容到新的位置

例6.7：修改用户zhangsan的主目录为/home/kkk，并手动创建/home/kkk目录。

```
[root@rhel ~]# usermod -d /home/kkk zhangsan
[root@rhel ~]# cat /etc/passwd|grep zhangsan
zhangsan:x:1000:1000::/home/kkk:/bin/bash
//查看/etc/passwd文件，显示用户zhangsan的主目录已经更改为/home/kkk
[root@rhel ~]# mkdir /home/kkk
//必须使用mkdir命令创建/home/kkk目录，这样用户zhangsan才能使用该主目录
```

例6.8：修改用户wangwu的主目录为/home/opop，并自动创建/home/opop目录。

```
[root@rhel ~]# ls /home
abc  kkk  lisi  moon  pp  wangwu  www  zhangsan
[root@rhel ~]# cat /etc/passwd|grep wangwu
wangwu:x:1002:1002::/home/wangwu:/bin/bash
//查看/home目录和/etc/passwd文件内容，显示用户wangwu的当前主目录是/home/wangwu
[root@rhel ~]# usermod -d /home/opop -m wangwu
[root@rhel ~]# ls /home
abc  kkk  lisi  moon  opop  pp  www  zhangsan
[root@rhel ~]# cat /etc/passwd|grep wangwu
wangwu:x:1002:1002::/home/opop:/bin/bash
//查看/home目录和/etc/passwd文件内容，显示用户wangwu的主目录自动由/home/wangwu改为/home/
opop
```

例6.9：修改用户wangwu的登录名为zhaoliu。

```
[root@rhel ~]# usermod -l zhaoliu wangwu
[root@rhel ~]# cat /etc/passwd|grep zhaoliu
```

```
zhaoliu:x:1002:1002::/home/opop:/bin/bash
//查看/etc/passwd文件，显示用户wangwu的新登录名为zhaoliu
```

例6.10：修改用户zhangsan的用户名全称为张三。

```
[root@rhel ~]# usermod -c 张三 zhangsan
[root@rhel ~]# cat /etc/passwd|grep zhangsan
zhangsan:x:1000:1000:张三:/home/kkk:/bin/bash
//查看/etc/passwd文件，显示用户zhangsan的用户名全称为张三
```

例6.11：修改用户zhangsan，在密码过期后20天就禁用该账户。

```
[root@rhel ~]# cat /etc/shadow|grep zhangsan
zhangsan:$6$Sn23SOzQaGrAqLqx$4fKpeHRrN9Y2z20RJ2coigB07fsGOEQEqtoSUQEhcpjPC73K0QIkvGb6rp1zXN39zPCRx85iAguSp48GWMleL0::0:99999:7:::
//用户zhangsan在密码过期后几天禁用该账户，默认是没有设置的
[root@rhel ~]# usermod -f 20 zhangsan
[root@rhel ~]# cat /etc/shadow|grep zhangsan
zhangsan:$6$Sn23SOzQaGrAqLqx$4fKpeHRrN9Y2z20RJ2coigB07fsGOEQEqtoSUQEhcpjPC73K0QIkvGb6rp1zXN39zPCRx85iAguSp48GWMleL0::0:99999:7:20::
//查看/etc/passwd文件，显示用户zhangsan将在密码过期后20天就禁用该账户
```

例6.12：修改用户zhangsan所属的主要组群为root，该组群必须事先存在。

```
[root@rhel ~]# usermod -g root zhangsan
[root@rhel ~]# cat /etc/passwd|grep zhangsan
zhangsan:x:1000:0:张三:/home/kkk:/bin/bash
//查看/etc/passwd文件，显示用户zhangsan所属的主要组群是root，组群root的GID是0
```

例6.13：锁住用户zhangsan密码，使密码无效。

```
[root@rhel ~]# usermod -L zhangsan
[root@rhel ~]# passwd -S zhangsan
zhangsan LK 1969-12-31 0 99999 7 20 (密码已被锁定。)
//查看用户zhangsan密码状态，显示该用户密码已经被锁住，该用户不能在系统上登录，但是却可以从其他用户账户切换到该账户
```

例6.14：解除用户zhangsan密码锁住。

```
[root@rhel ~]# usermod -U zhangsan
[root@rhel ~]# passwd -S zhangsan
zhangsan PS 1969-12-31 0 99999 7 20 (密码已设置，使用 SHA512 算法。)
//查看用户zhangsan密码状态，显示该用户密码已经解锁
```

例6.15：修改用户zhangsan账户的过期日期是2028年12月12日。

```
[root@rhel ~]# cat /etc/shadow|grep zhangsan
zhangsan:$6$Sn23SOzQaGrAqLqx$4fKpeHRrN9Y2z20RJ2coigB07fsGOEQEqtoSUQEhcpjPC73K0QIkvGb6rp1zXN39zPCRx85iAguSp48GWMleL0::0:99999:7:::
[root@rhel ~]# usermod -e 12/12/2028 zhangsan
[root@rhel ~]# cat /etc/shadow|grep zhangsan
zhangsan:$6$Sn23SOzQaGrAqLqx$4fKpeHRrN9Y2z20RJ2coigB07fsGOEQEqtoSUQEhcpjPC73K0QIkvGb6rp1zXN39zPCRx85iAguSp48GWMleL0::0:99999:7::21530:
//查看/etc/shadow文件，显示用户zhangsan的账户过期日期已经被更改，"21530"是2028年12月12日减去1970年1月1日的天数
```

例6.16：修改用户zhangsan的Shell类型为/bin/ksh。

```
[root@rhel ~]# cat /etc/passwd|grep zhangsan
zhangsan:x:1000:0:张三:/home/kkk:/bin/bash
[root@rhel ~]# usermod -s /bin/ksh zhangsan
[root@rhel ~]# cat /etc/passwd|grep zhangsan
```

```
zhangsan:x:1000:0:张三:/home/kkk:/bin/ksh
//查看/etc/passwd文件，显示用户zhangsan的Shell类型已经更改为/bin/ksh
```

6.2.3 删除用户账户

使用userdel命令可以在Linux系统中删除用户账户，甚至连用户的主目录也一起删除。

userdel命令语法：

```
userdel [选项] [用户名]
```

userdel命令中各选项的含义如表6.5所示。

表6.5 userdel命令选项的含义

选项	选项含义
-r	在删除用户时，把用户的主目录和本地邮件存储的目录或文件一同删除
-f	强制删除用户

例6.17：删除用户lisi。

```
[root@rhel ~]# userdel lisi
[root@rhel ~]# cat /etc/passwd|grep lisi
//查看/etc/passwd文件，已经查询不到关于用户lisi的数据，说明该账户已经被删除
[root@rhel ~]# ls /home
abc  kkk  lisi  moon  opop  pp  www  zhangsan
//使用userdel命令删除用户账户并不会删除该用户主目录
```

例6.18：删除用户moon，同时一起删除主目录。

```
[root@rhel ~]# ls /home
abc  kkk  lisi  moon  opop  pp  www  zhangsan
//用户moon的主目录为/home/moon
[root@rhel ~]# userdel -r moon
[root@rhel ~]# ls /home
abc  kkk  lisi  opop  pp  www  zhangsan
//查看/home目录的内容，显示用户moon的主目录随该用户一起被删除了
```

注意：

使用-r选项会将用户的主目录连同用户一起删除，所以在删除用户账户之前一定要备份好主目录下的重要数据。

6.3 组群账户简介

本节主要讲述Linux系统下的组群账户分类以及与组群账户有关的配置文件/etc/group和/etc/gshadow。组群管理主要是通过修改组群配置文件完成的，使用组群管理控制工具的最终目的也是修改组群配置文件。

6.3.1 组群账户分类

具有某种共同特征的用户集合就是组群。通过组群可以集中设置访问权限和分配管理任务。在Linux系统中，有两种组群分类方法，一种方法将组群分为私有组群和标准组群。

1. 私有组群

当创建一个新的用户账户时，如果没有指定该用户属于哪一个组群，那么Linux就会创建一

个和该用户同名的组群，这个组群就是私有组群，在这个私有组群中只包含这个用户。

> **注意：**
>
> 私有组群可以转换成标准组群，当把其他用户加入到该组群中，那么这个私有组群就变成了标准组群。

2. 标准组群

标准组群也称为普通组群，标准组群可以包含多个用户账户。如果使用标准组群，那么在创建一个新的用户账户时，应该指定该用户属于哪一个组群。

另外一种方法将组群分为主要组群和次要组群。

1. 主要组群

当一个用户账户属于多个组群成员时，登录后所属的组群便是主要组群，其他的组群是次要组群。一个用户账户只能属于一个主要组群。

2. 次要组群

次要组群也称为附加组群，一个用户账户可以属于多个次要组群。

6.3.2 /etc/group文件详解

/etc/group文件是组群的配置文件，内容包括用户和组群，并且能显示出用户是归属哪个组群或哪几个组群。一个用户可以归属一个或多个不同的组群，同一组群的用户之间具有相似的特征。比如把某一用户加入到root组群，那么这个用户就可以浏览root用户主目录的文件。如果root用户把某个文件的读写执行权限开放，root组群的所有用户都可以修改此文件；如果是可执行的文件，root组群的用户也是可以执行的。

组群的特性在系统管理中为系统管理员提供了极大的方便，但安全性也是值得关注的，如某个用户可以管理系统最重要的内容，最好让用户拥有独立的组群，或者把用户的文件的权限设置为完全私有。

1. /etc/group文件简介

/etc/group文件的内容包括组群名、组群密码、GID及该组群所包含的用户，每个组群一条记录，一行有4个段位，每个段位用“:”分隔，下面是/etc/group文件的部分内容。

```
root:x:0:
bin:x:1:
daemon:x:2:
sys:x:3:
adm:x:4:
tty:x:5:
disk:x:6:
lp:x:7:
...（省略）
dovenull:x:979:
sshd:x:74:
oprofile:x:16:
tcpdump:x:72:
zhangsan:x:1000:
```

```
shanghai:x:1002:
beijing:x:1003:
```

表6.6所示为/etc/group文件中各字段的含义。

表6.6 /etc/group文件中各字段的含义

字段	字段含义
组群名	组群名称，如组群名root
组群密码	存放加密的组群密码，看到一个*，密码已被映射到/etc/gshadow文件中
组群标识号（GID）	在系统内用一个整数标识组群GID，每个组群的GID都是唯一的，默认普通组群的GID从1000开始，root组群GID是0
组群成员	属于这个组群的成员，如root组群的成员有root用户

2. 组群GID

组群GID和UID类似，是一个从0开始的正整数，GID为0的组群是root组群。Linux系统会预留GID号1～999给系统虚拟组群使用。创建的新组群GID是从1000开始的，查看系统创建组群默认的GID范围应该查看/etc/login.defs中的GID_MIN和GID_MAX值，可以使用以下命令查看。

```
[root@rhel ~]# cat /etc/login.defs |grep GID
GID_MIN         1000
GID_MAX         60000
```

对照/etc/passwd和/etc/group 两个文件，在/etc/passwd文件中的每条用户记录中会发现含有用户默认的GID。在/etc/group文件中，也会发现每个组群下有多少个用户，在创建目录和文件时会使用默认的组群。

6.3.3 /etc/gshadow文件详解

/etc/gshadow是/etc/group的加密文件，组群密码就存放在这个文件中。/etc/gshadow和/etc/group是互补的两个文件；对于大型服务器，针对很多用户和组群，定制一些关系结构比较复杂的权限模型，设置组群密码是很有必要的。比如不想让一些非组群成员永久拥有组群的权限和特性，可以通过密码验证的方式来让某些用户临时拥有一些组群特性，这时就要用到组群密码。

/etc/gshadow文件中每个组群都有一条记录。一行有4个段位，每个段位用“:”分隔，下面是/etc/gshadow文件的部分内容。

```
root:::
bin:::
daemon:::
sys:::
adm:::
tty:::
disk:::
lp:::
mem:::
kmem:::
wheel:::
cdrom:::
mail:::postfix
...（省略）
gdm:!::
gnome-initial-setup:!::
```

```
slocate:!::
avahi:!::
postgres:!::
dovecot:!::
dovenull:!::
sshd:!::
oprofile:!::
tcpdump:!::
zhangsan:!!::
shanghai:!::
beijing:$1$xxE/KN0e$CJhFYwLFGfFb96cLb2a3A1::ou
```

表6.7所示为/etc/gshadow文件中各字段的含义。

表6.7 /etc/gshadow文件中各字段的含义

字段	字段含义
组群名	组群的名称
组群密码	密码已经加密，如果有些组群在这里显示的是“!”，表示这个组群没有密码。本例中组群shanghai没有密码，组群beijing已设置密码
组群管理者	组群的管理者，有权在该组群中添加、删除用户
组群成员	属于该组群的用户成员列表，如有多个用户用逗号分隔。本例中beijing组群的成员是ou

6.4 管理组群账户

在Linux系统中，可以使用字符命令groupadd、groupmod和groupdel管理组群账户，比如创建、修改和删除组群账户。

6.4.1 创建组群账户

使用groupadd命令可以在Linux系统中创建组群账户。

groupadd命令语法：

```
groupadd [选项] [组群名]
```

groupadd命令中各选项的含义如表6.8所示。

表6.8 groupadd命令选项含义

选项	选项含义
-g <GID>	为组群设置GID
-r	创建系统组群
-o	允许使用和别的组群相同的GID创建组群
-f	即使组群已经存在，还是强制创建组群
-p <密码>	为新组群设置加密的密码

例6.19：创建名为china的组群。

```
[root@rhel ~]# groupadd china
[root@rhel ~]# cat /etc/group|grep china
china:x:1014:
//查看文件/etc/group，显示已经创建了组群china
```

例6.20：创建名为ou的组群，并且设置该组群GID为“1300”。

```
[root@rhel ~]# groupadd -g 1300 ou
[root@rhel ~]# cat /etc/group|grep ou
```

```
ou:x:1300:
//查看文件/etc/group，显示已经创建了组群ou，组群GID是"1300"
```

例6.21：创建名为chinese的系统组群。

```
[root@rhel ~]# groupadd -r chinese
[root@rhel ~]# cat /etc/group|grep chinese
chinese:x:978:
//查看/etc/group文件，显示系统组群chinese的GID是978，是小于1000的
```

6.4.2 修改组群账户

使用groupmod命令可以在Linux系统中修改组群账户，比如组群名称、GID等。

groupmod命令语法：

```
groupmod [选项] [组群名]
```

groupmod命令中各选项的含义如表6.9所示。

表6.9 groupmod命令选项的含义

选项	选项含义
-g <GID号>	设置组群GID
-o	重复使用组群GID
-n <新组群名>	更改组群名称

例6.22：将组群ou的GID修改为"1400"。

```
[root@rhel ~]# groupmod -g 1400 ou
[root@rhel ~]# cat /etc/group|grep ou
ou:x:1400:
//查看文件/etc/group，显示组群ou的GID已经更改为"1400"
```

例6.23：修改组群ou的新组群名称为shanghai。

```
[root@rhel ~]# groupmod -n shanghai ou
[root@rhel ~]# cat /etc/group|grep shanghai
shanghai:x:1400:
//查看/etc/group文件，可以通过原来的GID看到组群ou的名称已经更改为shanghai
```

6.4.3 删除组群账户

使用groupdel命令可以在Linux系统中删除组群账户。如果该组群中仍旧包括某些用户，那么必须先删除这些用户后，才能删除组群。

groupdel命令语法：

```
groupdel [组群名]
```

例6.24：删除组群shanghai。

```
[root@rhel ~]# groupdel shanghai
[root@rhel ~]# cat /etc/group|grep shanghai
//查看/etc/group文件，显示当前组群shanghai已经不存在
```

6.5 账户维护和显示

6.5.1 passwd

使用passwd命令可以设置或修改用户的密码，普通用户和超级权限用户都可以运行passwd。

普通用户只能更改自己的用户密码，root用户可以设置或修改任何用户的密码。

如果passwd 命令后面不接任何选项或用户名，则表示修改当前用户的密码。

passwd命令语法：

```
passwd [选项] [用户名]
```

passwd命令中各选项的含义如表6.10所示。

表6.10　passwd 命令选项的含义

选项	选项含义
-d	删除用户密码，仅能以root用户操作
-k	保持身份验证令牌不过期
-l	锁住用户账户的密码
-u	为用户账户解除密码
-e	终止指名账户的密码
-x <天数>	密码的最长有效时限
-n <天数>	密码的最短有效时限
-w <天数>	在密码过期前多少天开始提醒用户
-i <天数>	当密码过期后经过多少天该账户会被禁用
-S	查询用户的密码状态
-f	强制执行操作

例6.25：设置用户it的密码。

```
[root@rhel ~]# useradd it
[root@rhel ~]# passwd it
更改用户 it 的密码 。
新的 密码：                    //在此输入用户it的密码
重新输入新的 密码：            //在此重复输入用户it的密码
passwd：所有的身份验证令牌已经成功更新。
```

例6.26：设置当前用户的密码。

```
[root@rhel ~]# passwd
更改用户 root 的密码 。
新的 密码：                    //在此输入当前用户的密码
重新输入新的 密码：            //在此重复输入当前用户的密码
passwd：所有的身份验证令牌已经成功更新。
```

例6.27：锁住用户it的密码。

```
[root@rhel ~]# passwd -l it
锁定用户 it 的密码 。
passwd: 操作成功
//用户it锁住以后不能登录到系统，但是可以使用su命令从其他用户切换到用户it
[root@rhel ~]# passwd -S it
it LK 2015-12-23 0 99999 7 -1 (密码已被锁定。)
//查看用户密码状态，显示用户it的密码是锁住的
[root@rhel ~]# cat /etc/shadow|grep it
it:!!$6$NDWzNpCl$hIouT7UVi6UPP6npKg2ogQWJM4vLYJQro5NPB/lPw0WkYQCGAM9xiHnBhaGHRat
OrQSg6D7wtyNSyFyJeR4aZ/:16792:0:99999:7:::
//查看/etc/shadow文件，显示用户it密码锁住以后在密码字段前有字符"!!"
```

例6.28：解锁用户it密码。

```
[root@rhel ~]# passwd -u it
解锁用户 it 的密码 。
```

```
passwd: 操作成功
//已经成功解锁用户it，重新设置用密码令也可以解锁用户
[root@rhel ~]# passwd -S it
it PS 2015-12-23 0 99999 7 -1 (密码已设置，使用 SHA512 算法。)
//查看用户密码状态，显示用户it的密码已经解锁
[root@rhel ~]# cat /etc/shadow|grep it
it:$6$NDWzNpCl$hIouT7UVi6UPP6npKg2ogQWJM4vLYJQro5NPB/lPw0WkYQCGAM9xiHnBhaGHRatOrQSg6D7wtyNSyFyJeR4aZ/:16792:0:99999:7:::
//查看/etc/shadow文件，显示用户it密码解锁以后密码字段前的"!!"没有了
```

例6.29：删除用户it的密码。

```
[root@rhel ~]# cat /etc/shadow|grep it
it:$6$NDWzNpCl$hIouT7UVi6UPP6npKg2ogQWJM4vLYJQro5NPB/lPw0WkYQCGAM9xiHnBhaGHRatOrQSg6D7wtyNSyFyJeR4aZ/:16792:0:99999:7:::
//查看/etc/shadow文件，显示用户it设置过密码
[root@rhel ~]# passwd -d it
清除用户的密码 it。
passwd: 操作成功
[root@rhel ~]# cat /etc/shadow|grep it
it::16792:0:99999:7:::
//查看/etc/shadow文件，显示用户it的密码已经没有了
```

6.5.2 gpasswd

使用gpasswd命令可以设置一个组群的组群密码，或者是在组群中添加、删除用户。

gpasswd命令语法：

```
gpasswd [选项] [组群名]
```

gpasswd命令中各选项的含义如表6.11所示。

表6.11 gpasswd命令选项的含义

选项	选项含义
-a <用户>	将一个用户加入到一个组群中
-d <用户>	将一个用户从一个组群中删除掉
-r	取消一个组群的组群密码
-R	限制其成员访问组
-A <组群管理员>	指定组群的管理员
-M <用户>	设置组群的成员列表

例6.30：把用户it添加到kk组群中。

```
[root@rhel ~]# groupadd kk
[root@rhel ~]# gpasswd -a it kk
正在将用户"it"加入到"kk"组中
[root@rhel ~]# cat /etc/group|grep kk
kk:x:1016:it
//在/etc/group文件中显示kk组群中有用户it
```

例6.31：从kk组群中删除用户it。

```
[root@rhel ~]# gpasswd -d it kk
正在将用户"it"从"kk"组中删除
[root@rhel ~]# cat /etc/group|grep kk
kk:x:1016:
//在/etc/group文件中显示kk组群中已经没有用户it了
```

6.5.3 pwck

使用pwck命令可以校验用户配置文件/etc/passwd 和/etc/shadow的内容是否合法和完整，这些内容包括配置文件中的用户名、用户主目录、用户的主要组群、用户Shell、用户UID、组群GID、用户密码等信息。

pwck命令语法：

```
pwck [选项] [passwd [shadow]]
```

pwck命令中各选项的含义如表6.12所示。

表6.12　pwck命令选项的含义

选项	选项含义
-q	只显示错误信息，不显示警告信息
-s	在/etc/passwd和/etc/shadow文件中按UID排序
-r	以只读方式执行

例6.32：检验用户配置文件/etc/passwd和/etc/shadow文件内容是否合法、完整。

```
[root@rhel ~]# pwck
```


6.5.4 newgrp

使用newgrp命令可以让用户账户以另一个组群的身份进行登录。newgrp命令是以相同的账户名，不同的组群身份登录系统。如果要使用newgrp命令切换组群，用户必须是该组群的用户，否则将无法登录指定的组群。单一用户如果要同时隶属多个组群，需要利用交替用户的设置。如果不指定组群名称，则newgrp命令会登录该用户名称的预设组群。

newgrp命令语法：

```
newgrp [组群名]
```

例6.33：将用户ab以组群ou的身份登录系统。

```
[root@rhel ~]# su - ab
//以用户ab登录系统
[ab@rhel ~]$ id
uid=1015(ab) gid=1017(ab) 组=1017(ab),1018(ou) 环境=unconfined_u:unconfined_r:unconfined_t:s0-s0:c0.c1023
//当前用户ab分别属于组群ab和ou的成员，现在是以ab组群的身份登录系统的
[ab@rhel ~]$ newgrp ou
[ab@rhel ~]$ id
uid=1015(ab) gid=1018(ou) 组=1018(ou),1017(ab) 环境=unconfined_u:unconfined_r:unconfined_t:s0-s0:c0.c1023
//现在用户ab是以ou组群的身份登录系统
```

6.5.5 groups

使用groups命令可以显示指定用户账户的组群成员身份。

groups命令语法：

```
groups [用户名]
```

例6.34：查看用户ab是属于哪些组群的成员。

```
[root@rhel ~]# groups ab
ab : ab ou
```

```
//显示用户ab是属于ab组群和ou组群的用户
```

6.5.6 id

使用id命令可以显示用户的UID以及该用户所属组群的GID。

id命令语法：

```
id [选项] [用户名]
```

id命令中各选项的含义如表6.13所示。

表6.13 id命令选项的含义

选项	选项含义
-g	显示用户所属主要组群的GID
-G	显示用户所属组群的GID（主要组群和次要组群都会被列出来）
-u	显示用户UID

例6.35：查询用户ab的UID、主要组群的GID以及归属组群的情况。

```
[root@rhel ~]# id ab
uid=1015 (ab) gid=1017(ab) 组=1017(ab),1018(ou)
//用户ab的UID是1015，主要组群是ab，主要组群的GID是517，用户归属于ab和ou组群
```

例6.36：显示用户ab所属主要组群的GID。

```
[root@rhel ~]# id -g ab
1017
//显示用户ab所属主要组群的GID是1017
```

例6.37：显示用户ab所属组群的GID。

```
[root@rhel ~]# id -G ab
1017 1018
//显示用户ab所属组群的GID是1017和1018
```

例6.38：显示用户ab的UID。

```
[root@rhel ~]# id -u ab
1015
//显示用户ab的UID是1015
```

6.5.7 su

使用su命令可以切换到其他用户账户进行登录。如果su命令不加任何选项，默认为切换到root用户，并且不改变Shell环境。

su命令语法：

```
su [选项] [用户]
```

su命令中各选项的含义如表6.14所示。

表6.14 su命令选项的含义

选项	选项含义
-	改变登录Shell
-l	登录并改变用户Shell环境
-f	适用于csh与tsch，使Shell不用去读取启动文件
-m	不设置环境变量
-s <Shell类型>	指定要执行的Shell类型
-c <命令>	执行一个命令，然后退出所在的用户环境

例6.39：把用户root切换为用户it进行登录，并且连Shell环境也切换。

```
[root@rhel ~]# su - it
//从用户root切换到普通用户it不需要输入用户的密码
[it@rhel ~]$ pwd
/home/it
//Shell环境已经切换，所以当前工作目录路径为/home/it
```

例6.40：把用户root切换为用户it进行登录，Shell环境不需要切换。

```
[root@rhel ~]# su it
[it@rhel root]$ pwd
/root
//Shell环境没有切换，所以当前工作目录路径为/root
```

例6.41：从用户it切换到用户root登录系统，并且连Shell环境也切换。

```
[it@rhel ~]$ su - root
密码：                //在此输入用户root的密码
[root@rhel ~]#
//从普通用户切换到root用户需要输入root用户的密码
```

例6.42：从用户it切换到用户root登录系统，并且连Shell环境也切换。

```
[it@rhel ~]$ su -
密码：                //在此输入用户root的密码
[root@rhel ~]#
```

例6.43：用户it使用su方式以root用户执行“ls /root”命令。

```
[it@rhel ~]$ ls /root
ls: 无法打开目录/root: 权限不够
//用户it没有权限打开/root目录
[it@rhel ~]$ su - root -c "ls /root"
密码：                //在此输入用户root的密码
anaconda-ks.cfg 公共 视频 文档 音乐
initial-setup-ks.cfg 模板 图片 下载 桌面
```

6.6 实现用户账户安全

在Linux系统中使用chage命令可以管理用户密码的时效，防止用户密码由于长时间使用而导致泄漏，或是被黑客破解密码而受到攻击。

chage命令语法：

```
chage [选项] [用户名]
```

chage命令中各选项的含义如表6.15所示。

表6.15 chage命令选项的含义

选项	选项含义	具体描述
-m <天数>	两次改变密码之间相距的最小天数	指定用户必须更改密码所间隔的最少天数。如果值为0，密码就不会过期
-M <天数>	两次改变密码之间相距的最大天数	指定密码有效的最多天数。当该选项指定的天数加上-d选项指定的天数小于当前的日期，用户在使用该账户前就必须更改密码
-d <天数>	最近一次密码修改时间	指定自从1970年1月1日起，密码被修改的天数
-I <天数>	密码失效时间	指定密码过期后，账户被锁前不活跃的天数。如果值为0，账户在密码过期后就不会被锁

选项	选项含义	具体描述
-E <日期>	账户过期时间	指定账户被锁的日期，日期格式为 YYYY-MM-DD。若不使用日期，也可以使用自1970年1月1日后经过的天数
-W<天数>	在密码过期之前警告的天数	指定密码过期前要警告用户的天数
-l	列出用户密码时效信息	

下面举例说明密码时效设置的方法。

例6.44：设置用户shanghai两次改变密码之间相距的最小天数为2天。

```
[root@rhel ~]# cat /etc/shadow|grep shanghai
shanghai:$6$hMrjw6YP$SSfKUMketVaOVla95.X3HambiOcLx2gC4sGefbINjBMPT27yFSzyV460TsyAz45XeCxVPBdIvCOofmvHcVVFS1:16792:0:99999:7:::
[root@rhel ~]# chage -m 2 shanghai
[root@rhel ~]# cat /etc/shadow|grep shanghai
shanghai:$6$hMrjw6YP$SSfKUMketVaOVla95.X3HambiOcLx2gC4sGefbINjBMPT27yFSzyV460TsyAz45XeCxVPBdIvCOofmvHcVVFS1:16792:2:99999:7:::
```

例6.45：设置用户shanghai两次改变密码之间相距的最大天数为10天。

```
[root@rhel ~]# chage -M 10 shanghai
[root@rhel ~]# cat /etc/shadow|grep shanghai
shanghai:$6$hMrjw6YP$SSfKUMketVaOVla95.X3HambiOcLx2gC4sGefbINjBMPT27yFSzyV460TsyAz45XeCxVPBdIvCOofmvHcVVFS1:16792:2:10:7:::
```

例6.46：设置用户shanghai在密码过期之前警告的天数为1天。

```
[root@rhel ~]# chage -W 1 shanghai
[root@rhel ~]# cat /etc/shadow|grep shanghai
shanghai:$6$hMrjw6YP$SSfKUMketVaOVla95.X3HambiOcLx2gC4sGefbINjBMPT27yFSzyV460TsyAz45XeCxVPBdIvCOofmvHcVVFS1:16792:2:10:1:::
```

例6.47：设置用户shanghai密码失效时间为10天。

```
[root@rhel ~]# chage -I 10 shanghai
[root@rhel ~]# cat /etc/shadow|grep shanghai
shanghai:$6$hMrjw6YP$SSfKUMketVaOVla95.X3HambiOcLx2gC4sGefbINjBMPT27yFSzyV460TsyAz45XeCxVPBdIvCOofmvHcVVFS1:16792:2:10:1:10::
```

例6.48：设置用户shanghai账户过期时间为2028-10-10。

```
[root@rhel ~]# chage -E 2028-10-10 shanghai
[root@rhel ~]# cat /etc/shadow|grep shanghai
shanghai:$6$hMrjw6YP$SSfKUMketVaOVla95.X3HambiOcLx2gC4sGefbINjBMPT27yFSzyV460TsyAz45XeCxVPBdIvCOofmvHcVVFS1:16792:2:10:1:10:21467:
//数字“21467”是2028年10月10日到1970年1月1日之间的间隔天数
```

例6.49：显示用户shanghai当前密码失效的信息。

```
[root@rhel ~]# chage -l shanghai
最近一次密码修改时间                    ：12月 23, 2015
密码过期时间                            ：1月 02, 2016
密码失效时间                            ：1月 12, 2016
帐户过期时间                            ：10月 10, 2028
两次改变密码之间相距的最小天数          ：2
两次改变密码之间相距的最大天数          ：10
在密码过期之前警告的天数                ：1
```

例6.50：用交互式的方式设置用户beijing的密码时效。

```
[root@rhel ~]# chage beijing
正在为 beijing 修改年龄信息
请输入新值，或直接敲回车键以使用默认值

	最小密码年龄 [0]: 2
	最大密码年龄 [99999]: 10
	最近一次密码修改时间 (YYYY-MM-DD) [2015-12-23]: 2028-02-04
	密码过期警告 [7]: 1
	密码失效 [-1]: 10
	帐户过期时间 (YYYY-MM-DD) [-1]: 2028-10-10
```

第7章　权限、所有者和ACL

7.1　设置文件和目录权限

为了有效地控制用户对文件和目录的访问，必须对其设置权限以实现安全控制。本节主要讲述如何设置权限。

7.1.1　文件和目录权限简介

在Linux系统中，用户对一个文件或目录具有访问权限，这些访问权限决定了谁能访问，以及如何访问这些文件和目录。通过设置权限可以限制或允许以下三种用户访问：文件的用户所有者（属主）、文件的组群所有者（用户所在组的同组用户）、系统中的其他用户。

在Linux系统中，每一位用户都有对文件或目录的读取、写入和执行权限。第一套权限控制访问自己的文件权限，即所有者权限。第二套权限控制用户组访问其中一个用户的文件的权限。第三套权限控制其他所有用户访问一个用户的文件的权限。这三套权限赋予用户不同类型（即用户所有者、组群所有者和其他用户）的读取、写入及执行权限，这就构成了一个有九种类型的权限组。

同时，用户能够控制一个给定的文件和目录的访问程度。一个文件和目录可能有读取、写入及执行权限。当创建一个文件时，系统会自动地赋予文件所有者读和写的权限，这样可以允许所有者能够显示文件内容和修改文件。文件所有者可以将这些权限更改为任何权限。一个文件也许只有读权限，禁止任何修改。文件也可能只有执行权限，允许它像一个程序一样执行。

7.1.2　设置文件和目录基本权限

1. 基本权限简介

在Linux系统中，使用ls -l命令可以显示文件和目录的详细信息，其中包括文件和目录的权限，如下所示。

```
[root@rhel ~]# ls -l /root
总用量 8
-rw-------. 1 root root 2124 12月 20 14:46 anaconda-ks.cfg
-rw-------. 1 root root 2217 12月 21 01:24 initial-setup-ks.cfg
drwxr-xr-x. 2 root root    6 12月 21 06:12 公共
drwxr-xr-x. 2 root root    6 12月 21 06:12 模板
drwxr-xr-x. 2 root root    6 12月 21 06:12 视频
drwxr-xr-x. 2 root root    6 12月 21 06:12 图片
drwxr-xr-x. 2 root root    6 12月 21 06:12 文档
drwxr-xr-x. 2 root root    6 12月 21 06:12 下载
drwxr-xr-x. 2 root root    6 12月 21 06:12 音乐
drwxr-xr-x. 2 root root    6 12月 21 06:12 桌面
```

在ls -l命令的显示结果中，最前面的第2～10个字符是用来表示权限的。

第2～10个字符当中的每三个为一组，左边三个字符表示用户所有者权限，中间三个字符表示组群所有者的权限，右边三个字符是其他用户的权限。

r、w、x、-字符代表的意义如下。

- r（读取）：对文件而言，该用户具有读取文件内容的权限；对目录来说，该用户具有浏览目录的权限；
- w（写入）：对文件而言，该用户具有新增、修改文件内容的权限；对目录来说，该用户具有删除、移动目录内文件的权限；
- x（执行）：对文件而言，该用户具有执行文件的权限；对目录来来说，该用户具有进入目录的权限；
- -：表示不具有该项权限。

表7.1举例说明了权限字符组合的描述。

表7.1　权限字符组合举例

举例	描述
-rwx------	用户所有者对文件具有读取、写入和执行权限
-rwxr--r--	用户所有者具有读取、写入和执行权限，其他用户则具有读取权限
-rw-rw-r-x	用户所有者和组群所有者对文件具有读取、写入权限，而其他用户只具有读取和执行权限
drwx--x--x	目录的用户所有者具有读写和进入目录权限，其他用户能进入目录，却无法读取任何数据
drwx------	除了目录的用户所有者具有所有的权限之外，其他用户对该目录没有任何权限

每个用户都拥有自己的主目录，通常集中放置在/home目录下，这些主目录的默认权限为rwx------。使用以下命令查看主目录权限。

```
[root@rhel ～]# ls -l /home
总用量 0
drwx------. 3 zhangsan zhangsan 74 12月 20 12:54 zhangsan
```

只有系统管理员和文件/目录的所有者才可以更改文件或目录的权限，更改文件或目录的权限一般有三种方法。

2. 文字设定法设置权限

通过文字设定法更改权限需要使用chmod命令，在一个命令行中可给出多个权限方式，其间用逗号隔开。

chmod的命令语法：

```
chmod [操作对象] [操作符号] [权限] [文件|目录]
```

chmod命令中各选项的含义如表7.2所示。

表7.2　chmod命令文字设定法选项的含义

部分	选项	选项含义
操作对象	u	表示用户所有者，即文件或目录的所有者
	g	表示组群所有者，即与文件的用户所有者有相同组群GID的所有用户
	o	表示其他用户
	a	表示所有用户，它是系统默认值
操作符号	+	添加某个权限
	-	取消某个权限
	=	赋予给定权限并取消原先权限（如果有的话）
权限	r	读取权限
	w	写入权限
	x	可执行权限

例7.1：添加用户所有者对ah文件的写入权限。

```
[root@rhel ~]# ls -l ah
-r--r--r--. 1 root root 11 12月 22 02:34 ah
//可以看到ah文件现在用户所有者的权限是读取
[root@rhel ~]# chmod u+w ah
[root@rhel ~]# ls -l ah
-rw-r--r--. 1 root root 11 12月 22 02:34 ah
//更改权限以后，用户所有者对ah文件多了写入的权限
```

例7.2：取消用户所有者对ah文件的读取权限。

```
[root@rhel ~]# chmod u-r ah
[root@rhel ~]# ls -l ah
--w-r--r--. 1 root root 11 12月 22 02:34 ah
//查看文件权限，可以看到文件ah的用户所有者权限已经没有读取了
```

例7.3：重新分配组群所有者对ah文件有写入的权限。

```
[root@rhel ~]# chmod g=w ah
[root@rhel ~]# ls -l ah
--w--w-r--. 1 root root 11 12月 22 02:34 ah
//可以看到，组群所有者原先的权限没有了，现在重新分配的是写入权限
```

例7.4：更改ah文件权限，添加用户所有者为读取、写入权限，组群所有者为读取权限，其他用户读取、写入和执行的权限。

```
[root@rhel ~]# chmod u+rw,g+r,o+rwx ah
[root@rhel ~]# ls -l ah
-rw-rw-rwx. 1 root root 11 12月 22 02:34 ah
```

例7.5：取消所有用户对ah文件的读取、写入和执行权限。

```
[root@rhel ~]# chmod a-rwx ah
[root@rhel ~]# ls -l ah
----------. 1 root root 11 12月 22 02:34 ah
//现在谁都没有权限了
```

3. 数字设定法设置权限

文件和目录的权限表中用r、w、x这三个字符来为用户所有者、组群所有者和其他用户设置权限。有时候，字符似乎过于麻烦，因此还有另外一种方法是以数字来表示权限，而且仅需三个数字。

使用数字设定法更改文件权限，首先必须了解数字表示的含义：0表示没有权限，1表示可执行权限，2表示写入权限，4表示读取权限，然后将其相加。

所有数字属性的格式应该是三个0～7的数，其顺序是u、g、o。

- r：对应数值4；
- w：对应数值2；
- x：对应数值1；
- -：对应数值0。

例如，如果想让某个文件的所有者有“读/写”两种权限，需要用数字6来表示，把4（可读）+2（可写）=6（读/写）。

下面举几个例子说明权限字符怎么转换为数字。

- -rwx------：用数字表示为700；
- -rwxr--r--：用数字表示为744；

- -rw-rw-r-x：用数字表示为665；
- drwx--x--x：用数字表示为711；
- drwx------：用数字表示为700。

使用数字设定法更改文件权限，chmod的命令语法：

```
chmod [n1n2n3] [文件|目录]
```

命令中各选项的含义如表7.3所示。

表7.3　chmod命令数字设定法选项含义

选项	选项含义
n1	用户所有者的权限，n1代表数字
n2	组群所有者的权限，n2代表数字
n3	其他用户的权限，n3代表数字

例7.6：设置ah文件权限，用户所有者拥有读取、写入和执行的权限。

```
[root@rhel ~]# ls -l ah
-r--r--r--. 1 root root 11 12月 22 02:34 ah
[root@rhel ~]# chmod 700 ah
[root@rhel ~]# ls -l ah
-rwx------. 1 root root 11 12月 22 02:34 ah
```

例7.7：设置ah文件权限，用户所有者拥有读取，组群所有者有读取、写入和执行的权限。

```
[root@rhel ~]# chmod 470 ah
[root@rhel ~]# ls -l ah
-r--rwx---. 1 root root 11 12月 22 02:34 ah
```

例7.8：设置ah文件权限，所有用户拥有读取、写入和执行的权限。

```
[root@rhel ~]# chmod 777 ah
[root@rhel ~]# ls -l ah
-rwxrwxrwx. 1 root root 11 12月 22 02:34 ah
```

例7.9：设置ah文件权限，其他用户拥有读取、写入和执行的权限。

```
[root@rhel ~]# chmod 7 ah
[root@rhel ~]# ls -l ah
-------rwx. 1 root root 11 12月 22 02:34 ah
//在这里和用chmod 007 ah命令是一样的效果
```

假如想一次修改某个目录下所有文件的权限（包括子目录中的文件权限），要使用-R选项表示启动递归处理。

例7.10：设置/home/user目录连同他的文件和子目录的权限为777。

```
[root@rhel ~]# mkdir /home/user
[root@rhel ~]# touch /home/user/abc
//创建目录/home/user和文件/home/user/abc
[root@rhel ~]# chmod -R 777 /home/user
//表示将整个/home/user目录及其中的文件和子目录的权限都设置为读取、写入和执行
[root@rhel ~]# ls -ld /home/user
drwxrwxrwx. 2 root root 16 12月 22 02:38 /home/user
//查看目录/home/user的权限为rwxrwxrwx（777）
[root@rhel ~]# ls -l /home/user/abc
-rwxrwxrwx. 1 root root 0 12月 22 02:38 /home/user/abc
//查看文件/home/user/abc的权限为rwxrwxrwx（777）
```

7.1.3　设置文件和目录特殊权限

在Linux系统中除了基本权限之外，还有三个特殊的权限，分别是SUID、SGID和Sticky。

1. 特殊权限简介

用户如果没有特殊的需求，一般不需要启用特殊权限，避免出现安全方面的隐患。

特殊权限有以下几种类型。

（1）SUID。

对一个可执行文件，不是以发起者身份来获取资源，而是以可执行文件的用户所有者身份来执行。

（2）SGID。

对一个可执行文件，不是以发起者身份来获取资源，而是以可执行文件的组群所有者身份来执行。

（3）Sticky。

对文件或目录设置Sticky之后，尽管其他用户有写权限，也必须由文件所有者执行删除和移动等操作。

因为SUID、SGID、Sticky占用x（执行权限）的位置来表示，所以在表示上会有大小写之分。假如同时开启执行权限和SUID、SGID、Sticky，则权限表示字符是小写的，如下所示。

```
-rwsr-sr-t  1  root root   4096  8月  19  08:17  conf
```

如果关闭执行权限，则表示字符会变成大写，如下所示。

```
-rwSr-Sr-T  1   root root   4096  8月  19   08:17  conf
```

2. 文字设定法设置特殊权限

例7.11：添加ah文件的特殊权限为SUID。

```
[root@rhel ~]# ls -l ah
----------. 1 root root 11 12月 22 02:34 ah
[root@rhel ~]# chmod u+s ah
[root@rhel ~]# ls -l ah
---S------. 1 root root 11 12月 22 02:34 ah
```

例7.12：添加ah文件的特殊权限为SGID。

```
[root@rhel ~]# chmod g+s ah
[root@rhel ~]# ls -l ah
---S--S---. 1 root root 11 12月 22 02:34 ah
```

例7.13：添加ah文件的特殊权限为Sticky。

```
[root@rhel ~]# chmod o+t ah
[root@rhel ~]# ls -l ah
---S--S--T. 1 root root 11 12月 22 02:34 ah
```

3. 数字设定法设置特殊权限

如果要设置特殊权限，就必须使用四位数字才能表示。

特殊权限的对应数值如下表示。

- SUID：对应数值4；
- SGID：对应数值2；
- Sticky：对应数值1。

例7.14：设置文件ah具有SUID权限。

```
[root@rhel ~]# ls -l ah
-r--r--r--. 1 root root 11 12月 22 02:34 ah
[root@rhel ~]# chmod 4000 ah
[root@rhel ~]# ls -l ah
---S------. 1 root root 11 12月 22 02:34 ah
```

例7.15：设置文件ah具有SGID权限。

```
[root@rhel ~]# chmod 2000 ah
[root@rhel ~]# ls -l ah
------S---. 1 root root 11 12月 22 02:34 ah
```

例7.16：设置文件ah具有Sticky权限。

```
[root@rhel ~]# chmod 1000 ah
[root@rhel ~]# ls -l ah
---------T. 1 root root 11 12月 22 02:34 ah
```

例7.17：设置文件ah具有SUID、SGID和Sticky权限。

```
[root@rhel ~]# chmod 7000 ah
[root@rhel ~]# ls -l ah
---S--S--T. 1 root root 11 12月 22 02:34 ah
```


7.2 文件和目录所有者

文件和目录的创建者默认就是该文件和目录的所有者，他们对该文件和目录具有任何权限，可以进行任何操作。他们也可以将所有者转交给别的用户，使别的用户对该文件和目录具有任何操作权限。文件和目录的所有者及所属用户组也能修改，可以通过命令来修改。

7.2.1 更改用户和组群所有者

使用chown命令可以更改文件和目录的用户所有者和组群所有者。

chown命令语法：

```
chown [选项] [用户.组群] [文件|目录]
```

或者是：

```
chown [选项] [用户:组群] [文件|目录]
```

命令中各选项的含义如表7.4所示。

表7.4 chown命令选项含义

选项	选项含义
-R	将下级子目录下的所有文件和目录的所有权一起更改
-h	会影响符号链接本身，而非符号链接所指示的目的地
-c	类似于-v选项，但是只在有更改时才显示结果
-f	去除大部分的错误信息
-v	为处理的所有文件显示诊断信息
-P	不遍历任何符号链接（默认）
-L	遍历每一个遇到的通到目录的符号链接
-H	如果命令行参数是一个通到目录的符号链接，则遍历符号链接

例7.18：将文件ah的用户所有者改成newuser。

```
[root@rhel ~]# ls -l ah
-rw-r--r--. 1 root root 11 12月 22 02:34 ah
//目前文件ah的用户所有者和组群所有者是root
[root@rhel ~]# chown newuser ah
[root@rhel ~]# ls -l ah
-rw-r--r--. 1 newuser root 11 12月 22 02:34 ah
//更改用户所有者后，可以看到当前文件ah的用户所有者为newuser
```

例7.19：将文件ah的组群所有者更改成newuser。

```
[root@rhel ~]# chown :newuser ah
[root@rhel ~]# ls -l ah
-rw-r--r--. 1 newuser newuser 11 12月 22 02:34 ah
//更改组群所有者后，可以看到当前文件ah的组群所有者为newuser
```

例7.20：将文件ah的用户所有者和组群所有者一起更改成root。

```
[root@rhel ~]# chown root.root ah
[root@rhel ~]# ls -l ah
-rw-r--r--. 1 root root 11 12月 22 02:34 ah
//现在文件ah的用户所有者和组群所有者都是root
```

例7.21：将文件ah的组群所有者更改成newuser。

```
[root@rhel ~]# chown .newuser ah
[root@rhel ~]# ls -l ah
-rw-r--r--. 1 root newuser 11 12月 22 02:34 ah
```

例7.22：将目录/root/b连同它的下级文件/root/b/c的用户所有者和组群所有者一起更改为newuser。

```
[root@rhel ~]# ls -ld /root/b
drwxr-xr-x. 2 root root 14 12月 27 05:51 /root/b
[root@rhel ~]# ls -l /root/b/c
-rw-r--r--. 1 root root 0 12月 27 05:51 /root/b/c
//查看目录/root/b和文件/root/b/c用户所有者和组群所有者，当前为root
[root@rhel ~]# chown -R newuser.newuser /root/b
[root@rhel ~]# ls -ld /root/b
drwxr-xr-x. 2 newuser newuser 14 12月 27 05:51 /root/b
[root@rhel ~]# ls -l /root/b/c
-rw-r--r--. 1 newuser newuser 0 12月 27 05:51 /root/b/c
//查看目录/root/b和文件/root/b/c用户所有者和组群所有者，当前为newuser
```

7.2.2 更改组群所有者

使用chgrp命令可以更改文件或目录所属的组群所有者。其中组群可以是组群GID，也可以是/etc/group文件中组群的名称。文件名支持通配符。如果用户不是该文件的用户所有者或超级用户，那么不能改变该文件的组群所有者。

chgrp命令语法：

```
chgrp [选项] [组群] [文件|目录]
```

chgrp命令中各选项的含义如表7.5所示。

表7.5　chgrp命令选项含义

选项	选项含义
-R	递归式地改变指定目录及其下的所有子目录和文件的所属的组
-h	会影响符号链接本身，而非符号链接所指示的目的地
-f	去除大部分错误信息
-v	为处理的所有文件显示诊断信息
-c	类似于-v选项，但是只有在更改时才显示结果
-H	如果命令行参数是一个通到目录的符号链接，则遍历符号链接
-L	遍历每一个遇到的通到目录的符号链接
-P	不遍历任何符号链接（默认）

例7.23：更改文件ah的组群所有者为newuser。

```
[root@rhel ~]# ls -l ah
-rw-r--r--. 1 root root 11 12月 22 02:34 ah
//文件ah当前的组群所有者是root
[root@rhel ~]# chgrp newuser ah
[root@rhel ~]# ls -l ah
-rw-r--r--. 1 root newuser 11 12月 22 02:34 ah
//现在文件ah的组群所有者已经更改为newuser了
```

7.3　权限掩码

为了保护文件和目录，可以使用umask命令设置权限掩码，以取消用户创建文件和目录的默认权限设置（对于文件只针对r和w权限，对于目录只针对r、w和x权限）。指定的掩码在登录系统时一直有效，umask只对新建文件起作用，对已经存在的文件没有任何作用。

在Linux系统中，默认创建的文件权限是“-rw-r--r--”，默认创建的目录权限是“drwxr-xr-x”。

使用umask命令可以显示和设置文件和目录创建时的缺省权限掩码，如果将此命令放入/etc/profile文件，就可以控制用户后续所建文件的权限。umask告诉Linux系统在创建文件或目录时将不设置什么权限，与chmod命令的效果刚好相反。

umask命令语法：

```
umask [选项] [模式]
```

umask命令中各选项的含义如表7.6所示。

表7.6　umask命令选项的含义

选项	选项含义
-S	以符号的格式显示当前的umask设置的权限

例7.24：设置系统的权限掩码为444。

```
[root@rhel ~]# umask 444
[root@rhel ~]# touch /root/cax
[root@rhel ~]# ls -l /root/cax
--w--w--w-. 1 root root 0 12月 22 02:45 /root/cax
//可以看到新建文件/root/cax的权限设置为"-w--w--w-"
```

例7.25：设置系统的权限掩码为222。

```
[root@rhel ~]# umask 222
[root@rhel ~]# touch /root/dax
[root@rhel ~]# ls -l /root/dax
```

```
-r--r--r--. 1 root root 0 12月 22 02:46 /root/dax
//可以看到新建文件/root/dax的权限设置为"r--r--r--"
```

例7.26：用umask命令设置文件权限为：用户所有者读取、组群所有者写入、其他用户读取。

```
[root@rhel ~]# umask u=r,g=w,o=r
[root@rhel ~]# touch /root/eax
[root@rhel ~]# ls -l /root/eax
-r---w-r--. 1 root root 0 12月 22 02:46 /root/eax
//可以看到新建文件/root/eax的权限设置为"r---w-r--"
```

例7.27：查看系统当前的权限掩码设置。

```
[root@rhel ~]# umask
0353
```

7.4 实现ACL控制

7.4.1 ACL简介

随着应用的发展，传统的Linux文件系统的权限控制已经不能适应现在复杂的控制需求。ACL（Access Control Lists，访问控制列表）是一个文件或目录的访问控制列表，可以针对任意指定的用户和组群分配任何权限，只有root用户才能创建ACL。

ACL一样需要系统支持才可以使用，而且要硬盘支持。同时在单个文件的ACL条目的数量上，不同的文件系统有不同的限制。

ACL有两种类型：一种是存取ACL，针对文件和目录设置访问控制列表。另外一种是默认ACL，只能针对目录设置访问控制列表。如果目录中的文件没有设置ACL，它就会继承使用该目录的默认ACL。

ACL是由一系列的访问条目所组成的。每一条访问条目定义了特定的类别可以对文件拥有的操作权限。访问条目由三个组成部分：输入标签类型、可选输入标签和一组权限。

最重要的输入标签类型有以下几种。

- ACL_USER_OBJ：表示文件用户所有者的访问权限；
- ACL_USER：表示额外的用户可以对此文件拥有的权限；
- ACL_GROUP_OBJ：表示文件组群所有者的访问权限；
- ACL_GROUP：表示额外的组群可以对此文件拥有的权限；
- ACL_MASK：表示ACL_USER、ACL_GROUP_OBJ和ACL_GROUP的最大访问权限；
- ACL_OTHER：表示其他用户的访问权限。

7.4.2 查看文件和目录ACL

使用getfacl命令可以查看文件和目录的ACL信息。对于每一个文件和目录，getfacl命令显示文件的名称、用户所有者、组群所有者和访问控制列表（ACL）。

getfacl命令语法：

```
getfacl [选项] [目录|文件]
```

getfacl命令中各选项的含义如表7.7所示。

表7.7　getfacl命令选项的含义

选项	选项含义
-a	仅显示文件的ACL
-d	仅显示默认的ACL
-c	不显示注释标题
-e	显示所有的有效权限
-E	显示没有的有效权限
-s	跳过文件，只具有基本条目
-R	递归到子目录
-t	使用表格输出格式
-n	显示用户的UID和组群的GID

例7.28：查看/opt/ta文件的ACL。

```
[root@rhel ～]# echo Hello Linux>/opt/ta
//创建文件/opt/ta，文件内容为Hello Linux
[root@rhel ～]# ls -l /opt/ta
-r---w-r--. 1 root root 12 12月 22 03:02 /opt/ta
[root@rhel ～]# getfacl /opt/ta
getfacl: Removing leading '/' from absolute path names
# file: opt/ta
# owner: root
# group: root
user::r--
group::-w-
other::r--
```


7.4.3　设置文件和目录ACL

要设置文件和目录的ACL，可以通过setfacl和chacl这两个命令实现。

1. setfacl命令

使用setfacl命令可以设置文件或目录的ACL。

setfacl命令语法：

```
setfacl [选项] [目录|文件]
```

setfacl命令中各选项的含义如表7.8所示。

表7.8　setfacl命令选项的含义

选项	选项含义
-m <ACL设置>	设置文件的ACL规则
-M <文件>	从文件中读取ACL条目进行修改
-x <ACL设置>	删除文件的ACL规则
-X <文件>	从文件中读取ACL条目进行删除
-b	删除所有扩展ACL规则
-k	删除默认的ACL规则
-R	递归设置ACL，包括目录中的子目录和文件
-d	设置默认的ACL规则
-P	跳过所有符号链接，包括符号链接文件
-L	跟踪符号链接，默认情况下只跟踪符号链接文件，跳过符号链接目录

选项	选项含义
-n	不要重新计算有效权限
--set=<ACL设置>	设置文件或目录的ACL规则，以前的设置将会被覆盖掉
--mask	重新计算有效权限
--restore=<文件>	从文件恢复备份的ACL规则
--test	测试模式，不改变文件的ACL规则，操作后的ACL规则将被列出
--set-file=<文件>	从文件读取ACL条目进行设置

设置ACL规则时，setfacl命令使用表7.9所示ACL规则表示方法。用户和组群可以指定名称或数字ID。权限是一个代表各种权限的字母组合，比如读取权限使用r 、写入权限使用w 、执行权限使用x。权限也可以使用数字来表示。

表7.9　ACL规则表示方法

设置对象	ACL规则表示方法
指定用户的ACL	[d[efault]:] [u[ser]:]用户[:权限]
指定组群的ACL	[d[efault]:] g[roup]:组群[:权限]
指定有效权限掩码（mask）	[d[efault]:] m[ask][:] [权限]
指定其它用户的ACL	[d[efault]:] o[ther] [:权限]

例7.29：为用户zhangsan设置ACL，使其对/opt/ta文件具有rwx权限。

```
[root@rhel ~]# setfacl -m u:zhangsan:rwx /opt/ta
[root@rhel ~]# ls -l /opt/ta
-rw-rwxr--+ 1 root root 12 12月 22 03:02 /opt/ta
//设置了ACL的目录或文件，在权限后面一位会出现一个“+”号
[root@rhel ~]# getfacl /opt/ta
getfacl: Removing leading '/' from absolute path names
# file: opt/ta
# owner: root
# group: root
user::rw-
user:zhangsan:rwx
group::r--
mask::rwx
other::r--
[root@rhel ~]# su - zhangsan
[zhangsan@rhel ~]$ vi /opt/ta
//用户zhangsan本身不具有对/opt/ta文件的写入权限。但是对用户zhangsan设置了对/opt/ta文件的ACL之后，可以对该文件进行写入
```

getfacl /opt/ta命令输出信息描述如表7.10所示。

表7.10　getfacl /opt/ta命令输出信息描述

输出信息	信息描述
# file: /opt/ta	文件名称
# owner: root	文件的用户所有者
# group: root	文件的组群所有者
user::rw-	ACL_USER_OBJ，说明文件的用户所有者拥有读取和写入的权限
user:zhangsan:rwx	ACL_USER，用户zhangsan拥有对文件的读取、写入、可执行权限
group::r--	ACL_GROUP_OBJ，说明文件的组群所有者拥有读取的权限
mask::rwx	ACL_MASK的权限为读取、写入和可执行
other::r--	ACL_OTHER，说明其他用户拥有读取的权限

例7.30：为组群zhangsan设置ACL，使其对/opt/ta文件具有rwx权限。

```
[root@rhel ~]# setfacl -m g:zhangsan:rwx /opt/ta
[root@rhel ~]# ls -l /opt/ta
-rw-rwxr--+ 1 root root 12 12月 22 03:02 /opt/ta
[root@rhel ~]# getfacl /opt/ta
getfacl: Removing leading '/' from absolute path names
# file: opt/ta
# owner: root
# group: root
user::rw-
user:zhangsan:rwx
group::r--
group:zhangsan:rwx
mask::rwx
other::r--
```

例7.31：重新设置/opt/ta文件的ACL规则，以前的设置将会被覆盖掉。

```
[root@rhel ~]# setfacl --set u::rw,u:zhangsan:rw,g::r,o::- /opt/ta
[root@rhel ~]# getfacl /opt/ta
getfacl: Removing leading '/' from absolute path names
# file: opt/ta
# owner: root
# group: root
user::rw-
user:zhangsan:rw-
group::r--
mask::rw-
other::---
```

注意：

o::−的完整写法是o::−−−，u::rw的完整写法是u::rw−。通常可以把“−”省略，但是当权限位只包含“−”时，至少应该保留一个。如果写成了o::，就会出现错误。

例7.32：删除用户zhangsan对/opt/ta文件的ACL规则。

```
[root@rhel ~]# setfacl -m u:zhangsan:rwx /opt/ta
[root@rhel ~]# getfacl /opt/ta
getfacl: Removing leading '/' from absolute path names
# file: opt/ta
# owner: root
# group: root
user::rw-
user:zhangsan:rwx
group::r--
mask::rwx
other::---
[root@rhel ~]# setfacl -x u:zhangsan /opt/ta
[root@rhel ~]# getfacl /opt/ta
getfacl: Removing leading '/' from absolute path names
# file: opt/ta
# owner: root
# group: root
user::rw-
```

```
group::r--
mask::r--
other::---
```

例7.33：修改/opt/ta文件的mask值。

```
[root@rhel ~]# setfacl -m mask:rw /opt/ta
[root@rhel ~]# getfacl /opt/ta
getfacl: Removing leading '/' from absolute path names
# file: opt/ta
# owner: root
# group: root
user::rw-
group::r--
mask::rw-
other::---
[root@rhel ~]# ls -l /opt/ta
-rw-rw----+ 1 root root 12 12月 22 03:02 /opt/ta
```

例7.34：为目录/opt/tt设置ACL规则。

```
[root@rhel ~]# mkdir /opt/tt
//创建目录/opt/tt
[root@rhel ~]# setfacl -m d:zhangsan:rwx /opt/tt
[root@rhel ~]# ls -ld /opt/tt
drwxr-xr-x+ 2 root root 6 12月 30 22:56 /opt/tt
[root@rhel ~]# getfacl /opt/tt
getfacl: Removing leading '/' from absolute path names
# file: opt/tt
# owner: root
# group: root
user::rwx
group::r-x
other::r-x
default:user::rwx
default:user:zhangsan:rwx
default:group::r-x
default:mask::rwx
default:other::r-x
```

例7.35：设置/ok目录默认ACL。

```
[root@rhel ~]# setfacl -d --set g:zhangsan:rwx /ok
[root@rhel ~]# ls -ld /ok
drwxr-xr-x+ 2 root root 6 12月 30 22:58 /ok
[root@rhel ~]# getfacl /ok
getfacl: Removing leading '/' from absolute path names
# file: ok
# owner: root
# group: root
user::rwx
group::r-x
other::r-x
default:user::rwx
default:group::r-x
default:group:zhangsan:rwx
default:mask::rwx
```

```
default:other::r-x
[root@rhel ~]# touch /ok/oo
//创建/ok/oo文件进行测试
[root@rhel ~]# getfacl /ok/oo
getfacl: Removing leading '/' from absolute path names
# file: ok/oo
# owner: root
# group: root
user::rw-
group::r-x                  #effective:r--
group:zhangsan:rwx          #effective:rw-
mask::rw-
other::r--
[root@rhel ~]# ls -l /ok/oo
-rw-rw-r--+ 1 root root 0 12月 30 22:58 /ok/oo
//文件/ok/oo自动继承了/ok目录上设置的默认ACL
```

2. chacl命令

使用chacl命令可以更改文件或目录的ACL。

chacl命令语法：

```
chacl [选项] [文件|目录]
```

chacl命令中各选项的含义如表7.11所示。

表7.11　chacl命令选项的含义

选项	选项含义
-b <ACL设置>	表示改变两个ACL，第一个是文件访问ACL，第二个是目录的默认ACL
-d <ACL设置>	只设置目录的默认ACL
-R	只清除文件的ACL
-D	只清除目录的默认ACL
-l	列出访问ACL和可能与指定的文件或目录关联的默认ACL
-B	清除所有的ACL
-r	递归设置访问ACL

例7.36：清除/opt/ta文件的ACL设置。

```
[root@rhel ~]# chacl -B /opt/ta
[root@rhel ~]# ls -l /opt/ta
-rw-r-----. 1 root root 12 12月 22 03:02 /opt/ta
[root@rhel ~]# getfacl /opt/ta
getfacl: Removing leading '/' from absolute path names
# file: opt/ta
# owner: root
# group: root
user::rw-
group::r--
other::---
```

第8章 归档、压缩和备份

8.1 归档和压缩简介

归档（也称为打包）是一个文件和目录的集合，而这个集合被存储在一个文件中。归档文件没有经过压缩，它占用的空间是其中所有文件和目录的总和。压缩文件也是一个文件和目录的集合，且这个集合也被存储在一个文件中，但是它的存储方式使其所占用的磁盘空间比原来要小。

压缩是指利用算法将文件进行处理，以达到保留最多文件信息，而让文件容量变小的目的。压缩文件的基本原理是查找文件内的重复字节，建立一个相同字节的词典文件，并用一个代码表示，比如在文件里有几处有一个相同的词“计算机系统”，用一个代码表示并写入词典文件，这样就可以达到缩小文件。

由于计算机处理的信息是以二进制数的形式表示的，因此压缩软件就是把二进制信息中相同的字符串以特殊字符标记来达到压缩的目的。只要通过合理的数学计算公式，文件的体积都能够被大大压缩。把一个或者多个文件用压缩软件进行压缩，压制成一个压缩文件包，既可以节省存储空间，又方便在网络上传送。

压缩可以分为有损和无损压缩两种。如果丢失个别的数据不会造成太大的影响，这种压缩就是有损压缩。有损压缩广泛应用于动画、声音和图像文件中，典型的代表就是影碟文件格式mpeg、音乐文件格式mp3和图像文件格式jpg。但是更多情况下压缩数据必须准确无误，人们便设计出了无损压缩格式。

压缩软件自然就是利用压缩原理压缩数据的工具，压缩后所生成的文件称为压缩包，体积只有原来的几分之一甚至更小。当然压缩包已经是另一种文件格式了，如果想使用其中的数据，首先得用压缩软件把数据还原，这个过程称作解压缩。

在Linux系统中，最常使用的压缩工具是tar、gzip、zip和bzip2等。

8.2 管理tar包

使用tar命令可以将文件和目录进行归档或压缩以做备份用，本节主要讲述tar包的使用和管理。

8.2.1 tar包简介

Linux系统中最常使用的归档程序是tar，使用tar程序归档的包称为tar包，tar包文件的名称通常都是以“.tar”结尾的。生成tar包以后，还可以使用其他程序来对tar包进行压缩。tar可以为文件和目录创建备份。利用tar命令，用户可以为某一特定文件创建备份，也可以在备份中改变文件，或者向备份中加入新的文件。

tar最初被用来在磁带上创建备份，现在用户可以在任何设备上创建备份。利用tar命令可以把一大堆的文件和目录打包成一个文件，这对于备份文件或是将几个文件组合成为一个文件进行网络传输是非常有用的。

Linux系统中的很多压缩程序只能针对一个文件进行压缩，这样当需要压缩一大堆文件时，就得先借助其他的工具（比如tar）将这一大堆文件先打成一个包，然后再使用压缩程序进行压缩。

8.2.2 tar包使用和管理

使用tar命令可以将许多文件一起保存到一个单独的磁带或磁盘进行归档，并能从归档中单独还原所需文件。

tar命令语法：

```
tar [选项] [文件|目录]
```

tar命令中各选项的含义如表8.1所示。

表8.1 tar命令选项的含义

选项	选项含义
-c	创建新的归档文件
-A	追加tar文件至归档
-r	追加文件至归档结尾
-t	列出归档文件的内容，查看已经备份了哪些文件
-u	仅追加比归档中副本更新的文件
-x	从归档文件中释放文件
-f	使用归档文件或设备
-k	保存已经存在的文件。在还原文件时遇到相同的文件时，不会进行覆盖
-m	不要解压文件的修改时间
-M	创建多卷的归档文件，以便在几个磁盘中存放
-v	详细报告tar处理的信息
-w	每一步操作都要求确认
-C <目录>	解压缩到特定目录
-z	通过gzip过滤归档
-j	通过bzip2过滤归档
-J	通过xz过滤归档
-a	使用归档后缀名来决定压缩程序

例8.1：归档/root/abc目录，生成文件为/root/abc.tar。

```
[root@rhel ~]# tar cvf /root/abc.tar /root/abc
tar: 从成员名中删除开头的"/"
/root/abc/
/root/abc/a
/root/abc/b
/root/abc/c
[root@rhel ~]# ls -l /root/abc.tar
-rw-r--r--. 1 root root 10240 12月 23 12:24 /root/abc.tar
//可以看到/root/abc.tar就是/root/abc目录归档后生成的文件
```

注意：

在使用tar命令指定选项时可以不在选项前面输入“-”。比如cvf和-cvf起到的作用一样。

例8.2：查看/root/abc.tar归档文件的内容。

```
[root@rhel ~]# tar tvf /root/abc.tar
drwxr-xr-x root/root        0 2015-12-23 12:24 root/abc/
-rw-r--r-- root/root        0 2015-12-23 12:24 root/abc/a
-rw-r--r-- root/root        0 2015-12-23 12:24 root/abc/b
-rw-r--r-- root/root        0 2015-12-23 12:24 root/abc/c
//可以看到该归档文件由一个目录和该目录下的3个文件打包而成
```

例8.3：将归档文件/root/abc.tar解包出来。

```
[root@rhel ~]# tar xvf /root/abc.tar
root/abc/
root/abc/a
root/abc/b
root/abc/c
```

例8.4：将文件/root/abc/d添加到/root/abc.tar归档文件中。

```
[root@rhel ~]# touch /root/abc/d
//创建/root/abc/d文件
[root@rhel ~]# tar rvf /root/abc.tar /root/abc/d
tar: 从成员名中删除开头的"/"
/root/abc/d
[root@rhel ~]# tar tvf /root/abc.tar
drwxr-xr-x root/root      0 2015-12-23 12:24 root/abc/
-rw-r--r-- root/root      0 2015-12-23 12:24 root/abc/a
-rw-r--r-- root/root      0 2015-12-23 12:24 root/abc/b
-rw-r--r-- root/root      0 2015-12-23 12:24 root/abc/c
-rw-r--r-- root/root      0 2015-12-23 12:25 root/abc/d
//查看/root/abc.tar内容，可以看到文件/root/abc/d已经添加进去了
```

例8.5：更新归档文件/root/abc.tar中的文件/root/abc/d。

```
[root@rhel ~]# tar uvf /root/abc.tar /root/abc/d
tar: 从成员名中删除开头的"/"
/root/abc/d
[root@rhel ~]# tar tvf /root/abc.tar
drwxr-xr-x root/root      0 2015-12-23 12:24 root/abc/
-rw-r--r-- root/root      0 2015-12-23 12:24 root/abc/a
-rw-r--r-- root/root      0 2015-12-23 12:24 root/abc/b
-rw-r--r-- root/root      0 2015-12-23 12:24 root/abc/c
-rw-r--r-- root/root      0 2015-12-23 12:25 root/abc/d
-rw-r--r-- root/root      0 2015-12-23 12:25 root/abc/d
```

8.3 gzip和gunzip

8.3.1 gzip简介

gzip是GNUzip的缩写，它是一款GNU自由软件的文件压缩程序。gzip最早由Jean-loup Gailly和Mark Adler创建，现在普遍应用于UNIX/Linux系统的文件压缩。在Linux中经常会用到后缀为“.gz”的文件，它们就是gzip格式的。现在已经成为Internet 上使用非常普遍的一种数据压缩格式。

gzip的基础是DEFLATE，DEFLATE是LZ77与哈夫曼编码的一个组合体。尽管这种文件格式允许多个这样的数据拼接在一起，在解压缩时也把它们当作拼接在一起的数据，但是通常gzip仅

仅用来压缩单个文件。多个文件的压缩归档通常是首先将这些文件合并成一个tar文件，然后使用gzip进行压缩，最后生成“.tar.gz”或者“.tgz”文件。

8.3.2 gzip压缩

gzip是Linux系统中经常使用的一个对文件进行压缩和解压缩的命令，压缩以后扩展名为“.gz”。

gzip命令语法：

```
gzip [选项] [文件]
```

gzip命令中各选项的含义如表8.2所示。

表8.2 gzip命令选项的含义

选项	选项含义
-c	将输出写到标准输出上，并保留源文件
-d	将压缩文件进行解压缩
-f	强制覆盖输出文件和压缩链接
-l	对每一个压缩文件，显示以下字段 ● 压缩文件的大小 ● 未压缩文件的大小 ● 压缩比 ● 未压缩文件的名字
-r	递归地查找指定目录并压缩或解压缩其中的所有文件
-t	测试，检查压缩文件是否完整
-v	对每一个压缩和解压缩的文件，显示文件名和压缩比
-1	压缩更快
-9	压缩更好

例8.6：将/root/a文件压缩成/root/a.gz文件。

```
[root@rhel ~]# gzip /root/a
//使用gzip命令压缩时只须指定源文件
[root@rhel ~]# ls -l /root/a.gz
-rw-r--r--. 1 root root 28 12月 23 17:16 /root/a.gz
//可以看到/root/a.gz就是压缩后的文件
```

例8.7：详细显示压缩文件/root/a.gz的信息。

```
[root@rhel ~]# gzip -l /root/a.gz
    compressed      uncompressed  ratio uncompressed_name
            28                 6 -33.3% /root/a
```

例8.8：将/root/a.gz文件进行解压缩。

```
[root@rhel ~]# gzip -dv /root/a.gz
/root/a.gz:     -33.3% -- replaced with /root/a
[root@rhel ~]# ls -l /root/a
-rw-r--r--. 1 root root 6 12月 23 17:16 /root/a
//可以看到该文件已经解压缩了，文件名为/root/a
```

例8.9：将/root/a.tar文件压缩成/root/ a.tar.gz文件。

```
[root@rhel ~]# gzip /root/a.tar
[root@rhel ~]# ls -l /root/a.tar.gz
-rw-r--r--. 1 root root 125 12月 23 17:20 /root/a.tar.gz
```

例8.10：详细显示压缩文件/root/a.tar.gz的信息。

```
[root@rhel ~]# gzip -l /root/a.tar.gz
         compressed        uncompressed  ratio uncompressed_name
              125              10240  99.0% /root/a.tar
//显示文件压缩前大小是10240字节，文件压缩后大小是125字节，压缩比达到99.0%
```

例8.11：解压缩/root/a.tar.gz文件。

```
[root@rhel ~]# gzip -dv /root/a.tar.gz
/root/a.tar.gz:  99.0% -- replaced with /root/a.tar
[root@rhel ~]# ls -l /root/a.tar
-rw-r--r--. 1 root root 10240 12月 23 17:20 /root/a.tar
```

8.3.3 gunzip解压缩

gunzip是个使用广泛的解压缩程序，它用于解开被gzip压缩过的文件，这些压缩文件预设最后的扩展名为“.gz”。

gunzip命令语法：

```
gunzip [选项] [文件]
```

gunzip命令中各选项的含义如表8.3所示。

表8.3 gunzip命令选项的含义

选项	选项含义
-c	把解压缩后的文件输出到标准输出设备
-f	强制解压缩文件，不理会文件名或硬链接是否存在以及文件是否为符号链接
-l	列出压缩文件内容
-n	解压缩时，如果压缩文件内含有原来的文件名及时间戳，则忽略并不予处理
-N	解压缩时，如果压缩文件内含有原来的文件名及时间戳，则将其回存到解开的文件上
-q	不显示警告信息
-r	递归处理，将指定目录下的所有文件及子目录一并处理
-t	测试压缩文件是否正确无误
-v	显示命令执行过程

例8.12：解压缩/root/a.gz文件。

```
[root@rhel ~]# gunzip /root/a.gz
```

8.4 zip和unzip

8.4.1 zip简介

“.zip”格式文件是Windows和Linux系统都通用的压缩文件类型。我们经常会在Windows系统上使用“.zip”格式压缩文件，然后在Linux系统上解压缩。

zip是一个计算机文件的压缩算法，通常使用后缀名“.zip”。zip格式目前属于几种主流的压缩格式之一。zip是一种相当简单的分别压缩每个文件的存档格式。分别压缩文件允许不必读取另外的数据而检索独立的文件；理论上讲，这种格式允许对不同的文件使用不同的算法。对于包含很多小文件的时候，存档会明显比压缩成一个独立的文件要大。

zip的规则指出文件可以不经压缩或者使用不同的压缩算法来存储。然而在实际上，zip几乎差不多总是在使用卡茨（Katz）的DEFLATE算法。

zip支持分卷压缩。在最近一段时间，zip加入了包括新的压缩和加密方法的新特征，不过这些新特征并没有被许多工具所支持并且没有得到广泛应用。

8.4.2 zip压缩

在Linux系统中使用zip命令与Windows系统中的winzip压缩程序产生相同的压缩文件，文件扩展名是“.zip”。

zip命令语法：

```
zip [选项] [压缩文件] [文件]
```

zip命令中各选项的含义如表8.4所示。

表8.4 zip命令选项的含义

选项	选项含义
-m	将文件压缩之后，删除源文件
-o	将压缩文件设置成和源文件一样的时间
-q	安静模式，在压缩的时候不显示命令的执行过程
-r	将指定目录下的所有子目录以及文件一起处理
-n <特定字符串>	不压缩具有特定字尾字符串的文件
-v	显示详细的操作信息
-z	添加压缩文件的注释
-e	在压缩的时候指定加密
-T	测试压缩文件的完整性
-c	添加一行注释
-u	更新压缩文件，往压缩文件内添加新文件
-1	压缩速度更快
-9	压缩得更好
-x <文件名>	压缩时排除指定文件
-i <文件名>	压缩时只包括指定文件

例8.13：将/root/a文件压缩成/root/a.zip文件。

```
[root@rhel ~]# zip /root/a.zip /root/a
  adding: root/a (stored 0%)
[root@rhel ~]# ls -l /root/a.zip
-rw-r--r--. 1 root root 168 12月 23 17:22 /root/a.zip
//可以看到压缩后的文件是/root/a.zip
```

例8.14：将/root/a文件压缩成/root/a.zip文件，并指定加密密码。

```
[root@rhel ~]# zip -e /root/a.zip /root/a
Enter password:                    //在这里输入压缩加密密码
Verify password:                   //再一次输入压缩加密密码
  adding: root/a (stored 0%)
```

例8.15：测试压缩文件/root/a.zip的完整性。

```
[root@rhel ~]# zip -T /root/a.zip
test of /root/a.zip OK
```

例8.16：将/root/a文件压缩成/root/a.zip文件，并且添加一行注释。

```
[root@rhel ~]# zip -c /root/a.zip /root/a
  adding: root/a (stored 0%)
```

```
Enter comment for root/a:
zip file                        //在这里添加注释信息
```

例8.17：更新/root/a.zip压缩文件，添加/root/b文件。

```
[root@rhel ~]# zip -u /root/a.zip /root/b
  adding: root/b (stored 0%)
```

例8.18：压缩/root/a文件，生成的压缩文件设置成和/root/a文件一样的时间。

```
[root@rhel ~]# ls -l /root/a
-rw-r--r--. 1 root root 6 12月 23 17:16 /root/a
//可以看到/root/a文件的时间是17点16分
[root@rhel ~]# date
2015年 12月 23日 星期三 17:23:51 CST
//现在时间为17点23分
[root@rhel ~]# zip -o /root/a.zip /root/a
  adding: root/a (stored 0%)
[root@rhel ~]# ls -l /root/a.zip
-rw-r--r--. 1 root root 316 12月 23 17:16 /root/a.zip
//压缩文件/root/a.zip的时间已经和/root/a文件一样了
```

例8.19：查看压缩文件/root/a.zip的内容。

```
[root@rhel ~]# zcat /root/a.zip
Hello Linux
```

例8.20：将/home目录压缩成/root/home.zip文件。

```
[root@rhel ~]# zip -r /root/home.zip /home
[root@rhel ~]# ls -l /root/home.zip
-rw-r--r--. 1 root root 1757 12月 23 17:25 /root/home.zip
```

例8.21：压缩/boot目录，但是排除/boot/grub/grub.conf文件。

```
[root@rhel ~]# zip -r /root/boot.zip /boot -x /boot/grub2/grub.cfg
```

8.4.3 unzip解压缩

使用unzip命令可以查看和解压缩 zip文件。

unzip命令语法：

```
unzip [选项] [压缩文件]
```

unzip命令中各选项的含义如表8.5所示。

表8.5 unzip命令选项的含义

选项	选项含义
-x <文件>	解压缩文件列表，但不包括指定的文件
-v	查看压缩文件，但不解压缩
-t	测试文件有无损坏，但不解压缩
-d <目录>	把压缩文件解压缩到指定目录下
-z	只显示压缩文件的注释
-n	不覆盖已经存在的文件
-o	覆盖已存在的文件且不要求用户确认
-j	不重建文档的目录结构，把所有文件解压缩到同一目录下

例8.22：将压缩文件/root/a.zip在当前目录下解压缩。

```
[root@rhel ~]# unzip /root/a.zip
Archive:  /root/a.zip
 extracting: /root/a
[root@rhel ~]# ls -l /root/a
-rw-r--r--. 1 root root 6 12月 23 17:16 /root/a
//可以看到/root/a.zip文件已经解压缩了，文件名是/root/a
```

例8.23：将压缩文件/root/a.zip在/root目录下解压缩，如果已经存在相同的文件，则不覆盖原先的文件。

```
[root@rhel ~]# unzip -n /root/a.zip -d /root
Archive:  /root/a.zip
```

例8.24：查看压缩文件/root/a.zip，但不解压缩该文件。

```
[root@rhel ~]# unzip -v /root/a.zip
Archive:  /root/a.zip
 Length   Method    Size  Cmpr    Date    Time   CRC-32   Name
--------  ------  ------- ---- ---------- ----- --------  ----
       6  Stored        6   0% 12-23-2015 17:16 363a3020  /root/a
--------          -------  ---                            -------
      12               12   0%                            1 files
```

8.5 bzip2和bunzip2

8.5.1 bzip2简介

bzip2是Julian Seward开发的数据压缩算法和程序。它是Linux系统下最常见的压缩文件格式，是由具有高压缩率的压缩工具bzip2生成，以后缀名为“.bz2”结尾的压缩文件。对应的解压缩程序是bunzip2。

bzip2 是一个基于Burrows-Wheeler变换的无损压缩软件，压缩效果比传统的LZ77/LZ78压缩演算法要好。它免费提供，具有高质量的数据压缩能力。bzip2利用了先进的压缩技术，压缩的速度和解压缩的效率都非常高。

bzip2具有以下优点。

- 能够很好地进行文件压缩。把硬盘中冗余繁多的文件，打包压缩整理。
- 开放源代码，免费使用。
- 支持修复介质错误。
- 和gzip命令的用法非常类似。
- 是一款轻量级的工具，可以运行在任何含有ANSI C编译器的主机上。

8.5.2 bzip2压缩

使用bzip2命令可以采用新的压缩演算法压缩文件，如果没有加上任何选项，bzip2压缩完文件之后会产生“.bz2”的压缩文件，并删除原始的文件。

bzip2命令语法：

```
bzip2 [选项] [文件]
```

bzip2命令中各选项的含义如表8.6所示。

表8.6　bzip2命令选项的含义

选项	选项含义
-c	将压缩与解压缩的结果送到标准输出
-d	执行解压缩
-f	在压缩或解压缩时，如果输出文件与现有文件同名，则覆盖现有文件
-k	在压缩或解压缩后，会保留原始文件
-s	降低程序执行时内存的使用量
-t	测试压缩文件的完整性
-v	压缩或解压缩文件时，显示详细的信息
-z	强制执行压缩
-1 .. -9	设置块的大小到100k、900k
--best	-1的别名
--fast	-9的别名
-q	禁止非关键性的错误消息

例8.25：压缩/root/f5文件。

```
[root@rhel ~]# bzip2 /root/f5
[root@rhel ~]# ls -l /root/f5.bz2
-rw-r--r--. 1 root root 54 12月 25 07:16 /root/f5.bz2
```

例8.26：强制压缩/root/f5文件。

```
[root@rhel ~]# bzip2 -z /root/f5
[root@rhel ~]# ls -l /root/f5.bz2
-rw-r--r--. 1 root root 54 12月 25 07:16 /root/f5.bz2
```

例8.27：查看压缩文件/root/f5.bz2内容。

```
[root@rhel ~]# bzcat /root/f5.bz2
Hello Linux
```

例8.28：解压缩/root/f5.bz2文件。

```
[root@rhel ~]# bzip2 -d /root/f5.bz2
[root@rhel ~]# ls -l /root/f5.bz2
ls: 无法访问/root/f5.bz2: 没有那个文件或目录
[root@rhel ~]# ls -l /root/f5
-rw-r--r--. 1 root root 12 12月 25 07:16 /root/f5
```

例8.29：压缩/root/f5文件的时候输出结果信息。

```
[root@rhel ~]# bzip2 -v /root/f5
 /root/f5:  0.222:1, 36.000 bits/byte, -350.00% saved, 12 in, 54 out.
```

例8.30：模拟解压缩/root/f5.bz2文件，实际并不解压缩。

```
[root@rhel ~]# bzip2 -tv /root/f5.bz2
 /root/f5.bz2: ok
```

例8.31：压缩/root/f5文件的时候，除了生成结果文件，也保存原来的文件。

```
[root@rhel ~]# bzip2 -k /root/f5
[root@rhel ~]# ls -l /root/f5
-rw-r--r--. 1 root root 12 12月 25 07:16 /root/f5
[root@rhel ~]# ls -l /root/f5.bz2
-rw-r--r--. 1 root root 54 12月 25 07:16 /root/f5.bz2
```

例8.32：解压缩/root/f5.bz2文件到标准输出。

```
[root@rhel ~]# bzip2 -dc /root/f5.bz2
Hello Linux
//这里使用-c选项指定到标准输出，输出的是文件的内容，不会将/root/f5.bz2文件删除
```

8.5.3 bunzip2解压缩

使用bunzip2命令可以解压缩“.bz2”格式的压缩文件。bunzip2实际上是bzip2的符号连接文件，但bunzip2命令和bzip2命令的功能却正好相反。执行bunzip2与bzip2 -d命令的效果相同。

```
[root@rhel ~]# ls -l /usr/bin/bunzip2
lrwxrwxrwx. 1 root root 5 12月 20 12:56 /usr/bin/bunzip2 -> bzip2
//bunzip2是bzip2的符号链接文件
```

bunzip2命令语法：

```
bunzip2 [选项] [文件]
```

例8.33：解压缩/root/f5.bz2文件。

```
[root@rhel ~]# bunzip2 /root/f5.bz2
[root@rhel ~]# ls -l /root/f5
-rw-r--r--. 1 root root 12 12月 25 07:16 /root/f5
```

8.6 cpio

cpio 是一款应用于UNIX/Linux系统的文件备份程序和文件格式。该程序最早出现于PWB/Unix，是用于备份磁带，后来也被引进到UNIX System III及System V，并流行开来。

使用cpio命令可以通过重定向的方式将文件进行打包备份以及还原恢复，它可以解压缩以“.cpio”或者“.tar”结尾的文件。

cpio命令语法：

```
cpio [选项] [目标目录]
```

cpio命令中各选项的含义如表8.7所示。

表8.7 cpio命令选项的含义

选项	选项含义
-o	将数据复制到文件或设备上
-i	将数据从文件或设备上还原到系统中
-I <文件名>	从文件读入而不是从标准输入读入
-O <文件名>	使用包文件名而不是标准输出
-t	查看cpio建立的文件或设备内容
-c	一种比较新的portable format方式存储
-v	在屏幕上显示备份过程中的文件名
-B	设置I/O块大小为 5120B
-d	自动建立目录，这样还原时才不会出现找不到路径的问题
-u	无条件覆盖所有文件
-r	交互式重命名文件
-R <用户.组群>	设置所有文件的所有权信息到指定的用户或组群
-L	跟随符号链接（复制符号链接指向的文件而不是复制链接本身）
-A	追加到已存在的归档文件
-f	仅复制不匹配任意给定的模式的文件
-l	在可行时链接文件而不是复制文件
-m	创建文件时保留以前文件的修改时间

例8.34：备份/root/abc目录（使用重定向方式实现）。

```
[root@rhel ~]# mkdir /root/www
[root@rhel ~]# cp /root/anaconda-ks.cfg /root/www
//创建/root/www目录和/root/www/anaconda-ks.cfg文件
[root@rhel ~]# find /root/www|cpio -ov >/root/www.cpio
/root/www
/root/www/anaconda-ks.cfg
5 块
```

例8.35：查看/root/www.cpio文件内容（使用重定向方式实现）。

```
[root@rhel ~]# cpio -tv </root/www.cpio
drwxr-xr-x   2 root     root          0 Dec 23 17:40 /root/www
-rw-------   1 root     root       2124 Dec 23 17:40 /root/www/anaconda-ks.cfg
5 块
```

例8.36：通过/root/www.cpio文件还原文件（使用重定向方式实现）。

```
[root@rhel ~]# cpio -iduv </root/www.cpio
/root/www
/root/www/anaconda-ks.cfg
5 块
[root@rhel ~]# ls -ld /root/www
drwxr-xr-x. 2 root root 28 12月 23 17:41 /root/www
```

例8.37：备份/root/www目录。

```
[root@rhel ~]# find /root/www|cpio -o -O /root/www.cpio
5 块
```

例8.38：查看/root/www.cpio文件内容。

```
[root@rhel ~]# cpio -t -I /root/www.cpio
/root/www
/root/www/anaconda-ks.cfg
5 块
```

例8.39：通过/root/www.cpio文件还原文件。

```
[root@rhel ~]# cpio -iu -I /root/www.cpio
5 块
```

例8.40：备份当前目录为/root/www2.cpio文件，如果有符号链接文件，则将链接的目标文件进行备份。

```
[root@rhel ~]# ls | cpio -o -O /root/www2.cpio -L
cpio: 文件 www2.cpio 增长，4096 新字节未被拷贝
18 块
```

例8.41：通过/root/www.cpio文件还原文件，但是不还原/root/www/anaconda-ks.cfg文件。

```
[root@rhel ~]# cpio -i -I /root/www.cpio -f /root/www/anaconda-ks.cfg
5 块
```

例8.42：通过/root/www.cpio文件还原文件，并且设置还原出来的目录和文件的用户所有者和组群所有者为zhangsan。

```
[root@rhel ~]# cpio -i -I /root/www.cpio -R zhangsan.zhangsan
5 块
//必须事先存在用户zhangsan和组群zhangsan
[root@rhel ~]# ls -ld /root/www
drwxr-xr-x. 2 zhangsan zhangsan 28 1月   2 22:05 /root/www
//目录/root/www的用户所有者和组群所有者都已经更改为用户zhangsan了
[root@rhel ~]# ls -l /root/www
总用量 4
-rw-------. 1 zhangsan zhangsan 2126 1月  10 21:21 anaconda-ks.cfg
//文件/root/www/anaconda-ks.cfg的用户所有者和组群所有者都已经更改为用户zhangsan了
```

例8.43：通过/root/www.cpio文件还原文件，并且更改还原出来的目录和文件名称。

```
[root@rhel ~]# cpio -i -I /root/www.cpio -r
将 /root/www 重命名为 -> /root/ppp                    //更改目录名称
将 /root/www/anaconda-ks.cfg 重命名为 -> /root/ppp/anaconda-ks.cfg     //更改文件名称
5 块
[root@rhel ~]# ls /root/ppp
anaconda-ks.cfg
```

8.7 dd

使用dd命令可以复制文件，依照操作数转换并格式化。由于dd命令执行完毕之后，会显示dd过程中数据复制的速度，因此可以使用dd命令来对磁盘的I/O进行测试，希望以其结果作为参考数据，对比不同服务商或不同硬件配置下磁盘的读写能力。尽管在命令执行完毕之后，会显示一个平均速度，但在执行过程中是不显示任何信息的，这就导致在复制大文件的时候，等待时间会比较长。

dd命令语法：

```
dd [操作数]
dd [选项]
```

dd命令中各选项的含义如表8.8所示。

表8.8　dd命令选项的含义

选项	选项含义
if=<文件>	从指定文件中读取
of=<文件>	写入到指定文件
ibs=<比特数>	一次读取的比特数（默认为512B）
obs=<比特数>	一次写入指定比特数（默认为512B）
bs=<比特数>	一次读写的比特数
cbs=<比特数>	一次转换的比特数
skip=<块数>	在输入开始处跳过指定的块数
seek=<块数>	在输出开始处跳过指定的块数
count=<块数>	只将指定个块数复制到块
iflag=<符号>	按照以逗号分隔的符号列表指定的方式读取
oflag=<符号>	按照以逗号分隔的符号列表指定的方式写入
conv=<CONVS符号>	依照每个逗号分割的标志列表转换文件，每个CONV符号有以下几种 ● unblock：将cbs 大小的块中尾部的空格替换为一个换行符 ● lcase：把大写字符转换为小写字符 ● ucase：把小写字符转换为大写字符 ● swab：交换每一对输入数据字节 ● noerror：读取数据发生错误后仍然继续 ● notrunc：不截断输出文件 ● sync：把每个输入的块以NUL填充至ibs的大小。如果配合block或unblock使用，则以空格代替null填充 ● ebcdic：由ASCII 码转换至EBCDIC 码 ● ibm：由ASCII 码转换至替换的EBCDIC码 ● block：将结束字符块里的换行替换成等长的空格 ● fdatasync：结束前将输出文件数据写入磁盘 ● ascii：由EBCDIC 码转换至ASCII 码 ● nocreat：不创建输出文件 ● excl：如果输出文件存在则失败

例8.44：将/dev/sda1分区备份到/root/sda1文件。

```
[root@rhel ~]# dd if=/dev/sda1 of=/root/sda1
记录了2097152+0 的读入
记录了2097152+0 的写出
1073741824字节(1.1 GB)已复制，54.2458 秒，19.8 MB/秒
```

例8.45：将/dev/sda整个磁盘备份到/dev/sdb磁盘。

```
[root@rhel ~]# dd if=/dev/sda of=/dev/sdb
```

例8.46：将/dev/sdb磁盘数据备份到/root/sdb文件。

```
[root@rhel ~]# dd if=/dev/sdb of=/root/sdb
```

例8.47：将/root/sdb备份文件恢复到指定磁盘。

```
[root@rhel ~]# dd if=/root/sdb of=/dev/sdb
```

例8.48：备份/dev/sdb磁盘数据，并利用gzip进行压缩，保存为/root/sdb.gz文件。

```
[root@rhel ~]# dd if=/dev/sdb | gzip > /root/sdb.gz
```

例8.49：将压缩的/root/sdb.gz备份文件恢复到指定磁盘。

```
[root@rhel ~]# gzip -dc /root/sdb.gz | dd of=/dev/sdb
```

例8.50：备份MBR（主引导扇区）信息到/root/mbr文件。

```
[root@rhel ~]# dd if=/dev/sda of=/root/mbr bs=512 count=1
记录了1+0 的读入
记录了1+0 的写出
512字节(512 B)已复制，0.0539751 秒，9.5 kB/秒
//count=1指仅复制一个块，bs=512指块大小为512B
```

例8.51：恢复MBR。

```
[root@rhel ~]# dd if=/root/mbr of=/dev/sda
记录了1+0 的读入
记录了1+0 的写出
512字节(512 B)已复制，0.000460113 秒，1.1 MB/秒
```

例8.52：备份软盘。

```
[root@rhel ~]# dd if=/dev/fd0 of=/root/fd bs=1440k count=1
//即块大小为1.44MB
```

例8.53：复制内存中的数据到/root/mem文件。

```
[root@rhel ~]# dd if=/dev/mem of=/root/mem bs=1024
dd: 读取"/dev/mem" 时出错: 不允许的操作
记录了1024+0 的读入
记录了1024+0 的写出
1048576字节(1.0 MB)已复制，0.0641002 秒，16.4 MB/秒
```

例8.54：复制光盘内容到指定文件夹，并保存为/root/dvd文件。

```
[root@rhel ~]# dd if=/dev/cdrom of=/root/dvd
```

例8.55：测试硬盘的读写速度。

```
[root@rhel ~]# dd if=/dev/zero of=/root/zero bs=1024 count=1000000
[root@rhel ~]# dd if=/root/zero bs=64k | dd of=/dev/null
//通过以上两个命令输出的命令执行时间，可以计算出硬盘的读、写速度
```

第9章　软件包管理

9.1　RPM软件包简介

目前在众多的Linux系统上都采用RPM软件包，这种软件包格式在安装、升级、删除以及查询上非常方便，不需要进行编译即可安装软件包。

9.1.1　什么是RPM软件包

RPM（Red Hat Package Manager，Red Hat软件包管理器）是一种开放的软件包管理系统，按照GPL条款发行，可以运行于各种Linux系统上。

RPM这一文件格式名称虽然打上了Red Hat的标志，但是其原始设计理念是开放式的，现在包括OpenLinux、SUSE以及Turbo Linux等众多Linux发行版都采用这一文件格式，可以算是公认的行业标准了。

对于终端用户来说，RPM简化了Linux系统安装、卸装、更新和升级的过程，只需要使用简短的命令就可完成。RPM维护一个已经安装软件包和它们的文件的数据库，因此，可以在系统上使用查询和校验软件包功能。

对于开发者来说，RPM允许把软件编码包装成源码包和程序包，然后提供给终端用户，这个过程非常简单。这种对用户的纯净源码、补丁和建构指令的清晰描述减轻了发行软件新版本所带来的维护负担。Linux系统上的所有软件都被分成可被安装、升级或卸载的RPM软件包。

9.1.2　RPM软件包设计目标

在使用RPM软件包之前，应该先来了解一下RPM的设计目标。

1. 可升级性

使用RPM软件包的用户可以不必全部重装就可以在系统上升级个别组件，当获得一个基于RPM软件包的操作系统的新发行版本时，不必重新安装系统（基于其他软件包系统的操作系统需要重装）。它能够智能、自动地升级系统。软件包中的配置文件在升级中被保留，因此用户不会丢失定制的设置。

2. 强大的查询功能

RPM提供了强大的查询功能，用户可以在整个数据库中搜索软件包或某些特定文件，还可以轻易地了解文件属于哪个软件包，软件包来自哪里。RPM 软件包的文件包括在被压缩的归档中，其中有定制的二进制头文件，包括关于软件包及其内容的信息，允许用户快速、简捷地查询软件包。

3. 系统校验

如果用户担心可能删除了某软件包上的一个重要文件，只须校验该软件包即可。任何异常情况都会引发通知。如果有必要，用户可以重新安装该软件包。修改过的配置文件在重新安装中会被保留。

4. 纯净源码

RPM软件包允许使用与软件的原创者所发行源码一致的纯净软件源码。通过使用RPM软件包，用户拥有纯净源码、使用过的补丁以及完整的建构指令。如果程序的新版本被推出，用户不必从头开始编译，用户可以通过查看补丁来判定需要做什么。

9.1.3 RPM软件包管理用途

使用RPM软件包管理具有以下用途。

- 可以安装、删除、升级、刷新和管理RPM软件包；
- 通过RPM软件包管理能知道软件包包含哪些文件，也能知道系统中的某个文件属于哪个RPM软件包；
- 可以查询系统中的RPM软件包是否安装并查询其安装的版本；
- 开发者可以把自己的程序打包为RPM软件包并发布；
- 软件包签名GPG和MD5的导入、验证和签名发布；
- 依赖性的检查，查看是否有RPM软件包由于不兼容而扰乱系统。

9.2 RPM软件包管理

RPM软件包管理主要有安装（添加）、删除（卸载）、升级、刷新、查询这五种基本操作模式，下面分别进行介绍。

9.2.1 RPM数据库和RPM软件包文件

1. RPM数据库

Linux系统会保留当前安装软件包的数据库，该数据库位于/var/lib/rpm目录中，该目录包含的大部分都是二进制形式的散列数据库文件。

使用以下命令查看当前安装软件包的RPM数据库。

```
[root@rhel ~]# file /var/lib/rpm/*
/var/lib/rpm/Basenames:   Berkeley DB (Btree, version 9, native byte-order)
/var/lib/rpm/Conflictname: Berkeley DB (Btree, version 9, native byte-order)
/var/lib/rpm/__db.001:    Applesoft BASIC program data
/var/lib/rpm/__db.002:    386 pure executable not stripped
/var/lib/rpm/__db.003:    386 pure executable not stripped
/var/lib/rpm/Dirnames:    Berkeley DB (Btree, version 9, native byte-order)
/var/lib/rpm/Group:       Berkeley DB (Btree, version 9, native byte-order)
/var/lib/rpm/Installtid:  Berkeley DB (Btree, version 9, native byte-order)
/var/lib/rpm/Name:        Berkeley DB (Btree, version 9, native byte-order)
/var/lib/rpm/Obsoletename: Berkeley DB (Btree, version 9, native byte-order)
/var/lib/rpm/Packages:    Berkeley DB (Hash, version 9, native byte-order)
/var/lib/rpm/Providename:  Berkeley DB (Btree, version 9, native byte-order)
/var/lib/rpm/Requirename:  Berkeley DB (Btree, version 9, native byte-order)
/var/lib/rpm/Sha1header:   Berkeley DB (Btree, version 9, native byte-order)
/var/lib/rpm/Sigmd5:      Berkeley DB (Btree, version 9, native byte-order)
/var/lib/rpm/Triggername:  Berkeley DB (Btree, version 9, native byte-order)
```

2. RPM软件包文件

RPM软件包文件包含一个包头，该包头提供了有关软件包的众多信息，比如软件包名称、安装大小、软件包内容描述以及依赖性信息等。RPM软件包文件都位于安装光盘的Packages目录内。

使用以下命令查看RPM软件包文件。

```
[root@rhel ~]# ls -l /run/media/root/RHEL-7.2\ Server.x86_64/Packages
总用量 3521940
-r--r--r--.  57 root root  1746448 10月 20 16:45 389-ds-base-1.3.4.0-19.el7.x86_64.rpm
-r--r--r--.  57 root root   644960 10月 20 16:45 389-ds-base-libs-1.3.4.0-19.el7.x86_64.rpm
-r--r--r--. 282 root root    77908 9月  23 15:25 abattis-cantarell-fonts-0.0.16-3.el7.noarch.rpm
-r--r--r--.  41 root root   541828 10月 24 01:01 abrt-2.1.11-34.el7.x86_64.rpm
-r--r--r--.  41 root root   191044 10月 24 01:01 abrt-addon-ccpp-2.1.11-34.el7.x86_64.rpm
-r--r--r--.  41 root root   104264 10月 24 01:01 abrt-addon-kerneloops-2.1.11-34.el7.x86_64.rpm
-r--r--r--.  41 root root    94704 10月 24 01:01 abrt-addon-pstoreoops-2.1.11-34.el7.x86_64.rpm
-r--r--r--.  41 root root   100484 10月 24 01:01 abrt-addon-python-2.1.11-34.el7.x86_64.rpm
-r--r--r--.  41 root root   104804 10月 24 01:01 abrt-addon-vmcore-2.1.11-34.el7.x86_64.rpm
-r--r--r--.  41 root root    95352 10月 24 01:01 abrt-addon-xorg-2.1.11-34.el7.x86_64.rpm
-r--r--r--.  41 root root    85612 10月 24 01:01 abrt-cli-2.1.11-34.el7.x86_64.rpm
-r--r--r--.  41 root root    86776 10月 24 01:01 abrt-console-notification-2.1.11-34.el7.x86_64.rpm
-r--r--r--.  41 root root   120196 10月 24 01:01 abrt-dbus-2.1.11-34.el7.x86_64.rpm
-r--r--r--.  41 root root    85688 10月 24 01:01 abrt-desktop-2.1.11-34.el7.x86_64.rpm
-r--r--r--.  41 root root   190688 10月 24 01:01 abrt-gui-2.1.11-34.el7.x86_64.rpm
-r--r--r--.  41 root root    93288 10月 24 01:01 abrt-gui-libs-2.1.11-34.el7.i686.rpm
-r--r--r--.  41 root root    93320 10月 24 01:01 abrt-gui-libs-2.1.11-34.el7.x86_64.rpm
-r--r--r--. 207 root root    34472 9月   2 03:48 abrt-java-connector-1.0.6-9.el7.x86_64.rpm
...（省略）
```

RPM软件包文件由以下五部分组成，这里以crontabs-1.11-6.20121102git.el7.noarch.rpm软件包为例进行描述。

- 软件包名称：crontabs；
- 软件包版本号码：1.11；
- 发行号（版本修改次数）：6.20121102git；
- 系统版本：el7（是指RHEL 7系统）；
- 体系结构：noarch。

备注：

（1）i386：是指几乎任何的x86平台，比如Pentum、Pentum−IV和K7系统CPU，i指的是Intel兼容的CPU，至于386就是CPU的等级；

（2）i586：是指586等级的CPU，包括Pentum第一代MMX CPU、AMD的K5和K6系统CPU（socket 7插脚）；

（3）i686：是指Pentum 2以后的Intel系统CPU，以及AMD的K7以后等级的CPU；

（4）x86_64：是指64位x86架构CPU；

（5）noarch：是指跟硬件体系结构无关。不管是x86、PowerPC、Sparc还是Alpha系统。

例9.1：检验crontabs软件包的完整性。

```
[root@rhel ~]# cd /run/media/root/RHEL-7.2\ Server.x86_64/Packages
//进入Linux系统安装光盘软件包目录
[root@rhel Packages]# md5sum crontabs-1.11-6.20121102git.el7.noarch.rpm
c9aaee0535f2277cdb6925e53fe4d334  crontabs-1.11-6.20121102git.el7.noarch.rpm
```

9.2.2 安装RPM软件包

RPM软件包的安装流程如图9.1所示，如果软件包满足依赖条件则允许安装，如果不满足依赖关系则需要先安装其他软件包。

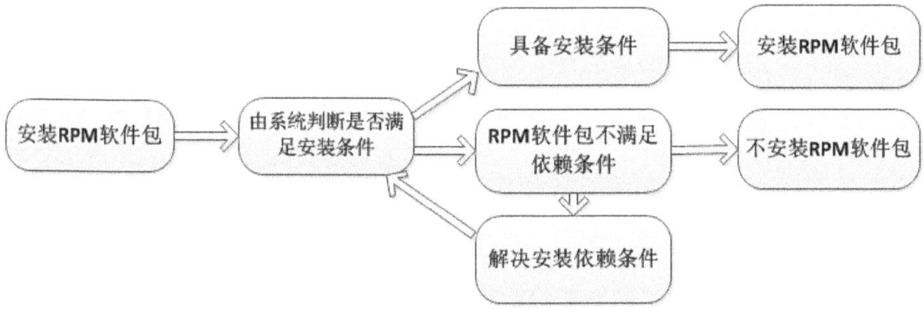

图9.1 安装RPM软件包的流程

使用rpm命令可以在Linux系统中安装、删除、刷新、升级、查询RPM软件包。

rpm命令语法：

```
rpm [选项] [RPM软件包文件名称]
```

rpm命令中各选项的含义如表9.1所示。

表9.1 rpm命令选项的含义

选项	选项含义
-i	安装软件包
-v	输出详细信息
-h	安装软件包时打印哈希标记
--replacepkge	无论软件包是否已被安装，都重新安装软件
--test	只对安装进行测试，并不实际安装
--nodeps	不验证软件包的依赖关系
--force	忽略软件包和文件的冲突
--percent	以百分比的形式输出安装的进度
--excludedocs	不安装软件包中的文档文件
--nocontexts	不要安装文件的安全上下文
--ignorearch	不验证软件包的架构
--ignoreos	不验证软件包的操作系统
--ignoresize	在安装之前不检查磁盘空间
--justdb	更新数据库，但是不要修改文件系统
--nofiledigest	不验证文件摘要
--noscripts	不执行软件包的脚本
--replacefiles	忽略软件包之间的文件冲突
-e	删除软件包
-U	升级软件包
-F	刷新软件包
--oldpackage	升级旧版本的软件包
-q	查询软件包
--initdb	初始化RPM数据库
--rebuilddb	从安装数据包头重建RPM数据库

例9.2：安装bind-9.9.4-29.el7.x86_64.rpm软件包。

```
[root@rhel ~]# cd /run/media/root/RHEL-7.2\ Server.x86_64/Packages
//进入Linux系统安装光盘软件包目录
[root@rhel Packages]# rpm -i bind-9.9.4-29.el7.x86_64.rpm
//在安装软件包时不会输出安装的详细信息
```

例9.3：安装bind-9.9.4-29.el7.x86_64.rpm软件包，并显示安装过程中的详细信息和水平进度条。

```
[root@rhel Packages]# rpm -ivh bind-9.9.4-29.el7.x86_64.rpm
准备中...                    ################################# [100%]
正在升级/安装...
   1:bind-32:9.9.4-29.el7          ################################# [100%]
//如果软件包安装成功，系统会显示软件包的名称，并且在软件包安装时显示详细信息和水平进度条
```

例9.4：只对安装进行测试，并不实际安装bind-9.9.4-29.el7.x86_64.rpm软件包。

```
[root@rhel Packages]# rpm -ivh --test bind-9.9.4-29.el7.x86_64.rpm
警告：bind-9.9.4-29.el7.x86_64.rpm: 头V3 RSA/SHA256 Signature, 密钥 ID fd431d51: NOKEY
准备中...                    ################################# [100%]
```

例9.5：安装以bind开头的软件包。

```
[root@rhel Packages]# rpm -ivh bind*
//通过这种方式可以一次安装多个软件包
```

例9.6：在软件包bind-9.9.4-29.el7.x86_64.rpm已经安装的情况下仍旧安装该软件包。

```
[root@rhel Packages]# rpm -ivh --test bind-9.9.4-29.el7.x86_64.rpm
警告：bind-9.9.4-29.el7.x86_64.rpm: 头V3 RSA/SHA256 Signature, 密钥 ID fd431d51: NOKEY
准备中...                    ################################# [100%]
        软件包 bind-32:9.9.4-29.el7.x86_64 已经安装
//如果某软件包的同一版本已经安装，系统会显示软件包已经安装的信息，并且不会去安装该软件包
[root@rhel Packages]# rpm -ivh --replacepkgs bind-9.9.4-29.el7.x86_64.rpm
警告：bind-9.9.4-29.el7.x86_64.rpm: 头V3 RSA/SHA256 Signature, 密钥 ID fd431d51: NOKEY
准备中...                    ################################# [100%]
正在升级/安装...
   1:bind-32:9.9.4-29.el7          ################################# [100%]
```

例9.7：忽略软件包的依赖关系，强行安装bind-chroot-9.9.4-29.el7.x86_64.rpm软件包。

```
[root@rhel Packages]# rpm -ivh bind-chroot-9.9.4-29.el7.x86_64.rpm
错误：依赖检测失败：
        bind = 32:9.9.4-29.el7 被 bind-chroot-32:9.9.4-29.el7.x86_64 需要
//在安装bind-chroot软件包之前必须先安装bind软件包，如果还没有安装bind软件包，则无法安装bind-chroot软件包
[root@rhel Packages]# rpm -ivh --nodeps bind-chroot-9.9.4-29.el7.x86_64.rpm
准备中...                    ################################# [100%]
正在升级/安装...
   1:bind-chroot-32:9.9.4-29.el7   ################################# [100%]
```

例9.8：直接从软件包的HTTP网址安装软件包。

```
[root@rhel ~]# rpm -ivh \
> http://nchc.dl.sourceforge.net/project/webadmin/webmin/1.740/webmin-1.740-1.noarch.rpm
```

9.2.3 删除RPM软件包

使用rpm -e命令可以在Linux系统中删除RPM软件包。

rpm -e命令语法：

```
rpm -e [RPM包名称]
```

例9.9：删除bind-chroot软件包。

```
[root@rhel ~]# rpm -e bind-chroot
//在删除软件包时不是使用软件包文件名称bind-chroot-32:9.9.4-29.el7.x86_64.rpm，而是使用软件包名称bind-chroot。
```

在删除软件包时也会遇到依赖关系错误。当另一个已安装的软件包依赖于用户试图删除的软件包时，依赖关系错误就会发生。

要使RPM忽略这个错误并强制删除该软件包，可以使用--nodeps选项，但是依赖于它的软件包可能无法正常运行。

例9.10：强制删除bind软件包。

```
[root@rhel ~]# rpm -e bind
错误：依赖检测失败：
    bind = 32:9.9.4-29.el7 被 (已安装) bind-chroot-32:9.9.4-29.el7.x86_64 需要
//bind软件包无法删除，需要在此之前先删除软件包bind-chroot
[root@rhel ~]# rpm -e --nodeps bind
```

9.2.4 升级和刷新RPM软件包

将已安装的低版本软件包升级到最新版本，可以使用升级RPM软件包和刷新RPM软件包两种方式，这两种方式之间稍有区别。

1. 升级RPM软件包

使用rpm -Uvh命令可以在Linux系统中升级RPM软件包，升级软件包实际上是删除和安装的组合。不管该软件包的早期版本是否已被安装，升级选项都会安装该软件包。

rpm -Uvh命令语法：

```
rpm -Uvh [RPM软件包文件名称]
```

例9.11：升级bind-9.9.4-29.el7.x86_64.rpm软件包。

```
[root@rhel Packages]# rpm -Uvh bind-9.9.4-29.el7.x86_64.rpm
```

2. 刷新软件包

使用rpm -Fvh命令可以在Linux系统中刷新RPM软件包。使用RPM刷新软件包时，系统会比较指定的软件包的版本和系统上已安装的版本。当RPM的刷新选项处理的版本比已安装的版本更新，它就会升级到更新的版本。如果软件包先前没有安装，RPM的刷新选项将不会安装该软件包，这和RPM的升级选项不同。

rpm -Fvh命令语法：

```
rpm -Fvh [RPM软件包文件名称]
```

例9.12：刷新bind-9.9.4-29.el7.x86_64.rpm软件包。

```
[root@rhel Packages]# rpm -Fvh bind-9.9.4-29.el7.x86_64.rpm
```

9.2.5 查询RPM软件包

RPM软件包的查询功能非常强大，使用rpm -q相关命令可以查询软件包的众多信息，下面将详细介绍其功能。

1. 初始化、重建RPM 数据库

在使用rpm命令查询一个软件包是否已经安装时，是通过访问RPM数据库来完成的，所以要

经常使用下面的两个命令来初始化RPM数据库。

例9.13：初始化RPM数据库。

```
[root@rhel ~]# rpm --initdb
```

例9.14：从安装数据包头重建RPM数据库。

```
[root@rhel ~]# rpm --rebuilddb
```

注意：

有时rpm出现问题，不能安装和查询软件包，可以通过初始化RPM数据库来解决这种问题。

2. 查询指定RPM软件包是否已经安装

rpm -q命令语法：

```
rpm -q [RPM包名称]
```

例9.15：查询bind和crontabs软件包是否已经安装。

```
[root@rhel ~]# rpm -q bind
未安装bind软件包
//查询到bind软件包没有安装
[root@rhel ~]# rpm -q crontabs
crontabs-1.11-6.20121102git.el7.noarch
//查询到crontabs软件包已经安装
```

3. 查询系统中所有已经安装的RPM软件包

rpm -qa命令语法：

```
rpm -qa
```

例9.16：查询系统内所有已经安装的RPM软件包。

```
[root@rhel ~]# rpm -qa
theora-tools-1.1.1-8.el7.x86_64
tracker-1.2.6-3.el7.x86_64
postgresql-libs-9.2.13-1.el7_1.x86_64
jdom-1.1.3-6.el7.noarch
binutils-2.23.52.0.1-55.el7.x86_64
dotconf-1.3-8.el7.x86_64
lohit-oriya-fonts-2.5.4.1-3.el7.noarch
xkeyboard-config-2.14-1.el7.noarch
libunwind-1.1-5.el7.x86_64
evince-nautilus-3.14.2-5.el7.x86_64
color-filesystem-1-13.el7.noarch
pki-ca-10.2.5-6.el7.noarch
python-pyasn1-0.1.6-2.el7.noarch
...（省略）
```

例9.17：查询以cront开头的RPM软件包是否已经安装。

```
[root@rhel ~]# rpm -qa|grep cront
crontabs-1.11-6.20121102git.el7.noarch
//结合管道方式查询
```

4. 查询已安装RPM软件包的描述信息

rpm -qi命令语法：

```
rpm -qi [RPM包名称]
```

例9.18：查询crontabs软件包的描述信息。

```
[root@rhel ~]# rpm -qi crontabs
Name        : crontabs
Version     : 1.11
Release     : 6.20121102git.el7
Architecture: noarch
Install Date: 2015年12月20日 星期日 13时32分45秒
Group       : System Environment/Base
Size        : 3700
License     : Public Domain and GPLv2
Signature   : RSA/SHA256, 2014年04月01日 星期二 22时21分42秒, Key ID 199e2f91fd431d51
Source RPM  : crontabs-1.11-6.20121102git.el7.src.rpm
Build Date  : 2013年12月28日 星期六 03时08分27秒
Build Host  : x86-019.build.eng.bos.redhat.com
Relocations : (not relocatable)
Packager    : Red Hat, Inc. <http://bugzilla.redhat.com/bugzilla>
Vendor      : Red Hat, Inc.
URL         : https://fedorahosted.org/crontabs
Summary     : Root crontab files used to schedule the execution of programs
Description :
This package is used by Fedora mainly for executing files by cron.

The crontabs package contains root crontab files and directories.
You will need to install cron daemon to run the jobs from the crontabs.
The cron daemon such as cronie or fcron checks the crontab files to
see when particular commands are scheduled to be executed.  If commands
are scheduled, it executes them.

Crontabs handles a basic system function, so it should be installed on
your system.
```

5. 查询指定已安装RPM软件包所包含的文件列表

rpm -ql命令语法：

```
rpm -ql [RPM包名称]
```

例9.19：查询crontabs软件包所包含的文件列表。

```
[root@rhel ~]# rpm -ql crontabs
/etc/cron.daily
/etc/cron.hourly
/etc/cron.monthly
/etc/cron.weekly
/etc/crontab
/etc/sysconfig/run-parts
/usr/bin/run-parts
/usr/share/man/man4/crontabs.4.gz
/usr/share/man/man4/run-parts.4.gz
```

6. 查询RPM软件包的修改记录

rpm -q --changelog命令语法：

```
rpm -q --changelog [RPM包名称]
```

例9.20：查看crontabs软件包的修改记录。

```
[root@rhel ~]# rpm -q --changelog crontabs
* 五 12月 27 2013 Daniel Mach <dmach@redhat.com> - 1.11-6.20121102git
- Mass rebuild 2013-12-27

* 三 2月 13 2013 Fedora Release Engineering <rel-eng@lists.fedoraproject.org> - 1.11-5.20121102git
- Rebuilt for https://fedoraproject.org/wiki/Fedora_19_Mass_Rebuild

* 四 11月 01 2012 Marcela Mašlá ň ová <mmaslano@redhat.com> 1.11-5.20121102git
- update to the latest git snapshot with copying file and fixed man pages

* 三 7月 18 2012 Fedora Release Engineering <rel-eng@lists.fedoraproject.org> - 1.11-4.20101115git
- Rebuilt for https://fedoraproject.org/wiki/Fedora_18_Mass_Rebuild

* 五 1月 13 2012 Fedora Release Engineering <rel-eng@lists.fedoraproject.org> - 1.11-3.20101115git
- Rebuilt for https://fedoraproject.org/wiki/Fedora_17_Mass_Rebuild
...（省略）
//可以发现crontabs软件包经过了很多次的修改
```

7. 查询RPM软件包的依赖关系

rpm -qR命令语法：

```
rpm -qR [RPM包名称]
```

例9.21：查询crontabs软件包的依赖关系。

```
[root@rhel ~]# rpm -qR crontabs
/bin/bash
/etc/cron.d
config(crontabs) = 1.11-6.20121102git.el7
rpmlib(CompressedFileNames) <= 3.0.4-1
rpmlib(FileDigests) <= 4.6.0-1
rpmlib(PayloadFilesHavePrefix) <= 4.0-1
rpmlib(PayloadIsXz) <= 5.2-1
```

8. 查询系统中指定文件属于哪个RPM软件包

rpm -qf命令语法：

```
rpm -qf [文件名]
```

例9.22：查询/etc/crontab文件属于哪个软件包。

```
[root@rhel ~]# rpm -qf /etc/crontab
crontabs-1.11-6.20121102git.el7.noarch
//当指定文件时，必须指定文件的完整路径（比如/etc/crontab）
```

9. 查询已安装RPM软件包的配置文件

rpm -qc命令语法：

```
rpm -qc [RPM包名称]
```

例9.23：查询crontabs软件包的配置文件。

```
[root@rhel ~]# rpm -qc crontabs
/etc/crontab
/etc/sysconfig/run-parts
```

10. 查询已安装RPM软件包的文档文件

rpm -qd命令语法：

```
rpm -qd [RPM包名称]
```

例9.24：查询crontabs软件包的文档文件。

```
[root@rhel ~]# rpm -qd crontabs
/usr/share/man/man4/crontabs.4.gz
/usr/share/man/man4/run-parts.4.gz
```

11. 列出软件包显性提供的内容

rpm -q --provides命令语法：

```
rpm -q --provides [RPM包名称]
```

例9.25：列出crontabs软件包显性提供的内容。

```
[root@rhel ~]# rpm -q --provides crontabs
config(crontabs) = 1.11-6.20121102git.el7
crontabs = 1.11-6.20121102git.el7
```

12. 查询RPM脚本

rpm -q --scripts命令语法：

```
rpm -q --scripts [RPM包名称]
```

例9.26：查询httpd软件包RPM脚本。

```
[root@rhel ~]# rpm -q --scripts httpd
preinstall scriptlet (using /bin/sh):
# Add the "apache" user
/usr/sbin/useradd -c "Apache" -u 48 \
	-s /sbin/nologin -r -d /usr/share/httpd apache 2> /dev/null || :
postinstall scriptlet (using /bin/sh):

if [ $1 -eq 1 ] ; then
	# Initial installation
	systemctl preset httpd.service htcacheclean.service >/dev/null 2>&1 || :
fi
preuninstall scriptlet (using /bin/sh):

if [ $1 -eq 0 ] ; then
	# Package removal, not upgrade
	systemctl --no-reload disable httpd.service htcacheclean.service > /dev/null 2>&1 || :
	systemctl stop httpd.service htcacheclean.service > /dev/null 2>&1 || :
fi
postuninstall scriptlet (using /bin/sh):

systemctl daemon-reload >/dev/null 2>&1 || :


# Trigger for conversion from SysV, per guidelines at:
# https://fedoraproject.org/wiki/Packaging:ScriptletSnippets#Systemd
posttrans scriptlet (using /bin/sh):
test -f /etc/sysconfig/httpd-disable-posttrans || \
 /bin/systemctl try-restart httpd.service htcacheclean.service >/dev/null 2>&1 || :
```

13. 根据时间戳列出RPM软件包

根据时间戳列出RPM软件包是指根据RPM软件包安装的时间进行排序。

rpm -q --last命令语法：

```
rpm -q --last [RPM包名称]
```

例9.27：根据时间戳列出以cron开头的所有软件包。

```
[root@rhel ~]# rpm -qa --last cron*
cronie-1.4.11-14.el7.x86_64                    2015年12月20日 星期日 13时32分46秒
crontabs-1.11-6.20121102git.el7.noarch         2015年12月20日 星期日 13时32分45秒
cronie-anacron-1.4.11-14.el7.x86_64            2015年12月20日 星期日 13时32分45秒
```

9.3 使用yum管理软件包

9.3.1 yum简介

在Linux系统中安装软件包使用rpm命令，但是使用rpm命令安装软件包特别麻烦，原因在于需要手动寻找安装该软件包所需要的一系列依赖关系。当软件包需要卸载时，由于卸载了某个依赖关系而导致其他的软件包不能用。在Linux系统中使用yum命令，令Linux的软件安装变得简单、容易。

yum（Yellow dog Updater Modified）起初是由Terra Soft研发，其宗旨是自动化地升级、安装和删除RPM软件包，收集RPM软件包的相关信息，检查依赖性并且一次安装所有依赖的软件包，无须繁琐地一次次安装。

yum的关键之处是要有可靠的软件仓库，软件仓库可以是HTTP站点、FTP站点或者是本地软件池，但必须包含rpm的header。header包括了RPM软件包的各种信息，包括描述、功能、提供的文件以及依赖性等。正是收集了这些header并加以分析，才能自动化地完成余下的任务。

yum具有以下特点。

- 可以同时配置多个软件仓库；
- 简洁的配置文件/etc/yum.conf;
- 自动解决安装或者删除RPM软件包时遇到的依赖性问题；
- 使用yum非常方便；
- 保持与RPM数据库的一致性。

9.3.2 /etc/yum.conf文件详解

/etc/yum.conf文件是yum主配置文件。以下是/etc/yum.conf配置文件的默认内容。

```
[main]
cachedir=/var/cache/yum/$basearch/$releasever
//使用yum下载RPM软件包的缓存目录
keepcache=0
//缓存是否需要保存，1表示保存，0表示不保存
debuglevel=2
//调试级别（0-10），默认为2
logfile=/var/log/yum.log
//yum日志文件名称
exactarch=1
//是否只升级和安装软件包的CPU体系一致的包，如果设为1，那么如果安装了一个i386的rpm，则yum
不会用i686的包来升级
obsoletes=1
//是否允许更新陈旧的RPM软件包，1表示允许，0表示不允许
gpgcheck=1
```

```
//是否执行GPG签名检查，1表示执行检查，0表示不执行检查
plugins=1
//是否允许使用插件，1表示允许，0表示不允许
installonly_limit=3
//允许保留多少个内核包
```

9.3.3 yum软件仓库配置文件

repo文件是Linux系统中yum源（软件仓库）的配置文件，通常一个repo文件定义了一个或者多个软件仓库的细节内容，比如从哪里下载需要安装或者升级的软件包，repo文件中的设置内容将被yum读取和应用。软件仓库配置文件默认存储在/etc/yum.repos.d目录中。

以下是yum软件仓库配置文件的格式内容。

```
[rhel-source]
//方括号里面的是软件源的名称，会被yum识别
name=Red Hat Enterprise Linux $releasever - $basearch - Source
//这里定义了软件仓库的名称，通常是为了方便阅读配置文件，$releasever变量定义了发行版本，$basearch变量定义了系统的架构，可以是i386、x86_64等值，这两个变量根据当前系统的版本架构不同而有不同的取值，可以方便yum升级的时候选择适合当前系统的软件包
baseurl=ftp://ftp.redhat.com/pub/redhat/linux/enterprise/$releasever/en/os/SRPMS/
//指定RPM软件包来源，支持的协议有http://（HTTP网站）、ftp://（FTP网站）以及file:///（本地源）这三种
enabled=1
//表示软件仓库中定义的源是否启用，0表示禁用，1表示启用
gpgcheck=1
//表示这个软件仓库中下载的RPM软件包将进行GPG校验，以确定该软件包的来源是否有效和安全
gpgkey=file:///etc/pki/rpm-gpg/RPM-GPG-KEY-redhat-release
//定义用于校验的GPG密钥
```

9.3.4 创建本地软件仓库

要在本地磁盘上创建本地软件仓库，需要配置软件仓库配置文件，还要将Linux系统安装光盘中的软件包复制到系统中。

1. 安装软件包

在Linux系统中查看deltarpm、python-deltarpm和createrepo软件包是否已经安装，如果没有请事先安装好。

```
[root@rhel ~]# rpm -q deltarpm
deltarpm-3.6-3.el7.x86_64
[root@rhel ~]# rpm -q python-deltarpm
python-deltarpm-3.6-3.el7.x86_64
[root@rhel ~]# rpm -q createrepo
createrepo-0.9.9-23.el7.noarch
```

使用以下命令安装deltarpm、python-deltarpm和createrepo软件包。

```
[root@rhel ~]# cd /run/media/root/RHEL-7.2\ Server.x86_64/Packages
//进入Linux系统安装光盘软件包目录
[root@rhel Packages]# rpm -ivh deltarpm-3.6-3.el7.x86_64.rpm
准备中...                  ################################# [100%]
正在升级/安装...
   1:deltarpm-3.6-3.el7            ################################# [100%]
[root@rhel Packages]# rpm -ivh python-deltarpm-3.6-3.el7.x86_64.rpm
准备中...                  ################################# [100%]
正在升级/安装...
```

```
  1:python-deltarpm-3.6-3.el7        ################################# [100%]
[root@rhel Packages]# rpm -ivh createrepo-0.9.9-23.el7.noarch.rpm
准备中...                          ################################# [100%]
正在升级/安装...
  1:createrepo-0.9.9-23.el7          ################################# [100%]
```

2. 复制软件包

复制Linux系统安装光盘中的软件包到/root/rhel目录内。

```
[root@rhel ~]# mkdir /root/rhel
//创建/root/rhel目录用来存放Linux系统安装光盘中的软件包
[root@rhel ~]# cp -r /run/media/root/RHEL-7.2\ Server.x86_64/* /root/rhel
```

3. 创建软件仓库配置文件

创建软件仓库配置文件/etc/yum.repos.d/rhel.repo，文件内容如下所示。

```
[rhel]
name=Red Hat Enterprise Linux 7
baseurl=file:///root/rhel
enabled=1
gpgcheck=1
gpgkey=file:///etc/pki/rpm-gpg/RPM-GPG-KEY-redhat-release
```


4. 创建软件仓库

使用createrepo命令创建软件仓库。

```
[root@rhel ~]# createrepo /root/rhel
Spawning worker 0 with 4687 pkgs
Workers Finished
Saving Primary metadata
Saving file lists metadata
Saving other metadata
Generating sqlite DBs
Sqlite DBs complete
```

9.3.5 yum命令语法

使用yum命令可以安装、更新、删除、显示软件包。yum可以自动更新系统，分析基于软件仓库的元数据，解决软件包依赖性关系。

yum命令语法：

```
yum [选项] [命令]
```

命令中各选项的含义如表9.2所示。

表9.2 yum命令选项的含义

选项	选项含义
-y	所有问题都回答yes
-q	安静模式操作
-v	显示详细信息
-c <配置文件>	指定配置文件路径
-x <软件包>	排除指定软件包
--noplugins	禁用yum插件
--nogpgcheck	禁用GPG签名检查
--installroot=<路径>	设置安装根目录路径

yum命令的命令部分描述如表9.3所示。

表9.3　yum命令的命令部分描述

命令	描述
install <软件包名>	安装指定的软件包
reinstall <软件包名>	重新安装软件包
search <软件包名>	通过给定的字符串搜索软件包
list	列出目前yum所管理的所有的软件包名称与版本
list <软件包名>	列出指定软件包安装情况
list installed	列出所有已安装的软件包
list installed <正则表达式>	列出软件仓库中与正则表达式匹配的所有已经安装的软件包
list extras	列出所有已安装但不在yum软件仓库内的软件包
list extras <正则表达式>	列出与正则表达式匹配的已安装的但不包含在软件仓库中的软件包
list updates	列出所有可更新的软件包
list updates <正则表达式>	列出软件仓库中与正则表达式匹配的所有可以更新的软件包
list available	列出软件仓库中所有可以安装的软件包
list available <正则表达式>	列出软件仓库中与正则表达式匹配的所有可以安装的软件包
list recent	列出最近被添加到软件仓库中的软件包
info	列出目前yum所管理的所有的软件包名称、版本和详细信息
info <软件包名>	列出指定的软件包安装情况和详细信息
info installed	列出所有已安装的软件包与详细信息
info extras	列出所有已安装但不在yum软件仓库内的软件包
info updates	列出所有可更新的软件包信息
provides <软件包名>	查找提供指定内容的软件包
deplist <软件包名>	查看指定软件包的依赖情况
update	全部更新
update <软件包名>	更新指定的软件包
check-update	检查可更新的软件包
upgrade <软件包名>	升级指定的软件包
updateinfo	显示软件仓库更新信息
localupdate <软件包名>	本地更新软件包
remove <软件包名>	删除指定软件包
erase <软件包名>	从系统中删除一个或多个软件包
clean packages	清除缓存目录下的软件包
clean headers	清除缓存目录下的头文件
clean	清除缓存数据
clean all	清除缓存目录下的软件包及旧的头文件
version	显示机器或可用仓库的版本
help	显示yum命令帮助信息
shell	运行交互式的yum shell
history	显示yum使用历史
load-transaction	从文件名加载保存的事物
makecache	生成源数据缓存
repolist	显示配置的软件仓库
resolvedep	确定哪个软件包提供了给定的依赖
distribution-synchronization	同步安装的软件包到最新版本

例9.28：显示yum命令帮助信息。

```
[root@rhel ~]# yum help
```

例9.29：需要手工确认安装bind软件包。

```
[root@rhel ~]# yum install bind
已加载插件：langpacks, product-id, search-disabled-repos, subscription-manager
This system is not registered to Red Hat Subscription Management. You can use subscription-manager to register.
正在解决依赖关系
--> 正在检查事务
---> 软件包 bind.x86_64.32.9.9.4-29.el7 将被 安装
--> 解决依赖关系完成

依赖关系解决

================================================================================
 Package        架构          版本          源          大小
================================================================================
正在安装:
 bind          x86_64       32:9.9.4-29.el7      rhel        1.8 M

事务概要
================================================================================
安装  1 软件包

总下载量：1.8 M
安装大小：4.3 M
Is this ok [y/d/N]: y                    //输入y确认安装软件包
Downloading packages:
Running transaction check
Running transaction test
Transaction test succeeded
Running transaction
  正在安装    : 32:bind-9.9.4-29.el7.x86_64                         1/1
  验证中      : 32:bind-9.9.4-29.el7.x86_64                         1/1

已安装:
  bind.x86_64 32:9.9.4-29.el7

完毕!
```

例9.30：无须确认直接安装bind软件包。

```
[root@rhel ~]# yum -y install bind
已加载插件：langpacks, product-id, search-disabled-repos, subscription-manager
This system is not registered to Red Hat Subscription Management. You can use subscription-manager to register.
正在解决依赖关系
--> 正在检查事务
---> 软件包 bind.x86_64.32.9.9.4-29.el7 将被 安装
--> 解决依赖关系完成

依赖关系解决

================================================================================
 Package        架构          版本          源          大小
```

```
================================================================================
正在安装:
 bind            x86_64          32:9.9.4-29.el7          rhel            1.8 M

事务概要
================================================================================
安装 1 软件包

总下载量：1.8 M
安装大小：4.3 M
Downloading packages:
Running transaction check
Running transaction test
Transaction test succeeded
Running transaction
  正在安装    : 32:bind-9.9.4-29.el7.x86_64                                  1/1
  验证中      : 32:bind-9.9.4-29.el7.x86_64                                  1/1

已安装:
  bind.x86_64 32:9.9.4-29.el7

完毕！
```

例9.31：安装以bin开头的软件包。

```
[root@rhel ~]# yum -y install bin*
```

例9.32：重新安装bind软件包。

```
[root@rhel ~]# yum reinstall bind
已加载插件：langpacks, product-id, search-disabled-repos, subscription-manager
This system is not registered to Red Hat Subscription Management. You can use subscription-manager to register.
正在解决依赖关系
--> 正在检查事务
---> 软件包 bind.x86_64.32.9.9.4-29.el7 将被 已重新安装
--> 解决依赖关系完成

依赖关系解决

================================================================================
 Package          架构            版本              源              大小
================================================================================
重新安装:
 bind            x86_64          32:9.9.4-29.el7          rhel            1.8 M

事务概要
================================================================================
重新安装 1 软件包

总下载量：1.8 M
安装大小：4.3 M
Is this ok [y/d/N]: y                         //输入y确认重新安装软件包
Downloading packages:
Running transaction check
Running transaction test
```

```
Transaction test succeeded
Running transaction
  正在安装    : 32:bind-9.9.4-29.el7.x86_64                                1/1
  验证中      : 32:bind-9.9.4-29.el7.x86_64                                1/1

已安装:
  bind.x86_64 32:9.9.4-29.el7

完毕!
```

例9.33：显示bind软件包的详细信息。

```
[root@rhel ~]# yum info bind
已加载插件：langpacks, product-id, search-disabled-repos, subscription-manager
This system is not registered to Red Hat Subscription Management. You can use subscription-manager to register.
已安装的软件包
名称    ：bind
架构    ：x86_64
时期    ：32
版本    ：9.9.4
发布    ：29.el7
大小    ：4.3 M
源      ：installed
来自源：anaconda
简介    ：The Berkeley Internet Name Domain (BIND) DNS (Domain Name System) server
网址    ：http://www.isc.org/products/BIND/
协议    ：ISC
描述    ：BIND (Berkeley Internet Name Domain) is an implementation of the DNS
        : (Domain Name System) protocols. BIND includes a DNS server (named),
        : which resolves host names to IP addresses; a resolver library
        : (routines for applications to use when interfacing with DNS); and
        : tools for verifying that the DNS server is operating properly.
```

例9.34：显示所有已经安装的软件包信息。

```
[root@rhel ~]# yum info installed
已加载插件：langpacks, product-id, search-disabled-repos, subscription-manager
This system is not registered to Red Hat Subscription Management. You can use subscription-manager to register.
已安装的软件包
名称    ：389-ds-base
架构    ：x86_64
版本    ：1.3.4.0
发布    ：19.el7
大小    ：5.2 M
源      ：installed
来自源：anaconda
简介    ：389 Directory Server (base)
网址    ：http://port389.org/
协议    ：GPLv2 with exceptions
描述    ：389 Directory Server is an LDAPv3 compliant server.  The base package
        : includes the LDAP server and command line utilities for server
        : administration.
...（省略）
```

例9.35：列出bind软件包。

```
[root@rhel ~]# yum list bind
```

```
已加载插件：langpacks, product-id, search-disabled-repos, subscription-manager
This system is not registered to Red Hat Subscription Management. You can use subscription-manager to register.
已安装的软件包
bind.x86_64                    32:9.9.4-29.el7                    @rhel
```

例9.36：列出软件仓库中所有可以安装的软件包。

```
[root@rhel ~]# yum list available
已加载插件：langpacks, product-id, search-disabled-repos, subscription-manager
This system is not registered to Red Hat Subscription Management. You can use subscription-manager to register.
可安装的软件包
ElectricFence.i686                     2.2.2-39.el7                  rhel
ElectricFence.x86_64                   2.2.2-39.el7                  rhel
GConf2.i686                            3.2.6-8.el7                   rhel
GeoIP.i686                             1.5.0-9.el7                   rhel
GeoIP.x86_64                           1.5.0-9.el7                   rhel
ImageMagick.i686                       6.7.8.9-10.el7                rhel
ImageMagick.x86_64                     6.7.8.9-10.el7                rhel
ImageMagick-c++.i686                   6.7.8.9-10.el7                rhel
ImageMagick-c++.x86_64                 6.7.8.9-10.el7                rhel
ImageMagick-perl.x86_64                6.7.8.9-10.el7                rhel
ModemManager-glib.i686                 1.1.0-8.git20130913.el7       rhel
MySQL-python.x86_64                    1.2.3-11.el7                  rhel
NetworkManager-bluetooth.x86_64        1:1.0.6-27.el7                rhel
NetworkManager-glib.i686               1:1.0.6-27.el7                rhel
...（省略）
```

例9.37：列出bind软件包的依赖关系。

```
[root@rhel ~]# yum deplist bind
已加载插件：langpacks, product-id, search-disabled-repos, subscription-manager
This system is not registered to Red Hat Subscription Management. You can use subscription-manager to register.
软件包：bind.x86_64 32:9.9.4-29.el7
  依赖：/bin/bash
  provider: bash.x86_64 4.2.46-19.el7
  依赖：/bin/sh
  provider: bash.x86_64 4.2.46-19.el7
  依赖：/usr/bin/python
  provider: python.x86_64 2.7.5-34.el7
  依赖：bind-libs = 32:9.9.4-29.el7
  provider: bind-libs.x86_64 32:9.9.4-29.el7
  provider: bind-libs.i686 32:9.9.4-29.el7
  依赖：coreutils
  provider: coreutils.x86_64 8.22-15.el7
  依赖：grep
  provider: grep.x86_64 2.20-2.el7
  依赖：libbind9.so.90()(64bit)
  provider: bind-libs.x86_64 32:9.9.4-29.el7
  依赖：libc.so.6(GLIBC_2.14)(64bit)
  provider: glibc.x86_64 2.17-105.el7
  依赖：libcap.so.2()(64bit)
  provider: libcap.x86_64 2.22-8.el7
  依赖：libcom_err.so.2()(64bit)
  provider: libcom_err.x86_64 1.42.9-7.el7
...（省略）
```

例9.38：显示软件仓库的配置。

```
[root@rhel ~]# yum repolist
已加载插件：langpacks, product-id, search-disabled-repos, subscription-manager
This system is not registered to Red Hat Subscription Management. You can use subscription-manager to register.
源标识                  源名称                     状态
!rhel                  Red Hat Enterprise Linux 7          4,687
repolist: 4,687
```

例9.39：查看/etc/named.conf文件是属于哪个软件包的。

```
[root@rhel ~]# yum provides /etc/named.conf
已加载插件：langpacks, product-id, search-disabled-repos, subscription-manager
This system is not registered to Red Hat Subscription Management. You can use subscription-manager to register.
32:bind-9.9.4-29.el7.x86_64 : The Berkeley Internet Name Domain (BIND) DNS (Domain Name System) server
源    : rhel
匹配来源：
文件名    : /etc/named.conf
```

例9.40：删除bind软件包。

```
[root@rhel ~]# yum remove bind
已加载插件：langpacks, product-id, search-disabled-repos, subscription-manager
This system is not registered to Red Hat Subscription Management. You can use subscription-manager to register.
正在解决依赖关系
--> 正在检查事务
---> 软件包 bind.x86_64.32.9.9.4-29.el7 将被 删除
--> 正在处理依赖关系 bind = 32:9.9.4-29.el7，它被软件包 32:bind-chroot-9.9.4-29.el7.x86_64 需要
--> 正在检查事务
---> 软件包 bind-chroot.x86_64.32.9.9.4-29.el7 将被 删除
--> 解决依赖关系完成
rhel                                                  | 2.9 kB  00:00:00

依赖关系解决

================================================================================
 Package          架构          版本           源           大小
================================================================================
正在删除:
 bind            x86_64        32:9.9.4-29.el7      @anaconda/7.2     4.3 M
为依赖而移除:
 bind-chroot          x86_64        32:9.9.4-29.el7      @anaconda/7.2      3.2 k

事务概要
================================================================================
移除  1 软件包 (+1 依赖软件包)

安装大小：4.3 M
是否继续？[y/N]：y                    //输入y确认删除软件包
Downloading packages:
Running transaction check
Running transaction test
Transaction test succeeded
Running transaction
  正在删除    : 32:bind-chroot-9.9.4-29.el7.x86_64                       1/2
  正在删除    : 32:bind-9.9.4-29.el7.x86_64                              2/2
```

```
  验证中    : 32:bind-9.9.4-29.el7.x86_64                          1/2
  验证中    : 32:bind-chroot-9.9.4-29.el7.x86_64                   2/2

删除:
  bind.x86_64 32:9.9.4-29.el7

作为依赖被删除:
  bind-chroot.x86_64 32:9.9.4-29.el7

完毕!
```

例9.41：从系统中删除bind软件包。

```
[root@rhel ~]# yum erase bind
已加载插件：langpacks, product-id, search-disabled-repos, subscription-manager
This system is not registered to Red Hat Subscription Management. You can use subscription-manager to register.
正在解决依赖关系
--> 正在检查事务
---> 软件包 bind.x86_64.32.9.9.4-29.el7 将被 删除
--> 正在处理依赖关系 bind = 32:9.9.4-29.el7，它被软件包 32:bind-chroot-9.9.4-29.el7.x86_64 需要
--> 正在检查事务
---> 软件包 bind-chroot.x86_64.32.9.9.4-29.el7 将被 删除
--> 解决依赖关系完成

依赖关系解决

================================================================================
 Package          架构          版本            源            大小
================================================================================
正在删除:
 bind             x86_64        32:9.9.4-29.el7     @anaconda/7.2     4.3 M
为依赖而移除:
 bind-chroot      x86_64        32:9.9.4-29.el7     @anaconda/7.2     3.2 k

事务概要
================================================================================
移除  1 软件包 (+1 依赖软件包)

安装大小：4.3 M
是否继续？[y/N]：y                    //输入y确认移除软件包
Downloading packages:
Running transaction check
Running transaction test
Transaction test succeeded
Running transaction
  正在删除    : 32:bind-chroot-9.9.4-29.el7.x86_64                 1/2
  正在删除    : 32:bind-9.9.4-29.el7.x86_64                        2/2
  验证中      : 32:bind-9.9.4-29.el7.x86_64                        1/2
  验证中      : 32:bind-chroot-9.9.4-29.el7.x86_64                 2/2

删除:
  bind.x86_64 32:9.9.4-29.el7

作为依赖被删除:
```

```
bind-chroot.x86_64 32:9.9.4-29.el7

完毕！
```

例9.42：查找httpd软件包。

```
[root@rhel ~]# yum search httpd
已加载插件：langpacks, product-id, search-disabled-repos, subscription-manager
This system is not registered to Red Hat Subscription Management. You can use subscription-manager to register.
================================ N/S matched: httpd ================================
httpd.x86_64 : Apache HTTP Server
httpd-devel.x86_64 : Development interfaces for the Apache HTTP server
httpd-manual.noarch : Documentation for the Apache HTTP server
httpd-tools.x86_64 : Tools for use with the Apache HTTP Server
libmicrohttpd.i686 : Lightweight library for embedding a webserver in applications
libmicrohttpd.x86_64 : Lightweight library for embedding a webserver in applications
mod_auth_mellon.x86_64 : A SAML 2.0 authentication module for the Apache Httpd Server
mod_dav_svn.x86_64 : Apache httpd module for Subversion server

 名称和简介匹配 only，使用"search all"试试。
```

例9.43：显示机器或可用仓库的版本。

```
[root@rhel ~]# yum version
已加载插件：langpacks, product-id, search-disabled-repos, subscription-manager
This system is not registered to Red Hat Subscription Management. You can use subscription-manager to register.
已安装：  7Server/x86_64            1892:6c7bfab815be61a11bc2990a9a2a5ac3a345faf3
组已安装：  yum               14:a62c8f1ef019cad7d7adf482d825295ac30c411b
version
```

例9.44：运行交互式的yum shell。

```
[root@rhel ~]# yum shell
已加载插件：langpacks, product-id, search-disabled-repos, subscription-manager
This system is not registered to Red Hat Subscription Management. You can use subscription-manager to register.
> info bind
已安装的软件包
名称   : bind
架构   : x86_64
时期    : 32
版本   : 9.9.4
发布   : 29.el7
大小   : 4.3 M
源   : installed
来自源：rhel
简介   : The Berkeley Internet Name Domain (BIND) DNS (Domain Name System) server
网址   : http://www.isc.org/products/BIND/
协议   : ISC
描述   : BIND (Berkeley Internet Name Domain) is an implementation of the DNS
       : (Domain Name System) protocols. BIND includes a DNS server (named),
       : which resolves host names to IP addresses; a resolver library
       : (routines for applications to use when interfacing with DNS); and
       : tools for verifying that the DNS server is operating properly.

> quit                    //输入quit退出交互式shell环境
Leaving Shell
```

例9.45：生成源数据缓存。

```
[root@rhel ~]# yum makecache
已加载插件：langpacks, product-id, search-disabled-repos, subscription-manager
This system is not registered to Red Hat Subscription Management. You can use subscription-manager to register.
rhel                                   | 2.9 kB  00:00:00
rhel/other_db                          | 1.4 MB  00:00:00
元数据缓存已建立
```

例9.46：检查可更新的软件包。

```
[root@rhel ~]# yum check-update
已加载插件：langpacks, product-id, search-disabled-repos, subscription-manager
This system is not registered to Red Hat Subscription Management. You can use subscription-manager to register.
rhel                                   | 2.9 kB  00:00:00
rhel/primary_db                        | 3.6 MB  00:00:00
```

例9.47：显示yum使用历史。

```
[root@rhel ~]# yum history
```

例9.48：清除缓存目录下的软件包和旧的头文件。

```
[root@rhel ~]# ls /var/cache/yum/x86_64/7Server/rhel
5314292a3fb49b01f0c88890a779f0bc6482131c8944d8d289a442b554c83d9b-other.sqlite.bz2
gen
abc2abfbdd9e43c9fbfb00c069022b21f2e94bfd48dd6eb261547be8f813e249-primary.sqlite.bz2
packages
cachecookie
repomd.xml
f01458adafb29f6dc47c4ea1c58607f888e1ed1cead96f6a4b713052da2725da-filelists.sqlite.bz2
//查看yum缓存目录/var/cache/yum/x86_64/7Server/rhel内容
[root@rhel ~]# yum clean all
已加载插件：langpacks, product-id, search-disabled-repos, subscription-manager
This system is not registered to Red Hat Subscription Management. You can use subscription-manager to register.
正在清理软件源： rhel
Cleaning up everything
[root@rhel ~]# ls /var/cache/yum/x86_64/7Server/rhel
gen  packages
//再次查看/var/cache/yum/x86_64/7Server/rhel目录，很多缓存数据已经没有了
```

9.4 源代码编译安装软件

9.4.1 源码包软件简介

源码包是指源代码可见的软件包，是基于Linux系统最常见的软件。在Linux社区中，开发人员在放出软件的二进制软件包的同时，也会为我们提供源代码软件包。

一个软件如果有源代码，那么任何人都能看到它是怎么开发而来的，就像一个瓶子，软件的源代码会给出制作瓶子的模具是什么，需要什么材料，具体的用途以及瓶子的详细说明书等。只要我们的水平足够高，所有的代码都在那里，我们就可以修改和定制软件，以适合我们的需要。源代码一般以tar.gz、tar.bz2、zip或src.rpm等方式打包的。

所以，软件的源代码的作用在于，可以使软件根据用户的需要加以定制，以及对软件进行二次开发。

9.4.2 源码包软件安装实例

大部分源码包软件都可以通过./configure 、make及make install这3个命令来安装。有些软件是直接通过make和make install命令来安装。

下面我们以源码编译安装的方式来安装pcre软件。

从以下网址下载pcre-8.37.tar.gz源码包软件。

http://jaist.dl.sourceforge.net/project/pcre/pcre/8.37/pcre-8.37.tar.gz。

1. 编译安装软件的条件

首先需要在Linux系统中安装相关的开发工具，比如gcc、gcc-c++、make、automake、c++、perl、python、glibc、gtk等开发工具或基础包。除此之外还要安装一些相应的开发包，一般是文件名包括devel的，比如kernel-devel。还有一些开发库，比如以lib开头的。如果在编译软件时提示缺少文件，主要原因就是缺少这些开发工具和开发库等，只要找到这些软件包并安装就可以了。

建议配置并使用yum方式来安装这些软件，这样就可以解决软件包的依赖性。

```
[root@rhel ~]# yum install -y gcc gcc-c++ make automake perl python glibc gtk
```

2. 解压缩软件

使用以下命令解压缩pcre-8.37.tar.gz软件。

```
[root@rhel ~]# tar zxvf /root/pcre-8.37.tar.gz
```

解压缩软件包以后，进入解压后生成的目录内，一般都会有README文件和INSTALL目录、doc目录。

3. 检测安装环境

configure程序带有很多选项，可以通过--help选项来查看该命令的详细内容。通过configure命令检测安装环境，最终建立Makefile文件。如果configure不成功，而去make的话，就会出现“make: *** 没有指明目标并且找不到 makefile。 停止。”的信息。

```
[root@rhel ~]# cd /root/pcre-8.37
//进入/root/ pcre-8.37目录
[root@rhel pcre-8.37]# ./configure --help
```

在使用configure命令时，使用--prefix选项可以指定软件的安装目录。

```
[root@rhel pcre-8.37]# ./configure --prefix=/usr/local/pcre
//指定将pcre软件安装到/usr/local/pcre目录中，/usr/local/pcre目录无须手动创建
```

4. 编译软件

当./configure成功结束后，就可以使用make命令正式编译软件了。

```
[root@rhel pcre-8.37]# make
```

5. 安装软件

软件编译成功以后需要使用make install命令安装软件。

```
[root@rhel pcre-8.37]# make install
```

第10章 磁盘和文件系统管理

10.1 磁盘分区和格式化简介

要对计算机磁盘进行分区，首先需要知道什么是磁盘分区、分区有哪些种类以及什么是格式化等相关概念。

10.1.1 什么是磁盘分区

磁盘分区是指对硬盘物理介质的逻辑划分。将硬盘分成多个分区，不仅仅利于对文件的管理，而且可以在不同的分区建立不同的文件系统，甚至能在不同的分区上安装不同的操作系统。

分区就是磁盘的“段落”，如果用户希望在计算机上安装多个操作系统，则需要更多的分区。假设需要同时安装Windows 10和Windows Server 2012系统，那么至少需要两个分区，原因是不同的操作系统原则上采用不同的文件系统。如果几个操作系统都支持相同的文件系统，通常为了避免在一个分区下有相同的系统目录，也将它们安装在不同的磁盘分区上。在Linux系统下，情况又有所不同，它本身又需要更多的磁盘分区，比如根分区“/”和swap分区。

磁盘分区一共有三种：主分区、扩展分区和逻辑驱动器。扩展分区只不过是逻辑驱动器的“容器”，实际上只有主分区和逻辑驱动器才能进行数据存储。在一块磁盘上最多只能有四个主分区，可以另外建立一个扩展分区来代替四个主分区中的一个，然后在扩展分区下可以建立更多的逻辑驱动器。

计算机启动的时候，首先读取MBR中的硬盘分区表，从中选择唯一一个具有活动标记的分区，引导该分区上的操作系统。也就是说，无论有几个主分区，其中必须有一个分区是活动的。

不同的操作系统具有不同的磁盘分区工具，Windows系统下非常有名的分区工具是fdisk，在Linux系统下进行分区可以使用fdisk和parted等命令，或者使用相同功能的图形界面程序。

10.1.2 什么是格式化

磁盘经过分区之后，下一个步骤就是对磁盘分区进行格式化的工作（也就是创建文件系统的工作）。格式化是指对磁盘分区进行初始化的一种操作，这种操作通常会导致现有的分区中所有的数据被清除。简单地说，就是把一张空白的磁盘划分成一个个小区域并编号，供计算机存储和读取数据使用。

格式化是在磁盘中建立磁道和扇区，建立好之后，计算机才可以使用磁盘来存储数据。格式化的动作通常是在磁盘的开端写入启动扇区的数据、在根目录记录磁盘卷标、为文件分配表保留一些空间，以及检查磁盘上是否有损坏的扇区，如果有，则在文件分配表标上损毁的记号，表示该扇区不再用来存储数据。

每个主分区和逻辑驱动器都会被存储为一个识别文件系统的附加信息。操作系统能通过这些信息非常容易地识别和确认应该使用哪个分区，不能识别的分区将会被忽略。

当然，分区不能产生任何文件系统。分区只是对磁盘上的磁盘空间进行了保留，还不能直接使用，在此之后必须要格式化分区。在Windows系统下可以通过资源管理器下的文件菜单或者format程序来执行，而在Linux系统下大多使用mkfs命令来完成。

Linux系统支持不同的文件系统，目前应用最广泛的就是xfs和ext4。

> **注意：**
>
> 对磁盘进行分区和格式化操作将会导致数据丢失，因此在分区和格式化之前一定要对数据进行备份。

10.2 磁盘分区

Linux系统有非常多的磁盘分区工具，最常使用的便是fdisk。

10.2.1 fdisk命令语法

fdisk命令可以用来对磁盘进行分区，它采用传统的问答式界面，还可以用来查看磁盘分区的详细信息，也能为每个分区指定分区的类型。

fdisk命令语法：

```
fdisk [选项] [设备]
```

fdisk命令中各选项的含义如表10.1所示。

表10.1 fdisk命令选项的含义

选项	选项含义
-b <扇区大小>	指定磁盘的扇区大小，有效的值是512、1024、2048或4096
-l	列出指定磁盘的分区表信息
-s <分区>	显示分区大小，单位为块
-C <柱面数>	指定柱面数
-H <磁头数>	指定磁头数
-S <扇区数>	指定磁盘每磁道的扇区数

在fdisk命令的交互式操作方式下有许多子命令，如表10.2所示。

表10.2 fdisk交互式操作的子命令

子命令	功能
m	显示所有能在fdisk中使用的子命令
p	显示磁盘分区信息
a	设置磁盘启动分区
n	创建新的分区
e	创建扩展分区
p	创建主分区
t	更改分区的系统ID（也就是分区类型ID）
d	删除磁盘分区
q	退出fdisk，不保存磁盘分区设置
l	列出已知的分区类型
v	验证分区表
w	保存磁盘分区设置并退出fdisk

10.2.2 磁盘分区实例

下面以实例的方式讲述如何在Linux系统磁盘/dev/sda中创建、删除、查看分区以及转换分区类型。

1. 进入fdisk，列出所有子命令

```
[root@rhel ~]# fdisk /dev/sda
欢迎使用 fdisk (util-linux 2.23.2)。

更改将停留在内存中，直到你决定将更改写入磁盘。
使用写入命令前请三思。


命令(输入 m 获取帮助)：m
命令操作
   a   toggle a bootable flag
   b   edit bsd disklabel
   c   toggle the dos compatibility flag
   d   delete a partition
   g   create a new empty GPT partition table
   G   create an IRIX (SGI) partition table
   l   list known partition types
   m   print this menu
   n   add a new partition
   o   create a new empty DOS partition table
   p   print the partition table
   q   quit without saving changes
   s   create a new empty Sun disklabel
   t   change a partition's system id
   u   change display/entry units
   v   verify the partition table
   w   write table to disk and exit
   x   extra functionality (experts only)
```

2. 显示磁盘分区信息

```
命令(输入 m 获取帮助)：p

磁盘 /dev/sda：536.9 GB, 536870912000 字节，1048576000 个扇区
Units = 扇区 of 1 * 512 = 512 bytes
扇区大小(逻辑/物理)：512 字节 / 512 字节
I/O 大小(最小/最佳)：512 字节 / 512 字节
磁盘标签类型：dos
磁盘标识符：0x0008d75b

   设备 Boot      Start         End      Blocks   Id  System
/dev/sda1   *        2048     2099199     1048576   83  Linux
/dev/sda2         2099200     6293503     2097152   82  Linux swap / Solaris
/dev/sda3         6293504   320866303   157286400   83  Linux
```

注意：

这里显示的硬盘容量是以1KB=1000B为换算单位，而不是以1024B为换算单位。所以我们在安装Linux系统之前规划的500GB硬盘容量在这里显示为536.9GB

磁盘分区的表示方法如下。

- 设备：磁盘分区设备名，比如/dev/sda1。
- Boot：表示引导分区，在上面的例子中，/dev/sda1是引导分区。
- Start：表示一个分区的开始扇区。
- End：表示一个分区的结束扇区。
- Blocks：表示分区容量，单位是块，默认一个块是1KB。
- Id：一个两位的十六进制数，表示分区类型。
- System：Id所定义的分区类型。

3. 创建和删除主分区

在创建磁盘分区时，需要指定结束扇区，具体方法如表10.3所示。

表10.3　指定结束扇区的方法

格式	功能
n	使用结束扇区，n代表数字
+n	在开始扇区的基础上，加上n个扇区，n代表数字
+nM	在开始扇区的基础上，加上nMB容量，n代表数字。还可以使用K、G
回车键	使用默认的扇区，也就是这个分区的结束扇区就是最后一个扇区

```
命令(输入 m 获取帮助)：n
//在此输入n，开始创建分区
Partition type:
   p   primary (3 primary, 0 extended, 1 free)
   e   extended
Select (default e): p
//在此输入p，开始创建主分区
已选择分区 4
起始 扇区 (320866304-1048575999，默认为 320866304)：
//直接按回车键，从磁盘剩余起始扇区开始创建分区
将使用默认值 320866304
Last 扇区, +扇区 or +size{K,M,G} (320866304-1048575999，默认为 1048575999)：600000000
//在此输入“600000000”，代表分区结束扇区数是“600000000”
分区 4 已设置为 Linux 类型，大小设为 133.1 GiB

命令(输入 m 获取帮助)：p

磁盘 /dev/sda：536.9 GB, 536870912000 字节，1048576000 个扇区
Units = 扇区 of 1 * 512 = 512 bytes
扇区大小(逻辑/物理)：512 字节 / 512 字节
I/O 大小(最小/最佳)：512 字节 / 512 字节
磁盘标签类型：dos
磁盘标识符：0x0008d75b

   设备 Boot      Start         End      Blocks   Id  System
/dev/sda1   *        2048     2099199     1048576   83  Linux
/dev/sda2         2099200     6293503     2097152   82  Linux swap / Solaris
/dev/sda3         6293504   320866303   157286400   83  Linux
/dev/sda4       320866304   600000000   139566848+  83  Linux
//查看分区信息，可以看到新创建的主分区为/dev/sda4
```

```
命令(输入 m 获取帮助)：n
If you want to create more than four partitions, you must replace a
primary partition with an extended partition first.
//4个分区已满，再也无法创建第5个分区

命令(输入 m 获取帮助)：d
//在此输入d，开始删除主分区
分区号 (1-4，默认 4)：4
//输入分区号码，在此输入4，说明要删除/dev/sda4分区
分区 4 已删除

命令(输入 m 获取帮助)：p

磁盘 /dev/sda：536.9 GB, 536870912000 字节，1048576000 个扇区
Units = 扇区 of 1 * 512 = 512 bytes
扇区大小(逻辑/物理)：512 字节 / 512 字节
I/O 大小(最小/最佳)：512 字节 / 512 字节
磁盘标签类型：dos
磁盘标识符：0x0008d75b

   设备 Boot      Start         End      Blocks   Id  System
/dev/sda1   *        2048     2099199     1048576   83  Linux
/dev/sda2         2099200     6293503     2097152   82  Linux swap / Solaris
/dev/sda3         6293504   320866303   157286400   83  Linux
//再次查看分区信息，之前创建的主分区/dev/sda4已经被删除
```

4. 创建扩展分区和逻辑驱动器

```
命令(输入 m 获取帮助)：n
Partition type:
   p   primary (3 primary, 0 extended, 1 free)
   e   extended
Select (default e): e
//在此输入e，开始创建扩展分区
已选择分区 4
起始 扇区 (320866304-1048575999，默认为 320866304)：
//直接按回车键，从磁盘剩余起始扇区开始创建扩展分区
将使用默认值 320866304
Last 扇区, +扇区 or +size{K,M,G} (320866304-1048575999，默认为 1048575999)：
//直接按回车键，则从第320866304个扇区到最后一个扇区均为扩展分区
将使用默认值 1048575999
分区 4 已设置为 Extended 类型，大小设为 347 GiB

命令(输入 m 获取帮助)：n
//在此输入n，开始创建第一个逻辑驱动器
All primary partitions are in use
添加逻辑分区 5
起始 扇区 (320868352-1048575999，默认为 320868352)：
//直接按回车键，从磁盘剩余起始扇区开始创建逻辑驱动器
将使用默认值 320868352
Last 扇区, +扇区 or +size{K,M,G} (320868352-1048575999，默认为 1048575999)：+100G
//在此输入“+100G”，代表创建容量为100GB的逻辑驱动器
分区 5 已设置为 Linux 类型，大小设为 100 GiB
```

```
命令(输入 m 获取帮助)：n
//在此输入n，开始创建第二个逻辑驱动器
All primary partitions are in use
添加逻辑分区 6
起始 扇区 (530585600-1048575999，默认为 530585600)：
//直接按回车键，从磁盘剩余起始扇区开始创建逻辑驱动器
将使用默认值 530585600
Last 扇区, +扇区 or +size{K,M,G} (530585600-1048575999，默认为 1048575999)：
//直接按回车键，则从第530585600个扇区到最后一个扇区均为该逻辑驱动器
将使用默认值 1048575999
分区 6 已设置为 Linux 类型，大小设为 247 GiB

命令(输入 m 获取帮助)：p

磁盘 /dev/sda：536.9 GB, 536870912000 字节，1048576000 个扇区
Units = 扇区 of 1 * 512 = 512 bytes
扇区大小(逻辑/物理)：512 字节 / 512 字节
I/O 大小(最小/最佳)：512 字节 / 512 字节
磁盘标签类型：dos
磁盘标识符：0x0008d75b

  设备 Boot      Start         End      Blocks   Id  System
/dev/sda1   *        2048     2099199     1048576   83  Linux
/dev/sda2         2099200     6293503     2097152   82  Linux swap / Solaris
/dev/sda3         6293504   320866303   157286400   83  Linux
/dev/sda4       320866304  1048575999   363854848    5  Extended
/dev/sda5       320868352   530583551   104857600   83  Linux
/dev/sda6       530585600  1048575999   258995200   83  Linux
//再次查看分区信息，可以看到刚才所创建的扩展分区/dev/sda4和逻辑驱动器/dev/sda5、/dev/sda6
```

5. 查看并转换分区类型

在Linux系统中有几十种分区类型，最常使用的分区类型如表10.4所示。

表10.4　Linux常用的分区类型

ID	分区类型	描述
83	Linux	Linux普通分区
fd	Linux raid 自动	RAID使用的分区
8e	Linux LVM	LVM使用的分区
82	Linux swap / Solaris	swap分区

```
命令(输入 m 获取帮助)：l

 0  空              24  NEC DOS         81  Minix / 旧 Linu bf  Solaris
 1  FAT12           27  隐藏的 NTFS Win 82  Linux 交换 / So c1  DRDOS/sec (FAT-
 2  XENIX root      39  Plan 9          83  Linux           c4  DRDOS/sec (FAT-
 3  XENIX usr       3c  PartitionMagic  84  OS/2 隐藏的 C:  c6  DRDOS/sec (FAT-
 4  FAT16 <32M      40  Venix 80286     85  Linux 扩展      c7  Syrinx
 5  扩展            41  PPC PReP Boot   86  NTFS 卷集       da  非文件系统数据
 6  FAT16           42  SFS             87  NTFS 卷集       db  CP/M / CTOS /
 7  HPFS/NTFS/exFAT 4d  QNX4.x          88  Linux 纯文本    de  Dell 工具
 8  AIX             4e  QNX4.x 第2部分  8e  Linux LVM       df  BootIt
```

```
 9  AIX 可启动      4f  QNX4.x 第3部分  93  Amoeba        e1  DOS 访问
 a  OS/2 启动管理器 50  OnTrack DM      94  Amoeba BBT    e3  DOS R/O
 b  W95 FAT32       51  OnTrack DM6 Aux 9f  BSD/OS        e4  SpeedStor
 c  W95 FAT32 (LBA) 52  CP/M            a0  IBM Thinkpad 休 eb  BeOS fs
 e  W95 FAT16 (LBA) 53  OnTrack DM6 Aux a5  FreeBSD       ee  GPT
 f  W95 扩展 (LBA)  54  OnTrackDM6      a6  OpenBSD       ef  EFI (FAT-12/16/
10  OPUS            55  EZ-Drive        a7  NeXTSTEP      f0  Linux/PA-RISC
11  隐藏的 FAT12    56  Golden Bow      a8  Darwin UFS    f1  SpeedStor
12  Compaq 诊断     5c  Priam Edisk     a9  NetBSD        f4  SpeedStor
14  隐藏的 FAT16 <3 61  SpeedStor       ab  Darwin 启动   f2  DOS 次要
16  隐藏的 FAT16    63  GNU HURD or Sys af  HFS / HFS+    fb  VMware VMFS
17  隐藏的 HPFS/NTF 64  Novell Netware  b7  BSDI fs       fc  VMware VMKCORE
18  AST 智能睡眠    65  Novell Netware  b8  BSDI swap     fd  Linux raid 自动
1b  隐藏的 W95 FAT3 70  DiskSecure 多启 bb  Boot Wizard 隐 fe  LANstep
1c  隐藏的 W95 FAT3 75  PC/IX           be  Solaris 启动  ff  BBT
1e  隐藏的 W95 FAT1 80  旧 Minix

命令(输入 m 获取帮助)：t
//在此输入t，开始转换分区类型
分区号 (1-6，默认 6)：6
//输入分区号码，在此输入6，说明要转换/dev/sda6分区的类型
Hex 代码(输入 L 列出所有代码)：c
//转换6号分区类型为W95 FAT32 (LBA)

WARNING: If you have created or modified any DOS 6.x partitions, please see the fdisk manual page for additional information.

已将分区“Linux”的类型更改为“W95 FAT32 (LBA)”

命令(输入 m 获取帮助)：p

磁盘 /dev/sda：536.9 GB, 536870912000 字节，1048576000 个扇区
Units = 扇区 of 1 * 512 = 512 bytes
扇区大小(逻辑/物理)：512 字节 / 512 字节
I/O 大小(最小/最佳)：512 字节 / 512 字节
磁盘标签类型：dos
磁盘标识符：0x0008d75b

   设备 Boot      Start         End      Blocks   Id  System
/dev/sda1   *        2048     2099199     1048576   83  Linux
/dev/sda2         2099200     6293503     2097152   82  Linux swap / Solaris
/dev/sda3         6293504   320866303   157286400   83  Linux
/dev/sda4       320866304  1048575999   363854848    5  Extended
/dev/sda5       320868352   530583551   104857600   83  Linux
/dev/sda6       530585600  1048575999   258995200    c  W95 FAT32 (LBA)
//再次查看分区信息，可以看到/dev/sda6分区类型为W95 FAT32 (LBA)
```

6. 保存分区设置信息，并退出fdisk

```
命令(输入 m 获取帮助)：w
The partition table has been altered!

Calling ioctl() to re-read partition table.
```

第10章 磁盘和文件系统管理

```
WARNING: Re-reading the partition table failed with error 16: 设备或资源忙.
The kernel still uses the old table. The new table will be used at
the next reboot or after you run partprobe(8) or kpartx(8)
正在同步磁盘。
```

7. 在非交互式界面下显示当前磁盘的分区信息

```
[root@rhel ~]# fdisk -l /dev/sda

磁盘 /dev/sda：536.9 GB, 536870912000 字节，1048576000 个扇区
Units = 扇区 of 1 * 512 = 512 bytes
扇区大小(逻辑/物理)：512 字节 / 512 字节
I/O 大小(最小/最佳)：512 字节 / 512 字节
磁盘标签类型：dos
磁盘标识符：0x0008d75b

   设备 Boot      Start         End      Blocks   Id  System
/dev/sda1   *        2048     2099199     1048576   83  Linux
/dev/sda2         2099200     6293503     2097152   82  Linux swap / Solaris
/dev/sda3         6293504   320866303   157286400   83  Linux
/dev/sda4       320866304  1048575999   363854848    5  Extended
/dev/sda5       320868352   530583551   104857600   83  Linux
/dev/sda6       530585600  1048575999   258995200    c  W95 FAT32 (LBA)
```

8. 查看分区情况

使用partprobe命令更新分区表，使内核识别分区。

```
[root@rhel ~]# partprobe
```

使用以下命令查看磁盘分区情况。

```
[root@rhel ~]# ls /dev/sda*
/dev/sda  /dev/sda1  /dev/sda2  /dev/sda3  /dev/sda4  /dev/sda5  /dev/sda6
//使用fdisk命令所创建的磁盘分区都已经可以看到了，否则说明磁盘分区没有创建成功
```

10.3 文件系统简介

对一块新的磁盘进行分区以后，还需要要对这些分区进行格式化并创建文件系统。一个分区只有建立了某种文件系统以后，这个分区才能使用。建立文件系统的过程，就是用相应的格式化工具格式化分区的过程，这个过程和在Windows系统中格式化某个NTFS分区的过程类似。

10.1.1 xfs文件系统

xfs是一种高性能的64位日志文件系统，由Silicon Graphics在1993年为IRIX操作系统所开发。2000年5月，以GNU通用公共许可证发布这套文件系统的源代码，之后被移植到Linux 内核上。xfs特别擅长处理大文件，同时提供平滑的数据传输。

xfs文件系统主要有以下几点特性。

1. 数据完全性

采用xfs文件系统，当主机发生宕机以后，由于文件系统开启了日志功能，所以磁盘上的文件不会遭到破坏。不论目前文件系统上存储的文件与数据有多少，文件系统都可以根据所记录的

日志在很短的时间内迅速恢复磁盘文件内容。

2. 传输特性

xfs文件系统采用优化算法，日志记录对整体文件操作影响非常小。xfs查询与分配存储空间非常快。xfs文件系统能连续提供快速的反应时间。

3. 可扩展性

xfs是一个全64位的文件系统，可以支持上百万TB的存储空间。对特大文件以及小尺寸文件的支持都表现出众，并支持特大数量的目录。xfs使用高的表结构，保证了文件系统可以快速搜索与快速空间分配。xfs能够持续提供高速操作，文件系统的性能不受目录中目录及文件数量的限制。

4. 传输带宽

xfs能以接近裸设备I/O的性能存储数据。在单个文件系统的测试中，其吞吐量最高可达每秒7GB，对单个文件的读写操作，其吞吐量可达每秒4GB。

10.3.2 与Linux有关的其他文件系统

与Linux有关的其他文件系统如表10.5所示，有些文件系统在早期的Linux中使用过，目前已经不再支持。

表10.5 其他文件系统类型

文件系统类型	描述
minix	是Minix系统使用的文件系统，是Linux最先使用的文件系统。它有许多缺点：分区只能小于64MB、只支持短文件名以及单一的时间戳等。在软盘和RAM磁盘上仍然有用
ext	是对Minix文件系统的扩展，现已完全被ext2取代，并从内核中移除
ext2	是Linux使用的高性能磁盘文件系统，作为ext文件系统的扩展而设计，可提供最好的性能（在速度和CPU使用方面）
ext3	是ext2文件系统的增强版本
ext4	是一种日志文件系统，它是ext3的后继版本
JFS	是由IBM开发的一个日志文件系统，已被集成到Linux内核2.4.24中
xiafs	通过扩展Minix的文件系统的代码设计并实现了一个稳定的、安全的文件系统，目前已经停止开发和维护了，并从2.1.21内核中删除
msdos	是DOS、Windows、OS / 2计算机使用的文件系统。其文件名不能超过8个字符，后面跟一个3个字符的扩展名
umsdos	是Linux使用的一个扩展的DOS文件系统，增加了长文件名支持、UID/GID、POSIX权限、特殊文件（设备、命名管道）等，仍然和DOS文件系统兼容
vfat	是Windows 95和Windows NT使用的一个扩展的DOS文件系统，增加了msdos文件系统下使用长文件名的支持
proc	是一个伪文件系统，被用作一个内核数据结构的接口，不占用磁盘空间
iso9660	是符合ISO 9660标准的CD-ROM的文件系统类型
hpfs	是OS/2使用的高性能的文件系统，在Linux系统中是只读的，因此缺乏可用的文档
sysv	是SystemV/Coherent文件系统在Linux上的实现，实现了所有的Xenix、SystemV/386和Coherent文件系统
nfs	是一个网络文件系统，用于访问位于远程计算机上的磁盘
smb	是一个支持SMB协议的网络文件系统， Windows用它来实现工作组共享
ncpfs	是一个Novell NetWare使用的、支持NCP协议的网络文件系统
Reiserfs	由Hans Reiser设计的一个日志文件系统，已被集成到Linux内核2.4.1中

10.4 创建文件系统

使用mkfs命令可以在分区上创建各种文件系统。mkfs命令本身并不执行建立文件系统的工作，而是调用相关的程序来执行。这里的文件系统是要指定的，比如xfs、ext4、ext3、vfat或者是msdos等。

mkfs命令语法：

```
mkfs [选项] [设备]
```

mkfs命令中各选项的含义如表10.6所示。

表10.6 mkfs命令选项的含义

选项	选项含义
-t <文件系统类型>	指定文件系统类型
-v	显示详细信息

例10.1：使用mkfs命令为/dev/sda5磁盘分区创建xfs文件系统。

（1）查看磁盘分区情况。

在Linux系统中查看当前磁盘上的分区情况，该磁盘设备是/dev/sda。

```
[root@rhel ~]# fdisk -l /dev/sda

磁盘 /dev/sda：536.9 GB, 536870912000 字节，1048576000 个扇区
Units = 扇区 of 1 * 512 = 512 bytes
扇区大小(逻辑/物理)：512 字节 / 512 字节
I/O 大小(最小/最佳)：512 字节 / 512 字节
磁盘标签类型：dos
磁盘标识符：0x0008d75b

   设备 Boot      Start         End      Blocks   Id  System
/dev/sda1   *        2048     2099199     1048576   83  Linux
/dev/sda2         2099200     6293503     2097152   82  Linux swap / Solaris
/dev/sda3         6293504   320866303   157286400   83  Linux
/dev/sda4       320866304  1048575999   363854848    5  Extended
/dev/sda5       320868352   530583551   104857600   83  Linux
/dev/sda6       530585600  1048575999   258995200    c  W95 FAT32 (LBA)
```

（2）创建文件系统。

在磁盘上创建好分区之后，使用partprobe命令更新分区，使内核识别分区。然后格式化/dev/sda5分区，创建xfs文件系统。

```
[root@rhel ~]# mkfs -t xfs /dev/sda5
meta-data=/dev/sda5              isize=256    agcount=4, agsize=6553600 blks
         =                       sectsz=512   attr=2, projid32bit=1
         =                       crc=0        finobt=0
data     =                       bsize=4096   blocks=26214400, imaxpct=25
         =                       sunit=0      swidth=0 blks
naming   =version 2              bsize=4096   ascii-ci=0 ftype=0
log      =internal log           bsize=4096   blocks=12800, version=2
         =                       sectsz=512   sunit=0 blks, lazy-count=1
realtime =none                   extsz=4096   blocks=0, rtextents=0
```

当然也可以把磁盘分区格式化成其他的文件系统类型。比如可以把/dev/sda5格式化为ext4、ext3、或vfat文件系统类型。

例10.2：格式化/dev/sda5分区，创建ext4文件系统。

```
[root@rhel ~]# mkfs -t ext4 /dev/sda5
```

例10.3：格式化/dev/sda5分区，创建ext3文件系统。

```
[root@rhel ~]# mkfs -t ext3 /dev/sda5
```

例10.4：格式化/dev/sda5分区，创建vfat文件系统。

```
[root@rhel ~]# mkfs -t vfat /dev/sda5
```

备注：

也可以使用mkfs.xfs、mkfs.ext4、mkfs.ext3、mkfs.ext2、mkfs.msdos、mkfs.vfat等命令在磁盘分区上创建不同的文件系统。

10.5 挂载和卸载文件系统

如果要挂载一个分区，首先需要确认文件系统的类型，然后才能挂载使用。使用mount和umount命令可以实现文件系统的挂载和卸载。

10.5.1 挂载文件系统

使用mount命令可以将指定分区、光盘、U盘或者是移动硬盘挂载到Linux系统的目录下。

mount命令语法：

```
mount [选项] [设备] [挂载目录]
```

mount命令中各选项的含义如表10.7所示。

表10.7 mount命令选项的含义

选项	选项含义
-t <文件系统类型>	指定设备的文件系统类型，比如xfs、autofs、cifs、ext、ext2、ext3、ext4、hfs、iso9660、jfs、msdos、nfs、nfs4、reiserfs、smbfs、tmpfs、vfat、xfs等
-a	挂载/etc/fstab文件中定义的所有文件系统
-o <挂载选项>	指定挂载文件系统时的挂载选项，有些挂载选项也可以用在/etc/fstab文件中
-r	以只读方式挂载文件系统，相当于-o ro选项
-w	以读写方式挂载文件系统，相当于-o rw选项
-L <卷标>	以卷标方式挂载文件系统
-U <UUID>	以UUID方式挂载文件系统
-n	不把挂载信息记录在/etc/mtab 文件中

mount命令常用的挂载选项如表10.8所示。

表10.8 mount命令常用的挂载选项

挂载选项	描述
defaults	相当于rw、suid、dev、exec、auto、nouser、async、relatime挂载选项
ro	以只读方式挂载
rw	以读写方式挂载
nouser	禁止普通用户（即非root）挂载文件系统
user	允许普通用户挂载文件系统。
users	允许每一位用户挂载和卸载文件系统

挂载选项	描述
remount	尝试重新挂载一个已经挂载的文件系统
sync	文件系统上的I/O将会同步完成
async	文件系统上的I/O将会异步完成
owner	如果用户是设备的所有者，允许一个普通的用户挂载该文件系统
nofail	如果设备不存在，不要报告该设备的错误
exec	在挂载的文件系统上允许直接执行二进制文件
noexec	在挂载的文件系统上不允许直接执行任何二进制文件
atime	在文件系统上更新inode访问时间
noatime	在文件系统上不更新inode访问时间
owner	如果用户是设备所有者，允许普通用户挂载文件系统
group	如果用户的其中一个组群匹配设备的组群，则允许普通的用户挂载文件系统
auto	能够使用-a选项挂载
noauto	只能显式挂载（使用-a选项将不会导致文件系统被挂载）
dev	在文件系统上解释字符或块特殊设备
nodev	在文件系统上不解释字符或块特殊设备
diratime	在文件系统上更新目录的inode访问时间
nodiratime	在文件系统上不更新目录的inode访问时间
relatime	相对于修改或更改时间，更新inode访问时间
norelatime	不使用relatime功能
strictatime	允许明确要求完全的atime更新
nostrictatime	使用内核的默认行为更新inode的访问时间
dirsync	文件系统中所有目录的更新应该同步完成
suid	允许设置用户标识或设置组标识符位才能生效
nosuid	不允许设置用户标识或设置组标识符位才能生效
mand	允许在文件系统上强制锁定
nomand	不允许在文件系统上强制锁定
iversion	每次inode被修改时，i_version领域将递增
noiversion	不增加i_version inode领域

例10.5：挂载磁盘分区/dev/sda5到/mnt/www目录中。

```
[root@rhel ~]# mkdir /mnt/www
[root@rhel ~]# mount -t xfs /dev/sda5 /mnt/www
//创建需要放置文件系统的目录/mnt/www，然后将/dev/sda5挂载到该目录中
[root@rhel ~]# ls /mnt/www
//查看目录/mnt/www，其中没有任何的文件
[root@rhel ~]# touch /mnt/www/abc
//在目录/mnt/www中创建空文件/mnt/www/abc
[root@rhel ~]# ls /mnt/www
abc
//再次查看目录/mnt/www的内容，可以看到刚才创建的文件，其实它存在于/dev/sda5磁盘分区上
[root@rhel ~]# df
文件系统        1K-块    已用     可用 已用% 挂载点
/dev/sda3   157209600 4752088 152457512   4% /
devtmpfs       486056       0    486056   0% /dev
tmpfs          500668      84    500584   1% /dev/shm
tmpfs          500668    7236    493432   2% /run
```

```
tmpfs          500668       0   500668   0% /sys/fs/cgroup
/dev/sda1      1038336  166260   872076  17% /boot
tmpfs          100136      16   100120   1% /run/user/42
tmpfs          100136       0   100136   0% /run/user/0
/dev/sda5    104806400   32928 104773472   1% /mnt/www
//使用df命令查看/dev/sda5磁盘分区的挂载信息
```

例10.6：重新挂载/dev/sda5磁盘分区。

```
[root@rhel ~]# mount -o remount /dev/sda5
```

例10.7：以只读方式挂载/dev/sda5磁盘分区到/mnt/www目录。

```
[root@rhel ~]# mount -t xfs -o ro /dev/sda5 /mnt/www
//以只读方式挂载/dev/sda5磁盘分区到/mnt/www目录
[root@rhel ~]# mkdir /mnt/www/a
mkdir: 无法创建目录"/mnt/www/a": 只读文件系统
//在目录/mnt/www中无法创建目录，因为它是只读的
```

例10.8：通过/etc/fstab文件记录的信息，挂载该文件中所有的磁盘分区。

```
[root@rhel ~]# mount -a
```

10.5.2 卸载文件系统

使用umount命令可以将指定分区、光盘、U盘或者移动硬盘进行卸载。umount可以卸载目前挂载在Linux目录中的文件系统，除了直接指定文件系统外，也可以使用设备名称或挂载目录来表示文件系统。

umount命令语法：

```
umount [选项] [设备|挂载目录]
```

umount命令中各选项的含义如表10.9所示。

表10.9 umount命令选项的含义

选项	选项含义
-a	卸载/etc/mtab中记录的所有文件系统
-n	卸载时不要将信息存入/etc/mtab文件中
-r	若无法成功卸载，则尝试以只读的方式重新挂载该文件系统
-f	强制卸载文件系统
-t <文件系统类型>	只卸载指定类型的文件系统

例10.9：卸载磁盘分区/dev/sda5文件系统。

```
[root@rhel ~]# umount /dev/sda5
[root@rhel ~]# ls /mnt/www
//已经看不到之前创建的/mnt/www/abc文件，因为磁盘分区已经被卸载了
[root@rhel ~]# df
文件系统          1K-块    已用     可用 已用% 挂载点
/dev/sda3    157209600 4752148 152457452   4% /
devtmpfs        486056       0   486056   0% /dev
tmpfs           500668      84   500584   1% /dev/shm
tmpfs           500668    7236   493432   2% /run
tmpfs           500668       0   500668   0% /sys/fs/cgroup
/dev/sda1      1038336  166260   872076  17% /boot
tmpfs           100136      16   100120   1% /run/user/42
tmpfs           100136       0   100136   0% /run/user/0
//使用df命令可以看到磁盘分区/dev/sda5已经被卸载
```

也可以指定挂载目录的方式卸载该文件系统。

例10.10：卸载/mnt/www目录所在的磁盘分区文件系统。

```
[root@rhel ~]# umount /mnt/www
```

10.5.3 查看磁盘分区挂载情况

要查看Linux系统上的磁盘分区挂载情况，可以使用df命令。使用df命令可以显示每个文件所在的文件系统的信息，默认显示所有文件系统。检查文件系统的磁盘空间使用情况，利用该命令获取硬盘使用了多少空间、目前还剩下多少空间等相关信息。

df命令语法：

```
df [选项] [文件]
```

df命令中各选项的含义如表10.10所示。

表10.10 df命令选项的含义

选项	选项含义
-a	显示所有文件系统，包括虚拟文件系统
-i	显示inode 信息而不是块使用量
-k	以KB为单位显示（即块大小为1KB）
-x <文件系统类型>	只显示文件系统不是指定类型信息
-T	显示文件系统类型
-P	使用POSIX 兼容的输出格式
--sync	取得使用量数据前先进行同步动作
--no-sync	取得使用量数据前不进行同步动作（默认）
-t <文件系统类型>	只显示指定文件系统类型的信息
-l	只显示本机的文件系统
-h	以可读性较高的方式来显示信息
-H	与-h选项相同，但是在计算时以1000B为换算单位而不是1024B

例10.11：显示磁盘空间的使用情况。

```
[root@rhel ~]# df
文件系统          1K-块    已用      可用 已用% 挂载点
/dev/sda3     157209600 4752148 152457452   4% /
devtmpfs         486056       0    486056   0% /dev
tmpfs            500668      84    500584   1% /dev/shm
tmpfs            500668    7236    493432   2% /run
tmpfs            500668       0    500668   0% /sys/fs/cgroup
/dev/sda1       1038336  166260    872076  17% /boot
tmpfs            100136      16    100120   1% /run/user/42
tmpfs            100136       0    100136   0% /run/user/0
/dev/sda5     104806400   32928 104773472   1% /mnt/www
// /dev/shm代表系统的虚拟内存文件系统
```

例10.12：以MB和GB（以1024B为换算单位）为单位显示磁盘空间使用情况。

```
[root@rhel ~]# df -h
文件系统        容量  已用  可用 已用% 挂载点
/dev/sda3       150G  4.6G  146G   4% /
devtmpfs        475M     0  475M   0% /dev
tmpfs           489M   84K  489M   1% /dev/shm
tmpfs           489M  7.1M  482M   2% /run
```

```
tmpfs          489M     0  489M    0% /sys/fs/cgroup
/dev/sda1     1014M  163M  852M   17% /boot
tmpfs           98M   16K   98M    1% /run/user/42
tmpfs           98M     0   98M    0% /run/user/0
/dev/sda5      100G   33M  100G    1% /mnt/www
```

例10.13：以MB和GB（以1000B为换算单位）为单位显示磁盘空间使用情况。

```
[root@rhel ~]# df -H
文件系统        容量  已用  可用 已用% 挂载点
/dev/sda3       161G  4.9G  157G    4% /
devtmpfs        498M     0  498M    0% /dev
tmpfs           513M   87k  513M    1% /dev/shm
tmpfs           513M  7.5M  506M    2% /run
tmpfs           513M     0  513M    0% /sys/fs/cgroup
/dev/sda1       1.1G  171M  894M   17% /boot
tmpfs           103M   17k  103M    1% /run/user/42
tmpfs           103M     0  103M    0% /run/user/0
/dev/sda5       108G   34M  108G    1% /mnt/www
```

例10.14：在显示磁盘空间的使用情况时也显示文件系统类型。

```
[root@rhel ~]# df -T
文件系统       类型          1K-块    已用      可用 已用% 挂载点
/dev/sda3      xfs      157209600 4752148 152457452    4% /
devtmpfs       devtmpfs    486056       0    486056    0% /dev
tmpfs          tmpfs       500668      84    500584    1% /dev/shm
tmpfs          tmpfs       500668    7236    493432    2% /run
tmpfs          tmpfs       500668       0    500668    0% /sys/fs/cgroup
/dev/sda1      xfs        1038336  166260    872076   17% /boot
tmpfs          tmpfs       100136      16    100120    1% /run/user/42
tmpfs          tmpfs       100136       0    100136    0% /run/user/0
/dev/sda5      xfs      104806400   32928 104773472    1% /mnt/www
```

例10.15：显示xfs文件系统类型磁盘空间的使用情况。

```
[root@rhel ~]# df -t xfs
文件系统           1K-块    已用      可用 已用% 挂载点
/dev/sda3      157209600 4752148 152457452    4% /
/dev/sda1        1038336  166260    872076   17% /boot
/dev/sda5      104806400   32928 104773472    1% /mnt/www
```

例10.16：查看/mnt/www目录所在磁盘分区的磁盘空间使用情况。

```
[root@rhel ~]# df /mnt/www
文件系统           1K-块  已用      可用 已用% 挂载点
/dev/sda5      104806400 32928 104773472    1% /mnt/www
```

例10.17：查看/dev/sda5磁盘分区的磁盘空间使用情况。

```
[root@rhel ~]# df /dev/sda5
文件系统           1K-块  已用      可用 已用% 挂载点
/dev/sda5      104806400 32928 104773472    1% /mnt/www
```

例10.18：显示磁盘空间的inode信息。

```
[root@rhel ~]# df -i
文件系统           Inode 已用(I)   可用(I) 已用(I)% 挂载点
/dev/sda3      157286400  192949 157093451       1% /
devtmpfs          121514     381    121133       1% /dev
tmpfs             125167       6    125161       1% /dev/shm
```

```
tmpfs          125167     571   124596      1% /run
tmpfs          125167      13   125154      1% /sys/fs/cgroup
/dev/sda1      1048576    372  1048204      1% /boot
tmpfs          125167      17   125150      1% /run/user/42
tmpfs          125167       1   125166      1% /run/user/0
/dev/sda5    104857600      5 104857595     1% /mnt/www
```

10.6 UUID

10.6.1 UUID简介

UUID是通用唯一识别码的意思，目的是让分散式系统中的所有元素都能有一个唯一的辨识信息，而不需要通过中央控制端来做辨识信息的指定。如此一来，每个人都可以创建不与其他人冲突的UUID。在这样的情况下，就不需要考虑数据库创建时的名称重复问题。

UUID是指在一台机器上生成的数字，它保证对在同一时空中的所有机器都是唯一的。通常平台会提供生成的API。按照开放软件基金会（OSF）制定的标准计算，UUID用到了以太网卡地址、纳秒级时间、芯片ID码和许多可能的数字。

每一个硬盘驱动器都有UUID。UUID是一组小写十六进制数字的序列，由分字符分成几组，特别是一组8位数字+3组4位数字+一组12位数字，总共32个数字代表128位。

UUID是由以下几部分组成的。

- 当前日期和时间，UUID的第一部分与时间有关，如果在生成一个UUID之后，过几秒又生成一个UUID，则两个UUID的第一个部分不同，其余相同；
- 时钟序列；
- 全局唯一的IEEE机器识别号，如果有网卡，从网卡MAC地址获得，没有网卡以其他方式获得。

UUID的标准型式包含32个16进位数字，以连字号分为五段，形式为“8-4-4-4-12”的32个字符。比如：d8636446-9878-4437-b43c-50d71af8beba。

UUID在Linux系统中具有以下作用。

1. 它是真正的唯一标识符

UUID为系统中的存储设备提供唯一的标识字符串，不管这个设备是什么类型的。如果在系统中添加了新的硬盘，很可能会造成一些麻烦，比如说启动的时候因为找不到设备而失败，而使用UUID则不会有这样的问题。

2. 设备名并非总是不变的

自动分配的设备名称并非总是一致的，它们依赖于启动时内核加载模块的顺序。如果在插入了U盘时启动了系统，而下次启动时又把它拔掉了，就有可能导致设备名分配不一致。

3. Linux系统中的许多关键功能开始依赖于UUID

比如在GRUB 2中，现在可以识别UUID，查看/boot/grub2/grub.cfg文件，并可以看到以下语句中含有UUID内容。

```
    if [ x$feature_platform_search_hint = xy ]; then
      search --no-floppy --fs-uuid --set=root --hint-bios=hd0,msdos1 --hint-efi=hd0,msdos1 --hint-
```

```
baremetal=ahci0,msdos1 --hint='hd0,msdos1'  b6d87c93-6c54-48f3-9295-ec0f7b92c9f3
        else
          search --no-floppy --fs-uuid --set=root b6d87c93-6c54-48f3-9295-ec0f7b92c9f3
        fi
          linux16 /vmlinuz-3.10.0-327.el7.x86_64 root=UUID=d8636446-9878-4437-b43c-50d71af8beba ro
crashkernel=auto rhgb quiet LANG=zh_CN.UTF-8
        initrd16 /initramfs-3.10.0-327.el7.x86_64.img
```

10.6.2 查看磁盘分区UUID

要查看磁盘分区的UUID，可以通过查看/dev/disk/by-uuid目录和blkid命令来实现。

1. 查看/dev/disk/by-uuid目录

通过查看/dev/disk/by-uuid目录可以显示磁盘上所有分区的UUID信息。

例10.19：查看所有磁盘分区的UUID。

```
[root@rhel ~]# ls -l /dev/disk/by-uuid
总用量 0
lrwxrwxrwx. 1 root root 10 12月 21 2015 500f998a-a4c9-43d8-b468-109a42787ec8 -> ../../sda2
lrwxrwxrwx. 1 root root 10 12月 21 2015 b6d87c93-6c54-48f3-9295-ec0f7b92c9f3 -> ../../sda1
lrwxrwxrwx. 1 root root 10 12月 21 2015 d8636446-9878-4437-b43c-50d71af8beba -> ../../sda3
```

2. 使用blkid命令

使用blkid命令可以显示所有磁盘分区的UUID。不过在使用blkid命令之前必须先安装好e2fsprogs软件包。

例10.20：查看所有磁盘分区的UUID。

```
[root@rhel ~]# blkid -s UUID
/dev/sda3: UUID="d8636446-9878-4437-b43c-50d71af8beba"
/dev/block/8:3: UUID="d8636446-9878-4437-b43c-50d71af8beba"
/dev/sda1: UUID="b6d87c93-6c54-48f3-9295-ec0f7b92c9f3"
/dev/block/8:1: UUID="b6d87c93-6c54-48f3-9295-ec0f7b92c9f3"
/dev/sda2: UUID="500f998a-a4c9-43d8-b468-109a42787ec8"
/dev/block/8:2: UUID="500f998a-a4c9-43d8-b468-109a42787ec8"
```

10.7 开机自动挂载文件系统

只有将某个分区或是设备进行挂载以后才能使用它们，但是当计算机重新启动以后，又需要重新挂载，这个时候可以通过修改/etc/fstab文件实现开机自动挂载文件系统。

10.7.1 /etc/fstab文件详解

/etc/fstab文件是一个配置文件，它包含了所有磁盘分区以及存储设备的信息。其中包含了磁盘分区和存储设备如何挂载，以及挂载在什么目录上的信息。/etc/fstab文件是一个简单的文本文件，但必须要以root用户登录才可以编辑该文件。

如果在Linux系统中不能访问Windows的分区，或者作为一名普通用户，不能挂载光驱和向软盘中写入数据，或者在管理CD-RW的过程中遇到了问题，就有可能是错误地配置了/etc/fstab文件。通常可以通过编辑/etc/fstab文件来解决前面提到的问题。

每一台计算机系统的磁盘分区和设备属性不同，所以/etc/fstab文件也不一样，但是基本的结构总是相似的。每一行都包含着一个设备或磁盘分区的信息，每一行又有多个列的信息。第一列是设备，第二列是它的挂载目录，第三列是它的文件系统类型，第四列是挂载选项，第五列是转储选项，第六列是文件系统检查选项。

以下是/etc/fstab文件内容的一个示例。

```
#
# /etc/fstab
# Created by anaconda on Sun Dec 20 12:43:13 2015
#
# Accessible filesystems, by reference, are maintained under '/dev/disk'
# See man pages fstab(5), findfs(8), mount(8) and/or blkid(8) for more info
#
UUID=d8636446-9878-4437-b43c-50d71af8beba    /        xfs    defaults    0 0
UUID=b6d87c93-6c54-48f3-9295-ec0f7b92c9f3    /boot    xfs    defaults    0 0
UUID=500f998a-a4c9-43d8-b468-109a42787ec8    swap     swap   defaults    0 0
```

下面将详细讲述/etc/fstab文件的具体构成。

1. 设备

第一列的内容是设备，可以使用设备名和UUID来指定设备。

2. 挂载目录

第二列的内容是设备的挂载目录（也称为挂载点）。Linux系统为每个设备或磁盘分区都指定了挂载目录，当Linux系统启动时，这些分区和设备同样会被自动地挂载。

3. 文件系统类型

第三列指定了设备和磁盘分区的文件系统类型。

4. 挂载选项

第四列列出了对于每一个设备或者磁盘分区的所有挂载选项。

（1）auto和noauto。

通过使用auto选项，设备会在系统启动时自动挂载，auto是默认选项。如果不希望某些设备自动被挂载，在/etc/fstab文件的对应地方把auto选项改为noauto即可。通过使用noauto选项，可以在需要的时候才挂载设备。

（2）user和nouser。

user选项允许普通用户挂载设备和磁盘分区。nouser选项仅允许让root用户挂载设备和磁盘分区。nouser是默认选项，主要在于防止新用户的越权行为。如果普通用户不能挂载自己的cdrom、floppy、Windows分区等，可以在/etc/fstab里加入user选项。

（3）exec和noexec。

exec是默认的选项，允许执行被设为exec分区上的二进制文件，而noexec选项却不允许这样做。

（4）ro。

ro选项以只读方式挂载文件系统。

（5）rw。

rw选项以可读可写方式挂载文件系统。

（6）sync和async。

这两个选项指定了文件系统的I/O将以何种方式进行，sync表示I/O将会同步进行。比如复制一个文件到软盘时，那些改变将会在执行命令的同时被物理性地写入到软盘中。

当使用async选项时，I/O将会被异步执行，这时复制一个文件到软盘中，用户所做的改变会在命令执行较长时间后才被物理性地写入软盘中。

（7）defaults。

使用此选项与使用rw,suid,dev,exec,auto,nouser,async挂载选项是一样的功能。

（8）owner。

允许设备所有者挂载。

5. 转储选项

第五列是dump选项，dump选项检查文件系统并用一个数字来决定该文件系统是否需要备份。如果它是0，dump将会忽略该文件系统，并不做备份。

6. 文件系统检查选项

第六列是fsck选项，fsck选项通过第六列中的数字来决定以何种顺序来检查文件系统，如果它是0，fsck将不会检查该文件系统。

10.7.2 设置开机自动挂载文件系统

要实现开机自动挂载文件系统，需要在/etc/fstab文件中添加该磁盘分区的相关信息，可以通过提供设备名、UUID和卷标实现。

1. 使用设备名

编辑/etc/fstab文件，在该文件末尾添加下列内容。

```
/dev/sda5          /mnt/www          xfs       defaults       1 2
```

2. 使用UUID

先使用以下命令查看磁盘分区/dev/sda5的UUID信息。

```
[root@rhel ~]# ls -l /dev/disk/by-uuid
总用量 0
lrwxrwxrwx. 1 root root 10 12月 26 14:56 500f998a-a4c9-43d8-b468-109a42787ec8 -> ../../sda2
lrwxrwxrwx. 1 root root 10 12月 26 14:56 b6d87c93-6c54-48f3-9295-ec0f7b92c9f3 -> ../../sda1
lrwxrwxrwx. 1 root root 10 12月 26 14:56 d8636446-9878-4437-b43c-50d71af8beba -> ../../sda3
lrwxrwxrwx. 1 root root 10 12月 26 15:02 f084b8a6-c9ab-425b-99da-b64cb35e4fc2 -> ../../sda5
//磁盘分区/dev/sda5的UUID是f084b8a6-c9ab-425b-99da-b64cb35e4fc2
```

然后编辑/etc/fstab文件，在该文件末尾添加下列内容。

```
UUID= f084b8a6-c9ab-425b-99da-b64cb35e4fc2   /mnt/www   xfs  defaults   1 2
```

3. 使用卷标

先使用以下命令查看磁盘分区/dev/sda5的卷标信息。

```
[root@rhel ~]# xfs_admin -l /dev/sda5
label = "www"
//磁盘分区/dev/sda5的卷标是www
```

备注：

为xfs文件系统/dev/sda5设置卷标使用命令xfs_admin –L www /dev/sda5。为ext4文件系统/dev/sda6设置卷标使用命令e2label /dev/sda6 ftp。

第10章 磁盘和文件系统管理

然后编辑/etc/fstab文件，在该文件末尾添加下列内容。

```
LABEL=www      /mnt/www      xfs      defaults      1 2
```

不管是使用设备名、UUID还是卷标设置开机自动挂载文件系统，重启计算机系统以后，使用df命令查看文件系统是否已经挂载，如下所示。

```
[root@rhel ~]# df
文件系统          1K-块    已用      可用 已用% 挂载点
/dev/sda3      157209600 4765224 152444376    4% /
devtmpfs          486056       0    486056    0% /dev
tmpfs             500668      84    500584    1% /dev/shm
tmpfs             500668   13516    487152    3% /run
tmpfs             500668       0    500668    0% /sys/fs/cgroup
/dev/sda1        1038336  166260    872076   17% /boot
tmpfs             100136      28    100108    1% /run/user/0
/dev/sda5      104806400   32928 104773472    1% /mnt/www
//已经开机自动挂载/dev/sda5磁盘分区到/mnt/www目录
```

10.8 检查并修复文件系统错误

使用xfs_repair命令可以检查xfs文件系统并尝试修复系统的错误。只有先卸载文件系统以后，才能对该文件系统进行检查修复。

xfs_repair命令语法：

```
xfs_repair [选项] [设备]
```

xfs_repair命令中各选项的含义如表10.11所示。

表10.11 xfs_repair命令选项的含义

选项	选项含义
-f	设备是一个文件
-n	不修改模式，只是检查损坏的文件系统
-v	输出详细信息
-d	修复危险

例10.21：检查并修复磁盘分区/dev/sda5的文件系统。

```
[root@rhel ~]# umount /dev/sda5
//卸载磁盘分区/dev/sda5
[root@rhel ~]# xfs_repair /dev/sda5
Phase 1 - find and verify superblock...
Phase 2 - using internal log
        - zero log...
        - scan filesystem freespace and inode maps...
        - found root inode chunk
Phase 3 - for each AG...
        - scan and clear agi unlinked lists...
        - process known inodes and perform inode discovery...
        - agno = 0
        - agno = 1
        - agno = 2
        - agno = 3
        - process newly discovered inodes...
Phase 4 - check for duplicate blocks...
```

Linux深度攻略

```
        - setting up duplicate extent list...
        - check for inodes claiming duplicate blocks...
        - agno = 0
        - agno = 1
        - agno = 2
        - agno = 3
Phase 5 - rebuild AG headers and trees...
        - reset superblock...
Phase 6 - check inode connectivity...
        - resetting contents of realtime bitmap and summary inodes
        - traversing filesystem ...
        - traversal finished ...
        - moving disconnected inodes to lost+found ...
Phase 7 - verify and correct link counts...
done
```

例10.22：只检查磁盘分区/dev/sda5的文件系统，不对其进行修改。

```
[root@rhel ~]# xfs_repair -n /dev/sda5
```

例10.23：检查磁盘分区/dev/sda5的文件系统，并修复危险。

```
[root@rhel ~]# xfs_repair -d /dev/sda5
```

10.9 使用交换空间

Linux系统中的交换空间在物理内存被用完时使用。如果系统需要更多的内存资源，而物理内存已经用完，内存中不活跃的页就会被转移到交换空间中。虽然交换空间可以为带有少量内存的计算机提供帮助，但是这种方法不应该被当作对内存的替代。

用户有时需要在安装Linux系统后添加更多的交换空间，这可以通过添加一个交换分区（推荐优先使用）或添加一个交换文件来实现。交换空间的总大小一般为计算机物理内存的1～2倍左右，计算机物理内存越大，这个倍数越小。

10.9.1 使用交换分区

本节以实例的方式讲解如何添加交换分区和删除交换分区。

1. 添加交换分区

添加一个交换分区（/dev/sda5）的具体步骤以下。

（1）创建磁盘分区。

已经使用fdisk命令创建好了/dev/sda5分区， 该分区大小为1GB，使用以下命令查看/dev/sda5分区信息。

```
[root@rhel ~]# fdisk -l /dev/sda

磁盘 /dev/sda：536.9 GB, 536870912000 字节，1048576000 个扇区
Units = 扇区 of 1 * 512 = 512 bytes
扇区大小(逻辑/物理)：512 字节 / 512 字节
I/O 大小(最小/最佳)：512 字节 / 512 字节
磁盘标签类型：dos
磁盘标识符：0x0008d75b
```

```
 设备 Boot      Start       End      Blocks   Id  System
/dev/sda1   *      2048    2099199    1048576   83  Linux
/dev/sda2       2099200    6293503    2097152   82  Linux swap / Solaris
/dev/sda3       6293504  320866303  157286400   83  Linux
/dev/sda4     320866304 1048575999  363854848    5  Extended
/dev/sda5     320868352  322965503    1048576   83  Linux
```

（2）创建交换分区。

使用mkswap命令可以用来将磁盘分区或将文件设置为Linux系统的交换分区。

mkswap命令语法：

```
mkswap [选项] [设备|文件]
```

mkswap命令中各选项的含义如表10.12所示。

表10.12　mkswap命令选项的含义

选项	选项含义
-c	建立交换分区前，先检查设备是否有坏块
-p <页大小>	指定使用的页大小
-L <卷标>	指定一个卷标，以后使用sawpon命令时可以使用这个卷标
-U <UUID>	指定使用的UUID

假设将分区/dev/sda5创建为交换分区，在Shell提示下以root用户身份输入以下命令。

```
[root@rhel ~]# mkswap /dev/sda5
正在设置交换空间版本 1，大小 = 1048572 KiB
无标签，UUID=ce72c80a-7f64-4402-9216-d870471c7701
//将/dev/sda5分区创建为交换分区
[root@rhel ~]# free
            total      used       free     shared  buff/cache   available
Mem:      1001336    597236      82896       5132      321204      211828
Swap:     2097148      5056    2092092
//因为当前还没有启用交换分区，所以使用free命令无法看到swap容量增加
```

（3）启用交换分区。

使用swapon命令可以用来启用Linux系统的交换分区。

swapon命令语法：

```
swapon [选项] [设备]
```

swapon命令中各选项的含义如表10.13所示。

表10.13　swapon命令选项的含义

选项	选项含义
-a	将/etc/fstab文件中所有设置为swap的设备，启动为交换区
-v	显示详细信息
-p <优先级>	指定交换分区的优先级
-s	显示交换分区的使用状况
-L <卷标>	使用设备的卷标
-U <UUID>	使用设备的UUID

输入以下命令启用交换分区/dev/sda5。

```
[root@rhel ~]# swapon /dev/sda5
//启用交换分区/dev/sda5
[root@rhel ~]# free
            total      used       free     shared  buff/cache   available
```

```
Mem:      1001336     597804     82256      5132     321276     211280
Swap:    3145720      5056    3140664
//因为当前已经启用了交换分区/dev/sda5，所以总的交换分区容量已经增加了
```

（4）确认已经启用交换分区。

创建并启用了交换分区之后，使用以下命令查看交换分区是否已被启用。

```
[root@rhel ~]# cat /proc/swaps
Filename                    Type         Size    Used    Priority
/dev/sda2                   partition    2097148 5048    -1
/dev/sda5                   partition    1048572 0       -2
//可以看到当前计算机的swap分区由/dev/sda2和/dev/sda5这两个分区构成
```

（5）编辑/etc/fstab文件。

如果需要在系统启动引导时启用交换分区，编辑/etc/fstab文件添加以下内容。然后在系统下次引导时，就会启用新建的交换分区。

```
/dev/sda5          swap          swap    defaults     0 0
```

2. 删除交换分区

当不再需要某个交换分区时，可以使用以下步骤将其删除。

（1）禁用交换分区。

使用swapoff 命令可以用来禁用Linux系统的交换分区。

swapoff命令语法：

```
swapoff [选项] [设备]
```

swapoff命令中各选项的含义如表10.14所示。

表10.14　swapoff命令选项的含义

选项	选项含义
-a	禁用所有交换设备
-L <卷标>	使用设备的卷标
-U <UUID>	使用设备的UUID
-v	显示详细信息

在Shell提示下以root用户身份输入以下命令禁用交换分区（这里的/dev/sda5是交换分区）。

```
[root@rhel ~]# swapoff /dev/sda5
[root@rhel ~]# free
            total      used      free     shared  buff/cache   available
Mem:      1001336    344364    175328      7308     481644     468968
Swap:    2097148          0   2097148
```

（2）编辑/etc/fstab文件。

如果需要在系统引导时不启用交换分区，编辑/etc/fstab文件删除以下内容。然后在系统下次引导时，就不会启用交换分区。

```
/dev/sda5          swap          swap    defaults     0 0
```

10.9.2　使用交换文件

本节以实例的方式讲解如何添加交换文件和删除交换文件。

1. 添加交换文件

添加一个交换文件（/swapfile）的具体步骤以下。

（1）创建/swapfile文件。

在Shell提示下以root用户身份输入以下命令创建/swapfile文件，其中的bs表示块大小。

```
[root@rhel ~]# dd if=/dev/zero of=/swapfile bs=1G count=1
记录了1+0 的读入
记录了1+0 的写出
1073741824字节(1.1 GB)已复制，502.515 秒，2.1 MB/秒
//创建/swapfile文件，该文件大小为1GB（文件块大小为1GB，总共1个块）
[root@rhel ~]# ls -l /swapfile
-rw-r--r--. 1 root root 1073741824 12月 26 14:27 /swapfile
//可以看到已经创建了/swapfile文件，该文件大小为1GB
```

（2）创建交换文件。

使用以下命令创建交换文件/swapfile。

```
[root@rhel ~]# mkswap /swapfile
正在设置交换空间版本 1，大小 = 1048572 KiB
无标签，UUID=5a4fb8bb-55a6-4e06-80df-626abe72a9d9
```

（3）启用交换文件。

使用以下命令启用交换文件/swapfile。

```
[root@rhel ~]# swapon /swapfile
swapon: /swapfile：不安全的权限 0644，建议使用 0600。
```

（4）查看交换文件是否被启用。

新添了交换文件并启用它之后，使用以下命令确保交换文件已被启用了。

```
[root@rhel ~]# free
        total     used     free    shared  buff/cache   available
Mem:    1001336   265080   576204     224   160052    573248
Swap:   3145720   347800   2797920
[root@rhel ~]# cat /proc/swaps
Filename                    Type        Size    Used    Priority
/dev/sda2                   partition   2097148 347792  -1
/swapfile                   file        1048572 0       -2
```

（5）编辑/etc/fstab文件。

如果需要在系统引导时启用交换文件，编辑/etc/fstab文件添加以下内容。然后在系统下次引导时，就会启用新建的交换文件。

```
/swapfile        swap        swap    defaults     0 0
```

2. 删除交换文件

当某个交换文件不再需要时，可以使用以下步骤将其删除。

（1）禁用交换文件。

在Shell提示下以root用户身份执行以下命令来禁用交换文件（这里的/swapfile是交换文件）。

```
[root@rhel ~]# swapoff /swapfile
[root@rhel ~]# free
        total     used     free    shared  buff/cache   available
Mem:    1001336   266280   574964     224   160092    572064
Swap:   2097148   347236   1749912
```

（2）删除/swapfile文件。

输入以下命令删除/swapfile文件。

```
[root@rhel ~]# rm -rf /swapfile
```

（3）编辑/etc/fstab文件。

如果需要在系统引导时不启用交换文件，编辑/etc/fstab文件删除以下内容。然后在系统下次引导时，就不会启用交换文件。

```
/swapfile          swap          swap    defaults       0 0
```

10.10 磁盘配额

10.10.1 磁盘配额简介

在默认情况下，Linux系统并不限制用户使用磁盘空间的容量。如果某个用户的文件将磁盘占满，将导致系统无法进行写入操作，从而导致系统崩溃。因此Linux系统提供了限制用户使用磁盘空间容量的手段，以促使每个用户合理、有效地使用分配给他的空间。

Linux系统可以通过设置磁盘配额来限制用户使用磁盘空间，因此当用户使用了过多的磁盘空间或分区空间将要用尽时，系统管理员就会收到警告。磁盘配额可以为用户和组群配置，这种灵活性既能够给每个用户分配一个较小的配额来处理个人文件（如电子邮件和报告），又使他们正从事的项目能够拥有较大的配额。

除此以外，磁盘配额不仅能够被设置成对所使用磁盘块数量的控制，还能够被设置成inode（索引节点）数量的控制。由于inode包含文件相关的信息，磁盘配额能够控制inode可被创建的文件数量。

磁盘配额在实际使用时，是针对磁盘分区进行限制的，比如/dev/sda5分区挂载在/home目录下，那么，在/home下面的所有目录都将会受到限制。

磁盘配额可以设置软限制和硬限制两种方式。

- 软限制：一个用户在一定的时间范围内（默认为七天）超过其限制的额度，在不超出硬限制的范围内可以继续使用空间，系统会发出警告。但是如果用户达到时间期限仍未释放空间到软限制的额度下，系统将不再允许该用户使用更多的空间；
- 硬限制：一个用户可拥有的磁盘空间或文件的绝对数量，绝对不允许超过这个限制。

10.10.2 配置磁盘配额

下面以实例的方式讲述在Linux系统上设置并测试磁盘配额功能。

1. 安装quota软件包

要实现磁盘配额功能，必须在Linux系统上安装quota和xfsprogs软件包。

在Linux系统中使用下列命令查看quota和xfsprogs软件包是否已经安装，如果没有请事先安装好。

```
[root@rhel ~]# rpm -q quota
quota-4.01-11.el7.x86_64
[root@rhel ~]# rpm -q xfsprogs
xfsprogs-3.2.2-2.el7.x86_64
```

使用以下命令安装quota和xfsprogs软件包。

```
[root@rhel ~]# cd /run/media/root/RHEL-7.2\ Server.x86_64/Packages
//进入Linux系统安装光盘软件包目录
```

```
[root@rhel Packages]# rpm -ivh quota-4.01-11.el7.x86_64.rpm
警告：quota-4.01-11.el7.x86_64.rpm: 头V3 RSA/SHA256 Signature, 密钥 ID fd431d51: NOKEY
准备中...                    ################################# [100%]
正在升级/安装...
   1:quota-1:4.01-11.el7              ################################# [100%]
[root@rhel Packages]# rpm -ivh xfsprogs-3.2.2-2.el7.x86_64.rpm
警告：xfsprogs-3.2.2-2.el7.x86_64.rpm: 头V3 RSA/SHA256 Signature, 密钥 ID fd431d51: NOKEY
准备中...                    ################################# [100%]
正在升级/安装...
   1:xfsprogs-3.2.2-2.el7             ################################# [100%]
```

2. 创建磁盘分区和文件系统

创建/dev/sda5磁盘分区，分区容量大小为100GB，格式化成xfs文件系统，完成这些工作以后使用以下命令查看。

```
[root@rhel ~]# fdisk -l /dev/sda

磁盘 /dev/sda：536.9 GB, 536870912000 字节，1048576000 个扇区
Units = 扇区 of 1 * 512 = 512 bytes
扇区大小(逻辑/物理)：512 字节 / 512 字节
I/O 大小(最小/最佳)：512 字节 / 512 字节
磁盘标签类型：dos
磁盘标识符：0x0008d75b

   设备 Boot      Start         End      Blocks   Id  System
/dev/sda1   *        2048     2099199     1048576   83  Linux
/dev/sda2         2099200     6293503     2097152   82  Linux swap / Solaris
/dev/sda3         6293504   320866303   157286400   83  Linux
/dev/sda4       320866304  1048575999   363854848    5  Extended
/dev/sda5       320868352   530583551   104857600   83  Linux
//磁盘分区/dev/sda5容量100GB，用来做磁盘配额实验
```

接下来挂载文件系统，将/dev/sda5磁盘分区挂载到/home目录上。

```
[root@rhel ~]# mount -t xfs /dev/sda5 /home
   //将/dev/sda5磁盘分区挂载到/home目录上
[root@rhel ~]# df
文件系统            1K-块    已用      可用 已用% 挂载点
/dev/sda3       157209600 4752576 152457024    4% /
devtmpfs           486056       0    486056    0% /dev
tmpfs              500668      84    500584    1% /dev/shm
tmpfs              500668    7208    493460    2% /run
tmpfs              500668       0    500668    0% /sys/fs/cgroup
/dev/sda1         1038336  166260    872076   17% /boot
tmpfs              100136      16    100120    1% /run/user/42
tmpfs              100136       0    100136    0% /run/user/0
/dev/sda5       104806400   32928 104773472    1% /home
```

3. 修改挂载参数

（1）启用用户和组群磁盘配额。

修改/etc/fstab文件，在需要设置磁盘配额的文件系统上添加usrquota和grpquota选项。usrquota用于启用用户磁盘配额，grpquota用于启用组群磁盘配额。

在下面的例子中，在/dev/sda5文件系统上启用了用户和组群磁盘配额功能。

```
UUID=d8636446-9878-4437-b43c-50d71af8beba  /          xfs     defaults      0 0
UUID=b6d87c93-6c54-48f3-9295-ec0f7b92c9f3   /boot        xfs     defaults      0 0
UUID=500f998a-a4c9-43d8-b468-109a42787ec8   swap        swap    defaults      0 0
/dev/sda5                        /home    xfs    defaults,usrquota,grpquota  1 2
```

（2）重新挂载文件系统。

添加了usrquota和grpquota选项后，重新挂载/etc/fstab文件中被修改的文件系统。如果这个文件系统没有被任何进程使用，那么重新挂载就可以了。

使用以下命令重新挂载/dev/sda5分区的文件系统。

```
[root@rhel ~]# umount /dev/sda5
[root@rhel ~]# mount -o uquota,gquota /dev/sda5 /home
```

如果这个文件系统正在被使用，重新挂载该文件系统最简单的方法就是重新启动Linux系统。

使用以下命令重新启动Linux系统。

```
[root@rhel ~]# systemctl reboot
```

（3）查看挂载选项。

使用以下命令查看/dev/sda5分区的挂载情况，显示“usrquota,grpquota”表示已经启用用户和组群磁盘配额。

```
[root@rhel ~]# mount|grep /dev/sda5
/dev/sda5 on /home type xfs (rw,relatime,seclabel,attr2,inode64,usrquota,grpquota)
```

4. 创建磁盘配额测试用户

创建用户zhangsan并为其设置密码。

```
[root@rhel ~]# useradd zhangsan
[root@rhel ~]# passwd zhangsan
更改用户 zhangsan 的密码 。
新的 密码：                        //为用户zhangsan设置密码
重新输入新的 密码：                //再次输入用户zhangsan要设置的密码
passwd：所有的身份验证令牌已经成功更新。
```

5. 设置磁盘配额

使用xfs_quota命令可以管理xfs文件系统的磁盘配额。

xfs_quota命令语法：

```
xfs_quota [选项] [路径]
```

xfs_quota命令中各选项的含义如表10.15所示。

表10.15　xfs_quota命令选项的含义

选项	选项含义
-x	使用专家模式，只有此模式才能设置配额
-c <命令>	启用命令模式
report [-gpu] [-bir] [-ahntLNU] [-f <文件>]	报告文件系统的配额信息
limit [-gpu] bsoft=N | bhard=N | isoft=N | ihard=N | rtbsoft=N | rtbhard=N -d | id | name	设置配额块限制（bhard/bsoft）和inode数限制（ihard/isoft）和/或实时块限制（rtbhard/rtbsoft）
warn [-gpu] [-bir] value -d | id | name	允许配额警告限制（即警告将被发送的次数超过配额）的人查看和修改。此功能目前未实现
timer [-gpu] [-bir] value	允许配额执行超时的时间（即允许通过软限制之前执行硬限制）被修改。value单位可以是minutes、hours、days和weeks，也可以简写为m、h、d和w

续表

选项	选项含义
enable [-gpu] [-v]	启用磁盘配额
disable [-gpu] [-v]	禁用磁盘配额
off [-gpu] [-v]	永久关闭当前路径发现的文件系统的配额
dump [-gpu] [-f <文件>]	备份磁盘配额限制信息
restore [-gpu] [-f <文件>]	从备份文件中恢复磁盘配额限制
state [-gpu] [-av] [-f <文件>]	报告整体配额状态信息

使用以下命令在/home（/dev/sda5分区）上设置磁盘配额，软限制为10MB，硬限制为13MB。

```
[root@rhel ~]# xfs_quota -x -c 'limit bsoft=10M bhard=13M -u zhangsan' /home
```

使用以下命令再次查看/home（/dev/sda5分区）磁盘配额的设置情况。

```
[root@rhel ~]# xfs_quota -x -c 'report' /home
User quota on /home (/dev/sda5)
                    Blocks
User ID       Used     Soft     Hard   Warn/Grace
---------- --------------------------------------------------
root          0          0          0     00 [--------]
zhangsan      0      10240      13312     00 [--------]

Group quota on /home (/dev/sda5)
                    Blocks
Group ID       Used     Soft     Hard   Warn/Grace
---------- --------------------------------------------------
root          0        0        0    00 [--------]
```

6. 测试磁盘配额

以用户zhangsan身份登录Linux系统，使用以下命令测试磁盘配额。

```
[root@rhel ~]# su - zhangsan
//以用户zhangsan登录系统
[zhangsan@rhel ~]$ dd if=/dev/zero of=/home/zhangsan/a bs=10M count=1
记录了1+0 的读入
记录了1+0 的写出
10485760字节(10 MB)已复制，0.420237 秒，25.0 MB/秒
//使用dd命令创建/home/zhangsan/a文件，该文件大小为10M
[zhangsan@rhel ~]$ dd if=/dev/zero of=/home/zhangsan/b bs=2M count=1
记录了1+0 的读入
记录了1+0 的写出
2097152字节(2.1 MB)已复制，0.00510667 秒，411 MB/秒
[zhangsan@rhel ~]$ dd if=/dev/zero of=/home/zhangsan/c bs=1M count=1
dd: 写入"/home/zhangsan/c" 出错: 超出磁盘限额
记录了1+0 的读入
记录了0+0 的写出
1028096字节(1.0 MB)已复制，0.00291267 秒，353 MB/秒
//已经达到磁盘配额软限制，但是还可以创建文件
[zhangsan@rhel ~]$ dd if=/dev/zero of=/home/zhangsan/d bs=1M count=1
dd: 打开"/home/zhangsan/d" 失败: 超出磁盘限额
//已经达到磁盘配额硬限制，无法再创建文件了
[zhangsan@rhel ~]$ ls -l /home/zhangsan
总用量 13292
-rw-rw-r--. 1 zhangsan zhangsan 10485760 6月  20 23:26 a
```

```
-rw-rw-r--. 1 zhangsan zhangsan  2097152 6月  20 23:26 b
-rw-rw-r--. 1 zhangsan zhangsan  1028096 6月  20 23:26 c
//用户zhangsan在/home/zhangsan目录下创建了3个文件
```

使用以下命令查看当前/home（/dev/sda5分区）上磁盘配额的使用情况。

```
[root@rhel ~]# xfs_quota -x -c 'report' /home
User quota on /home (/dev/sda5)
                    Blocks
User ID       Used     Soft     Hard   Warn/Grace
---------- --------------------------------------------------
root              0          0          0    00 [--------]
zhangsan      13312    10240    13312    00  [6 days]

Group quota on /home (/dev/sda5)
                    Blocks
Group ID      Used     Soft     Hard   Warn/Grace
---------- --------------------------------------------------
root              0        0        0    00 [--------]
zhangsan      13312        0        0    00 [--------]
```

10.10.3　显示磁盘使用情况和限制

设置磁盘配额以后就需要实时观察配额的使用情况，查看磁盘配额是否被超出并确保配额的正确性。当然，如果用户屡次超出他们的配额或者持续地达到他们的软限制，系统管理员就可以根据用户类型和磁盘空间对他们工作的影响来做出决策。管理员可以帮助用户决定对磁盘空间的使用，也可以按需要增加用户的配额。

使用quota命令可以用来显示磁盘空间的使用情况和磁盘配额的限制情况。

quota命令语法：

```
quota [选项] [用户|组群]
```

quota命令中各选项的含义如表10.16所示。

表10.16　quota命令选项的含义

选项	选项含义
-u	显示用户配额
-g	显示组群配额
-q	显示更简洁的信息
-v	显示更详细的信息
-s	以MB、GB等方式显示
-f <文件系统>	只显示指定文件系统的配额信息
-i	不查询autofs挂载点
-A	显示所有NFS挂载点配额
-p	显示宽限时间

例10.24：显示用户zhangsan的磁盘使用情况和限制。

```
[root@rhel ~]# su - zhangsan
//以用户zhangsan登录系统
[zhangsan@rhel ~]$ quota
Disk quotas for user zhangsan (uid 1000):
   Filesystem  blocks   quota   limit   grace   files   quota   limit   grace
   /dev/sda5   13312*  10240   13312   6days      15       0       0
```

grace：宽限时间。这个就是当达到软限制，还没有达到硬限制的时候，用来提醒用户的天数。如果在警告的天数之内，用户都不进行任何磁盘管理操作，那么软限制值会即刻取代硬限制值来作为quota的限制，就算没有达到硬限制，也用不了了。

例10.25：显示用户zhangsan的磁盘使用情况和限制。

```
[root@rhel ~]# quota zhangsan
Disk quotas for user zhangsan (uid 1000):
   Filesystem  blocks   quota   limit   grace   files   quota   limit   grace
    /dev/sda5  13312*  10240  13312  6days     15      0       0
```

例10.26：显示组群sales的磁盘使用情况和限制。

```
[root@rhel ~]# quota -g sales
```

10.10.4 查看文件系统配额摘要

使用repquota命令可以显示指定文件系统的使用和配额的摘要，清楚每一位用户或每一个组群已使用多少磁盘空间。

repquota命令语法：

```
repquota [选项] [文件系统]
```

repquota命令中各选项的含义如表10.17所示。

表10.17 repquota命令选项的含义

选项	选项含义
-a	列出/etc/mtab文件中有加入配额设置的分区使用状况，包括用户和组群
-g	列出所有组群的磁盘空间限制
-u	列出所有用户的磁盘空间限制
-v	显示该用户或组群的所有空间限制
-s	以MB、GB等方式显示
-p	显示宽限时间

例10.27：查看/home目录所在文件系统的配额摘要。

```
[root@rhel ~]# repquota /home
*** Report for user quotas on device /dev/sda5
Block grace time: 7days; Inode grace time: 7days
                    Block limits              File limits
User          used    soft    hard   grace    used   soft   hard   grace
----------------------------------------------------------------------
root      --      0       0       0              3      0      0
zhangsan  +-  13312   10240  13312  6days       15      0      0
//在这里使用repquota /dev/sda5命令和repquota /home是一样的效果，因为/dev/sda5挂载在/home目录
```

显示在每个用户后面的“--”用于判断用户是否超出其block限制和inode限制。如果任何一个软限制被超出，相应的“-”行就会被“+”代替；第一个“-”代表block限制，第二个“-”代表inode限制。

grace列通常是空白。如果某个软限制被超出，这一列就会包含过渡期中的剩余时间。如果过渡期已超过了，其中就会显示none。

例10.28：查看所有启用配额的文件系统的配额摘要。

```
[root@rhel ~]# repquota -a
*** Report for user quotas on device /dev/sda5
Block grace time: 7days; Inode grace time: 7days
                    Block limits              File limits
```

```
User        used   soft   hard  grace   used  soft  hard  grace
----------------------------------------------------------------------
root      --     0     0     0           3    0    0
zhangsan  +-  13312  10240  13312  6days    15    0    0
```

10.10.5 关闭磁盘配额

使用quotaoff命令可以关闭指定文件系统的磁盘配额空间限制。

quotaoff命令语法：

```
quotaoff [选项] [文件系统]
```

quotaoff命令中各选项的含义如表10.18所示。

表10.18 quotaoff命令选项的含义

选项	选项含义
-u	关闭用户的磁盘配额
-g	关闭组群的磁盘配额
-v	显示命令执行过程
-a	关闭在/etc/fstab文件里，有加入磁盘配额设置的分区的空间限制
-f	使得磁盘配额关闭

例10.29：关闭/home目录所在文件系统的磁盘配额。

```
[root@rhel ~]# quotaoff -vug /home
Disabling group quota enforcement on /dev/sda5
/dev/sda5: group quotas turned off
Disabling user quota enforcement on /dev/sda5
/dev/sda5: user quotas turned off
```

10.10.6 启用磁盘配额

使用quotaon命令可以启用磁盘配额。执行quotaon命令可以开启用户和组群的磁盘配额空间限制。

quotaon命令语法：

```
quotaon [选项] [文件系统]
```

quotaon命令中各选项的含义如表10.19所示。

表10.19 quotaon命令选项的含义

选项	选项含义
-a	开启在/ect/fstab文件里，有加入磁盘配额设置的分区的磁盘配额
-g	开启组群的磁盘配额
-u	开启用户的磁盘配额
-v	显示命令执行过程
-f	关闭磁盘配额

例10.30：启用/home目录所在文件系统的磁盘配额。

```
[root@rhel ~]# quotaon -vug /home
Enabling group quota enforcement on /dev/sda5
/dev/sda5: group quotas turned on
Enabling user quota enforcement on /dev/sda5
/dev/sda5: user quotas turned on
```

第11章 逻辑卷管理

11.1 LVM简介

LVM（Logical Volume Manager，逻辑卷管理）是在磁盘分区和文件系统之间添加的一个逻辑层，用来为文件系统屏蔽下层磁盘分区布局，提供一个抽象的盘卷，并在盘卷上建立文件系统。

11.1.1 LVM概念

LVM是Linux系统上对磁盘分区进行管理的一种机制，是建立在硬盘和分区之上的一个逻辑层，用来提高磁盘分区管理的灵活性。

通过LVM可以轻松管理磁盘分区，比如将若干个磁盘分区连接为一个整块的卷组，形成一个存储池。管理员可以在卷组上随意创建逻辑卷，并进一步在逻辑卷上创建文件系统。管理员通过LVM可以方便地调整存储卷组的大小，并且可以对磁盘存储按照组的方式进行命名、管理和分配。而且当系统添加了新的磁盘，通过LVM就不必将磁盘的文件移动到新的磁盘上以充分利用新的存储空间，而是直接扩展文件系统跨越磁盘即可。

安装Linux系统时，遇到的一个最常见的问题就是如何正确地评估各分区大小，以分配合适的硬盘空间。而遇到出现某个分区空间耗尽时，解决的方法通常是使用符号链接，或者使用调整分区大小的工具，但这都只是暂时解决办法，没有根本解决问题。随着LVM功能的出现，这些问题都迎刃而解，用户在无须停机的情况下方便地调整各个分区的大小。

LVM是一种把硬盘驱动器空间分配成逻辑卷的方法，这样硬盘就不必使用分区而被简易地重划大小，以便可以弹性地调整磁盘空间。使用LVM，硬盘或硬盘集合就会分配给一个或多个物理卷。物理卷无法跨越一个以上硬盘。物理卷被合并成卷组，如图11.1所示。唯一的例外是/boot分区，/boot分区不能位于卷组上，因为引导装载程序无法读取它。如果希望把/分区放在逻辑卷上，需要创建一个分开的/boot分区，它不属于卷组的一部分。由于物理卷无法跨越多个硬盘，如果希望让卷组跨越多个硬盘，就应该在每个硬盘上创建一个或多个物理卷。

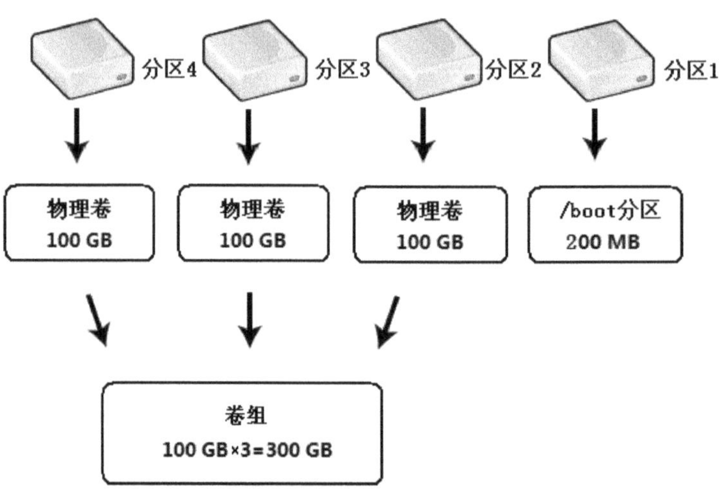

图11.1 物理卷和卷组

卷组被分成逻辑卷，它们被分配了挂载点（如/home和/）以及文件系统类型（如xfs）。当分区达到了它们的极限，卷组中的空闲空间就可以被添加给逻辑卷来增加分区的大小。当某个新的硬盘被添加到系统上，它可以被添加到卷组中。逻辑卷是可以扩展的分区，如图11.2所示。

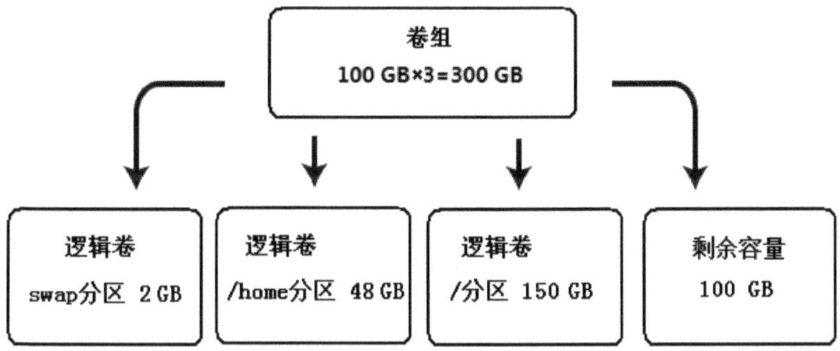

图11.2 卷组和逻辑卷

11.1.2 使用LVM的优点

传统的文件系统是基于普通分区的，这种方式比较直观，但不容易改变。

当使用普通分区时，具有以下缺点。

- 不同的分区相对独立，没有相互联系，各分区空间很容易不平衡，空间不能被充分利用。
- 当一个分区容量已满时，无法对其扩充，只能采用重新分区的方式，非常麻烦；或把分区中的数据移到另一个更大的分区中；或采用符号连接的方式使用其他分区的空间。
- 如果要把硬盘上的多个分区合并在一起使用，只能采用再分区的方式，这个过程需要数据的备份与恢复。

当采用LVM时，具有以下优点。

- 硬盘的多个分区由LVM统一为卷组管理，可以方便地加入或移走分区以扩大或减小卷组的可用容量，充分利用硬盘空间。
- 文件系统建立在逻辑卷上，而逻辑卷可根据需要改变大小（在卷组容量范围内）以满足要求。
- 文件系统建立在LVM上，可以跨分区，以方便使用。

11.1.3 LVM相关术语

非LVM系统将包含分区信息的元数据保存在位于分区起始位置的分区表中，而逻辑卷以及卷组相关的元数据保存在位于物理卷起始处的VGDA（卷组描述符区域）中。VGDA包括PV描述符、VG描述符、LV描述符以及一些PE描述符等内容。

系统启动LVM时激活VG，并将VGDA加载至内存，来识别LV的实际物理存储位置。当系统进行I/O操作时，就会根据VGDA建立的映射机制来访问实际的物理位置。

1. 物理存储介质

这里是指系统的存储设备——硬盘，是存储系统最底层的存储单元。

2. 物理卷（PV）

物理卷就是指硬盘分区或者从逻辑上与磁盘分区具有同样功能的设备（如RAID），是LVM的基本存储逻辑块，但和基本的物理存储介质（如分区、磁盘等）比较，却包含与LVM相关的管理参数。

3. 卷组（VG）

LVM卷组类似于非LVM系统中的物理硬盘，是由物理卷组成。在卷组上可以创建一个或多个逻辑卷，LVM卷组由一个或多个物理卷组成。

4. 逻辑卷（LV）

LVM的逻辑卷类似于非LVM系统中的硬盘分区，在逻辑卷之上可以建立文件系统（比如/home或者/等）。

5. 物理区（PE）

每一个物理卷被划分为称为PE的基本单元，具有唯一编号的PE是可以被LVM寻址的最小单元。PE的大小是可配置的，默认为4MB。

6. 逻辑区（LE）

逻辑卷也被划分为被称为LE的可被寻址的基本单位。在同一个卷组中，LE的大小和PE是相同的，并且一一对应。

11.2 LVM配置和使用

以下将以实例的方式讲述LVM的配置、为LVM创建文件系统以及挂载使用等内容。

11.2.1 为LVM创建磁盘分区

在创建物理卷之前必须先对磁盘进行分区，并且将磁盘分区的类型设置为8e，之后才能将分区初始化为物理卷。

在磁盘上创建磁盘分区/dev/sda5、/dev/sda6和/dev/sda7，每个分区容量都是100GB，文件系统为8e，也就是Linux LVM。

```
[root@rhel ~]# fdisk /dev/sda
欢迎使用 fdisk (util-linux 2.23.2)。

更改将停留在内存中，直到您决定将更改写入磁盘。
使用写入命令前请三思。


命令(输入 m 获取帮助)：n
Partition type:
   p   primary (3 primary, 0 extended, 1 free)
   e   extended
Select (default e): e
//在此输入e，开始创建扩展分区
已选择分区 4
起始 扇区 (320866304-1048575999，默认为 320866304)：
//直接按回车键，从磁盘剩余起始扇区开始创建扩展分区
将使用默认值 320866304
Last 扇区, +扇区 or +size{K,M,G} (320866304-1048575999，默认为 1048575999)：
//直接按回车键，则从第320866304个扇区到最后一个扇区均为扩展分区
将使用默认值 1048575999
```

```
分区 4 已设置为 Extended 类型，大小设为 347 GiB

命令(输入 m 获取帮助)：n
//在此输入n，开始创建第一个逻辑驱动器
All primary partitions are in use
添加逻辑分区 5
起始 扇区 (320868352-1048575999，默认为 320868352)：
//直接按回车键，从磁盘剩余起始扇区开始创建逻辑驱动器
将使用默认值 320868352
Last 扇区, +扇区 or +size{K,M,G} (320868352-1048575999，默认为 1048575999)：+100G
//在此输入"+100G"，代表创建容量为100GB的逻辑驱动器
分区 5 已设置为 Linux 类型，大小设为 100 GiB

命令(输入 m 获取帮助)：n
All primary partitions are in use
添加逻辑分区 6
起始 扇区 (530585600-1048575999，默认为 530585600)：
将使用默认值 530585600
Last 扇区, +扇区 or +size{K,M,G} (530585600-1048575999，默认为 1048575999)：+100G
分区 6 已设置为 Linux 类型，大小设为 100 GiB

命令(输入 m 获取帮助)：n
All primary partitions are in use
添加逻辑分区 7
起始 扇区 (740302848-1048575999，默认为 740302848)：
将使用默认值 740302848
Last 扇区, +扇区 or +size{K,M,G} (740302848-1048575999，默认为 1048575999)：+100G
分区 7 已设置为 Linux 类型，大小设为 100 GiB

命令(输入 m 获取帮助)：t
//在此输入t，开始转换分区类型
分区号 (1-7，默认 7)：5
//输入分区号码，在此输入5，说明要转换/dev/sda5分区的类型
Hex 代码(输入 L 列出所有代码)：8e
//转换5号分区类型为8e (Linux LVM)
已将分区"Linux"的类型更改为""inux LVM"

命令(输入 m 获取帮助)：t
分区号 (1-7，默认 7)：6
Hex 代码(输入 L 列出所有代码)：8e
已将分区"Linux"的类型更改为"Linux LVM"

命令(输入 m 获取帮助)：t
分区号 (1-7，默认 7)：7
Hex 代码(输入 L 列出所有代码)：8e
已将分区"Linux"的类型更改为"Linux LVM"

命令(输入 m 获取帮助)：w
The partition table has been altered!

Calling ioctl() to re-read partition table.
```

```
WARNING: Re-reading the partition table failed with error 16: 设备或资源忙.
The kernel still uses the old table. The new table will be used at
the next reboot or after you run partprobe(8) or kpartx(8)
正在同步磁盘。
```

磁盘分区好之后，使用partprobe命令更新分区表。

```
[root@rhel ~]# partprobe
[root@rhel ~]# ls /dev/sda*
/dev/sda  /dev/sda1  /dev/sda2  /dev/sda3  /dev/sda4  /dev/sda5  /dev/sda6  /dev/sda7
```

然后使用以下命令查看当前系统磁盘分区的情况。

```
[root@rhel ~]# fdisk -l /dev/sda

磁盘 /dev/sda：536.9 GB, 536870912000 字节，1048576000 个扇区
Units = 扇区 of 1 * 512 = 512 bytes
扇区大小(逻辑/物理)：512 字节 / 512 字节
I/O 大小(最小/最佳)：512 字节 / 512 字节
磁盘标签类型：dos
磁盘标识符：0x0008d75b

   设备 Boot      Start         End      Blocks   Id  System
/dev/sda1   *        2048     2099199     1048576   83  Linux
/dev/sda2         2099200     6293503     2097152   82  Linux swap / Solaris
/dev/sda3         6293504   320866303   157286400   83  Linux
/dev/sda4       320866304  1048575999   363854848    5  Extended
/dev/sda5       320868352   530583551   104857600   8e  Linux LVM
/dev/sda6       530585600   740300799   104857600   8e  Linux LVM
/dev/sda7       740302848   950018047   104857600   8e  Linux LVM
//可以看到/dev/sda5、/dev/sda6和/dev/sda7分区类型ID都是8e
```

11.2.2 创建和查看物理卷

通过使用pvcreate、pvscan和pvdisplay这三个命令可以创建和查看物理卷。

1. 创建物理卷

使用pvcreate命令可以将物理磁盘分区初始化创建为物理卷。

pvcreate命令语法：

```
pvcreate [选项] [物理卷名]
```

pvcreate命令中各选项的含义如表11.1所示。

表11.1 pvcreate命令选项的含义

选项	选项含义
-f	强制创建物理卷，不需要用户确认
-u <UUID>	指定设备的UUID
-y	所有的问题都回答yes
-Z	是否利用前面四个扇区

例11.1：创建物理卷/dev/sda5和/dev/sda6。

```
[root@rhel ~]# pvcreate /dev/sda5 /dev/sda6
  Physical volume "/dev/sda5" successfully created
  Physical volume "/dev/sda6" successfully created
```

2. 列出物理卷

使用pvscan命令可以扫描系统中所有的硬盘，列出找到的物理卷。

pvscan命令语法：

```
pvscan [选项]
```

pvscan命令中各选项的含义如表11.2所示。

表11.2　pvscan命令选项的含义

选项	选项含义
-d	使用调试模式
-e	只显示属于输出卷组的物理卷
-n	只显示不属于任何卷组的物理卷
-s	以短格式方式输出
-u	显示UUID

例11.2：列出所有物理卷。

```
[root@rhel ~]# pvscan
 PV /dev/sda5        lvm2 [100.00 GiB]
 PV /dev/sda6        lvm2 [100.00 GiB]
 Total: 2 [200.00 GiB] / in use: 0 [0   ] / in no VG: 2 [200.00 GiB]
```

3. 显示物理卷属性

使用pvdisplay命令可以显示物理卷的相关属性，比如物理卷的名称、大小、PE大小以及UUD等信息。

pvdisplay命令语法：

```
pvdisplay [选项] [物理卷路径]
```

pvdisplay命令中各选项的含义如表11.3所示。

表11.3　pvdisplay命令选项的含义

选项	选项含义
-m	显示PE到LV和LE的映射
-s	只显示给定的物理卷的大小

例11.3：显示物理卷属性。

```
[root@rhel ~]# pvdisplay
 "/dev/sda5" is a new physical volume of "100.00 GiB"
 --- NEW Physical volume ---
 PV Name              /dev/sda5
 VG Name
 PV Size              100.00 GiB
 Allocatable           NO
 PE Size              0
 Total PE             0
 Free PE              0
 Allocated PE          0
 PV UUID              dVygOm-cstV-Zjx5-1wxm-5VHm-dubu-WkQ13v

 "/dev/sda6" is a new physical volume of "100.00 GiB"
 --- NEW Physical volume ---
 PV Name              /dev/sda6
```

```
VG Name
PV Size            100.00 GiB
Allocatable         NO
PE Size            0
Total PE           0
Free PE            0
Allocated PE        0
PV UUID            rwPABl-iJ7s-YGcQ-2cd6-T0e2-h1bm-MUUCOW
```

11.2.3 创建和查看卷组

通过使用vgcreate、vgscan和vgdisplay这三个命令可以创建和查看卷组。

1. 创建卷组

使用vgcreate命令可以创建卷组。

vgcreate命令语法：

```
vgcreate [选项] [卷组名] [物理卷路径]
```

vgcreate命令中各选项的含义如表11.4所示。

表11.4 vgcreate命令选项的含义

选项	选项含义
-l	卷组上允许创建的最大逻辑卷数
-s	卷组上的物理卷的PE大小
-p	卷组中允许添加的最大物理卷数
-f	强制创建卷组，不需要用户确认
-y	所有的问题都回答yes

例11.4：创建卷组vg1，其成员为/dev/sda5和/dev/sda6物理卷。

```
[root@rhel ~]# vgcreate vg1 /dev/sda5 /dev/sda6
 Volume group "vg1" successfully created
```

2. 列出卷组

使用vgscan命令可以查找所有的卷组。

vgscan命令语法：

```
vgscan [选项]
```

vgscan命令中各选项的含义如表11.5所示。

表11.5 vgscan命令选项的含义

选项	选项含义
-d	使用调试模式
--cache	扫描物理卷和卷组设备，并指示lvmetad守护进程，以更新其缓存状态

例11.5：列出所有卷组。

```
[root@rhel ~]# vgscan
 Reading all physical volumes.  This may take a while...
 Found volume group "vg1" using metadata type lvm2
```

3. 显示卷组属性

使用vgdisplay命令可以显示卷组的相关属性，比如卷组大小、状态、UUID、物理卷最大数量和逻辑卷最大数量等信息。如果不指定卷组名称，那么显示所有卷组的属性。

vgdisplay命令语法：

```
vgdisplay [选项] [卷组名]
```

vgdisplay命令中各选项的含义如表11.6所示。

表11.6 vgdisplay命令选项的含义

选项	选项含义
-A	只有选择激活的卷组
-s	以短格式方式输出卷组信息
-v	显示详细信息

例11.6：显示卷组信息。

```
[root@rhel ~]# vgdisplay
  --- Volume group ---
  VG Name               vg1
  System ID
  Format                lvm2
  Metadata Areas        2
  Metadata Sequence No  1
  VG Access             read/write
  VG Status             resizable
  MAX LV                0
  Cur LV                0
  Open LV               0
  Max PV                0
  Cur PV                2
  Act PV                2
  VG Size               199.99 GiB
  PE Size               4.00 MiB
  Total PE              51198
  Alloc PE / Size       0 / 0
  Free  PE / Size       51198 / 199.99 GiB
  VG UUID               VvZtWV-wI3m-62WN-8ocl-UTjf-uwlq-SO03bM
```

11.2.4 在卷组中移除和添加物理卷

可以将物理卷从卷组中移除以减少卷组的容量，也可以将物理卷添加到卷组中以增加卷组的容量。

1. 从卷组中移除物理卷

使用vgreduce命令可以从卷组中移除物理卷，但是卷组中剩余的最后一个物理卷是不能被移除的。

vgreduce命令语法：

```
vgreduce [选项] [卷组名] [物理卷路径]
```

vgreduce命令中各选项的含义如表11.7所示。

表11.7 vgreduce命令选项的含义

选项	选项含义
--removemissing	从卷组中删除所有丢失的物理卷
-a	如果在命令中没有指定要删除的物理卷，那么删除所有空的物理卷

例11.7：从卷组vg1中移除物理卷/dev/sda6。

```
[root@rhel ~]# vgreduce vg1 /dev/sda6
  Removed "/dev/sda6" from volume group "vg1"
[root@rhel ~]# vgdisplay
  --- Volume group ---
  VG Name               vg1
  System ID
  Format                lvm2
  Metadata Areas        1
  Metadata Sequence No  2
  VG Access             read/write
  VG Status             resizable
  MAX LV                0
  Cur LV                0
  Open LV               0
  Max PV                0
  Cur PV                1
  Act PV                1
  VG Size               100.00 GiB
  PE Size               4.00 MiB
  Total PE              25599
  Alloc PE / Size       0 / 0
  Free  PE / Size       25599 / 100.00 GiB
  VG UUID               VvZtWV-wI3m-62WN-8ocl-UTjf-uwlq-SO03bM
```

2. 向卷组中添加物理卷

使用vgextend命令可以动态地扩展卷组，它通过向卷组中添加物理卷来增加卷组的容量。

vgextend命令语法：

```
vgextend [选项] [卷组名] [物理卷路径]
```

vgextend命令中各选项的含义如表11.8所示。

表11.8　vgextend命令选项的含义

选项	选项含义
-d	使用调试模式
-t	测试使用
-f	强制扩展卷组
-v	显示详细信息

例11.8：在卷组vg1中添加/dev/sda6物理卷。

```
[root@rhel ~]# vgextend vg1 /dev/sda6
  Volume group "vg1" successfully extended
[root@rhel ~]# vgdisplay
  --- Volume group ---
  VG Name               vg1
  System ID
  Format                lvm2
  Metadata Areas        2
  Metadata Sequence No  3
  VG Access             read/write
  VG Status             resizable
  MAX LV                0
```

```
  Cur LV              0
  Open LV             0
  Max PV              0
  Cur PV              2
  Act PV              2
  VG Size             199.99 GiB
  PE Size             4.00 MiB
  Total PE            51198
  Alloc PE / Size     0 / 0
  Free  PE / Size     51198 / 199.99 GiB
  VG UUID             VvZtWV-wI3m-62WN-8ocl-UTjf-uwlq-SO03bM
```

11.2.5 创建和查看逻辑卷

通过使用lvcreate、lvscan和lvdisplay这三个命令可以创建和查看逻辑卷。

1. 创建逻辑卷

使用lvcreate命令可以创建逻辑卷。

lvcreate命令语法：

```
lvcreate [选项] [卷组名|卷组路径]
```

lvcreate命令中各选项的含义如表11.9所示。

表11.9 lvcreate命令选项的含义

选项	选项含义
-L <逻辑卷大小>	指定逻辑卷的大小，单位为K、M、G、T、P、E
-l	指定逻辑卷的大小（LE数）
-n <逻辑卷名>	指定需要创建的逻辑卷名称

例11.9：在卷组vg1中创建逻辑卷lv1，大小为150GB。

```
[root@rhel ~]# lvcreate -L 150G -n lv1 vg1
  Logical volume "lv1" created
```

2. 列出逻辑卷

使用lvscan命令可以列出所有卷组中的逻辑卷。

lvscan命令语法：

```
lvscan [选项]
```

lvscan命令中各选项的含义如表11.10所示。

表11.10 lvscan命令选项的含义

选项	选项含义
-b	显示逻辑卷的主设备号和次设备号

例11.10：列出所有卷组中的逻辑卷。

```
[root@rhel ~]# lvscan
  ACTIVE            '/dev/vg1/lv1' [150.00 GiB] inherit
```

3. 显示逻辑卷属性

使用lvdisplay命令可以显示逻辑卷的相关属性，比如逻辑卷大小、UUID、状态和块设备等信息。如果不指定逻辑卷路径，那么显示所有逻辑卷的属性。

lvdisplay命令语法：

```
lvdisplay [选项] [逻辑卷路径]
```

lvdisplay命令中各选项的含义如表11.11所示。

表11.11　lvdisplay命令选项的含义

选项	选项含义
-m	显示逻辑盘区（LE）映射到物理卷和物理盘区（PE）

例11.11：显示逻辑卷属性。

```
[root@rhel ~]# lvdisplay
  --- Logical volume ---
  LV Path                /dev/vg1/lv1
  LV Name                lv1
  VG Name                vg1
  LV UUID                fZIWyE-ldZ2-jOQP-LRtJ-dJXQ-8U3I-YhCrp7
  LV Write Access        read/write
  LV Creation host, time rhel, 2015-12-26 13:33:29 +0800
  LV Status              available
  # open                 0
  LV Size                150.00 GiB
  Current LE             38400
  Segments               2
  Allocation             inherit
  Read ahead sectors     auto
  - currently set to     8192
  Block device           253:0
```

11.2.6　挂载和使用逻辑卷

在挂载和使用逻辑卷之前，先要为逻辑卷创建文件系统，然后再将其挂载到指定目录。

1. 创建文件系统

在逻辑卷上创建文件系统和在普通分区上创建文件系统类似，都是使用mkfs命令。

使用以下命令在逻辑卷lv1上创建文件系统，文件系统类型为xfs。

```
[root@rhel ~]# mkfs -t xfs /dev/vg1/lv1
meta-data=/dev/vg1/lv1           isize=256    agcount=4, agsize=9830400 blks
         =                       sectsz=512   attr=2, projid32bit=1
         =                       crc=0        finobt=0
data     =                       bsize=4096   blocks=39321600, imaxpct=25
         =                       sunit=0      swidth=0 blks
naming   =version 2              bsize=4096   ascii-ci=0 ftype=0
log      =internal log           bsize=4096   blocks=19200, version=2
         =                       sectsz=512   sunit=0 blks, lazy-count=1
realtime =none                   extsz=4096   blocks=0, rtextents=0
```

2. 挂载逻辑卷

逻辑卷的文件系统创建好之后，就可以将其挂载到指定目录。

使用以下命令挂载逻辑卷/dev/vg1/lv1到/mnt/lvm目录。

```
[root@rhel ~]# mkdir /mnt/lvm
//创建文件夹/mnt/lvm
[root@rhel ~]# mount -t xfs /dev/vg1/lv1 /mnt/lvm
//将逻辑卷/dev/vg1/lv1挂载到/mnt/lvm目录
```

```
[root@rhel ~]# ls /mnt/lvm
//目前/mnt/lvm目录下没有任何文件
[root@rhel ~]# touch /mnt/lvm/read
//在/mnt/lvm目录中创建文件
[root@rhel ~]# df -T
文件系统          类型       1K-块     已用      可用 已用% 挂载点
/dev/sda3        xfs     157209600 4752832 152456768    4% /
devtmpfs         devtmpfs   486056       0    486056    0% /dev
tmpfs            tmpfs      500668      84    500584    1% /dev/shm
tmpfs            tmpfs      500668    7232    493436    2% /run
tmpfs            tmpfs      500668       0    500668    0% /sys/fs/cgroup
/dev/sda1        xfs       1038336  166260    872076   17% /boot
tmpfs            tmpfs      100136      28    100108    1% /run/user/0
/dev/mapper/vg1-lv1 xfs  157209600   32928 157176672    1% /mnt/lvm
//查看文件系统挂载情况
```

11.2.7 LVM容量调整

要调整LVM的容量，首先需要创建物理卷，然后将物理卷添加到卷组中，最后再调整逻辑卷的容量。

1. 创建物理卷

使用pvcreate命令可以创建物理卷。

例11.12：创建物理卷/dev/sda7。

```
[root@rhel ~]# pvcreate /dev/sda7
  Physical volume "/dev/sda7" successfully created
[root@rhel ~]# pvscan
  PV /dev/sda5   VG vg1   lvm2 [100.00 GiB / 0    free]
  PV /dev/sda6   VG vg1   lvm2 [100.00 GiB / 49.99 GiB free]
  PV /dev/sda7            lvm2 [100.00 GiB]
  Total: 3 [299.99 GiB] / in use: 2 [199.99 GiB] / in no VG: 1 [100.00 GiB]
//目前已经存在三个物理卷，分别为/dev/sda5、/dev/sda6、/dev/sda7
```

2. 添加卷组的容量

使用vgextend命令可以将物理卷添加到指定的卷组中，从而增加卷组的容量。

例11.13：在卷组vg1中添加物理卷/dev/sda7。

```
[root@rhel ~]# vgextend vg1 /dev/sda7
  Volume group "vg1" successfully extended
[root@rhel ~]# vgdisplay
  --- Volume group ---
  VG Name               vg1
  System ID
  Format                lvm2
  Metadata Areas        3
  Metadata Sequence No  5
  VG Access             read/write
  VG Status             resizable
  MAX LV                0
  Cur LV                1
  Open LV               1
  Max PV                0
```

```
Cur PV                3
Act PV                3
VG Size               299.99 GiB
PE Size               4.00 MiB
Total PE              76797
Alloc PE / Size       38400 / 150.00 GiB
Free  PE / Size       38397 / 149.99 GiB
VG UUID               VvZtWV-wI3m-62WN-8ocl-UTjf-uwlq-SO03bM
```

3. 调整逻辑卷容量

调整逻辑卷容量需要经过两个步骤：首先添加空间到逻辑卷，然后调整文件系统的大小。

（1）添加空间到逻辑卷。

使用lvextend命令可以添加空间到指定的逻辑卷中，从而扩展逻辑卷的大小。

lvextend命令语法：

```
lvextend [选项] [逻辑卷路径]
```

lvextend命令中各选项的含义如表11.12所示。

表11.12　lvextend命令选项的含义

选项	选项含义
-L <+大小>	增加或设置逻辑卷的大小
-n	当文件系统需要扩展之前，不要执行fsck
-f	在不提示的情况下继续扩展逻辑卷大小

例11.14：将逻辑卷lv1容量再增加100GB。

```
[root@rhel ~]# lvextend -L +100G /dev/vg1/lv1
  Size of logical volume vg1/lv1 changed from 150.00 GiB (38400 extents) to 250.00 GiB (64000 extents).
  Logical volume lv1 successfully resized.
[root@rhel ~]# lvscan
  ACTIVE            '/dev/vg1/lv1' [250.00 GiB] inherit
//可以看到逻辑卷lv1的容量已经增加到250GB了，但是使用df命令查看/dev/vg1/lv1还是150GB
```

（2）调整文件系统的大小。

使用xfs_growfs命令可以调整一个xfs文件系统的大小。

xfs_growfs命令语法：

```
xfs_growfs [选项] [挂载点]
```

xfs_growfs命令中各选项的含义如表11.13所示。

表11.13　xfs_growfs命令选项的含义

选项	选项含义
-d	增长数据/元数据部分
-l	增长日志部分

例11.15：调整/dev/vg1/lv1文件系统的大小。

```
[root@rhel ~]# xfs_growfs /dev/vg1/lv1
meta-data=/dev/mapper/vg1-lv1    isize=256    agcount=7, agsize=9830400 blks
         =                       sectsz=512   attr=2, projid32bit=1
         =                       crc=0        finobt=0
data     =                       bsize=4096   blocks=65536000, imaxpct=25
         =                       sunit=0      swidth=0 blks
```

```
naming   =version 2          bsize=4096   ascii-ci=0 ftype=0
log      =internal           bsize=4096   blocks=19200, version=2
         =                   sectsz=512   sunit=0 blks, lazy-count=1
realtime =none               extsz=4096   blocks=0, rtextents=0
//不使用xfs_growfs命令的话，在实现挂载的时候，发现逻辑卷的容量没有真正加入进逻辑卷中
[root@rhel ~]# df -T
文件系统        类型      1K-块    已用     可用 已用% 挂载点
/dev/sda3       xfs    157209600 4752832 152456768    4% /
devtmpfs        devtmpfs    486056       0    486056    0% /dev
tmpfs           tmpfs       500668      84    500584    1% /dev/shm
tmpfs           tmpfs       500668    7232    493436    2% /run
tmpfs           tmpfs       500668       0    500668    0% /sys/fs/cgroup
/dev/sda1       xfs        1038336  166260    872076   17% /boot
tmpfs           tmpfs       100136      28    100108    1% /run/user/0
/dev/mapper/vg1-lv1 xfs    262067200   33024 262034176    1% /mnt/lvm
```

11.2.8 删除逻辑卷、卷组和物理卷

当需要删除LVM的时候，首先删除逻辑卷，然后删除卷组，最后才是删除物理卷。

1. 删除逻辑卷

如果逻辑卷处于挂载状态，那么不能删除该逻辑卷，必须先将其卸载掉，逻辑卷才能删除。使用lvremove命令可以删除指定逻辑卷。

lvremove命令语法：

```
lvremove [选项] [逻辑卷路径]
```

lvremove命令中各选项的含义如表11.14所示。

表11.14 lvremove命令选项的含义

选项	选项含义
-f	强制删除逻辑卷
--noudevsync	禁用udev同步

例11.16：删除逻辑卷lv1。

```
[root@rhel ~]# umount /dev/vg1/lv1
//卸载逻辑卷lv1
[root@rhel ~]# lvremove /dev/vg1/lv1
Do you really want to remove active logical volume lv1? [y/n]: y      //输入y确认删除逻辑卷
  Logical volume "lv1" successfully removed
```

2. 删除卷组

在删除卷组之前，首先需要将卷组设置为非活动状态。

（1）设置卷组为非活动状态。

使用vgchange命令可以更改卷组的属性，比如设置卷组的活动状态。处于活动状态的卷组是没办法被删除的，必须先将卷组设置为非活动状态后才能删除。

vgchange命令语法：

```
vgchange [选项] [卷组名]
```

vgchange命令中各选项的含义如表11.15所示。

表11.15　vgchange命令选项的含义

选项	选项含义
-a <y|n>	控制卷组中的逻辑卷的可用性
-u	为指定的卷组随机生成新的UUID
-l <最大逻辑卷数>	更改现有不活动卷组的最大逻辑卷数量
-p <最大物理卷数>	更改属于该卷组的最大物理卷数量
-s <PE大小>	更改该卷组的物理卷上的PE大小
--noudevsync	禁用udev的同步
-x <y|n>	启用或禁用在此卷组上扩展/减少物理卷

例11.17：将卷组vg1设置为非活动状态。

```
[root@rhel ~]# vgchange -a n vg1
0 logical volume(s) in volume group "vg1" now active
```

（2）删除卷组。

使用vgremove命令可以删除指定卷组。当需要删除的卷组上已经创建了逻辑卷时，需要进行确认删除，以防止误删除数据。

vgremove命令语法：

```
vgremove [选项] [卷组名|卷组路径]
```

vgremove命令中各选项的含义如表11.16所示。

表11.16　vgremove命令选项的含义

选项	选项含义
-f	强制删除卷组
-t	测试模式
-v	显示详细信息

例11.18：删除卷组vg1。

```
[root@rhel ~]# vgremove /dev/vg1
 Volume group "vg1" successfully removed
```

3. 删除物理卷

使用pvremove命令可以删除指定的物理卷。

pvremove命令语法：

```
pvremove [选项] [物理卷名]
```

pvremove命令中各选项的含义如表11.17所示。

表11.17　pvremove命令选项的含义

选项	选项含义
-f	强制删除物理卷
-y	所有问题都回答yes

例11.19：删除物理卷/dev/sda5、/dev/sda6和/dev/sda7。

```
[root@rhel ~]# pvremove /dev/sda5 /dev/sda6 /dev/sda7
 Labels on physical volume "/dev/sda5" successfully wiped
 Labels on physical volume "/dev/sda6" successfully wiped
 Labels on physical volume "/dev/sda7" successfully wiped
```

第12章 进程和服务管理

12.1 进程简介

Linux是一个多任务的操作系统，其中可以同时运行多个进程，正在执行的一个或多个相关进程称为一个作业。用户可以同时运行多个作业，并可以在需要时在作业之间进行切换。

虽然大多数系统都只有一个CPU和一个内存，但一个系统可能有多个二级存储磁盘和多个输入/输出设备。操作系统管理这些资源并在多个用户间共享资源，当提出一个请求时，操作系统监控着一个等待执行的任务队列，这些任务包括用户作业、操作系统任务、邮件和打印作业等。操作系统根据每个任务的优先级为每个任务分配合适的时间片，每个时间片大约都有零点几秒，虽然看起来很短，但实际上已经足够计算机完成成千上万的命令集。每个任务都会被系统运行一段时间，然后挂起。系统转而处理其他任务，过一段时间以后再回来处理这个任务，直到某个任务完成，将其从任务队列中去除。

Linux系统上所有运行的内容都可以被称为进程。每个用户任务、每个系统管理守护进程都可以被称为进程。Linux系统用分时管理方法使所有的任务共同分享系统资源。我们讨论进程的时候，不会去关心这些进程究竟是如何分配的，或者内核是如何管理、分配时间片的，我们所关心的是如何去控制这些进程，让它们能够很好地为用户服务。

进程是在自身的虚拟地址空间运行的一个单独的程序。进程与程序之间还是有明显区别的。程序只是一个静态的命令集合，不占系统的运行资源；而进程是一个随时都可能发生变化的、动态的、使用系统运行资源的程序。一个程序可以启动多个进程。

和进程相比较，作业是一系列按一定顺序执行的命令。一条简单的命令可能会涉及多个进程，尤其是当使用管道和重定向时。

进程具有以下特征。

- 动态性：进程的实质是程序在多道程序系统中的一次执行过程，进程是动态产生、动态消亡的。
- 并发性：任何进程都可以同其他进程一起并发执行。
- 独立性：进程是一个能独立运行的基本单位，同时也是系统分配资源和调度的独立单位。
- 异步性：由于进程间的相互制约，使得进程具有执行的间断性，即进程按各自独立的、不可预知的速度向前推进。
- 结构特征：进程由程序、数据和进程控制块三部分组成。
- 多个不同的进程可以包含相同的程序：一个程序在不同的数据集里就构成不同的进程，能得到不同的结果；但是执行过程中，程序不能发生改变。

在Linux系统中有以下三种进程。

- 交互式进程：一个由Shell启动并控制的进程，交互式进程既可在前台运行，也可在后台运行。

- 批处理进程：与终端无关，安排在指定时刻完成的一系列进程。
- 守护进程：在引导系统时启动，以执行即时的操作系统任务，比如crond、rsyslogd、named等。

12.2 查看系统进程信息

要对进程进行监测和控制，首先必须要了解当前进程的情况，也就是需要查看当前进程。要查看Linux系统中的进程信息，可以使用ps和top命令。

12.2.1 ps

ps命令是最基本也是非常强大的进程查看命令。使用该命令可以确定有哪些进程正在运行以及进程运行的状态、进程是否结束、进程有没有僵死，以及哪些进程占用了过多的资源等。

ps命令语法：

```
ps [选项]
```

ps命令中各选项的含义如表12.1所示。

表12.1 ps命令选项的含义

选项	选项含义
-A	显示所有的进程
-N	选择除了那些符合指定条件的所有进程
-a	显示排除会话领导者和进程不与终端相关联的所有进程
-d	显示所有进程（排除会话领导者）
-e	显示所有的进程
T	显示当前终端下的所有进程
a	所有的W /tty，包括其他用户
r	显示仅运行中的进程
x	处理w/o控制的ttys
-c	为-l选项显示不同的调度信息
c	列出进程时，显示每个进程真正的命令名称，而不包含路径、参数或常驻服务的标示
-C <命令名>	按命令名显示进程
-G <真实的组群GID|组群名>	按真实的组群GID或者组群名显示进程
-U <真实的用户UID|用户名>	按真实的用户UID或者用户名显示进程
-g <组名>	选择会话或有效的组名显示进程
-p <进程ID>	按进程ID显示进程
-s <会话ID>	显示指定会话ID的进程
-t <终端>	按终端显示进程
-u <有效的用户UID|用户名>	按有效的用户UID 显示进程
U <用户名>	显示属于该用户的进程
t <终端>	按终端显示进程
-f	显示UID、PPID、C和STIME字段
-j或j	采用作业控制的格式显示进程
s	采用进程信号的格式显示进程
v	以虚拟内存的格式显示进程
-l或l	采用详细的格式来显示进程

选项	选项含义
u	以面向用户的格式显示进程
p <进程ID>	显示指定进程号的进程，效果和-p选项相同，只在列表格式方面不同
L	列出输出字段的相关信息
f	用ASCII字符显示树状结构，表达进程间的相互关系
r	只显示正在运行的进程
e	列出进程时，显示每个进程所使用的环境变量
-w或w	按宽格式显示输出
-u	打印用户格式，显示用户名和进程的起始时间
-x	显示不带控制终端的进程
-t <终端编号>	显示指定终端编号的进程
n	以数字来表示USER和WCHAN字段
h	不显示标题列
-H	显示树状结构，表示进程间的相互关系
-m或m	在进程后面显示线程
-y	配合-l选项使用时，不显示F（flag）输出字段，并以RSS字段取代ADDR字段

ps命令输出字段描述如表12.2所示。

表12.2　ps命令输出字段描述

输出字段	字段描述
USER	进程所有者的用户名
PID	进程号，可以用来唯一标识该进程
%CPU	进程自最近一次刷新以来所占用的CPU时间和总时间的百分比
%MEM	进程使用内存的百分比
VSZ	进程使用的虚拟内存大小，以KB为单位
RSS	进程占用的物理内存的总数量，以KB为单位
TTY	进程相关的终端名
STAT	进程的状态 ● R：表示运行或准备运行 ● S：表示睡眠状态 ● Z：表示冻结 ● D：表示不间断睡眠 ● W：表示进程没有驻留页 ● T：表示停止或跟踪
START	进程开始运行时间
TIME	进程使用的总CPU时间
COMMAND	被执行的命令行

例12.1：显示所有的进程。

```
[root@rhel ~]# ps -e
  PID TTY          TIME CMD
    1 ?        00:00:08 systemd
    2 ?        00:00:00 kthreadd
    3 ?        00:00:00 ksoftirqd/0
    7 ?        00:00:00 migration/0
    8 ?        00:00:00 rcu_bh
    9 ?        00:00:00 rcuob/0
```

```
 10 ?        00:00:00 rcuob/1
 11 ?        00:00:00 rcuob/2
 12 ?        00:00:00 rcuob/3
 13 ?        00:00:00 rcuob/4
 14 ?        00:00:00 rcuob/5
 15 ?        00:00:00 rcuob/6
 16 ?        00:00:00 rcuob/7
 17 ?        00:00:00 rcuob/8
 18 ?        00:00:00 rcuob/9
...（省略）
```

例12.2：显示所有不带控制台终端的进程，并显示用户名和进程的起始时间。

```
[root@rhel ~]# ps -aux
USER        PID %CPU %MEM    VSZ   RSS TTY      STAT START   TIME COMMAND
root          1  0.5  0.6 126584  6176 ?        Ss   14:55   0:08 /usr/lib/syste
root          2  0.0  0.0      0     0 ?        S    14:55   0:00 [kthreadd]
root          3  0.0  0.0      0     0 ?        S    14:55   0:00 [ksoftirqd/0]
root          7  0.0  0.0      0     0 ?        S    14:55   0:00 [migration/0]
root          8  0.0  0.0      0     0 ?        S    14:55   0:00 [rcu_bh]
root          9  0.0  0.0      0     0 ?        S    14:55   0:00 [rcuob/0]
root         10  0.0  0.0      0     0 ?        S    14:55   0:00 [rcuob/1]
root         11  0.0  0.0      0     0 ?        S    14:55   0:00 [rcuob/2]
root         12  0.0  0.0      0     0 ?        S    14:55   0:00 [rcuob/3]
root         13  0.0  0.0      0     0 ?        S    14:55   0:00 [rcuob/4]
root         14  0.0  0.0      0     0 ?        S    14:55   0:00 [rcuob/5]
root         15  0.0  0.0      0     0 ?        S    14:55   0:00 [rcuob/6]
root         16  0.0  0.0      0     0 ?        S    14:55   0:00 [rcuob/7]
root         17  0.0  0.0      0     0 ?        S    14:55   0:00 [rcuob/8]
root         18  0.0  0.0      0     0 ?        S    14:55   0:00 [rcuob/9]
...（省略）
```

例12.3：查看crond进程是否正在运行。

```
[root@rhel ~]# ps -ef|grep crond
root      1659      1  0 14:57 ?        00:00:01 /usr/sbin/crond -n
root     13276  13214  0 15:20 pts/0    00:00:00 grep --color=auto crond
//crond进程正在运行，其进程号为“1659”
```

例12.4：显示当前进程。

```
[root@rhel ~]# ps
  PID TTY          TIME CMD
13288 pts/0    00:00:00 bash
 60893 pts/0    00:00:00 ps
```

例12.5：在显示进程的时候显示用户名和进程的起始时间。

```
[root@rhel ~]# ps -u
USER        PID %CPU %MEM    VSZ   RSS TTY      STAT START   TIME COMMAND
root      10697  1.2  2.0 246132 20680 tty1     Ss+  15:07   0:10 /usr/bin/Xorg :0 -background none -noreset
-audit 4 -verbose -auth /
root      13214  0.0  0.3 116676  3368 pts/0    Ss   15:19   0:00 -bash
root      13295  0.0  0.1 139492  1652 pts/0    R+   15:21   0:00 ps -u
```

例12.6：显示root用户的进程。

```
[root@rhel ~]# ps -u root
  PID TTY          TIME CMD
    1 ?        00:00:08 systemd
```

```
    2 ?        00:00:00 kthreadd
    3 ?        00:00:00 ksoftirqd/0
    7 ?        00:00:00 migration/0
    8 ?        00:00:00 rcu_bh
    9 ?        00:00:00 rcuob/0
   10 ?        00:00:00 rcuob/1
   11 ?        00:00:00 rcuob/2
   12 ?        00:00:00 rcuob/3
   13 ?        00:00:00 rcuob/4
   14 ?        00:00:00 rcuob/5
   15 ?        00:00:00 rcuob/6
   16 ?        00:00:00 rcuob/7
   17 ?        00:00:00 rcuob/8
   18 ?        00:00:00 rcuob/9
...（省略）
```

例12.7：显示tty1终端下的进程。

```
[root@rhel ~]# ps -t tty1
  PID TTY          TIME CMD
10697 tty1     00:00:11 Xorg
```

例12.8：显示进程号为“1659”的进程。

```
[root@rhel ~]# ps -p 1659
  PID TTY          TIME CMD
 1659 ?        00:00:01 crond
```

12.2.2 top

使用top命令可以显示当前正在运行的进程以及关于它们的重要信息，包括它们的内存和CPU使用量。执行top命令可以显示目前正在系统中执行的进程，并通过它所提供的互动式界面，用热键加以管理。要退出top命令，按[q] 键即可。

top命令语法：

```
top [选项]
```

top命令中各选项的含义如表12.3所示。

表12.3 top命令选项的含义

选项	选项含义
-b	使用批处理模式
-c	列出进程时，显示每个进程的完整命令，包括命令名称、路径和参数等
-d <间隔秒数>	监控进程执行状况的间隔时间，单位以秒计算
-i	忽略闲置或是已成为Zombie的进程
-n <执行次数>	设置监控信息的更新次数
-s	安全模式下运行
-S	使用累积时间模式
-u <用户名|有效用户UID>	仅监视指定有效用户UID或用户名匹配的进程
-p <进程PID>	仅监视指定进程ID的进程
-U <用户名|用户UID>	仅监视指定用户UID或用户名匹配的进程

在top命令的显示窗口中，我们还可以使用表12.4所示的按键，进行一些交互操作。

表12.4　top命令的按键

按键	功能
k	终止一个进程
q	退出程序
r	重新安排一个进程的优先级别
S	切换到累计模式
s	改变两次刷新之间的延迟时间。系统提示用户输入新的时间，单位为秒
f或F	从当前显示信息中添加或者删除项目
o或O	改变显示信息项目的顺序
m	切换显示内存信息。即显示隐藏的内存行信息
t	切换显示进程和CPU状态信息。即显示的隐藏进程和CPU行信息
c	切换显示命令名称和完整命令行
M	根据驻留内存大小进行排序
P	根据CPU使用百分比大小进行排序
W	将当前设置写入～/.toprc文件
u或U	显示特定用户的进程
?或h	帮助
d或s	设置top更新频率，默认情况下top命令以3秒的频率更新输出结果
n或#	指定显示的进程数目
1（数字1）	开启/关闭显示各个CPU核的信息
R	切换正常/反向排序
H	显示主题
z	切换彩色/黑白
Z	改变颜色映射
<和>	移动排序列，<是向左移，>是向右移
i	显示空闲任务
x	将排序字段列加粗显示
y	加粗显示正在运行的任务
I	切换Irix/Solaris模式
l	切换显示平均负载和启动时间信息。即显示/隐藏命令输出的第一行信息
B	显示粗体（仅对头部数据有效）
b	在x/y模式下，切换使用粗体或反色
t	显示或隐藏任务/CPU信息

top命令输出的信息特别多，默认值是每3秒更新一次，当然也可以根据需要进行更改的。top命令在默认情况下只输出比较重要的字段信息，比如PID、USER、PR、NI、VIRT、RES、SHR、S、%CPU、%MEM、TIME+、COMMAND。

top命令输出字段描述如表12.5所示。

表12.5　top命令输出字段描述

输出字段	字段描述
PID	进程ID
PPID	父进程ID
RUSER	真实的用户名称
UID	进程所有者的用户UID
USER	进程所有者的用户名

输出字段	字段描述
GROUP	进程所有者的组群名
TTY	启动进程的控制终端名，不是从终端启动的进程则显示为“?”
PR	进程的优先级
NI	进程的nice值
P	最后使用的CPU，仅在多CPU环境下有意义
%CPU	上次更新到现在的CPU时间占用百分比
TIME	进程使用的CPU时间总计，单位为秒
TIME+	进程使用的CPU时间总计，单位为1/100秒
%MEM	进程使用的物理内存百分比
VIRT	进程使用的虚拟内存总量，单位KB
SWAP	进程使用的虚拟内存中被换出的大小，单位KB
RES	进程使用的、未被换出的物理内存大小，单位KB。RES=CODE+DATA
CODE	可执行代码占用的物理内存大小，单位KB
DATA	可执行代码以外的部分（数据段+栈）占用的物理内存大小，单位KB
SHR	共享内存大小，单位KB
nDRT	最后一次写入到现在，被修改过的页面数
S	进程的状态 ● D：不可中断的休眠状态 ● R：运行 ● S：休眠 ● T：跟踪/停止 ● Z：僵尸进程
COMMAND	命令名/程序名
WCHAN	如果该进程在休眠，则显示睡眠中的系统函数名
Flags	任务标志

例12.9：使用top命令动态显示进程信息。

```
[root@rhel ~]# top
top - 15:24:05 up 28 min,  2 users,  load average: 0.02, 0.35, 0.66
Tasks: 473 total,   2 running, 471 sleeping,   0 stopped,   0 zombie
%Cpu(s):  0.0 us,  0.3 sy,  0.0 ni, 99.7 id,  0.0 wa,  0.0 hi,  0.0 si,  0.0 st
KiB Mem :  1001336 total,   108072 free,   596104 used,   297160 buff/cache
KiB Swap:  2097148 total,  2092640 free,     4508 used.   213252 avail Mem

  PID USER      PR  NI    VIRT    RES    SHR S %CPU %MEM     TIME+ COMMAND
13330 root      20   0  146420   2420   1428 R  0.7  0.2   0:00.21 top
    1 root      20   0  126584   6176   2260 S  0.0  0.6   0:08.26 systemd
    2 root      20   0       0      0      0 S  0.0  0.0   0:00.03 kthreadd
    3 root      20   0       0      0      0 S  0.0  0.0   0:00.85 ksoftirqd/0
    7 root      rt   0       0      0      0 S  0.0  0.0   0:00.00 migration/0
    8 root      20   0       0      0      0 S  0.0  0.0   0:00.00 rcu_bh
    9 root      20   0       0      0      0 S  0.0  0.0   0:00.00 rcuob/0
   10 root      20   0       0      0      0 S  0.0  0.0   0:00.00 rcuob/1
   11 root      20   0       0      0      0 S  0.0  0.0   0:00.00 rcuob/2
   12 root      20   0       0      0      0 S  0.0  0.0   0:00.00 rcuob/3
   13 root      20   0       0      0      0 S  0.0  0.0   0:00.00 rcuob/4
   14 root      20   0       0      0      0 S  0.0  0.0   0:00.00 rcuob/5
   15 root      20   0       0      0      0 S  0.0  0.0   0:00.00 rcuob/6
```

```
  16 root     20  0      0      0      0 S  0.0  0.0   0:00.00 rcuob/7
  17 root     20  0      0      0      0 S  0.0  0.0   0:00.00 rcuob/8
  18 root     20  0      0      0      0 S  0.0  0.0   0:00.00 rcuob/9
...（省略）
//按[q]键可以退出top命令
```

例12.10：只显示进程号为1659的进程。

```
[root@rhel ~]# top -p 1659
top - 04:15:20 up  2:02,  2 users,  load average: 0.03, 0.09, 0.07
Tasks:   1 total,   0 running,   1 sleeping,   0 stopped,   0 zombie
%Cpu(s):  0.0 us,  0.0 sy,  0.0 ni,100.0 id,  0.0 wa,  0.0 hi,  0.0 si,  0.0 st
KiB Mem :  1001336 total,    74956 free,   630480 used,   295900 buff/cache
KiB Swap:  2097148 total,  2080220 free,    16928 used.   145264 avail Mem

  PID USER      PR  NI    VIRT    RES    SHR S %CPU %MEM     TIME+ COMMAND
 1659 root      20   0  126328   1640    992 S  0.0  0.2   0:01.51 crond
```

例12.11：只显示root用户的进程。

```
[root@rhel ~]# top -u root
```

12.3　杀死进程

要关闭某个应用程序可以通过杀死其进程的方式实现，如果进程一时无法被杀死，可以将其强制杀死。

12.3.1　kill

使用kill命令可以杀死进程。在使用kill命令之前，需要得到要被杀死的进程的PID（进程号）。用户可以使用ps命令获得进程的PID，然后用进程的PID作为kill命令的参数。当使用kill命令时，即使工作按期完成了，用户也得不到任何回馈信息。能确定一个进程被终止的唯一方法就是再使用ps命令来查看该进程的PID号或进程名是否依然存在。

不带任何选项的kill将关闭打开的文件，如果这样做不起作用，在使用 kill命令时使用-9选项，它将无条件地杀死一个进程。这种方法的缺点是在作业还没完成之前强行中止该作业的进程。如果把“kill -9”用于一个正在更新文件的程序上，那么用户可能丢失更新的材料或整个文件。在多数情况下，不带选项的kill命令就可以终止大多数的进程。

kill命令的另外一个用途就是向指定的进程或进程组发送信号，或者确定指定进程号的进程是否还存在。发送信号到指定进程，如果进程没有捕获该信号，则进程终止。

kill命令语法：

```
kill [选项] [进程号]
```

kill命令中各选项的含义如表12.6所示。

表12.6　kill命令选项的含义

选项	选项含义
-s <信号>	指定发送的信号
-l	显示信号名称的列表，一共62个

在kill命令中常用的信号如表12.7所示。

表12.7　kill命令中常用的信号

信号名	信号ID	功能
HUP	1	终端断线
INT	2	中断（同Ctrl+c）
QUIT	3	退出（同Ctrl+\）
KILL	9	强制终止
TERM	15	终止
CONT	18	继续（与STOP相反，fg/bg命令）
STOP	19	暂停（同Ctrl+z）

例12.12：使得crond进程正常退出。

```
[root@rhel ~]# ps -ef|grep crond
root      1659     1  0 14:57 ?        00:00:01 /usr/sbin/crond -n
root     13716  13214  0 15:25 pts/0    00:00:00 grep --color=auto crond
[root@rhel ~]# kill -3 1659
```

例12.13：强制杀死进程号为1659的进程。

```
[root@rhel ~]# kill -9 1659
```


12.3.2　killall

使用killall命令可以用于杀死指定进程名称的进程。我们可以使用kill命令杀死指定进程PID的进程，如果要找到我们需要杀死的进程，还需要在之前使用ps等命令再配合grep来查找进程，而killall命令把这两个过程合二为一，是一个非常实用的命令。

killall命令语法：

```
killall [选项] [进程名]
```

killall命令中各选项的含义如表12.8所示。

表12.8　killall命令选项的含义

选项	选项含义
-Z <正则表达式>	仅杀死含有指定上下文的进程
-e	对长名字需要严格匹配
-g	杀死进程组而不是进程
-i	交互模式，杀死进程前先询问用户
-l	显示所有的信号名
-q	不输出警告信息
-s <信号>	发送指定的信号
-v	报告信号是否成功发送
-w	等待进程死亡
-u <用户>	仅杀死指定用户的进程
-I	匹配进程名时忽略大小写

例12.14：显示所有的信号名。

```
[root@rhel ~]# killall -l
HUP INT QUIT ILL TRAP ABRT IOT BUS FPE KILL USR1 SEGV USR2 PIPE ALRM TERM
STKFLT CHLD CONT STOP TSTP TTIN TTOU URG XCPU XFSZ VTALRM PROF WINCH IO PWR SYS
UNUSED
```

例12.15：杀死crond进程。

```
[root@rhel ~]# ps -ef|grep crond
root      1659      1  0 12:47 ?        00:00:01 /usr/sbin/crond -n
root     15780  13216  0 14:07 pts/0    00:00:00 grep --color=auto crond
//crond进程正在运行
[root@rhel ~]# killall crond
[root@rhel ~]# ps -ef|grep crond
root     15791  13216  0 14:07 pts/0    00:00:00 grep --color=auto crond
//crond进程已经不存在了
```

例12.16：强制杀死crond进程。

```
[root@rhel ~]# ps -ef|grep crond
root      1659      1  0 19:43 ?        00:00:01 /usr/sbin/crond -n
root     63512  13215  0 21:52 pts/0    00:00:00 grep --color=auto crond
//crond进程正在运行，进程号为1659
[root@rhel ~]# killall -9 crond
[root@rhel ~]# ps -ef|grep crond
root     63512  13215  0 21:52 pts/0    00:00:00 grep --color=auto crond
```

例12.17：仅杀死用户zhangsan的进程。

```
[root@rhel ~]# killall -u zhangsan
```


12.4 进程的启动方式

输入运行程序的程序名执行一个程序，其实也就是启动了一个进程。在Linux系统中每个进程都具有一个进程号，用于识别系统和调度进程。启动一个进程有两种主要途径：手工启动和调度启动，后者是事先进行设置，根据用户要求自行启动。

12.4.1 手工启动进程

由用户输入命令，直接启动一个进程就是手工启动进程。但手工启动进程又可以分为很多种，根据启动的进程类型不同、性质不同，实际结果也不一样，可以分为前台启动和后台启动。

1. 前台启动

这是手工启动进程最常用的方式。当用户输入一个命令时就已经启动了一个进程，而且是一个前台的进程。这时候系统其实已经处于一个多进程状态。实际上有许多运行在后台的、系统启动时就已经自动启动的进程正在悄悄运行着。如果启动一个比较耗时的进程，然后再把该进程挂起，并使用ps命令查看，就会看到该进程在ps显示列表中。

例12.18：查看前台启动进程。

```
[root@rhel ~]# find / -name fox.jpg
^Z
[1]+  已停止               find / -name fox.jpg
//输入命令回车后，按[Ctrl+z]组合键挂起该命令
[root@rhel ~]# ps
  PID TTY          TIME CMD
 14063 pts/0    00:00:00 bash
 63371 pts/0    00:00:00 find
 63400 pts/0    00:00:00 ps
//查看进程信息，可以看到刚才执行的命令进程号是63371
```

2. 后台启动

直接从后台手工启动一个进程的方法用得比较少一些，除非是该进程非常耗时，而且用户也不急着需要结果的时候。假设用户需要启动一个需要长时间运行的格式化文本文件的进程，为了不使整个Shell在格式化过程中都处于“瘫痪”状态，从后台启动这个进程是明智的选择。

从后台启动进程其实就是在命令结尾加上一个“&”号。输入命令以后，出现一个数字，这个数字就是该进程的进程号（PID），然后就出现了提示符，用户可以继续其他工作，比如下例。

```
[root@rhel ~]# find / -name passwd&
[2] 63412
```

上面介绍了前台启动、后台启动两种方式。实际上这两种启动方式有个共同的特点，就是新进程都是由当前Shell这个进程产生的。也就是说，是Shell创建了新进程，于是就称这种关系为进程间的父子关系。这里Shell是父进程，而新进程是子进程。一个父进程可以有多个子进程，一般地，子进程结束后才能继续父进程；当然如果是从后台启动，那就不用等待子进程结束了。

12.4.2 调度启动进程

在 Linux系统中，任务可以被配置在指定的时间、日期或系统平均负载量低于指定的值时自动运行。Linux预配置了重要系统任务的运行，以便使系统能够时时被更新。系统管理员可使用自动化的任务来执行定期备份、监控系统和运行定制脚本等。在Linux系统中最常使用cron和at等方式调度进程启动。

12.5 进程挂起和恢复

进程可以被挂起，并可以在需要的时候恢复运行，被挂起的作业恢复后将从中止处开始继续运行。只要在键盘上按[Ctrl+z]键，即可挂起当前的前台作业。使用jobs命令可以显示Shell的作业清单，包括具体的作业、作业号以及作业当前所处的状态。

恢复进程执行时，可以使用fg命令将挂起的作业放到前台执行，也可以使用bg命令将挂起的作业放到后台执行。

例12.19：挂起cat >/root/a作业后将作业放到前台执行。

```
[root@rhel ~]# cat >/root/a
^Z
[1]+  已停止          cat > /root/a
//输入命令后，在键盘上按[Ctrl+z]键挂起该命令，“[1]”中的1代表作业号
[root@rhel ~]# jobs
[1]+  已停止          cat > /root/a
//查看Shell作业清单信息，可以看到一个挂起的作业
[root@rhel ~]# fg
cat > /root/a
//将挂起的作业放到前台执行
[root@rhel ~]# jobs
//再次查看Shell作业清单信息，已经没有挂起作业
```

例12.20：用户正在使用vi编辑文件，挂起后将作业放在前台执行。

```
[root@rhel ~]# vi /root/it
```

```
[1]+  已停止                vi /root/it
//使用该命令将打开vi编辑器编辑文件/root/it，然后按[Ctrl+z]键挂起该命令，接着可以执行其他命令
[root@rhel ~]# jobs
[1]+  已停止                vi /root/it
//查看Shell作业清单信息，可以看到一个挂起的作业
[root@rhel ~]# ps
   PID TTY          TIME CMD
 13216 pts/0    00:00:02 bash
 62676 pts/0    00:00:00 vi
 62677 pts/0    00:00:00 ps
//查看进程信息，可以看到刚才执行的命令进程号是“62676”
[root@rhel ~]# fg vi /root/it
//使用fg命令将刚才挂起的命令放到前台执行，继续使用vi编辑器编辑该文件，完毕并保存文件
[root@rhel ~]# ps
   PID TTY          TIME CMD
 13216 pts/0    00:00:02 bash
 62697 pts/0    00:00:00 ps
//查看进程信息，已经没有执行该命令的进程了
[root@rhel ~]# jobs
//查看Shell作业清单信息，可以看到没有挂起的作业
```

例12.21：挂起作业后放到后台执行。

```
[root@rhel ~]# command find / -name "test" > find.out
^Z
[1]+  已停止                find / -name test
//输入完该命令后挂起命令
[root@rhel ~]# ps
   PID TTY          TIME CMD
 13216 pts/0    00:00:02 bash
 62642 pts/0    00:00:00 find
 62654 pts/0    00:00:00 ps
[root@rhel ~]# jobs
[1]+  已停止                find / -name test
//查看挂起的命令
[root@rhel ~]# bg
[1]+ find / -name test &
//将挂起的作业放到后台运行
[root@rhel ~]# jobs
[1]  运行中                 find / -name test &
//可以看到运行中，代表作业正在执行（在后台执行）
```

默认情况下，fg和bg命令对最近停止的作业进行操作。如果希望恢复其他作业的运行，可以在命令中指定要恢复作业的作业号来恢复该作业。

例12.22：指定作业号恢复挂起的作业。

```
[root@rhel ~]# jobs
[1]  已停止                cat > /root/a
[2]  已停止                vi /root/a
[3]- 已停止                vi /root/b
[4]+ 已停止                vi /root/c
//使用jobs命令可以看到当前系统挂起的进程共有4个
[root@rhel ~]# fg 4
vi /root/c
//将号码是“4”的挂起作业放到前台执行，接着继续用vi编辑器编辑该文件
```

```
[root@rhel ~]# jobs
[1]  已停止          cat > /root/a
[2]- 已停止          vi /root/a
[3]+ 已停止          vi /root/b
//再次查看作业，可以看到号码是“4”的作业已不在作业里面
```

12.6 更改进程优先级

每一个进程都有相应的优先级，优先级决定了进程什么时候运行以及接收多少CPU时间。在Linux系统中，优先级共40级，是从-20～19的数值，数字越小，优先级就越高，进程默认优先级为0。系统按照不同的优先级调度进程的运行，进程的优先级可以动态变化，高优先级进程优先运行。只有高优先级进程不运行时，才调度低优先级进程运行。

12.6.1 以指定优先级运行进程

使用nice命令可以以指定的优先级运行命令，如果不指定命令则显示当前的优先级。进程优先级数值的范围为−20～19，数字越小，优先级就越高，−20是最大优先级，19是最小优先级。普通用户只能在0～19之间调整进程的优先级数值，只有超级用户才有权调整更高的优先级数值（−20～19）。

一般情况下，普通进程的优先级数值都是0。如果让常用进程拥有较高的优先级等级，自然启动和运行速度都会快些。

nice命令语法：

```
nice [选项] [命令]
```

nice命令中各选项的含义如表12.9所示。

表12.9 nice命令选项的含义

选项	选项含义
-n K	对优先级数值加上指定整数K（默认优先级为10），K是数字

例12.23：显示当前的优先级。

```
[root@rhel ~]# nice
0
//当前优先级为0
```

例12.24：将find / -name a&命令以优先级1运行。

```
[root@rhel ~]# nice -n 1 find / -name a&
[13] 63691
//进程号为“63691”
[root@rhel ~]# top -p 63691
top - 05:36:38 up 3:24,  2 users,  load average: 1.85, 0.43, 0.21
Tasks:   1 total,   1 running,   0 sleeping,   0 stopped,   0 zombie
%Cpu(s):  0.0 us, 93.2 sy,  6.8 ni,  0.0 id,  0.0 wa,  0.0 hi,  0.0 si,  0.0 st
KiB Mem :  1001336 total,   173536 free,   203160 used,   624640 buff/cache
KiB Swap:  2097148 total,  2092376 free,      4772 used.   522640 avail Mem

  PID USER      PR  NI    VIRT    RES    SHR S %CPU %MEM     TIME+ COMMAND
63691 root      21   1  123776   2684   1076 R 98.7  0.3   0:32.15 find
//PID（进程号）为“63691”的进程，它的NI（优先级）值为1
```

12.6.2 更改正在运行的进程优先级

使用renice命令可以更改一个或多个正在运行的进程的优先级。默认是以进程号指定进程调整其优先级，可以指定进程组名或用户名调整优先级等级，并修改所有隶属于该进程组或用户的进程的优先级。等级范围是-20～19，只有系统管理者可以改变其他用户进程的优先级，也仅有系统管理者可以设置负数等级。

renice命令语法：

```
renice [选项]
```

renice命令中各选项的含义如表12.10所示。

表12.10 renice命令选项的含义

选项	选项含义
-u <用户名|用户UID>	指定用户名称，修改所有隶属于该用户的进程优先级
-n K	调度进程、进程组或用户的优先级，K是数字，表示优先级
-p <进程号>	更改指定进程的优先级等级

例12.25：将PID为“15666”的进程优先级设置为5。

```
[root@rhel ~]# ps
  PID TTY          TIME CMD
 13216 pts/0    00:00:00 bash
15666 pts/0    00:00:00 less
15960 pts/0    00:00:00 ps
[root@rhel ~]# renice -n 5 -p 15666
15666 (进程 ID) 旧优先级为 0，新优先级为 5
//也可以使用renice 5 15666命令，起到一样的效果
```

例12.26：更改postfix用户所有进程的优先级为5。

```
[root@rhel ~]# renice 5 -u postfix
89 (用户 ID) 旧优先级为 0，新优先级为 5
[root@rhel ~]# top -u postfix
top - 14:31:18 up  1:45,  2 users,  load average: 0.00, 0.01, 0.05
Tasks: 475 total,   2 running, 471 sleeping,   2 stopped,   0 zombie
%Cpu(s):  2.1 us,  1.8 sy,  0.0 ni, 92.6 id,  3.5 wa,  0.0 hi,  0.0 si,  0.0 st
KiB Mem :  1001336 total,    94008 free,   596724 used,   310604 buff/cache
KiB Swap:  2097148 total,  2086612 free,    10536 used.   213144 avail Mem

  PID USER      PR  NI    VIRT    RES    SHR S %CPU %MEM     TIME+ COMMAND
 3650 postfix   25   5   93492   3340   2288 S  0.0  0.3   0:00.08 qmgr
13193 postfix   25   5   93316   3908   2904 S  0.0  0.4   0:00.04 pickup
//可以看到postfix用户所有进程的优先级（top命令NI字段）都是5
```

12.7 管理服务

RHEL 7系统使用systemd，它提供更优秀的框架以表示系统服务间的依赖关系，并实现系统初始化时服务的并行启动，同时达到降低Shell的系统开销的效果，最终代替现在常用的System V。

在RHEL7之前，服务管理工作是由System V通过/etc/rc.d/init.d目录下的Shell脚本来执行的，

通过这些脚本允许管理员控制服务的状态。在RHEL 7中，这些脚本被服务单元文件替换。在systemd中，服务、设备、挂载等资源被统一称为单元，所以systemd中有许多单元类型，服务单元文件的扩展名是.service，同Shell脚本的功能相似。比如有查看、启动、停止、重启、启用或者禁止服务的参数。

一个单元的配置文件可以描述系统服务（.service）、挂载点（.mount）、sockets（.sockets）、系统设备（.device）、交换分区（.swap）、文件路径（.path）、启动目标（.target）、由systemd管理的计时器（.timer）等。

systemd单元文件放置位置有以下两个地方。

- /usr/lib/systemd/system：systemd默认单元文件安装目录；
- /etc/systemd/system：系统管理员创建和管理的单元目录，优先级最高。

管理Linux系统服务的方法有很多，最常使用的是systemctl命令，它是RHEL 7系统中新的管理服务的命令，用来替代chkconfig和service命令。

使用 systemctl 控制单元时，通常需要使用单元文件的全名，包括扩展名（比如sshd.service）。如果没有指定扩展名，systemctl 默认把扩展名当作.service。

systemctl命令语法：

```
systemctl [选项] [单元命令|单元文件命令]
```

systemctl命令中各选项的含义如表12.11所示。

表12.11　systemctl命令选项的含义

选项	选项含义
-r	显示主机和本地容器的单元列表
-q	抑制输出
-a	显示所有加载的单元/属性，包括dead/empty的
-H <用户@]主机>	在远程主机上操作
-t <类型>	列出特定类型的单元，类型可以指定为service、mount、device或socket等

单元命令描述如表12.12所示。

表12.12　单元命令描述

单元命令	描述
start <名称>	表示启动单元
stop <名称>	表示停止单元
status <名称>	表示查看单元状态
restart <名称>	表示重新启动单元
try-restart <名称>	如果活跃重新启动一个或多个单元
reload <名称>	表示加载一个或多个单元
isolate <名称>	启动一个单元并停止所有其他单元
list-units <模式>	列出加载的单元
kill <名称>	发送信号到一个单元的进程
is-active <模式>	检查单元是否激活
is-failed <模式>	检查单元是否失败
status <模式|PID>	显示一个或多个单元的运行状态

单元文件命令描述如表12.13所示。

表12.13　单元文件命令描述

单元文件命令	描述
list-unit-files <模式>	列出安装的单元文件
enable <名称>	启用一个或多个单元文件
disable <名称>	禁用一个或多个单元文件
is-enabled <名称>	检查单元文件是否启用

例12.27：启动sshd服务。

```
[root@rhel ~]# systemctl start sshd.service
```

例12.28：查看sshd服务当前状态。

```
[root@rhel ~]# systemctl status sshd.service
● sshd.service - OpenSSH server daemon
  Loaded: loaded (/usr/lib/systemd/system/sshd.service; enabled; vendor preset: enabled)
  Active: active (running) since 一 2015-12-21 01:15:12 CST; 1 weeks 0 days ago
    Docs: man:sshd(8)
          man:sshd_config(5)
 Main PID: 1593 (sshd)
  CGroup: /system.slice/sshd.service
          └─1593 /usr/sbin/sshd -D

12月 21 01:15:12 rhel systemd[1]: Started OpenSSH server daemon.
12月 21 01:15:12 rhel systemd[1]: Starting OpenSSH server daemon...
12月 21 01:15:13 rhel sshd[1593]: Server listening on 0.0.0.0 port 22.
12月 21 01:15:13 rhel sshd[1593]: Server listening on :: port 22.
12月 21 06:18:04 rhel sshd[12960]: Accepted password for root from 192.168.0.55 port 53753 ssh2
12月 28 20:29:38 rhel sshd[13741]: Accepted password for root from 192.168.0.200 port 51010 ssh2
```

例12.29：停止sshd服务。

```
[root@rhel ~]# systemctl stop sshd.service
```

例12.30：重新启动sshd服务。

```
[root@rhel ~]# systemctl restart sshd.service
```

例12.31：重新加载sshd服务配置文件。

```
[root@rhel ~]# systemctl reload sshd.service
```

例12.32：设置sshd服务开机自动启动。

```
[root@rhel ~]# systemctl enable sshd.service
Created symlink from /etc/systemd/system/multi-user.target.wants/sshd.service to /usr/lib/systemd/system/
sshd.service.
```

例12.33：查询sshd服务是否开机自动启动。

```
[root@rhel isolinux]# systemctl is-enabled sshd.service
enabled
```

例12.34：停止sshd服务开机自动启动。

```
[root@rhel ~]# systemctl disable sshd.service
Removed symlink /etc/systemd/system/multi-user.target.wants/sshd.service.
[root@rhel ~]# systemctl is-enabled sshd.service
disabled
```

例12.35：查看所有加载的服务。

```
[root@rhel ~]# systemctl list-units -t service
 UNIT                    LOAD   ACTIVE SUB     DESCRIPTION
```

```
abrt-ccpp.service            loaded active exited  Install ABRT coredump hook
abrt-oops.service            loaded active running ABRT kernel log watcher
abrtd.service                loaded active running ABRT Automated Bug Reporting Tool
accounts-daemon.service      loaded active running Accounts Service
alsa-state.service           loaded active running Manage Sound Card State (restore and store)
atd.service                  loaded active running Job spooling tools
auditd.service               loaded active running Security Auditing Service
avahi-daemon.service         loaded active running Avahi mDNS/DNS-SD Stack
blk-availability.service     loaded active exited  Availability of block devices
bluetooth.service            loaded active running Bluetooth service
colord.service               loaded active running Manage, Install and Generate Color Profiles
crond.service                loaded active running Command Scheduler
cups.service                 loaded active running CUPS Printing Service
dbus.service                 loaded active running D-Bus System Message Bus
firewalld.service            loaded active running firewalld - dynamic firewall daemon
gdm.service                  loaded active running GNOME Display Manager
gssproxy.service             loaded active running GSSAPI Proxy Daemon
iscsi-shutdown.service       loaded active exited  Logout off all iSCSI sessions on shutdown
...（省略）
```

第13章　任务计划

13.1　使用cron实现任务计划

使用cron实现任务计划，可以通过修改/etc/crontab文件以及使用crontab命令实现，其结果是一样的。

13.1.1　/etc/crontab文件实现任务计划

root用户通过修改/etc/crontab文件可以实现任务计划，而普通用户却无法修改该文件。crond守护进程可以在无需人工干预的情况下，根据时间和日期的组合来调度执行重复任务。

1. 安装crontabs和cronie软件包

在Linux系统中使用以下命令查看crontabs和cronie软件包是否已经安装，如果没有请事先安装好。

```
[root@rhel ~]# rpm -q crontabs
crontabs-1.11-6.20121102git.el7.noarch
[root@rhel ~]# rpm -q cronie
cronie-1.4.11-14.el7.x86_64
```

使用以下命令安装crontabs和cronie软件包。

```
[root@rhel ~]# cd /run/media/root/RHEL-7.2\ Server.x86_64/Packages
//进入Linux系统安装光盘软件包目录
[root@rhel Packages]# rpm -ivh crontabs-1.11-6.20121102git.el7.noarch.rpm
警告：crontabs-1.11-6.20121102git.el7.noarch.rpm: 头V3 RSA/SHA256 Signature, 密钥 ID fd431d51: NOKEY
准备中...                    ################################# [100%]
正在升级/安装...
  1:crontabs-1.11-6.20121102git.el7 ################################# [100%]
[root@rhel Packages]# rpm -ivh cronie-1.4.11-14.el7.x86_64.rpm
警告：cronie-1.4.11-14.el7.x86_64.rpm: 头V3 RSA/SHA256 Signature, 密钥 ID fd431d51: NOKEY
准备中...                    ################################# [100%]
正在升级/安装...
  1:cronie-1.4.11-14.el7           ################################# [100%]
```

2. 控制crond服务

使用systemctl命令可以控制crond服务。

使用以下命令启动crond服务。

```
[root@rhel ~]# systemctl start crond.service
```

使用以下命令查看crond服务运行状态。

```
[root@rhel ~]# systemctl status crond.service
● crond.service - Command Scheduler
  Loaded: loaded (/usr/lib/systemd/system/crond.service; enabled; vendor preset: enabled)
  Active: active (running) since 四 2015-12-24 06:25:18 CST; 6s ago
 Main PID: 65341 (crond)
  CGroup: /system.slice/crond.service
          └─65341 /usr/sbin/crond -n
```

```
12月 24 06:25:18 rhel systemd[1]: Started Command Scheduler.
12月 24 06:25:18 rhel systemd[1]: Starting Command Scheduler...
12月 24 06:25:18 rhel crond[65341]: (CRON) INFO (RANDOM_DELAY will be scal....)
12月 24 06:25:20 rhel crond[65341]: (CRON) INFO (running with inotify support)
12月 24 06:25:20 rhel crond[65341]: (CRON) INFO (@reboot jobs will be run ....)
Hint: Some lines were ellipsized, use -l to show in full.
```

使用以下命令在重新引导系统时自动启动crond服务。

```
[root@rhel ~]# systemctl enable crond.service
Created symlink from /etc/systemd/system/multi-user.target.wants/crond.service to /usr/lib/systemd/system/crond.service.
[root@rhel ~]# systemctl is-enabled crond.service
enabled
```

3. /etc/crontab文件详解

/etc/crontab文件是cron的默认配置文件，该文件内容如下所示，其中“#”开头的行是注释内容，不会被处理。

```
SHELL=/bin/bash
PATH=/sbin:/bin:/usr/sbin:/usr/bin
MAILTO=root

# For details see man 4 crontabs

# Example of job definition:
# .---------------- minute (0 - 59)
# |  .------------- hour (0 - 23)
# |  |  .---------- day of month (1 - 31)
# |  |  |  .------- month (1 - 12) OR jan,feb,mar,apr ...
# |  |  |  |  .---- day of week (0 - 6) (Sunday=0 or 7) OR sun,mon,tue,wed,thu,fri,sat
# |  |  |  |  |
# *  *  *  *  * user-name  command to be executed
```

前面3行用来配置cron任务运行环境的变量。Shell变量的值告诉系统要使用哪个Shell环境（在这个例子里是/bin/bash）。PATH变量定义用来执行命令的路径。cron任务的输出被邮寄给MAILTO变量定义的用户名。如果MAILTO变量被定义为空白字符串，电子邮件就不会被寄出。

/etc/crontab文件中的每一行都代表一项任务，它的格式如下。

```
minute    hour    day    month    day of week    user-name    command
```

/etc/crontab文件内容描述如表13.1所示。

表13.1　/etc/crontab文件内容

内容	描述
minute	分钟，0～59之间的任何整数
hour	小时，0～23之间的任何整数
day	日期，从1～31之间的任何整数（如果指定了月份，必须是该月份的有效日期）
month	月份，1～12之间的任何整数（或使用月份的英文简写，如jan、feb等）
day of week	星期，0～7之间的任何整数，这里的0或7代表星期日（或使用星期的英文简写如sun、mon等）
user-name	执行命令的用户
command	要执行的命令或者是自己编写的脚本

在/etc/crontab文件中可以使用表13.2的时间格式。

表13.2 时间格式

时间格式	描述
*	可以用来代表所有有效的值。如月份值中的星号意味着在满足其他制约条件后每月都执行该命令
-	指定一个整数范围。比如“1-4”意味着整数1、2、3、4
,	指定隔开的一系列值指定一个列表。比如“3,4,6,8”标明这4个指定的整数
/	可以用来指定间隔频率。在范围后加上/<integer> 意味着在范围内可以跳过integer。如“0-59/2”可以用来在分钟字段上定义时间间隔为两分钟。间隔频率值还可以和星号一起使用，如“*/3”的值可以用在月份字段中表示每3个月运行一次任务

4. /etc/crontab文件配置举例

在/etc/crontab文件中每个命令都给出了绝对路径，当使用cron运行Shell脚本时，要由用户来给出脚本的绝对路径，设置相应的环境变量。既然是用户向cron提交了这些作业，就要向cron提供所需的全部环境。cron其实并不知道所需要的特殊环境。所以要保证在Shell脚本中提供所有必要的路径和环境变量，除了一些自动设置的全局变量。

以下是/etc/crontab配置文件的内容示例。

```
SHELL=/bin/bash
PATH=/sbin:/bin:/usr/sbin:/usr/bin
MAILTO=root

30 21* * * root /root/backup.sh
//在每天晚上的21:30执行/root/backup.sh文件

45 4 1,10,22 * * root /root/backup.sh
//在每月1、10、22日的4:45执行/root/backup.sh文件

20 1 * * 6,0 root /bin/find / -name core -exec rm {} \;
//在每星期六、星期日的1:20执行一个find命令，查找相应的文件

0,30 18-23 * * * root /root/backup.sh
//在每天18:00～23:00之间每隔30分钟执行/root/backup.sh

0 23 * * 6 root /root/backup.sh
//在每星期六的23:00执行/root/backup.sh
```

5. /etc/cron.d目录

除了通过修改/etc/crontab文件实现任务计划之外，还可以在/etc/cron.d目录中创建文件来实现。

使用以下命令查看/etc/cron.d目录。

```
[root@rhel ～]# ls /etc/cron.d
0hourly  pcp-pmie  pcp-pmlogger  raid-check  sa-update  sysstat
```

该目录中的所有文件和/etc/crontab文件使用一样的配置语法。

以下是/etc/cron.d/sysstat文件的默认内容。

```
# Run system activity accounting tool every 10 minutes
*/10 * * * * root /usr/lib64/sa/sa1 1 1
# 0 * * * * root /usr/lib64/sa/sa1 600 6 &
```

```
# Generate a daily summary of process accounting at 23:53
53 23 * * * root /usr/lib64/sa/sa2 -A
```

13.1.2 使用crontab命令实现任务计划

root以外的用户可以使用crontab命令配置cron任务。所有用户定义的crontab都被保存在/var/spool/cron目录中，并使用创建它们的用户身份来执行。

以某位用户身份创建一个crontab项目，登录为该用户，然后输入crontab -e命令，使用由VISUAL或EDITOR环境变量指定的编辑器来编辑该用户的crontab。该文件使用的格式和/etc/crontab相同。当对crontab所做的改变被保存后，该crontab文件会根据该用户名被保存在/var/spool/cron/<username>文件中。

crond守护进程每分钟都检查/etc/crontab文件、/etc/cron.d目录以及/var/spool/cron目录中的改变。如果发现了改变，它们就会被载入内存。

1. crontab命令语法

使用crontab命令可以创建、修改、查看以及删除crontab条目。

crontab命令语法：

```
crontab [选项]
crontab [选项] [文件]
```

crontab命令中各选项的含义如表13.3所示。

表13.3　crontab命令选项的含义

选项	选项含义
-u <用户名>	用户名，如果使用自己的用户名登录，就不需要使用该选项
-e	编辑用户的crontab
-l	列出用户的crontab中的内容
-r	删除用户的crontab
-i	删除用户的crontab前进行提示

2. 创建crontab

在考虑向crond进程提交一个crontab之前，首先要做的一件事情就是设置环境变量EDITOR。crond进程根据它来确定使用哪个编辑器编辑crontab。

编辑用户主目录下的".bash_profile"文件，在其中加入以下内容，然后保存并退出。

```
export EDITOR=vi
```

接下来创建新的crontab，然后提交给crond进程，它将每隔十五分钟运行一次。同时，新创建crontab的一个副本已经被放在/var/spool/cron目录中，文件名就是用户名。

例13.1：以用户zhangsan登录系统，创建crontab。

```
[root@rhel ~]# su - zhangsan
//以普通用户zhangsan登录系统
[zhangsan@rhel ~]$ date
2015年 12月 24日 星期四 06:36:43 CST
//查看当前系统时间
[zhangsan@rhel ~]$ crontab -e
//使用crontab -e命令打开vi编辑器，编辑用户zhangsan的crontab
40 * * * * touch /home/zhangsan/tt
//在vi编辑器内输入以上crontab
```

```
[zhangsan@rhel ~]$ su - root
密码：                              //输入用户root的密码
//切换为root用户登录
[root@rhel ~]# cat /var/spool/cron/zhangsan
40 * * * * touch /home/zhangsan/tt
//可以看到/var/spool/cron/zhangsan文件的内容就是刚才用crontab命令编辑的内容。普通用户没有权限打开该文件
```

3. 编辑crontab

如果希望添加、删除或编辑/var/spool/cron/zhangsan文件，而EDITOR环境变量又设置为vi，那么就可以用vi来编辑该文件。

可以使用vi编辑器像编辑其他任何文件那样修改/var/spool/cron/zhangsan文件并保存退出。如果修改了某些条目或添加了新的条目，那么在保存该文件时，crond会对其进行必要的完整性检查。如果其中的某个地方出现了超出允许范围的值，crond会提示用户。

最好在/var/spool/cron/zhangsan文件的每一个条目之上加入一条注释，这样就可以知道它的功能、运行时间，更为重要的是，知道这是哪位用户的作业。

4. 列出crontab

例13.2：以root用户列出zhangsan的crontab。

```
[root@rhel ~]# crontab -u zhangsan -l
40 * * * * touch /home/zhangsan/tt
```

例13.3：以普通用户zhangsan列出自己的crontab。

```
[zhangsan@rhel ~]$ crontab -l
40 * * * * touch /home/zhangsan/tt
```

例13.4：对/var/spool/cron/zhangsan文件做备份。

```
[zhangsan@rhel ~]$ crontab -l >/home/zhangsan/zhangsancron
[zhangsan@rhel ~]$ ls /home/zhangsan/zhangsancron
/home/zhangsan/zhangsancron
//这样，一旦不小心误删了/var/spool/cron/zhangsan文件，就可以迅速恢复
```

5. 删除crontab

删除crontab时也会删除/var/spool/cron目录中指定用户的文件。

例13.5：以用户root删除zhangsan的crontab。

```
[root@rhel ~]# crontab -u zhangsan -r
//指定命令后会删除/var/spool/cron/zhangsan文件
```

例13.6：以普通用户zhangsan删除自己的crontab。

```
[zhangsan@rhel ~]$ crontab -r
```

6. 恢复丢失的crontab文件

如果不小心误删除了crontab文件，且在主目录下还有一个备份，那么可以将其复制到/var/spool/cron/<username>，其中<username>是用户名。

如果由于权限问题无法完成复制，可以使用以下命令，其中需要指定在用户主目录中复制的副本文件名。

```
crontab [文件]
```

例13.7：以zhangsan用户登录恢复丢失的crontab文件。

```
[zhangsan@rhel ~]$ crontab -r
//删除crontab文件
[zhangsan@rhel ~]$ crontab -l
no crontab for zhangsan
[zhangsan@rhel ~]$ crontab /home/zhangsan/zhangsancron
//恢复丢失的crontab文件
[zhangsan@rhel ~]$ crontab -l
40 * * * * touch /home/zhangsan/tt
//恢复以后可以看到丢失的crontab
```

7. 控制使用crontab

/etc/cron.allow和/etc/cron.deny文件被用来限制用户对crontab的使用。这两个控制文件的格式都是每行一个用户。两个文件都不允许空格。如果控制文件被修改了，crond守护进程不需要重新启动。控制文件在每次用户添加或删除一项crontab任务时都会被读取。无论控制文件中的规定如何，root用户都可以使用crontab。如果/etc/cron.allow文件存在，只有其中列出的用户才被允许使用crontab，并且/etc/cron.deny文件会被忽略。如果/etc/cron.allow文件不存在，所有在/etc/cron.deny文件中列出的用户都被禁止使用crontab。

> **注意：**
>
> 默认只有/etc/cron.deny文件，没有/etc/cron.allow文件，使用/etc/cron.allow文件时需要手工创建。

例13.8：限制用户zhangsan使用crontab。

使用vi编辑器修改/etc/cron.deny文件，将需要禁止使用crontab功能的用户名添加进去。下面的示例禁止用户zhangsan使用crontab。

```
zhangsan
```

以用户zhangsan登录系统，无法使用crontab命令。

```
[root@rhel ~]# su - zhangsan
//以用户zhangsan登录系统
[zhangsan@rhel ~]$ crontab -e
You (zhangsan) are not allowed to use this program (crontab)
See crontab(1) for more information
//用户zhangsan无法使用crontab
```

13.2 使用at实现任务计划

13.2.1 at简介

cron被用来调度重复的任务，而at被用来在指定时间内调度一次性的任务。一旦一个作业被提交，at命令将会保留所有当前的环境变量，包括路径，该作业的所有输出都将以电子邮件的形式发送给用户。

在使用at命令之前必须安装at软件包，并且atd服务必须在运行。

1. 安装at软件包

在Linux系统中使用以下命令查看at软件包是否已经安装，如果没有请事先安装好。

```
[root@rhel ~]# rpm -q at
at-3.1.13-20.el7.x86_64
```

使用以下命令安装at软件包。

```
[root@rhel ~]# cd /run/media/root/RHEL-7.2\ Server.x86_64/Packages
//进入Linux系统安装光盘软件包目录
[root@rhel Packages]# rpm -ivh at-3.1.13-20.el7.x86_64.rpm
警告：at-3.1.13-20.el7.x86_64.rpm: 头V3 RSA/SHA256 Signature, 密钥 ID fd431d51: NOKEY
准备中...                    ################################# [100%]
正在升级/安装...
  1:at-3.1.13-20.el7            ################################# [100%]
```

2. 控制atd服务

使用systemctl命令可以控制atd服务。

使用以下命令启动atd服务。

```
[root@rhel ~]# systemctl start atd
```

使用以下命令查看atd服务运行状态。

```
[root@rhel ~]# systemctl status atd
● atd.service - Job spooling tools
  Loaded: loaded (/usr/lib/systemd/system/atd.service; enabled; vendor preset: enabled)
  Active: active (running) since 四 2015-12-31 11:36:04 CST; 2s ago
 Main PID: 63384 (atd)
  CGroup: /system.slice/atd.service
          └─63384 /usr/sbin/atd -f

12月 31 11:36:04 rhel systemd[1]: Started Job spooling tools.
12月 31 11:36:04 rhel systemd[1]: Starting Job spooling tools...
```

使用以下命令在重新引导系统时自动启动atd服务。

```
[root@rhel ~]# systemctl enable atd.service
[root@rhel ~]# systemctl is-enabled atd.service
enabled
```

13.2.2 配置at作业

使用at命令可以在某一指定时间内调度一项一次性作业，at命令后面必须先指定时间，接着指定日期。

at命令语法：

```
at [选项] [时间参数]
at [选项]
```

at命令中各选项的含义如表13.4所示。

表13.4 at命令选项的含义

选项	选项含义
-f <脚本文件>	所要提交的脚本文件
-l	列出当前所有等待运行的作业，和atq命令具有相同的作用
-d	清除某个作业，需要提供相应的作业标识（ID），和atrm命令具有相同的作用
-m	作业完成后给用户发邮件
-c <作业标识号>	在命令行上列出的作业标准输出
-t <时间>	在指定时间提交作业运行，时间格式为[[CC]YY]MMDDhhmm

时间参数描述如表13.5所示。

表13.5 时间参数描述

时间参数	描述
HH:MM	比如04:00 代表 4:00AM。如果时间已过，它就会在第二天的这一时间执行
Midnight	代表12:00AM（即00:00）
Noon	代表12:00PM（即12:00）
Teatime	代表4:00PM（即16:00）
英文月名 日期 年份	比如January 15 2018代表2018年1月15日，年份可有可无
MMDDYY、MM/DD/YY或MM.DD.YY	比如011518代表2018年1月15日
now +时间	时间以minutes、hours、days或weeks为单位，比如“now +5 days”代表命令在5天之后的此时此刻执行

注意：

在使用at命令时可以指定Midnight、Noon和Teatime时间参数，也可以指定midnight、noon和teatime时间参数。也就是说这三个时间参数的第一个字母可以大写也可以小写，都能使用。

1. 提交作业

使用at命令提交作业有几种不同的形式，可以通过命令行方式，也可以使用at命令提示符。一般来说，在提交若干行的系统命令时，使用at命令提示符方式，而在提交Shell脚本时，使用命令行方式。

如果想提交若干行的命令，可以在at命令后面跟上日期/时间并回车。然后就进入了at命令提示符，这时只须逐条输入相应的命令，然后按[Ctrl+d]键退出。

如果希望向at命令提交一个Shell脚本，使用其命令行方式即可，在提交脚本时使用- f选项。

例13.9：在5天之后的此时此刻将/root/a文件复制到/home目录下。

```
[root@rhel ~]# at now +5 days
at> cp /root/a /home                    //命令输入完毕在此按回车键
at> <EOT>                               //在此按[Ctrl+d]键
job 1 at Tue Dec 29 06:45:00 2015
```

也可以在“at>”提示后输入Shell脚本，在脚本的每一行后按回车键，然后在空行处按[Ctrl+d]键来退出。

例13.10：以脚本方式执行at作业，脚本文件为/root/script1。

```
[root@rhel ~]# echo "cp /root/a /home" > /root/script1
//创建/root/script1脚本文件
[root@rhel ~]# at now -f /root/script1
job 2 at Thu Dec 24 06:46:00 2015
```

例13.11：使用echo命令向at命令提交作业。

```
[root@rhel ~]# echo hello>/root/a|at now
job 3 at Thu Dec 24 06:46:00 2015
[root@rhel ~]# ls -l /root/a
-rw-r--r--. 1 root root 6 12月 24 06:46 /root/a
//可以看到已经存在文件/root/a了
[root@rhel ~]# cat /root/a
hello
//文件/root/a的内容是hello
```

2. 列出所提交的作业

作业被提交后，列出at作业有两种方法：at -l命令和atq命令。

at -l命令语法：

```
at -l
```

atq命令语法：

```
atq
```

例13.12：使用at -l命令列出所有作业。

```
[root@rhel ~]# at -l
1       Tue Dec 29 06:45:00 2015 a root
//第1列是作业标识，后面是作业运行的日期/时间，a代表at，root代表执行此at作业的用户
```

还可以使用atq命令来完成同样的功能，它是at命令的一个链接。当提交一个作业后，它就被复制到/var/spool/at目录中，准备在预计的时间运行。

例13.13：使用atq命令列出所有作业。

```
[root@rhel ~]# atq
1       Tue Dec 29 06:45:00 2015 a root
[root@rhel ~]# ls -l /var/spool/at
总用量 4
-rwx------. 1 root   root   2799 12月 24 06:46 a0000201711875
drwx------. 2 daemon daemon    6 12月 24 06:46 spool
//可以看到作业被复制到/var/spool/at目录下
```

3. 清除at作业

要清除某个作业，首先需要查看并获取相应的作业标识号，然后再清除作业。

清除at作业有两种方法：at -d命令和atrm命令。

at -d命令语法：

```
at -d [作业标识号]
```

atrm命令语法：

```
atrm [作业标识号]
```

例13.14：使用at -d命令删除作业。

```
[root@rhel ~]# at -l
1       Tue Dec 29 06:45:00 2015 a root
//可以看到存在一个标识号为1的作业
[root@rhel ~]# at -d 1
```

例13.15：使用atrm命令删除作业。

```
[root@rhel ~]# atrm 1
```

4. 控制使用at

root用户可以通过/etc/at.allow和/etc/at.deny文件来控制哪些用户可以使用at命令。/etc/at.allow和/etc/at.deny文件被用来限制对at的使用，这两个控制文件的格式都是每行一个用户，两个文件都不允许空格。如果这两个控制文件被修改了，atd守护进程不需要重新启动。控制文件在每次用户添加或删除一项at任务时都会被读取。无论控制文件中的规定如何，root用户都可以使用at。

如果/etc/at.allow文件存在，只有其中列出的用户才被允许使用at，并且/etc/at.deny文件会被忽略。如果/etc/at.allow文件不存在，所有在/etc/at.deny文件中列出的用户都被禁止使用at。

注意：

默认只有/etc/at.deny文件，没有/etc/at.allow文件，使用/etc/at.allow文件时需要手工创建。

例13.16：限制用户zhangsan使用at。

使用vi编辑器修改/etc/at.deny文件，将需要禁止使用at功能的用户名添加进去。下面的示例禁止用户zhangsan使用at。

```
zhangsan
```

以用户zhangsan登录系统无法使用at。

```
[root@rhel ~]# su - zhangsan
//以用户zhangsan登录系统
[zhangsan@rhel ~]$ at now +5 days
You do not have permission to use at.
//用户zhangsan无法使用at
```

13.3 使用anacron实现任务计划

13.3.1 anacron简介

anacron并不是用来取代cron的，它的功能在于处理非24小时一直启动的 Linux 系统的 cron 的执行。所以anacron并不能指定什么时候执行某项任务， 而是以天、周、月为单位或是在开机后立刻运行 anacron 的操作。它会去检查计算机停机期间应该进行但是并没有进行的cron任务，并将该任务执行一遍后，anacron 就自动停止了。

anacron会以一天、一周、一个月为期去检查系统没有运行的cron任务，因此对于某些特殊的使用环境非常有帮助。 比如 Linux 服务器在周末关机两天，但是cron大多在每天的凌晨以及周日的早上进行各项任务，偏偏又关机了，此时系统很多cron的任务就无法运行。anacron刚好可以解决这个问题。

那么anacron又是怎么知道系统的关机时间呢？这就得要使用anacron读取的时间记录文件。anacron会去分析现在的时间与时间记录文件所记载的上次执行anacron的时间，两者比较后如果发现有差异，那就代表在某些时候没有进行cron。此时anacron就会开始执行没有运行的cron任务。所以anacron其实也是通过cron来运行的。因此anacron运行的时间通常为系统开机期间，或者是写入cron的调度中。 这样才能够在特定时间分析系统未运行的cron工作。

在Linux系统中使用以下命令查看cronie-anacron软件包是否已经安装，如果没有请事先安装好。

```
[root@rhel ~]# rpm -q cronie-anacron
cronie-anacron-1.4.11-14.el7.x86_64
```

使用以下命令安装cronie-anacron软件包。

```
[root@rhel ~]# cd /run/media/root/RHEL-7.2\ Server.x86_64/Packages
//进入Linux系统安装光盘软件包目录
[root@rhel Packages]# rpm -ivh cronie-anacron-1.4.11-14.el7.x86_64.rpm
警告：cronie-anacron-1.4.11-14.el7.x86_64.rpm: 头V3 RSA/SHA256 Signature, 密钥 ID fd431d51: NOKEY
准备中...                    ################################# [100%]
正在升级/安装...
   1:cronie-anacron-1.4.11-14.el7    ################################# [100%]
```

13.3.2 /etc/anacrontab文件详解

anacron服务的使用很简单，因为所有的任务都被设置在/etc/anacrontab文件中，一般我们了解就可以了，不需要更改/etc/anaconrtab文件。这个文件中的每一行都表示一个任务（注释与环境变量例外），由四部分内容组成，具体格式如下。

```
时间间隔	等待时间	任务标识	命令
```

/etc/anacrontab文件内容描述如表13.6所示。

表13.6 /etc/anaconrtab文件内容描述

内容	描述
时间间隔	执行任务的时间间隔，单位为天
等待时间	在时间间隔到期后，如果任务没有顺利执行，则会等待此处设置的时间，然后再次尝试执行，单位为分钟
任务标识	有关此任务的说明，它可包含任何非空格的字符（/除外），通常都用在anacron信息中，或是此任务的时间戳文件名
命令	实际执行的任务

以下是/etc/anacrontab文件的默认内容，其中run-parts是一个脚本，具体文件位置是/usr/bin/run-parts，它的作用是执行一个目录下的所有脚本/程序。

```
# /etc/anacrontab: configuration file for anacron

# See anacron(8) and anacrontab(5) for details.

SHELL=/bin/sh
PATH=/sbin:/bin:/usr/sbin:/usr/bin
MAILTO=root
# the maximal random delay added to the base delay of the jobs
RANDOM_DELAY=45
# the jobs will be started during the following hours only
START_HOURS_RANGE=3-22

#period in days   delay in minutes   job-identifier   command
1	5	cron.daily	nice run-parts /etc/cron.daily
//每天开机5分钟后就检查/etc/cron.daily目录内的文件是否被执行，如果今天没有被执行就执行

7	25	cron.weekly	nice run-parts /etc/cron.weekly
//每隔七天开机后25分钟检查/etc/cron.weekly目录内的文件是否被执行，如果一周内没有被执行就执行

@monthly 45	cron.monthly	nice run-parts /etc/cron.monthly
//每隔一个月开机后45分钟检查/etc/cron.monthly目录内的文件是否被执行，如果一个月内没有被执行就执行
```

使用以下命令查看/etc/cron.daily目录内的文件。

```
[root@rhel ~]# ls -l /etc/cron.daily
总用量 20
-rwxr-xr-x. 1 root root 332 9月  11 16:44 0yum-daily.cron
-rwx------. 1 root root 180 7月  31 2013 logrotate
-rwxr-xr-x. 1 root root 618 3月  18 2014 man-db.cron
-rwxr-x---. 1 root root 192 1月  27 2014 mlocate
-rwx------. 1 root root 256 10月 13 23:00 rhsmd
```

使用以下命令查看/etc/cron.hourly目录内的文件。

```
[root@rhel ~]# ls -l /etc/cron.hourly
总用量 8
-rwxr-xr-x. 1 root root 392 4月  21 2015 0anacron
-rwxr-xr-x. 1 root root 362 9月  11 16:44 0yum-hourly.cron
```

使用以下命令查看/etc/cron.monthly和/etc/cron.weekly目录内的文件。

```
[root@rhel ~]# ls -l /etc/cron.monthly
总用量 0
[root@rhel ~]# ls -l /etc/cron.weekly
总用量 0
```

当anacron任务完成之后，会将此日期记录在/var/spool/anacron目录的时间戳文件中，默认的时间戳文件有三个：cron.daily、cron.monthly和cron.weekly。

```
[root@rhel ~]# ls /var/spool/anacron
cron.daily  cron.monthly  cron.weekly
```

而这些文件的记录内容非常简单，以下是一个/var/spool/anacron/cron.daily文件的内容示例。

```
[root@rhel ~]# cat /var/spool/anacron/cron.daily
20151224
//显示执行anacron的日期
```

13.3.3 anacron执行作业

使用anacron命令可以定期运行命令。

anacron命令语法：

```
anacron [选项] [作业]
```

anacron命令中各选项的含义如表13.7所示。

表13.7 anacron命令选项的含义

选项	选项含义
-f	强制执行相关作业，忽略时间戳
-u	只更新相关作业的时间戳为当前日期，不再执行任何作业
-s	顺序执行作业，在前一个作业未完成前不会开始下一个作业
-n	立即执行作业
-q	禁止将信息输出到标准错误，与-d选项合用

例13.17：只更新相关作业的时间戳为当前日期，不再执行任何作业。

```
[root@rhel ~]# anacron -u
```

例13.18：强制执行相关作业，忽略时间戳。

```
[root@rhel ~]# anacron -f
```

例13.19：顺序执行作业，在前一个作业未完成前不会开始下一个作业。

```
[root@rhel ~]# anacron -s
```

例13.20：立即执行作业。

```
[root@rhel ~]# anacron -n
```

第14章 Linux系统引导和启动

14.1 Linux系统启动过程

Linux系统的启动从计算机开机通电自检开始，一直到登录系统，需要经过多个过程。

1. BIOS自检

计算机在接通电源之后首先由BIOS进行POST自检，然后依据BIOS内设置的引导顺序从硬盘、软盘或光盘中读入引导块。BIOS的第一个步骤是加电POST自检，POST的工作是对硬件进行检测。BIOS的第二个步骤是进行本地设备的枚举和初始化。BIOS有两部分组成：POST代码和运行时的服务。当POST完成之后，虽然它被从内存中清理出来，但是BIOS运行时服务依然保留在内存中，目标操作系统可以使用这些服务。

Linux系统通常都是从硬盘上引导的，其中主引导记录（MBR）中包含主引导加载程序。MBR是一个512B的扇区，位于磁盘上的第一个扇区中（0道0柱面1扇区）。当MBR被加载到RAM中之后，BIOS就会将控制权交给MBR。

2. 启动GRUB 2

GRUB 2是Linux系统中默认使用的引导加载程序，引导加载程序是用于引导操作系统启动。当计算机引导操作系统时，BIOS会读取引导介质上最前面的512B（主引导记录）。

3. 加载内核

接下来的步骤就是加载内核映像到内存中，内核映像并不是一个可执行的内核，而是一个压缩过的内核映像。在这个内核映像前面是一个例程，它实现少量硬件设置，并对内核映像中包含的内核进行解压，然后将其放入高端内存中。如果有初始 RAM 磁盘映像，系统就会将它移动到内存中，并标明以后使用。然后该例程会调用内核，并开始启动内核引导的过程。

4. 执行systemd进程

systemd进程是Linux系统所有进程的起点，在完成内核引导以后，即在本进程空间内加载systemd程序。systemd进程是所有进程的发起者和控制者。因为在任何Linux系统中，它都是第一个运行的进程，所以systemd进程的进程号（PID）永远是1。

systemd进程有两个作用。第一个作用是扮演终结父进程的角色。因为systemd进程永远不会被终止，所以系统总是可以确信它的存在，并在必要的时候以它为参照。如果某个进程在它衍生出来的全部子进程结束之前被终止，就会出现必须以systemd为参照的情况。此时那些失去了父进程的子进程就都会以systemd作为它们的父进程。systemd的第二个作用是运行相应的程序，以此对各种目标进行管理。

5. 初始化系统环境

Linux系统使用systemd作为引导管理程序，之后的引导过程将由systemd完成。systemd使用目标（target）来处理引导和服务管理过程。这些systemd里的目标文件被用于分组不同的引导单元以及启动同步进程。

（1）systemd执行的第一个目标是default.target。但实际上default.target目标是指向graphical.

target目标的软链接。graphical.target目标单元文件的实际位置是/usr/lib/systemd/system/graphical.target。

（2）在执行graphical.target目标阶段，会启动multi-user.target目标，而这个目标将自己的子单元存放在/etc/systemd/system/multi-user.target.wants目录中。这个目标为多用户支持设定系统环境。非root用户会在这个阶段的引导过程中启用。防火墙相关的服务也会在这个阶段启动。

（3）multi-user.target目标会将控制权交给basic.target目标。basic.target目标用于启动普通服务特别是图形管理服务。它通过/etc/systemd/system/basic.target.wants目录来决定哪些服务会被启动。basic.target目标之后将控制权交给sysinit.target目标。

（4）sysinit.target目标会启动重要的系统服务，比如系统挂载、内存交换空间和设备、内核补充选项等。sysinit.target目标在启动过程中会传递给local-fs.target和swap.target目标。

（5）local-fs.target和swap.target目标不会启动用户相关的服务，它只处理底层核心服务。这两个目标会根据/etc/fstab和/etc/inittab文件来执行相关操作。

6. 执行/bin/login程序

login程序会提示使用者输入账号及密码，接着编码并确认密码的正确性。如果账号与密码相符，则为使用者初始化环境，并将控制权交给shell，即等待用户登录。

login会接收mingetty传来的用户名作为用户名参数，然后login会对用户名进行分析。如果用户名不是root，且存在/etc/nologin文件，login将输出nologin文件的内容，然后退出。这通常用来在系统维护时防止非root用户登录。只有在/etc/securetty中登记了的终端才允许root用户登录，如果不存在这个文件，则root可以在任何终端上登录。/etc/usertty文件用于对用户做出附加访问限制，如果不存在这个文件，则没有其他限制。

在分析完用户名后，login将搜索/etc/passwd以及/etc/shadow来验证密码以及设置账户的其他信息，比如主目录是什么、使用何种shell。如果没有指定主目录，则将主目录默认设置为根目录；如果没有指定shell，则将Shell类型默认设置为/bin/bash。

login程序成功后，会向对应的终端再输出最近一次登录的信息（在/var/log/lastlog文件中有记录），并检查用户是否有新邮件（在/var/spool/mail/的对应用户名目录下），然后开始设置各种环境变量。对于bash来说，系统首先寻找/etc/profile脚本文件，并执行它；然后如果用户的主目录中存在.bash_profile文件，就执行它，在这些文件中又可能调用了其他配置文件。所有的配置文件执行后，各种环境变量也设好了，这时会出现大家熟悉的命令行提示符，到此整个启动过程就结束了。

14.2 systemd简介

14.2.1 什么是systemd

systemd是Linux系统执行的第一个进程，进程ID为1，是系统所有进程的起点。Linux系统在完成内核引导以后就开始运行systemd程序。systemd开发目标是提供更优秀的框架以表示系统服务间的依赖关系，并依此实现系统初始化时服务的并行启动，同时达到降低Shell的系统开销的效果，最终代替现在常用的System V与BSD风格init程序。

systemd开启和监督整个系统是基于单元（unit）。单元是由一个与配置文件对应的名字和类型组成的（比如httpd.service单元有一个具有相同名字的配置文件，是守护进程httpd的一个封装单元）。

systemd引入了并行启动的概念，为每一个需要启动的守护进程建立一个套接字，这些套接字对于使用它们的进程来说是抽象的，这样它们可以允许不同守护进程之间进行交互。systemd会创建新进程并为每个进程分配一个控制组（cgroup）。处于不同控制组的进程之间可以通过内核来互相通信。systemd处理开机启动进程的方式非常快，和传统基于init的系统比起来优化了非常多的性能。

以下是systemd的一些核心功能。

- 和init相比，简化了Linux系统的引导过程。
- systemd支持并发引导过程，从而可以更快启动。
- 通过控制组来追踪进程，而不是PID。
- 优化了处理引导过程和服务之间依赖的方式。
- 支持系统快照和恢复。
- 监控已启动的服务，也支持重启已崩溃服务。
- 包含了systemd-login模块用于控制用户登录。
- 支持加载和卸载组件。
- 低内存使用痕迹以及任务调度能力。
- 记录事件的Journald模块和记录系统日志的rsyslogd模块。

14.2.2 单元类型

systemd配置文件被称为单元，根据类型不同，以不同的扩展名结尾。系统初始化需要做的事情非常多，需要启动后台服务，比如启动sshd服务；需要做配置工作，比如挂载文件系统。这个过程中的每一步都被systemd抽象为一个配置单元，即单元（unit）。可以认为一个服务是一个配置单元；一个挂载点是一个配置单元；一个交换分区的配置是一个配置单元。systemd将配置单元归纳为一些不同的类型。

在systemd中，服务、设备、挂载等资源统一被称为单元，所以systemd中有许多单元类型。服务单元文件的扩展名是.service，同Shell脚本的功能相似。

systemd单元文件放置位置有以下地方。

- /usr/lib/systemd/system：systemd默认单元文件安装目录。
- /run/systemd/system：systemd单元运行时创建，这个目录优先于安装目录。
- /etc/systemd/system：系统管理员创建和管理的单元目录，优先级最高。

systemd单元类型如表14.1所示。

表14.1　单元类型

单元类型	描述
service（服务）	代表一个后台服务进程，比如mariadb。这是最常用的一类
target（目标）	为其他配置单元进行逻辑分组。它们本身实际上并不做什么，只是引用其他配置单元而已。这样便可以对配置单元做一个统一的控制，实现大家都已经非常熟悉的运行级别概念。比如想让系统进入图形化模式，需要运行许多服务和配置命令，这些操作都由一个个的配置单元表示，将所有这些配置单元组合为一个目标，就表示需要将这些配置单元全部执行一遍以便进入目标所代表的系统运行状态（multi-user.target 相当于在传统System V的系统中的运行级别3）

单元类型	描述
automount（自动挂载点）	封装系统结构层次中的一个自挂载点。每一个自挂载配置单元对应一个挂载配置单元，当该自动挂载点被访问时，systemd执行挂载点中定义的挂载行为
device（设备）	封装一个存在于Linux设备树中的设备。每一个使用udev规则标记的设备都将会在systemd中作为一个设备配置单元出现
mount（挂载点）	封装文件系统结构层次中的一个挂载点。systemd将对这个挂载点进行监控和管理。比如可以在启动时自动将其挂载；可以在某些条件下自动将其卸载。systemd 会将/etc/fstab中的条目都转换为挂载点，并在开机时处理
path（路径）	当文件系统对象变更或修改时，可以用来激活其他服务
scope（外部进程）	类似于服务单位，但是管理外部进程
snapshot（快照）	与target配置单元相似，快照是一组配置单元。它保存了系统当前的运行状态。每个配置单元都有一个对应的配置文件，系统管理员的任务就是编写和维护这些不同的配置文件，比如一个mariadb服务对应一个mariadb.service文件。这种配置文件的语法非常简单，用户不需要再编写和维护复杂的系统脚本了
socket（套接字）	封装系统和互联网中的一个套接字 。当下，systemd支持流式、数据报和连续包的AF_INET、AF_INET6、AF_UNIX socket。每一个套接字配置单元都有一个相应的服务配置单元 。相应的服务在第一个“连接”进入套接字时就会启动（例如nscd.socket在有新连接后便启动nscd.service）
swap（交换分区）	与挂载配置单元类似，交换配置单元用来管理交换分区。用户可以用交换配置单元来定义系统中的交换分区，可以让这些交换分区在启动时被激活
timer（定时器）	用来定时触发用户定义的操作，这类配置单元取代了atd、crond等传统的定时服务

14.3 管理GRUB 2

使用引导加载程序可以引导操作系统的启动，一般情况下引导加载程序都安装在MBR（主引导扇区）中。本节主要讲述Linux系统中GRUB 2的管理。

14.3.1 GRUB 2简介

1. 什么是GRUB

当计算机要引导操作系统时，BIOS会读取引导介质上最前面的主引导记录（MBR记录）。主引导记录本身要包含两类内容：引导加载程序和分区表。

GRUB是Linux系统默认的引导加载程序。在Linux加载一个系统前，它必须由一个引导加载程序中的特定指令去引导系统。这个程序一般位于系统的主硬盘驱动器或其他介质驱动器上。

Linux安装程序允许用户快速、方便地配置引导加载程序，并将其存放在主硬盘驱动的主引导记录中来引导操作系统。

GNU GRUB是一个将引导加载程序安装到主引导记录的程序，主引导记录位于一个硬盘开始的扇区。它允许位于主引导记录区中特定的指令来加载一个GRUB菜单或是GRUB的命令环境。这使得用户能够开始操作系统的选择，在内核引导时传递特定指令给内核，或是在内核引导前确定一些系统参数（如可用的RAM大小）。

GRUB支持直接和链式加载的引导方法。GRUB能用于几乎所有操作系统、绝大多数流行的文件系统以及几乎所有的系统BIOS所能识别的硬盘。

2. GRUB 2新功能

GRUB 2采用模块化动态加载的思想，相比GRUB来讲不用在构建时将所有功能都加入，这使得GRUB 2的体积相比变得很小，整个GRUB 2的内核映像可以控制在31KB以内（GRUB的映像在百KB级别）。因此GRUB 2完全可以移除GRUB中存在的stage 1.5阶段，而可以将整个映像放在GRUB中的stage1.5存放的位置。

RHEL 7系统采用GRBU 2引导加载程序。GRUB 2是GRUB的升级版，它实现了以下一些GRUB中所不具备的功能。

（1）图形接口。

（2）使用模块机制，通过动态加载需要的模块来扩展功能。

（3）支持脚本语言，比如条件判断、循环、变量和函数。

（4）支持救援模式，可以用于系统无法引导的情况。

（5）国际化语言，包括支持非ASCII的字符集和类似gettext的消息分类、字体、图形控制台等。

（6）有一个灵活的命令行接口。如果不存在配置文件，GRUB 2会自动进入命令模式。

（7）针对文件系统、文件、设备、驱动、终端、命令、分区表、系统加载的模块化、层次化、基于对象的框架。

（8）支持多种文件系统格式。

（9）可以访问已经安装在设备上的数据。

（10）支持自动解压。

3. GRUB 2中设备和分区命名规则

GRUB 2同样以fd表示软盘，hd表示硬盘（包含IDE和SCSI硬盘）。设备是从0开始编号，分区则是从1开始，主分区从1～4，逻辑驱动器从5开始。

下面讲解一下设备和分区的使用方法。

- (fd0)：表示第一个软盘。
- (hd0)：表示第一个硬盘（大多数U盘与USB接口的移动硬盘以及SD卡也都被当作硬盘看待）。
- (hd0,msdos1)：表示第一个硬盘的第一个分区。
- (hd0,msdos1)/boot/vmlinuz-3.10.0-327.el7.x86_64：表示第一个硬盘的第一个分区下的boot目录下的vmlinuz-3.10.0-327.el7.x86_64文件。
- (hd1,msdos1)：表示第二硬盘的第一分区。
- (cd)：启动光盘（仅在从光盘启动GRUB时可用）。
- (cd0)：第一个光盘。

14.3.2 GRUB 2主配置文件

GRUB 2的配置是通过以下三个地方的文件来完成的。

- /boot/grub2/grub.cfg文件（/etc/grub2.cfg文件是/boot/grub2/grub.cfg文件的软链接）。
- /etc/grub.d目录。
- /etc/default/grub文件（/etc/sysconfig/grub文件是/etc/default/grub文件的软链接）。

它们的关系是在/boot/grub2/grub.cfg文件里面通过“####BEGIN ######”这种格式按照顺序

调用/etc/grub.d目录中的脚本实现不同的功能。/etc/grub.d目录中有很多数字开头的脚本，按照从小到大的顺序执行。以00_header为例，它又会调用/etc/default/grub 配置文件来实现最基本的开机界面配置。

比如在/boot/grub2/grub.cfg文件里面调用/etc/grub.d/10_linux 来配置不同的内核，这里面有2个 menuentry（菜单项），所以开机的时候会看见两个默认选项，一个是普通模式，一个是救援模式。

需要注意的是，最好不要直接去修改/boot/grub2/grub.cfg文件。这是因为如果后期升级内核，所有的配置都会失效。如果需要自定义这个文件，可以修改/etc/grub.d目录中对应的脚本或者 /etc/default/grub文件，然后通过使用grub2-mkconfig 命令重新生成/boot/grub2/grub.cfg文件。

下面所示为/boot/grub2/grub.cfg文件的内容，其中以“#”开头的是注释行。

```
#
# DO NOT EDIT THIS FILE
#
# It is automatically generated by grub2-mkconfig using templates
# from /etc/grub.d and settings from /etc/default/grub
#

### BEGIN /etc/grub.d/00_header ###
set pager=1

if [ -s $prefix/grubenv ]; then
  load_env
fi
if [ "${next_entry}" ] ; then
   set default="${next_entry}"
   set next_entry=
   save_env next_entry
   set boot_once=true
else
   set default="${saved_entry}"
fi

if [ x"${feature_menuentry_id}" = xy ]; then
  menuentry_id_option="--id"
else
  menuentry_id_option=""
fi

export menuentry_id_option

if [ "${prev_saved_entry}" ]; then
  set saved_entry="${prev_saved_entry}"
  save_env saved_entry
  set prev_saved_entry=
  save_env prev_saved_entry
  set boot_once=true
fi

function savedefault {
```

```
  if [ -z "${boot_once}" ]; then
    saved_entry="${chosen}"
    save_env saved_entry
  fi
}

function load_video {
  if [ x$feature_all_video_module = xy ]; then
    insmod all_video
  else
    insmod efi_gop
    insmod efi_uga
    insmod ieee1275_fb
    insmod vbe
    insmod vga
    insmod video_bochs
    insmod video_cirrus
  fi
}

terminal_output console
if [ x$feature_timeout_style = xy ] ; then
  set timeout_style=menu
  set timeout=5
# Fallback normal timeout code in case the timeout_style feature is
# unavailable.
else
  set timeout=5
fi
### END /etc/grub.d/00_header ###

### BEGIN /etc/grub.d/00_tuned ###
set tuned_params=""
### END /etc/grub.d/00_tuned ###

### BEGIN /etc/grub.d/01_users ###
if [ -f ${prefix}/user.cfg ]; then
  source ${prefix}/user.cfg
  if [ -n ${GRUB2_PASSWORD} ]; then
    set superusers="root"
    export superusers
    password_pbkdf2 root ${GRUB2_PASSWORD}
  fi
fi
### END /etc/grub.d/01_users ###

### BEGIN /etc/grub.d/10_linux ###
//下面是第一个菜单项，要包括单引号和大括号才完整
menuentry 'Red Hat Enterprise Linux Server (3.10.0-327.el7.x86_64) 7.2 (Maipo)' --class red --class gnu-linux --class gnu --class os --unrestricted $menuentry_id_option 'gnulinux-3.10.0-327.el7.x86_64-advanced-d8636446-9878-4437-b43c-50d71af8beba' {
        load_video
```

```
        set gfxpayload=keep
        insmod gzio
        insmod part_msdos
        insmod xfs
        set root='hd0,msdos1'
        if [ x$feature_platform_search_hint = xy ]; then
          search --no-floppy --fs-uuid --set=root --hint-bios=hd0,msdos1 --hint-efi=hd0,msdos1 --hint-baremetal=ahci0,msdos1 --hint='hd0,msdos1'  b6d87c93-6c54-48f3-9295-ec0f7b92c9f3
        else
          search --no-floppy --fs-uuid --set=root b6d87c93-6c54-48f3-9295-ec0f7b92c9f3
        fi
        linux16 /vmlinuz-3.10.0-327.el7.x86_64 root=UUID=d8636446-9878-4437-b43c-50d71af8beba ro crashkernel=auto rhgb quiet LANG=zh_CN.UTF-8
        initrd16 /initramfs-3.10.0-327.el7.x86_64.img
}

//下面是第二个菜单项
menuentry 'Red Hat Enterprise Linux Server (0-rescue-695707d564a94beba0e784062566b7e0) 7.2 (Maipo)' --class red --class gnu-linux --class gnu --class os --unrestricted $menuentry_id_option 'gnulinux-0-rescue-695707d564a94beba0e784062566b7e0-advanced-d8636446-9878-4437-b43c-50d71af8beba' {
        load_video
        insmod gzio
        insmod part_msdos
        insmod xfs
        set root='hd0,msdos1'
        if [ x$feature_platform_search_hint = xy ]; then
          search --no-floppy --fs-uuid --set=root --hint-bios=hd0,msdos1 --hint-efi=hd0,msdos1 --hint-baremetal=ahci0,msdos1 --hint='hd0,msdos1'  b6d87c93-6c54-48f3-9295-ec0f7b92c9f3
        else
          search --no-floppy --fs-uuid --set=root b6d87c93-6c54-48f3-9295-ec0f7b92c9f3
        fi
        linux16 /vmlinuz-0-rescue-695707d564a94beba0e784062566b7e0 root=UUID=d8636446-9878-4437-b43c-50d71af8beba ro crashkernel=auto rhgb quiet
        initrd16 /initramfs-0-rescue-695707d564a94beba0e784062566b7e0.img
}

### END /etc/grub.d/10_linux ###

### BEGIN /etc/grub.d/20_linux_xen ###
### END /etc/grub.d/20_linux_xen ###

### BEGIN /etc/grub.d/20_ppc_terminfo ###
### END /etc/grub.d/20_ppc_terminfo ###

### BEGIN /etc/grub.d/30_os-prober ###
### END /etc/grub.d/30_os-prober ###

### BEGIN /etc/grub.d/40_custom ###
# This file provides an easy way to add custom menu entries.  Simply type the
# menu entries you want to add after this comment.  Be careful not to change
# the 'exec tail' line above.
### END /etc/grub.d/40_custom ###
```

```
### BEGIN /etc/grub.d/41_custom ###
if [ -f ${config_directory}/custom.cfg ]; then
  source ${config_directory}/custom.cfg
elif [ -z "${config_directory}" -a -f $prefix/custom.cfg ]; then
  source $prefix/custom.cfg;
fi
### END /etc/grub.d/41_custom ###
```

14.3.3 /etc/grub.d目录

定义每个菜单项的所有脚本都存放在/etc/grub.d目录中，这些脚本的名称必须有两位的数字前缀，其目的是：在构建GRUB 2菜单时定义脚本的执行顺序以及相应菜单项的顺序，比如00_header文件首先被读取。

在使用grub2-mkconfig命令生成配置文件时需要加载/etc/grub.d目录，使用以下命令查看该目录中的文件。

```
[root@rhel ~]# ls /etc/grub.d
00_header 00_tuned 01_users 10_linux 20_linux_xen 20_ppc_terminfo
30_os-prober 40_custom 41_custom README
```

/etc/grub.d目录中的文件描述如表14.2所示。

表14.2 /etc/grub.d目录中的文件描述

文件	描述
00_header	设置grub默认参数
10_linux	系统中存在的多个Linux 版本
20_ppc_terminfo	设置tty控制台
30_os_prober	设置其他分区中的系统（硬盘中有多个操作系统时设置）
40_custom和41_custom	用户自定义的配置

14.3.4 /etc/default/grub文件详解

/etc/default/grub文件是一个文本文件，可以在该文件中设置通用配置变量和GRUB 2菜单的其他特性。在更改/etc/default/grub文件后，需要使用grub2-mkconfig命令更新GRUB 2配置文件才能使更改生效。

/etc/sysconfig/grub文件是根据/etc/default/grub文件生成的软链接文件，两者文件内容是一样的。

```
[root@rhel ~]# ls -l /etc/sysconfig/grub
lrwxrwxrwx. 1 root root 17 2月  12 05:48 /etc/sysconfig/grub -> /etc/default/grub
```

/etc/default/grub文件默认内容如下所示。

```
GRUB_TIMEOUT=5
GRUB_DISTRIBUTOR="$(sed 's, release .*$,,g' /etc/system-release)"
GRUB_DEFAULT=saved
GRUB_DISABLE_SUBMENU=true
GRUB_TERMINAL_OUTPUT="console"
GRUB_CMDLINE_LINUX="crashkernel=auto rhgb quiet"
GRUB_DISABLE_RECOVERY="true"
```

下面讲述在/etc/default/grub文件中可以添加和修改的参数。

- GRUB_TIMEOUT=5。

设置进入默认启动项的等候时间，默认值5秒。可以设置为“-1”，这样就无限等待。

- GRUB_DISTRIBUTOR="$(sed 's, release .*$,,g' /etc/system-release)"。

由GRUB的发布者设置他们的标识名。这用于产生更具信息量的菜单项名称。

- GRUB_DEFAULT=saved。

设置默认启动项。比如要默认从第1个菜单项启动，设置为0。要默认从第2个菜单项启动，设置为1。如果设置为saved，则默认为上次启动项。

- GRUB_TERMINAL_OUTPUT="console"。

选择终端输出设备。在这里可能可以选择多个设备，以空格分开。有效的终端输出名依赖于平台，不过可能包括console（PC BIOS及EFI控制台）、serial（串行终端）、gfxterm（图形模式输出）、ofconsole（开放固件控制台）或vga_text（VGA文本输出，主要用在Coreboot）。

- GRUB_CMDLINE_LINUX="crashkernel=auto rhgb quiet"。

手动添加内核启动参数。

- GRUB_DISABLE_RECOVERY="true"。

设置是否启用修复模式。

- GRUB_DISABLE_LINUX_RECOVERY="true"。

设置是否创建修复模式菜单项。

- GRUB_HIDDEN_TIMEOUT=0。

不显示菜单，但会显示空白界面，设置时间内按任意键出现菜单。

- GRUB_HIDDEN_TIMEOUT_QUIET=true。

显示空白界面时是否出现倒计时。

- GRUB_CMDLINE_LINUX_DEFAULT="quiet splash"。

添加默认内核启动参数。

- GRUB_TERMINAL=console。

设置使用终端还是图形界面来引导。

- GRUB_GFXMODE=640×480。

设置图形界面分辨率。只能使用显卡支持的分辨率，具体可以在grub模式下输入vbeinfo查看。

- GRUB_DISABLE_LINUX_UUID=true。

设置是否使用UUID引导，即使用root=/dev/sda×还是root=UUDI=xxx。

- GRUB_INIT_TUNE="480 440 1"。

在GRUB启动时，调整扬声器的音量。

14.4 GRUB 2加密

14.4.1 GRUB 2加密简介

由于GRUB 2负责引导Linux系统，GRUB 2作为系统中的第一道屏障的安全性非常重要，对其进行加密可以保证安全性。

在默认情况下，GRUB 2对于所有可以在物理上进入控制台的用户都是可访问的。任何用户都可以选择并编辑任意菜单项，并且可以直接访问GRUB命令行。要启用认证支持，必须将环境变量superusers设置为一组用户名（可以使用空格、逗号、分号作为分隔符），这样将只允许superusers（超级用户）中的用户使用GRUB命令行、编辑菜单项，以及执行任意菜单项。

GRUB 2密码支持以下两种格式。

- 明文密码：密码数据没有经过加密，安全性差；
- PBKDF2加密密码：密码经过PBKDF2哈希算法进行加密，在文件中存储的是加密后的密码数据，安全性较高。

14.4.2 设置GRUB 2 PBKDF2加密口令

先要使用grub2-mkpasswd-pbkdf2命令生成PBKDF2加密口令，然后在/etc/grub.d/00_header文件中添加超级用户和PBKDF2加密口令，最后使用grub2-mkconfig命令生成grub配置文件。

在/etc/grub.d/00_header文件中添加用户和PBKDF2加密口令的格式如下。

```
cat <<EOF
set superusers="用户"
//设置超级用户
password_pbkdf2 用户 加密密码
//设置超级用户加密口令，加密口令由grub2-mkpasswd-pbkdf2命令生成
EOF
```

按以下步骤在GRUB 2中使用PBKDF2加密口令保护GRUB 2。

1. 生成PBKDF2加密口令

使用以下命令生成PBKDF2加密口令。

```
[root@rhel ~]# grub2-mkpasswd-pbkdf2
输入口令：                              //输入口令
Reenter password:                        //再次输入口令
PBKDF2 hash of your password is grub.pbkdf2.sha512.10000.F54176F5D18327983CDDD8279F82861FB70
39D2ED5B04781997E05F18F0725FBD3539416A51B2242409338417A817DB107DCCFA065661DF1868A33DC
54D08BEA.93BC91C9544F090E7B5C1D4651A94CA8DFC5DA253D6F6AA238F93E68E76E05269826A0800C8
01C8B60C5E1881E9B822097AEBEF6C9771906DDF94C00153E7C70
```

2. 编辑/etc/grub.d/00_header文件

修改/etc/grub.d/00_header文件，在该文件末尾添加以下内容。

```
cat <<EOF
set superusers="zhangsan"
password_pbkdf2 zhangsan grub.pbkdf2.sha512.10000.F54176F5D18327983CDDD8279F82861FB7039D2E
D5B04781997E05F18F0725FBD3539416A51B2242409338417A817DB107DCCFA065661DF1868A33DC54D08
BEA.93BC91C9544F090E7B5C1D4651A94CA8DFC5DA253D6F6AA238F93E68E76E05269826A0800C801C8B
60C5E1881E9B822097AEBEF6C9771906DDF94C00153E7C70
EOF
```

3. 生成GRUB 2配置文件

使用以下命令生成GRUB 2配置文件/boot/grub2/grub.cfg。

```
[root@rhel ~]# grub2-mkconfig -o /boot/grub2/grub.cfg
Generating grub configuration file ...
Found linux image: /boot/vmlinuz-3.10.0-327.el7.x86_64
Found initrd image: /boot/initramfs-3.10.0-327.el7.x86_64.img
Found linux image: /boot/vmlinuz-0-rescue-4ef2fd3f389c4bbc85e93b8b14d8680b
Found initrd image: /boot/initramfs-0-rescue-4ef2fd3f389c4bbc85e93b8b14d8680b.img
done
```

14.4.3 设置GRUB 2明文密码

按以下步骤在GRUB 2中使用明文密码保护GRUB 2。

1. 修改/etc/grub.d/00_header 文件

修改/etc/grub.d/00_header 文件，在该文件末尾添加以下内容。

```
cat <<EOF
set superusers="zhangsan"
password zhangsan redhatlinux
EOF
```

2. 生成GRUB 2配置文件

使用以下命令生成GRUB 2配置文件/boot/grub2/grub.cfg。

```
[root@rhel ~]# grub2-mkconfig -o /boot/grub2/grub.cfg
Generating grub configuration file ...
Found linux image: /boot/vmlinuz-3.10.0-327.el7.x86_64
Found initrd image: /boot/initramfs-3.10.0-327.el7.x86_64.img
Found linux image: /boot/vmlinuz-0-rescue-4ef2fd3f389c4bbc85e93b8b14d8680b
Found initrd image: /boot/initramfs-0-rescue-4ef2fd3f389c4bbc85e93b8b14d8680b.img
done
```

14.4.4 GRUB 2解锁

设置完GRUB 2密码以后重启Linux系统，在图14.1所示的GRUB 2启动菜单界面按[e]键编辑启动菜单项，此时需要先输入用户名和密码解锁之后才能编辑。

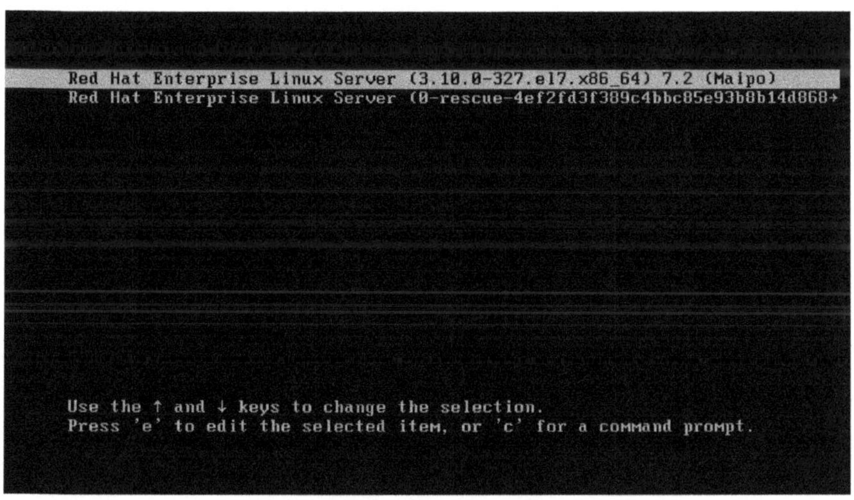

图14.1 GRUB 2启动菜单界面（一）

在图14.2所示的界面中，输入之前设置的用户和密码，输入正确即可解锁GRUB 2，才可以进入启动菜单项的编辑界面。

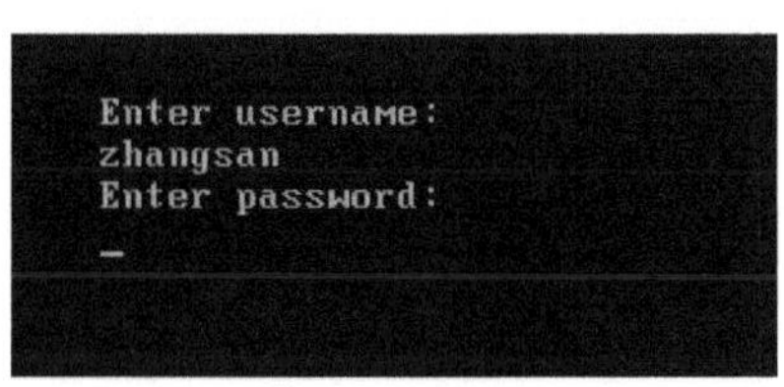

图14.2 输入用户名和密码

14.5　使用GRUB 2

在GRUB 2启动菜单界面中可以实现解锁GRUB 2、编辑启动菜单项或进入GRUB 2命令行界面。

1. 进入GRUB 2启动菜单界面

在Linux系统启动时，使用GRUB 2作为引导装载程序，图14.3所示为GRUB 2启动菜单界面，如果没有任何操作，默认会等待5秒钟以后自动启动默认的操作系统。

可以选择需要的系统然后按回车键来进行启动。如果需要对GRUB 2进行操作，比如编辑启动菜单项或进入GRUB 2命令行界面，则需要先解锁GRUB 2以后再进入。

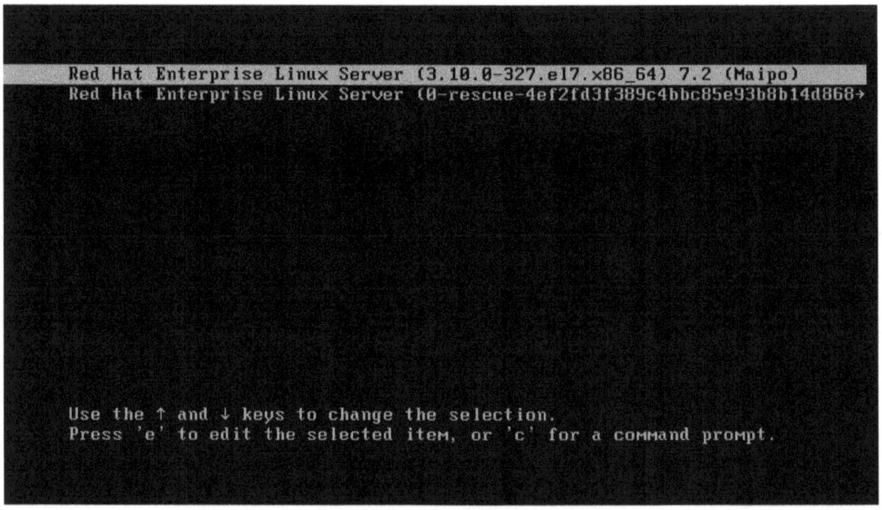

图14.3　GRUB 2启动菜单界面（二）

2. 编辑启动菜单项

在图14.3所示的界面中按[e]键，打开图14.4所示的界面，在该界面中可以编辑启动菜单项。编辑完成后在该界面中按[Ctrl+x]键启动当前的菜单项，按[Ctrl+c]键进入GRUB 2命令行界面，按[Esc]键返回GRUB 2启动菜单界面，取消对当前启动菜单项所做的修改。

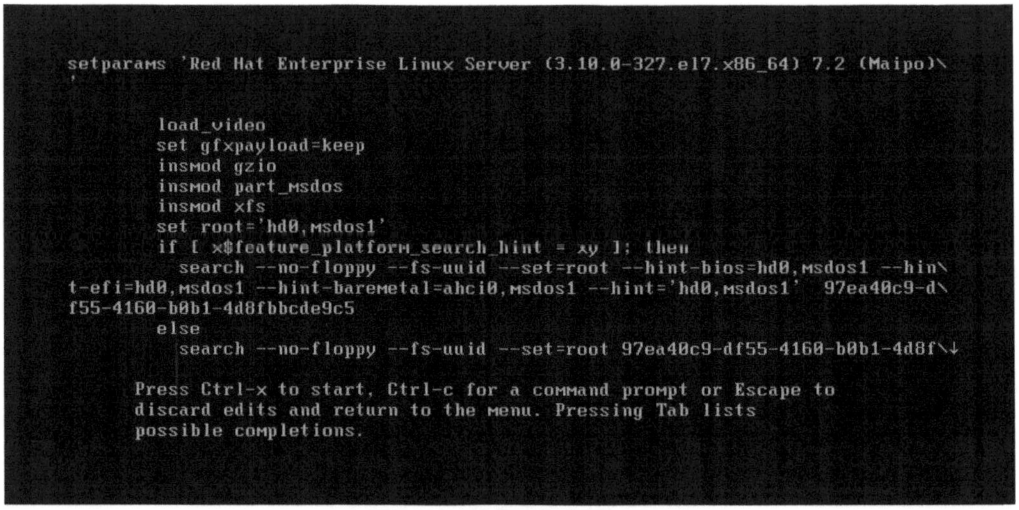

图14.4　编辑启动菜单项

3. 进入GRUB 2命令行界面

要进入GRUB 2命令行界面，在图14.3界面按[c]键即可，打开图14.5所示的界面进行操作。GRUB 2命令行界面提供了类似Shell的命令行编辑、命令补全和命令历史等功能。

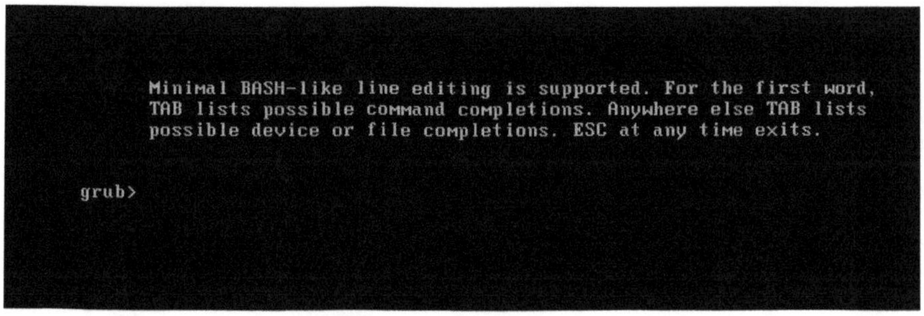

图14.5　GRUB 2命令行界面

14.6　GRUB 2配置案例

14.6.1　设置Linux系统默认启动前的等待时间

RHEL 7系统默认启动前的等待时间为5秒，下面将等待时间修改为10秒。

1. 修改/etc/default/grub文件

修改/etc/default/grub文件，将GRUB_TIMEOUT设置为10，如下所示。

```
GRUB_TIMEOUT=10
```

2. 生成GRUB 2配置文件

使用以下命令生成GRUB 2配置文件/boot/grub2/grub.cfg。

```
[root@rhel ~]# grub2-mkconfig -o /boot/grub2/grub.cfg
Generating grub configuration file ...
Found linux image: /boot/vmlinuz-3.10.0-327.el7.x86_64
Found initrd image: /boot/initramfs-3.10.0-327.el7.x86_64.img
Found linux image: /boot/vmlinuz-0-rescue-4ef2fd3f389c4bbc85e93b8b14d8680b
Found initrd image: /boot/initramfs-0-rescue-4ef2fd3f389c4bbc85e93b8b14d8680b.img
Done
```

查看/boot/grub2/grub.cfg文件，在该文件中显示timeout为10。

```
terminal_output console
if [ x$feature_timeout_style = xy ] ; then
  set timeout_style=menu
  set timeout=10
# Fallback normal timeout code in case the timeout_style feature is
# unavailable.
else
  set timeout=10
fi
```

3. 查看默认启动前的等待时间

重新启动Linux系统，在图14.6所示的GRBU 2启动菜单界面下方显示10秒。

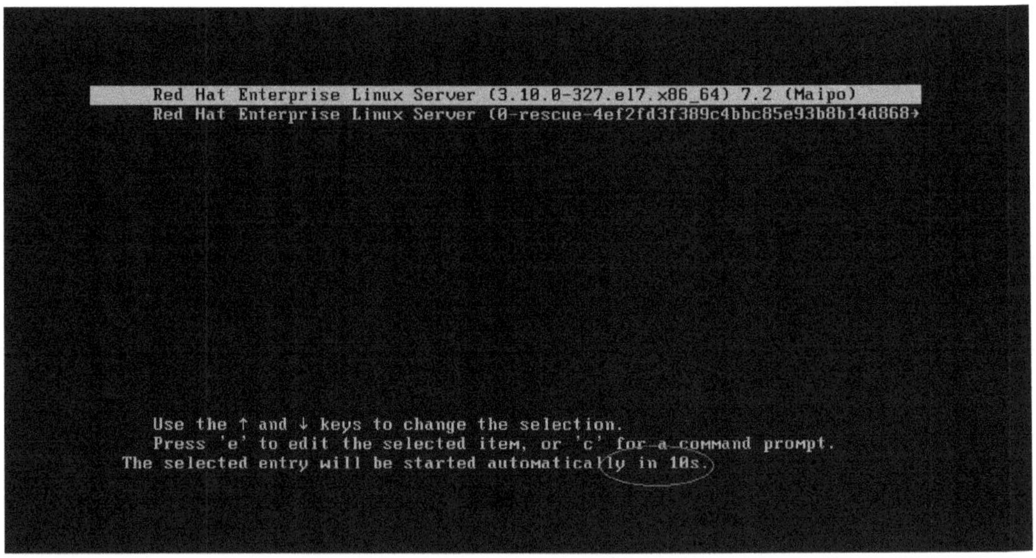

图14.6 GRBU 2启动菜单界面（三）

注意：

不要手动修改/boot/grub/grub.cfg文件，而是要修改/etc/default/grub文件，然后再使用grub2-mkconfig命令生成GRUB 2配置文件。

14.6.2 破解root用户密码

如果忘记了root用户的密码而无法登录Linux系统，那么按以下步骤来破解root用户的密码。

启动Linux系统之后进入GRUB 2启动菜单界面，通过方向键切换到第一行内容上，在该界面上按[e]键开始编辑GRUB 2配置文件。在LANG=zh_CN.UTF-8后面空出一格后输入rd.break console=tty0，如图14.7所示，再按[Ctrl+x]键启动Linux系统。

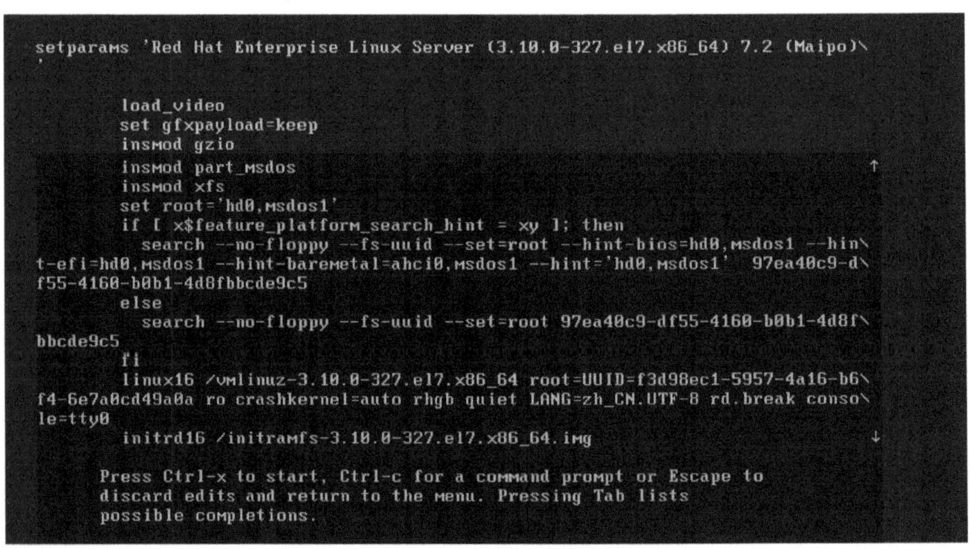

图14.7 编辑GRUB 2配置文件

使用图14.8所示的命令重新挂载文件系统，并将文件系统挂载为可写模式。

使用图14.9所示的命令改变根目录为/sysroot/。

图14.8　重新挂载文件系统

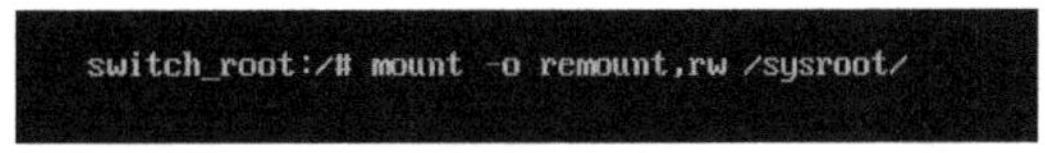

图14.9　改变根目录

使用图14.10所示的命令修改root用户的密码，以后登录Linux系统就使用新密码。

使用图14.11所示的命令退出，接着重启Linux系统，使用新密码登录系统。

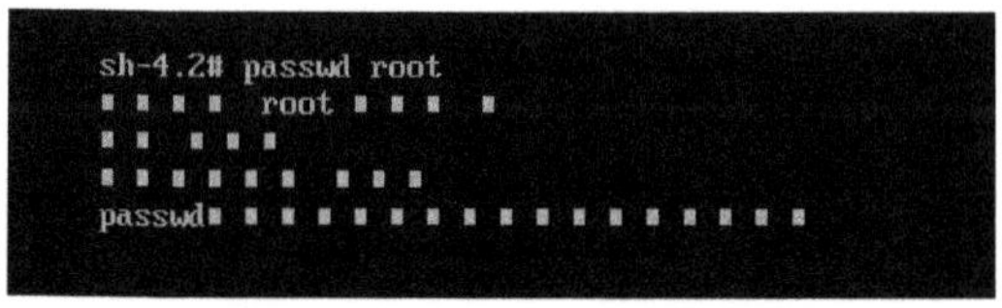

图14.10　更改root用户密码

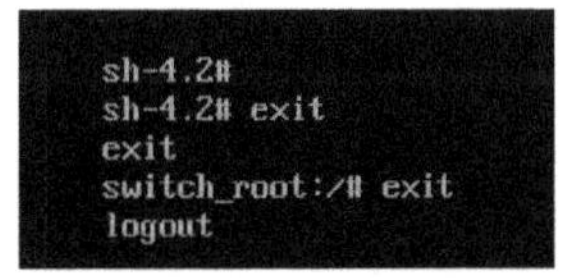

图14.11　退出

14.6.3　将网卡名称eno16777736更改为eth0

在RHEL 7系统中，默认网卡的名称为eno16777736，不再是以前版本的eth0。按照以下步骤将网卡名称更改为eth0。

1. 修改/etc/default/grub文件

修改/etc/default/grub文件，在该文件的GRUB_CMDLINE_LINUX中添加net.ifnames=0 biosdevname=0，该文件修改后如下所示。

```
GRUB_TIMEOUT=5
GRUB_DISTRIBUTOR="$(sed 's, release .*$,,g' /etc/system-release)"
GRUB_DEFAULT=saved
GRUB_DISABLE_SUBMENU=true
GRUB_TERMINAL_OUTPUT="console"
GRUB_CMDLINE_LINUX="crashkernel=auto rhgb quiet net.ifnames=0 biosdevname=0"
GRUB_DISABLE_RECOVERY="true"
```

2. 生成GRUB 2配置文件

使用以下命令生成GRUB 2配置文件/boot/grub2/grub.cfg。

```
[root@rhel ~]# grub2-mkconfig -o /boot/grub2/grub.cfg
Generating grub configuration file ...
Found linux image: /boot/vmlinuz-3.10.0-327.el7.x86_64
Found initrd image: /boot/initramfs-3.10.0-327.el7.x86_64.img
Found linux image: /boot/vmlinuz-0-rescue-4ef2fd3f389c4bbc85e93b8b14d8680b
Found initrd image: /boot/initramfs-0-rescue-4ef2fd3f389c4bbc85e93b8b14d8680b.img
done
```

3. 查看网卡名称

先使用以下命令重启Linux系统。

```
[root@rhel ~]# reboot
```

使用以下命令查看网卡名称为eth0的相关信息。

```
[root@rhel ~]# ifconfig eth0
eth0: flags=4163<UP,BROADCAST,RUNNING,MULTICAST>  mtu 1500
      inet 192.168.0.2  netmask 255.255.255.0  broadcast 192.168.0.255
      inet6 fe80::20c:29ff:fe7e:97  prefixlen 64  scopeid 0x20<link>
      ether 00:0c:29:7e:00:97  txqueuelen 1000  (Ethernet)
```

```
RX packets 0  bytes 0 (0.0 B)
RX errors 0  dropped 0  overruns 0  frame 0
TX packets 26  bytes 3837 (3.7 KiB)
TX errors 0  dropped 0 overruns 0  carrier 0  collisions 0
```

14.7 内核简介

14.7.1 什么是内核

Linux内核是一个用C语言编写而成，并且符合POSIX标准的类UNIX操作系统。最早是由Linus Torvalds在英特尔x86架构上提供自由免费的类UNIX操作系统而开发的。内核是一个提供硬件抽象层、磁盘及文件系统控制、多任务等功能的系统软件。一个内核不是一套完整的操作系统，一套基于Linux内核的完整操作系统叫作Linux操作系统，或是GNU/Linux。

Linux是一个一体化内核系统，设备驱动程序可以完全访问硬件。Linux内的设备驱动程序可以方便地以模块化的形式设置，并在系统运行期间可以直接安装或卸载。

现代操作系统设计中，为减少系统本身的开销，往往将一些与硬件紧密相关的（如中断处理程序、设备驱动程序等）、基本的、公共的、运行频率较高的模块（如时钟管理、进程调度等）以及关键性数据结构独立出来，使之常驻内存，并对它们进行保护。通常把这一部分称为操作系统的内核。

内核是Linux系统最基本的部分，它是为众多应用程序提供对计算机硬件的安全访问的一部分软件，这种访问是有限的，并且内核决定一个程序在什么时候对某部分硬件操作多长时间。内核可分为单内核、双内核和微内核。

内核是一个操作系统的核心，是基于硬件的第一层软件扩充，提供操作系统的最基本的功能，是操作系统工作的基础。它负责管理系统的进程、内存、设备驱动程序、文件和网络系统，决定着系统的性能和稳定性。

14.7.2 内核组件

在Linux系统中，内核组件由内核镜像文件、内核模块、initrd镜像文件三部分组成。

1. 内核镜像文件

内核通常会以镜像文件的类型存储在Linux系统上，当启动Linux系统的时候，GRUB会将内核镜像文件直接加载到内存，以启动内核和整个系统。

内核镜像文件一般都是存储在/boot目录下，以vmlinuz-3.10.0-327.el7.x86 64方式命名，其中3.10.0-327.el7.x86_64是内核版本号，不同版本的Red Hat Enterprise Linux内核版本号不同。

```
[root@rhel ~]# ls -l /boot/vmlinuz-3.10.0-327.el7.x86_64
-rwxr-xr-x. 1 root root 5154912 10月 30 05:32 /boot/vmlinuz-3.10.0-327.el7.x86_64
```

2. 内核模块

Linux内核的功能可以编译到内核镜像文件中，也可以单独成为内核模块。可以在Linux系统运行过程中，动态地加载或者卸载模块，以修改系统功能。

Linux系统会把内核模块存储在/lib/modules/3.10.0-327.el7.x86_64目录中，其中3.10.0-327.el7.x86_64是内核版本号，不同版本的Red Hat Enterprise Linux内核版本号不同。

由于/lib存储在根文件系统中，所以Linux需要挂载根文件系统以后才能使用内核模块。

```
[root@rhel ~]# uname -r
3.10.0   -327.el7.x86_64
//内核版本是3.10.0-327.el7.x86_64
[root@rhel ~]# ls /lib/modules/3.10.0-327.el7.x86_64
build          modules.builtin      modules.modesetting  source
extra          modules.builtin.bin  modules.networking   updates
kernel         modules.dep          modules.order        vdso
modules.alias    modules.dep.bin    modules.softdep      weak-updates
modules.alias.bin modules.devname   modules.symbols
modules.block    modules.drm        modules.symbols.bin
```

3. initrd镜像文件

内核模块都保存在目录文件系统上，当Linux系统需要驱动某一个硬件设备的时候，可以从根文件系统加载内核模块，从而驱动该硬件设备。然而在Linux的启动过程中，必须等启动完内核以后，才会去挂载根文件系统。

如果Linux的根文件系统安装在某些特殊硬盘中，那么因为内核镜像文件并未包含该硬盘的驱动程序，所以Linux启动后会因为没有办法驱动该硬盘而无法顺利启动。比如大部分SCSI控制卡的硬盘。内核必须先驱动SISC控制卡，才能调用连接到该SCSI控制卡的硬盘。如果内核镜像文件没有提供SCSI控制卡的驱动程序，那么就无法在启动时挂载SCSI硬盘，从而导致无法启动。

Linux系统把部分模块制作成初始化内存磁盘镜像文件（initrd镜像文件）。启动内核时，再把initrd镜像文件加载到内存，内核便可以从initrd镜像文件加载外置设备的模块，再去驱动这些外置设备。这样就可以让Linux系统顺利挂载根文件系统，并能正常启动Linux了。

```
[root@rhel ~]# ls -l /boot/initramfs-3.10.0-327.el7.x86_64.img
-rw-r--r--. 1 root root 28261049 12月 20 14:45 /boot/initramfs-3.10.0-327.el7.x86_64.img
```

14.8 管理内核模块

14.8.1 内核模块存储位置

在Linux系统中，/lib/modules/3.10.0-327.el7.x86_64/kernel目录是内核模块的存储位置。

```
[root@rhel ~]# uname -r
3.10.0   -327.el7.x86_64
//先查看内核版本号
[root@rhel ~]# ls /lib/modules/3.10.0-327.el7.x86_64/kernel
arch crypto drivers fs kernel lib mm net sound
```

表14.3描述了/lib/modules/3.10.0-327.el7.x86_64/kernel目录下的子目录，不同的子目录存储不同类型的内核模块。

表14.3 /lib/modules/3.10.0–327.el7.x86_64/kernel目录描述

目录	描述
arch	与硬件平台有关的模块
crypto	Linux内核提供的加密算法模块
drivers	硬件设备的驱动程序
fs	与文件系统有关的模块

目录	描述
lib	各种模块所需的链接库
net	与网络有关的模块
sound	声卡驱动程序目录
kernel	内核有关的模块

内核模块文件是一个可执行文件，它的扩展名是“.ko”，比如xfs.ko是内核模块文件，其模块名称为xfs。

```
[root@rhel ~]# ls /lib/modules/3.10.0-327.el7.x86_64/kernel/fs/xfs
xfs.ko
```

14.8.2 查看已经加载的模块

使用lsmod命令可以显示Linux内核中模块的状态，显示哪些内核模块正在加载。

lsmod命令语法：

```
lsmod
```

例14.1：显示当前加载到内核中的模块。

```
[root@rhel ~]# lsmod
Module                  Size  Used by
nls_utf8               12557  1
isofs                  39844  1
tcp_lp                 12663  0
bnep                   19704  2
bluetooth             372944  5 bnep
rfkill                 26536  2 bluetooth
fuse                   87741  3
xt_CHECKSUM            12549  1
ipt_MASQUERADE         12678  3
nf_nat_masquerade_ipv4    13412  1 ipt_MASQUERADE
tun                    27141  1
ip6t_rpfilter          12546  1
ip6t_REJECT            12939  2
ipt_REJECT             12541  4
xt_conntrack           12760  8
...（省略）
```

lsmod命令输出字段描述如表14.4所示。

表14.4 lsmod命令输出字段描述

输出字段	字段描述
Module	模块名称
Size	模块加载到内存时所占的体积大小，单位为字节
Used by	当前使用该模块的系统组件数量以及依赖这个模块的其他模块信息

14.8.3 查看模块信息

使用modinfo命令可以显示模块的信息，比如模块的对象文件，以显示该模块的相关信息。

modinfo命令语法：

```
modinfo [选项] [模块名]
```

modinfo命令中各选项的含义如表14.5所示。

表14.5　modinfo命令选项的含义

选项	选项含义
-a	显示模块开发人员
-d	显示模块描述
-p	显示模块所支持的参数
-l	显示模块版权声明
-n	显示模块文件名

例14.2：显示vfat模块信息。

```
[root@rhel ~]# modinfo vfat
filename:      /lib/modules/3.10.0-327.el7.x86_64/kernel/fs/fat/vfat.ko
author:        Gordon Chaffee
description:   VFAT filesystem support
license:       GPL
alias:         fs-vfat
rhelversion:   7.2
srcversion:    0146B853C460840F84D5904
depends:       fat
intree:        Y
vermagic:      3.10.0-327.el7.x86_64 SMP mod_unload modversions
signer:        Red Hat Enterprise Linux kernel signing key
sig_key:       BC:73:C3:CE:E8:9E:5E:AE:99:4A:E5:0A:0D:B1:F0:FE:E3:FC:09:13
sig_hashalgo:  sha256
```

例14.3：显示vfat模块的文件名。

```
[root@rhel ~]# modinfo -n vfat
/lib/modules/3.10.0-327.el7.x86_64/kernel/fs/fat/vfat.ko
```

14.8.4　自动加载和卸载模块

使用modprobe命令可以显示内核中的模块、查看模块的配置文件、加载模块以及卸载模块。modprobe可加载指定的个别模块，或者是加载一组有依赖关系的模块。modprobe会根据depmod所产生的依赖关系，决定要加载哪些模块。如果在加载过程中发生错误，modprobe会卸载整组的模块。

modprobe命令语法：

```
modprobe [选项] [模块名]
```

modprobe命令中各选项的含义如表14.6所示。

表14.6　modprobe命令选项的含义

选项	选项含义
-c	显示所有模块的设置信息
-d	使用排错模式
-r	卸载模块
-v	执行时显示详细的信息

例14.4：查看模块的配置文件，比如模块的别名等信息。

```
[root@rhel ~]# modprobe -c
blacklist i8xx_tco
```

```
blacklist aty128fb
blacklist atyfb
blacklist radeonfb
blacklist i810fb
blacklist cirrusfb
blacklist intelfb
blacklist kyrofb
blacklist i2c_matroxfb
blacklist hgafb
blacklist nvidiafb
blacklist rivafb
blacklist savagefb
blacklist sstfb
blacklist neofb
blacklist tridentfb
blacklist tdfxfb
blacklist virgefb
blacklist vga16fb
blacklist viafb
blacklist hisax
blacklist hisax_fcpcipnp
blacklist snd_pcsp
blacklist chsc_sch
...（省略）
```

例14.5：自动加载vfat模块。

```
[root@rhel ~]# modprobe vfat
[root@rhel ~]# lsmod |grep vfat
vfat                17411  0
fat                 65913  1 vfat
//查看到已经加载了vfat模块
```

例14.6：使用modprobe命令卸载vfat模块。

```
[root@rhel ~]# modprobe -r vfat
[root@rhel ~]# lsmod |grep vfat
//已经将vfat模块卸载了
```

第15章 Linux网络基本配置

15.1 Linux网络配置文件

系统管理员可以在Linux系统中，编辑相应的网络配置文件来完成网络配置工作，下面将详细介绍这些网络配置文件。

15.1.1 /etc/sysconfig/network-scripts/ifcfg-eno16777736文件

在Linux统中，系统网络设备的配置文件保存在/etc/sysconfig/network-scripts目录下，其中文件ifcfg-eno16777736包含一块网卡的配置信息，文件ifcfg-lo包含回路IP地址信息。

以下是/etc/sysconfig/network-scripts/ifcfg-eno16777736文件内容的示例。

```
TYPE="Ethernet"
//表示网络类型
BOOTPROTO="none"
//表示为网卡配置静态还是动态IP地址
DEFROUTE="yes"
IPV4_FAILURE_FATAL="no"
IPV6INIT="no"
IPV6_AUTOCONF="yes"
IPV6_DEFROUTE="yes"
IPV6_PEERDNS="yes"
IPV6_PEERROUTES="yes"
IPV6_FAILURE_FATAL="no"
NAME="eno16777736"
UUID="2b8a9bd9-e39c-4766-b57a-1457d78a54db"
//表示网卡的UUID
DEVICE="eno16777736"
//表示网卡物理设备的名字
ONBOOT="yes"
//表示启动系统时是否激活该网卡，yes为激活，no为不激活
DNS1="202.96.209.5"
//表示DNS服务器的IP地址
HWADDR=00:0C:29:7E:00:97
//表示网卡的MAC地址
IPADDR="192.168.0.2"
//表示网卡的IP地址
PREFIX="24"
GATEWAY="192.168.0.1"
//表示该网络网关地址
ROADCAST=192.168.0.255
//表示网络广播地址
NETMASK=255.255.255.0
//表示子网掩码
NETWORK=192.168.0.0
//表示网络地址
```

可以为BOOTPROTO设置以下几种选项。

- none：表示无须启动协议。
- bootp：表示使用BOOTP协议。
- dhcp：表示使用DHCP协议动态获取IP地址。
- static：表示手工设置静态IP地址。

注意：

在RHEL 7系统中修改/etc/sysconfig/network-scripts/ifcfg-eno16777736文件内容（比如修改IP地址），保存文件后不会立即生效。可以使用systemctl restart network.service命令重新启动network服务使设置生效。

15.1.2 /etc/resolv.conf文件

/etc/resolv.conf文件是由域名解析器（resolver，一个根据主机名解析IP地址的库）使用的配置文件，

下面是/etc/resolv.conf文件内容的示例。

```
# Generated by NetworkManager
nameserver 202.96.209.5
search  sh.com
```

该文件中包含的内容描述如下。

- nameserver：表示解析域名时使用该IP地址指定的主机为域名服务器，其中域名服务器是按照文件中出现的顺序来查询的。
- search：表示DNS搜索路径，即解析不完整名称时默认的附加域名后缀，这样可以在解析名称时用简短的主机名而不是完全合格的域名（FQDN）。

15.1.3 /etc/hosts文件

当计算机启动时，在可以查询DNS以前，计算机需要查询一些主机名到IP地址的匹配。这些匹配信息存放在/etc/hosts文件中。在没有域名服务器的情况下，系统上的所有网络程序都通过查询该文件来解析对应于某个主机名的IP地址。

下面是/etc/hosts文件内容的示例。

```
127.0.0.1   localhost localhost.localdomain localhost4 localhost4.localdomain4
::1         localhost localhost.localdomain localhost6 localhost6.localdomain6
192.168.0.2      rhel.sh.com     rhel
//最左边一列是计算机IP地址，中间一列是主机名，最右面一列都是该主机的别名
```

15.1.4 /etc/networks文件

/etc/networks文件定义了网络名和网络地址之间的映射关系，下面是/etc/networks文件内容的示例。

```
default 0.0.0.0
loopback 127.0.0.0
link-local 169.254.0.0
sh  192.168.0.0
```

15.1.5 /etc/protocols文件

/etc/protocols文件定义了计算机主机使用的协议，以及每一个协议的协议号等相关信息，下面是/etc/protocols文件内容的示例。

```
# /etc/protocols:
# $Id: protocols,v 1.11 2011/05/03 14:45:40 ovasik Exp $
#
# Internet (IP) protocols
#
#     from: @(#)protocols     5.1 (Berkeley) 4/17/89
#
# Updated for NetBSD based on RFC 1340, Assigned Numbers (July 1992).
# Last IANA update included dated 2011-05-03
#
# See also http://www.iana.org/assignments/protocol-numbers
//协议名      协议号    协议全名          注释
ip           0        IP               # internet protocol, pseudo protocol number
hopopt       0        HOPOPT           # hop-by-hop options for ipv6
icmp         1        ICMP             # internet control message protocol
igmp         2        IGMP             # internet group management protocol
ggp          3        GGP              # gateway-gateway protocol
ipv4         4        IPv4             # IPv4 encapsulation
st           5        ST               # ST datagram mode
tcp          6        TCP              # transmission control protocol
cbt          7        CBT              # CBT, Tony Ballardie <A.Ballardie@cs.ucl.ac.uk>
egp          8        EGP              # exterior gateway protocol
igp          9        IGP              # any private interior gateway (Cisco: for IGRP)
bbn-rcc      10       BBN-RCC-MON      # BBN RCC Monitoring
nvp          11       NVP-II           # Network Voice Protocol
pup          12       PUP              # PARC universal packet protocol
argus        13       ARGUS            # ARGUS
emcon        14       EMCON            # EMCON
xnet         15       XNET             # Cross Net Debugger
chaos        16       CHAOS            # Chaos
udp          17       UDP              # user datagram protocol
mux          18       MUX              # Multiplexing protocol
dcn          19       DCN-MEAS         # DCN Measurement Subsystems
hmp          20       HMP              # host monitoring protocol
prm          21       PRM              # packet radio measurement protocol
...（省略）
```

15.1.6 /etc/services文件

/etc/services文件定义了Linux系统中所有服务的名称、协议类型、服务的端口等信息。/etc/services文件是一个服务名和服务端口对应的数据库文件，下面是/etc/services文件内容的示例。

```
# /etc/services:
# $Id: services,v 1.55 2013/04/14 ovasik Exp $
#
# Network services, Internet style
# IANA services version: last updated 2013-04-10
```

```
#
# Note that it is presently the policy of IANA to assign a single well-known
# port number for both TCP and UDP; hence, most entries here have two entries
# even if the protocol doesn't support UDP operations.
# Updated from RFC 1700, "Assigned Numbers" (October 1994).  Not all ports
# are included, only the more common ones.
#
# The latest IANA port assignments can be gotten from
#       http://www.iana.org/assignments/port-numbers
# The Well Known Ports are those from 0 through 1023.
# The Registered Ports are those from 1024 through 49151
# The Dynamic and/or Private Ports are those from 49152 through 65535
#
# Each line describes one service, and is of the form:
#
# service-name  port/protocol  [aliases ...]   [# comment]
//服务名称      端口/协议      别名            注释

tcpmux          1/tcp                           # TCP port service multiplexer
tcpmux          1/udp                           # TCP port service multiplexer
rje             5/tcp                           # Remote Job Entry
rje             5/udp                           # Remote Job Entry
echo            7/tcp
echo            7/udp
discard         9/tcp           sink null
discard         9/udp           sink null
systat          11/tcp          users
systat          11/udp          users
daytime         13/tcp
daytime         13/udp
qotd            17/tcp          quote
qotd            17/udp          quote
msp             18/tcp                          # message send protocol (historic)
msp             18/udp                          # message send protocol (historic)
...（省略）
```

15.2 Linux网络命令

在Linux系统中提供了大量的网络命令用于网络配置、网络测试以及网络诊断，比如traceroute、ifconfig、ping、netstat和arp等。本节主要讲述这些命令的用法。

15.2.1 traceroute

使用traceroute命令可以显示数据包到目标主机之间的路径。traceroute命令使用户可以追踪网络数据包的路由途径，预设IPv4数据包大小是60字节，用户可以另外设置。

traceroute命令语法：

```
traceroute [选项] [主机名|IP地址] [数据包大小]
```

traceroute命令中各选项的含义如表15.1所示。

表15.1 traceroute命令选项的含义

选项	选项含义
-d	启用套接字级别的调试功能
-F	不要分段数据包
-g <网关>	通过指定网关的路由数据包，最多设置8个IPv4和127个IPv6
-I	使用ICMP ECHO进行路由跟踪
-T	使用TCP SYN进行路由跟踪
-m <最大TTL>	设置跳的最大数（最大TTL），默认为30
-n	不将IP地址解析成域名
-p <端口>	设置目的端口来使用
-r	绕过正常的路由，并直接发送到连接网络上的主机
-s <来源地址>	设置本地主机送出数据包的IP地址
-t <tos>	设置检测数据包的TOS数值
-N <次数>	设置同时要尝试探测的次数，默认为16
-w <等待时间>	设置等待远端主机回应的时间
-U	使用UDP的特定端口进行路由跟踪
-i <接口>	指定网络接口进行操作

例15.1：跟踪从本地计算机到www.163.com网站的路径。

```
[root@rhel ~]# traceroute www.163.com
```

15.2.2 ifconfig

使用ifconfig命令可以显示和配置网络接口，比如设置IP地址、MAC地址、激活或关闭网络接口。

ifconfig命令语法：

```
ifconfig [接口] [选项| IP地址]
```

ifconfig命令中各选项的含义如表15.2所示。

表15.2 ifconfig命令选项的含义

选项	选项含义
-a	显示所有网络接口的状态
add <地址>	设置网络设备的IPv6地址
del <地址>	删除网络设备的IPv6地址
mem_start<内存地址>	设置网络设备在主内存所占用的起始地址
media<类型>	设置网络设备的媒介类型
mtu <字节>	设置网络设备的最大传输单元（MTU）
netmask <子网掩码>	设置网络设备的子网掩码
up	激活指定的网络设备
down	关闭指定的网络设备
hw <类型> <硬件地址 >	设置这个接口的硬件地址（MAC地址）。目前支持的硬件类型包括ether（Ethernet）、ax25（AMPR AX.25）、ARCnet和netrom（AMPR NET/ROM）
txqueuelen <长度>	设置设备发送队列的长度
multicast	设置接口上的多播标志
tunnel<地址>	创建IPv4与IPv6之间的隧道通信地址

例15.2：配置网卡eno16777736的IP地址，同时激活该设备。

```
[root@rhel ~]# ifconfig eno16777736 192.168.0.2 netmask 255.255.255.0 up
```

注意：

使用ifconfig命令设置网卡IP地址的方法在系统重启之后将失效，IP地址还是原来的。如果需要永久设置，那么需要修改/etc/sysconfig/network-scripts/ifcfg-eno16777736文件，更改文件内的IPADDR参数值。

例15.3：配置网卡eno16777736的别名设备eno16777736:1的IP地址。

```
[root@rhel ~]# ifconfig eno16777736:1 192.168.0.3
```

例15.4：激活网卡eno16777736:1设备。

```
[root@rhel ~]# ifconfig eno16777736:1 up
```

例15.5：查看网卡eno16777736设备的配置。

```
[root@rhel ~]# ifconfig eno16777736
eno16777736: flags=4163<UP,BROADCAST,RUNNING,MULTICAST>  mtu 1500
        inet 192.168.0.2  netmask 255.255.255.0  broadcast 192.168.0.255
        inet6 fe80::20c:29ff:fe7e:97  prefixlen 64  scopeid 0x20<link>
        ether 00:0c:29:7e:00:97  txqueuelen 1000  (Ethernet)
        RX packets 1481  bytes 128844 (125.8 KiB)
        RX errors 0  dropped 0  overruns 0  frame 0
        TX packets 912  bytes 238020 (232.4 KiB)
        TX errors 0  dropped 0 overruns 0  carrier 0  collisions 0
//eno16777736网卡的IP地址是192.168.0.2，MAC地址是00:0c:29:7e:00:97
```

例15.6：查看所有启用的网卡设备。

```
[root@rhel ~]# ifconfig
eno16777736: flags=4163<UP,BROADCAST,RUNNING,MULTICAST>  mtu 1500
        inet 192.168.0.2  netmask 255.255.255.0  broadcast 192.168.0.255
        inet6 fe80::20c:29ff:fe7e:97  prefixlen 64  scopeid 0x20<link>
        ether 00:0c:29:7e:00:97  txqueuelen 1000  (Ethernet)
        RX packets 1504  bytes 131026 (127.9 KiB)
        RX errors 0  dropped 0  overruns 0  frame 0
        TX packets 937  bytes 244900 (239.1 KiB)
        TX errors 0  dropped 0 overruns 0  carrier 0  collisions 0

eno16777736:1: flags=4163<UP,BROADCAST,RUNNING,MULTICAST>  mtu 1500
        inet 192.168.0.3  netmask 255.255.255.0  broadcast 192.168.0.255
        ether 00:0c:29:7e:00:97  txqueuelen 1000  (Ethernet)

lo: flags=73<UP,LOOPBACK,RUNNING>  mtu 65536
        inet 127.0.0.1  netmask 255.0.0.0
        inet6 ::1  prefixlen 128  scopeid 0x10<host>
        loop  txqueuelen 0  (Local Loopback)
        RX packets 79  bytes 6726 (6.5 KiB)
        RX errors 0  dropped 0  overruns 0  frame 0
        TX packets 79  bytes 6726 (6.5 KiB)
        TX errors 0  dropped 0 overruns 0  carrier 0  collisions 0

virbr0: flags=4099<UP,BROADCAST,MULTICAST>  mtu 1500
        inet 192.168.122.1  netmask 255.255.255.0  broadcast 192.168.122.255
        ether 00:00:00:00:00:00  txqueuelen 0  (Ethernet)
        RX packets 0  bytes 0 (0.0 B)
        RX errors 0  dropped 0  overruns 0  frame 0
        TX packets 0  bytes 0 (0.0 B)
        TX errors 0  dropped 0 overruns 0  carrier 0  collisions 0
```

例15.7：查看所有的网卡设备。

```
[root@rhel ~]# ifconfig -a
```

例15.8：关闭网卡eno16777736:1设备。

```
[root@rhel ~]# ifconfig eno16777736:1 down
```

例15.9：更改网卡eno16777736的硬件MAC地址为00:0C:29:18:2E:3D。

```
[root@rhel ~]# ifconfig eno16777736 hw ether 00:0C:29:18:2E:3D
[root@rhel ~]# ifconfig eno16777736
eno16777736: flags=4163<UP,BROADCAST,RUNNING,MULTICAST>  mtu 1500
        inet 192.168.0.2  netmask 255.255.255.0  broadcast 192.168.0.255
        inet6 fe80::20c:29ff:fe7e:97  prefixlen 64  scopeid 0x20<link>
        ether 00:0c:29:18:2e:3d  txqueuelen 1000  (Ethernet)
        RX packets 1520  bytes 132552 (129.4 KiB)
        RX errors 0  dropped 0  overruns 0  frame 0
        TX packets 954  bytes 253138 (247.2 KiB)
        TX errors 0  dropped 0 overruns 0  carrier 0  collisions 0
//网卡eno16777736的硬件MAC地址已经被更改为00:0C:29:18:2E:3D
```

15.2.3 ping

使用ping命令可以用来测试与目标计算机之间的连通性。执行ping命令会使用ICMP传输协议发出要求回应的信息，如果远程主机的网络功能没有问题，就会回应该信息，因而得知该主机是否运作正常。

ping命令语法：

```
ping [选项] [目标]
```

ping命令中各选项的含义如表15.3所示。

表15.3 ping命令选项的含义

选项	选项含义
-c <完成次数>	设置完成要求回应的次数
-i <间隔秒数>	在每个数据包发送之间等待的时间（秒数）。缺省值为在每个数据包发送之间等待1秒
-n	指定只输出数字。不去查寻主机地址的符号名
-s <数据包大小>	指定要发送的数据的字节数。默认值是56
-t <存活数值>	设置存活数值TTL的大小
-b	允许执行ping广播地址
-v	显示详细输出信息
-q	安静输出
-r	绕过正常的路由表，直接发送到连接接口上的主机
-W <超时>	等待一个响应的时间，单位为秒
-w <截止日期>	指定超时，单位为秒
-B	不允许ping来改变探测器的源地址
-L	抑制组播数据包的回送。仅适用ping目标是一个多播地址
-I <接口地址>	设置源地址为指定接口的地址
-R	记录路由

例15.10：测试与网站www.sina.com的连通性。

```
[root@rhel ~]# ping www.sina.com
PING auriga.sina.com.cn (61.172.201.239) 56(84) bytes of data.
64 bytes from 61.172.201.239: icmp_seq=1 ttl=56 time=5.75 ms
```

```
64 bytes from 61.172.201.239: icmp_seq=2 ttl=56 time=5.58 ms
64 bytes from 61.172.201.239: icmp_seq=3 ttl=56 time=5.65 ms
64 bytes from 61.172.201.239: icmp_seq=4 ttl=56 time=6.04 ms
64 bytes from 61.172.201.239: icmp_seq=5 ttl=56 time=5.48 ms
...（省略）
//在Linux系统中用该命令会不间断地返回ICMP数据包，要停止测试按[Ctrl+c]键即可
```

例15.11：测试与计算机192.168.0.200的连通性，每次发送的ICMP数据包大小为128字节。

```
[root@rhel ~]# ping -s 128 192.168.0.200
PING 192.168.0.200 (192.168.0.200) 128(156) bytes of data.
136 bytes from 192.168.0.200: icmp_seq=1 ttl=128 time=0.325 ms
136 bytes from 192.168.0.200: icmp_seq=2 ttl=128 time=0.284 ms
136 bytes from 192.168.0.200: icmp_seq=3 ttl=128 time=0.238 ms
136 bytes from 192.168.0.200: icmp_seq=4 ttl=128 time=0.278 ms
136 bytes from 192.168.0.200: icmp_seq=5 ttl=128 time=0.272 ms
136 bytes from 192.168.0.200: icmp_seq=6 ttl=128 time=0.246 ms
...（省略）
```

例15.12：测试与计算机192.168.0.200的连通性，发送4个ICMP数据包。

```
[root@rhel ~]# ping -c 4 192.168.0.200
PING 192.168.0.200 (192.168.0.200) 56(84) bytes of data.
64 bytes from 192.168.0.200: icmp_seq=1 ttl=128 time=0.328 ms
64 bytes from 192.168.0.200: icmp_seq=2 ttl=128 time=0.525 ms
64 bytes from 192.168.0.200: icmp_seq=3 ttl=128 time=0.336 ms
64 bytes from 192.168.0.200: icmp_seq=4 ttl=128 time=0.418 ms

--- 192.168.0.200 ping statistics ---
4 packets transmitted, 4 received, 0% packet loss, time 3002ms
rtt min/avg/max/mdev = 0.328/0.401/0.525/0.083 ms
```


15.2.4 netstat

使用netstat命令可以用来显示网络状态的信息，得知整个Linux系统的网络情况，比如网络连接、路由表、接口统计、伪装连接和组播成员。

netstat命令语法：

```
netstat [选项] [延迟]
```

netstat命令中各选项的含义如表15.4所示。

表15.4　netstat命令选项的含义

选项	选项含义
-a	显示所有的socket
-i	显示接口表
-l	显示监控中的服务器socket
-M	显示伪装的连接
-n	直接使用IP地址，而不解析名称
-p	显示正在使用Socket的PID和程序名称
-r	显示路由表信息
-s	显示网络统计信息（如SNMP）
-t	显示TCP传输协议的连线状况
-u	显示UDP传输协议的连线状况

选项	选项含义
-o	显示计时器
-g	显示组播组成员
-v	显示详细信息
-s	显示网络统计信息（如SNMP）

例15.13：显示内核路由表信息。

```
[root@rhel ~]# netstat -r
Kernel IP routing table
Destination    Gateway       Genmask        Flags   MSS    Window  irtt Iface
default        192.168.0.1   0.0.0.0        UG      0 0    0 eno16777736
192.168.0.0    0.0.0.0       255.255.255.0  U       0 0    0 eno16777736
192.168.122.0  0.0.0.0       255.255.255.0  U       0 0    0 virbr0
```

例15.14：显示端口号为22的连接情况。

```
[root@rhel ~]# netstat -antu|grep 22
tcp     0     0 0.0.0.0:22          0.0.0.0:*          LISTEN
```

例15.15：检查系统上开放端口的情况。

```
[root@rhel ~]# netstat -tulnp
Active Internet connections (only servers)
Proto Recv-Q Send-Q Local Address        Foreign Address    State     PID/Program name
tcp      0     0 192.168.122.1:53        0.0.0.0:*          LISTEN    4379/dnsmasq
tcp      0     0 0.0.0.0:22              0.0.0.0:*          LISTEN    1593/sshd
tcp      0     0 127.0.0.1:631           0.0.0.0:*          LISTEN    1581/cupsd
tcp      0     0 127.0.0.1:25            0.0.0.0:*          LISTEN    3587/master
tcp6     0     0 :::22                   :::*               LISTEN    1593/sshd
tcp6     0     0 ::1:631                 :::*               LISTEN    1581/cupsd
tcp6     0     0 ::1:25                  :::*               LISTEN    3587/master
udp      0     0 0.0.0.0:5353            0.0.0.0:*                    844/avahi-daemon: r
udp      0     0 192.168.122.1:53        0.0.0.0:*                    4379/dnsmasq
udp      0     0 0.0.0.0:67              0.0.0.0:*                    4379/dnsmasq
udp      0     0 0.0.0.0:32897           0.0.0.0:*                    844/avahi-daemon: r
//显示协议、本地地址、端口号、目的地址、状态、进程号、程序名等信息
```

15.2.5 arp

使用arp命令可以用来增加、删除和显示ARP缓存条目。

arp命令语法：

```
arp [选项] [IP地址][MAC地址]
```

arp命令中各选项的含义如表15.5所示。

表15.5 arp命令选项的含义

选项	选项含义
-a	显示指定主机当前所有的ARP缓存
-d	删除指定的条目
-s	设置一个新的ARP条目
-n	不解析名称
-v	显示详细信息
-i <接口>	指定网络接口

例15.16：查看系统ARP缓存信息。

```
[root@rhel ~]# arp
Address          HWtype  HWaddress          Flags Mask       Iface
192.168.0.200    ether   00:50:56:c0:00:01  C                eno16777736
192.168.0.1              (incomplete)                        eno16777736
```

例15.17：添加一个新的ARP条目。

```
[root@rhel ~]# arp -s 192.168.0.99 00:60:08:27:CE:B2
[root@rhel ~]# arp
Address          HWtype  HWaddress          Flags Mask       Iface
192.168.0.200    ether   00:50:56:c0:00:01  C                eno16777736
192.168.0.99     ether   00:60:08:27:ce:b2  CM               eno16777736
192.168.0.1              (incomplete)                        eno16777736
```

例15.18：删除一个ARP条目。

```
[root@rhel ~]# arp -d 192.168.0.99
```

15.3 使用nmap扫描网络

15.3.1 nmap简介

nmap（Network Mapper，网络映射器）是一款网络探测和安全审核程序，通过扫描单个主机或网络，获取计算机正在运行和提供的服务等信息。nmap使用原始IP报文来发现网络上有哪些主机，哪些主机提供什么服务，哪些服务运行在什么操作系统上，它们使用什么类型的报文过滤器/防火墙，以及一堆其他功能。虽然nmap通常用于安全审核，许多系统管理员和网络管理员也用它来做一些日常的工作，比如查看整个网络的信息，管理服务升级计划，以及监视主机和服务的运行。

nmap支持很多扫描技术，比如UDP、TCP connect()、TCP SYN（半开扫描）、ftp代理（bounce攻击）、反向标志、ICMP、FIN扫描、ACK扫描、圣诞树（Xmas Tree）、SYN扫描以及null扫描。

nmap输出的是扫描目标的列表，以及每个目标的补充信息，至于是哪些信息则依赖于所使用的选项。 nmap运行通常会得到被扫描主机的端口、服务名、状态和协议等信息。每个端口的状态可能是open（开放的）、filtered（被过滤的）、closed（关闭的）或者unfiltered（未被过滤的）。open意味着目标主机上的应用程序正在该端口监听连接/报文。filtered意味着防火墙、过滤器或者其他网络障碍阻止了该端口被访问，nmap无法得知它是open还是closed。closed意味着没有应用程序在他上面监听，但是它们随时可能开放。当端口对nmap的探测做出响应，但是nmap无法确定它们是关闭还是开放时，这些端口就被认为是unfiltered。如果nmap报告状态组合open|filtered 和closed|filtered时，那说明nmap无法确定该端口处于两个状态中的哪一个状态。当要求进行版本探测时，端口表也可以包含软件的版本信息。当要求进行IP协议扫描时，nmap提供关于所支持的IP协议而不是正在监听的端口的信息。

nmap还能提供关于目标机的进一步信息，包括反向域名、操作系统猜测、设备类型和MAC地址。

在Linux系统中使用以下命令查看nmap软件包是否已经安装，如果没有请事先安装好。

```
[root@rhel ~]# rpm -q nmap
nmap-6.40-7.el7.x86_64
```

使用以下命令安装nmap软件包。

```
[root@rhel ~]# cd cd /run/media/root/RHEL-7.2\ Server.x86_64/Packages
//进入Linux系统安装光盘软件包目录
[root@rhel Packages]# rpm -ivh nmap-6.40-7.el7.x86_64.rpm
警告：nmap-6.40-7.el7.x86_64.rpm: 头V3 RSA/SHA256 Signature, 密钥 ID fd431d51: NOKEY
准备中...                    ################################# [100%]
正在升级/安装...
  1:nmap-2:6.40-7.el7            ################################# [100%]
```

15.3.2 使用nmap

根据使用的功能选项，nmap可以报告远程主机特征：使用的操作系统、TCP序列、运行绑定到每个端口上的应用程序的用户名、DNS名以及主机地址是否是欺骗地址等。

在nmap的所有选项中，只有目标选项是必须给出的。其最简单的形式是在命令行直接输入一个主机名或者一个IP地址。如果希望扫描某个IP地址的一个子网，可以在IP地址的后面加上“/掩码”。掩码范围为0～32。使用“/24”扫描C类地址，“/16”扫描B类地址。

nmap还有更加强大的表示方式来更加灵活地指定IP地址。比如要扫描B类网络“192.168.*.*”，可以使用下面三种方式来指定这些地址：“192.168.*.*”“192.168.0-255.0-255”或者“192.168.0.0/16”。

nmap命令语法：

```
nmap [扫描类型] [选项] [扫描目标说明]
```

nmap命令中各选项的含义如表15.6所示。

表15.6　nmap命令选项的含义

选项	选项含义
-p <端口范围>	只扫描指定的端口
-v	提高输出信息的详细度
-d <级别>	提高或设置调试级别
-S <IP地址>	欺骗源地址
-e <接口>	使用指定接口
-O	启用操作系统检测
--open	只显示打开或可能打开的端口
--resume <文件名>	恢复一个中断扫描
--packet-trace	显示发送和接收的所有数据包
-A	启用操作系统检测、版本检测、脚本扫描和路由跟踪
--iflist	为调试显示主机接口和路由
-g <端口号>	使用指定端口号
-oN <文件>	要求将标准输出直接写入指定 的文件
-F	快速 (有限的端口) 扫描
-r	不要按随机顺序扫描端口
-oS <文件>	类似于交互工具输出
-n	不用域名解析
-R	为所有目标解析域名
--system-dns	使用系统域名解析器
-oA <基本名称>	输出至所有格式
-f	报文分段

续表

选项	选项含义
--mtu <值>	使用指定的MTU
-D <decoy1 [，decoy2][，ME]>	使用诱饵隐蔽扫描
-T <模板>	设置时间模板，可以是Paranoid、Sneaky、Polite、Normal、Aggressive或Insane
--ttl <值>	设置IP TTL域
--scanflags <标志>	自定义的TCP扫描标志

在使用nmap的时候，可以指定表15.7所示的扫描类型，对主机、端口、服务、版本和操作系统进行扫描。

表15.7　扫描类型

扫描类型	符号	描述
主机发现	-sL	列表扫描
	-sP	Ping扫描
	-P0	无ping
	-PS	TCP SYN ping
	-PA	TCP ACK ping
	-PU	UDP ping
	-PE/PP/PM	ICMP ping类型
	-PR	ARP ping
端口扫描	-sS	TCP SYN扫描
	-sT	TCP connect()扫描
	-sA	TCP ACK扫描
	-sW	TCP窗口扫描
	-sM	TCP Maimon扫描
	-sU	UDP扫描
	-sN	TCP Null扫描
	-sF	FIN扫描
	-sX	Xmas扫描
	-sI	进行真正的TCP端口盲扫描（意味着没有报文从真实IP地址发送到目标）
	-sO	IP协议扫描
	-b	FTP弹跳扫描
服务和版本探测	-sV	版本探测
	-sR	RPC扫描
操作系统探测	-O	启用操作系统检测
	--osscan-limit	针对指定的目标进行操作系统检测
	--osscan-guess	推测操作系统检测结果

除了选项和扫描类型之外之外，所有出现在nmap命令行上的都被视为对目标主机的说明，最简单的情况是指定一个目标IP地址或主机名。nmap命令行接受多个主机说明，它们不必是相同类型。扫描目标说明如表15.8所示。

表15.8　扫描目标说明

扫描目标	描述
-iL <输入文件名>	从主机或网络列表中输入
-iR <主机数量>	随机选择目标
--exclude <主机>	排除主机或网络
--excludefile <排除文件>	排除文件中的列表

例15.19：扫描计算机192.168.0.2的所有TCP端口，并打开细节模式。

```
[root@rhel ~]# nmap -v 192.168.0.2

Starting Nmap 6.40 ( http://nmap.org ) at 2015-12-27 08:18 CST
Initiating Parallel DNS resolution of 1 host. at 08:18
Completed Parallel DNS resolution of 1 host. at 08:18, 13.00s elapsed
Initiating SYN Stealth Scan at 08:18
Scanning 192.168.0.2 [1000 ports]
Discovered open port 22/tcp on 192.168.0.2
adjust_timeouts2: packet supposedly had rtt of -1390833949019852 microseconds.  Ignoring time.
adjust_timeouts2: packet supposedly had rtt of -1390833949019852 microseconds.  Ignoring time.
Completed SYN Stealth Scan at 08:18, 0.04s elapsed (1000 total ports)
Nmap scan report for 192.168.0.2
Host is up (0.000021s latency).
Not shown: 999 closed ports
PORT   STATE SERVICE
22/tcp open  ssh

Read data files from: /usr/bin/../share/nmap
Nmap done: 1 IP address (1 host up) scanned in 13.11 seconds
        Raw packets sent: 1000 (44.000KB) | Rcvd: 2001 (84.044KB)
//可以看到192.168.0.2主机打开的所有TCP端口，比如22
```

例15.20：发起对计算机192.168.0.200的秘密SYN扫描，同时探测操作系统类型。

```
[root@rhel ~]# nmap -sS -O 192.168.0.200

Starting Nmap 6.40 ( http://nmap.org ) at 2015-12-27 08:20 CST
Nmap scan report for 192.168.0.200
Host is up (0.00079s latency).
Not shown: 994 closed ports
PORT      STATE SERVICE
135/tcp   open  msrpc
139/tcp   open  netbios-ssn
49152/tcp open  unknown
49153/tcp open  unknown
49156/tcp open  unknown
49157/tcp open  unknown
MAC Address: 00:50:56:C0:00:01 (VMware)
Device type: general purpose
Running: Microsoft Windows 7|2008
OS CPE: cpe:/o:microsoft:windows_7::- cpe:/o:microsoft:windows_7::sp1 cpe:/o:microsoft:windows_server_2008::sp1 cpe:/o:microsoft:windows_8
OS details: Microsoft Windows 7 SP0 - SP1, Windows Server 2008 SP1, or Windows 8
Network Distance: 1 hop

OS detection performed. Please report any incorrect results at http://nmap.org/submit/ .
Nmap done: 1 IP address (1 host up) scanned in 16.25 seconds
//可以看到192.168.0.200主机打开的所有TCP端口以及SYN扫描信息，扫描到该计算机是Windows 7
```

例15.21：发起对sh.com域所在网络上的所有255个IP地址的秘密SYN扫描，同时探测每台主机操作系统的类型。

```
[root@rhel ~]# nmap -sS -O sh.com/24
//对sh.com域上所有主机进行SYN扫描，并探测系统指纹特征
```

例15.22：对计算机192.168.0.200发起圣诞树扫描，确定这台主机是否打开了22、53、110、143和4564端口。

```
[root@rhel ~]# nmap -sX -p 22,53,110,143,4564 192.168.0.200

Starting Nmap 6.40 ( http://nmap.org ) at 2015-12-27 08:33 CST
Nmap scan report for 192.168.0.200
Host is up (0.00052s latency).
PORT     STATE  SERVICE
22/tcp   closed ssh
53/tcp   closed domain
110/tcp  closed pop3
143/tcp  closed imap
4564/tcp closed unknown
MAC Address: 00:50:56:C0:00:01 (VMware)

Nmap done: 1 IP address (1 host up) scanned in 14.49 seconds
```

例15.23：对IP地址从192.168.0.1开始到192.168.0.12范围发起圣诞树扫描，确定这些系统是否打开了21、80和1433端口。

```
[root@rhel ~]# nmap -sX -p 21,80,1433 192.168.0.1-12

Starting Nmap 6.40 ( http://nmap.org ) at 2015-12-27 08:34 CST
Nmap scan report for 192.168.0.2
Host is up (0.00014s latency).
PORT     STATE  SERVICE
21/tcp   closed ftp
80/tcp   closed http
1433/tcp closed ms-sql-s

Nmap done: 12 IP addresses (1 host up) scanned in 13.90 seconds
```

例15.24：随机选择100台主机并扫描它们是否运行Web服务器（80端口），并且禁止对主机列表。

```
[root@rhel ~]# nmap -v -iR 100 -P0 -p 80
```

例15.25：只扫描指定的IP范围，寻找192.168.0.3～192.168.0.5主机的Web服务器。

```
[root@rhel ~]# nmap -v --randomize_hosts -p 80 192.168.0.3-5
```

例15.26：显示主机接口和路由。

```
[root@rhel ~]# nmap --iflist

Starting Nmap 6.40 ( http://nmap.org ) at 2016-06-16 16:33 CST
************************INTERFACES************************
DEV         (SHORT)       IP/MASK                TYPE      UP    MTU   MAC
eno16777736 (eno16777736) 192.168.0.2/24         ethernet  up    1500  00:0C:29:89:F6:EB
eno16777736 (eno16777736) fe80::20c:29ff:fe89:f6eb/64 ethernet up 1500 00:0C:29:89:F6:EB
lo          (lo)          127.0.0.1/8            loopback  up    65536
lo          (lo)          ::1/128                loopback  up    65536
virbr0-nic  (virbr0-nic)  (null)/0               ethernet  down  1500  52:54:00:89:F0:4A
virbr0      (virbr0)      192.168.122.1/24       ethernet  up    1500  52:54:00:89:F0:4A

*************************ROUTES*************************
DST/MASK                  DEV        METRIC GATEWAY
```

```
192.168.122.0/24        virbr0     0
192.168.0.0/24          eno16777736 100
0.0.0.0/0               eno16777736 100    192.168.0.1
::1/128                 lo         0
fe80::20c:29ff:fe89:f6eb/128 lo    0
fe80::/64               eno16777736 256
ff00::/8                eno16777736 256
```

15.4 使用tcpdump捕获网络数据包

tcpdump是Linux系统中强大的网络数据采集分析工具之一，可以将网络中传送的数据包的头完全截获下来提供分析。它支持针对网络层、协议、主机、网络或端口的过滤，并提供and、or、not等逻辑语句来筛选信息。作为互联网上经典的的系统管理员必备工具，tcpdump以其强大的功能、灵活的截取策略，成为每个高级的系统管理员分析网络，排查问题等所必备的工具之一。

tcpdump命令语法：

```
tcpdump [选项] [表达式]
```

tcpdump命令中各选项的含义如表15.9所示。

表15.9　tcpdump命令选项的含义

选项	选项含义
-w <文件>	指定将监听到的数据包写入文件中保存
-c <数据包数量>	指定要监听的数据包数量，达到指定数量后自动停止抓包
-p	不将接口设置为混杂模式
-r <文件>	从文件读取数据包
-n	指定将每个监听到数据包中的域名转换成IP地址后显示
-i <网络接口>	指定监听的网络接口
-B <缓冲区大小>	设定作业系统的捕获缓冲区大小
-q	安静输出，打印较少的协议信息
-A	指定将每个监听到的数据包以ACSII可见字符打印
-S	指定打印每个监听到的数据包的TCP绝对序列号而不是相对序列号
-e	指定将监听到的数据包链路层的信息打印出来，包括源mac和目的mac，以及网络层的协议
-s <数据包长度>	指定要监听数据包的长度
-t	不显示时间戳
-K	不要试图验证IP、TCP或UDP校验和
-L	在指定的模式列出该接口的已知数据链路类型并退出
-F <文件>	使用文件作为过滤表达式输入
-C <文件大小>	在把原始数据包直接保存到文件之前，检查文件大小是否超过指定文件大小，如果超过将关闭此文件，另外创建一个文件继续用于原始数据包的记录。新创建的文件名与指定的文件名一致，但文件名后多了一个数字。该数字会从1开始随着新创建文件的增多而增加。文件大小的单位是百万字节
-m <模块>	从文件模块加载SMI MIB模块定义
-M <密码>	如果TCP 数据包有TCP-MD5选项，那么为其摘要的验证指定一个公共的密钥密码
-T <类型>	通过expression强制数据包被解释为指定的类型。目前已知的类型是aodv、cnfp 、rpc、rtp、rtcp 、snmp、tftp、vat和wb

选项	选项含义
-W <文件总数>	与-C选项配合使用，限制可以打开的文件数目，并且当文件数据超过这里设置的限制时，依次循环替代之前的文件，这相当于一个文件缓冲池。同时会使得每个文件名的开头会出现足够多并用来占位的0，这可以方便这些文件被正确的排序
-y <数据链接类型>	设置数据链接类型
-Z <用户>	使tcpdump 放弃自己的超级权限（如果以root用户启动tcpdump, tcpdump将会有超级用户权限），并把当前tcpdump的用户UID设置为指定用户，组群GID设置为指定用户首要所属组群的GID

例15.27：捕获第一个网络接口上所有流过的数据包。

```
[root@rhel ~]# tcpdump
//如果不指定网卡，默认tcpdump只会监视第一个网络接口
```

例15.28：捕获经过网络接口eno16777736的数据包。

```
[root@rhel ~]# tcpdump -i eno16777736
```

例15.29：指定监听一个数据包，达到指定数量后自动停止抓包。

```
[root@rhel ~]# tcpdump -c 1
```

例15.30：将捕获到的数据包写入/root/dumpfile文件中保存。

```
[root@rhel ~]# tcpdump -w /root/dumpfile
```

例15.31：捕获主机rhel收到和发出的所有数据包。

```
[root@rhel ~]# tcpdump host rhel
```

注意：

必须事先在/etc/hosts文件中指定IP地址和主机名。

例15.32：捕获主机192.168.0.2收到和发出的所有数据包。

```
[root@rhel ~]# tcpdump host 192.168.0.2
```

例15.33：捕获主机192.168.0.2发送的所有数据包。

```
[root@rhel ~]# tcpdump ip src 192.168.0.2
```

例15.34：捕获发送到IP地址192.168.0.2的所有数据包。

```
[root@rhel ~]# tcpdump ip dst 192.168.0.2
```

例15.35：捕获主机rhel和主机rhel2或rhel3之间的流量。

```
[root@rhel ~]# tcpdump host rhel1 and \( rhel2 or rhel3 \)
```

例15.36：捕获主机192.168.0.2和主机192.168.0.4 或192.168.0.5之间的的通信。

```
[root@rhel ~]# tcpdump host 192.168.0.2 and \(192.168.0.4 or 192.168.0.5 \)
```

例15.37：捕获主机rhel与主机linux之外的任何主机之间的所有IP数据包。

```
[root@rhel ~]# tcpdump ip host rhel and not linux
```

例15.38：捕获主机192.168.0.2和主机192.168.0.5之外的所有主机通信的IP数据包。

```
[root@rhel ~]# tcpdump ip host 192.168.0.2 and ! 192.168.0.5
```

例15.39：捕获主机rhel发送的经过网络接口eno16777736的所有数据包。

```
[root@rhel ~]# tcpdump -i eno16777736 src host rhel
```

例15.40：捕获所有发送到主机rhel的经过网络接口eno16777736的数据包。

```
[root@rhel ~]# tcpdump -i eno16777736 dst host rhel
```

例15.41：捕获本地主机与网络地址ucb-ether上的主机之间的所有数据包（网络地址在/etc/

networks文件中定义）。

```
[root@rhel ~]# tcpdump net ucb-ether
```

例15.42：捕获网络192.168.0.0/24发送的所有数据包。

```
[root@rhel ~]# tcpdump src net 192.168.0.0/24
```

例15.43：捕获发送到网卡MAC地址00:0C:29:FA:19:10的所有数据包。

```
[root@rhel ~]# tcpdump ether dst 00:0C:29:FA:19:10
```

例15.44：捕获ARP协议数据包。

```
[root@rhel ~]# tcpdump -p arp
```

例15.45：捕获UDP协议，端口号为53的数据包。

```
[root@rhel ~]# tcpdump -p udp port 53
```

第16章　配置OpenSSH服务器

16.1　SSH简介

使用SSH可以在本地主机和远程服务器之间进行加密的传输数据，以实现数据的安全。而OpenSSH是SSH协议的免费开源实现，它采用安全、加密的网络连接工具代替了telnet、ftp、rlogin、rsh和rcp工具。

16.1.1　什么是SSH

ftp和telnet在本质上是不安全的，因为它们在网络上使用明文传输口令和数据，别有用心的人非常容易就可以截获这些口令和数据。而且这些程序的安全验证方式也是有弱点的，很容易受到“中间人”这种方式的攻击。所谓“中间人”的攻击方式，就是“中间人”冒充真正的服务器接收你传给服务器的数据，然后再冒充你把数据传给真正的服务器。服务器和你之间的数据传送被“中间人”一转手做了手脚之后，就会出现很严重的安全问题。

SSH（Secure Shell，安全Shell）由IETF的网络工作小组制定，为建立在应用层和传输层基础上的安全协议。SSH是目前较可靠，专为远程登录会话和其它网络服务提供安全性的协议。利用SSH协议可以有效防止远程管理过程中的信息泄露问题。

通过使用SSH可以把所有传输的数据进行加密，这样“中间人”这种攻击方式就不可能实现了，而且也可以防止DNS和IP欺骗。还有一个额外的好处就是传输的数据是经过压缩的，所以可以加快传输的速度。SSH有很多功能，它既可以代替telnet，又可以为ftp、pop和ppp提供一个安全的通道。

16.1.2　SSH工作原理

SSH是由服务端和客户端的软件组成。服务端是一个守护进程，它在后台运行并响应来自客户端的连接请求。服务端一般是sshd进程，它提供了对远程连接的处理，一般包括公共密钥认证、密钥交换、对称密钥加密和非安全连接。客户端包含ssh、scp、slogin和sftp等应用程序。

SSH工作机制大致是本地的客户端发送一个连接请求到远程的服务端，服务端检查申请的包和IP地址再发送密钥给SSH客户端，本地再将密钥发回给服务端，到此为止连接建立。

一旦建立一个安全传输层连接，客户机就发送一个服务请求。当用户认证完成之后，会发送第二个服务请求。这样就允许新定义的协议可以与上述协议共存。连接协议提供了用途广泛的各种通道，有标准的方法用于建立安全交互式会话Shell和转发专有TCP/IP端口与X11连接。

启动SSH服务器后，sshd进程运行并在默认的22端口进行监听。当请求到来的时候，sshd守护进程会产生一个子进程，该子进程进行这次的连接处理。

16.1.3　SSH安全验证方式

从SSH客户端角度来看，SSH提供了基于口令和基于密钥的安全验证方式。

1. 基于口令的安全验证

只要知道账号和口令，就可以登录远程主机。所有传输的数据都会被加密，但是不能保证正在连接的服务器就是想连接的服务器，可能会有别的服务器在冒充真正的服务器，也就是会受到“中间人”这种方式的攻击。

2. 基于密钥的安全验证

需要依靠密钥，也就是必须创建一对密钥（公钥和私钥），并把公钥放在需要访问的服务器上。如果连接到SSH服务器上，客户端就会向服务器发出请求，请求用密钥进行安全验证。服务器收到请求之后，先在该服务器的主目录下寻找公钥，然后把它和发送过来的公钥进行比较。如果两个密钥一致，服务器就用公钥加密“质询”并把它发送给客户端软件。客户端收到“质询”之后就可以用私钥解密再把它发送给服务器。

用这种方式，必须知道自己密钥的口令。但是与基于口令安全验证级别相比，基于密钥安全验证级别不需要在网络上传送口令。基于密钥安全验证级别不仅加密所有传送的数据，而且可以防止“中间人”攻击。

16.1.4 OpenSSH简介

SSH因为受版权和加密算法的限制，现在很多人都转而使用OpenSSH。OpenSSH（Open Secure Shell，开放安全Shell）是SSH的替代软件，而且是免费的。它默认使用RSA密钥，采用安全、加密的网络连接工具代替telnet、ftp、rlogin、rsh和rcp工具。

使用OpenSSH工具将增进系统安全性，在使用OpenSSH软件进行通信时，登录验证口令将会被加密。OpenSSH提供了服务端后台程序和客户端工具，用来加密远程控件和文件传输过程中的数据，并由此来代替原来的类似服务。

telnet和ftp使用纯文本口令，并以明文发送。这些信息可能会被截取，口令可能会被检索，未经授权的人员可能会使用截取的口令登录用户的系统，而对系统产生危害，所以应该尽可能使用OpenSSH工具来避免这些安全问题。

另一个使用OpenSSH的原因是，它自动把DISPLAY变量转发给客户主机。如果在本地主机上运行X窗口系统，并且使用ssh命令登录到远程主机上，当在远程主机上执行一个需要X的程序时，该程序会在本地主机上执行。

16.2 OpenSSH服务器安装和配置

16.2.1 安装OpenSSH服务器软件包

要配置OpenSSH服务器，先要在Linux系统中使用以下命令查看openssh-server、openssh、openssh-clients和openssh-askpass软件包是否已经安装，如果没有请事先安装好。

```
[root@rhel ~]# rpm -qa|grep openssh
openssh-server-6.6.1p1-22.el7.x86_64
//OpenSSH服务器端软件包
openssh-6.6.1p1-22.el7.x86_64
//包括OpenSSH服务器和客户端的核心文件
openssh-clients-6.6.1p1-22.el7.x86_64
//OpenSSH客户端软件包
openssh-askpass-6.6.1p1-22.el7.x86_64
```

使用以下命令安装openssh-server、openssh、openssh-clients和openssh-askpass软件包。

```
[root@rhel ~]# cd /run/media/root/RHEL-7.2\ Server.x86_64/Packages
//进入Linux系统安装光盘软件包目录
[root@rhel Packages]# rpm -ivh openssh-6.6.1p1-22.el7.x86_64.rpm
警告：openssh-6.6.1p1-22.el7.x86_64.rpm: 头V3 RSA/SHA256 Signature, 密钥 ID fd431d51: NOKEY
准备中...                ################################# [100%]
正在升级/安装...
   1:openssh-6.6.1p1-22.el7          ################################# [100%]
[root@rhel Packages]# rpm -ivh openssh-server-6.6.1p1-22.el7.x86_64.rpm
警告：openssh-server-6.6.1p1-22.el7.x86_64.rpm: 头V3 RSA/SHA256 Signature, 密钥 ID fd431d51: NOKEY
准备中...                ################################# [100%]
正在升级/安装...
   1:openssh-server-6.6.1p1-22.el7   ################################# [100%]
[root@rhel Packages]# rpm -ivh openssh-clients-6.6.1p1-22.el7.x86_64.rpm
警告：openssh-clients-6.6.1p1-22.el7.x86_64.rpm: 头V3 RSA/SHA256 Signature, 密钥 ID fd431d51: NOKEY
准备中...                ################################# [100%]
正在升级/安装...
   1:openssh-clients-6.6.1p1-22.el7  ################################# [100%]
[root@rhel Packages]# rpm -ivh openssh-askpass-6.6.1p1-22.el7.x86_64.rpm
警告：openssh-askpass-6.6.1p1-22.el7.x86_64.rpm: 头V3 RSA/SHA256 Signature, 密钥 ID fd431d51: NOKEY
准备中...                ################################# [100%]
正在升级/安装...
   1:openssh-askpass-6.6.1p1-22.el7  ################################# [100%]
```

16.2.2 /etc/ssh/sshd_config文件详解

OpenSSH服务器的主配置文件是/etc/ssh/sshd_config文件，这个文件的每一行都是“关键词 值”的格式。一般情况下不需要配置该文件即可让用户在客户端计算上进行连接。

在/etc/ssh/sshd_config配置文件中，以“#”开头的行是注释行，它为用户配置参数起到解释作用，这样的语句默认不会被系统执行。

默认/etc/ssh/sshd_config配置文件内容和文件结构如下所示，读者所看到的是已经将部分注释行删除的内容。

```
#Port 22
#ListenAddress 0.0.0.0
#ListenAddress ::
#Protocol 2

#HostKey /etc/ssh/ssh_host_key
HostKey /etc/ssh/ssh_host_rsa_key
#HostKey /etc/ssh/ssh_host_dsa_key
HostKey /etc/ssh/ssh_host_ecdsa_key
HostKey /etc/ssh/ssh_host_ed25519_key

#KeyRegenerationInterval 1h
#ServerKeyBits 1024

#RekeyLimit default none
```

```
#SyslogFacility AUTH
SyslogFacility AUTHPRIV
#LogLevel INFO

# Authentication:
#LoginGraceTime 2m
#PermitRootLogin yes
#StrictModes yes
#MaxAuthTries 6
#MaxSessions 10

#RSAAuthentication yes
#PubkeyAuthentication yes

AuthorizedKeysFile      .ssh/authorized_keys
#AuthorizedPrincipalsFile none
#AuthorizedKeysCommand none
#AuthorizedKeysCommandUser nobody

#RhostsRSAAuthentication no
#HostbasedAuthentication no
#IgnoreUserKnownHosts no
#IgnoreRhosts yes

#PasswordAuthentication yes
#PermitEmptyPasswords no
PasswordAuthentication yes

#ChallengeResponseAuthentication yes
ChallengeResponseAuthentication no

//设置Kerberos选项
#KerberosAuthentication no
#KerberosOrLocalPasswd yes
#KerberosTicketCleanup yes
#KerberosGetAFSToken no
#KerberosUseKuserok yes

//设置GSSAPI选项
GSSAPIAuthentication yes
GSSAPICleanupCredentials no
#GSSAPIStrictAcceptorCheck yes
#GSSAPIKeyExchange no
#GSSAPIEnablek5users no

UsePAM yes

#AllowAgentForwarding yes
#AllowTcpForwarding yes
#GatewayPorts no
X11Forwarding yes
#X11DisplayOffset 10
```

```
#X11UseLocalhost yes
#PermitTTY yes
#PrintMotd yes
#PrintLastLog yes
#TCPKeepAlive yes
#UseLogin no
UsePrivilegeSeparation sandbox
#PermitUserEnvironment no
#Compression delayed
#ClientAliveInterval 0
#ClientAliveCountMax 3
#ShowPatchLevel no
#UseDNS yes
#PidFile /var/run/sshd.pid
#MaxStartups 10:30:100
#PermitTunnel no
#ChrootDirectory none
#VersionAddendum none

#Banner none

AcceptEnv LANG LC_CTYPE LC_NUMERIC LC_TIME LC_COLLATE LC_MONETARY LC_
MESSAGES
AcceptEnv LC_PAPER LC_NAME LC_ADDRESS LC_TELEPHONE LC_MEASUREMENT
AcceptEnv LC_IDENTIFICATION LC_ALL LANGUAGE
AcceptEnv XMODIFIERS

Subsystem	sftp	/usr/libexec/openssh/sftp-server

#	X11Forwarding no
#	AllowTcpForwarding no
#	PermitTTY no
#	ForceCommand cvs server
```

下面将讲述在/etc/ssh/sshd_config文件中可以添加和修改的主要参数。

- Port　22。

设置OpenSSH服务器监听的端口号，默认为22。

- ListenAddress　0.0.0.0。

设置OpenSSH服务器绑定的IP地址。

- HostKey　/etc/ssh/ssh_host_key。

设置包含计算机私有主机密钥的文件。

- ServerKeyBits　1024。

设置服务器密钥的位数。最小值是“512”，默认为“1024”。

- LoginGraceTime　2m。

设置如果用户不能成功登录，在切断连接之前服务器需要等待的时间。

- PermitRootLogin　yes。

设置root用户是否能够使用ssh登录。

- IgnoreRhosts　yes。

设置RhostsRSA验证和Hostbased验证的时候是否使用.rhosts和.shosts文件。

● IgnoreUserKnownHosts　no。

设置sshd是否在进行RhostsRSAAuthentication安全验证的时候忽略用户的~/.ssh/known_hosts。

● StrictModes　yes。

设置ssh在接收登录请求之前是否检查用户主目录和rhosts文件的权限和所有权。这通常是必要的，因为新手经常会把自己的目录和文件设成任何人都有写权限。

● X11Forwarding　yes。

设置是否允许X11转发。

● PrintMotd　yes。

设置sshd是否在用户登录的时候显示/etc/motd文件中的信息。

● SyslogFacility　AUTH。

设置在记录来自sshd的消息的时候，是否给出设备代码。

● LogLevel　INFO。

设置记录sshd日志消息的级别。

● RhostsRSAAuthentication　no。

设置是否允许用rhosts或/etc/hosts.equiv加上RSA进行安全验证。

● RSAAuthentication　yes。

设置是否允许只有RSA安全验证。

● PasswordAuthentication　yes。

设置是否允许口令验证。

● PermitEmptyPasswords　no。

设置是否允许用户口令为空字符串的账号登录，默认是no。

● AllowGroups。

设置允许连接的组群。

● AllowUsers。

设置允许连接的用户。

● DenyGroups。

设置拒绝连接的组群。

● DenyUsers。

设置拒绝连接的用户。如果模式写成USER@HOST，则USER和HOST将同时被检查，限制特定用户在特定主机上连接OpenSSH服务器。比如zhangsan@192.168.0.5表示拒绝用户zhangsan在主机192.168.0.5上连接OpenSSH服务器。

● MaxSessions 10。

指定允许每个网络连接打开的最大会话数，默认为10。

● ClientAliveCountMax 3。

指定从客户端断开连接之前，在没有接收到响应时能够发送客户端活跃消息的次数。这个参数设置允许超时的次数。

● MaxStartups 10:30:100。

指定SSH守护进程并发未经身份验证连接的最大数量，默认值是10:30:100。10:30:100表示的意思是，从第10个连接开始，以30%的概率（递增）拒绝新的连接，直到连接数达到100。

16.2.3 OpenSSH服务器配置实例

在公司内部配置一台OpenSSH服务器，为公司网络内的客户端计算机提供远程SSH登录服务，具体参数如下。

- OpenSSH服务器IP地址：192.168.0.2。
- OpenSSH服务器监听端口：22。
- 不允许空口令用户登录。
- 禁止用户lisi登录。

修改/etc/ssh/sshd_config文件，该文件修改后的内容如下所示。

```
Port 22
ListenAddress 192.168.0.2
Protocol 2
SyslogFacility AUTHPRIV
PermitEmptyPasswords no
PasswordAuthentication yes
DenyUsers lisi
ChallengeResponseAuthentication no
GSSAPIAuthentication yes
GSSAPICleanupCredentials yes
UsePAM yes
AcceptEnv LANG LC_CTYPE LC_NUMERIC LC_TIME LC_COLLATE LC_MONETARY LC_
MESSAGES
AcceptEnv LC_PAPER LC_NAME LC_ADDRESS LC_TELEPHONE LC_MEASUREMENT
AcceptEnv LC_IDENTIFICATION LC_ALL LANGUAGE
AcceptEnv XMODIFIERS
X11Forwarding yes
Subsystem      sftp    /usr/libexec/openssh/sftp-server
```

16.2.4 控制sshd服务

使用systemctl命令可以控制sshd服务的状态，以及当OpenSSH服务器启动时自动启动服务。

1. 启动sshd服务

使用以下命令启动sshd服务。

```
[root@rhel ~]# systemctl start sshd.service
```

2. 查看sshd服务运行状态

使用以下命令查看sshd服务运行状态。

```
[root@rhel ~]# systemctl status sshd.service
● sshd.service - OpenSSH server daemon
  Loaded: loaded (/usr/lib/systemd/system/sshd.service; enabled; vendor preset: enabled)
  Active: active (running) since 三 2015-12-30 16:17:22 CST; 7s ago
    Docs: man:sshd(8)
          man:sshd_config(5)
 Main PID: 14533 (sshd)
  CGroup: /system.slice/sshd.service
          └─14533 /usr/sbin/sshd -D
```

```
12月 30 16:17:22 rhel systemd[1]: Started OpenSSH server daemon.
12月 30 16:17:22 rhel systemd[1]: Starting OpenSSH server daemon...
12月 30 16:17:23 rhel sshd[14533]: Server listening on 0.0.0.0 port 22.
12月 30 16:17:23 rhel sshd[14533]: Server listening on :: port 22.
```

3. 停止sshd服务

使用以下命令停止sshd服务。

```
[root@rhel ~]# systemctl stop sshd.service
```

4. 重新启动sshd服务

使用以下命令重新启动sshd服务。

```
[root@rhel ~]# systemctl restart sshd.service
```

5. 开机自动启动sshd服务

使用以下命令在重新引导系统时自动启动sshd服务。

```
[root@rhel ~]# systemctl enable sshd.service
[root@rhel ~]# systemctl is-enabled sshd.service
enabled
```

16.3 配置OpenSSH客户端

在Linux系统中配置的OpenSSH服务器可以支持Linux客户端和非Linux客户端（如Windows系统）进行远程连接。

16.3.1 Linux客户端连接

在Linux系统中可以使用ssh、scp和sftp命令连接到OpenSSH服务器并复制、传输文件。

1. 安装软件包

要从Linux客户机连接到OpenSSH 服务器，必须在该客户端计算机上安装openssh-clients和openssh软件包。

在Linux系统中使用以下命令查看openssh-clients和openssh软件包是否已经安装，如果没有请事先安装好。

```
[root@linux ~]# rpm -q openssh-clients
openssh-clients-6.6.1p1-22.el7.x86_64
//OpenSSH客户端软件包
[root@linux ~]# rpm -q openssh
openssh-6.6.1p1-22.el7.x86_64
//OpenSSH服务器和客户端的核心文件
```

使用以下命令安装openssh-clients和openssh软件包。

```
[root@linux ~]# cd /run/media/root/RHEL-7.2\ Server.x86_64/Packages
//进入Linux系统安装光盘软件包目录
[root@linux Packages]# rpm -ivh openssh-clients-6.6.1p1-22.el7.x86_64.rpm
警告：openssh-clients-6.6.1p1-22.el7.x86_64.rpm: 头V3 RSA/SHA256 Signature, 密钥 ID fd431d51: NOKEY
准备中...                ################################# [100%]
正在升级/安装...
```

```
  1:openssh-clients-6.6.1p1-22.el7  ################################# [100%]
[root@linux Packages]# rpm -ivh openssh-6.6.1p1-22.el7.x86_64.rpm
警告：openssh-6.6.1p1-22.el7.x86_64.rpm: 头V3 RSA/SHA256 Signature, 密钥 ID fd431d51: NOKEY
准备中...                    ################################# [100%]
正在升级/安装...
  1:openssh-6.6.1p1-22.el7          ################################# [100%]
```

2. ssh远程登录程序

使用ssh命令可以用于登录到远程计算机和在远程计算机上执行命令，它是为了取代rlogin和rsh。ssh连接并登录到指定的主机名（带有可选的用户名），用户必须证明身份以便能使用。

ssh命令语法：

```
ssh [选项] [用户@]主机 [命令]
```

ssh命令中各选项的含义如表16.1所示。

表16.1　ssh命令选项的含义

选项	选项含义
-1	强制使用SSH v1协议
-2	强制使用SSH v2 协议
-4	强制只使用IPv4地址
-6	强制只使用IPv6地址
-p <端口号>	指定连接到远程主机的端口号
-l <登录名>	指定登录到远程主机的用户名
-q	安静模式
-f	在命令执行之前请求ssh去后台
-v	详细模式
-N	不执行远程命令
-F <配置文件>	指定一个替代每个用户的配置文件
-g	允许远程主机连接到本地的转发端口
-W <主机:端口号>	要求将在客户端上的标准输入和输出转发到指定主机上通过安全通道的端口
-L <绑定地址:>端口号:主机:主机端口	指定本地（客户端）主机上的特定端口将被转发到远程端指定的主机和端口上
-R <绑定地址:>端口:主机:主机端口	指定远程（服务器）主机上的特定端口将被转发到本地端指定的主机和端口上
-D <绑定地址:>端口	指定本地动态应用程序级的端口转发
-b <绑定地址>	在本地计算机上使用指定绑定地址作为连接的源地址

使用ssh命令允许用户在远程计算机上登录并执行相关命令，使用ssh命令登录到远程计算机和使用telnet相似。若要登录到一台IP地址为192.168.0.2的远程机器上，在字符界面下输入以下命令即可。

```
[root@linux~]# ssh 192.168.0.2
```

第一次使用ssh在远程计算机上登录时，会看到下列相关信息。

```
The authenticity of host '192.168.0.2 (192.168.0.2)' can't be established.
ECDSA key fingerprint is 2c:31:b5:33:01:d0:ea:46:b9:40:37:f2:2d:ec:84:2c.
Are you sure you want to continue connecting (yes/no)? yes        //输入yes表示同意连接
```

输入yes后继续，这时会把该SSH服务器密钥添加到本地已知主机的列表中，如下面的消息所示。

```
Warning: Permanently added '192.168.0.2' (ECDSA) to the list of known hosts.
root@192.168.0.2's password:                //输入用户root的密码
```

```
Last login: Fri Dec 25 08:34:08 2015 from 192.168.0.200
[root@rhel ~]#
//已经登录到rhel计算机了
[root@rhel ~]# exit                    //输入命令exit退出
logout
Connection to 192.168.0.2 closed.
[root@linux ~]#
//又回到名为linux的主机
```

系统会将SSH服务器的信息记录到用户主目录下的~/.ssh/known_hosts文件中，下一次再进行登录时，因为有该信息所以不会再提示信息。

使用以下命令查看/root/.ssh/known_hosts文件内容。

```
[root@linux ~]# cat /root/.ssh/known_hosts
192.168.0.2 ecdsa-sha2-nistp256
AAAAE2VjZHNhLXNoYTItbmlzdHAyNTYAAAAIbmlzdHAyNTYAAABBBFTw+G/O29BnQcXzZ2R08Mln8vlm/8zEApM2eGuLKTOWXPG91q5v6tbUnnUHuv3JOuFkR7kcM41PXpxJ2RAIHms=
```

注意：

如果客户端无法连接和访问服务器，很多情况下都是因为没有设置好防火墙和SELinux，在学习其他章节的时候也请注意。

当以后再次使用ssh命令连接到远程主机时会出现询问远程主机密码的提示，正确输入密码后，就可以登录到远程主机了，如下所示。

```
[root@linux ~]# ssh 192.168.0.2
root@192.168.0.2's password:              //在此输入用户root的密码
Last login: Fri Dec 25 08:01:03 2015 from 192.168.0.5
[root@rhel ~]#
```

如果在登录时没有指定用户名，在本地客户机上登录的用户名就会被传递给远程主机。如果希望指定不同的用户名，使用下面的命令。

```
[root@linux ~]# ssh zhangsan@192.168.0.2
zhangsan@192.168.0.2's password:          //在此输入用户zhangsan的密码
[zhangsan@rhel~]$
```

例16.1：以用户账号zhangsan登录到IP地址为192.168.0.2的远程主机。

```
[root@linux ~]# ssh -l zhangsan 192.168.0.2
zhangsan@192.168.0.2's password:          //在此输入用户zhangsan的密码
Last login: Fri Dec 25 08:35:07 2015 from 192.168.0.5
[zhangsan@rhel ~]$
```

使用ssh 命令可以用来在远程机器上不经Shell提示登录而执行命令。它的语法格式是：

```
ssh [用户名@远程主机IP地址] [Shell命令]
```

例16.2：以root账户连接远程主机192.168.0.2，并执行ls /boot命令。

```
[root@linux ~]# ssh root@192.168.0.2 ls /boot
root@192.168.0.2's password:              //在此输入root用户的密码
config-3.10.0-327.el7.x86_64
extlinux
grub2
initramfs-0-rescue-695707d564a94beba0e784062566b7e0.img
initramfs-3.10.0-327.el7.x86_64.img
initramfs-3.10.0-327.el7.x86_64kdump.img
```

```
initrd-plymouth.img
symvers-3.10.0-327.el7.x86_64.gz
System.map-3.10.0-327.el7.x86_64
vmlinuz-0-rescue-695707d564a94beba0e784062566b7e0
vmlinuz-3.10.0-327.el7.x86_64
[root@linux ~]#
//执行该命令后会显示远程主机/boot目录下的内容，然后就会返回到本地Shell提示下
```

3. scp安全远程文件复制程序

使用scp命令可以用来通过安全、加密的连接在不同主机之间传输文件，它与rcp相似。

scp命令语法：

```
scp [选项] [[用户@]主机1:]文件1 [[用户@]主机2:]文件2
```

scp命令中各选项的含义如表16.2所示。

表16.2　scp命令选项的含义

选项	选项含义
-1	强制使用SSH v1协议
-2	强制使用SSH v2 协议
-4	强制只使用IPv4地址
-6	强制只使用IPv6地址
-C	启用压缩
-B	使用批处理模式（防止询问密码或密码短语）
-o <ssh选项>	在ssh_config使用的格式中可以用来传递SSH选项
-r	递归复制整个目录
-q	不显示传输进度条
-p	保留源文件的修改时间，访问时间和访问权限
-P <端口号>	指定远程主机上的连接端口
-l <带宽>	限定用户所能使用的带宽，单位为Kbit/s
-S <程序>	指定加密传输时所使用的程序
-v	详细方式显示输出
-c <密码>	选择要使用的加密数据传输的密码

例16.3：用root账户把本地文件/root/a传送到远程主机192.168.0.2的/root目录下，并改名为b。

```
[root@linux ~]# scp /root/a root@192.168.0.2:/root/b
root@192.168.0.2's password:        //在此输入主机192.168.0.2的用户root的密码
a                                   100% 2124    2.1KB/s   00:00
[root@linux ~]# ssh root@192.168.0.2 ls /root/b
root@192.168.0.2's password:        //在此输入主机192.168.0.2的用户root的密码
/root/b
//可以在远程主机192.168.0.2的/root目录下看到刚才所传送的文件b
```

例16.4：用root账户把/home目录以及该目录下所有的文件和子目录传送到远程主机192.168.0.2的/root目录下。

```
[root@linux ~]# scp -r /home root@192.168.0.2:/root
root@192.168.0.2's password:        //在此输入用户root的密码
.bash_logout              100%  18    0.0KB/s   00:01
.bash_profile             100%  193   0.2KB/s   00:00
.bashrc                   100%  231   0.2KB/s   00:00
[root@linux ~]# ssh root@192.168.0.2 ls -ld /root/home
root@192.168.0.2's password:        //在此输入用户root的密码
```

```
drwxr-xr-x. 3 root root 21 1月  2 21:45 /root/home
//可以在远程主机192.168.0.2的/root目录下看到目录home
```

例16.5：用root账户把远程主机192.168.0.2上的目录/home传送到本地主机/root目录下。

```
[root@linux ~]# scp -r root@192.168.0.2:/home /root
root@192.168.0.2's password:          //在此输入用户root的密码
.bash_logout                  100%  18   0.0KB/s  00:00
.bash_profile                 100% 193   0.2KB/s  00:00
.bashrc                       100% 231   0.2KB/s  00:00
[root@linux ~]# ls -ld /root/home
drwxr-xr-x. 3 root root 21 1月  19 14:10 /root/home
//可以在本地主机的/root目录下看到刚才所传送的目录home
```

4. sftp安全的文件传输程序

sftp是一个交互式文件传输程序，类似于ftp，它进行的所有操作都是加密ssh传输。它也可以使用ssh的许多功能，比如公共密钥认证和压缩。sftp连接并登录到指定的主机，然后进入交互式命令模式。

sftp命令语法：

```
sftp [选项]主机
sftp [用户@]主机[:文件]
sftp [用户@]主机[:dir[/]]
sftp [选项] [用户@]主机
```

sftp命令中各选项的含义如表16.3所示。

表16.3　sftp命令选项的含义

选项	选项含义
-C	启用压缩
-S <程序>	用于加密连接的程序名称
-B <缓冲区大小>	指定使用sftp传输文件时的缓冲区大小
-v	提高日志记录级别

sftp子命令功能如表16.4所示。

表16.4　sftp子命令功能

子命令	功能
bye	退出sftp
cd	改变远程目录路径
chgrp	更改文件的组群所有者
chmod	更改文件的权限
chown	更改文件的用户所有者
df	显示当前目录所在文件系统的使用信息
exit	退出sftp
get	检索远程路径，并将其存储到本地计算机上
reget	继续下载文件
help	显示帮助信息
lcd	更改本地目录路径
lls	显示本地目录列表
lmkdir	创建本地目录
ln	创建符号链接

子命令	功能
lpwd	显示本地工作目录
ls	显示远程目录列表
lumask	设置本地的umask
mkdir	在远程服务器上创建目录
progress	切换进度表显示
put	上传文件，将其存储到远程主机
pwd	显示远程服务器工作目录
quit	退出sftp
rename	重命名远程文件
rm	删除远程文件
rmdir	删除远程目录
symlink	创建符号链接
version	显示sftp版本
!command	在本地Shell执行命令，这里command是指需要输入的命令
!	启动一个本地Shell
?	显示帮助信息，和help命令一样功能

例16.6：使用sftp命令连接并登录主机192.168.0.2。

```
[root@linux ~]# sftp root@192.168.0.2
root@192.168.0.2's password:                //在此输入用户root的密码
Connecting to 192.168.0.2.
sftp>
```

16.3.2 Windows客户端连接–PuTTY

在Windows操作系统下连接OpenSSH服务器可以通过PuTTY软件实现。本节主要讲述PuTTY的使用和配置。

1. PuTTY软件介绍

PuTTY软件支持SSH Shell，它是Windows平台下一个免费的telnet、rlogin和SSH客户端程序，其功能非常强大。

以下是使用PuTTY软件的优点。

- 完全免费；
- 可以在Windows系统上运行；
- 全面支持SSH v1和SSH v2；
- 是一款绿色软件，不需要安装，下载后在桌面建立一个快捷方式即可使用；
- 操作简单，所有的操作都在一个控制面板中实现。

2. 登录到OpenSSH服务器

在Windows操作系统下运行PuTTY软件，打开【PuTTY Configuration】对话框，在【Host Name（or IP address）】文本框中输入OpenSSH服务器的IP地址或者主机名，选择连接类型为“SSH”方式，确保登录端口为22，如图16.1所示，然后单击右下角的【Open】按钮即可。

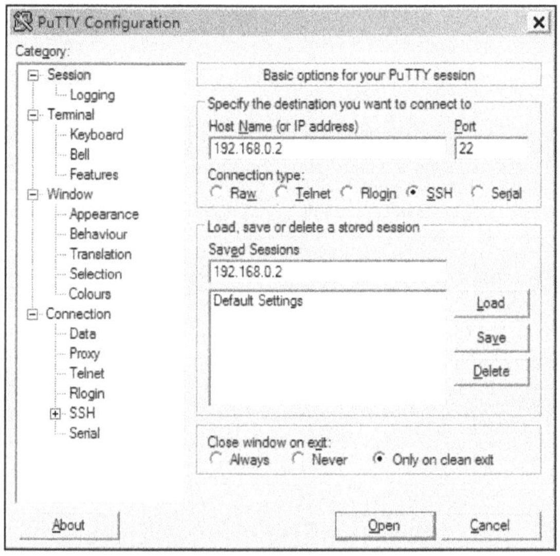

图16.1 PuTTY配置窗口

第一次使用PuTTY连接远程服务器时，PuTTY会出现图16.2所示的询问对话框，询问是否要将远程服务器的公钥（为了避免远程服务器被仿冒，每台OpenSSH服务器均有不同的公钥）存储在本地计算机的登录文件中，若要继续，请单击【是】按钮。

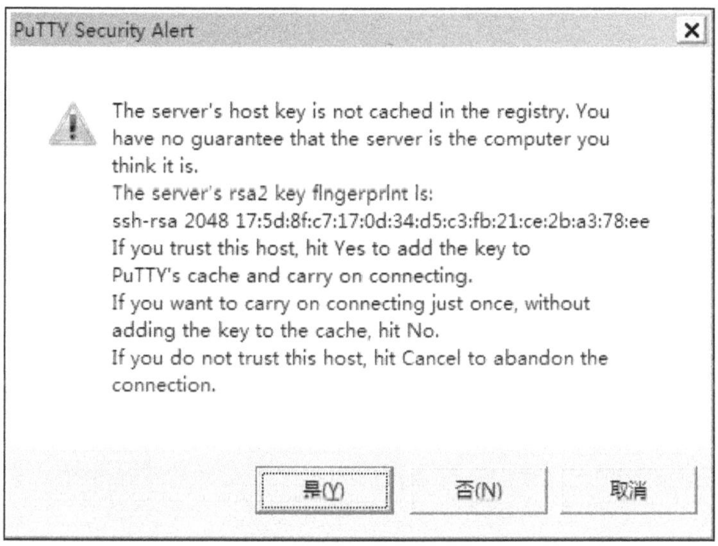

图16.2 登录询问对话框

在PuTTY界面中输入需要登录Linux系统的用户名和密码即可连接到远程OpenSSH服务器，效果如图16.3所示。

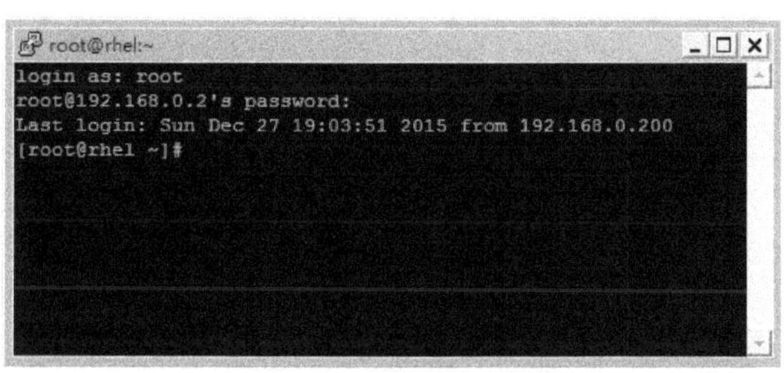

图16.3 登录Linux主机

3. 显示中文字符

在使用PuTTY软件时，界面中有可能会显示乱码。用户希望在使用PuTTY软件时显示中文字符，在PUTTY软件界面中选择【Translation】选项卡页面，在【Remote character set】下拉菜单中选择【UTF-8】字符编码，如图16.4所示。

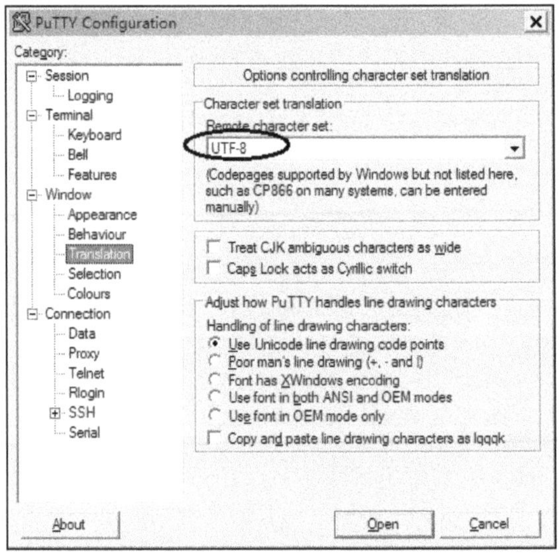

图16.4　选择UTF-8字符集

设置完字符编码之后，单击【Open】按钮，再次尝试看看，如图16.5所示，现在能正常显示中文。

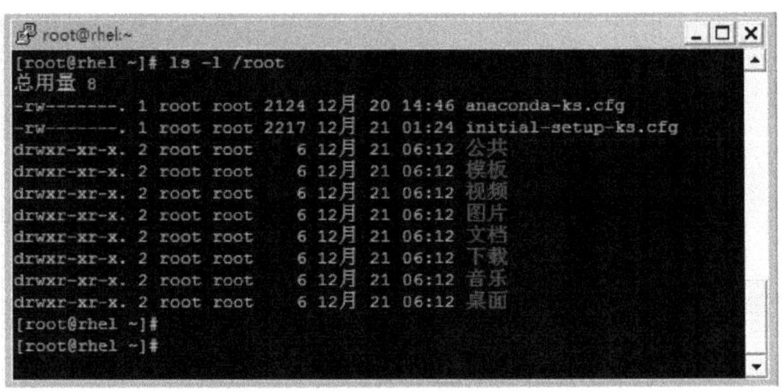

图16.5　正常显示中文字符

第17章　配置VNC服务器

17.1　VNC简介

17.1.1　什么是VNC

VNC（Virtual Network Computing，虚拟网络计算机）是一款由AT&T欧洲研究实验室开发的远程控制软件，允许用户在网络的任何地方使用简单的程序和一个特定的计算机进行交互。VNC是基于UNIX/Linux 操作系统的免费开源软件，远程控制能力强大，高效且实用，其性能可以和Windows系统中的任何远程控制软件媲美。

VNC基本上属于一种显示系统，也就是说它能将完整的窗口界面通过网络，传输到另一台计算机的屏幕上。Windows系统上的Terminal Server和PCAnywhere都是属于这种原理的软件。同时这些软件又在VNC的原理基础上各自做了相应改进，提高了易用性、连通率，可穿透内网。

因为VNC是免费的，并且可以用于数量庞大的不同操作系统，它简单、可靠且能向后兼容，使之进化成最为广泛使用的远程控制软件。多平台的支持对网络管理员是十分重要的，它使网络管理员可以使用一种工具管理几乎所有系统。

原来的AT&T版本已经不再使用，因为更多有重大改善的分支版本已经出现，比如RealVNC、VNC tight、TigerVNC和UltraVNC等，它们具有全面的向后兼容性。

VNC软件由两个部分组成：服务端的VNC server和客户端的VNC viewer。用户须将VNC server安装在被远程操控的计算机上后，才能在主控端执行VNC viewer进行远程操控。

VNC的服务端目的是分享其所运行主机的屏幕， 服务端被动地允许客户端控制它。VNC客户端观察控制服务端，与服务端交互。VNC协议是一个简单的协议，传送服务端的原始图像到客户端（一个X,Y位置上的正方形的点阵数据），客户端传送事件消息到服务端。服务器发送小方块的帧缓存给客户端，在最简单的情况下，VNC协议使用大量的带宽，因此各种各样的方法被发明出来减少通信的开支。

VNC并非是安全的协议，虽然VNC服务程序需设置密码才可接受外来连接，且VNC客户端与VNC服务程序之间的密码传输经过加密，但仍可被轻易地拦截到并使用暴力搜索法破解。不过VNC可设计以SSH或VPN传输，以增加安全性。

17.1.2　TigerVNC简介

TigerVNC是一个高级的VNC远程访问的程序，基于第四代VNC，包含一个JPEG压缩加速器，并支持X.Org和X Server。通过TigerVNC可以查看远程Linux服务器的桌面，如家用计算机。可以使用鼠标和键盘通过办公计算机控制公司服务器的屏幕，好像正在您的计算机前面一样。TigerVNC还具有传输文件的功能。

17.2　VNC服务器安装和配置

17.2.1　VNC服务器配置实例

安装tigervnc-server软件包，然后运行vncserver命令启动VNC服务器，这样就可以配置一个简单的VNC服务器。

1. 安装tigervnc-server软件包

要配置VNC服务器，先要在Linux系统中使用以下命令查看tigervnc-server软件包是否已经安装，如果没有请事先安装好。

```
[root@rhel ~]# rpm -q tigervnc-server
tigervnc-server-1.3.1-3.el7.x86_64
//TigerVNC远程显示系统
```

使用以下命令安装tigervnc-server软件包。

```
[root@rhel ~]# cd /run/media/root/RHEL-7.2\ Server.x86_64/Packages
//进入Linux系统安装光盘软件包目录
[root@rhel Packages]# rpm -ivh tigervnc-server-1.3.1-3.el7.x86_64.rpm
警告：tigervnc-server-1.3.1-3.el7.x86_64.rpm: 头V3 RSA/SHA256 Signature, 密钥 ID fd431d51: NOKEY
准备中...                    ################################# [100%]
正在升级/安装...
   1:tigervnc-server-1.3.1-3.el7      ################################# [100%]
```

2. 启动VNC服务器

在Linux系统终端中运行vncserver命令启动VNC服务器。

```
[root@rhel ~]# vncserver

You will require a password to access your desktops.

Password:                         //设置用户root的VNC登录密码
Verify:                           //再次输入用户root 的VNC登录密码
xauth:  file /root/.Xauthority does not exist
xauth: (stdin):1:  bad display name "rhel:1" in "add" command

New 'rhel:1 (root)' desktop is rhel:1

Creating default startup script /root/.vnc/xstartup
Starting applications specified in /root/.vnc/xstartup
Log file is /root/.vnc/rhel:1.log
```

输入vncserver命令之后，首先会要求设置密码，这时候需要为服务器设立一个保护密码，这是非常重要的步骤。如果密码设置成功，那么结果信息中就会显示出这样一个信息：rhel:1。这里的“1”表示当前用户分配的是VNC的第1个虚拟桌面。

3. 查看进程

使用以下命令查看Xvnc进程是否存在。

```
[root@rhel ~]# ps -ef|grep Xvnc
root      67610      1 20 02:09 pts/0    00:00:11 /usr/bin/Xvnc :1 -desktop rhel:1 (root) -auth /root/.Xauthority
```

```
-geometry 1024x768 -rfbwait 30000 -rfbauth /root/.vnc/passwd -rfbport 5901 -fp catalogue:/etc/X11/fontpath.d -pn
    //显示进程号为"67610"，使用的端口号为"5901"，虚拟桌面号码是1
```

4. 查看端口号

使用以下命令查看端口号“5901”，“5901”是第一个虚拟桌面使用的端口号。

```
[root@rhel ~]# netstat -antu|grep 5901
tcp      0      0 0.0.0.0:5901          0.0.0.0:*            LISTEN
```

17.2.2 /root/.vnc目录简介

VNC服务器配置和启动好之后，会自动创建/root/.vnc目录，并且在该目录中生成记录密码、日志、PID和启动脚本的文件。

使用以下命令查看/root/.vnc目录的内容。

```
[root@rhel ~]# ls /root/.vnc
passwd  rhel:1.log  rhel:1.pid  xstartup
```

/root/.vnc目录中的文件描述如表17.1所示。

表17.1 /root/.vnc目录中的文件描述

文件	描述
passwd	访问密码文件
rhel:1.log	访问日志文件
rhel:1.pid	第一个虚拟桌面的PID文件，该文件保存一个进程号码
xstartup	启动脚本文件

17.2.3 创建或更改VNC登录密码

使用vncpasswd命令可以创建或更改一个VNC的登录密码，这将同时在用户的主目录下创建一个隐藏的目录“.vnc”，该目录内有一个文件passwd保存着VNC登录密码。

vncpasswd命令语法：

```
vncpasswd [密码文件]
vncpasswd [选项]
```

vncpasswd命令中各选项的含义如表17.2所示。

表17.2 vncpasswd命令选项的含义

选项	选项含义
-f	过滤模式

例17.1：创建或更改VNC登录密码。

```
[root@rhel ~]# vncpasswd
Password:                    //设置用户root的VNC登录密码
Verify:                      //再次输入用户root的VNC登录密码
```

17.2.4 管理VNC服务器

使用vncserver命令可以管理VNC服务器，比如启动和停止VNC服务器。

vncserver命令语法：

```
vncserver [:虚拟桌面号码] [选项] [Xvnc选项]
```

vncserver命令中各选项的含义如表17.3所示。

表17.3　vncserver命令选项的含义

选项	选项含义
-name <桌面名称>	每个VNC桌面具有可以由viewer显示的名称
-kill:<虚拟桌面号码>	杀死一个之前使用vncserver启动的VNC桌面
-autokill	当xstartup脚本退出时自动杀死Xvnc
-geometry 宽x高	指定VNC桌面要创建的尺寸。默认为1024×768
-depth <深度>	指定VNC桌面要创建的像素深度（位）。默认值是24
-pixelformat <格式>	指定Xvnc使用的像素格式（BGRnnn或RGBnnn）。默认深度8是BGR233，默认深度16是RGB565，默认深度24是 RGB888
-fg	以前台进程运行Xvnc
-list	列出VNC虚拟桌面

例17.2：列出当前用户的VNC虚拟桌面。

```
[root@rhel ~]# vncserver -list

TigerVNC server sessions:

X DISPLAY #     PROCESS ID
:1              67610
//第一个虚拟桌面使用的进程号为"67610"
```

例17.3：杀死号码为1的VNC虚拟桌面。

```
[root@rhel ~]# vncserver -kill :1
Killing Xvnc process ID 67610
//kill后面的"1"指的是虚拟桌面号码
```

例17.4：启动号码为5的VNC虚拟桌面。

```
[root@rhel ~]# vncserver :5
xauth: (stdin):1:  bad display name "rhel:5" in "add" command

New 'rhel:5 (root)' desktop is rhel:5

Starting applications specified in /root/.vnc/xstartup
Log file is /root/.vnc/rhel:5.log
```

例17.5：启动尺寸为1024×768的VNC虚拟桌面。

```
[root@rhel ~]# vncserver -geometry 1024x768
xauth: (stdin):1:  bad display name "rhel:1" in "add" command

New 'rhel:1 (root)' desktop is rhel:1

Starting applications specified in /root/.vnc/xstartup
Log file is /root/.vnc/rhel:1.log
```

17.3　连接VNC服务器

在Linux系统中配置的VNC服务器可以支持Linux客户端和非Linux客户端（如Windows系统）以图形界面方式远程登录。

17.3.1 Linux客户端连接

在Linux客户端通过安装tigervnc软件包，才可以连接到VNC服务器。

1. 安装tigervnc软件包

在Linux系统中查看tigervnc软件包是否已经安装，如果没有请事先安装好。

```
[root@linux ~]# rpm -q tigervnc
tigervnc-1.3.1-3.el7.x86_64
//VNC客户端软件包
```

使用以下命令安装tigervnc软件包。

```
[root@linux ~]# cd /run/media/root/RHEL-7.2\ Server.x86_64/Packages
//进入Linux系统安装光盘软件包目录
[root@linux Packages]# rpm -ivh tigervnc-1.3.1-3.el7.x86_64.rpm
警告：tigervnc-1.3.1-3.el7.x86_64.rpm: 头V3 RSA/SHA256 Signature, 密钥 ID fd431d51: NOKEY
准备中...                    ################################# [100%]
正在升级/安装...
  1:tigervnc-1.3.1-3.el7          ################################# [100%]
```

2. 连接VNC服务器

安装完客户端软件包之后，在Linux系统图形界面下单击面板上的【应用程序】→【互联网】→【TigerVNC Viewer】，打开图17.1所示的对话框，输入VNC服务器的IP地址和虚拟桌面号码，在这里“1”指的是第1个虚拟桌面，然后单击【Connect】按钮。

接着出现图17.2所示的对话框，输入VNC登录密码后单击【OK】按钮，就可以连接到VNC服务器，对服务器进行管理。

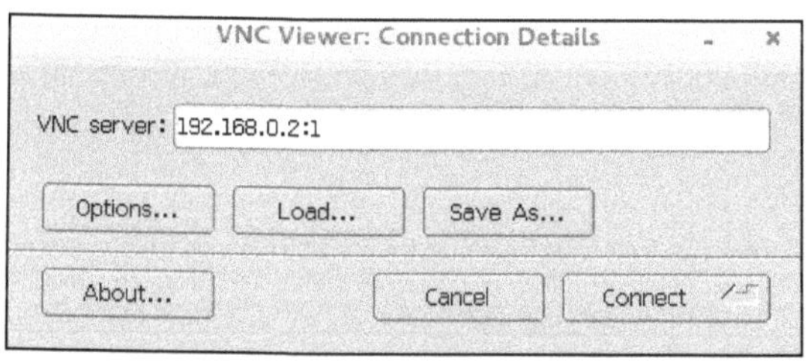

图17.1　连接VNC服务器

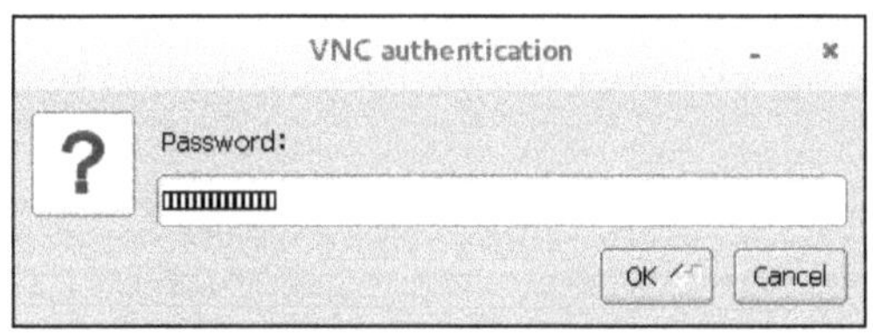

图17.2　输入VNC服务器密码

3. 使用vncviewer命令连接VNC服务器

使用vncviewer命令可以连接到VNC服务器。

vncviewer命令语法：

```
vncviewer [选项] [主机][:虚拟桌面号码]
vncviewer [选项] [主机][:端口]
vncviewer [选项]
```

vncviewer命令中各选项的含义如表17.4所示。

表17.4　vncviewer命令选项的含义

选项	选项含义
-display <X显示>	指定在其上的VNC viewer窗口应该出现X显示
-geometry <几何>	标准的X位置和尺寸规格
-passwd <密码文件>	指定访问服务器所使用的密码文件
-Shared	当连接到VNC服务器时，所有其他现有的连接正常关闭

续表

选项	选项含义
-ViewOnly	指定没有键盘或鼠标事件应该被发送到服务器
-FullScreen	在全屏模式下启动
-listen <端口>	来自VNC服务器的反向连接

也可以在图形界面下的终端中输入以下命令，接着输入VNC登录密码就可以连接到VNC服务器。

```
[root@linux ~]# vncviewer 192.168.0.2:1
//连接到IP地址为192.168.0.2的VNC服务器的一号虚拟桌面
```

除了可以使用虚拟桌面号码之外，还可以使用VNC服务器的端口号进行连接。

```
[root@linux ~]# vncviewer 192.168.0.2:5901
//连接到IP地址为192.168.0.2的VNC服务器的5901端口（也就是一号虚拟桌面）
```

17.3.2 Windows客户端连接

Windows系统下的VNC客户端软件有很多，这里主要讲解VNC Viewer软件。该软件是一款优秀的远程控制工具软件，远程控制能力强大，高效、实用。

连接VNC服务器

运行VNC Viewer软件出现图17.3所示的界面，输入VNC服务器的IP地址和虚拟桌面号码（192.168.0.2:1）后单击【Connect】按钮。

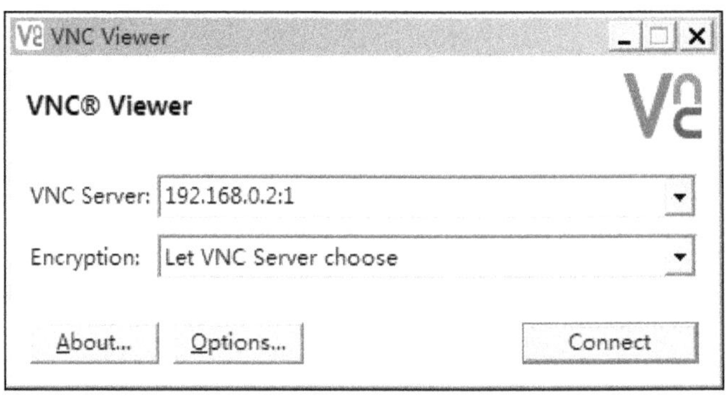

图17.3 Windows客户端连接VNC服务器

接着在图17.4所示的界面中输入VNC登录密码，然后单击【OK】按钮即可连接到VNC服务器上。

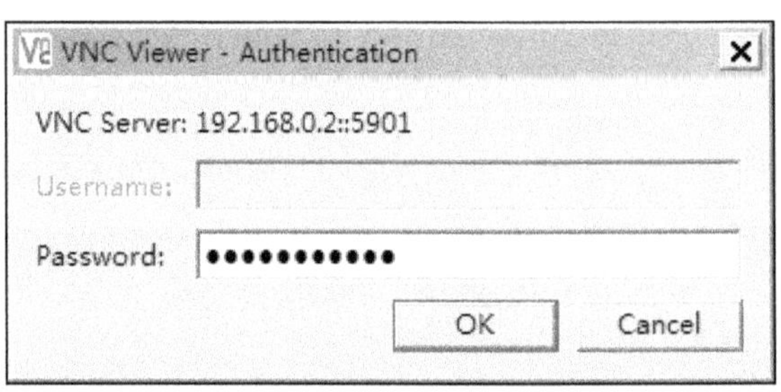

图17.4 输入VNC服务器密码

第18章　配置NFS服务器

18.1　NFS简介

通过配置NFS服务器可以让客户端计算机挂载NFS服务器上的共享目录，文件就如同位于客户机的本地硬盘上一样。

18.1.1　什么是NFS

NFS（Network File System，网络文件系统）是由SUN公司开发，并于1984年推出的技术。NFS对于在同一个网络上的多个用户间共享目录和文件很有用途。通过使用NFS，用户和程序可以像访问本地文件一样访问远程系统上的文件。

比如一组致力于同一工程项目的用户，可以通过使用NFS文件系统中的一个挂载为/it的共享目录来存取该工程项目的文件。要存取共享的文件，用户进入各自计算机上的/it目录即可。这种方法既不用输入密码又不用记忆特殊命令，就像该目录位于用户的本地主机上一样。

NFS本身的服务并没有提供文件传递的协议，但是NFS却能让我们进行文件的共享，这其中的原因，就是NFS使用RPC协议。所以只要用到NFS的地方，都要启动RPC服务，不论是NFS服务器还是NFS客户端。

可以这么理解RPC和NFS的关系：NFS是一个文件系统，而RPC是负责信息的传输。这样NFS服务器端与NFS客户端才能由RPC协议来进行端口的对应。NFS主要管理分享出来的目录，而至于文件的传递，就直接交给RPC协议来运作。

18.1.2　NFS协议

客户端使用NFS可以透明地访问服务器中的文件系统，这不同于提供文件传输的FTP协议。FTP会产生文件一个完整的副本。NFS只访问一个进程引用文件部分，并且一个目的就是使得这种访问透明。这就意味着任何能够访问一个本地文件的客户端程序不需要做任何修改，就应该能够访问一个NFS文件。

NFS是一个使用SunRPC构造的客户端/服务器应用程序，其客户端通过向一台NFS服务器发送RPC请求来访问其中的文件。尽管这一工作可以使用一般的用户进程来实现，即NFS客户端可以是一个用户进程，对服务器进行显式调用，但服务器也可以是一个用户进程。

首先，访问一个NFS文件必须对客户端透明，因此NFS的客户端调用是由客户端操作系统代表用户进程来完成的；其次，出于效率的考虑，NFS服务器在服务器操作系统中实现。如果NFS服务器是一个用户进程，每个客户端请求和服务器应答（包括读和写的数据）将不得不在内核和用户进程之间进行切换，这个代价太大。

NFS协议从诞生到现在为止，已经有NFS V2、NFS V3和NFS V4等多个版本。

NFS V4相对于NFS V3来说，有了以下几处改进。

- 改进了Internet上的存取和执行效能；
- 在协议中增强了安全方面的特性；
- 增强了跨平台特性。

18.2 NFS服务器安装和配置

18.2.1 安装NFS服务器软件包

要配置NFS服务器，先要在Linux系统中使用以下命令查看nfs-utils软件包是否已经安装，如果没有请事先安装好。

```
[root@rhel ~]# rpm -q nfs-utils
nfs-utils-1.3.0-0.21.el7.x86_64
//NFS服务的主程序包，提供rpc.nfsd、rpc.mountd等工具
```

使用以下命令安装nfs-utils软件包。

```
[root@rhel ~]# cd /run/media/root/RHEL-7.2\ Server.x86_64/Packages
//进入Linux系统安装光盘软件包目录
[root@rhel Packages]# rpm -ivh nfs-utils-1.3.0-0.21.el7.x86_64.rpm
警告：nfs-utils-1.3.0-0.21.el7.x86_64.rpm: 头V3 RSA/SHA256 Signature, 密钥 ID fd431d51: NOKEY
准备中...                ################################# [100%]
正在升级/安装...
   1:nfs-utils-1:1.3.0-0.21.el7      ################################# [100%]
```

18.2.2 /etc/exports文件详解

/etc/exports文件控制着NFS服务器要导出的共享目录以及访问控制。/etc/exports文件默认是空白的，没有任何内容。也就是说NFS服务器默认不共享任何目录，需要手工编辑添加。

/etc/exports文件内容的格式如下所示。

```
共享目录    客户端（导出选项）
```

下面详细讲述/etc/exports文件内容的格式。

1. 共享目录

在/etc/exports文件中添加的共享目录必须使用绝对路径，不可以使用相对路径。而且该目录必须事先创建好，该目录将作为NFS服务器上的共享目录并提供给客户端使用。

使用以下命令创建目录/it和文件/it/a作为NFS共享资源。

```
[root@rhel ~]# mkdir /it
//创建目录/it
[root@rhel ~]# touch /it/a
//在/it目录下创建空文件/it/a
```

2. 客户端

客户端是指可以访问NFS服务器共享目录的客户端计算机，客户端计算机可以是一台计算机，也可以是一个网段，甚至是一个域。要指定客户端，可以使用表18.1所示的方式。

表18.1 NFS客户端指定方式

客户端指定方式	举例
使用IP地址指定客户端	192.168.0.5
使用IP地址指定网段	192.168.0.0/24、192.168.0.0/255.255.255.0
使用IP地址指定网段	192.168.0.*
使用域名指定客户端	linux.sh.com
使用域名指定域内所有客户端	*.sh.com
使用通配符指定所有客户端	*

3. 导出选项

在/etc/exports文件中可以使用众多的选项来设置客户端访问NFS服务器共享目录的权限。/etc/exports文件中可以使用的导出选项如表18.2所示。

表18.2 /etc/exports文件的导出选项

导出选项	描述
rw	共享目录具有读取和写入的权限
ro	共享目录具有只读的权限
root_squash	root用户的所有请求映射成如anonymous（匿名）用户一样的权限
no_root_squash	关闭root_squash
all_squash	映射所有的UID和GID为匿名用户
no_all_squash	保留共享文件的UID和GID（默认）
anonuid	指定NFS服务器/etc/passwd文件中匿名用户的UID
anongid	指定NFS服务器/etc/passwd文件中匿名用户的GID
sync	所有数据在请求时写入共享，在请求所做的改变被写入磁盘之前就不会处理其他请求。适合大量写请求的情况下
async	NFS在写入数据前可以响应请求，写入和读取可同时进行，由NFS保证其一致性。适合少量写请求并且对数据一致性要求不高的情况下
secure	NFS通过1024以下的安全TCP/IP端口发送
insecure	NFS通过1024以上的端口发送
wdelay	如果多个用户要写入NFS目录，则归组写入（默认）
no_wdelay	如果多个用户要写入NFS目录，则立即写入，当使用async时，不需要设置
subtree_check	如果共享/usr/bin之类的子目录时，强制NFS检查父目录的权限
no_subtree_check	和subtree_check相对，不检查父目录权限
hide	在NFS共享目录中不共享其子目录
nohide	共享NFS目录的子目录
mp	如果它已经成功挂载，那么使得它只导出一个目录
fsid	NFS需要能够识别每个它导出的文件系统。通常情况下它会为文件系统使用一个UUID，或者该设备保持文件系统的设备号

18.2.3 NFS服务器配置实例

接下来举例说明如何通过在/etc/exports文件中添加NFS共享目录来配置NFS服务器。

```
/it                 192.168.0.5(ro,sync)
//允许来自主机192.168.0.5的用户以默认的只读权限来挂载/it目录

/it                 192.168.0.5(rw,sync)
//允许来自主机192.168.0.5的用户以读写权限来挂载/it目录

/it                 * (ro,all_squash,anonuid=65534,anongid=65534)
//允许所有客户端的用户以只读权限来挂载/it目录，使用NFS服务器共享目录的用户都将映射为匿名用户，匿名用户将使用UID和GID为"65534"的系统账户（必须事先存在）

/it                 *.sh.com(ro)
//允许sh.com域内的客户端的用户以只读权限来挂载/it目录

/it                 linux.sh.com(ro)
//允许来自主机linux.sh.com的用户以只读权限来挂载/it目录
```

```
/it                    192.168.0.0/24(ro) 192.168.1.0/24(ro)
//允许来自192.168.0.0和192.168.1.0网段客户端的用户以只读权限来挂载/it目录

/it                    192.168.0.*(ro,root_squash)
//允许来自192.168.0.0网段客户端的用户以只读权限来挂载/it目录，并且将root用户映射成匿名用户

/it                    proj*.sh.com(rw)
//允许sh.com域内主机名以proj开头的客户端的用户以读写权限来挂载/it目录

/it                    cl[0-9].sh.com(rw)
//允许sh.com域内主机名以cl0～cl9开头的客户端的用户以读写权限来挂载/it目录
```

18.2.4 控制nfs-server服务

使用systemctl命令可以控制nfs-server服务的状态，以及当NFS服务器启动时自动启动服务。

1. 启动nfs-server服务

使用以下命令启动nfs-server服务。

```
[root@rhel ~]# systemctl start nfs-server.service
```

2. 查看nfs-server服务运行状态

使用以下命令查看nfs-server服务运行状态。

```
[root@rhel ~]# systemctl status nfs-server.service
● nfs-server.service - NFS server and services
   Loaded: loaded (/usr/lib/systemd/system/nfs-server.service; disabled; vendor preset: disabled)
   Active: active (exited) since 三 2015-12-30 15:45:35 CST; 8s ago
  Process: 13976 ExecStart=/usr/sbin/rpc.nfsd $RPCNFSDARGS (code=exited, status=0/SUCCESS)
  Process: 13975 ExecStartPre=/usr/sbin/exportfs -r (code=exited, status=0/SUCCESS)
 Main PID: 13976 (code=exited, status=0/SUCCESS)
   CGroup: /system.slice/nfs-server.service

12月 30 15:45:35 rhel systemd[1]: Starting NFS server and services...
12月 30 15:45:35 rhel systemd[1]: Started NFS server and services.
```

3. 停止nfs-server服务

使用以下命令停止nfs-server服务。

```
[root@rhel ~]# systemctl stop nfs-server.service
```

4. 重新启动nfs-server服务

使用以下命令重新启动nfs-server服务。

```
[root@rhel ~]# systemctl restart nfs-server.service
```

5. 开机自动启动nfs-server服务

使用以下命令在重新引导系统时自动启动nfs-server服务。

```
[root@rhel ~]# systemctl enable nfs-server.service
Created symlink from /etc/systemd/system/multi-user.target.wants/nfs-server.service to /usr/lib/systemd/system/nfs-server.service.
[root@rhel ~]# systemctl is-enabled nfs-server.service
enabled
```

18.3 管理NFS共享目录

18.3.1 维护NFS共享目录

使用exportfs命令可以导出NFS服务器上的共享目录、显示共享目录，或者不导出共享目录。

exportfs命令语法：

```
exportfs [选项] [共享目录]
```

exportfs命令中各选项的含义如表18.3所示。

表18.3 exportfs命令选项的含义

选项	选项含义
-a	导出或不导出所有的目录
-v	显示导出列表的同时，也显示导出选项的列表
-u	不导出指定的目录。当和-a选项一起时，不导出所有的目录
-i	忽略/etc/exports文件，只使用默认选项和命令行上给出的选项
-f	指定一个新的导出文件，而不是/etc/exports文件
-r	重新导出所有的目录
-o <选项>	指定导出选项列表

例18.1：显示NFS服务器上的共享目录以及导出选项信息。

```
[root@rhel ~]# exportfs -v
/it  192.168.0.5(rw,wdelay,root_squash,no_subtree_check,sec=sys,rw,secure,root_squash,no_all_squash)
```

例18.2：重新导出NFS服务器上所有的共享目录。

```
[root@rhel ~]# exportfs -rv
exporting 192.168.0.5:/it
```

例18.3：不导出NFS服务器上所有的共享目录。

```
[root@rhel ~]# exportfs -au
[root@rhel ~]# exportfs -v
```

例18.4：不导出NFS服务器上指定的共享目录/it。

```
[root@rhel ~]# exportfs -u 192.168.0.5:/it
[root@rhel ~]# exportfs -v
```

例18.5：将/it目录导出并共享给192.168.0.5主机，允许其匿名写入。

```
[root@rhel ~]# exportfs -o async,rw 192.168.0.5:/it
[root@rhel ~]# exportfs -v
/it 192.168.0.5(rw,async,wdelay,root_squash,no_subtree_check,sec=sys,rw,secure,root_squash,no_all_squash)
```

18.3.2 查看NFS共享目录信息

使用showmount命令可以显示NFS服务器的挂载信息。比如查看NFS服务器上有哪些共享目录，这些共享目录可以被哪些客户端可访问，以及哪些共享目录已经被客户端挂载了。

showmount命令语法：

```
showmount [选项] [ NFS服务器]
```

showmount命令中各选项的含义如表18.4所示。

表18.4　showmount命令选项的含义

选项	选项含义
-a	同时显示客户端的主机名或IP地址以及所挂载的目录
-e	显示NFS服务器的导出列表
-d	只显示已经被挂载的NFS共享目录信息

例18.6：查看NFS服务器192.168.0.2上共享目录的信息。

```
[root@rhel ~]# showmount -e 192.168.0.2
Export list for 192.168.0.2:
/it 192.168.0.5
//NFS服务器上的共享目录是/it，该目录可以让客户端192.168.0.5访问
```

18.4　挂载和卸载NFS共享目录

要挂载NFS服务器上的共享目录，可以通过使用mount命令和修改/etc/fstab文件这两种方法实现，其区别在于修改/etc/fstab文件后在Linux系统启动时会自动挂载NFS共享目录。

18.4.1　挂载和卸载NFS文件系统

在客户端计算机上使用mount命令可以挂载NFS共享目录，使用umount命令可以卸载NFS共享目录。

1. 安装nfs-utils软件包

在Linux系统中使用以下命令查看nfs-utils软件包是否已经安装，如果没有请事先安装好。

```
[root@linux ~]# rpm -q nfs-utils
nfs-utils-1.3.0-0.21.el7.x86_64
```

使用以下命令安装nfs-utils软件包。

```
[root@linux ~]# cd /run/media/root/RHEL-7.2\ Server.x86_64/Packages
//进入Linux系统安装光盘软件包目录
[root@linux Packages]# rpm -ivh nfs-utils-1.3.0-0.21.el7.x86_64.rpm
警告：nfs-utils-1.3.0-0.21.el7.x86_64.rpm: 头V3 RSA/SHA256 Signature, 密钥 ID fd431d51: NOKEY

准备中...                    ################################# [100%]
正在升级/安装...
   1:nfs-utils-1:1.3.0-0.21.el7      ################################# [100%]
```

2. 查看NFS服务器上的共享目录

在客户端计算机上使用showmount -e命令可以查看NFS服务器上的输出共享目录。

使用以下命令查看IP地址为192.168.0.2的NFS服务器上的所有输出共享目录信息。

```
[root@linux ~]# showmount -e 192.168.0.2
Export list for 192.168.0.2:
/it 192.168.0.5
//可以看到共享目录/it可以被192.168.0.5客户端挂载
```

3. 挂载和卸载NFS文件系统

（1）挂载NFS文件系统。

在客户端计算机上使用mount命令可以挂载NFS服务器上的共享目录。

```
mount -t nfs [NFS服务器IP地址或者主机名:NFS共享目录] [本地挂载目录]
```

使用以下命令挂载NFS服务器192.168.0.2的共享目录/it到本地主机的目录/mnt/it上。

```
[root@linux ~]# mkdir /mnt/it
//创建目录/mnt/it
[root@linux ~]# mount -t nfs 192.168.0.2:/it /mnt/it
//将NFS服务器192.168.0.2上的共享目录/it挂载到本地/mnt/it目录下
[root@linux ~]# ls /mnt/it
a
//查看本地NFS挂载目录/mnt/it，可以看到里面有文件，说明已经挂载成功
[root@linux ~]# df /mnt/it
文件系统          1K-块    已用      可用 已用% 挂载点
192.168.0.2:/it 157209600 4760320 152449280    4% /mnt/it
//查看NFS文件系统挂载情况
```

（2）卸载NFS文件系统。

在客户端计算机上使用以下umount命令可以卸载NFS服务器上的共享目录/it（该目录当前被挂载在本地的/mnt/it目录下）。

```
[root@linux ~]# umount /mnt/it
[root@linux ~]# ls -l /mnt/it
总用量 0
//再次查看目录/mnt/it，看到已经没有文件了，说明卸载成功
[root@linux ~]# umount 192.168.0.2:/it
//也可以使用这种方法卸载NFS文件系统
```

4. 使用TCP传输NFS共享目录

NFS默认传输协议是UDP，Linux内核也提供了对通过TCP的NFS的支持。要通过TCP来使用NFS，在客户端计算机上挂载NFS导出的文件系统时，需要包括指定-o tcp选项。如果没有指定该选项，NFS导出的文件系统就会通过UDP协议进入NFS共享。

使用TCP协议挂载NFS共享目录具有以下优越性。

- 提高了NFS连接的持久性，因此获得的NFS stale file handles消息就会较少；
- 负载较大的网络性能会有所提高。TCP确认每个分组，而UDP只有在完成时才确认；
- TCP 的拥塞控制技术比UDP好；
- 当TCP连接中断时（由于服务器停止运行），客户就会停止发送数据而开始进行重新连接。

使用以下命令挂载NFS服务器192.168.0.2的NFS共享目录/it到本地主机的目录/mnt/it上，而且必须使用TCP协议传输NFS共享目录。

```
[root@linux ~]# mount -o tcp 192.168.0.2:/it /mnt/it
```

如果NFS挂载在客户端计算机的/etc/fstab文件中被指定，需要在该文件中添加以下命令行。

```
192.168.0.2:/it    /mnt/it   nfs    rsize=8192,wsize=8192,timeo=14,intr,tcp
```

18.4.2 开机自动挂载NFS文件系统

挂载NFS服务器上的NFS共享的第二种方法是在/etc/fstab文件中添加内容。这样每次启动客户端计算机时都将挂载NFS共享目录。内容中必须声明NFS服务器的主机名、要导出的目录以及要挂载NFS共享的本地主机目录。

在客户端计算机的/etc/fstab文件中添加以下一行命令内容，然后重新启动系统。

```
192.168.0.2:/it    /mnt/it   nfs    rsize=8192,wsize=8192,timeo=14,intr
```

登录系统以后使用以下命令查看到NFS共享目录已经挂载。

```
[root@linux ~]# df /mnt/it
文件系统            1K-块    已用      可用 已用% 挂载点
192.168.0.2:/it 157209600 4760320 152449280    4% /mnt/it
//使用df命令查看NFS文件系统挂载情况，可以看到已经被挂载
```

第19章　配置DHCP服务器

19.1　DHCP简介

在一个大型公司局域网内，要分别为每一台计算机分配和设置IP地址、子网掩码、默认网关等信息是一件非常麻烦的事情，甚至会产生IP地址冲突。

19.1.1　什么是DHCP

DHCP（Dynamic Host Configuration Protocol，动态主机配置协议）是一种用于简化计算机IP地址配置管理的标准。通过采用DHCP标准，可以使用DHCP服务器为网络上的计算机分配、管理动态IP地址以及其他相关配置信息。

TCP/IP网络上的每一台计算机都必须要有唯一的IP地址，IP地址以及与之相关的子网掩码等标识计算机及其连接的子网。在将计算机移动到不同的子网时，必须更改IP地址。DHCP允许通过本地网络上的DHCP服务器IP地址数据库为客户端动态指派IP地址。

对于基于TCP/IP的网络，DHCP降低了重新配置计算机IP地址的难度，减少了涉及的管理工作量。

由于DHCP服务器需要固定的IP地址和DHCP客户端计算机进行通信，所以DHCP服务器必须配置为使用静态IP地址。

在DHCP服务器上的IP地址数据库包含以下一些项目。

- 对公司网络内的所有客户机的有效配置参数；
- 在缓冲池中指定给客户机的有效IP地址，以及手工指定的保留地址；
- 服务器提供租约时间，租约时间即指定IP地址可以使用的时间。

19.1.2　使用DHCP服务优缺点

在企业中使用DHCP服务既有优点又有缺点。

1. DHCP服务的优点

在企业网络中配置DHCP服务具有以下优点。

- 管理员可以集中为整个公司网络指定通用和特定子网的TCP/IP参数，并且可以定义使用保留地址的客户机的参数；
- 提供安全、可信的配置。DHCP避免了在每一台计算机上手工输入数值引起的配置错误，还能防止网络上计算机配置地址的冲突；
- 使用DHCP服务器能大大减少配置网络上计算机的时间，服务器可以在指派地址租约时配置所有的附加配置值；
- 客户机不需要手工配置TCP/IP；
- 客户机在子网间移动时，旧的IP地址自动释放以便再次使用。在再次启动客户端计算机时，DHCP服务器会自动为客户端计算机重新配置TCP/IP；

- 大部分路由器可以转发DHCP配置请求，因此，互联网的每个子网并不都需要DHCP服务器。

2. DHCP服务的缺点

在企业网络中配置DHCP服务具有以下缺点。

- DHCP不能发现网络上非DHCP客户机已经在使用的IP地址；
- 当网络上存在多个DHCP服务器时，一个DHCP服务器不能查出已被其他服务器租出去的IP地址；
- DHCP服务器不能跨路由器与客户机通信，除非路由器允许BOOTP转发。

19.2 DHCP服务器安装和配置

19.2.1 安装DHCP服务器软件包

要配置DHCP服务器，先要在Linux系统中使用以下命令查看dhcp和dhcp-common软件包是否已经安装，如果没有请事先安装好。

```
[root@rhel ~]# rpm -qa|grep dhcp
dhcp-4.2.5-42.el7.x86_64
//DHCP服务的主程序包，包括DHCP服务和DHCP中继代理程序
dhcp-common-4.2.5-42.el7.x86_64
//被ISC DHCP服务器和客户端使用的共同文件
```

使用以下命令安装dhcp和dhcp-common软件包。

```
[root@rhel ~]# cd /run/media/root/RHEL-7.2\ Server.x86_64/Packages
//进入Linux系统安装光盘软件包目录
[root@rhel Packages]# rpm -ivh dhcp-4.2.5-42.el7.x86_64.rpm
警告：dhcp-4.2.5-42.el7.x86_64.rpm: 头V3 RSA/SHA256 Signature, 密钥 ID fd431d51: NOKEY
准备中...                    ################################# [100%]
正在升级/安装...
   1:dhcp-12:4.2.5-42.el7          ################################# [100%]
[root@rhel Packages]# rpm -ivh dhcp-common-4.2.5-42.el7.x86_64.rpm
警告：dhcp-common-4.2.5-42.el7.x86_64.rpm: 头V3 RSA/SHA256 Signature, 密钥 ID fd431d51: NOKEY
准备中...                    ################################# [100%]
正在升级/安装...
   1:dhcp-common-12:4.2.5-42.el7     ################################# [100%]
```

19.2.2 /etc/dhcp/dhcpd.conf文件详解

DHCP服务器的主配置文件是/etc/dhcp/dhcpd.conf，默认情况下该文件中没有内容。但是DHCP服务器提供了一个配置模板文件，该文件是/usr/share/doc/dhcp-4.2.5/dhcpd.conf.example。在实际配置DHCP服务器过程中，常将该模板文件复制为/etc/dhcp/dhcpd.conf文件。

使用以下命令将/usr/share/doc/dhcp-4.2.5/dhcpd.conf.example文件复制为/etc/dhcp/dhcpd.conf。

```
[root@rhel ~]# cp /usr/share/doc/dhcp-4.2.5/dhcpd.conf.example /etc/dhcp/dhcpd.conf
cp：是否覆盖"/etc/dhcp/dhcpd.conf"？ y            //输入y确认覆盖文件
```

/etc/dhcp/dhcpd.conf文件的内容由全局配置和局部配置两部分构成。全局配置部分主要用来设置DHCP服务器整体运行环境的选项，而局部配置部分用来设置作用域内容。在/etc/dhcp/

dhcpd.conf文件中，以“#”开头的行是注释行，它为用户配置参数起到解释作用，这样的语句默认不会被系统执行。

默认/etc/dhcp/dhcpd.conf配置文件内容和文件结构如下所示，读者所看到的是已经将部分注释行删除的内容。

```
//第一部分：设置全局配置内容

option domain-name "example.org";
option domain-name-servers ns1.example.org, ns2.example.org;
default-lease-time 600;
max-lease-time 7200;
#ddns-update-style none;
log-facility local7;

//第二部分：设置局部配置内容

//在下面这个子网中没有服务，但宣布它帮助DHCP服务器，了解网络的拓扑结构
subnet 10.152.187.0 netmask 255.255.255.0 {
}

  //下面是一个非常基本的子网声明
subnet 10.254.239.0 netmask 255.255.255.224 {
 range 10.254.239.10 10.254.239.20;
 option routers rtr-239-0-1.example.org, rtr-239-0-2.example.org;
}

  //下面的子网声明允许BOOTP客户端获得动态地址
subnet 10.254.239.32 netmask 255.255.255.224 {
 range dynamic-bootp 10.254.239.40 10.254.239.60;
 option broadcast-address 10.254.239.31;
 option routers rtr-239-32-1.example.org;
}

//下面是一个内部子网的子网声明
subnet 10.5.5.0 netmask 255.255.255.224 {
 range 10.5.5.26 10.5.5.30;
 option domain-name-servers ns1.internal.example.org;
 option domain-name "internal.example.org";
 option routers 10.5.5.1;
 option broadcast-address 10.5.5.31;
 default-lease-time 600;
 max-lease-time 7200;
}

//在主机声明中主机需要特殊的配置选项可以列出
host passacaglia {
 hardware ethernet 0:0:c0:5d:bd:95;
 filename "vmunix.passacaglia";
 server-name "toccata.fugue.com";
}

//设置保留IP地址
host fantasia {
 hardware ethernet 08:00:07:26:c0:a5;
```

第19章 配置DHCP服务器

```
  fixed-address fantasia.fugue.com;
}

   //定义类
class "foo" {
  match if substring (option vendor-class-identifier, 0, 4) = "SUNW";
}

//声明类的客户端，然后做地址分配
shared-network 224-29 {
  subnet 10.17.224.0 netmask 255.255.255.0 {
    option routers rtr-224.example.org;
  }
  subnet 10.0.29.0 netmask 255.255.255.0 {
    option routers rtr-29.example.org;
  }
  pool {
    allow members of "foo";
    range 10.17.224.10 10.17.224.250;
  }
  pool {
    deny members of "foo";
    range 10.0.29.10 10.0.29.230;
  }
}
```

DHCP服务器配置文件通常包括3个部分，分别是声明、参数和选项部分。

1. DHCP服务声明部分

声明部分是用来描述网络布局、提供客户端的IP地址等。

下面将讲述在/etc/dhcp/dhcpd.conf文件中可以添加和修改的声明部分参数。

- shared−network。

用来告知是否一些子网络分享相同网络，也就是超级作用域。

- subnet。

描述一个IP地址是否属于该子网。

- range。

提供动态分配IP地址的范围。

- host。

参考特别的主机。

- group。

为一组参数提供声明。

- allow unknown−clients。

允许动态分配IP地址给未知的客户端。

- deny unknown−client。

拒绝动态分配IP地址给未知的客户端。

- allow bootp。

允许响应bootp查询。

- deny bootp。

拒绝响应bootp查询。

- all booting。

允许响应使用者查询。

- deny booting。

拒绝响应使用者查询。

- filename。

开始启动文件的名称，应用于无盘工作站。

- next-server。

设置服务器从初始引导文件中加载指定服务器的主机地址，服务器名称应该是IP地址或域名，应用于无盘工作站。

2. DHCP服务参数部分

参数部分是表明如何执行任务，是否要执行任务，或将哪些网络配置选项发送给客户。下面将讲述在/etc/dhcp/dhcpd.conf文件中可以添加和修改的参数部分参数。

- ddns-update-style none。

设置动态DNS更新模式，none表示不支持动态更新，interim表示DNS动态更新模式，ad-hoc表示特殊DNS更新模式。

- ignore client-updates。

忽略客户机更新DNS记录。

- default-lease-time 600。

指定缺省客户端租约IP地址的时间长度，单位是秒。

- max-lease-time 7200。

指定最大客户端租约IP地址的时间长度，单位是秒。

- hardware ethernet 08:00:07:26:c0:a5。

指定网卡接口类型和MAC地址。

- server-name。

通知DHCP客户服务器名称。

- get-lease-hostnames flag。

检查客户端使用的IP地址。

- fixed-address。

为客户端保留一个固定的IP地址。保留地址提供了一个将动态地址和其MAC地址相关联的手段，用于保证此网卡长期使用某个IP地址。

3. DHCP服务选项部分

选项部分是用来配置DHCP可选参数，全部用option关键字作为开始。

下面将讲述在/etc/dhcp/dhcpd.conf文件中可以添加和修改的选项部分参数。

- subnet-mask。

为客户端指定子网掩码。

- domain-name。

为客户端指定DNS域名。

- domain-name-servers。

为客户端指定DNS服务器的IP地址。

- host-name。

为客户端指定主机名称。

- routers。

为客户端指定默认网关。

- broadcast-address。

为客户端指定广播地址。

- ntp-server。

为客户端指定网络时间服务器（NTP服务器）的IP地址。

- time-offset。

为客户端指定和格林威治时间的偏移时间，单位是秒。

- nis-domain。

设置客户机的NIS域名。

- netbios-name-servers。

设置客户机的WINS服务器的IP地址。

- netbios-node-type。

设置客户机的NetBIOS节点类型。

注意：

如果客户端计算机使用的是Windows操作系统，不要选择host-name参数，即不要为其指定主机名称。

19.2.3 DHCP服务器配置实例

在公司内部配置一台DHCP服务器，为公司网络内的客户端计算机自动分配IP地址等信息，具体参数如下。

- 分配IP地址池：192.168.0.60～192.168.0.160。
- 子网掩码：255.255.255.0。
- 网关地址：192.168.0.1。
- DNS服务器：192.168.0.2。
- DNS域名：sh.com。
- 默认租约有效期：1天（86400秒）。
- 最大租约有效期：7天（604800秒）。
- 给主机名为windows的客户机（MAC地址为00:50:56:C0:00:01）保留使用IP地址192.168.0.150。
- 支持DNS动态更新模式。
- 忽略客户机更新DNS记录。

1. 复制DHCP服务配置模板文件

使用以下命令复制DHCP模板文件/usr/share/doc/dhcp-4.2.5/dhcpd.conf.example为/etc/dhcp/

dhcpd.conf文件。

```
[root@rhel ~]# cp /usr/share/doc/dhcp-4.2.5/dhcpd.conf.example /etc/dhcp/dhcpd.conf
cp：是否覆盖"/etc/dhcp/dhcpd.conf"？ y          //输入y确认覆盖文件
```

2. 编辑/etc/dhcp/dhcpd.conf文件

修改/etc/dhcp/dhcpd.conf文件，该文件修改后的内容如下所示。

```
ddns-update-style interim;
ignore client-updates;
subnet 192.168.0.0 netmask 255.255.255.0 {
  option routers              192.168.0.1;
  option subnet-mask          255.255.255.0;
  option domain-name          "sh.com";
  option domain-name-servers  192.168.0.2;
  option time-offset          -18000;
  range 192.168.0.60 192.168.0.160;
  default-lease-time 86400;
  max-lease-time 604800;
}
host windows {
  hardware ethernet 00:50:56:C0:00:01;
  fixed-address 192.168.0.150;
}
```

19.2.4 控制dhcpd服务

使用systemctl命令可以控制dhcpd服务的状态，以及当DHCP服务器启动时自动启动服务。

1. 启动dhcpd服务

使用以下命令启动dhcpd服务。

```
[root@rhel ~]# systemctl start dhcpd.service
```

2. 查看dhcpd服务运行状态

使用以下命令查看dhcpd服务运行状态。

```
[root@rhel ~]# systemctl status dhcpd.service
● dhcpd.service - DHCPv4 Server Daemon
  Loaded: loaded (/usr/lib/systemd/system/dhcpd.service; disabled; vendor preset: disabled)
  Active: active (running) since 二 2016-01-19 12:59:48 CST; 17s ago
    Docs: man:dhcpd(8)
          man:dhcpd.conf(5)
 Main PID: 14374 (dhcpd)
  Status: "Dispatching packets..."
  CGroup: /system.slice/dhcpd.service
          └─14374 /usr/sbin/dhcpd -f -cf /etc/dhcp/dhcpd.conf -user dhcpd -group dhcpd --no-pid

1月 19 12:59:48 rhel dhcpd[14374]: No subnet declaration for virbr0 (192.168.122.1).
1月 19 12:59:48 rhel dhcpd[14374]: ** Ignoring requests on virbr0.  If this is not what
1月 19 12:59:48 rhel dhcpd[14374]:    you want, please write a subnet declaration
1月 19 12:59:48 rhel dhcpd[14374]:    in your dhcpd.conf file for the network segment
1月 19 12:59:48 rhel dhcpd[14374]:    to which interface virbr0 is attached. **
1月 19 12:59:48 rhel dhcpd[14374]:
1月 19 12:59:48 rhel dhcpd[14374]: Listening on LPF/eno16777736/00:0c:29:7e:00:97/192.168.0.0/24
```

```
1月 19 12:59:48 rhel dhcpd[14374]: Sending on   LPF/eno16777736/00:0c:29:7e:00:97/192.168.0.0/24
1月 19 12:59:48 rhel dhcpd[14374]: Sending on   Socket/fallback/fallback-net
1月 19 12:59:48 rhel systemd[1]: Started DHCPv4 Server Daemon.
```

3. 停止dhcpd服务

使用以下命令停止dhcpd服务。

```
[root@rhel ~]# systemctl stop dhcpd.service
```

4. 重新启动dhcpd服务

使用以下命令重新启动dhcpd服务。

```
[root@rhel ~]# systemctl restart dhcpd.service
```

5. 开机自动启动dhcpd服务

使用以下命令在重新引导系统时自动启动dhcpd服务。

```
[root@rhel ~]# systemctl enable dhcpd.service
Created symlink from /etc/systemd/system/multi-user.target.wants/dhcpd.service to /usr/lib/systemd/system/dhcpd.service.
[root@rhel ~]# systemctl is-enabled dhcpd.service
enabled
```

19.3 配置DHCP客户端

在Linux系统中配置的DHCP服务器可以支持Linux客户端和非Linux客户端（如Windows系统）自动获取IP地址。

19.3.1 Linux客户端配置

在Linux客户端需要修改/etc/sysconfig/network-scripts/ifcfg-eno16777736文件，使得该客户端能从DHCP服务器处获取IP地址。

1. 修改网卡配置文件

修改网卡配置文件/etc/sysconfig/network-scripts/ifcfg-eno16777736，使得该客户端的IP地址为自动从DHCP服务器处获取，而不是静态手工设置，文件修改后的内容如下所示。

```
TYPE=Ethernet
BOOTPROTO=dhcp                //将BOOTPROTO参数设置成dhcp
DEFROUTE=yes
IPV4_FAILURE_FATAL=no
IPV6INIT=no
IPV6_AUTOCONF=yes
IPV6_DEFROUTE=yes
IPV6_PEERDNS=yes
IPV6_PEERROUTES=yes
IPV6_FAILURE_FATAL=no
NAME=eno16777736
UUID=2b8a9bd9-e39c-4766-b57a-1457d78a54db
DEVICE=eno16777736
ONBOOT=yes
PEERDNS=yes
PEERROUTES=yes
```

2. 重新启动network服务并申请IP地址

修改完/etc/sysconfig/network-scripts/ifcfg-eno16777736文件之后，使用systemctl命令重新启动network服务，这时该客户端在网卡重新启动时从DHCP服务器处申请并获取IP地址。

```
[root@linux ~]# systemctl restart network.service
```

3. 查看获取的IP地址

使用ifconfig命令查看该客户端获取到的IP地址信息，该客户端获取的IP地址为192.168.0.60，如下所示。

```
[root@linux ~]# ifconfig eno16777736
eno16777736: flags=4163<UP,BROADCAST,RUNNING,MULTICAST>  mtu 1500
        inet 192.168.0.60  netmask 255.255.255.0  broadcast 192.168.0.255
        inet6 fe80::250:56ff:fe3e:8c6e  prefixlen 64  scopeid 0x20<link>
        ether 00:50:56:3e:8c:6e  txqueuelen 1000  (Ethernet)
        RX packets 335  bytes 35994 (35.1 KiB)
        RX errors 0  dropped 0  overruns 0  frame 0
        TX packets 377  bytes 59946 (58.5 KiB)
        TX errors 0  dropped 0 overruns 0  carrier 0  collisions 0
```

查看/etc/resolv.conf文件，显示DNS服务器指向主机192.168.0.2。

```
[root@linux ~]# cat /etc/resolv.conf
# Generated by NetworkManager
search sh.com
nameserver 192.168.0.2
```

19.3.2 Windows客户端配置

以Windows 10系统为例，讲述如何将该计算机配置为DHCP客户端，使得该计算机能从DHCP服务器上获取IP地址。

1. 设置自动获得IP地址

打开【网络和共享中心】界面，单击该界面左侧的【更改适配器设置】，打开图19.1所示的【网络连接】界面。

图19.1　网络连接

右键单击【Ethernet0】图标，在弹出菜单中选择【属性】，打开图19.2所示的【Ethernet0属性】对话框。

在【此连接使用下列项目】列表中双击【Internet协议版本4（TCP/IPv4）】复选框，打开【Internet协议版本4（TCP/IPv4）属性】对话框。在该对话框中选择【自动获得IP地址】和【自动获得DNS服务器地址】单选框，如图19.3所示，最后单击【确定】按钮。这样设置以后该客户端才会立即从DHCP服务器处申请并获取IP地址。

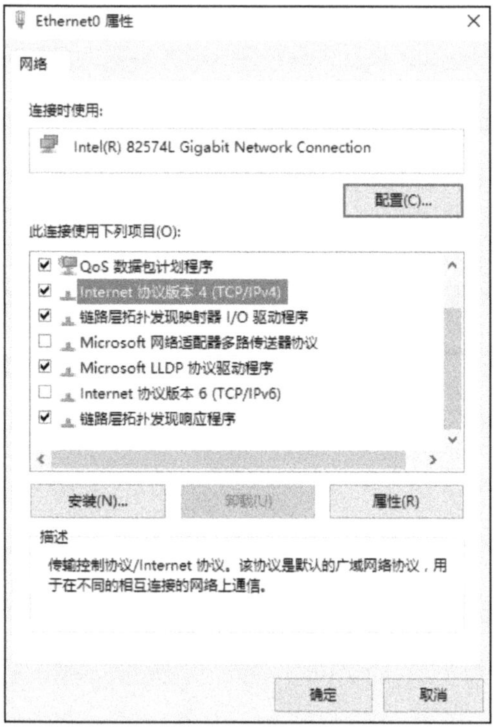

图19.2 【Ethernet0属性】对话框

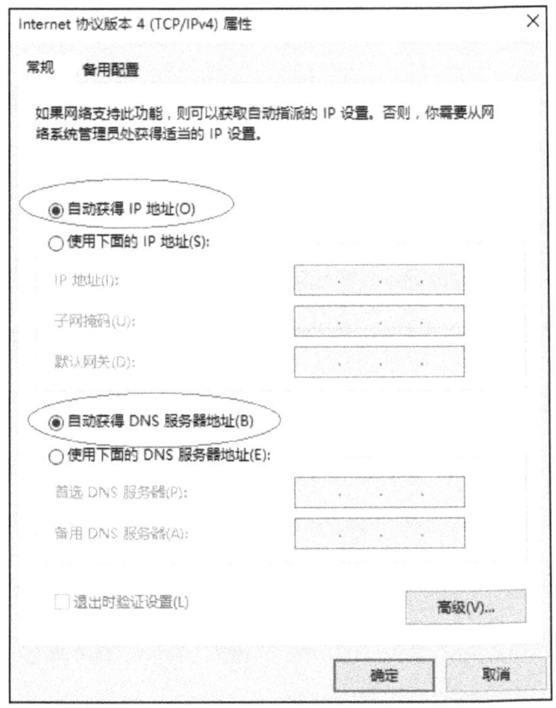

图19.3 设置自动获得IP地址和DNS服务器地址

2. 申请IP地址

如果客户端没有立即向DHCP服务器申请IP地址，也可以使用ipconfig/renew命令申请，如下所示，获取的IP地址是192.168.0.150。

```
C:\>ipconfig/renew

Windows IP 配置

以太网适配器 Ethernet0:

   连接特定的 DNS 后缀 . . . . . . . : sh.com
   IPv4 地址 . . . . . . . . . . . . : 192.168.0.150
   子网掩码 . . . . . . . . . . . . : 255.255.255.0
   默认网关. . . . . . . . . . . . . : 192.168.0.1
```

3. 查看IP地址

使用ipconfig/all命令可以查看到从DHCP服务器处获取的详细的TCP/IP信息，如IP地址、子网掩码、默认网关、DNS域名、DNS服务器IP地址、DHCP服务器IP地址、IP地址租约期限等信息。

```
C:\>ipconfig/all

Windows IP 配置

   主机名 . . . . . . . . . . . . . : windows
   主 DNS 后缀 . . . . . . . . . . . :
   节点类型 . . . . . . . . . . . . : 混合
   IP 路由已启用 . . . . . . . . . . : 否
   WINS 代理已启用 . . . . . . . . . : 否
   DNS 后缀搜索列表 . . . . . . . . : sh.com


以太网适配器 Ethernet0:

   连接特定的 DNS 后缀 . . . . . . . : sh.com
   描述. . . . . . . . . . . . . . . : Realtek PCIe FE Family Controller
   物理地址. . . . . . . . . . . . . : 00-50-56-C0-00-01
   DHCP 已启用 . . . . . . . . . . . : 是
   自动配置已启用. . . . . . . . . . : 是
   IPv4 地址 . . . . . . . . . . . . : 192.168.0.150(首选)
   子网掩码 . . . . . . . . . . . . : 255.255.255.0
   获得租约的时间 . . . . . . . . . : 2016年1月19日 13:14:13
   租约过期的时间 . . . . . . . . . : 2016年1月20日 13:14:44
   默认网关. . . . . . . . . . . . . : 192.168.0.1
   DHCP 服务器 . . . . . . . . . . . : 192.168.0.2
   DNS 服务器 . . . . . . . . . . . : 192.168.0.2
   TCPIP 上的 NetBIOS . . . . . . . : 已启用
```

4. 释放IP地址

如果不再需要从DHCP服务器处获取到的IP地址，可以使用ipconfig/release命令释放该IP地址，如下所示。

```
C:\>ipconfig/release

Windows IP 配置

以太网适配器 Ethernet0:

   连接特定的 DNS 后缀 . . . . . . . :
   默认网关. . . . . . . . . . . . . :
```

19.4 查看DHCP地址租约信息

在DHCP服务器上，/var/lib/dhcpd/dhcpd.leases文件中存放着DHCP地址租约数据库。每一个最近分配给客户端的IP地址租约信息都会被自动存储在该数据库中，该信息包括租约的开始和终止时间、客户端的MAC地址、客户端的主机名以及分配给客户端的IP地址等。租约数据库中所用的时间是格林威治标准时间（GMT），不是本地时间。

如果通过RPM软件包安装DHCP，则第一次运行DHCP服务器时/var/lib/dhcpd/dhcpd.leases是一个空文件，不用手工创建。租约数据库不是被重建，首先所有已知的租约会被存储到一个临时的租约数据库中，/var/lib/dhcpd/dhcpd.leases文件被重命名为/var/lib/dhcpd/dhcpd.leases～，然后临时租约数据库被写入/var/lib/dhcpd/dhcpd.leases文件。

在租约数据库被重命名为备份文件，新文件被写入之前，dhcpd守护进程有可能被杀死，系统也有可能会崩溃。如果发生了这种情况，/var/lib/dhcpd/dhcpd.leases文件不存在，但它却是启动服务所必需的。这时请不要创建新租约文件。因为这样做会丢失所有原有的旧租约文件，从而导致更多问题。正确的办法是把/var/lib/dhcpd/dhcpd.leases～备份文件重命名为/var/lib/dhcpd/dhcpd.leases，然后再启动守护进程。

/var/lib/dhcpd/dhcpd.leases文件的格式如下所示。

```
leases 分配的IP地址 {
声明
}
```

以下是/var/lib/dhcpd/dhcpd.leases文件的内容示例。

```
# The format of this file is documented in the dhcpd.leases(5) manual page.
# This lease file was written by isc-dhcp-4.2.5

server-duid "\000\001\000\001\0360\177D\000\014)～\000\227";

lease 192.168.0.60 {
//DHCP服务器分配给客户端的IP地址，这里分配了192.168.0.60
  starts 2 2016/01/19 05:06:37;
//开始租约的时间，是格林威治标准时间（GMT），时间格式是：年/月/日 时:分:秒
  ends 3 2016/01/20 05:06:37;
//结束租约的时间，是格林威治标准时间（GMT）
  cltt 2 2016/01/19 05:06:37;
  binding state active;
//租约的绑定状态
  next binding state free;
  rewind binding state free;
  hardware ethernet 00:50:56:3e:8c:6e;
//客户机网卡MAC地址
  client-hostname "linux";
//客户机计算机主机名
}
```

第20章　配置Samba服务器

20.1　Samba简介

在Linux系统中，Samba是指通过SMB（Server Message Block，服务器信息块）协议在网络上的计算机之间远程共享Linux文件和打印服务。

SMB基于NetBIOS（Network Basic Input/Output System，网络基本输入/输出系统）的协议，传统上用在Linux、Windows和OS/2网络中访问远程文件和打印机，统称为共享服务。SMB为网络资源和桌面应用之间提供了紧密的接口，与使用NFS、FTP和LPR等协议相比，使用SMB协议能把二者结合得更加紧密。通过Samba共享的Linux资源就像在另一台Windows服务器上一样，不需要任何其他的桌面客户软件就可以访问。

Linux系统可以与各种操作系统轻松连接，实现多种网络服务。在一些中小型网络或企业的内部网中，利用Linux建立文件服务器是一个很好的解决方案。针对企业内部网中的绝大部分客户机都采用Windows的情况，我们可以通过使用Samba来实现文件服务器的功能。

Samba是在Linux和UNIX系统上实现SMB协议的一个免费软件，由服务器及客户端程序构成。SMB协议是建立在NetBIOS协议之上的应用协议，是基于TCP协议的138和139两个端口的服务。NetBIOS出现之后，Microsoft就使用NetBIOS实现了一个网络文件/打印服务系统。

SMB协议被用于局域网管理和Windows服务器系统管理中，实现不同计算机之间共享打印机和文件等。因此，为了让Windows和UNIX/Linux计算机相集成，最好的办法就是在UNIX/Linux计算机中安装支持SMB协议的软件。这样使用Windows的客户端不需要更改设置就能像使用Windows一样使用UNIX/Linux系统上的共享资源了。

Samba的核心是smbd和nmbd两个守护进程，在服务器启动时持续运行。smbd和nmbd使用的全部配置信息全都保存在/etc/samba/smb.conf文件中。

/etc/samba/smb.conf文件向守护进程smbd和nmbd说明共享的内容、共享输出给谁以及如何进行输出。smbd进程的作用是为使用该软件包资源的客户机与Linux服务器进行协商，nmbd进程的作用是使客户机能浏览Linux服务器的共享资源。

20.2　Samba服务器安装和配置

20.2.1　安装Samba服务器软件包

要配置Samba服务器，先要在Linux系统中使用以下命令查看samba-common、samba-client、samba和samba-libs软件包是否已经安装，如果没有请事先安装好。

```
[root@rhel ~]# rpm -qa|grep samba
samba-common-4.2.3-10.el7.noarch
//存放服务器和客户端通用的工具和宏文件的软件包，该软件包必须安装在服务器端和客户端
samba-client-4.2.3-10.el7.x86_64
//samba客户端软件包，该软件包必须安装在客户端
samba-4.2.3-10.el7.x86_64
```

```
//samba服务主程序软件包，该软件包必须安装在服务器端
samba-libs-4.2.3-10.el7.x86_64
//samba库
```

使用以下命令安装samba-common、samba-client、samba和samba-libs软件包。

```
[root@rhel ~]# cd /run/media/root/RHEL-7.2\ Server.x86_64/Packages
//进入Linux系统安装光盘软件包目录
 [root@rhel Packages]# rpm -ivh samba-common-4.2.3-10.el7.noarch.rpm
警告：samba-common-4.2.3-10.el7.noarch.rpm: 头V3 RSA/SHA256 Signature, 密钥 ID fd431d51: NOKEY
准备中...                    ################################# [100%]
正在升级/安装...
  1:samba-common-0:4.2.3-10.el7       ################################# [100%]
[root@rhel Packages]# rpm -ivh samba-client-4.2.3-10.el7.x86_64.rpm
警告：samba-client-4.2.3-10.el7.x86_64.rpm: 头V3 RSA/SHA256 Signature, 密钥 ID fd431d51: NOKEY
准备中...                    ################################# [100%]
正在升级/安装...
  1:samba-client-0:4.2.3-10.el7       ################################# [100%]
[root@rhel Packages]# rpm -ivh samba-4.2.3-10.el7.x86_64.rpm
警告：samba-4.2.3-10.el7.x86_64.rpm: 头V3 RSA/SHA256 Signature, 密钥 ID fd431d51: NOKEY
准备中...                    ################################# [100%]
正在升级/安装...
  1:samba-0:4.2.3-10.el7              ################################# [100%]
[root@rhel Packages]# rpm -ivh samba-libs-4.2.3-10.el7.x86_64.rpm
警告：samba-libs-4.2.3-10.el7.x86_64.rpm: 头V3 RSA/SHA256 Signature, 密钥 ID fd431d51: NOKEY
准备中...                    ################################# [100%]
正在升级/安装...
  1:samba-libs-0:4.2.3-10.el7         ################################# [100%]
```

20.2.2　/etc/samba/smb.conf文件详解

Samba服务器的主配置文件是/etc/samba/smb.conf文件，该配置文件的内容由Global Settings（全局设置）和Share Definitions（共享定义）两部分构成。Global Settings部分主要是用来设置Samba服务器整体运行环境的选项，而Share Definitions部分是用来设置文件共享和打印共享资源。

在/etc/samba/smb.conf配置文件中，以“#”开头的行是注释行，它为用户配置参数起到解释作用，这样的语句默认不会被系统执行。以“;”开头的行都是Samba配置的参数范例，这样的语句默认不会被系统执行，如果将“;”去掉并对该范例进行设置，那么该语句将会被系统执行。在/etc/samba/smb.conf配置文件中所有的配置参数都是以“配置项目 = 值”这样的格式表示。

默认/etc/samba/smb.conf配置文件内容和文件结构如下所示，读者所看到的是已经将部分注释行删除的内容。

```
#======================= Global Settings =====================================
//第一部分：设置全局参数内容

[global]

# ---------------------- Network-Related Options -------------------------
//设置网络关系选项

     workgroup = MYGROUP
     server string = Samba Server Version %v
```

```
;       netbios name = MYSERVER
;       interfaces = lo eth0 192.168.12.2/24 192.168.13.2/24
;       hosts allow = 127. 192.168.12. 192.168.13.
;       max protocol = SMB2

# ---------------------------- Logging Options ------------------------------
//设置服务器日志选项

        log file = /var/log/samba/log.%m
        max log size = 50

# ----------------------- Standalone Server Options ------------------------
//设置标准服务器选项

        security = user
        passdb backend = tdbsam

# ----------------------- Domain Members Options ------------------------
//设置域成员选项

;       security = domain
;       passdb backend = tdbsam
;       realm = MY_REALM
;       password server = <NT-Server-Name>

# ----------------------- Domain Controller Options ------------------------
//设置域控制器选项

;       security = user
;       passdb backend = tdbsam
;       domain master = yes
;       domain logons = yes
;       logon script = %m.bat
;       logon script = %u.bat
;       logon path = \\%L\Profiles\%u
;       logon path =
;       add user script = /usr/sbin/useradd "%u" -n -g users
;       add group script = /usr/sbin/groupadd "%g"
;       add machine script = /usr/sbin/useradd -n -c "Workstation (%u)" -M -d /nohome -s /bin/false "%u"
;       delete user script = /usr/sbin/userdel "%u"
;       delete user from group script = /usr/sbin/userdel "%u" "%g"
;       delete group script = /usr/sbin/groupdel "%g"

# ----------------------- Browser Control Options ----------------------------
//设置浏览器控制选项

;       local master = no
;       os level = 33
;       preferred master = yes

#---------------------------- Name Resolution -------------------------------
//设置名称解析
```

```
;      wins support = yes
;      wins server = w.x.y.z
;      wins proxy = yes
;      dns proxy = yes

# --------------------------- Printing Options -----------------------------
//设置打印机选项

       load printers = yes
       cups options = raw
;      printcap name = /etc/printcap
;      printcap name = lpstat
;      printing = cups

# --------------------------- Filesystem Options ---------------------------
//设置文件系统选项

;      map archive = no
;      map hidden = no
;      map read only = no
;      map system = no
;      store dos attributes = yes

#============================== Share Definitions ================================
//第二部分：设置文件共享和打印共享资源

//文件共享
[homes]
       comment = Home Directories
       browseable = no
       writable = yes
;      valid users = %S
;      valid users = MYDOMAIN\%S

//打印共享
[printers]
       comment = All Printers
       path = /var/spool/samba
       browseable = no
       guest ok = no
       writable = no
       printable = yes

//文件共享
;      [netlogon]
;      comment = Network Logon Service
;      path = /var/lib/samba/netlogon
;      guest ok = yes
;      writable = no
;      share modes = no
```

```
//文件共享
;     [Profiles]
;     path = /var/lib/samba/profiles
;     browseable = no
;     guest ok = yes

//文件共享
;     [public]
;     comment = Public Stuff
;     path = /home/samba
;     public = yes
;     writable = yes
;     printable = no
;     write list = +staff
```

下面分别从变量、全局参数设置和共享定义设置3方面来讲述/etc/samba/smb.conf文件。

1. 变量

在/etc/samba/smb.conf配置文件中，常用的变量如表20.1所示。

表20.1 /etc/samba/smb.conf配置文件中常用的变量

变量	描述
%S	当前服务名
%P	当前服务的根目录
%u	当前服务的用户名
%g	%u的主要组群名
%H	当前服务用户的主目录
%v	Samba版本号
%h	运行Samba服务的计算机主机名
%m	客户机的NetBIOS名
%L	服务器的NetBIOS名
%U	当前会话的用户名
%G	当前会话的用户的主要组群
%M	客户机的主机名
%N	NIS服务器名
%p	NIS服务的主目录
%R	协议等级
%d	当前服务进程的进程号（PID）
%a	远程主机的体系结构
%I	客户机的IP地址
%T	当前日期和时间
%i	本地IP地址
%D	当前用户的域或工作组的名称
%w	winbind分隔符
%$(envvar)	环境变量envar的值

2. 全局参数设置

下面将讲述在/etc/samba/smb.conf文件中可以添加和修改的主要全局参数。

- workgroup = MYGROUP。

设置Samba服务器所在的工作组或域名。

- server string = Samba Server Version %v。

设置Samba服务器的描述信息。

- netbios name = MYSERVER。

设置Samba服务器的NetBIOS名称。

- interfaces = lo eth0 192.168.12.2/24 192.168.13.2/24。

设置Samba服务器所使用的网卡接口，可以使用网卡接口的名称或IP地址。

- hosts allow = 127. 192.168.12. 192.168.13. 。

设置允许访问Samba服务器的网络地址、主机地址以及域，多个参数以空格隔开。

- 表示某IP地址主机，使用如hosts allow = 192.168.0.5方式以允许该主机访问Samba服务器。
- 表示某网络，使用如hosts allow = 192.168.0.方式以允许该网络访问Samba服务器。
- 表示某域，使用如hosts allow = .sh.com方式以允许该域访问Samba服务器。
- 表示所有主机，使用如hosts allow = ALL以允许所有主机访问Samba服务器。

- hosts deny = 127. 192.168.12. 192.168.13。

设置不允许访问Samba服务器的网络地址、主机地址以及域，多个参数以空格隔开。

- guert account = pcguest。

设置访问Samba服务器的默认匿名账户，如果设置为pcguest，则默认为nobody用户。

- log file = /var/log/samba/log.%m。

设置日志文件保存路径和名称。%m代表客户端主机名。

- max log size = 50。

设置日志文件的最大值，单位为KB。当值为0时，表示不限制日志文件的大小。

- username map = /etc/samba/smbusers。

设置Samba用户和Linux系统用户映射的文件。

- security = user。

设置用户访问Samba服务器的安全级别。

共有以下五种安全级别。

- share：不需要提供用户名和密码就可以访问Samba服务器；
- user：需要提供用户名和密码，而且身份验证由Samba服务器负责；
- server：需要提供用户名和密码，可以指定其他Windows服务器或另一台Samba服务器做身份验证；
- domain：需要提供用户名和密码，指定Windows域控制器做身份验证。Samba服务器只能成为域的成员客户机；
- ads：需要提供用户名和密码，指定Windows域控制器做身份验证。具有domain级别的所有功能，Samba服务器可以成为域控制器。

- encrypt passwords = yes。

设置是否对Samba的密码进行加密。

- smb passwd file = /etc/samba/smbpasswd。

设置Samba密码文件的路径和名称。

- passdb backend = tdbsam。

设置如果使用加密密码，指定所使用的密码数据库类型，类型可以是smbpasswd、tdbsam或ldapsam。

◆ tdbsam：使用一个数据库文件来建立用户数据库，数据库文件名为passdb.tdb。使用smbpasswd或pdbedit命令来建立Samba用户；

◆ smbpasswd：使用smbpasswd命令来给系统用户设置一个用于访问Samba服务的密码，客户端就用这个密码访问Samba共享资源。还要使用一个 smb passwd file = /etc/samba/smbpasswd参数来指定保存用户名和密码的文件，该文件需要手动建立。不推荐使用此方法；

◆ ldapsam：基于LADP的账户管理方式来验证用户，需要先创建LDAP服务。

- password server = 192.168.0.100。

设置身份验证服务器的名称。该项只有在设置security为ads、server或domain时才会生效。

- domain master = yes。

指定Samba服务器是域主浏览器。这允许samba在子网之间比较浏览列表。如果已经有了一个Win-NT的主域控制器的话，就不要设置这个选项。

- logon script = %m.bat。

设置启用指定登录脚本。

- local master = no。

设置Samba服务器是否要担当LMB（本地主浏览器）角色（LMB负责收集本地网络的浏览目录资源），通常没有特殊原因就设为no。

- os level = 33。

设置Samba服务器参加主浏览器选举的优先级。

- preferred master = yes。

设置Samba服务器是否要担当PDC角色，通常没有特殊原因就设为no。

- wins support = yes。

设置是否启用WINS服务支持。

- wins server = w.x.y.z。

设置Samba服务器使用的WINS服务器IP地址。

- wins proxy = yes。

设置是否启用WINS代理支持。

- dns proxy = yes。

设置是否启用DNS代理支持。

- load printers = yes。

设置是否允许Samba打印机共享。

- printcap name = /etc/printcap。

设置Samba打印机配置文件的路径。

- printing = cups。

设置Samba打印机的类型。

- deadtime = 15。

客户端没有操作多少分钟以后Samba服务器将中断该连接。

- max open files = 16384。

设置每一个客户端最多能打开的文件数量。

3. 共享定义设置

下面将讲述在/etc/samba/smb.conf配置文件中可以添加和修改的共享定义参数。

- [ ]。

设置共享目录的共享名称。

- comment。

设置共享目录的注释说明。

- path。

设置共享目录的完整路径名称。

- browseable。

设置在浏览资源时显示共享目录，显示yes，不显示no。

- printable。

设置是否允许打印，允许yes，不允许no。

- public。

设置是否允许匿名用户访问共享资源，允许yes，不允许no。只有当设置参数security = share时此项才起作用。

- guest ok。

设置是否允许匿名用户访问共享资源，允许yes，不允许no。和public起到一样的功能。只有当设置参数security = share时此项才起作用。

- guest only。

设置是否只允许匿名用户访问，允许yes，不允许no。

- guest account。

指定访问共享目录的用户账户。

- read only。

设置是否允许以只读方式读取目录，允许yes，不允许no。

- writable。

设置是否允许以可写的方式修改目录，允许yes，不允许no。

- vaild users。

设置只有此名单内的用户和组群才能访问共享资源。

- invalid users。

设置只有此名单内的用户和组群不能访问共享资源，该参数要优先于vaild users 参数的设置。

- read list。

设置只有此名单内的用户和组群才能以只读方式访问共享资源。

- write list。

设置只有此名单内的用户和组群才能以可写方式访问共享资源。

- create mode。

设置默认创建文件时的权限。类似于create mask。

- directory mode。

设置默认创建目录时的权限。类似于directory mask。

- force group。

设置默认创建的文件的组群。

- force user。

设置默认创建的文件的所有者。

- hosts allow。

设置只有此网段/IP地址的用户才能访问共享资源。

- hosts deny。

设置只有此网段/IP地址的用户不能访问共享资源。

20.2.3 Samba共享目录配置实例

如果要在Linux系统上创建Samba共享目录，用户需要在/etc/samba/smb.conf文件中添加相应内容。下面举例说明如何设置Samba共享目录。

1. 允许匿名用户读取/it共享目录

修改/etc/samba/smb.conf文件，在该文件末尾添加以下内容。

```
[it]
//指定共享名为it
comment = it
//指定对共享目录的备注
path = /it
//指定共享目录的路径是/it
public = yes
//允许匿名用户访问
read only = yes
//指定了这个目录是只读的权限
```

2. 允许匿名用户读写/it共享目录

修改/etc/samba/smb.conf文件，在该文件末尾添加以下内容。

```
[it]
comment = it
path = /it
guest ok = yes
//允许匿名用户访问
writable = yes
//指定了这个目录是可写的权限
```

3. 只允许用户zhangsan和组群jishu的用户访问/i t共享目录

修改/etc/samba/smb.conf文件，在该文件末尾添加以下内容。

```
[it]
comment = it
path = /it
valid users = @jishu,zhangsan
//指定能够使用该共享目录的用户是zhangsan，以及组群jishu的用户
public = no
//指定该共享目录不允许匿名访问
```

```
create mask = 0765
//设置默认创建文件时的权限是0765
browseable=no
//浏览资源时不能显示共享目录
```

4. 只允许用户zhangsan和组jishu的用户读写/it共享目录

修改/etc/samba/smb.conf文件，在该文件末尾添加以下内容。

```
[it]
comment = it
path = /it
public = no
//指定该共享资源不允许匿名访问
writable = yes
write list = @jishu, zhangsan
//指定能够读写该共享目录的用户是zhangsan，以及组群jishu的用户
```

20.3 Samba服务器配置实例

20.3.1 share级别Samba服务器配置

在公司内部配置一台Samba服务器，为公司网络内的客户端计算机提供share级别Samba服务，具体参数如下。

- Samba服务器所在工作组：workgroup。
- Samba服务器描述信息：Samba Server。
- Samba服务器NetBIOS名称：rhel。
- Samba服务器网卡IP地址：192.168.0.2。
- 允许访问Samba服务器的网络：192.168.0.0。
- 日志文件路径：/var/log/samba/log.%m。
- 日志文件大小：50000KB。
- Samba服务器安全模式：share。
- 共享目录：/it。
- 访问权限：读写权限。

1. 创建共享目录

使用以下命令创建共享目录/it，并递归设置权限为757。

```
[root@rhel ~]# mkdir /it
//创建目录/it
[root@rhel ~]# chmod -R 757 /it
//递归设置目录/it的权限为757
```

2. 编辑/etc/samba/smb.conf文件

修改/etc/samba/smb.conf文件，该文件修改后的内容如下所示。

```
[globa]
     workgroup = workgroup
      server string = Samba Server
     netbios name = rhel
```

```
interfaces = lo eth0 192.168.0.2/24
hosts allow = 127. 192.168.0.
log file = /var/log/samba/log.%m
max log size = 50000
security = share
[it]
comment = it
path = /it
public = yes
writable = yes
```

20.3.2 user级别Samba服务器配置

在公司内部配置一台Samba服务器，为公司网络内的客户端计算机提供user级别Samba服务，具体参数如下。

- Samba服务器所在工作组：workgroup。
- Samba服务器描述信息：Samba Server。
- Samba服务器NetBIOS名称：rhel。
- Samba服务器网卡IP地址：192.168.0.2。
- 允许访问Samba服务器的网络：192.168.0.0。
- 日志文件路径：/var/log/samba/log.%m。
- 日志文件大小：50000KB。
- Samba服务器安全模式：user。
- 对Samba密码进行加密。
- 密码数据库类型：tdbsam。
- 共享目录：/it。
- /it目录的用户所有者和组群所有者为zhangsan。
- 访问权限：读写权限。

1. 创建系统用户

使用以下命令创建用户zhangsan，并为其设置密码。

```
[root@rhel ~]# useradd zhangsan
[root@rhel ~]# passwd zhangsan
更改用户 zhangsan 的密码 。
新的 密码：                    //输入要为用户账户zhangsan设置的密码
重新输入新的 密码：                 //再次输入用户账户zhangsan的密码
passwd：所有的身份验证令牌已经成功更新。
```

2. 创建Samba账户

使用以下命令创建Samba账户并设置密码。

```
[root@rhel ~]# smbpasswd -a zhangsan
New SMB password:                //输入要为Samba账户zhangsan设置的密码
Retype new SMB password:             //再次输入Samba账户zhangsan的密码
Added user zhangsan.
```

3. 创建共享目录

使用以下命令创建共享目录/it，并递归设置用户所有者和组群所有者为zhangsan。

```
[root@rhel ~]# mkdir /it
//创建目录/it
[root@rhel ~]# chown -R zhangsan.zhangsan /it
//递归设置目录/it的用户所有者和组群所有者是zhangsan
```

4. 编辑/etc/samba/smb.conf文件

修改/etc/samba/smb.conf文件，该文件修改后的内容如下所示。

```
[global]
        workgroup = workgroup
        server string = Samba Server
        netbios name = rhel
        interfaces = lo eth0 192.168.0.2/24;
        hosts allow = 127. 192.168.0.
        log file = /var/log/samba/log.%m
        max log size = 50000
        security = user
        passdb backend = tdbsam
        encrypt passwords = yes
[it]
      comment = it
        path = /it
        public = no
        writable = yes
```

20.3.3 Samba打印机共享配置

在公司内部配置一台Samba共享打印机，为公司网络内的客户端计算机提供匿名Samba打印服务，具体参数如下。

- 打印机共享名称：HP。
- 允许匿名打印。
- 显示共享打印机名称。

修改/etc/samba/smb.conf文件，该文件修改后的内容如下所示。

```
[global]
        workgroup = workgroup
        server string = Samba Server
       netbios name = rhel
      interfaces = lo eth0 192.168.0.2/24
       hosts allow = 127. 192.168.0.
        log file = /var/log/samba/log.%m
        max log size = 50000
        security = share

        load printers = yes
        printcap name = /etc/printcap
        printing = cups
 [HP]
        comment = HP printer
        path = /var/spool/samba
        browseable = yes
        guest ok = yes
```

```
read only = yes
printable = yes
```

20.3.4 控制smb服务

使用systemctl命令可以控制smb服务的状态，以及当Samba服务器启动时自动启动服务。

1. 启动smb服务

使用以下命令启动smb服务。

```
[root@rhel ~]# systemctl start smb.service
```

2. 查看smb服务运行状态

使用以下命令查看smb服务运行状态。

```
[root@rhel ~]# systemctl status smb.service
● smb.service - Samba SMB Daemon
  Loaded: loaded (/usr/lib/systemd/system/smb.service; disabled; vendor preset: disabled)
  Active: active (running) since 二 2015-12-29 12:53:12 CST; 34s ago
 Main PID: 63733 (smbd)
  Status: "smbd: ready to serve connections..."
  CGroup: /system.slice/smb.service
           ├─63733 /usr/sbin/smbd
           └─63735 /usr/sbin/smbd


12月 29 12:53:12 rhel smbd[63732]: [2015/12/29 12:53:12.020960,  0] ../lib/param/loadparm.c:1662(lpcfg_do_service_parameter)
12月 29 12:53:12 rhel smbd[63732]:   Global parameter max log size found in service section!
12月 29 12:53:12 rhel smbd[63732]: [2015/12/29 12:53:12.050664,  0] ../lib/param/loadparm.c:1662(lpcfg_do_service_parameter)
12月 29 12:53:12 rhel smbd[63732]:   Global parameter security found in service section!
12月 29 12:53:12 rhel smbd[63732]: [2015/12/29 12:53:12.050753,  0] ../lib/param/loadparm.c:962(lpcfg_service_ok)
12月 29 12:53:12 rhel smbd[63732]:   WARNING: No path in service globa - making it unavailable!
12月 29 12:53:12 rhel smbd[63733]: [2015/12/29 12:53:12.541930,  0] ../lib/util/become_daemon.c:124(daemon_ready)
12月 29 12:53:12 rhel smbd[63733]:   STATUS=daemon 'smbd' finished starting up and ready to serve connections
12月 29 12:53:12 rhel systemd[1]: Started Samba SMB Daemon.
12月 29 12:53:24 rhel systemd[1]: Started Samba SMB Daemon.
```

3. 停止smb服务

使用以下命令停止smb服务。

```
[root@rhel ~]# systemctl stop smb.service
```

4. 重新启动smb服务

使用以下命令重新启动smb服务。

```
[root@rhel ~]# systemctl restart smb.service
```

5. 开机自动启动smb服务

使用以下命令在重新引导系统时自动启动smb服务。

```
[root@rhel ~]# systemctl enable smb.service
[root@rhel ~]# systemctl is-enabled smb.service
enabled
```

20.3.5 Samba排错

使用testparm命令可以检查smb.conf配置文件的内部正确性。如果没有指定配置文件，那么将使用默认的/etc/samba/smb.conf文件。

testparm命令语法：

```
testparm [选项] [配置文件] [主机名|主机IP地址]
```

testparm命令中各选项的含义如表20.2所示。

表20.2 testparm命令选项的含义

选项	选项含义
-s	禁止提示输入
-v	显示详细信息
-l	跳过全局检查
--show-all-parameters	显示参数、类型和可能的值

例20.1：检查/etc/samba/smb.conf配置文件的内部正确性。

```
[root@rhel ~]# testparm /etc/samba/smb.conf
Load smb config files from /etc/samba/smb.conf
rlimit_max: increasing rlimit_max (1024) to minimum Windows limit (16384)
Processing section "[globa]"
Global parameter workgroup found in service section!
Global parameter server string found in service section!
Global parameter netbios name found in service section!
Global parameter interfaces found in service section!
Global parameter log file found in service section!
Global parameter max log size found in service section!
Global parameter security found in service section!
WARNING: No path in service globa - making it unavailable!
NOTE: Service globa is flagged unavailable.
Processing section "[it]"
Loaded services file OK.
Server role: ROLE_STANDALONE

Press enter to see a dump of your service definitions
```

20.4 配置Samba客户端

在Linux系统中配置的Samba服务器可以支持Linux客户端和非Linux客户端（如Windows系统）访问共享资源。

20.4.1 Linux客户端配置

在Linux客户端使用smbclient命令可以显示和连接共享目录，使用mount命令可以挂载Samba目录。

1. 安装软件包

在Linux系统中使用以下命令查看samba-common和samba-client软件包是否已经安装，如果没有请事先安装好。

```
[root@linux ~]# rpm -qa|grep samba
samba-common-4.2.3-10.el7.noarch
//存放服务器和客户端通用的工具和宏文件的软件包，该软件包必须安装在服务器端和客户端
samba-client-4.2.3-10.el7.x86_64
//samba客户端软件包，该软件包必须被安装在客户端
```

使用以下命令安装samba-common和samba-client软件包。

```
[root@linux ~]# cd /run/media/root/RHEL-7.2\ Server.x86_64/Packages
//进入Linux系统安装光盘软件包目录
[root@linux Packages]# rpm -ivh samba-common-4.2.3-10.el7.noarch.rpm
警告：samba-common-4.2.3-10.el7.noarch.rpm: 头V3 RSA/SHA256 Signature, 密钥 ID fd431d51: NOKEY
准备中...                   ################################# [100%]
正在升级/安装...
   1:samba-common-0:4.2.3-10.el7      ################################# [100%]
[root@linux Packages]# rpm -ivh samba-client-4.2.3-10.el7.x86_64.rpm
警告：samba-client-4.2.3-10.el7.x86_64.rpm: 头V3 RSA/SHA256 Signature, 密钥 ID fd431d51: NOKEY
准备中...                   ################################# [100%]
正在升级/安装...
   1:samba-client-0:4.2.3-10.el7      ################################# [100%]
```

2. 使用smbclient命令显示和连接共享目录

在客户端计算机上使用smbclient命令可以显示Samba服务器上的共享资源，也可以连接到该共享资源上。

smbclient命令语法：

```
smbclient [服务名] [密码] [选项]
```

smbclient命令中各选项的含义如表20.3所示。

表20.3　smbclient命令选项的含义

选项	选项含义
-L <主机>	在主机上获取可用的共享列表
-U <用户名>	指定用户名
-I <IP地址>	使用指定IP地址进行连接
-e	加密SMB传输
-N	不用询问密码
-W <工作组>	设置工作组名称
-p <端口>	指定连接端口
-B	使用DNS浏览SMB服务器
-n <NetBIOS名称>	指定主NetBIOS名称
-m <等级>	设置最大协议等级
-M <主机>	向指定主机发送消息
-R <名称解析顺序>	设置NetBIOS名称解析的顺序

例20.2：显示Samba服务器192.168.0.2上的共享资源。

```
[root@linux ~]# smbclient -L 192.168.0.2
Enter root's password:                  //不用输入密码，直接按回车键
Anonymous login successful
Domain=[WORKGROUP] OS=[Windows 6.1] Server=[Samba 4.2.3]

        Sharename       Type      Comment
```

```
    ---------      ----    -------
    it             Disk    it
    IPC$           IPC     IPC Service (Samba 4.2.3)
Anonymous login successful
Domain=[WORKGROUP] OS=[Windows 6.1] Server=[Samba 4.2.3]

    Server           Comment
    ---------       -------

    Workgroup          Master
    ---------       -------
```

注意：

如果出现错误信息protocol negotiation failed: NT_STATUS_IO_TIMEOUT时，请修改Samba服务器上的/etc/hosts文件，添加Samba服务器的IP地址和主机名。

例20.3：指定Samba用户zhangsan显示Samba服务器192.168.0.2上的共享资源。

```
[root@linux ~]# smbclient -L 192.168.0.2 -U zhangsan
Enter zhangsan's password:                //输入Samba用户zhangsan的密码
Domain=[WORKGROUP] OS=[Windows 6.1] Server=[Samba 4.2.3]

    Sharename      Type     Comment
    ---------      ----     -------
    it             Disk     it
    IPC$           IPC      IPC Service (Samba 4.2.3)
Domain=[WORKGROUP] OS=[Windows 6.1] Server=[Samba 4.2.3]

    Server           Comment
    ---------       -------

    Workgroup          Master
    ---------       -------
```

注意：

如果出现错误信息session setup failed: NT_STATUS_LOGON_FAILURE，则在Samba服务器上使用命令smbpasswd –a zhangsan创建Samba账户。

如果在Shell提示下输入以下命令，即可连接Samba服务器上的共享目录。

```
smbclient [//Samba服务器IP地址/共享目录名] [-U Samba用户名]
```

如果可以看到“smb: \>”提示，则这说明已经成功登录。登录后输入“？”获得一个命令列表。在“smb:\>”提示下输入命令exit，即可退出smbclient。

例20.4：以用户zhangsan连接Samba服务器192.168.0.2上的共享目录/it。

```
[root@linux ~]# smbclient //192.168.0.2/it -U zhangsan
Enter zhangsan's password:                //输入Samba用户zhangsan的密码
Domain=[WORKGROUP] OS=[Windows 6.1] Server=[Samba 4.2.3]
smb: \> ?
//输入？显示所有的子命令
?          allinfo      altname      archive      backup
blocksize      cancel       case_sensitive cd          chmod
```

```
chown        close        del        dir        du
echo        exit        get        getfacl        geteas
hardlink        help        history        iosize        lcd
link        lock        lowercase        ls        l
mask        md        mget        mkdir        more
mput        newer        notify        open        posix
posix_encrypt posix_open    posix_mkdir    posix_rmdir    posix_unlink
print        prompt        put        pwd        q
queue        quit        readlink        rd        recurse
reget        rename        reput        rm        rmdir
showacls        setea        setmode        stat        symlink
tar        tarmode        timeout        translate        unlock
volume        vuid        wdel        logon        listconnect
showconnect   tcon        tdis        tid        logoff
..        !
smb: \>exit
//输入命令exit退出
[root@linux ~]#
```

常用的smbclient子命令描述如表20.4所示。

表20.4　常用的smbclient子命令

子命令	功能
?	显示子命令的帮助信息，和help一样功能
allinfo	显示文件或目录的信息
archive	在文件上操作时设置归档等级
blocksize	为tar操作设置块大小的参数。默认值是20
cancel	客户端将请求服务器取消指定打印作业ID的打印作业
chmod	客户端请求服务器更改权限
chown	更改用户和组群所有者
close	关闭由open命令显式打开的文件，用于Samba内部测试
del	删除所有匹配的文件
dir	列出当前目录的内容
du	计算当前目录的总大小
exit	终止与服务器的连接并退出程序
get	从服务器上下载一个文件
hardlink	在服务器上创建一个硬链接
help	显示子命令的帮助信息
history	显示命令历史
iosize	当发送或接收文件，使用内部存储器缓冲区的默认大小为64512字节。允许大小被设置为16384字节和16776960字节之间任何范围
lcd	更改本地主机的当前工作目录
listconnect	显示当前连接
link	创建一个UNIX硬链接
lowercase	为get和mget命令切换为文件名的小写
ls	列出当前目录的内容
mask	在使用mget和mput命令递归操作时设置将要使用的掩码
md	在服务器上创建一个目录，和mkdir一样功能
mget	从服务器上下载多个文件

子命令	功能
mkdir	在服务器上创建一个目录
more	获取远程文件并查看PAGER环境变量的内容
mput	向服务器上传多个文件
print	从本地主机通过服务器上的打印服务，打印指定的文件
put	向服务器上传一个文件
q	注销，和quit命令一样功能
queue	显示打印队列，显示作业ID、名称、大小和当前状态
quit	和exit命令一样的功能
readlink	显示指定符号链接的值
rd	删除一个目录，和rmdir子命令一样功能
recurse	为mget和mput命令切换目录递归
rename	在服务器上的当前工作目录中重命名文件
rm	在服务器上的当前工作目录中删除文件
rmdir	在服务器上删除一个目录
setmode	设置文件权限
stat	显示文件的信息
showconnect	显示当前活动的连接
volume	显示当前共享的卷名
logon	会话登录
logoff	用户注销，关闭会话
..	改变远程目录到上一级目录
!	执行本地Shell命令

例20.5：以用户zhangsan在Samba服务器共享目录/it中创建文件夹abc。

```
[root@linux ~]# smbclient -c "mkdir abc" //192.168.0.2/it  -U zhangsan
Enter zhangsan's password:                    //输入Samba用户zhangsan的密码
Domain=[WORKGROUP] OS=[Windows 6.1] Server=[Samba 4.2.3]
```

注意：

如果出现错误信息NT_STATUS_ACCESS_DENIED making remote directory \abc，则在Samba服务器上使用命令chcon –t samba_share_t /it修改/it目录的安全上下文。

3. 使用mount命令挂载Samba目录

在客户端用户可以把Samba共享目录挂载到本地目录上，这样该目录内的文件就如同本地文件系统的一部分。把Samba共享挂载到本地目录中时，如果该目录不存在，则需要先创建它，然后执行以下命令。

```
mount -o [username=Samba用户名] [//Samba服务器IP地址/共享目录名] [本地挂载点]
```

例20.6：挂载Samba服务器192.168.0.2上的共享目录/it到客户端目录/mnt/samba下。

```
[root@linux ~]# mkdir /mnt/samba
//在本地创建目录/mnt/samba
[root@linux ~]# mount -o username=zhangsan //192.168.0.2/it /mnt/samba
Password for zhangsan@//192.168.0.2/it:  ***********      //输入Samba用户zhangsan的密码
[root@linux ~]# df -h /mnt/samba
文件系统          容量  已用  可用 已用% 挂载点
```

```
//192.168.0.2/it  150G  4.6G  146G    4% /mnt/samba
//使用df命令查看Samba共享目录的挂载情况
```

20.4.2 Windows客户端配置

在Windows系统中，可以通过多种方法访问Samba服务器上的共享资源，比如网络和映射网络驱动器。

在Windows 10系统中，打开【运行】工具，输入Samba服务器的UNC路径，如图20.1所示，即可访问Samba服务器上的共享资源。

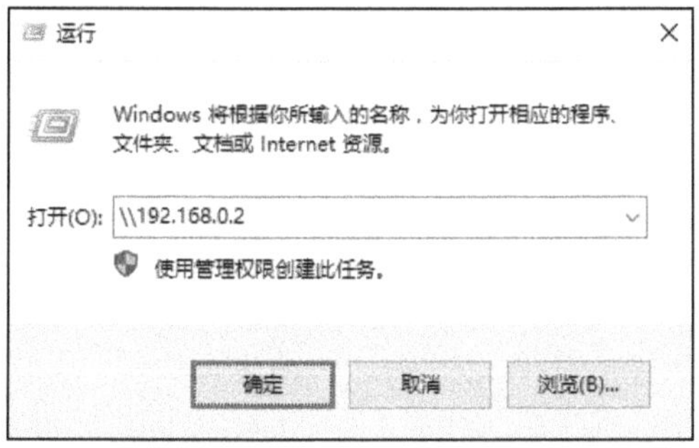

图20.1　运行

如果Samba服务器不允许匿名访问，接着会要求输入用名和密码，输入完毕后按【回车】键即可访问Samba资源，如图20.2所示。

图20.2　通过网络访问Samba共享资源

20.5 Samba服务器高级配置

20.5.1 设置Samba加密口令

当用户访问Samba服务器共享资源时，需要提供用户名和密码进行身份验证，身份验证通过才允许访问共享资源。Samba服务器将用户名和密码等信息存放在/etc/samba/smbpasswd文件中，以便对用户身份进行验证，默认该文件是不存在的。

1. 确保Samba服务器为user安全级别

设置/etc/samba/smb.conf配置文件，确保该配置文件设置了安全级别为user，启用了加密口令以及指定了Samba口令文件，如下所示。

```
security = user
passdb backend = smbpasswd
encrypt passwords = yes
smb passwd file = /etc/samba/smbpasswd
```

2. 重新启动smb服务

修改了/etc/samba/smb.conf文件之后，使用以下命令重新启动smb服务。

```
[root@rhel ~]# systemctl restart smb.service
```

3. 创建Samba账户

使用smbpasswd命令可以更改用户SMB密码。

smbpasswd命令语法：

```
smbpasswd [选项] [用户]
```

smbpasswd命令中各选项的含义如表20.5所示。

表20.5 smbpasswd命令选项的含义

选项	选项含义
-e	启用用户
-d	禁用用户
-a	添加用户
-x	删除用户
-U <用户>	远程用户名
-r <主机>	远程主机
-R <名称解析顺序>	名称解析顺序
-L	本地模式（必须是第一个选项）
-s	使用标准输入的密码提示
-m	机器信任账号
-n	设置没有密码

使用smbpasswd命令创建Samba账户并设置密码，该用户名和密码将保存在/etc/samba/smbpasswd文件中。

```
[root@rhel ~]# smbpasswd -a zhangsan
New SMB password:                //输入要为Samba账户zhangsan设置的密码
Retype new SMB password:          //再次输入Samba账户zhangsan的密码
Added user zhangsan
```

4. 查看Samba口令文件

查看Samba口令文件/etc/samba/smbpasswd的内容，可以看到已经存在Samba账户zhangsan。

```
[root@rhel ~]# cat /etc/samba/smbpasswd
zhangsan:1000:XXXXXXXXXXXXXXXXXXXXXXXXXXXXXXXX:E93EE9BA6CC42156E8FF643C99
65E3F3:[U          ]:LCT-5706125A:
```

20.5.2 映射Samba用户账户

默认情况下，Samba账户也就是Linux系统的用户账户。为了保证Samba服务器的安全，在访问Samba服务器时不希望用户使用真实的Samba账户，只须为Samba账户指定一个对应的映射账户即可。

1. 编辑/etc/samba/smb.conf文件

在已经正常运行的user级别Samba服务器上的/etc/samba/smb.conf文件中，必须加入以下这行命令内容，开启用户账户映射功能。

```
username map = /etc/samba/smbusers
```

2. 创建用户账户映射文件

/etc/samba/smbusers文件保存着账户映射关系，格式如下所示。

```
Samba账户 = 映射账户
```

可以在该文件内加入以下这行映射关系，那么在访问Samba服务器时可以使用映射账户zhangsan2访问共享目录。zhangsan是Samba账户，zhangsan2是映射账户。这两个账户都可以访问Samba服务器。

```
zhangsan = zhangsan2
```

3. 重新启动smb服务

使用以下命令重新启动smb服务。

```
[root@rhel ～]# systemctl restart smb.service
```

4. 客户端测试

在Samba客户端使用以下命令访问Samba服务器。

```
[root@linux ～]# smbclient //192.168.0.2/it -U zhangsan2
Enter zhangsan2's password:
//输入映射用户zhangsan2的密码（其实就是Samba用户zhangsan的密码）
Domain=[MYGROUP] OS=[Windows 6.1] Server=[Samba 4.2.3]
smb: \>
//成功登录Samba服务器
```

第21章　配置DNS服务器

21.1　DNS简介

TCP/IP协议通信是基于IP地址的，但是网络管理员无法记住那一串单调的数字。因此大家基本上都是通过访问计算机域名，然后通过DNS服务器将计算机域名解析为IP地址来实现的。

21.1.1　什么是DNS

DNS（Domain Name System，域名系统）用于命名组织到域层次结构中的计算机和网络服务。DNS命名用于TCP/IP网络中，通过用户友好的名称查找计算机和服务。当用户在应用程序中输入DNS名称时，DNS服务可以将此名称解析为与之相关的IP地址。

比如用户喜欢使用友好的名称（如rhel.sh.com）来查找计算机，友好名称更容易被了解和记住。但是计算机是使用IP地址在网络上进行通信的，为更容易地使用网络资源，DNS命名系统将计算机或服务的用户友好名称映射为IP地址。

在图21.1所示的例子中，DNS客户端计算机查询DNS服务器，要求获得某台计算机（已将其DNS域名配置为rhel.sh.com）的IP地址。由于DNS服务器能够根据其本地数据库应答此查询，因此，它将以包含所请求信息的应答来回复客户端，即一条主机资源记录，其中含有rhel.sh.com的IP地址信息。

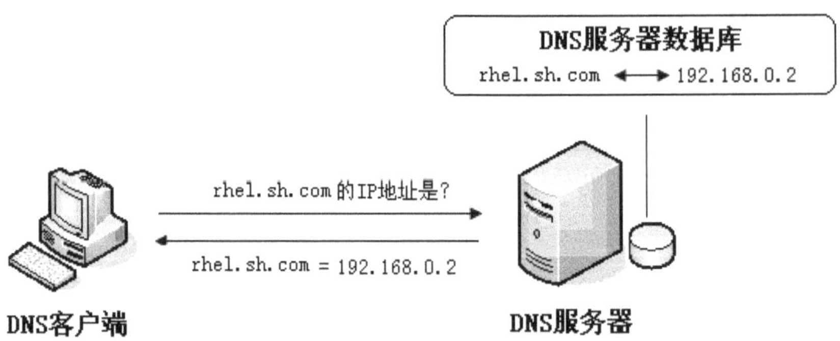

图21.1　DNS客户端查询

21.1.2　DNS域命名空间简介

DNS域命名空间是具有层次性的，一般可分为根域、顶级域、二级域、子域以及主机名，其结构如图21.2所示。

1. 根域

根域在DNS域名中使用时，以“.”表示，以指定该名称位于域命名空间层次结构的最高层，根域在默认情况下不需要表示出来。目前分布于全世界的根域服务器只有十三台，全部由Internet网络信息中心（InterNIC）管理。在根域服务器中只保存了其下层的顶级域的DNS服务器名称和IP地址的对应关系，并不需要保存全世界所有的DNS名称信息。

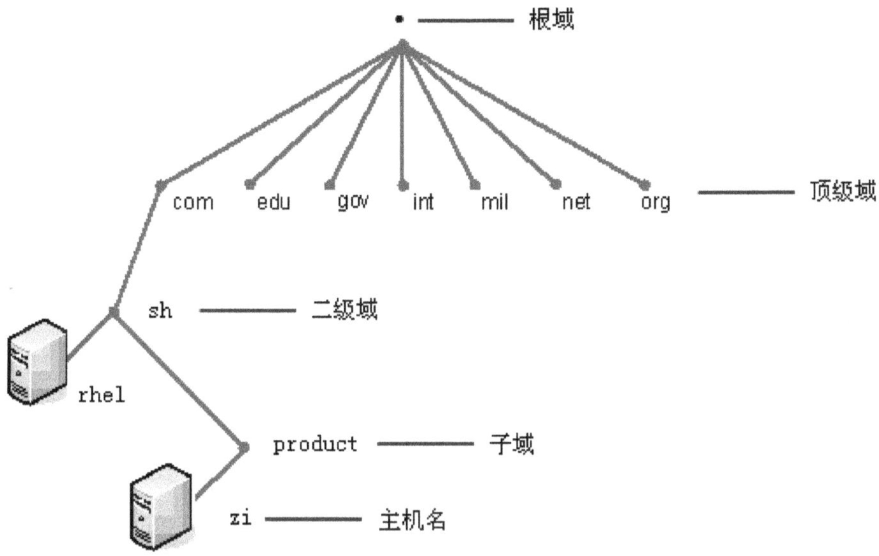

图21.2 DNS域命名空间

2. 顶级域

顶级域位于根域下层，由Internet网络信息中心（InterNIC）管理，是由两三个字母组成的名称，用于指示国家/地区（如.cn、.jp等）或使用名称的机构类型（如.com、.net等）。

3. 二级域

二级域是指为了在Internet上使用而注册到个人或企事业单位的域名，这些名称始终基于顶级域下面。

4. 子域

子域是按公司的具体情况从已注册的二级域名中按部门或地理位置而创建，其位于二级域下面。

5. 主机名

主机名位于DNS域命名空间的最低层，主要是指计算机的主机名。

21.1.3 DNS服务器类型

根据管理的DNS区域的不同，DNS服务器也具有不同的类型。一台DNS服务器可以同时管理多个区域，因此也可以同时属于多种DNS服务器类型。

目前在企业网络中主要部署以下4种类型的DNS服务器。

1. 主DNS服务器

当DNS服务器管理主要区域时，它被称为主DNS服务器。主DNS服务器是主要区域的集中更新源。

主要区域的区域数据存放在本地文件中，只有主DNS服务器可以管理此DNS区域（单点更新）。这意味着如果当主DNS服务器出现故障时，此主要区域不能再进行修改；但是位于辅助服务器上的辅助服务器还可以答复DNS客户端的解析请求。

2. 辅助DNS服务器

在DNS服务器设计中，针对每一个区域，总是建议至少使用两台DNS服务器来进行管理。其中一台作为主DNS服务器，而另外一台作为辅助DNS服务器。

当DNS服务器管理辅助区域时，它将成为辅助DNS服务器。使用辅助DNS服务器的好处在于实现负载均衡和避免单点故障。辅助DNS服务器用于获取区域数据的源DNS服务器称为主服务器，当创建辅助区域时，将要求指定主服务器。在辅助DNS服务器和主服务器之间存在着区域复制，用于从主服务器更新区域数据。

3. 缓存DNS服务器

缓存DNS服务器既没有管理任何区域的DNS服务器，也不会产生区域复制，它只能缓存DNS名称并且使用缓存的信息来答复DNS客户端的解析请求。当刚安装好DNS服务器时，它就是一个缓存DNS服务器。缓存DNS服务器可以通过缓存减少DNS客户端访问外部DNS服务器的网络流量，并且可以降低DNS客户端解析域名的时间，因此在网络中被广泛使用。

可以部署一台缓存DNS服务器，配置将所有其他DNS域转发到ISP的DNS服务器，然后配置客户使用此缓存DNS服务器，从而减少解析客户端请求所需要的时间和客户访问外部DNS服务的网络流量。

4. 转发DNS服务器

转发DNS服务器允许当本地DNS服务器无法对DNS客户端的解析请求进行本地解析时，转发DNS客户端发送的解析请求到上游DNS服务器。此时本地DNS服务器又称为转发DNS服务器，而上游DNS服务器又称为转发器。在Linux系统中还提供了条件转发功能，可以针对不同域名的解析请求转发到不同的转发器。

21.1.4 DNS解析类型

在部署一台DNS服务器时，必须预先考虑到DNS解析类型，从而决定DNS服务器类型。

DNS服务器解析域名可以分为正向查找解析和反向查找解析两大类。

1. 正向查找解析

用于域名到IP地址的映射，当DNS客户端请求解析某个域名时，DNS服务器通过正向查找，并返回给DNS客户端对应的IP地址。

2. 反向查找解析

用于IP地址到域名的映射，当DNS客户端请求解析某个IP地址时，DNS服务器通过反向查找，并返回给DNS客户端对应的域名。

21.1.5 bind简介

bind（Berkeley Internet Name Domain）是在20世纪80年代，由柏克莱加州大学计算机系统研究小组的四个研究生Douglas B Terry、Mark Painter、David W. Riggle和周松年（Songnian Zhou）一同开发的。它是当前互联网上最常使用的DNS服务器软件，现在由ISC（Internet Systems Consortium，互联网系统协会）负责开发与维护。

bind包括一个用来将主机名解析为IP地址的DNS服务器，一个解析库，以及验证DNS服务器是否正常运行的工具。

21.2 DNS服务器安装和配置

21.2.1 安装DNS服务器软件包

要配置DNS服务器，先要在Linux系统中使用以下命令查看bind和bind-libs软件包是否已经安装，如果没有请事先安装好。

```
[root@rhel ~]# rpm -qa|grep bind
bind-9.9.4-29.el7.x86_64
//DNS服务器软件包
bind-libs-9.9.4-29.el7.x86_64
//bind软件包所使用的库
```

使用以下命令安装bind和bind-libs软件包。

```
[root@rhel ~]# cd /run/media/root/RHEL-7.2\ Server.x86_64/Packages
//进入Linux系统安装光盘软件包目录
[root@rhel Packages]# rpm -ivh bind-9.9.4-29.el7.x86_64.rpm
警告：bind-9.9.4-29.el7.x86_64.rpm: 头V3 RSA/SHA256 Signature, 密钥 ID fd431d51: NOKEY
准备中...                ################################# [100%]
正在升级/安装...
  1:bind-32:9.9.4-29.el7          ################################# [100%]
[root@rhel Packages]#  rpm -ivh bind-libs-9.9.4-29.el7.x86_64.rpm
警告：bind-libs-9.9.4-29.el7.x86_64.rpm: 头V3 RSA/SHA256 Signature, 密钥 ID fd431d51: NOKEY
准备中...                ################################# [100%]
正在升级/安装...
  1:bind-libs-32:9.9.4-29.el7     ################################# [100%]
```

21.2.2 /etc/named.conf文件详解

DNS服务器的主配置文件是/etc/named.conf文件，该文件的内容由全局配置和局部配置两部分构成。全局配置部分主要是用来设置对DNS服务器整体生效的内容，而局部配置部分是用来设置区域名、区域类型和区域文件名等的内容。

在/etc/named.conf配置文件中，以“#”开头的行是注释行，它为用户配置参数起到解释作用，这样的语句默认不会被系统执行。

默认/etc/named.conf文件内容和文件结构如下所示，读者所看到的是已经将部分注释行删除的内容。

```
//第一部分：设置全局配置内容

options {
      listen-on port 53 { 127.0.0.1; };
      listen-on-v6 port 53 { ::1; };
      directory      "/var/named";
      dump-file      "/var/named/data/cache_dump.db";
      statistics-file "/var/named/data/named_stats.txt";
      memstatistics-file "/var/named/data/named_mem_stats.txt";
      allow-query    { localhost; };
      recursion yes;
      dnssec-enable yes;
      dnssec-validation yes;
```

```
        bindkeys-file "/etc/named.iscdlv.key";
        managed-keys-directory "/var/named/dynamic";
        pid-file "/run/named/named.pid";
        session-keyfile "/run/named/session.key";
};

logging {
        channel default_debug {
                file "data/named.run";
                severity dynamic;
        };
};

//第二部分：设置局部配置内容

zone "." IN {
        type hint;
        file "named.ca";
};

include "/etc/named.rfc1912.zones";
include "/etc/named.root.key";
```

下面分别从全局配置、局部配置和区域类型三部分来讲述/etc/named.conf文件。

1. 全局配置

下面将讲述在/etc/named.conf文件中可以添加和修改的主要全局配置参数。

- options { }部分。

设置服务器的全局配置选项及一些默认设置。

- listen−on port 53 { 127.0.0.1; }。

设置监听的DNS服务器IPv4端口和IP地址，这里必须将127.0.0.1改为DNS服务器的IPv4地址。

- listen−on−v6 port 53 { ::1; }。

设置监听的DNS服务器IPv6端口和IP地址，这里必须将::1改为DNS服务器的IPv6地址。

- directory “/var/named”。

设置DNS服务器区域文件存储目录。

- dump−file “/var/named/data/cache_dump.db”。

设置失效时候的dump文件。

- statistics−file “/var/named/data/named_stats.txt”。

设置named服务的记录文件。

- allow−query { localhost; }。

指定允许进行查询的主机。

- allow−transfer { none; }。

指定允许接受区域传输的辅助服务器。

- recursion yes。

设置是否启用递归式DNS服务器。

- forwarders { 192.168.0.30; }。

设置DNS转发器。

- forward only。

设置在转发查询前是否进行本地查询。其中设置only表示DNS服务器只进行转发查询，first表示DNS服务器在做本地查询失败后转发查询到其他DNS服务器。

- datasize 100M。

设置DNS缓存大小。

2. 局部配置

下面将讲述在/etc/named.conf文件中可以添加和修改的主要局部配置参数。

- zone "." IN { }部分。

设置区域的相关信息。

- type hint。

设置区域的类型。

- file "named.ca"。

设置区域文件名称。

3. 区域类型

默认在/etc/named.conf文件中有以下这行内容，这说明要定义区域类型。

```
type hint;
```

在DNS服务器上可以创建表21.1所示的区域类型。

表21.1 DNS区域类型

区域类型	描述
主要区域（master）	在主要区域中可以创建、修改、读取和删除资源记录
辅助区域（slave）	从主要区域处复制区域数据库文件，在辅助区域中只能读取资源记录，不能创建、修改和删除资源记录
存根区域（stub）	只从主要区域处复制区域数据库文件中的SOA、NS和A记录，在存根区域中只能读取资源记录，不能创建、修改和删除资源记录
转发区域（forward）	当客户端需要解析资源记录时，DNS服务器将解析请求转发到其他DNS服务器
根区域（hint）	从根服务器中解析资源记录

21.2.3 配置DNS区域文件

编辑完/etc/named.conf文件后，必须在/var/named目录下为每一个区域创建区域文件，并在区域文件中添加各类资源记录，这样才能为客户端提供域名解析服务。

1. 本地域区域文件

在/var/named目录下默认有named.localhost和named.loopback两个文件。named.localhost文件是本地域正向区域文件，用于将名字localhost转换为本地回路IP地址为127.0.0.1的区域文件。named.loopback文件是本地域反向区域文件，用于将本地回路IP地址127.0.0.1转换为名字为localhost的区域文件。

下面这个就是/var/named/named.localhost区域文件的数据内容，其中"@"用来定义本地域，域名以"."结束。

```
$TTL 1D
//设置资源记录默认使用的TTL值

@       IN SOA  @ rname.invalid. (
                                        0       ; serial
                                        1D      ; refresh
                                        1H      ; retry
                                        1W      ; expire
                                        3H )    ; minimum
//设置SOA资源记录

        NS      @
//设置NS资源记录

        A       127.0.0.1
//设置A资源记录

        AAAA    ::1
//设置AAAA资源记录
```

2. 资源记录

资源记录是用于答复DNS客户端请求的DNS数据库记录，每一个DNS服务器包含了它所管理的DNS命名空间的所有资源记录。资源记录包含和特定主机有关的信息，比如IP地址、提供服务的类型等。

常见的DNS资源记录类型有SOA、A、AAAA、CNAME、MX、NS和PTR，如表21.2所示。

表21.2　DNS资源记录类型

资源记录类型	说明	描述
起始授权结构（SOA）	起始授权机构	SOA记录指定区域的起点。包含区域名、区域管理员电子邮件地址，以及指示辅助DNS服务器如何更新区域数据文件的设置等信息
主机（A）	IPv4地址	A记录是名称解析的重要记录，用于将计算机的完全合格域名（FQDN）映射到对应主机的IP地址上。可以在DNS服务器中手动创建或通过DNS客户端动态更新来创建
主机（AAAA）	IPv6地址	AAAA记录是用来将域名解析到IPv6地址的DNS记录
别名（CNAME）	标准名称	CNAME记录用于将某个别名指向到某个主机（A）记录上，从而无须为某个需要新名称解析的主机额外创建A记录
邮件交换器（MX）	邮件交换器	MX记录列出了负责接收发到域中的电子邮件的主机，通常用于邮件的收发，需要指定优先级
名称服务器（NS）	名称服务器	NS记录指定负责此DNS区域的权威名称服务器
指针（PTR）	指针记录	和A记录相反，它是记录IP地址映射为计算机的完全合格域名（FQDN）

3. SOA资源记录描述

在DNS区域文件中首先需要写入的是SOA资源记录，该记录用来定义主DNS服务器域名，以及与辅助DNS服务器更新时的版本和时间信息。这些信息将控制辅助DNS服务器区域更新时的频繁程度。

SOA资源记录的语法格式如下所示，一般区域名可以用@表示，IN是指将记录标识为一个Internet DNS资源记录。

```
区域名 记录类型 SOA 主DNS服务器域名 管理员邮件地址（
                                        序列号
                                        刷新时间
                                        重试时间
                                        过期时间
                                        最小TTL）
```

下面这个就是/var/named/named.localhost区域文件中的SOA资源记录的内容。默认时间为秒，D表示天，H表示小时，W表示星期。

```
@       IN SOA  @ rname.invalid. (
                                0       ; serial
                                1D      ; refresh
                                1H      ; retry
                                1W      ; expire
                                3H )    ; minimum
```

在SOA资源记录中需要添加表21.3所示的字段内容。

表21.3　SOA记录的字段

字段	字段描述
主DNS服务器域名	管理此区域的主DNS服务器的完全合格域名（FQDN）
管理员邮件地址	管理此区域的负责人的电子邮件地址，请注意，在电子邮件地址名称中使用“.”，而不是使用“@”
序列号（serial）	此区域文件的修改版本号，每次更改区域文件时都将增加此数字。这样所做的更改都将被复制到任何辅助DNS服务器上
刷新时间（refresh）	辅助DNS服务器等待多长时间将连接到主DNS服务器复制资源记录。辅助DNS服务器比较自己和主DNS服务器的SOA记录的序列号，如果两者不一样，则辅助DNS服务器开始从主DNS服务器上复制资源记录
重试时间（retry）	如果辅助DNS服务器连接主DNS服务器失败，等待多长时间后再次连接到主DNS服务器。通常情况下重试时间小于刷新时间
过期时间（expire）	当这个时间到期后，如果辅助DNS服务器一直都无法连接到主DNS服务器，则辅助DNS服务器会把它的区域文件内的资源记录当作不可靠数据
最小TTL（默认）（minimum）	是指区域文件中的所有资源记录的生存时间的最小值，这些记录应在DNS缓存中保留的时间

21.2.4　主DNS服务器配置实例

在公司内部配置一台主DNS服务器，为公司网络内的客户端计算机提供正向域名和反向域名解析服务，具体参数如下。

- 主DNS服务器IP地址：192.168.0.2。
- 主DNS服务器主机名：rhel。
- 正向区域名：sh.com。
- 反向区域名：0.168.192.in-addr.arpa。
- 正向区域文件名称：/var/named/sh.com.hosts。
- 反向区域文件名称：/var/named/192.168.0.rev。
- 在正向区域中指定相关的资源记录。
- 在反向区域中指定相关的资源记录。
- 允许进行DNS查询的网络：192.168.0.0/24。

1. 编辑/etc/named.conf文件

修改DNS服务器的/etc/named.conf文件，在该文件内设置DNS服务器监听的网卡IP地址为192.168.0.2，以及正向区域sh.com和反向区域0.168.192.in-addr.arpa的区声明，修改后文件的内容如下所示。

```
options {
      listen-on port 53 { 192.168.0.2; };
      listen-on-v6 port 53 { ::1; };
      directory       "/var/named";
      dump-file       "/var/named/data/cache_dump.db";
      statistics-file "/var/named/data/named_stats.txt";
      memstatistics-file "/var/named/data/named_mem_stats.txt";
      allow-query     { 192.168.0.0/24; };
      recursion yes;
      dnssec-enable yes;
      dnssec-validation yes;
      bindkeys-file "/etc/named.iscdlv.key";
      managed-keys-directory "/var/named/dynamic";
      pid-file "/run/named/named.pid";
      session-keyfile "/run/named/session.key";
};

logging {
            channel default_debug {
            file "data/named.run";
            severity dynamic;
      };
};

zone "." IN {
     type hint;
     file "named.ca";
};

zone "sh.com" IN {
      type master;
      file "sh.com.hosts";
};

zone "0.168.192.in-addr.arpa" IN {
      type master;
      file "192.168.0.rev";
};

include "/etc/named.rfc1912.zones";
include "/etc/named.root.key";
```

2. 创建正向区域文件

创建正向区域sh.com的区域文件/var/named/sh.com.hosts，这里的区域文件名必须和/etc/named.conf文件中指定的区域文件名保持一致，该文件的内容如下所示。

```
$ttl 38400
```

```
@      IN     SOA    rhel.sh.com.   root.sh.com. (
                     1268360234
                     10800
                     3600
                     604800
                     38400 )
@        IN       NS          rhel.sh.com.
rhel       IN       A           192.168.0.2
linux       IN       A           192.168.0.5
www        IN      CNAME        rhel.sh.com.
mail       IN      CNAME        rhel.sh.com.
ftp       IN     CNAME       rhel.sh.com.
@        IN      MX         10 mail.sh.com.
```

注意：

域名要以"."结尾，比如rhel.sh.com.。

@代表本域，如果用域名表示就是sh.com.。

3. 创建反向区域文件

创建反向区域0.168.192.in-addr.arpa的区域文件/var/named/192.168.0.rev，这里的区域文件名必须和/etc/named.conf文件中指定的区域文件名保持一致，该文件的内容如下所示。

```
$ttl 38400
@      IN     SOA    rhel.sh.com.   root.sh.com. (
                     1268360612
                     10800
                     3600
                     604800
                     38400 )
@       IN     NS       rhel.sh.com.
2       IN     PTR      rhel.sh.com.
5       IN     PTR      linux.sh.com.
```

21.2.5 控制named服务

使用systemctl命令可以控制named服务的状态，以及当DNS服务器启动时自动启动服务。

1. 启动named服务

使用以下命令启动named服务。

```
[root@rhel ~]# systemctl start named.service
```

2. 查看named服务运行状态

使用以下命令查看named服务运行状态。

```
[root@rhel ~]# systemctl status named.service
● named.service - Berkeley Internet Name Domain (DNS)
   Loaded: loaded (/usr/lib/systemd/system/named.service; disabled; vendor preset: disabled)
   Active: active (running) since 三 2015-12-30 22:31:06 CST; 4s ago
  Process: 61811 ExecStart=/usr/sbin/named -u named $OPTIONS (code=exited, status=0/SUCCESS)
  Process: 61809 ExecStartPre=/bin/bash -c if [ ! "$DISABLE_ZONE_CHECKING" == "yes" ]; then /usr/sbin/named-checkconf -z /etc/named.conf; else echo "Checking of zone files is disabled"; fi (code=exited, status=0/SUCCESS)
```

```
   Main PID: 61814 (named)
    CGroup: /system.slice/named.service
            └─61814 /usr/sbin/named -u named

12月 30 22:31:06 rhel named[61814]: all zones loaded
12月 30 22:31:06 rhel named[61814]: running
12月 30 22:31:06 rhel systemd[1]: Started Berkeley Internet Name Domain (DNS).
12月 30 22:31:06 rhel named[61814]: error (network unreachable) resolving 'dlv.isc.org/DNSKEY/IN': 2001:503:ba3e::2:30#53
12月 30 22:31:08 rhel named[61814]: error (network unreachable) resolving 'dlv.isc.org/DNSKEY/IN': 2001:dc3::35#53
12月 30 22:31:08 rhel named[61814]: error (network unreachable) resolving './NS/IN': 2001:dc3::35#53
12月 30 22:31:09 rhel named[61814]: error (network unreachable) resolving 'dlv.isc.org/DNSKEY/IN': 2001:500:1::803f:235#53
12月 30 22:31:09 rhel named[61814]: error (network unreachable) resolving 'dlv.isc.org/DNSKEY/IN': 2001:7fd::1#53
12月 30 22:31:09 rhel named[61814]: error (network unreachable) resolving './NS/IN': 2001:500:1::803f:235#53
12月 30 22:31:09 rhel named[61814]: error (network unreachable) resolving './NS/IN': 2001:7fd::1#53
```

3. 停止named服务

使用以下命令停止named服务。

```
[root@rhel ~]# systemctl stop named.service
```

4. 重新启动named服务

使用以下命令重新启动named服务。

```
[root@rhel ~]# systemctl restart named.service
```

5. 开机自动启动named服务

使用以下命令在重新引导系统时自动启动named服务。

```
[root@rhel ~]# systemctl enable named.service
[root@rhel ~]# systemctl is-enabled named.service
enabled
```

21.3 DNS服务器排错

21.3.1 named-checkconf

使用named-checkconf命令可以对named配置文件进行语法检查。需要指定要检查的配置文件的名称，如果没有指定则默认为/etc/named.conf文件。

named-checkconf命令语法：

```
named-checkconf [选项] [配置文件名]
```

named-checkconf命令中各选项的含义如表21.4所示。

表21.4 named-checkconf命令选项的含义

选项	选项含义
-h	显示使用情况摘要并退出
-z	执行named.conf配置文件中找到的所有主要区域的测试负载
-t <目录>	将现有目录切换至指定目录，以便处理配置文件中的已包括伪命令

例21.1：对配置文件/etc/named.conf进行语法检查。

```
[root@rhel ~]# named-checkconf /etc/named.conf
```

21.3.2 named-checkzone

使用named-checkzone命令可以进行区域文件有效性检查和转换，必须指定区域名称和区域文件名称。

named-checkzone命令语法：

```
named-checkzone [选项] [区域名] [区域文件名]
```

named-checkzone命令中各选项的含义如表21.5所示。

表21.5　named-checkzone命令选项的含义

选项	选项含义
-q	安静模式
-d	启用调试
-c <类别>	指定区域的类别。如果没指定就使用IN
-n <模式>	指定是否必须检查NS记录以查看它们是否为地址。可能的模式是fail、warn（默认）或ignore
-k <模式>	使用指定的故障方式执行check-names检查。可能的模式是fail、warn（默认）或ignore
-m <模式>	指定是否必须检查MX记录以查看它们是否为地址。可能的模式是fail、warn（默认）或ignore
-M <模式>	检查MX记录是否引用CNAME。可能的模式是fail、warn（默认）或ignore
-S <模式>	检查SRV记录是否引用CNAME 。可能的模式是fail、warn（默认）或ignore

例21.2：对区域文件/var/named/sh.com.hosts进行有效性检查和转换。

```
[root@rhel ~]# named-checkzone sh.com /var/named/sh.com.hosts
zone sh.com/IN: sh.com/MX 'mail.sh.com' is a CNAME (illegal)
zone sh.com/IN: loaded serial 1268360234
OK
```

例21.3：对区域文件/var/named/192.168.0.rev进行有效性检查和转换。

```
[root@rhel ~]# named-checkzone 0.168.192.in-addr.arpa /var/named/192.168.0.rev
zone 0.168.192.in-addr.arpa/IN: loaded serial 1268360612
OK
```

21.4　配置DNS客户端

在Linux系统中配置的DNS服务器可以支持Linux客户端和非Linux客户端（如Windows系统）解析DNS资源记录。

21.4.1　Linux客户端配置

在Linux系统上要配置DNS客户端，首先需要安装bind-utils软件包，然后再编辑/etc/resolv.conf文件。

1. 安装软件包

在Linux系统中使用以下命令查看bind-utils软件包是否已经安装，如果没有请事先安装好。

```
[root@linux ~]# rpm -q bind-utils
bind-utils-9.9.4-29.el7.x86_64
//DNS客户端测试工具，比如dig、host和nslookup
```

使用以下命令安装bind-utils软件包。

```
[root@linux ~]# cd /run/media/root/RHEL-7.2\ Server.x86_64/Packages
//进入Linux系统安装光盘软件包目录
[root@linux Packages]# rpm -ivh bind-utils-9.9.4-29.el7.x86_64.rpm
警告：bind-utils-9.9.4-29.el7.x86_64.rpm: 头V3 RSA/SHA256 Signature, 密钥 ID fd431d51: NOKEY
准备中...                          ################################# [100%]
正在升级/安装...
   1:bind-utils-32:9.9.4-29.el7     ################################# [100%]
```

2. 编辑/etc/resolv.conf文件

在Linux客户端需要修改/etc/resolv.conf文件，设置nameserver参数指向DNS服务器的IP地址，使得该客户端能从DNS服务器处解析记录，如下所示。

```
nameserver 192.168.0.2
```

21.4.2 Windows客户端配置

以Windows 10系统为例，讲述如何将该计算机配置为DNS客户端，使得该计算机能从DNS服务器上解析到记录。

打开【网络和共享中心】界面，单击该界面左侧的【更改适配器设置】，打开图21.3所示的【网络连接】界面。

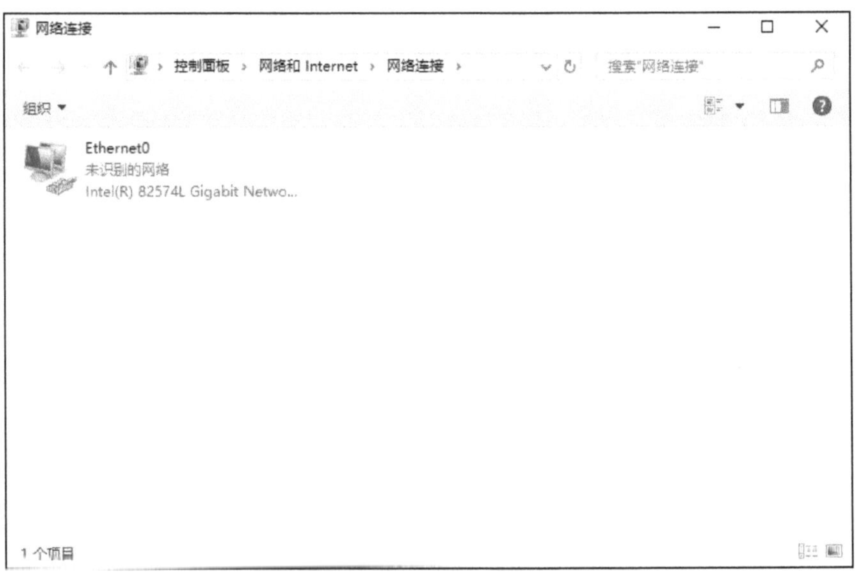

图21.3　网络连接

右键单击【Ethernet0】图标，在弹出菜单中选择【属性】，打开图21.4所示的【Ethernet0属性】对话框。

在【此连接使用下列项目】列表中双击【Internet协议版本4（TCP/IPv4）】复选框，打开【Internet协议版本4（TCP/IPv4）属性】对话框。在该对话框中输入首选DNS服务器IP地址为192.168.0.2，如图21.5所示，最后单击【确定】按钮。这样设置以后该客户端才能向DNS服务器解析记录。

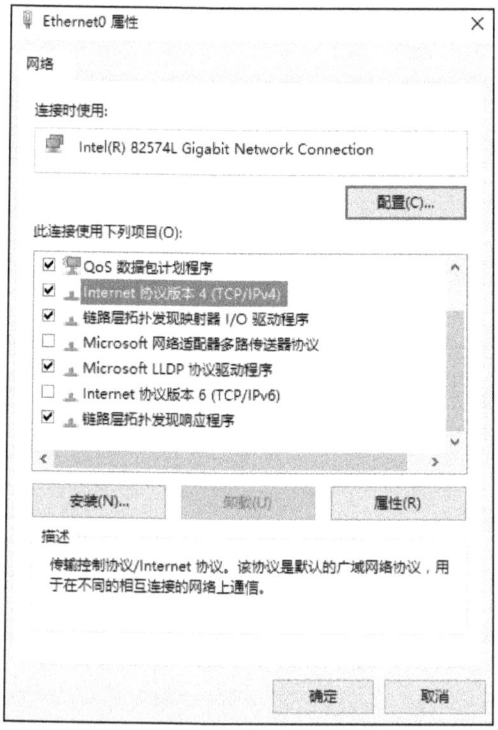

图21.4　Ethernet0属性

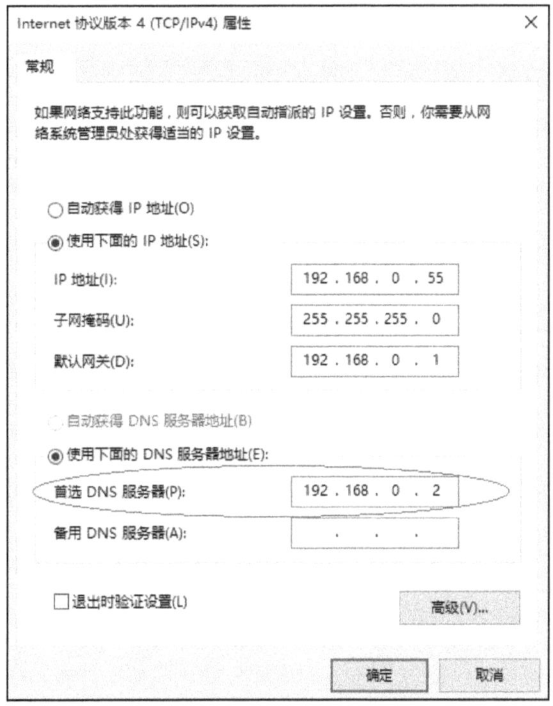

图21.5　设置首选DNS服务器地址

21.5　DNS客户端域名解析测试

在Linux客户端计算机上安装bind-utils软件包之后，可以使用host和nslookup命令解析DNS资源记录。

21.5.1　host

使用host命令可以执行DNS查找，进行域名解析。

host命令语法：

```
host [选项] [名称] [服务器]
```

host命令中各选项的含义如表21.6所示。

表21.6　host命令选项的含义

选项	选项含义
-a	相当于-v -t ANY
-C	比较权威域名服务器上的SOA记录
-l	列出在一个域内的所有的主机，使用AXFR
-r	禁用递归处理
-t <类型>	指定查询类型，类型可以是CNAME、NS、MX、SOA、A、AAAA、PTR
-T	启用TCP/IP模式
-v	输出详细信息
-w	指定永久等待一个回复
-W <时长>	指定多长时间来等待回复
-4	只使用IPv4查询事物
-6	只使用IPv6查询事物
-R <重试次数>	指定UDP数据包重试次数

在Linux客户端计算机上使用host命令解析区域中的各种资源记录，举例如下所示。

例21.4：解析sh.com区域中的A记录。

```
[root@linux～]# host rhel.sh.com
rhel.sh.com has address 192.168.0.2
```

例21.5：解析0.168.192.in-addr.arpa区域中的PTR记录。

```
[root@linux ～]# host 192.168.0.2
2.0.168.192.in-addr.arpa domain name pointer rhel.sh.com.
```

例21.6：解析sh.com区域中的SOA记录。

```
[root@linux ～]# host -t SOA sh.com
sh.com has SOA record rhel.sh.com. root.sh.com. 1268360234 10800 3600 604800 38400
```

例21.7：解析sh.com区域中的NS记录。

```
[root@linux ～]# host -t NS sh.com
sh.com name server rhel.sh.com.
```

例21.8：解析sh.com区域中的MX记录。

```
[root@linux ～]# host -t MX sh.com
sh.com mail is handled by 10 mail.sh.com.
```

例21.9：解析sh.com区域中的所有主机记录。

```
[root@linux ～]# host -l sh.com 192.168.0.2
Using domain server:
Name: 192.168.0.2
Address: 192.168.0.2#53
Aliases:
sh.com name server rhel.sh.com.
rhel.sh.com has address 192.168.0.2
linux.sh.com has address 192.168.0.5
```

例21.10：解析sh.com区域中A记录的详细信息。

```
[root@linux ～]# host -a rhel.sh.com
Trying "rhel.sh.com"
;; ->>HEADER<<- opcode: QUERY, status: NOERROR, id: 7920
;; flags: qr aa rd ra; QUERY: 1, ANSWER: 1, AUTHORITY: 1, ADDITIONAL: 0

;; QUESTION SECTION:
;rhel.sh.com.                IN     ANY

;; ANSWER SECTION:
rhel.sh.com.         38400   IN     A      192.168.0.2

;; AUTHORITY SECTION:
sh.com.              38400   IN     NS     rhel.sh.com.

Received 59 bytes from 192.168.0.2#53 in 2 ms
```

21.5.2 nslookup

使用nslookup命令可以以交互式和非交互式方式查询域名。不仅在Linux系统中，也可以在Windows系统下使用nslookup命令解析区域中的各种资源记录，举例如下所示。

```
[root@linux ～]# nslookup
> set type=SOA
```

```
> sh.com
Server:        192.168.0.2
Address:       192.168.0.2#53
sh.com
       origin = rhel.sh.com.sh.com
       mail addr = root.sh.com
       serial = 1268360234
       refresh = 10800
       retry = 3600
       expire = 604800
       minimum = 38400
//解析sh.com区域中的SOA记录

> set type=NS
> sh.com
Server:        192.168.0.2
Address:       192.168.0.2#53
sh.com    nameserver = rhel.sh.com.
//解析sh.com区域中的NS记录

> set type=MX
> sh.com
Server:        192.168.0.2
Address:       192.168.0.2#53
sh.com    mail exchanger = 10 mail.sh.com .
//解析sh.com区域中的MX记录

> set type=A
> rhel.sh.com
Server:        192.168.0.2
Address:       192.168.0.2#53
Name:   rhel.sh.com
Address: 192.168.0.2
//解析sh.com区域中的A记录

> set type=PTR
> 192.168.0.2
Server:        192.168.0.2
Address:       192.168.0.2#53
2.0.168.192.in-addr.arpa       name = rhel.sh.com.
//解析0.168.192.in-addr.arpa区域中的PTR记录

> set type=CNAME
> www.sh.com
Server:        192.168.0.2
Address:       192.168.0.2#53
www.sh.com       canonical name = rhel.sh.com.
//解析sh.com区域中的CNAME记录
```

21.6 DNS服务器高级配置

21.6.1 辅助DNS服务器

在企业中为了减轻主DNS服务器的工作负荷，以及为主DNS服务器提供容错功能，可以配置多台辅助DNS服务器。辅助DNS服务器上的区域文件是从主DNS服务器上复制而来的，所以区域文件内的资源记录只能读取，而不能修改和删除。这样一来客户端计算机也可以从辅助DNS服务器上解析资源记录。

在公司内部配置一台辅助DNS服务器，为公司网络内的客户端计算机提供正向和反向域名解析服务，具体参数如下。

- 主DNS服务器IP地址：192.168.0.2；
- 辅助DNS服务器IP地址：192.168.0.4；
- 辅助DNS服务器主机名：rhel2；
- 正向区域名：sh.com；
- 反向区域名：0.168.192.in-addr.arpa；
- 正向区域文件名称：/var/named/sh.com.hosts；
- 反向区域文件名称：/var/named/192.168.0.rev。

1. 编辑/etc/named.conf配置文件

修改辅助DNS服务器的配置文件/etc/named.conf，在该配置文件内设置辅助DNS服务器监听的网卡IP地址为192.168.0.4，以及正向区域sh.com和反向区域0.168.192.in-addr.arpa的区声明，修改后文件的内容如下所示。

```
options {
      listen-on port 53 { 192.168.0.4; };
      listen-on-v6 port 53 { ::1; };
      directory      "/var/named";
      dump-file      "/var/named/data/cache_dump.db";
      statistics-file "/var/named/data/named_stats.txt";
      memstatistics-file "/var/named/data/named_mem_stats.txt";
      allow-query    { 192.168.0.0/24; };
      recursion yes;
      dnssec-enable yes;
      dnssec-validation yes;
      bindkeys-file "/etc/named.iscdlv.key";
      managed-keys-directory "/var/named/dynamic";
      pid-file "/run/named/named.pid";
      session-keyfile "/run/named/session.key";
};

logging {
      channel default_debug {
            file "data/named.run";
            severity dynamic;
      };
};
```

```
zone "." IN {
        type hint;
        file "named.ca";
};

zone "sh.com" IN {
         type slave;
         masters {192.168.0.2; };
         file "slaves/sh.com.hosts";
};

zone "0.168.192.in-addr.arpa" IN {
         type slave;
         masters {192.168.0.2; };
         file "slaves/192.168.0.rev";
};

include "/etc/named.rfc1912.zones";
include "/etc/named.root.key";
```

2. 启动named服务

使用systemctl命令启动辅助DNS服务器的named服务，这样辅助DNS服务器就会和主DNS服务器进行数据同步，如下所示。

```
[root@rhel2 ~]# systemctl start named.service
```

3. 查看辅助DNS区域文件

自动从主DNS服务器上复制完区域之后，可以在辅助DNS服务器上使用以下命令在/var/named/slaves目录下查看到区域文件sh.com.hosts和192.168.0.rev，这代表辅助DNS服务器配置完毕。

```
[root@rhel2 ~]# ls /var/named/slaves
sh.com.hosts  192.168.0.rev
```

注意：

如果在/var/named/slaves目录中没有出现这两个文件，则需要在DNS服务器上查看防火墙是否已经开放53端口（TCP协议）。

4. DNS客户端域名解析

在Linux客户端修改/etc/resolv.conf文件，将DNS服务器指向192.168.0.4，该文件修改后的内容如下所示。

```
nameserver 192.168.0.4
```

在Linux客户端使用以下命令解析域名rhel.sh.com。

```
[root@linux ~]# nslookup rhel.sh.com
Server:         192.168.0.4
Address:        192.168.0.4#53

Name:   rhel.sh.com
Address: 192.168.0.2
//出现解析结果，表明辅助DNS服务器配置成功
```

21.6.2 虚拟子域

使用区域委派方式能够减轻DNS服务器的负担，但是相对来说成本比较高。因为实现子域委派需要另外配置一台DNS服务器，而虚拟子域只须在同一台服务器上管理子域，配置比较简单，只需要在父域正向区域文件中加入$ORIGIN即可。

在公司内部配置一台DNS服务器，将父域和子域的内容都配置在该服务器上，具体参数如下。

- DNS服务器IP地址：192.168.0.2。
- DNS服务器主机名：rhel。
- 父域域名：sh.com。
- 子域域名：product.sh.com。

1. 编辑/etc/named.conf文件

在父域DNS服务器上修改/etc/named.conf文件，在该文件内添加sh.com区域声明，如下所示。

```
options {
      listen-on port 53 { 192.168.0.2; };
      listen-on-v6 port 53 { ::1; };
      directory     "/var/named";
      dump-file     "/var/named/data/cache_dump.db";
      statistics-file "/var/named/data/named_stats.txt";
      memstatistics-file "/var/named/data/named_mem_stats.txt";
      allow-query   { 192.168.0.0/24; };
      recursion yes;
      dnssec-enable yes;
      dnssec-validation yes;
      bindkeys-file "/etc/named.iscdlv.key";
      managed-keys-directory "/var/named/dynamic";
      pid-file "/run/named/named.pid";
      session-keyfile "/run/named/session.key";
};

logging {
      channel default_debug {
            file "data/named.run";
            severity dynamic;
      };
};

zone "." IN {
      type hint;
      file "named.ca";
};

zone "sh.com" IN {
      type master;
      file "sh.com.hosts";
};
```

```
include "/etc/named.rfc1912.zones";
include "/etc/named.root.key";
```

2. 编辑/var/named/sh.com.hosts文件

在父域DNS服务器上修改/var/named/sh.com.hosts文件，该文件修改后的内容如下所示。

```
$ttl 38400
$ORIGIN sh.com.
@      IN    SOA    rhel.sh.com.   root.sh.com. (
                1268360234
                10800
                3600
                604800
                38400 )
@               IN        NS       rhel.sh.com.
rhel              IN        A        192.168.0.2

$ORIGIN product.sh.com.
                IN        NS       zi.product.sh.com.
zi              IN        A       192.168.0.20
```

3. 重新启动named服务

使用以下命令重新启动named服务。

```
[root@rhel ~]# systemctl restart named.service
```

4. DNS客户端域名解析

（1）编辑/etc/resolv.conf文件。

在Linux客户端修改/etc/resolv.conf文件，指向父DNS服务器192.168.0.2，该文件修改后的内容如下所示。

```
nameserver 192.168.0.2
```

（2）域名解析。

在Linux客户端使用以下命令解析域名zi.product.sh.com。

```
[root@linux ~]# nslookup zi.product.sh.com
Server:        192.168.0.2
Address:        192.168.0.2#53

Name:   zi.product.sh.com
Address: 192.168.0.20
//子域域名解析成功
```

21.6.3 缓存DNS服务器

缓存DNS服务器是一种特殊的DNS服务器类型，其本地并不设置任何DNS信息，只执行查询和缓存操作。客户端发送查询请求，缓存服务器如果保存有该查询的信息，那么直接返回结果，从而提高了DNS的解析速度。

缓存DNS服务器第一次启动的时候，没有缓存任何信息。通过执行客户端的查询请求，才能构建缓存数据库，达到减少网络流量和提速的作用。

1. 编辑/etc/named.conf文件

修改/etc/named.conf文件，该文件修改后的内容如下所示。

```
options {
	listen-on port 53 { 192.168.0.2; };
	listen-on-v6 port 53 { ::1; };
	directory	"/var/named";
	datasize	100M;
	dump-file	"/var/named/data/cache_dump.db";
	statistics-file "/var/named/data/named_stats.txt";
	memstatistics-file "/var/named/data/named_mem_stats.txt";
	allow-query	{ 192.168.0.0/24; };
	recursion yes;
	dnssec-enable yes;
	dnssec-validation yes;
	bindkeys-file "/etc/named.iscdlv.key";
	managed-keys-directory "/var/named/dynamic";
	pid-file "/run/named/named.pid";
	session-keyfile "/run/named/session.key";
};

logging {
	channel default_debug {
		file "data/named.run";
		severity dynamic;
	};
};

zone "." IN {
	type hint;
	file "named.ca";
};

include "/etc/named.rfc1912.zones";
include "/etc/named.root.key";
```

2. 重新启动named服务

使用以下命令重新启动named服务。

```
[root@rhel ~]# systemctl restart named.service
```

第22章　配置Apache服务器

22.1　Web简介

22.1.1　什么是Web

WWW（World Wide Web，万维网，也叫Web）是英国人TimBerners-Lee在1989年欧洲共同体的一个大型科研机构工作时发明的。通过Web，互联网上的资源可以比较直观地在一个网页里表示出来，而且在网页上可以互相链接。

Web是一种超文本信息系统，其主要实现方式是超文本链接，它使得文本不再像一本书一样是固定的、线性的，而是可以从一个位置跳转到另外一个位置。想要了解某一个主题的内容，只要在这个主题上单击一下，就可以跳转到包含这一主题的文档上。

超文本是一种用户接口范式，用以显示文本及与文本相关的内容。超文本中的文字包含可以链接到其他字段或者文档的超文本链接，允许从当前阅读位置直接切换到超文本链接所指向的文字。超文本的格式有很多，最常使用的是超文本标记语言，我们日常浏览的网页都属于超文本。

超文本链接是一种全局性的信息结构，它将文档中的不同部分通过关键字建立链接，使信息得以用交互方式搜索。

22.1.2　Web工作原理

Web中的信息资源主要由一篇篇的Web网页为基本元素构成。这些Web网页采用超级文本的格式，即可以含有指向其他Web网页或其本身内部特定位置的超级链接（简称链接）。可以将链接理解为指向其他Web网页的指针。链接使得Web网页交织为网状。这样，如果Internet上的Web网页和链接非常多的话，就构成了一张巨大的信息网。

当用户从Web服务器取到一个文件后，用户需要在自己的屏幕上将它正确无误地显示出来。由于将文件放入Web服务器的人并不知道将来阅读这个文件的人到底会使用哪一种类型的计算机或终端，要保证每个人在屏幕上都能读到正确显示的文件，必须以某种各类型的计算机或终端都能看懂的方式来描述文件，于是就产生了超文本标记语言（HTML）。

HTML对Web网页的内容、格式及Web网页中的超级链接进行描述，而Web浏览器的作用就在于读取Web网站上的HTML文档，再根据此类文档中的描述组织并显示相应的Web网页面。

HTML文档本身是文本格式的，用任何一种文本编辑器都可以对它进行编辑。HTML语言有一套相当复杂的语法，专门提供给专业人员用来创建Web文档，一般用户并不需要掌握它。在Linux系统中，HTML文档的后缀为“.html”。

HTTP（Hypertext Transfer Protocol，超文本传输协议）提供了访问超文本信息的功能，是Web浏览器和Web服务器之间的应用层通信协议。HTTP是用于分布式协作超文本信息系统的、通用的、面向对象的协议。Web使用HTTP传输各种超文本页面和数据。

URL（统一资源标识符）是一个世界通用的负责给万维网上的资源（比如网页）定位的系统。

22.1.3 Apache简介

Apache HTTP Server（简称Apache）是Apache软件基金会的一个开放源代码的网页服务器，可以运行在UNIX、Windows和Linux等操作系统中，由于其跨平台和安全性而被广泛使用，是使用排名第一的Web服务器软件。它快速、可靠并且可以通过简单的API扩展，并可将Perl和Python等解释器编译到服务器中。

Apache源于NCSA httpd服务器，经过多次修改发展而成。因为它是自由软件，所以不断有人来为它开发新的功能、新的特性，并解决原来的问题。Apache的特点是操作简单、速度快、性能稳定，并可以作为代理服务器使用。

Apache本来只用于小型或试验Internet网络，后来逐步扩充到各种UNIX系统中，尤其对Linux的支持相当完美。Apache有多种产品，可以支持SSL技术，支持多个虚拟主机。

Apache具有以下特性。

- 支持HTTP/1.1通信协议。
- 拥有简单而强有力的基于文件的配置过程。
- 支持通用网关接口（CGI）。
- 支持基于端口号、IP地址和域名的虚拟主机。
- 支持多种方式的HTTP认证。
- 集成Perl处理模块。
- 集成代理服务器模块。
- 支持实时监视服务器状态和定制服务器日志。
- 支持服务器端包含指令（SSI）。
- 支持安全Socket层（SSL）。
- 提供用户会话过程的跟踪。
- 支持FastCGI。
- 通过第三方模块可以支持Java Servlets。

22.2 Apache服务器安装和配置

22.2.1 安装Apache服务器软件包

要配置Apache服务器，先要在Linux系统中使用以下命令查看httpd、httpd-tools和httpd-manual软件包是否已经安装，如果没有请事先安装好。

```
[root@rhel ~]# rpm -qa|grep httpd
httpd-2.4.6-40.el7.x86_64
//Apache服务主程序软件包
httpd-tools-2.4.6-40.el7.x86_64
//Apache服务器使用工具
httpd-manual-2.4.6-40.el7.noarch
//Apache服务器手册
```

使用以下命令安装httpd、httpd-tools和httpd-manual软件包。

```
[root@rhel ~]# cd /run/media/root/RHEL-7.2\ Server.x86_64/Packages
//进入Linux系统安装光盘软件包目录
```

```
[root@rhel Packages]# rpm -ivh httpd-2.4.6-40.el7.x86_64.rpm
警告：httpd-2.4.6-40.el7.x86_64.rpm: 头V3 RSA/SHA256 Signature, 密钥 ID fd431d51
: NOKEY
准备中...                ################################# [100%]
正在升级/安装...
  1:httpd-2.4.6-40.el7          ################################# [100%]
[root@rhel Packages]# rpm -ivh httpd-tools-2.4.6-40.el7.x86_64.rpm
警告：httpd-tools-2.4.6-40.el7.x86_64.rpm: 头V3 RSA/SHA256 Signature, 密钥 ID fd431d51: NOKEY
准备中...                ################################# [100%]
正在升级/安装...
  1:httpd-tools-2.4.6-40.el7     ################################# [100%]
[root@rhel Packages]# rpm -ivh httpd-manual-2.4.6-40.el7.noarch.rpm
警告：httpd-manual-2.4.6-40.el7.noarch.rpm: 头V3 RSA/SHA256 Signature, 密钥 ID fd431d51: NOKEY
准备中...                ################################# [100%]
正在升级/安装...
  1:httpd-manual-2.4.6-40.el7    ################################# [100%]
```

22.2.2 /etc/httpd/conf/httpd.conf文件详解

Apache服务器的主配置文件是/etc/httpd/conf/httpd.conf文件，该文件的内容由全局环境、主服务器配置和虚拟主机三部分构成。在/etc/httpd/conf/httpd.conf配置文件中，以“#”开头的行是注释行，它为用户配置参数起到解释作用，这样的语句默认不会被系统执行。

默认/etc/httpd/conf/httpd.conf配置文件内容和文件结构如下所示，读者所看到的是已经将部分注释行删除的内容。

```
ServerRoot "/etc/httpd"
#Listen 12.34.56.78:80
Listen 80
Include conf.modules.d/*.conf
User apache
Group apache
ServerAdmin root@localhost
#ServerName www.example.com:80

//设置Apache服务器的根目录访问权限
<Directory />
  AllowOverride none
  Require all denied
</Directory>

DocumentRoot "/var/www/html"

//设置Apache服务器中/var/www目录访问权限
<Directory "/var/www">
  AllowOverride None
  # Allow open access:
  Require all granted
</Directory>

//设置Apache服务器中存放网页内容的根目录（/var/www/html）访问权限
<Directory "/var/www/html">
  Options Indexes FollowSymLinks
```

```
    AllowOverride None
    Require all granted
</Directory>

<IfModule dir_module>
    DirectoryIndex index.html
</IfModule>

//拒绝访问以.ht开头的文件，保证.htaccess不被访问
<Files ".ht*">
    Require all denied
</Files>

ErrorLog "logs/error_log"
LogLevel warn

//定义记录日志的格式
<IfModule log_config_module>
    LogFormat "%h %l %u %t \"%r\" %>s %b \"%{Referer}i\" \"%{User-Agent}i\"" combined
    LogFormat "%h %l %u %t \"%r\" %>s %b" common

    <IfModule logio_module>
     LogFormat "%h %l %u %t \"%r\" %>s %b \"%{Referer}i\" \"%{User-Agent}i\" %I %O" combinedio
    </IfModule>

//设置访问日志的记录格式以及访问日志存放位置
    #CustomLog "logs/access_log" common
    CustomLog "logs/access_log" combined
</IfModule>

//设置CGI目录（/var/www/cgi-bin）的访问别名
<IfModule alias_module>
    # Alias /webpath /full/filesystem/path
    ScriptAlias /cgi-bin/ «/var/www/cgi-bin/»
</IfModule>

//设置CGI目录（/var/www/cgi-bin）的访问权限
<Directory "/var/www/cgi-bin">
    AllowOverride None
    Options None
    Require all granted
</Directory>

<IfModule mime_module>
    TypesConfig /etc/mime.types

//添加新的MIME类型
    #AddType application/x-gzip .tgz
    #AddEncoding x-compress .Z
    #AddEncoding x-gzip .gz .tgz
    AddType application/x-compress .Z
    AddType application/x-gzip .gz .tgz
```

```
//设置Apache对某些扩展名的处理方式
   #AddHandler cgi-script .cgi
   #AddHandler type-map var

//使用过滤器执行SSI
   AddOutputFilter INCLUDES .shtml
</IfModule>

//设置默认字符集
AddDefaultCharset UTF-8

<IfModule mime_magic_module>
   MIMEMagicFile conf/magic
</IfModule>

//设置当用户在浏览Web页面发生错误时，所显示的错误信息
#ErrorDocument 500 "The server made a boo boo."
#ErrorDocument 404 /missing.html
#ErrorDocument 404 "/cgi-bin/missing_handler.pl"
#ErrorDocument 402 http://www.example.com/subscription_info.html

#EnableMMAP off
EnableSendfile on

# Load config files in the "/etc/httpd/conf.d" directory, if any.
IncludeOptional conf.d/*.conf
```

下面分别从全局环境设置、主服务器配置设置和虚拟主机设置三方面讲述/etc/httpd/conf/httpd.conf文件的参数。

1. 全局环境设置

下面将讲述在/etc/httpd/conf/httpd.conf配置文件中可以添加和修改的全局环境设置参数。

- ServerRoot “/etc/httpd”。

设置Apache服务器的的根目录，也就是服务器主配置文件和日志文件的位置。

- PidFile “/run/httpd/httpd.pid”。

设置运行Apache时使用的PID文件位置，用来记录httpd进程执行时的PID。

- Timeout 60。

设置响应超时，如果在指定时间内没有收到或发出任何数据则断开连接，单位为秒。

- KeepAlive Off。

设置是否启用保持连接。On为启用，这样客户一次请求连接能响应多个文件；Off为不启用，这样客户一次请求连接只能响应一个文件。建议使用On来提高访问性能。

- MaxKeepAliveRequests 100。

设置在启用KeepAlive On时，可以限制客户一次请求连接能响应的文件数量，设置为0将不限制。

- KeepAliveTimeout　5。

设置在启用KeepAlive On时，可以限制相邻的两个请求连接的时间间隔，在指定时间内则断开连接。

- Listen 80。

设置服务器的监听端口。

- IncludeOptional conf.d/*.conf。

设置将/etc/httpd/conf.d目录下的所有以conf结尾的配置文件包含进来。

- ExtendedStatus On。

设置服务器是否生成完整的状态信息，On为生成完整信息，Off为生成基本信息。

- User apache。

设置运行Apache服务器的用户。

- Group apache。

设置运行Apache服务器的组。

2. 主服务器配置设置

下面将讲述在/etc/httpd/conf/httpd.conf配置文件中可以添加和修改的主服务器配置参数。

- ServerAdmin root@localhost。

设置Apache服务器管理员的电子邮件地址，如果Apache有问题的话，会发送邮件通知管理员。

- ServerName www.example.com:80。

设置Apache服务器主机名称，如果没有域名，也可以用IP地址。

- UseCanonicalName Off。

设置该参数为Off时，需要指向本身的链接时使用ServerName:Port作为主机名；若设置该参数为On时，则需要使用Port将主机名和端口号隔开。

- DocumentRoot "/var/www/html"。

设置Apache服务器中存放网页内容的根目录位置。

- Options Indexes FolloeSymLinks。

设置该参数值为Indexes时，在目录中找不到DirectoryIndex列表中指定的文件就生成当前目录的文件列表；设置该参数值为FolloeSymLinks时，将允许访问符号链接，访问不在本目录内的文件。

- DirectoryIndex index.html。

设置网站默认文档首页名称。

- AccessFileName .htaccess。

设置保护目录配置文件的名称。

- TypesConfig /etc/mime.types。

指定负责处理MIME对应格式的配置文件的存储位置。

- HostnameLookups Off。

设置记录连接Apache服务器的客户端的IP地址或主机名。Off为记录IP地址，On为记录主机名。

- ErrorLog "logs/error_log"。

设置错误日志文件的保存位置。

- LogLevel warn。

设置要记录的错误信息的等级为warn。

● ServerSignature On。

设置服务器是否在自动生成Web页中加上服务器的版本和主机名，On为加上，Off为不加上。

● Options Indexes MultiViews FollowSymLinks。

设置使用内容协商功能决定被发送的网页的性质。

● ReadmeName README.html。

当服务器自动列出目录列表时，在所生成的页面之后显示README.html的内容。

● HeaderName HEADER.html。

当服务器自动列出目录列表时，在所生成的页面之前显示HEADER.html的内容。

3. 虚拟主机设置

下面将讲述在/etc/httpd/conf/httpd.conf配置文件中可以添加和修改的虚拟主机设置参数。

● NameVirtualHost *:80。

设置基于域名的虚拟主机。

● ServerAdmin webmaster@dummy-host.example.com。

设置虚拟主机管理员的电子邮件地址。

● DocumentRoot /www/docs/dummy-host.example.com。

设置虚拟主机根文档目录。

● ServerName dummy-host.example.com。

设置虚拟主机的名称和端口号。

● ErrorLog logs/dummy-host.example.com-error_log。

设置虚拟主机的错误日志文件。

● CustomLog logs/dummy-host.example.com-access_log common。

设置虚拟主机的访问日志文件。

备注：

也可以创建或修改/etc/httpd/conf.d目录中的以conf结尾的文件，以此来达到修改Apache服务器配置的效果。

22.2.3 Apache服务器配置实例

在公司内部配置一台Apache服务器，为公司网络内的客户端计算机提供能通过域名访问的Apache Web网站，具体参数如下。

● Apache服务器IP地址：192.168.0.2。
● Web网站域名：www.sh.com。
● Apache服务器默认文档首页名称：index.html和index.htm。
● Apache服务器中存放网页内容的根目录位置：/var/www/html。
● Apache服务器监听端口：80。
● 默认字符集：UTF-8。
● 运行Apache服务器的用户和组：apache。
● 管理员邮件地址：root@sh.com。

1. 配置DNS服务器

（1）编辑/etc/named.conf文件。

修改DNS服务器的配置文件/etc/named.conf，修改后文件的内容如下所示。

```
options {
        listen-on port 53 { 192.168.0.2; };
        listen-on-v6 port 53 { ::1; };
        directory       "/var/named";
        dump-file       "/var/named/data/cache_dump.db";
        statistics-file "/var/named/data/named_stats.txt";
        memstatistics-file "/var/named/data/named_mem_stats.txt";
        allow-query     { 192.168.0.0/24; };
        recursion yes;
        dnssec-enable yes;
        dnssec-validation yes;
        bindkeys-file "/etc/named.iscdlv.key";
        managed-keys-directory "/var/named/dynamic";
        pid-file "/run/named/named.pid";
        session-keyfile "/run/named/session.key";
};

logging {
        channel default_debug {
                file "data/named.run";
                severity dynamic;
        };
};

zone "." IN {
        type hint;
        file "named.ca";
};

zone "sh.com" IN {
        type master;
        file "/var/named/sh.com.hosts";
};

include "/etc/named.rfc1912.zones";
include "/etc/named.root.key";
```

（2）编辑区域文件/var/named/sh.com.hosts。

修改区域文件/var/named/sh.com.hosts，修改后文件的内容如下所示。

```
$ttl 38400
@       IN      SOA     rhel.sh.com. root.sh.com. (
                        1268360234
                        10800
                        3600
                        604800
                        38400 )
@               IN      NS              rhel.sh.com.
```

```
rhel        IN      A           192.168.0.2
www         IN      CNAME       rhel.sh.com.
```

（3）重新启动named服务。

使用以下命令重新启动named服务。

```
[root@rhel ~]# systemctl restart named.service
```

2. 编辑/etc/httpd/conf/httpd.conf文件

修改Apache服务器的配置文件/etc/httpd/conf/httpd.conf，修改以下参数的内容。

```
ServerRoot "/etc/httpd"
Listen 80
ServerAdmin root@sh.com
ServerName www.sh.com:80
DocumentRoot "/var/www/html"
DirectoryIndex index.html index.htm
AddDefaultCharset UTF-8
User apache
Group apache
```

3. 将网页保存到/var/www/html目录中

编辑完/etc/httpd/conf/httpd.conf文件之后，将已经制作好的Apache站点网页全部放置到/var/www/html目录中，这里为测试简单，使用以下echo命令生成index.html文件。

```
[root@rhel ~]# echo This is www.sh.com >/var/www/html/index.html
```

22.2.4 控制httpd服务

使用systemctl命令可以控制httpd服务的状态，以及当Apache服务器启动时自动启动服务。

1. 启动httpd服务

使用以下命令启动httpd服务。

```
[root@rhel ~]# systemctl start httpd.service
```

2. 查看httpd服务运行状态

使用以下命令查看httpd服务运行状态。

```
[root@rhel ~]# systemctl status httpd.service
● httpd.service - The Apache HTTP Server
  Loaded: loaded (/etc/systemd/system/httpd.service; disabled; vendor preset: disabled)
  Active: active (running) since 四 2016-07-21 20:41:04 CST; 33s ago
    Docs: man:httpd(8)
          man:apachectl(8)
 Process: 72874 ExecStopPost=/usr/bin/kdestroy -A (code=exited, status=0/SUCCESS)
 Process: 72871 ExecStop=/bin/kill -WINCH ${MAINPID} (code=exited, status=0/SUCCESS)
 Process: 72879 ExecStartPre=/usr/libexec/ipa/ipa-httpd-kdcproxy (code=exited, status=0/SUCCESS)
Main PID: 72880 (httpd)
  Status: "Total requests: 0; Current requests/sec: 0; Current traffic:   0 B/sec"
  CGroup: /system.slice/httpd.service
           ├─72880 /usr/sbin/httpd -DFOREGROUND
           ├─72883 /usr/libexec/nss_pcache 589828 off /etc/httpd/alias
           ├─72884 /usr/sbin/httpd -DFOREGROUND
           ├─72885 /usr/sbin/httpd -DFOREGROUND
           ├─72886 /usr/sbin/httpd -DFOREGROUND
```

```
        ├─72888 /usr/sbin/httpd -DFOREGROUND
        └─72889 /usr/sbin/httpd -DFOREGROUND

7月 21 20:40:40 rhel systemd[1]: Starting The Apache HTTP Server...
7月 21 20:41:02 rhel ipa-httpd-kdcproxy[72879]: ipa         : WARNING  Unable to connect to dirsrv: Timeout exceeded
7月 21 20:41:02 rhel ipa-httpd-kdcproxy[72879]: ipa         : WARNING  Disabling KDC proxy
7月 21 20:41:02 rhel httpd[72880]: AH00548: NameVirtualHost has no effect and will be removed in the next release /etc/http...onf:354
7月 21 20:41:04 rhel systemd[1]: Started The Apache HTTP Server.
Hint: Some lines were ellipsized, use -l to show in full.
```

3. 停止httpd服务

使用以下命令停止httpd服务。

```
[root@rhel ~]# systemctl stop httpd.service
```

4. 重新启动httpd服务

使用以下命令重新启动httpd服务。

```
[root@rhel ~]# systemctl restart httpd.service
```

5. 开机自动启动httpd服务

使用以下命令在重新引导系统时自动启动httpd服务。

```
[root@rhel ~]# systemctl enable httpd.service
Created symlink from /etc/systemd/system/multi-user.target.wants/httpd.service to /etc/systemd/system/httpd.service.
[root@rhel ~]# systemctl is-enabled httpd.service
enabled
```

22.3 访问Apache服务器

在Linux系统中配置的Apache服务器可以支持Linux客户端和非Linux客户端（如Windows系统）使用浏览器访问Web网站。

22.3.1 Linux客户端配置

Mozilla Firefox是一款可以在Linux和Windows系统下都能安装和运行的浏览器，可以从互联网上分别下载Windows版本和Linux版本。

如果希望在客户端使用域名www.sh.com的方式访问Web网站，在客户端需要修改/etc/resolv.conf文件，使其指向DNS服务器，如下所示。

```
nameserver 192.168.0.2
```

图22.1所示就是使用Linux版本的Mozilla Firefox访问Web网站的截图（使用域名访问）。

注意：

通过域名来访问Web网站，需要配置好DNS服务器和DNS客户端，否则只能通过IP地址来访问。

图22.1 访问Apache服务器（一）

22.3.2 Windows客户端配置

在Windows 10系统中，打开Microsoft Edge浏览器，输入网址：http://192.168.0.2，访问Web网站，如图22.2所示。

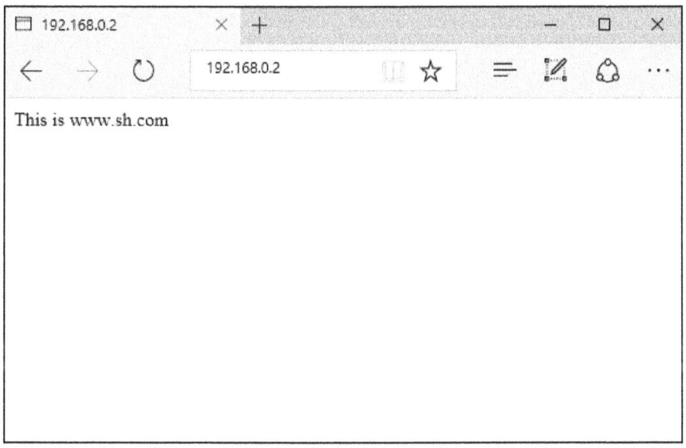

图22.2 访问Apache服务器（二）

22.4 日志文件管理和分析

在Apache服务器中的日志文件有错误日志和访问日志这两种，当服务器在运行过程中，用户在客户端访问Web网站时都会记录下来。

22.4.1 配置错误日志

在Apache服务器运行过程中发生的各种错误都将被记录在错误日志文件中，可以通过该文件获取错误信息并分析原因。

在Apache服务器的配置文件/etc/httpd/conf/httpd.conf中有以下两行内容，这说明了错误日志的保存位置以及当前错误日志的记录等级。

```
ErrorLog "logs/error_log"
LogLevel warn
```

在Apache服务器中可以使用的错误日志记录等级如表22.1所示。默认等级为warn，该等级将记录1～5等级的所有错误信息。

表22.1 错误日志记录等级

紧急程度	等级	描述
1	emerg	出现紧急情况使得该系统不可用，如系统宕机
2	alert	需要立即引起注意的情况
3	crit	危险情况的警告
4	error	除了emerg、alert和crit的其他错误
5	warn	警告信息
6	notice	需要引起注意的情况，但不如error和warn等级重要
7	info	值得报告的一般信息
8	debug	由运行于debug模式的程序所产生的信息

通过/etc/httpd/logs/error_log文件（或者是/var/log/httpd/error_log文件）来查看Apache错误日志信息。在错误日志文件中记录下来的每一条记录，都是下面这样的格式。

```
日期和时间 错误等级 导致错误的IP地址 错误信息
```

下面这些数据就是错误日志文件中的部分错误记录。

```
[Wed Aug 03 13:46:40.331534 2016] [autoindex:error] [pid 10415] [client 192.168.0.5:36407] AH01276: Cannot serve directory /var/www/html/: No matching DirectoryIndex (index.html,index.php,index.php) found, and server-generated directory index forbidden by Options directive
```

22.4.2 配置访问日志

在Apache服务器中记录着服务器所处理的所有请求，比如在什么时候，哪一台客户端连接到Web网站并访问了什么网页，这些都将记录下来。

在Apache服务器的配置文件/etc/httpd/conf/httpd.conf中有以下这样内容，这说明了访问日志的保存位置以及访问日志的格式分类。在Apache服务器中访问日志的默认格式是combined。

```
<IfModule log_config_module>
  LogFormat "%h %l %u %t \"%r\" %>s %b \"%{Referer}i\" \"%{User-Agent}i\"" combined
  LogFormat "%h %l %u %t \"%r\" %>s %b" common

  <IfModule logio_module>
    LogFormat "%h %l %u %t \"%r\" %>s %b \"%{Referer}i\" \"%{User-Agent}i\" %I %O" combinedio
  </IfModule>

  CustomLog "logs/access_log" combined
</IfModule>
```

使用LogFormat指令设置访问日志记录内容时，将使用表22.2所示的各个参数。

表22.2 访问日志参数

参数	描述
%h	访问Web网站的客户端IP地址
%l	从identd服务器中获取远程登录名称
%u	来自于认证的远程用户
%t	连接的日期和时间
%r	HTTP请求的首行信息
%>s	服务器返回给客户端的状态代码
%b	传送的字节数
%{Referer}i	发给服务器的请求头信息
%{User-Agent}i	客户机使用的浏览器信息

通过/etc/httpd/logs/access_log文件（或者是/var/log/httpd/access_log文件）来查看Apache访问日志信息，在IP地址为192.168.0.5的Linux主机上访问192.168.0.2的Web网站后，获得以下访问日志内容。

```
192.168.0.5 - - [24/Jul/2016:05:10:44 +0800] "GET / HTTP/1.1" 403 3985 "-" "Mozilla/5.0 (X11; Linux x86_64; rv:38.0) Gecko/20100101 Firefox/38.0"
```

/etc/httpd/logs/access_log文件输出信息描述如表22.3所示。

表22.3　/etc/httpd/logs/access_log文件输出信息描述

输出信息	信息描述
192.168.0.5	访问Web网站的客户端IP地址
-	从identd服务器中获取远程登录名称，“-”表示没有取得信息
-	来自于认证的远程用户，“-”表示没有取得信息
[24/Jul/2016:05:10:45 +0800]	连接的日期和时间
“GET / HTTP/1.1”	HTTP请求的首行信息
403	服务器返回给客户端的状态代码
3985	传送的字节数
“-”	发送给服务器的请求头信息，”-”表示没有取得信息
“Mozilla/5.0 (X11; Linux x86_64; rv:38.0) Gecko/20100101 Firefox/38.0”	客户机使用的浏览器信息

22.5　Apache服务器高级配置

22.5.1　访问控制

在Apache 2.4版本中，使用mod_authz_host模块来实现访问控制，其他授权检查也以同样的方式来完成。旧的访问控制语句应当被新的授权认证机制所取代，即便Apache已经提供了mod_access_compat这一新模块来兼容旧语句。

在Apache 2.4版本之前实现客户端访问控制，是使用Allow、Deny、Order指令做访问控制的，而在Apache 2.4版本使用Require指令来实现。

默认在/etc/httpd/conf/httpd.conf配置文件中，有以下这样含有Require参数的内容，这些设置将控制指定目录的访问控制权限。

```
<Directory "/var/www/html">
    Options Indexes FollowSymLinks
    AllowOverride None
    Require all granted
</Directory>
```

1. 访问控制配置指令

在Apache服务器中可以使用表22.4所示的指令配置访问控制。

表22.4　访问控制指令

指令	描述
Require all granted	允许所有访问
Require all denied	拒绝所有访问
Require ip [IP地址|网络地址]	允许特定IP地址或网络地址访问

指令	描述
Require not ip [IP地址|网络地址]	拒绝特定IP地址或网络地址访问，not逻辑上表示非
Require local	允许本地访问
Require host [域名|完全合格域名]	允许特定域名或完全合格域名访问
Require not host [域名|完全合格域名]	拒绝特定域名或完全合格域名访问

在Require指令后面需要添加访问列表，可以使用表22.5所示的访问列表。

表22.5　访问列表方式

控制形式	描述
all	表示所有客户机
域名	表示特定域内的所有客户机，如sh.com
完全合格域名（FQDN）	表示指定完全合格域名的客户机，如www.sh.com
IP地址	可以指定完整的IP地址或者部分IP地址的客户机，如192.168.0.5或192.168.0
网络地址/子网掩码	指定网络地址或者子网地址，如192.168.0.0/255.255.255.0
网络地址/子网掩码（CIDR规范）	指定网络地址或者子网地址，如192.168.0.0/24

2. 访问控制配置实例

下面以两个实例讲述Apache服务器的访问控制配置。

（1）允许所有客户端能访问Web网站，只有IP地址为192.168.0.5的客户端不能访问Web网站。

在/etc/httpd/conf/httpd.conf文件中按以下内容修改Web网站的根目录/var/www/html的访问控制权限。

```
<Directory "/var/www/html">
  Options Indexes FollowSymLinks
  AllowOverride None
<RequireAll>
Require all granted
Require not ip 192.168.0.5
</RequireAll>
</Directory>
```

（2）允许所有客户端能访问Web网站，只有完全合格的域名为rhel.sh.com的客户端不能访问Web网站。

在/etc/httpd/conf/httpd.conf文件中按以下内容修改Web网站的根目录/var/www/html的访问控制权限。

```
<Directory "/var/www/html">
  Options Indexes FollowSymLinks
  AllowOverride None
  <RequireAll>
    Require all granted
    Require not host rhel.sh.com
  </RequireAll>
</Directory>
```

（3）拒绝所有客户端访问Web网站，只有IP地址为192.168.0.5的客户端才能访问Web网站。

在/etc/httpd/conf/httpd.conf文件中按以下内容修改Web网站的根目录/var/www/html的访问控制权限。

```
<Directory "/var/www/html">
  Options Indexes FollowSymLinks
  AllowOverride None
  Require all denied
  Require ip 192.168.0.5
</Directory>
```

（4）拒绝所有客户端访问Web网站，只有192.168.0.0/24网络的客户端才能访问Web网站。

在/etc/httpd/conf/httpd.conf文件中按以下内容修改Web网站的根目录/var/www/html的访问控制权限。

```
<Directory "/var/www/html">
  Options Indexes FollowSymLinks
  AllowOverride None
Require all denied
Require ip 192.168.0.0/24
</Directory>
```

22.5.2 用户认证和授权

在Apache服务器中有基本认证和摘要认证两种认证类型。一般来说，使用摘要认证要比基本认证更加安全，但是因为有些浏览器不支持使用摘要认证，所以在大多数情况下用户只能使用基本认证。

1. 认证配置指令

所有的认证配置指令既可以在主配置文件的Directory容器中出现，也可以在./htaccess文件中出现，表22.6列出了所有可以使用的认证配置指令。

表22.6 认证配置指令

指令	指令语法	描述
AuthName	AuthName领域名称	定义受保护领域的名称
AuthType	AuthType Basic或者Digest	定义使用的认证方式
AuthUserFile	AuthUserFile文件名	定义认证口令文件位置
AuthGroupFile	AuthGroupFile文件名	定义认证组文件位置

2. 授权

使用认证配置指令配置认证以后，需要使用Require指令为指定的用户和组进行授权。Require指令的使用格式如表22.7所示。

表22.7 Require指令的使用格式

指令语法格式	描述
Require user 用户名 [用户名]	给指定的一个或多个用户授权
Require group 组名 [组名]	给指定的一个或多个组授权
Require valid-user	给认证口令文件中的所有用户授权

3. 用户认证和授权配置实例

按以下步骤为Apache服务器中的/var/www/html/test目录设置用户认证和授权。

（1）创建访问目录。

使用以下命令创建/var/www/html/test目录。

```
[root@rhel ~]# mkdir /var/www/html/test
```

（2）创建认证口令文件并添加用户。

使用以下命令创建认证口令文件/var/www/passwd/sh，并添加用户zhangsan。

```
[root@rhel ~]# mkdir /var/www/passwd
//创建目录/var/www/passwd
[root@rhel ~]# htpasswd -c /var/www/passwd/sh zhangsan
New password:                    //输入用户zhangsan的认证口令
Re-type new password:            //再次输入用户zhangsan的认证口令
Adding password for user zhangsan
```

注意：

不需要在Linux系统中创建用户zhangsan。

使用以下命令查看认证口令文件/var/www/passwd/sh内容。

```
[root@rhel ~]# cat /var/www/passwd/sh
zhangsan:$apr1$BrSYX6Tx$OSk.qgwEw3Hro52rBt3us1
```

使用以下命令为认证口令文件/var/www/passwd/sh设置所有者为apache。

```
[root@rhel ~]# chown apache.apache /var/www/passwd/sh
```

（3）编辑/etc/httpd/conf/httpd.conf文件。

修改/etc/httpd/conf/httpd.conf文件，在该文件内添加以下内容，对/var/www/html/test目录设置认证和授权。

```
<Directory "/var/www/html/test">
AllowOverride None
//不使用.htaccess文件
AuthType basic
//设置使用基本认证方式
AuthName "sh"
//设置认证领域名称
AuthUserFile /var/www/passwd/sh
//设置认证口令文件存储位置
Require valid-user
//设置授权给认证口令文件中的所有用户
</Directory>
```

（4）重新启动httpd服务。

使用以下命令重新启动httpd服务。

```
[root@rhel ~]# systemctl restart httpd.service
```

（5）客户端测试。

在Linux客户端计算机上打开Mozilla Firefox浏览器，输入网址http://192.168.0.2/test，测试所配置的用户认证和授权，如图22.3所示，会出现验证对话框，需要输入用户名zhangsan和密码。

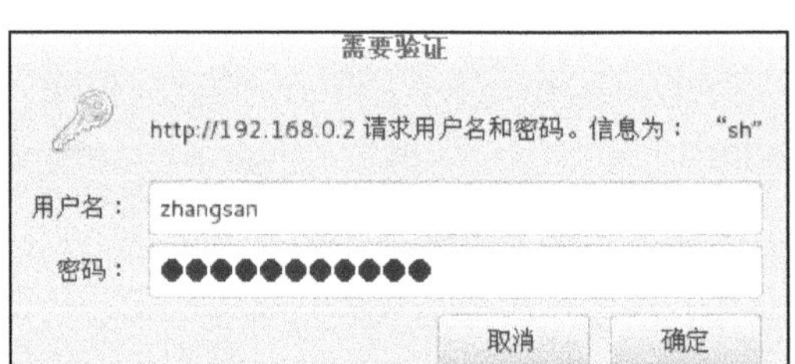

图22.3　测试用户认证和授权

22.5.3 虚拟目录

在Apache服务器中，默认网站根目录是/var/www/html，所以可以将网站的网页内容存储在该目录中。如果网站内容不是存储在/var/www/html目录内，可以通过别名方式创建虚拟目录。

虚拟目录是为服务器硬盘上不在主目录下的一个物理目录或者其他计算机上的主目录而指定的好记的名称，或“别名”。因为别名通常比物理目录的路径短，所以它更便于用户输入。同时，使用别名更加安全，因为用户不知道文件在服务器上的物理位置，所以无法使用该信息来修改文件。通过使用别名，还可以更轻松地移动站点中的目录。无须更改目录的URL，而只须更改别名与目录物理位置之间的映射。

表22.8显示了文件的物理位置与访问这些文件的URL之间的映射关系。

表22.8　虚拟目录和文件物理位置

物理位置	别名	URL
/var/www/html	主目录（无）	http://www.sh.com
/var/xuni	xuni	http://www.sh.com/xuni

在Apache服务器中为/var/xuni目录创建虚拟目录，从而实现通过网址http://www.sh.com/xuni的方式进行访问。

1. 创建虚拟目录

使用以下命令创建/var/xuni目录和/var/xuni/index.html文件。

```
[root@rhel ~]# mkdir /var/xuni
[root@rhel ~]# echo This is /var/xuni Directory > /var/xuni/index.html
```

2. 编辑/etc/httpd/conf/httpd.conf文件

修改/etc/httpd/conf/httpd.conf文件，在该文件内添加以下内容。

```
Alias /xuni "/var/xuni/"
<Directory "/var/xuni">
  AllowOverride None
  Options Indexes
Require all granted
</Directory>
```

3. 重新启动httpd服务

使用以下命令重新启动httpd服务。

```
[root@rhel ~]# systemctl restart httpd.service
```

4. 更改SELinux应用模式

使用以下命令更改SELinux应用模式为允许模式。

```
[root@rhel ~]# setenforce Permissive
```

注意：

如果希望在重启计算机系统以后，SELinux应用模式还是允许模式，只须修改/etc/selinux/config 文件，将SELINUX=enforcing更改为SELINUX= Permissive。

5. 访问虚拟目录

在Mozilla Firefox浏览器中，输入网址：http://www.sh.com/xuni，打开图22.4所示的网页访问虚拟目录。

图22.4　访问虚拟目录

22.6　配置Apache虚拟主机

在一台服务器上可以创建多个Apache网站，这样可以节约硬件资源、节省空间和降低资源成本。通过为每个Web网站配置IP地址、TCP端口号和域名中的任何一种方法可以区分网站。

22.6.1　基于IP地址的虚拟主机

如果在同一台服务器上使用多个IP地址来区分不同的Web网站，则必须为网卡绑定多个IP地址，并且给每个网站指派唯一的IP地址。

在公司内部一台服务器上通过基于IP地址的虚拟主机方式配置两个Web网站，为公司网络内的客户端计算机提供Web服务，具体参数如下。

（1）第一个Web网站。

- 网站根目录：/var/www/html/www1.sh.com。
- 网站首页：index.html。
- 网站IP地址：192.168.0.3。

（2）第二个Web网站。

- 网站根目录：/var/www/html/www2.sh.com。
- 网站首页：index.html。
- 网站IP地址：192.168.0.4。

1. 创建Web网站目录

使用以下命令为两个Web网站创建存放网页的根目录。

```
[root@rhel ~]# mkdir /var/www/html/www1.sh.com
[root@rhel ~]# mkdir /var/www/html/www2.sh.com
```

2. 创建Web网站首页

使用以下命令在两个Web网站根目录内创建网站的首页网页。

```
[root@rhel ~]# echo This is www1.sh.com>/var/www/html/www1.sh.com/index.html
[root@rhel ~]# echo This is www2.sh.com>/var/www/html/www2.sh.com/index.html
```

3. 设置IP地址

使用以下命令为计算机网卡再设置两个IP地址。

```
[root@rhel ~]# ifconfig eno16777736:0 192.168.0.3 netmask 255.255.255.0
[root@rhel ~]# ifconfig eno16777736:1 192.168.0.4 netmask 255.255.255.0
```

使用ifconfig命令查看计算机网卡设置的IP地址。

```
[root@rhel ~]# ifconfig
eno16777736: flags=4163<UP,BROADCAST,RUNNING,MULTICAST>  mtu 1500
        inet 192.168.0.2  netmask 255.255.255.0  broadcast 192.168.0.255
        inet6 fe80::20c:29ff:fe89:f6eb  prefixlen 64  scopeid 0x20<link>
        ether 00:0c:29:89:f6:eb  txqueuelen 1000  (Ethernet)
        RX packets 4167  bytes 353438 (345.1 KiB)
        RX errors 0  dropped 0  overruns 0  frame 0
        TX packets 2577  bytes 574842 (561.3 KiB)
        TX errors 0  dropped 0 overruns 0  carrier 0  collisions 0

eno16777736:0: flags=4163<UP,BROADCAST,RUNNING,MULTICAST>  mtu 1500
        inet 192.168.0.3  netmask 255.255.255.0  broadcast 192.168.0.255
        ether 00:0c:29:89:f6:eb  txqueuelen 1000  (Ethernet)

eno16777736:1: flags=4163<UP,BROADCAST,RUNNING,MULTICAST>  mtu 1500
        inet 192.168.0.4  netmask 255.255.255.0  broadcast 192.168.0.255
        ether 00:0c:29:89:f6:eb  txqueuelen 1000  (Ethernet)

lo: flags=73<UP,LOOPBACK,RUNNING>  mtu 65536
        inet 127.0.0.1  netmask 255.0.0.0
        inet6 ::1  prefixlen 128  scopeid 0x10<host>
        loop  txqueuelen 0  (Local Loopback)
        RX packets 436  bytes 36720 (35.8 KiB)
        RX errors 0  dropped 0  overruns 0  frame 0
        TX packets 436  bytes 36720 (35.8 KiB)
        TX errors 0  dropped 0 overruns 0  carrier 0  collisions 0
```

4. 编辑/etc/httpd/conf/httpd.conf文件

修改/etc/httpd/conf/httpd.conf文件，在该文件末尾添加以下内容，将创建两个Web网站。

```
<VirtualHost 192.168.0.3:80>
   ServerAdmin root@sh.com
   DocumentRoot /var/www/html/www1.sh.com
   ServerName www1.sh.com
   ErrorLog logs/www1.sh.com-error_log
   CustomLog logs/www.1.sh.com-access_log common
</VirtualHost>
<VirtualHost 192.168.0.4:80>
   ServerAdmin root@sh.com
   DocumentRoot /var/www/html/www2.sh.com
   ServerName www2.sh.com
   ErrorLog logs/www2.sh.com-error_log
   CustomLog logs/www2.sh.com-access_log common
</VirtualHost>
```

5. 重新启动httpd服务

使用以下命令重新启动httpd服务。

```
[root@rhel ~]# systemctl restart httpd.service
```

6. 访问虚拟主机

在Linux客户端计算机上，使用Mozilla Firefox浏览器访问虚拟主机的Web网站http://192.168.0.3，如图22.5所示。

在Linux客户端计算机上，使用Mozilla Firefox浏览器访问虚拟主机的Web网站http://192.168.0.4，如图22.6所示。

图22.5　访问http://192.168.0.3网站

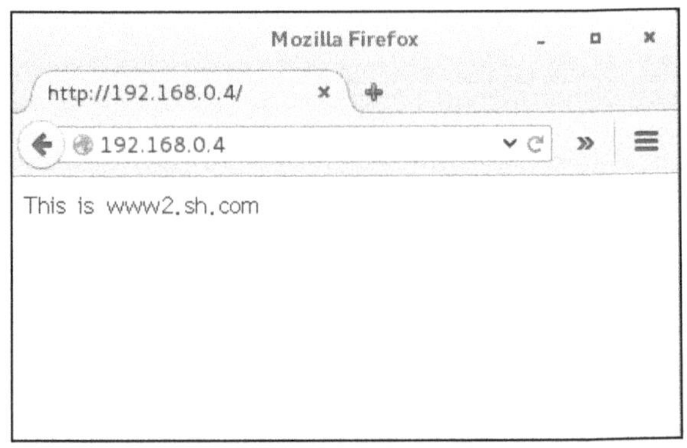

图22.6　访问http://192.168.0.4网站

22.6.2　基于TCP端口号的虚拟主机

可以使用非标准TCP端口号来创建用于站点开发和测试目的的唯一网站标识符。标准网站将默认的TCP端口80用于HTTP连接。由于TCP/IP端点是用IP地址（或相应名称）和端口号的组合来定义的，而使用非标准端口号配置网站可以给每个站点创建唯一的端点（或标识）。

如果使用非标准TCP端口号来标识网站，则用户无法通过标准名或URL来访问站点。另外，用户必须知道指派给网站的非标准TCP端口号，以及在其Web浏览器地址栏中附加网站的名称或IP地址。

在公司内部一台服务器上通过基于端口号的虚拟主机方式配置两个Web网站，为公司网络内的客户端计算机提供Web服务，具体参数如下。

（1）第一个Web网站。

- 网站根目录：/var/www/html/www1.sh.com。
- 网站首页：index.html。
- 网站端口号：80。

（2）第二个Web网站。

- 网站根目录：/var/www/html/www2.sh.com。
- 网站首页：index.html。
- 网站端口号：8080。

1. 创建Web网站目录

使用以下命令为两个Web网站创建存放网页的根目录。

```
[root@rhel ~]# mkdir /var/www/html/www1.sh.com
[root@rhel ~]# mkdir /var/www/html/www2.sh.com
```

2. 创建Web网站首页

使用以下命令在两个Web网站根目录内创建网站的首页网页。

```
[root@rhel ~]# echo This is www1.sh.com>/var/www/html/www1.sh.com/index.html
[root@rhel ~]# echo This is www2.sh.com>/var/www/html/www2.sh.com/index.html
```

3. 编辑/etc/httpd/conf/httpd.con文件

修改/etc/httpd/conf/httpd.conf文件，在该文件内添加和修改以下参数，用来监听服务器上的“80”和“8080”这两个端口。

```
Listen 192.168.0.2:80
Listen 192.168.0.2:8080
```

修改/etc/httpd/conf/httpd.conf文件，在该文件末尾添加以下内容，将创建两个Web网站。

```
<VirtualHost 192.168.0.2:80>
  ServerAdmin root@sh.com
  DocumentRoot /var/www/html/www1.sh.com
  ServerName www1.sh.com
  ErrorLog logs/www1.sh.com-error_log
  CustomLog logs/www.1.sh.com-access_log common
</VirtualHost>
<VirtualHost 192.168.0.2:8080>
  ServerAdmin root@sh.com
  DocumentRoot /var/www/html/www2.sh.com
  ServerName www2.sh.com
  ErrorLog logs/www2.sh.com-error_log
  CustomLog logs/www2.sh.com-access_log common
</VirtualHost>
```

4. 重新启动httpd服务

使用以下命令重新启动httpd服务。

```
[root@rhel ~]# systemctl restart httpd.service
```

5. 查看端口

使用以下命令查看Web网站正在使用的端口“80”和“8080”。

```
[root@rhel ~]# netstat -antu|grep 80
tcp      0    0   192.168.0.2:8080      0.0.0.0:*          LISTEN
tcp      0    0   192.168.0.2:80        0.0.0.0:*          LISTEN
```

6. 访问虚拟主机

在Linux客户端计算机上，使用Mozilla Firefox浏览器访问虚拟主机的Web网站http://192.168.0.2:80，如图22.7所示。

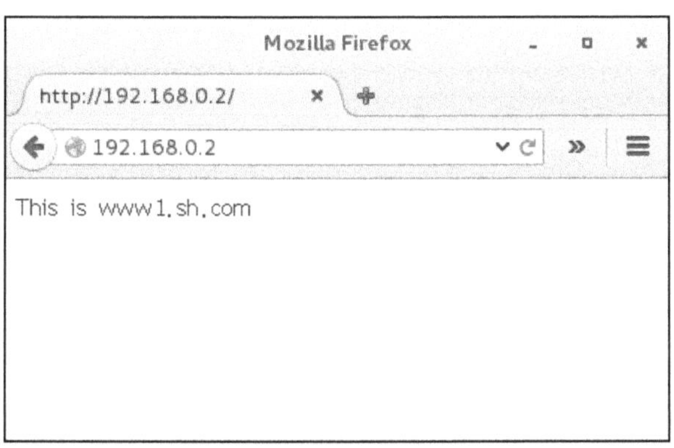

图22.7　访问http://192.168.0.2:80网站

在Linux客户端计算机上，使用Mozilla Firefox浏览器访问虚拟主机的Web网站

http://192.168.0.2:8080，如图22.8所示。

图22.8　访问http://192.168.0.2:8080网站

22.6.3　基于域名的虚拟主机

在一台服务器上创建多个Web网站的单位通常使用域名，因为这种方法不必使用每个站点的唯一IP地址。由于Web服务必须分配非页面缓冲池内存来管理每个IP地址的端点，使用域名的好处是可以避免由于使用唯一IP地址标识多个网站而引起的潜在性能降低的问题。

在公司内部一台服务器上通过基于域名的虚拟主机方式配置两个Web网站，为公司网络内的客户端计算机提供Web服务，具体参数如下。

（1）第一个Web网站。

- 网站根目录：/var/www/html/www1.sh.com。
- 网站首页：index.html。
- 网站域名：www1.sh.com。

（2）第二个Web网站。

- 网站根目录：/var/www/html/www2.sh.com。
- 网站首页：index.html。
- 网站域名：www2.sh.com。

1. 创建Web网站目录

使用以下命令为两个Web网站创建存放网页的根目录。

```
[root@rhel ~]# mkdir /var/www/html/www1.sh.com
[root@rhel ~]# mkdir /var/www/html/www2.sh.com
```

2. 创建Web网站首页

使用以下命令在两个Web网站根目录内创建网站的首页网页。

```
[root@rhel ~]# echo This is www1.sh.com>/var/www/html/www1.sh.com/index.html
[root@rhel ~]# echo This is www2.sh.com>/var/www/html/www2.sh.com/index.html
```

3. 配置DNS服务器

（1）编辑/var/named/sh.com.hosts区域文件。

在已经配置好的DNS服务器上的/var/named/sh.com.hosts区域文件内再添加以下两条别名记录。

```
www1        IN      CNAME       rhel.sh.com.
www2        IN      CNAME       rhel.sh.com.
```

（2）重新启动named服务。

使用以下命令重新启动named服务。

```
[root@rhel ~]# systemctl restart named.service
```

4. 编辑/etc/httpd/conf/httpd.conf文件

修改/etc/httpd/conf/httpd.conf文件，添加以下参数。

```
NameVirtualHost 192.168.0.2:80
```

修改/etc/httpd/conf/httpd.conf文件，在该文件末尾添加以下内容，将创建两个Web网站。

```
<VirtualHost 192.168.0.2:80>
  ServerAdmin root@sh.com
  DocumentRoot /var/www/html/www1.sh.com
  ServerName www1.sh.com
  ErrorLog logs/www1.sh.com-error_log
  CustomLog logs/www.1.sh.com-access_log common
</VirtualHost>
<VirtualHost 192.168.0.2:80>
  ServerAdmin root@sh.com
  DocumentRoot /var/www/html/www2.sh.com
  ServerName www2.sh.com
  ErrorLog logs/www2.sh.com-error_log
  CustomLog logs/www2.sh.com-access_log common
</VirtualHost>
```

5. 重新启动httpd服务

使用以下命令重新启动httpd服务。

```
[root@rhel ~]# systemctl restart httpd.service
```

6. 访问虚拟主机

在Linux客户端计算机上，使用Mozilla Firefox浏览器访问虚拟主机的Web网站http://www1.sh.com，如图22.9所示。

图22.9　访问http://www1.sh.com网站

在Linux客户端计算机上，使用Mozilla Firefox浏览器访问虚拟主机的Web网站http://www2.sh.com，如图22.10所示。

图22.10　访问http://www2.sh.com网站

22.7　配置LAMP网站

22.7.1　LAMP简介

LAMP是一组用来搭建动态Web网站或者服务器的开源软件，该架构目前是一套成熟、流行的Web框架。LAMP是指Linux操作系统、Apache服务器、MariaDB（或MySQL）数据库和PHP（有时也指Perl或Python）。所有组成软件都是开源软件，很多流行的商业应用平台都是采取这个架构。

随着开源潮流的蓬勃发展，开放源代码的LAMP已经与J2EE和.Net商业软件形成三足鼎立之势，并且该软件开发的项目在软件方面的投资成本较低，因此受到整个IT界的关注。从网站的流量上来说，70%以上的访问流量是LAMP来提供的，LAMP是最强大的网站解决方案。

和Java/J2EE架构相比，LAMP具有Web资源丰富、体积轻量、开发快速等特点。和微软的.NET架构相比，LAMP具有通用、跨平台、高性能、低价格的优势。因此无论是性能、质量还是价格，LAMP都是企业搭建网站的首选平台。

22.7.2　搭建LAMP网站实例

本节以实例的方式结合Discuz!程序搭建一个LAMP网站。

Discuz!是一套通用的社区论坛软件系统，可以在不需要任何编程的基础上，通过简单地设置和安装，在互联网上搭建起一个具备完善功能、负载能力强和高度定制的BBS论坛服务。Discuz!的基础架构采用世界上最流行的Web编程组合PHP+MySQL实现，是一个经过完善设计，适用于各种服务器环境的高效论坛系统解决方案。无论在稳定性、负载能力和安全保障等方面，Discuz!都居于国内外同类产品领先地位。

1. 安装perl相关软件包

使用以下命令安装perl、perl-DBI和perl-DBD-MySQL软件包。

```
[root@rhel ~]# cd /run/media/root/RHEL-7.2\ Server.x86_64/Packages
//进入Linux系统安装光盘软件包目录
[root@rhel Packages]# rpm -ivh perl-5.16.3-286.el7.x86_64.rpm --replacepkgs
警告：perl-5.16.3-286.el7.x86_64.rpm: 头V3 RSA/SHA256 Signature, 密钥 ID fd431d51: NOKEY
准备中...                    ################################# [100%]
正在升级/安装...
   1:perl-4:5.16.3-286.el7          ################################# [100%]
[root@rhel Packages]# rpm -ivh perl-DBI-1.627-4.el7.x86_64.rpm
```

```
警告：perl-DBI-1.627-4.el7.x86_64.rpm: 头V3 RSA/SHA256 Signature, 密钥 ID fd431d51: NOKEY
准备中...                    ################################# [100%]
正在升级/安装...
   1:perl-DBI-1.627-4.el7           ################################# [100%]
[root@rhel Packages]# rpm -ivh perl-DBD-MySQL-4.023-5.el7.x86_64.rpm
警告：perl-DBD-MySQL-4.023-5.el7.x86_64.rpm: 头V3 RSA/SHA256 Signature, 密钥 ID fd431d51: NOKEY
准备中...                    ################################# [100%]
正在升级/安装...
   1:perl-DBD-MySQL-4.023-5.el7     ################################# [100%]
```

2. 安装php相关软件包

使用以下命令安装libzip、php-common、php-cli、php、php-mysql和php-pdo软件包，使得PHP支持 MariaDB。

```
[root@rhel ~]# cd /run/media/root/RHEL-7.2\ Server.x86_64/Packages
//进入Linux系统安装光盘软件包目录
[root@rhel Packages]# rpm -ivh libzip-0.10.1-8.el7.x86_64.rpm
警告：libzip-0.10.1-8.el7.x86_64.rpm: 头V3 RSA/SHA256 Signature, 密钥 ID fd431d51: NOKEY
准备中...                    ################################# [100%]
正在升级/安装...
   1:libzip-0.10.1-8.el7            ################################# [100%]
[root@rhel Packages]# rpm -ivh php-common-5.4.16-36.el7_1.x86_64.rpm
警告：php-common-5.4.16-36.el7_1.x86_64.rpm: 头V3 RSA/SHA256 Signature, 密钥 ID fd431d51: NOKEY
准备中...                    ################################# [100%]
正在升级/安装...
   1:php-common-5.4.16-36.el7_1     ################################# [100%]
[root@rhel Packages]# rpm -ivh php-cli-5.4.16-36.el7_1.x86_64.rpm
警告：php-cli-5.4.16-36.el7_1.x86_64.rpm: 头V3 RSA/SHA256 Signature, 密钥 ID fd431d51: NOKEY
准备中...                    ################################# [100%]
正在升级/安装...
   1:php-cli-5.4.16-36.el7_1        ################################# [100%]
[root@rhel Packages]# rpm -ivh php-5.4.16-36.el7_1.x86_64.rpm
警告：php-5.4.16-36.el7_1.x86_64.rpm: 头V3 RSA/SHA256 Signature, 密钥 ID fd431d51: NOKEY
准备中...                    ################################# [100%]
正在升级/安装...
   1:php-5.4.16-36.el7_1            ################################# [100%]
[root@rhel Packages]# rpm -ivh php-pdo-5.4.16-36.el7_1.x86_64.rpm
警告：php-pdo-5.4.16-36.el7_1.x86_64.rpm: 头V3 RSA/SHA256 Signature, 密钥 ID fd431d51: NOKEY
准备中...                    ################################# [100%]
正在升级/安装...
   1:php-pdo-5.4.16-36.el7_1        ################################# [100%]
[root@rhel Packages]# rpm -ivh php-mysql-5.4.16-36.el7_1.x86_64.rpm
警告：php-mysql-5.4.16-36.el7_1.x86_64.rpm: 头V3 RSA/SHA256 Signature, 密钥 ID fd431d51: NOKEY
准备中...                    ################################# [100%]
正在升级/安装...
   1:php-mysql-5.4.16-36.el7_1      ################################# [100%]
```

3. 配置MariaDB数据库

（1）安装mariadb相关软件包。

使用以下命令安装mariadb、mariadb-server、mariadb-devel、mariadb-libs和mariadb-test软件包。

```
[root@rhel ~]# cd /run/media/root/RHEL-7.2\ Server.x86_64/Packages
//进入Linux系统安装光盘软件包目录
```

```
[root@rhel Packages]# rpm -ivh mariadb-5.5.44-2.el7.x86_64.rpm
警告：mariadb-5.5.44-2.el7.x86_64.rpm: 头V3 RSA/SHA256 Signature, 密钥 ID fd431d51: NOKEY
准备中...                   #################################### [100%]
正在升级/安装...
   1:mariadb-1:5.5.44-2.el7         #################################### [100%]
s[root@rhel Packages]# rpm -ivh mariadb-server-5.5.44-2.el7.x86_64.rpm
警告：mariadb-server-5.5.44-2.el7.x86_64.rpm: 头V3 RSA/SHA256 Signature, 密钥 ID fd431d51: NOKEY
准备中...                   #################################### [100%]
正在升级/安装...
   1:mariadb-server-1:5.5.44-2.el7  #################################### [100%]
[root@rhel Packages]# rpm -ivh mariadb-devel-5.5.44-2.el7.x86_64.rpm
警告：mariadb-devel-5.5.44-2.el7.x86_64.rpm: 头V3 RSA/SHA256 Signature, 密钥 ID fd431d51: NOKEY
准备中...                   #################################### [100%]
正在升级/安装...
   1:mariadb-devel-1:5.5.44-2.el7   #################################### [100%]
[root@rhel Packages]# rpm -ivh mariadb-libs-5.5.44-2.el7.x86_64.rpm
警告：mariadb-libs-5.5.44-2.el7.x86_64.rpm: 头V3 RSA/SHA256 Signature, 密钥 ID fd431d51: NOKEY
准备中...                   #################################### [100%]
正在升级/安装...
   1:mariadb-libs-1:5.5.44-2.el7    #################################### [100%]
[root@rhel Packages]# rpm -ivh mariadb-test-5.5.44-2.el7.x86_64.rpm
警告：mariadb-test-5.5.44-2.el7.x86_64.rpm: 头V3 RSA/SHA256 Signature, 密钥 ID fd431d51: NOKEY
准备中...                   #################################### [100%]
正在升级/安装...
   1:mariadb-test-1:5.5.44-2.el7    #################################### [100%]
```

（2）启动mariadb服务。

使用以下命令启动mariadb服务，同时也初始化MariaDB数据库。

```
[root@rhel ~]# systemctl start mariadb.service
```

（3）设置MariaDB管理员密码。

使用mysqladmin命令为MariaDB管理员root设置密码，密码为mariadb。

```
[root@rhel ~]# mysqladmin -u root password mariadb
```

使用以下命令登录MariaDB服务器。

```
[root@rhel ~]# mysql -u root -p
Enter password:            //输入之前设置的MariaDB数据库管理员root的密码
Welcome to the MariaDB monitor.  Commands end with ; or \g.
Your MariaDB connection id is 4
Server version: 5.5.44-MariaDB MariaDB Server

Copyright (c) 2000, 2015, Oracle, MariaDB Corporation Ab and others.

Type 'help;' or '\h' for help. Type '\c' to clear the current input statement.

MariaDB [(none)]>
//成功登录MariaDB服务器
```

4. 安装Discuz!软件

从以下网址下载Discuz_X3.2_SC_UTF8.zip软件。

http://www.discuz.net。

下载完软件之后按以下命令安装Discuz!软件。

```
[root@rhel ~]# unzip /root/Discuz_X3.2_SC_UTF8.zip
//解压缩/root/Discuz_X3.2_SC_UTF8.zip
```

将Discuz_X3.2_SC_UTF8.zip解压缩之后有三个子目录，分别是utility、readme和upload。

使用以下命令将解压缩后产生的upload目录，移动到/var/www/html目录下，并且重命名为bbs。

```
[root@rhel ~]# mv /root/upload /var/www/html/bbs
```

使用以下命令为/var/www/html/bbs目录递归设置权限，权限为777。

```
[root@rhel ~]# chmod -R 777 /var/www/html/bbs
```

5. 配置Apache服务器

（1）编辑/etc/httpd/conf/httpd.conf文件。

在已经正常运行的Apache服务器上修改/etc/httpd/conf/httpd.conf文件，修改以下参数。

```
AddDefaultCharset UTF-8
//确保默认字符集为UTF-8，和安装在Linux系统上的Discuz!软件版本一致
```

（2）重新启动启动httpd服务。

使用以下命令重新启动httpd服务。

```
[root@rhel ~]# systemctl restart httpd.service
```

6. 更改SELinux应用模式

使用以下命令更改SELinux应用模式为允许模式。

```
[root@rhel ~]# setenforce Permissive
```

注意：

如果希望在重启计算机系统以后，SELinux应用模式还是允许模式，只须修改/etc/selinux/config 文件，将SELINUX=enforcing更改为SELINUX= Permissive。

7. 安装Discuz!社区论坛

在Mozilla Firefox浏览器中，输入网址：http://192.168.0.2/bbs/install/index.php，打开图22.11所示的网页，单击【我同意】按钮通过Discuz!安装向导进行安装。

图22.11　同意授权协议

注意：

如果Discuz!安装向导出现乱码现象，请修改Apache配置文件/etc/httpd/conf/httpd.conf，将该文件中的AddDefaultCharset参数值修改为UTF-8，然后重新启动httpd服务即可。

同意授权协议之后，Discuz!开始检查安装环境，比如操作系统、PHP版本、GD库、磁盘空间以及目录和文件权限等，如图22.12所示，安装环境检查通过，然后单击【下一步】按钮。

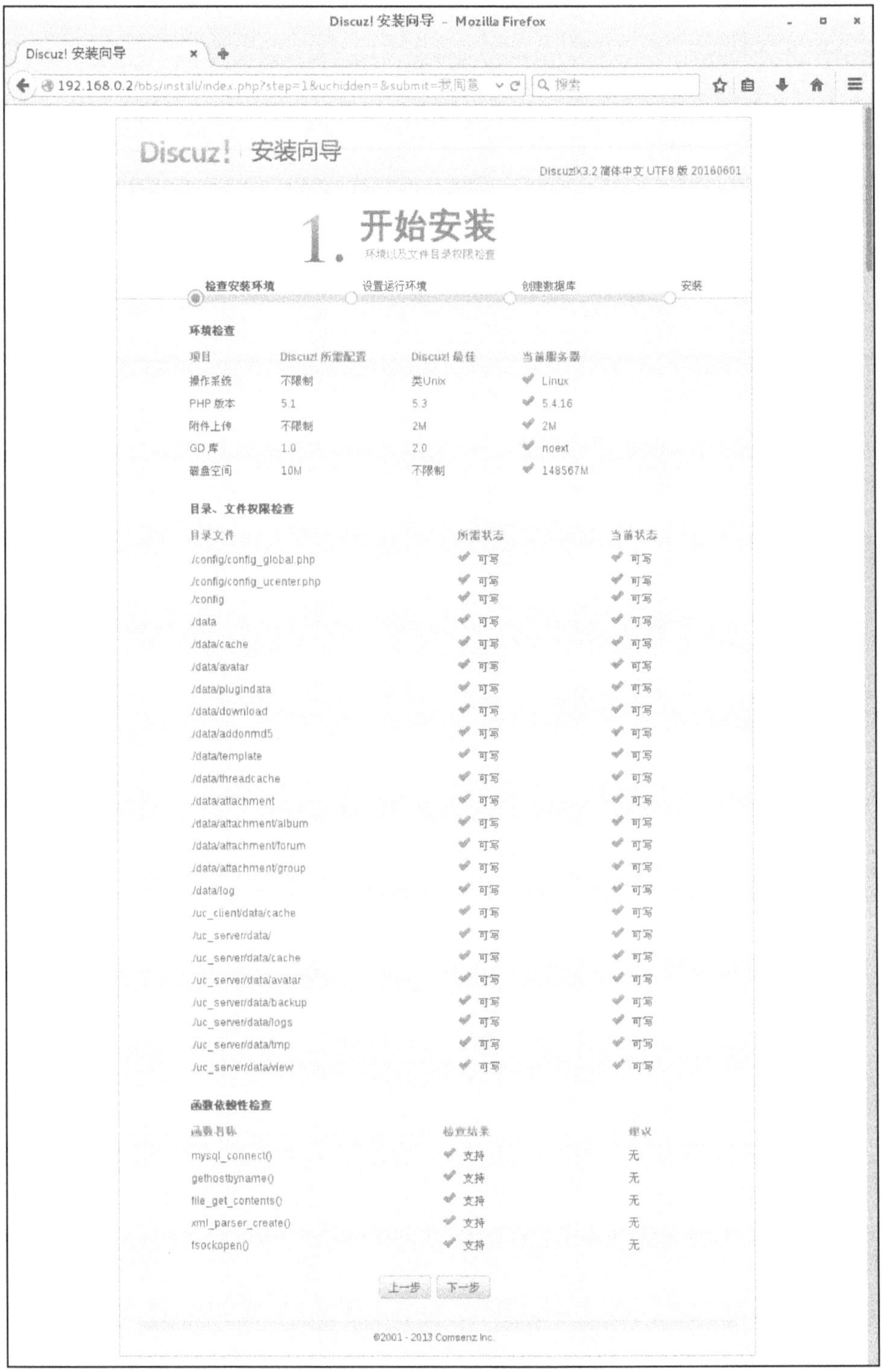

图22.12　检查安装环境

在图22.13所示的网页中，选择【全新安装Discuz!X（含Ucenter Server）】单选框，然后单击

【下一步】按钮。

图22.13　设置运行环境

在图22.14所示的网页中，填写数据库信息和管理员信息。数据库服务器使用默认的localhost，在MariaDB中新创建的数据库为bbs，数据表前缀为bbs_，数据库用户名和数据库密码一定要正确。

图22.14　创建数据库

开始创建数据库和数据表，如图22.15所示，等待片刻直至安装完毕。

图22.15　安装Discuz!社区论坛

Discuz!社区论坛安装完成之后，在Mozilla Firefox浏览器中，输入网址：http://192.168.0.2/bbs，打开图22.16所示的BBS论坛，到此为止LAMP网站搭建完成。

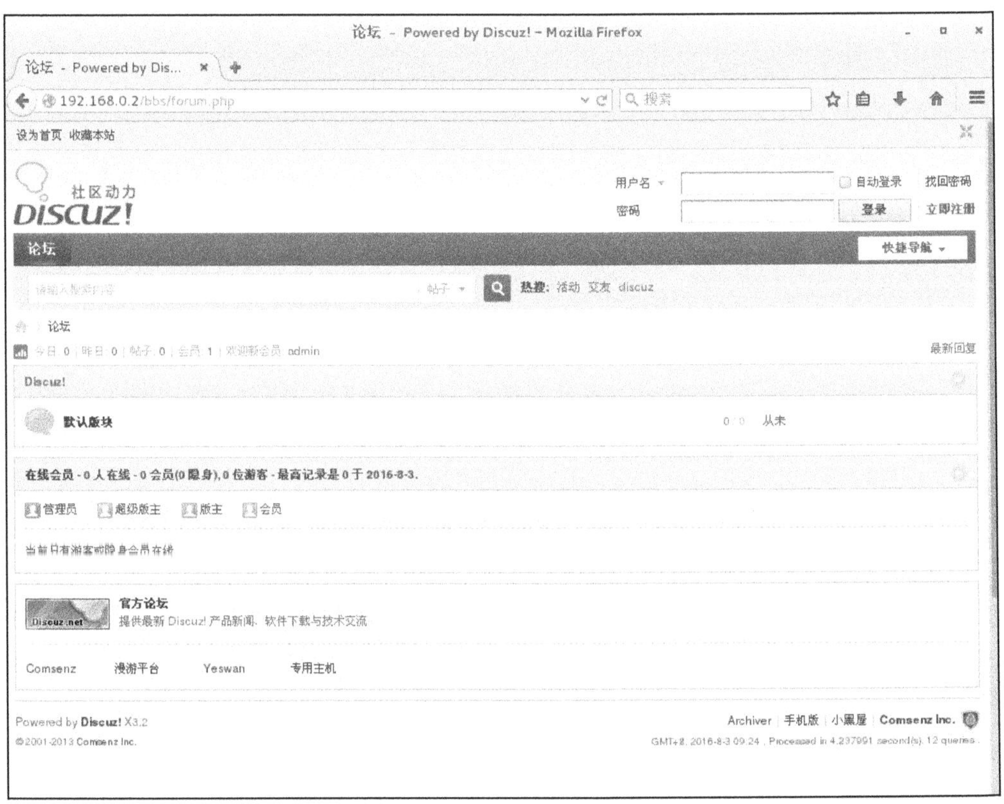

图22.16　BBS论坛首页

第23章 配置vsftpd服务器

23.1 FTP简介

企业会将文件存储在FTP服务器上的主目录中，以便用户可以建立FTP连接，并通过FTP客户端进行文件传输、访问。

23.1.1 什么是FTP

FTP（File Transfer Protocol，文件传输协议）可以在网络中传输文档、图像、音频、视频以及应用程序等多种类型的文件。如果用户需要将文件从自己的计算机发送给另一台计算机，可以使用FTP进行上传操作；而在更多的情况下，则是用户使用FTP从服务器上下载文件。

一个完整的FTP文件传输需要建立两种类型的连接：一种为控制文件传输的命令，称为控制连接；另一种实现真正的文件传输，称为数据连接。

1. 控制连接

客户端希望与FTP服务器建立上传、下载的数据传输时，它首先向服务器TCP协议的21端口发起一个建立连接的请求。FTP服务器接受来自客户端的请求，完成连接的建立过程，这样的连接就称为FTP控制连接。

2. 数据连接

FTP控制连接建立之后，即可开始传输文件，传输文件的连接称为FTP数据连接。FTP数据连接就是FTP传输数据的过程，它有主动模式和被动模式两种传输模式。

23.1.2 FTP数据传输原理

用户在使用FTP传输数据时，整个FTP建立连接的过程经过以下几个步骤。

- FTP服务器会自动对默认端口21进行监听，当某个客户端向这个端口请求建立连接时，便激活了FTP服务器上的控制进程。通过这个控制进程，FTP服务器对连接用户名、密码以及连接权限等进行身份验证；
- 当FTP服务器完成身份验证以后，FTP服务器和客户端之间还会建立一条用来传输数据的专有连接；
- FTP服务器在传输数据过程中的控制进程将一直工作，并不断发出指令控制整个FTP传输数据，数据传输完毕后控制进程给客户端发送结束指令。

23.1.3 FTP传输模式

在建立数据连接传输数据的时候有两种传输模式，即主动模式和被动模式。

1. 主动模式（PORT模式）

主动模式的数据传输专有连接是在建立控制连接（用户身份验证完成）后，首先由FTP服务器使用20端口主动向客户端进行连接，建立专用于传输数据的连接，这种方式在网络管理上比较好控制。FTP服务器上的端口21用于用户验证，端口20用于数据传输，只要将这两个端口开放就可以使用FTP功能了，此时客户端只是处于接收状态。

2. 被动模式（PASV模式）

被动模式与主动模式不同，数据传输专有连接是在建立控制连接（用户身份验证完成）后由客户端向FTP服务器发起连接的。客户端使用哪个端口并连接到FTP服务器的哪个端口，这都是随机产生的。服务器并不参与数据的主动传输，只是被动接受。

23.1.4 FTP用户

在访问FTP服务器时提供了三类用户，不同的用户具有不同的访问权限和操作方式。

1. 匿名用户

使用这类用户可以匿名访问FTP服务器。匿名用户是指在FTP服务器中没有指定账户，但是它仍然可以匿名访问某些公开的资源。使用匿名用户访问FTP服务器时使用账户anonymous或ftp。

2. 本地用户

这类用户在FTP服务器上拥有账户。当这类用户访问FTP服务器的时候，其默认的主目录就是其账户命名的目录。但是它还可以变更到其他目录中去。

3. 虚拟用户

在FTP服务器中，使用这类用户只能够访问其主目录下的文件，而不能访问主目录以外的文件。FTP服务器通过这种方式来保障服务器上其他文件的安全性。

23.1.5 vsftpd简介

vsftpd（very secure FTP daemon，非常安全的FTP守护进程）是由Chris Evans开发的一款可以运行在UNIX/Linux操作系统上，安全、易用、完全免费和开放源代码的FTP服务器软件。vsftpd比其他FTP服务器软件更加优越，支持很多其他的 FTP 服务器软件所不支持的特征，比如非常高的安全性需求、带宽限制、良好的可伸缩性、可创建虚拟用户和高速率等。

vsftpd具有以下特点。

- vsftpd是以一般身份启动服务，所以对于Linux系统的使用权限较低，对于Linux系统的危害就相对地减低了。
- 任何需要具有较高执行权限的vsftpd命令均以一支特殊的父进程所控制，该父进程享有的较高执行权限功能已经被限制得相当低，并以不影响Linux本身的系统为准。
- 所有来自客户端，想要使用这支父进程所提供的较高执行权限的vsftpd命令的需求，均被视为不可信任的要求来处理，必须要经过相当程度的身份确认后，方可利用该上层程序的功能。
- 上面提到的父进程中，依然使用 chroot() 的功能来限制使用者的执行权限。

23.2 vsftpd服务器安装和配置

23.2.1 安装vsftpd服务器软件包

要配置vsftpd服务器，先要在Linux系统中使用以下命令查看vsftpd软件包是否已经安装，如果没有请事先安装好。

```
[root@rhel ~]# rpm -q vsftpd
vsftpd-3.0.2-10.el7.x86_64
// vsftpd服务主程序软件包
```

使用以下命令安装vsftpd软件包。

```
[root@rhel ~]# cd /run/media/root/RHEL-7.2\ Server.x86_64/Packages
//进入Linux系统安装光盘软件包目录
[root@rhel Packages]# rpm -ivh vsftpd-3.0.2-10.el7.x86_64.rpm
警告：vsftpd-3.0.2-10.el7.x86_64.rpm: 头V3 RSA/SHA256 Signature, 密钥 ID fd431d5
1: NOKEY
准备中...                    ################################# [100%]
正在升级/安装...
   1:vsftpd-3.0.2-10.el7          ################################# [100%]
```

23.2.2 /etc/vsftpd/vsftpd.conf文件详解

vsftpd服务器的主配置文件是/etc/vsftpd/vsftpd.conf文件，一般无须修改该文件就可以启动vsftpd服务器使用。在/etc/vsftpd/vsftpd.conf配置文件中，以“#”开头的行是注释行，它为用户配置参数起到解释作用，这样的语句默认不会被系统执行。在该配置文件中所有的配置参数都是以“配置项目=值”这样的格式表示。

默认/etc/vsftpd/vsftpd.conf配置文件内容和文件结构如下所示，读者所看到的是已经将部分注释行删除的内容。

```
anonymous_enable=YES
local_enable=YES
write_enable=YES
local_umask=022
#anon_upload_enable=YES
#anon_mkdir_write_enable=YES
dirmessage_enable=YES
xferlog_enable=YES
connect_from_port_20=YES
#chown_uploads=YES
#chown_username=whoever
#xferlog_file=/var/log/xferlog
xferlog_std_format=YES
#idle_session_timeout=600
#data_connection_timeout=120
#nopriv_user=ftpsecure
#async_abor_enable=YES
#ascii_upload_enable=YES
#ascii_download_enable=YES
#ftpd_banner=Welcome to blah FTP service.
#deny_email_enable=YES
#banned_email_file=/etc/vsftpd/banned_emails
#chroot_local_user=YES
#chroot_list_enable=YES
#chroot_list_file=/etc/vsftpd/chroot_list
#ls_recurse_enable=YES
listen=NO
listen_ipv6=YES
```

```
pam_service_name=vsftpd
userlist_enable=YES
tcp_wrappers=YES
```

下面将讲述在/etc/vsftpd/vsftpd.conf文件中可以添加和修改的主要参数。

- anonymous_enable=YES。

设置是否允许匿名用户登录，YES允许，NO不允许。

- local_enable=YES。

设置是否允许本地用户登录，YES允许，NO不允许。

- write_enable=YES。

设置是否允许用户有写入权限，YES允许，NO不允许。

- local_umask=022。

设置本地用户新建文件时的umask值。

- local_root=/home。

设置本地用户的根目录。

- anon_upload_enable=YES。

设置是否允许匿名用户上传文件，YES允许，NO不允许。

- anon_mkdir_write_enable=YES。

设置是否允许匿名用户有创建目录的权限，YES允许，NO不允许。

- anon_other_write_enable=NO。

设置是否允许匿名用户有更改的权限，比如重命名和删除文件权限，YES允许，NO不允许。

- anon_world_readable_only=YES。

设置是否允许匿名用户下载可读的文件，YES允许，NO不允许。

- dirmessage_enable=YES。

设置是否显示目录说明文件，默认是YES，但需要手工创建.message文件允许为目录配置显示信息，显示每个目录下面的message_file文件的内容。

- message_file=.message。

设置提示信息文件名，该参数只有在dirmessage_enable启用时才有效。

- download_enable=YES。

设置是否允许下载，YES允许，NO不允许。

- chown_upload=YES。

设置是否允许修改上传文件的用户所有者，YES允许，NO不允许。

- chown_username=whoever。

设置想要修改的上传文件的用户所有者。

- idle_session_timeout=600。

设置用户会话空闲超过指定时间后断开连接，单位为秒。

- data_connection_timeout=120。

设置数据连接空闲超过指定时间后断开连接，单位为秒。

- accept_timeout=60。

设置客户端空闲超过指定时间自动断开连接，单位为秒。

- connect_timeout=60。

设置客户端空闲断开连接后在指定时间自动激活连接，单位为秒。

- max_clients=100。

允许连接客户端的最大数量。0表示不限制最大连接数。

- max_per_ip=5。

设置每个IP地址的最大连接数。0表示不限制最大连接数。

- anon_max_rate=51200。

设置匿名用户传输数据的最大速度，单位是字节/秒。

- local_max_rate=5120000。

设置本地用户传输数据的最大速度，单位是字节/秒。

- pasv_min_port=0。

设置在被动模式连接vsftpd服务器时，服务器响应的最小端口号，0 表示任意。默认值为0。

- pasv_max_port=0。

设置在被动模式连接vsftpd服务器时，服务器响应的最大端口号，0 表示任意。默认值为0。

- chroot_local_user=YES。

设置是否将本地用户锁定在自己的主目录中。

- chroot_list_enable=YES。

设置是否锁定用户在自己的主目录中。

- chroot_list_file=/etc/vsftpd/chroot_list。

被列入该文件的用户，在登录后锁定用户在自己的主目录中。

- ascii_upload_enable=YES。

设置是否使用ASCII模式上传文件，YES使用，NO不使用。

- ascii_download_enable=YES。

设置是否使用ASCII模式下载文件，YES使用，NO不使用。

- ftpd_banner=Welcome to blah FTP service。

设置定制欢迎信息，登录时显示欢迎信息，如果设置了banner_file则此设置无效。

- banner_file=/etc/vsftpd/banner。

设置登录信息文件的位置。

- xferlog_enable=YES。

设置是否使用传输日志文件记录详细的下载和上传信息。

- xferlog_file=/var/log/xferlog。

设置传输日志的路径和文件名，默认是/var/log/xferlog日志文件位置。

- xferlog_std_format=YES。

设置传输日志文件是否写入标准xferlog格式。

- guest_enable=NO。

设置是否启用虚拟用户，YES启用，NO不启用。

- guest_username=ftp。

设置虚拟用户在系统中的真实用户名。

- userlist_enable=YES。

设置是否允许由userlist_file文件中指定的用户登录vsftpd服务器。YES表示允许登录vsftpd服务器。

- userlist_file=/etc/vsftpd/user_list。

当userlist_enable选项激活时加载的文件的名称。

- userlist_deny=YES。

设置是否允许由userlist_file文件中指定的用户登录vsftpd服务器。YES表示不允许登录vsftpd服务器，甚至连输入密码提示信息都没有。

- deny_email_enable=YES。

如果激活，要提供一个关于匿名用户的密码电子邮件表以阻止以这些密码登录的匿名用户。默认情况下，这个列表文件是/etc/vsftpd.banner_emails，但也可以通过设置banned_email_file来改变默认值。

- banned_email_file=/etc/vsftpd/banned_emails。

当deny_email_enable=YES时，设置包含被拒绝登录vsftpd服务器的电子邮件地址的文件。

- listen=NO。

设置是否启用独立进程控制vsftpd，用在IPv4环境。YES启用独立进程，NO启用xinetd进程。

- listen_ipv6=YES。

设置是否启用独立进程控制vsftpd，用在IPv6环境。YES启用独立进程，NO启用xinetd进程。

- listen_address=192.168.0.2。

设置vsftpd服务器监听的IP地址。

- listen_port=21。

设置vsftpd服务器监听的端口号。

- pam_service_name=vsftpd。

设置使用PAM模块进行验证时候的PAM配置文件名。

- ftp_username=ftp。

设置匿名用户所使用的系统用户名。

23.2.3 控制vsftpd服务

使用systemctl命令可以控制vsftpd服务的状态，以及当vsftpd服务器启动时自动启动服务。

1. 启动vsftpd服务

使用以下命令启动vsftpd服务。

```
[root@rhel ~]# systemctl start vsftpd.service
```

2. 查看vsftpd服务状态

使用以下命令查看vsftpd服务状态。

```
[root@rhel ~]# systemctl status vsftpd.service
● vsftpd.service - Vsftpd ftp daemon
  Loaded: loaded (/usr/lib/systemd/system/vsftpd.service; disabled; vendor preset: disabled)
  Active: active (running) since 三 2015-12-30 20:36:39 CST; 1min 8s ago
 Process: 63154 ExecStart=/usr/sbin/vsftpd /etc/vsftpd/vsftpd.conf (code=exited, status=0/SUCCESS)
```

```
  Main PID: 63155 (vsftpd)
   CGroup: /system.slice/vsftpd.service
           └─63155 /usr/sbin/vsftpd /etc/vsftpd/vsftpd.conf

12月 30 20:36:39 rhel systemd[1]: Starting Vsftpd ftp daemon...
12月 30 20:36:39 rhel systemd[1]: Started Vsftpd ftp daemon.
```

3. 停止vsftpd服务

使用以下命令停止vsftpd服务。

```
[root@rhel ~]# systemctl stop vsftpd.service
```

4. 重新启动vsftpd服务

使用以下命令重新启动vsftpd服务。

```
[root@rhel ~]# systemctl restart vsftpd.service
```

5. 开机自动启动vsftpd服务

使用以下命令在重新引导系统时自动启动vsftpd服务。

```
[root@rhel ~]# systemctl enable vsftpd.service
Created symlink from /etc/systemd/system/multi-user.target.wants/vsftpd.service to /usr/lib/systemd/system/vsftpd.service.
[root@rhel ~]# systemctl is-enabled vsftpd.service
enabled
```

23.3 配置vsftpd客户端

在Linux系统中配置的vsftpd服务器可以支持Linux客户端和非Linux客户端（如Windows系统）访问FTP网站。

23.3.1 Linux客户端配置

可以在Linux系统中使用ftp命令，或者使用图形界面下的浏览器Mozilla Firefox来访问vsftpd服务器上的资源。

1. ftp命令

ftp命令不仅可以在Linux系统中使用，也可以在Windows系统下使用。以下例子为在FTP客户端的Linux系统下的使用情况。

（1）安装ftp软件包。

在Linux系统上使用ftp命令，需要安装ftp软件包。

在Linux系统中使用以下命令查看ftp软件包是否已经安装，如果没有请事先安装好。

```
[root@linux ~]# rpm -q ftp
ftp-0.17-66.el7.x86_64
```

使用以下命令安装ftp软件包。

```
[root@linux ~]# cd /run/media/root/RHEL-7.2\ Server.x86_64/Packages
//进入Linux系统安装光盘软件包目录
[root@linux Packages]# rpm -ivh ftp-0.17-66.el7.x86_64.rpm
警告：ftp-0.17-66.el7.x86_64.rpm: 头V3 RSA/SHA256 Signature, 密钥 ID fd431d51: NOKEY
准备中...                          ################################# [100%]
```

```
正在升级/安装...
   1:ftp-0.17-66.el7                ################################# [100%]
```

（2）使用ftp命令。

ftp是用户界面的ARPANET标准文件传输协议，该程序允许用户从远程网络站点转移文件。

ftp命令语法：

```
ftp [选项] [FTP服务器]
```

ftp命令中各选项的含义如表23.1所示。

表23.1　ftp命令选项的含义

选项	选项含义
-v	显示详细信息
-i	关闭交互过程中的多个文件传输提示
-d	启用调试

使用ftp命令连接到vsftpd服务器。

```
[root@linux ~]# ftp 192.168.0.2
Connected to 192.168.0.2 (192.168.0.2).
220 (vsFTPd 3.0.2)
Name (192.168.0.2:root): anonymous        //输入匿名账户anonymous连接vsftpd服务器
331 Please specify the password.
Password:                        //不用输入密码，直接按回车键
230 Login successful.
//成功登录vsftpd服务器
Remote system type is UNIX.
Using binary mode to transfer files.
ftp> quit                        //输入quit命令退出ftp界面
221 Goodbye.
[root@linux ~]#
```

ftp子命令功能如表23.2所示。

表23.2　ftp子命令功能

子命令	功能
!	在本地主机上调用交互的Shell
$	执行宏
account	发送账号命令到远程主机
append	追加一个文件
ascii	设置ASCII传输类型
bell	在命令完成时发出蜂鸣声
binary	设置二进制传输类型
bye	结束FTP会话并退出ftp，和quit子命令一样功能
case	在使用mget时，将vsftpd服务器文件名中的大写字母转换为小写字母
cd	更改远程工作目录
cdup	改变远程工作目录的父目录
chmod	更改远程文件的文件权限
close	终止ftp会话
cr	使用ASCII方式传输文件时，将回车换行转换为回行
delete	删除远程计算机上的文件
debug	切换、设置调试模式

子命令	功能
dir	列出远程目录内容
disconnect	终止ftp会话
exit	退出ftp
form	设置文件传输格式
get	接收文件
glob	切换本地文件名的元字符扩展
hash	切换为每个传输缓冲区打印“#”
help	显示ftp子命令帮助信息
idle	显示和设置远程端上的空闲计时器
image	设置二进制传输类型
lcd	更改本地工作目录
ls	列出远程目录内容
macdef	定义一个宏，遇到macdef下的空行时，宏定义结束
mdelete	删除远程计算机上的多个文件
mdir	多个远程目录列表内容
mget	获取多个文件
mkdir	在远程计算机上创建目录
mls	列出多个远程目录的内容
mode	设置文件传输模式
modtime	显示远程文件的最后修改时间
mput	发送多个文件
newer	如果远程文件比本地文件新就接收文件
nmap	设置模板的默认文件名映射
nlist	列出远程目录中的内容
ntrans	为默认文件名映射设置转换表
open	连接到远程vsftpd服务器
prompt	强制在多个命令上交互提示
passive	切换被动传输模式
proxy	在备用连接上发出命令
sendport	切换对于PORT命令的使用
put	发送一个文件
pwd	显示远程计算机上的工作目录
quit	结束与FTP会话并退出
quote	发送任意ftp命令
recv	接收文件
reget	断点接收文件
rstatus	显示远程主机状态
rhelp	请求获得vsftpd服务器的帮助
rename	重命名文件
reset	清除队列命令回复
restart	从指定的标志处，重新开始文件传输
rmdir	在远程计算机上删除目录
runique	切换为本地文件创建唯一文件名称的功能
send	发送一个文件

续表

子命令	功能
site	发送现场的命令到远程服务器
size	显示远程文件的大小
status	显示当前状态
struct	设置文件传输结构
system	显示vsftpd服务器操作系统类型
sunique	切换在远程主机上文件的存储下唯一的文件名
tenex	设置tenex文件传输类型
trace	切换包跟踪
type	设置文件传输类型
user	发送新的用户信息
umask	在远程端设置umask
verbose	切换详细模式
?	显示本地帮助信息

2. Mozilla Firefox浏览器

在Linux系统的图形化界面下有众多的浏览器可以用来访问vsftpd服务器，在这里介绍最常用的Mozilla Firefox浏览器。在Mozilla Firefox浏览器中，输入网址：ftp://192.168.0.2，打开图23.1所示的网页访问FTP网站。

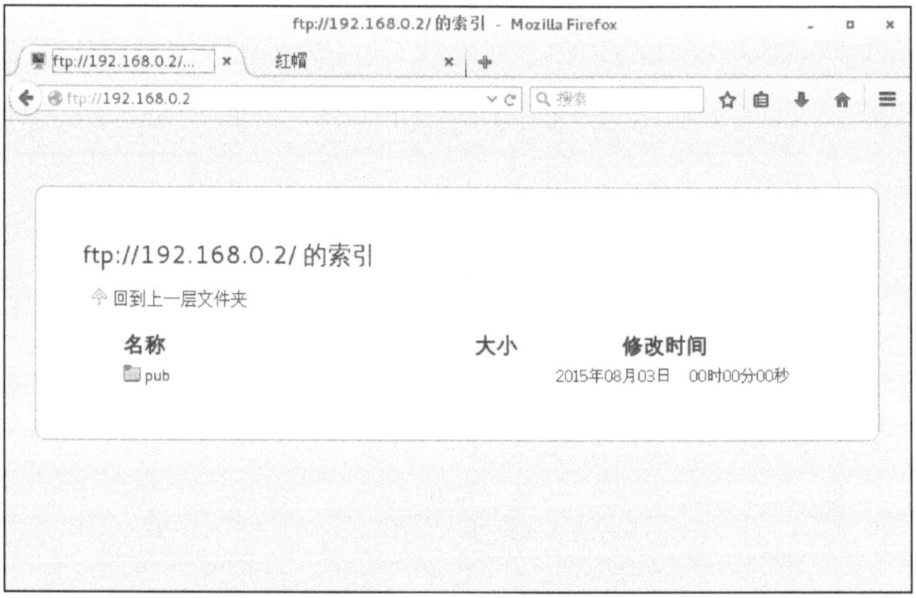

图23.1　使用Mozilla Fireox访问vsftpd服务器

23.3.2　Windows客户端配置

在Windows 10系统下可以使用浏览器、CuteFTP软件以及ftp命令（和Linux系统上的ftp命令一样功能）等方式来访问vsftpd服务器上的资源。

CuteFTP是Windows系统下最常用的图形化FTP客户端程序。它支持下载文件续传、可下载或上传整个目录、具有不会因闲置过久而被FTP服务器断线，可以上传下载队列、上传断点续传、覆盖和删除整个目录等特点。它传输速度快、性能稳定、界面友好和使用简单。

在CuteFTP软件界面上单击菜单栏上的【文件】→【新建】→【FTP站点】，打开图23.2所示的对话框，在该对话框的【一般】选项卡中输入站点标签、FTP主机地址、FTP站点用户名称、FTP站点密码、登录方法，如果登录方法选择【匿名】，则无需输入FTP站点用户名称和FTP站点密码。

在图23.3所示的【类型】选项卡中指定FTP站点的端口号，默认端口为21，然后单击【连接】按钮。

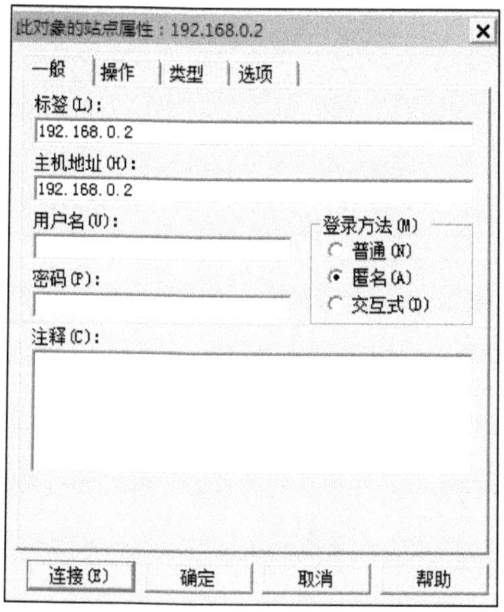

图23.2 【一般】选项卡

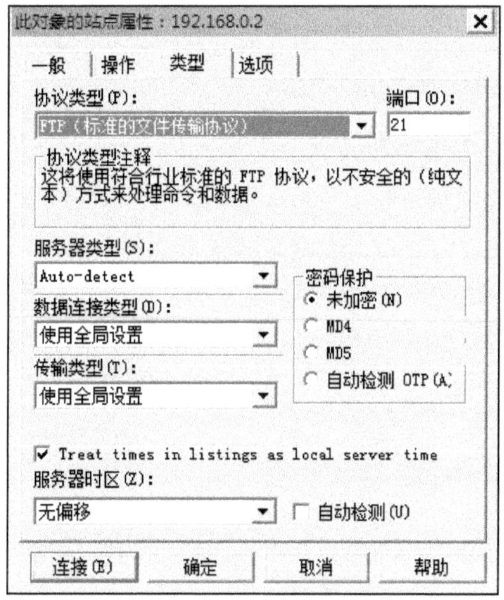

图23.3 【类型】选项卡

经过身份验证之后连接到vsftpd服务器，如图23.4所示。在该界面中可以非常方便地实现上传下载文件。

图23.4 已经连接到FTP站点

23.4 vsftpd服务器配置实例

下面通过几个实例来讲述vsftpd服务器的配置和使用方法，要特别注意防火墙和SELinux布尔值的正确设置，否则无法访问vsftpd服务器。

23.4.1 测试默认匿名用户登录

vsftpd服务启动之后，默认就允许匿名用户（anonymous或ftp）连接到vsftpd服务器。默认匿名用户不能离开vsftpd服务器匿名用户目录/var/ftp，匿名用户只能下载文件，而没有权限上传文件到vsftpd服务器上。

1. 创建测试文件

默认情况下，vsftpd服务器匿名用户下载目录/var/ftp/pub内没有任何文件，为做测试，可以在该目录内创建abc.txt文件供匿名用户下载，如下所示。

```
[root@rhel ~]# ls /var/ftp/pub
//默认/var/ftp/pub目录是空的，没有任何文件
[root@rhel ~]# touch /var/ftp/pub/abc.txt
//创建/var/ftp/pub/abc.txt文件
```

2. 生成目录信息文件

使用以下命令在vsftpd服务器上的/var/ftp/pub目录内创建目录信息文件.message。

```
[root@rhel ~]# echo Hello FTP > /var/ftp/pub/.message
//生成目录信息文件/var/ftp/pub/.message
```

3. 启动vsftpd服务

使用以下命令启动vsftpd服务。

```
[root@rhel ~]# systemctl start vsftpd.service
```

4. 测试默认匿名用户登录

在FTP客户端计算机上使用以下命令测试默认匿名用户登录的情况。

```
[root@linux ~]# ftp 192.168.0.2
Connected to 192.168.0.2 (192.168.0.2).
220 (vsFTPd 3.0.2)
Name (192.168.0.2:root): anonymous    //使用匿名账户anonymous连接到vsftpd服务器
331 Please specify the password.
Password:                    //不需要输入密码就可以登录vsftpd服务器
230 Login successful.
Remote system type is UNIX.
Using binary mode to transfer files.
ftp>
//登录成功
ftp> ls
//列出vsftpd服务器目录
227 Entering Passive Mode (192,168,0,2,179,132).
150 Here comes the directory listing.
drwxr-xr-x    2 0       0            35 Dec 29 03:42 pub
226 Directory send OK.
ftp> cd pub
//进入vsftpd服务器文件下载目录
```

```
250-Hello FTP
//在此显示了/var/ftp/pub/.message文件的内容
250 Directory successfully changed.
ftp> ls
//显示/var/ftp/pub目录内容
227 Entering Passive Mode (192,168,0,2,169,228).
150 Here comes the directory listing.
-rw-r--r--    1 0       0              0 Dec 29 03:42 abc.txt
226 Directory send OK.
ftp> get abc.txt
//下载文件abc.txt，下载成功
local: abc.txt remote: abc.txt
227 Entering Passive Mode (192,168,0,2,109,82).
150 Opening BINARY mode data connection for abc.txt (0 bytes).
226 Transfer complete.
ftp> put mm.txt
//上传文件mm.txt，上传失败
local: mm.txt remote: mm.txt
227 Entering Passive Mode (192,168,0,2,133,241).
550 Permission denied.
ftp> bye
//退出vsftpd服务器连接
221 Goodbye.
```

23.4.2 允许匿名用户上传下载文件和创建目录

按以下步骤配置vsftpd服务器，使得匿名用户可以上传文件、下载文件和创建目录。

1. 创建匿名用户上传目录

使用以下命令创建匿名用户，上传目录/var/ftp/up，并设置相应权限。

```
[root@rhel ~]# mkdir /var/ftp/up
[root@rhel ~]# chmod o+w /var/ftp/up
```

2. 编辑/etc/vsftpd/vsftpd.conf文件

在vsftpd服务器上修改/etc/vsftpd/vsftpd.conf文件，该文件修改后的内容如下所示。

```
anonymous_enable=YES
anon_upload_enable=YES
anon_mkdir_write_enable=YES
write_enable=YES
anon_world_readable_only=NO
anon_other_write_enable=YES
local_enable=YES
local_umask=022
dirmessage_enable=YES
xferlog_enable=YES
connect_from_port_20=YES
xferlog_std_format=YES
listen=YES
pam_service_name=vsftpd
userlist_enable=YES
tcp_wrappers=YES
```

3. 设置SELinux

在vsftpd服务器上使用以下命令设置ftpd_full_access布尔值为on状态。

```
[root@rhel ~]# setsebool -P ftpd_full_access on
[root@rhel ~]# getsebool ftpd_full_access
ftpd_full_access --> on
```

4. 重新启动vsftpd服务

使用以下命令重新启动vsftpd服务。

```
[root@rhel ~]# systemctl restart vsftpd.service
```

5. FTP客户端测试

在FTP客户端上，使用以下命令进行测试。

```
[root@linux ~]# ftp 192.168.0.2
Connected to 192.168.0.2 (192.168.0.2).
220 (vsFTPd 3.0.2)
Name (192.168.0.2:root): anonymous        //使用匿名账户anonymous连接到vsftpd服务器
331 Please specify the password.
Password:                          //不需要输入密码就可以登录vsftpd服务器
230 Login successful.
Remote system type is UNIX.
Using binary mode to transfer files.
ftp> ls
227 Entering Passive Mode (192,168,0,2,191,90).
150 Here comes the directory listing.
drwxr-xr-x    2 0        0              35 Dec 29 03:42 pub
drwxr-xrwx    2 0        0               6 Dec 29 03:59 up
226 Directory send OK.
ftp> cd up
250 Directory successfully changed.
ftp> put mm.txt
//上传文件mm.txt，上传成功
local: mm.txt remote: mm.txt
227 Entering Passive Mode (192,168,0,2,229,142).
150 Ok to send data.
226 Transfer complete.
ftp> mkdir qq
//创建目录qq，创建成功
257 "/up/qq" created
ftp> bye
221 Goodbye.
```

23.4.3 只允许本地用户账户登录

如果不允许以匿名用户访问vsftpd服务器，而只能以本地用户访问vsftpd服务器上的资源时，可以按以下步骤进行配置。

1. 创建用户zhangsan

在vsftpd服务器上使用以下命令创建用户zhangsan并设置密码。

```
[root@rhel ~]# useradd zhangsan
[root@rhel ~]# passwd zhangsan
```

```
更改用户 zhangsan 的密码 。
新的 密码：                    //输入用户zhangsan的密码
重新输入新的 密码：            //再次输入用户zhangsan的密码
passwd：所有的身份验证令牌已经成功更新。
```

2. 编辑/etc/vsftpd/vsftpd.conf文件

在vsftpd服务器上修改/etc/vsftpd/vsftpd.conf文件，该文件修改后的内容如下所示。

```
anonymous_enable=NO
local_root=/home
local_enable=YES
write_enable=YES
local_umask=022
dirmessage_enable=YES
xferlog_enable=YES
connect_from_port_20=YES
xferlog_std_format=YES
listen=YES
pam_service_name=vsftpd
userlist_enable=YES
tcp_wrappers=YES
```

3. 重新启动vsftpd服务

使用以下命令重新启动vsftpd服务。

```
[root@rhel ~]# systemctl restart vsftpd.service
```

4. FTP客户端测试

在FTP客户端以匿名用户无法登录vsftpd服务器，如下所示。

```
[root@linux ~]# ftp 192.168.0.2
Connected to 192.168.0.2 (192.168.0.2).
220 (vsFTPd 3.0.2)
Name (192.168.0.2:root): anonymous        //使用匿名账户anonymous连接到vsftpd服务器
331 Please specify the password.
Password:                        //不需要输入密码就可以登录vsftpd服务器
530 Login incorrect.
Login failed.
//登录失败
ftp>
```

在FTP客户端以本地用户可以登录vsftpd服务器，如下所示。

```
[root@linux ~]# ftp 192.168.0.2
Connected to 192.168.0.2 (192.168.0.2).
220 (vsFTPd 3.0.2)
Name (192.168.0.2:root): zhangsan        //以用户zhangsan登录vsftpd服务器
331 Please specify the password.
Password:                        //输入用户zhangsan的密码
230 Login successful.
Remote system type is UNIX.
Using binary mode to transfer files.
ftp> pwd
//查看当前目录，当前目录是/home
257 "/home"
ftp> cd /
```

```
//切换目录到/
250 Directory successfully changed.
ftp> pwd
//查看当前目录，当前目录是/
257 "/"
ftp> bye
221 Goodbye.
```

23.4.4 限制用户目录

在默认情况下，用户登录到vsftpd服务器上后，可以访问服务器中除了自己目录之外的其他目录。为了增加vsftpd服务器的安全，可以限制用户只能访问自己的目录，而不能访问别的目录。

1. 编辑/etc/vsftpd/vsftpd.conf文件

在vsftpd服务器上修改/etc/vsftpd/vsftpd.conf文件，该文件修改后的内容如下所示。

```
anonymous_enable=YES
local_enable=YES
write_enable=YES
local_umask=022
dirmessage_enable=YES
xferlog_enable=YES
connect_from_port_20=YES
xferlog_std_format=YES
chroot_list_enable=YES
chroot_list_file=/etc/vsftpd/chroot_list
listen=YES
pam_service_name=vsftpd
userlist_enable=YES
tcp_wrappers=YES
allow_writeable_chroot=YES
```

注意:

从vsftpd 2.3.5版本之后，vsftpd增强了安全检查，如果用户被限定在其主目录下，则该用户的主目录不能再具有写的权限。如果检查发现还有写的权限，就会报该错误。要修复这个错误，可以在/etc/vsftpd/vsftpd.conf配置文件中增加allow_writeable_chroot=YES一项。

2. 设置SELinux

在vsftpd服务器上使用以下命令设置ftp_home_dir布尔值为on状态。

```
[root@rhel ~]# setsebool -P ftp_home_dir on
[root@rhel ~]# getsebool ftp_home_dir
ftp_home_dir --> on
```

3. 创建/etc/vsftpd/chroot_list文件

在vsftpd服务器上创建/etc/vsftpd/chroot_list文件，在该文件内添加需要锁定用户目录的账户，在这里添加用户zhangsan，如下所示。

```
zhangsan
```

4. 重新启动vsftpd服务

使用以下命令重新启动vsftpd服务。

```
[root@rhel ~]# systemctl restart vsftpd.service
```

5. FTP客户端测试

在FTP客户端上，使用以下命令进行测试。

```
[root@linux ~]# ftp 192.168.0.2
Connected to 192.168.0.2 (192.168.0.2).
220 (vsFTPd 3.0.2)
Name (192.168.0.2:root): zhangsan          //以用户zhangsan登录vsftpd服务器
331 Please specify the password.
Password:                         //输入用户zhangsan的密码
230 Login successful.
Remote system type is UNIX.
Using binary mode to transfer files.
ftp> pwd
257 "/"
ftp> ls
227 Entering Passive Mode (192,168,0,2,25,206).
150 Here comes the directory listing.
226 Directory send OK.
ftp> cd /home
550 Failed to change directory.
//无法进入其他目录
```

23.4.5 配置vsftpd服务器使用非标准端口

在默认情况下，vsftpd使用的端口号是22，按以下步骤配置vsftpd服务器使用端口号“3000”。

1. 编辑/etc/vsftpd/vsftpd.conf文件

在vsftpd服务器上修改/etc/vsftpd/vsftpd.conf文件，设置使用非标准端口号为3000，该文件修改后的内容如下所示。

```
anonymous_enable=YES
local_enable=YES
write_enable=YES
local_umask=022
dirmessage_enable=YES
xferlog_enable=YES
connect_from_port_20=YES
listen_port=3000
xferlog_std_format=YES
listen=YES
pam_service_name=vsftpd
userlist_enable=YES
tcp_wrappers=YES
```

2. 设置SELinux

在vsftpd服务器上使用以下命令设置ftpd_use_passive_mode布尔值为on状态。

```
[root@rhel ~]# setsebool -P ftpd_use_passive_mode on
[root@rhel ~]# getsebool ftpd_use_passive_mode
ftpd_use_passive_mode --> on
```

3. 重新启动vsftpd服务

使用以下命令重新启动vsftpd服务。

```
[root@rhel ~]# systemctl restart vsftpd.service
```

4. FTP客户端测试

在FTP客户端计算机上，使用ftp命令连接到vsftpd服务器，在命令中必须输入vsftpd服务器所使用的非标准端口“3000”。

```
[root@linux ~]# ftp 192.168.0.2 3000
Connected to 192.168.0.2 (192.168.0.2).
220 (vsFTPd 3.0.2)
Name (192.168.0.2:root): anonymous          //使用匿名账户anonymous连接到vsftpd服务器
331 Please specify the password.
Password:                        //不需要输入密码就可以登录vsftpd服务器
230 Login successful.
Remote system type is UNIX.
Using binary mode to transfer files.
ftp>
//使用非标准端口成功连接到vsftpd服务器
```

5. 查看vsftpd服务器使用的端口

如果有客户端连接到vsftpd服务器，在vsftpd服务器上使用netstat命令查看vsftpd服务器所使用的端口号“3000”。

```
[root@rhel ~]# netstat -tn|grep 3000
tcp     0     0 192.168.0.5:60277     192.168.0.2:3000      ESTABLISHED
tcp     0     0 192.168.0.2:3000      192.168.0.5:60277     ESTABLISHED
//可以看到客户端192.168.0.5连接了vsftpd服务器，服务器上使用的端口号是"3000"
```

23.4.6　拒绝指定用户连接vsftpd服务器

按以下步骤配置vsftpd服务器，拒绝用户zhangsan连接vsftpd服务器。

1. 编辑/etc/vsftpd/ftpusers文件

在默认情况下，/etc/vsftpd/ftpusers文件内已经有一些拒绝连接vsftpd服务器的用户了。

修改/etc/vsftpd/ftpusers文件，在该文件末尾添加以下内容，拒绝用户zhangsan连接到vsftpd服务器。

```
zhangsan
```

2. 重新启动vsftpd服务

使用以下命令重新启动vsftpd服务。

```
[root@rhel ~]# systemctl restart vsftpd.service
```

3. FTP客户端测试

在FTP客户端上，使用以下命令进行测试。

```
[root@linux ~]# ftp 192.168.0.2
Connected to 192.168.0.2 (192.168.0.2).
220 (vsFTPd 3.0.2)
Name (192.168.0.2:root): zhangsan          //输入用户zhangsan
331 Please specify the password.
Password:                        //输入用户zhangsan的密码
530 Login incorrect.
Login failed.
ftp>
//出现Login failed.信息，说明用户zhangsan无法登录vsftpd服务器
```

第24章 配置Sendmail服务器

24.1 电子邮件简介

24.1.1 什么是电子邮件

电子邮件的历史可以追溯到20世纪70年代早期，当第一段信息流过Arpanet（阿帕网，Internet的前身）时，电子邮件就成为Internet上最广泛使用的应用程序之一，并持续到今天。以前的电子邮件传递程序相当简单，通常只是将邮件文件从一部大主机搬移到另一部服务很多用户的大主机上而已。

随着Internet的发展，网络本身变得越来越复杂，邮件系统需要更有兼容性的工具才能在不同的网络之间，甚至在不同类型的网络之间传递邮件。20世纪80年代早期出现的Sendmail就是为了应付各种不同邮件系统而设计的，它很快成为Internet上最重要的邮件收发服务器。

电子邮件是一种用电子手段提供信息交换的通信方式，是互联网应用最广的服务之一。通过电子邮件系统，用户可以以非常低廉的价格、非常快速的方式，与世界上任何一个角落的网络用户联系。电子邮件可以是文字、图像和声音等多种形式。用户同时可以得到大量免费的新闻、专题邮件，并实现轻松的信息搜索。电子邮件的存在极大地方便了人与人之间的沟通与交流，促进了社会的发展。使用电子邮件具有传播速度快、操作方便、成本低廉、交流对象广泛以及信息多样化等优点。

24.1.2 邮件系统组成

电子邮件程序一般情况下可以分为邮件用户代理（MUA）、邮件传输代理（MTA）和邮件投递代理（MDA）。邮件用户代理用来接受用户的指令，将用户邮件的传送至邮件传输代理。而邮件投递代理从邮件传输代理取得邮件并将其传送至最终用户的邮箱。

当MUA（邮件用户代理）发送一封邮件时，它只是将该邮件交给一台运行MTA（邮件传输代理）软件的邮件服务器。MTA的任务是接受MUA的委任，将邮件从一个系统递送到另一个系统，并接收远方MTA送来的邮件。每当MTA收到MUA的邮件发送请求，它首先会判断是否应该受理。通常如果邮件是来自本地系统的用户，或是本地网络上的系统，或是任何特许可以通过它转发邮件到其他目的地的网络，MTA都会受理邮件发送请求；另一方面，MTA也会依据收件人来决定是否接收邮件。如果收件人是本地系统的用户，或是收件人位于它知道如何转递的其他系统，MTA就会接收邮件。

MTA收下邮件之后，有可能将邮件递送给自己系统上的用户，也有可能将邮件交给另一个MTA来继续传递。对于要交给其他网络的邮件，有可能会经过多个MTA接力传递。如果MTA无法传递邮件，也无法转交给其他MTA处理，则退回邮件给原发信者，或是发出通知函给系统管理员。

邮件终点站的MTA在发现收件人是本地系统的用户之后，必须将邮件交给MDA（邮件投递代理），MDA将邮件存储在邮箱中。

邮件被存入邮箱后就待在那里，等待收件人接收它。收件人使用MUA来取信、读信。提供邮箱访问服务的服务器软件，并非当初收下信息的MTA，两者的角色是分离的。MUA必须让用户成功通过身份验证，才可以取走邮箱里的邮件，呈现给用户阅读。

24.1.3　电子邮件协议简介

电子邮件协议是指用户在客户端计算机上可以通过哪些方式进行电子邮件的发送和接收。常见的电子邮件协议有SMTP、POP3和IMAP三种，其中SMTP用于发送邮件，POP3和IMAP用于接收邮件。

1. SMTP

SMTP（Simple Mail Transfer Protocol，简单邮件传输协议）可以向用户提供高效、可靠的邮件传输方式。SMTP的一个重要特点就是它能够在传送过程中转发电子邮件，即邮件可以通过不同网络上的邮件服务器转发到其他的邮件服务器。

SMTP协议工作在两种情况下：一是电子邮件从客户机传输到邮件服务器；二是从某一台邮件服务器传输到另一台邮件服务器。SMTP是个请求/响应协议，它监听的端口号是25，用于接收用户的邮件请求，并与远端邮件服务器建立SMTP连接。

2. POP3

POP（Post Office Protocol，邮局协议）用于电子邮件的接收，它使用TCP的110端口，现在常用的是第三版，所以简称为POP3。

POP3采用C/S工作模式。当客户机需要服务时，客户端的软件（比如KMail）将与POP3服务器建立TCP连接，此后要经过POP3协议的三种工作状态：首先是认证过程，确认客户机提供的用户名和密码；在认证通过后便转入处理状态，在此状态下用户可收取自己的邮件，在完成响应的操作后客户机便发出quit命令；最后便进入更新状态，将做删除标记的邮件从服务器端删除。到此为止整个POP3过程完成。

3. IMAP

IMAP（Internet Mail Access Protocol，互联网邮件访问协议）主要提供的是通过Internet获取信息的一种协议。IMAP像POP3那样提供了方便的邮件下载服务，让用户能进行离线阅读，但IMAP能完成的却远远不只这些。IMAP提供的摘要浏览功能可以在阅读完所有的邮件到达时间、主题、发件人和大小等信息后才做出是否下载的决定。

24.1.4　Sendmail简介

Sendmail最初是由Eric Allman所编写的免费的邮件服务器软件，后来经过许多人的贡献，才成为今天的版本，目前几乎所有的UNIX/Linux系统都使用Sendmail作为邮件服务器。Sendmail已被广泛地应用于各种服务器中，它在稳定性和可移植性等方面具有一定的特色。

Sendmail服务器就像一个邮局，负责传送接收文件，用户则可以通过MUA（邮件用户代理程序，比如Microsoft Outlook程序）来收发邮件。Sendmail非常灵活且功能强大，但如果要定制它以适应特别要求的话，管理起来将会非常困难。

24.2 Sendmail服务器安装和配置

24.2.1 安装Sendmail服务器软件包

要配置Sendmail服务器，先要在Linux系统中使用以下命令查看procmail、m4、sendmail和sendmail-cf软件包是否已经安装，如果没有请事先安装好。

```
[root@rhel ~]# rpm -q procmail
procmail-3.22-35.el7.x86_64
//邮件处理程序
[root@rhel ~]# rpm -q m4
m4-1.4.16-10.el7.x86_64
//GNU的宏处理器
[root@rhel ~]# rpm -qa|grep sendmail
sendmail-8.14.7-4.el7.x86_64
//Sendmail服务主程序软件包，该软件包必须安装在服务器端
sendmail-cf-8.14.7-4.el7.noarch
//Sendmail宏文件软件包
```

使用以下命令安装procmail、m4、sendmail和sendmail-cf软件包。

```
[root@rhel ~]# cd /run/media/root/RHEL-7.2\ Server.x86_64/Packages
//进入Linux系统安装光盘软件包目录
[root@rhel Packages]# rpm -ivh procmail-3.22-35.el7.x86_64.rpm
警告：procmail-3.22-35.el7.x86_64.rpm: 头V3 RSA/SHA256 Signature, 密钥 ID fd431d51: NOKEY
准备中...                    ################################# [100%]
正在升级/安装...
   1:procmail-3.22-35.el7          ################################# [100%]
[root@rhel Packages]# rpm -ivh m4-1.4.16-10.el7.x86_64.rpm
警告：m4-1.4.16-10.el7.x86_64.rpm: 头V3 RSA/SHA256 Signature, 密钥 ID fd431d51: NOKEY
准备中...                    ################################# [100%]
正在升级/安装...
   1:m4-1.4.16-10.el7              ################################# [100%]
[root@rhel Packages]# rpm -ivh sendmail-8.14.7-4.el7.x86_64.rpm
警告：sendmail-8.14.7-4.el7.x86_64.rpm: 头V3 RSA/SHA256 Signature, 密钥 ID fd431d51: NOKEY
准备中...                    ################################# [100%]
正在升级/安装...
   1:sendmail-8.14.7-4.el7         ################################# [100%]
[root@rhel Packages]# rpm -ivh sendmail-cf-8.14.7-4.el7.noarch.rpm
警告：sendmail-cf-8.14.7-4.el7.noarch.rpm: 头V3 RSA/SHA256 Signature, 密钥 ID fd431d51: NOKEY
准备中...                    ################################# [100%]
正在升级/安装...
   1:sendmail-cf-8.14.7-4.el7      ################################# [100%]
```

24.2.2 /etc/mail/sendmail.mc文件详解

Sendmail服务器的守护进程在运行时会读取/etc/mail/sendmail.cf和/etc/mail/submit.cf这两个文件，但是这两个文件配置起来太复杂。一般不会直接去修改它们，而是去修改/etc/mail/sendmail.mc和/etc/mail/submit.mc文件。

Sendmail服务器的第一个配置文件是/etc/mail/sendmail.cf，该文件决定Sendmail的属性，定义Sendmail服务器在哪一个域上工作以及开启某些验证机制。文件内容是特定宏语言编写，都是计

算机生成的，该文件实在是过于复杂，我们只需要通过修改/etc/mail/sendmail.mc文件，并且使用m4命令将/etc/mail/sendmail.mc文件编译成/etc/mail/sendmail.cf文件即可。

在/etc/mail/sendmail.mc文件中，以“dnl”开头的行是注释行，它为用户配置参数起到解释作用，这样的语句默认不会被系统执行。

默认/etc/mail/sendmail.mc配置文件内容和文件结构如下所示，读者所看到的是已经将部分注释行删除的内容。

```
divert(-1)dnl
dnl #    /etc/mail/make
include('/usr/share/sendmail-cf/m4/cf.m4')dnl
VERSIONID('setup for linux')dnl
OSTYPE('linux')dnl
dnl define('confSMTP_LOGIN_MSG', '$j Sendmail; $b')dnl
dnl define('confLOG_LEVEL', '9')dnl
dnl define('SMART_HOST', 'smtp.your.provider')dnl
define('confDEF_USER_ID', "8:12")dnl
dnl define('confAUTO_REBUILD')dnl
define('confTO_CONNECT', '1m')dnl
define('confTRY_NULL_MX_LIST', 'True')dnl
define('confDONT_PROBE_INTERFACES', 'True')dnl
define('PROCMAIL_MAILER_PATH', '/usr/bin/procmail')dnl
define('ALIAS_FILE', '/etc/aliases')dnl
define('STATUS_FILE', '/var/log/mail/statistics')dnl
define('UUCP_MAILER_MAX', '2000000')dnl
define('confUSERDB_SPEC', '/etc/mail/userdb.db')dnl
define('confPRIVACY_FLAGS', 'authwarnings,novrfy,noexpn,restrictqrun')dnl
define('confAUTH_OPTIONS', 'A')dnl
dnl define('confAUTH_OPTIONS', 'A p')dnl
dnl TRUST_AUTH_MECH('EXTERNAL DIGEST-MD5 CRAM-MD5 LOGIN PLAIN')dnl
dnl define('confAUTH_MECHANISMS', 'EXTERNAL GSSAPI DIGEST-MD5 CRAM-MD5 LOGIN
PLAIN')dnl
dnl #    make -C /etc/pki/tls/certs usage
dnl define('confCACERT_PATH', '/etc/pki/tls/certs')dnl
dnl define('confCACERT', '/etc/pki/tls/certs/ca-bundle.crt')dnl
dnl define('confSERVER_CERT', '/etc/pki/tls/certs/sendmail.pem')dnl
dnl define('confSERVER_KEY', '/etc/pki/tls/certs/sendmail.pem')dnl
dnl # This allows sendmail to use a keyfile that is shared with OpenLDAP's
dnl # slapd, which requires the file to be readble by group ldap
dnl define('confDONT_BLAME_SENDMAIL', 'groupreadablekeyfile')dnl
dnl define('confTO_QUEUEWARN', '4h')dnl
dnl define('confTO_QUEUERETURN', '5d')dnl
dnl define('confQUEUE_LA', '12')dnl
dnl define('confREFUSE_LA', '18')dnl
define('confTO_IDENT', '0')dnl
dnl define('confINET_QOS', 'AF11')dnl
dnl FEATURE(delay_checks)dnl
FEATURE('no_default_msa', 'dnl')dnl
FEATURE('smrsh', '/usr/sbin/smrsh')dnl
FEATURE('mailertable', 'hash -o /etc/mail/mailertable.db')dnl
FEATURE('virtusertable', 'hash -o /etc/mail/virtusertable.db')dnl
FEATURE(redirect)dnl
```

```
FEATURE(always_add_domain)dnl
FEATURE(use_cw_file)dnl
FEATURE(use_ct_file)dnl
dnl define('confMAX_DAEMON_CHILDREN', '20')dnl
dnl define('confCONNECTION_RATE_THROTTLE', '3')dnl
FEATURE(local_procmail, '', 'procmail -t -Y -a $h -d $u')dnl
FEATURE('access_db', 'hash -T<TMPF> -o /etc/mail/access.db')dnl
FEATURE('blacklist_recipients')dnl
EXPOSED_USER('root')dnl
dnl define('confLOCAL_MAILER', 'cyrusv2')dnl
dnl define('CYRUSV2_MAILER_ARGS', 'FILE /var/lib/imap/socket/lmtp')dnl
DAEMON_OPTIONS('Port=smtp,Addr=127.0.0.1, Name=MTA')dnl
dnl DAEMON_OPTIONS('Port=submission, Name=MSA, M=Ea')dnl
dnl DAEMON_OPTIONS('Port=smtps, Name=TLSMTA, M=s')dnl
dnl DAEMON_OPTIONS('port=smtp,Addr=::1, Name=MTA-v6, Family=inet6')dnl
dnl DAEMON_OPTIONS('Name=MTA-v4, Family=inet, Name=MTA-v6, Family=inet6')
FEATURE('accept_unresolvable_domains')dnl
dnl FEATURE('relay_based_on_MX')dnl
LOCAL_DOMAIN('localhost.localdomain')dnl
dnl MASQUERADE_AS('mydomain.com')dnl
dnl FEATURE(masquerade_envelope)dnl
dnl FEATURE(masquerade_entire_domain)dnl
dnl MASQUERADE_DOMAIN(localhost)dnl
dnl MASQUERADE_DOMAIN(localhost.localdomain)dnl
dnl MASQUERADE_DOMAIN(mydomainalias.com)dnl
dnl MASQUERADE_DOMAIN(mydomain.lan)dnl
MAILER(smtp)dnl
MAILER(procmail)dnl
dnl MAILER(cyrusv2)dnl
```

下面将讲述在/etc/mail/sendmail.mc文件中可以添加和修改的主要参数。

- define('confDEF_USER_ID', ''8:12'')dnl。

指定Sendmail使用的用户ID为8，组ID为12。

- define('confTO_CONNECT', '1m')dnl。

设置等待连接的最长时间为1分钟。

- define('confTRY_NULL_MX_LIST', 'True')dnl。

如果MX记录指向本机，那么Sendmail直接连接到远程计算机。

- define('confDONT_PROBE_INTERFACES', 'True')dnl。

Sendmail不会自动将服务器的网络接口视为有效地址。

- define('PROCMAIL_MAILER_PATH', '/usr/bin/procmail')dnl。

设置procmail的存储路径。

- define('ALIAS_FILE', '/etc/aliases')dnl。

设置邮件别名文件的存储路径。

- define('STATUS_FILE', '/var/log/mail/statistics')dnl。

设置邮件日志文件的存储路径。

- define('UUCP_MAILER_MAX', '2000000')dnl。

设置基于UUCP的Mailer处理信息的最大限制为2MB。

- define('confUSERDB_SPEC', '/etc/mail/userdb.db')dnl。

设置用户数据库文件的路径。

- define('confTO_IDENT', '0')dnl。

设置ident查询响应的最大等待时间为0秒。

- FEATURE('mailertable', 'hash –o /etc/mail/mailertable.db')dnl。

设置邮件发送器数据库的存储路径。

- FEATURE('virtusertable', 'hash –o /etc/mail/virtusertable.db')dnl。

设置虚拟邮件域数据库的存储路径。

- FEATURE(always_add_domain)dnl。

增加主机名到所有本地发送的邮件。

- FEATURE(use_cw_file)dnl。

加载/etc/mail/local-host-names文件中定义的主机名。

- FEATURE(use_ct_file)dnl。

加载可信任的用户名单。

- FEATURE(local_procmail, ", 'procmail –t –Y –a $h –d $u')dnl。

使用procmail作为本地邮件发送者。

- FEATURE('access_db', 'hash –T<TMPF> –o /etc/mail/access.db')dnl。

从指定数据库中加载可中继的域。

- FEATURE('blacklist_recipients')dnl。

根据访问数据库的值过滤外来邮件。

- EXPOSED_USER('root')dnl。

禁止伪装发送者地址中出现root用户。

- DAEMON_OPTIONS('Port=smtp,Addr=127.0.0.1, Name=MTA')dnl。

指定Sendmail作为MTA运行时的参数。

- FEATURE('accept_unresolvable_domains')dnl。

可接收不能由DNS解析的主机所发送的邮件。

- LOCAL_DOMAIN('localhost.localdomain')dnl。

设置本地域。

- MAILER(smtp)dnl。

指定Sendmail所有SMTP发送者，包括smtp、esmtp、smtp8和relay。

24.2.3 /etc/mail/local-host-names文件详解

在/etc/mail/sendmail.mc文件中有以下这行内容，该设置会使Sendmail读取/etc/mail/local-host-names文件的内容，并将这个文件中的所有内容看作本地主机名。

```
FEATURE(use_cw_file)dnl
```

必须在/etc/mail/local-host-names文件中定义收发邮件的主机名称和主机别名，否则无法正常收发邮件。

下面讲述/etc/mail/local-host-names文件的配置举例。

修改/etc/mail/local-host-names文件，在该文件内可以添加以下内容。

```
sh.com
mail.sh.com
```

24.2.4 /etc/mail/access文件详解

在默认情况下，SMTP是不需要经过身份验证的，任何用户通过使用telnet方式都可以连接到本地邮件服务器的25端口上，并发送邮件。为了避免不必要的麻烦，Sendmail中的缺省配置直接禁止其他主机利用本地Sendmail服务器投递邮件。

使用/etc/mail/access文件可以用于控制邮件中继和邮件的进出管理，可以使用/etc/mail/access文件允许某些客户端使用此Sendmail服务器转发邮件。

在/etc/mail/sendmail.mc配置文件中默认有下面这两行设置。

```
FEATURE('access_db', 'hash -T<TMPF> -o /etc/mail/access.db')dnl
FEATURE('blacklist_recipients')dnl
```

第一行设置将使Sendmail读取/etc/mal/access.db文件的内容，并且根据文件中的配置决定是否中继邮件；第二行的设置将对access数据库中定义的规则应用到源地址和目的地址中。

/etc/mail/access.db是一个散列表数据库，是用/etc/mail/access这个纯文本文件产生出来的，每一行的格式都是以下这个形式。

```
地址	操作
```

/etc/mail/access文件默认设置表示来自本地的客户端允许使用Sendmail服务器接收和发送邮件，如下所示。

```
Connect:localhost.localdomain	RELAY
Connect:localhost	RELAY
Connect:127.0.0.1	RELAY
```

/etc/mail/access文件的地址字段格式如表24.1所示。

表24.1 /etc/mail/access文件的地址字段格式

格式	举例	说明
domain	sh.com	一个特定域内的所有主机
IP address	192.168.0	一个特定网段内的所有主机
	192.168.0.2	一个特定IP地址的主机
username@domain	zhangsan@sh.com	一个特定的邮箱地址
username@	zhangsan@	一个特定用户的邮箱地址

/etc/mail/access文件的操作字段格式如表24.2所示。

表24.2 /etc/mail/acess文件的操作字段格式

格式	说明
OK	无条件接收或者发送邮件
RELAY	允许SMTP代理投递转发邮件
REJECT	拒绝接收邮件并发布错误信息
DISCARD	丢弃邮件，不发布错误信息

下面讲述/etc/mail/access文件的配置举例。

使用vi编辑器修改/etc/mail/access文件，在该文件内添加如下内容。

```
Connect:localhost.localdomain	RELAY
Connect:localhost	RELAY
Connect:127.0.0.1	RELAY
```

```
192.168.0                        RELAY
//允许对192.168.0.0这个网段里的计算机转发、接收邮件
192.168.0.2                      REJECT
//拒绝接收192.168.0.2主机发来的电子邮件，并返回拒绝接收的错误信息
sh.com                           OK
//允许接收sh.com域的用户发送的邮件，无条件接收和发送
```

对/etc/mail/access文件配置好之后，必须使用makemap命令为Sendmail创建数据库映射，建立新的/etc/mail/access.db数据库。映射类型常用hash数据库格式。

使用以下命令建立新的/etc/mail/access.db数据库。

```
[root@rhel ~]# makemap hash /etc/mail/access.db </etc/mail/access
[root@rhel ~]# ls /etc/mail/access.db
/etc/mail/access.db
```

24.2.5 /etc/aliases文件详解

在/etc/mail/sendmail.mc配置文件中默认有下面这行设置，将会读取/etc/aliases文件内容。

```
define('ALIAS_FILE', '/etc/aliases')dnl
```

在Sendmail决定邮件的接收者的目的地之前，它会先试图在别名中查找。Sendmail的主要的别名配置文件是/etc/aliases。为了优化查找，Sendmail为其别名记录建立了一个哈希表数据库/etc/aliases.db。该文件通过newalias命令产生。

/etc/aliases文件的格式如下所示。

```
[真实用户账户]:[别名1],[别名2]
```

下面讲述/etc/aliases文件的配置举例。

```
zhangsan:root
//将发送给zhangsan的邮件转发给root
zhangsan: zhangsan@bj.com
//将发送给用户zhangsan的邮件转发到zhangsan@bj.com
staff:zhangsan,lisi
//将发送给staff的邮件群发给zhangsan和lisi
```

Sendmail不会直接读取/etc/aliases文件，而是读取该文件创建的数据库。当修改完/etc/aliases文件之后，需要使用newaliases命令生成/etc/aliases.db数据库。

```
[root@rhel ~]# newaliases
[root@rhel ~]# ls /etc/aliases.db
/etc/aliases.db
```

24.2.6 /etc/mail/userdb文件详解

在/etc/mail/sendmail.mc文件中，默认有以下这行内容，将会读取/etc/mail/userdb.db文件的内容，从而对入站地址和出站地址进行改写。

```
define('confUSERDB_SPEC', '/etc/mail/userdb.db')dnl
```

相比较/etc/aliases.db而言，/etc/mail/userdb.db的功能更加强大，它比/etc/aliases.db多了改写出站地址的功能。

/etc/mail/userdb.db是一个散列表数据库，它是通过/etc/mail/userdb文件产生的。/etc/mail/userdb文件默认不存在，需要手工创建。

/etc/mail/userdb文件的格式如下所示。

```
入站地址:maildrop 被改写的入站地址
出站地址:mailname 被改写的出站地址
```

下面讲述/etc/mail/userdb文件的配置举例。

```
zhangsan:maildrop root
//将发送给zhangsan的邮件转发给root，类似于在/etc/aliases文件中添加zhangsan:root
zhangsan:mailname root@sh.com
//将用户zhangsan发送的所有邮件的发件人都改写为root
```

Sendmail不会直接读取/etc/userdb文件，而是读取该文件创建的数据库。/etc/mail/userdb文件创建好之后，使用makemap命令生成/etc/mail/userdb.db。

```
[root@rhel ~]# makemap btree /etc/mail/userdb.db < /etc/mail/userdb
```

24.2.7 Sendmail服务器配置实例

在公司内部配置一台Sendmail服务器，为公司网络内的客户端计算机提供邮件收发服务，具体参数如下。

- DNS域名：sh.com。
- DNS服务器IP地址：192.168.0.2。
- Sendmail服务器IP地址：192.168.0.2。
- Sendmail服务器MX记录：mail.sh.com。
- 公司网络：192.168.0.0。
- 设置能够给公司全体员工群发邮件。

1. 配置DNS服务器

（1）编辑/var/named/sh.com.hosts区域文件。

在已经正常运行的DNS服务器上修改/var/named/sh.com.hosts区域文件，需要在该文件内添加MX记录，内容如下所示。

```
$ttl 38400
@  IN    SOA    rhel.sh.com. root.sh.com. (
              1268360234
              10800
              3600
              604800
              38400 )

@       IN      NS                  rhel.sh.com.
rhel    IN      A                   192.168.0.2
mail    IN      CNAME               rhel.sh.com.
@       IN      MX         10       mail.sh.com.
```

（2）重新启动named服务。

使用以下命令重新启动named服务。

```
[root@rhel ~]# systemctl restart named.service
```

备注：

关于如何配置DNS服务器，请参考第22章内容。

（3）验证邮件交换器设置。

使用以下命令验证邮件交换器设置。

```
[root@rhel ~]# nslookup -q=mx sh.com
Server:         192.168.0.2
Address:        192.168.0.2#53

sh.com  mail exchanger = 10 mail.sh.com.
```

2. 编辑/etc/mail/sendmail.mc文件

修改/etc/mail/sendmail.mc文件时，修改DAEMON_OPTIONS(`Port=smtp,Addr=127.0.0.1, Name=MTA')dnl和LOCAL_DOMAIN(`localhost.localdomain')dnl这两行内容，以指定邮件服务器的侦听网络以及邮件服务器所在的域名。这两行修改后的内容如下所示。

```
DAEMON_OPTIONS('Port=smtp,Addr=192.168.0.2, Name=MTA')dnl
LOCAL_DOMAIN('sh.com')dnl
```

m4工具是一个强大的宏处理过滤器，使用该工具将编辑后的/etc/mail/sendmail.mc文件内容重定向到/etc/mail/sendmail.cf文件中，这样就可以免于编辑复杂的/etc/mail/sendmail.cf文件了，如下所示。

```
[root@rhel ~]# m4 /etc/mail/sendmail.mc >/etc/mail/sendmail.cf
```

3. 编辑/etc/mail/local-host-names文件

修改/etc/mail/local-host-names文件，添加邮件服务器的主机名称，在该文件内添加以下所示内容。

```
sh.com
mail.sh.com
```

4. 修改/etc/hosts文件

修改/etc/hosts文件，在该文件末尾添加邮件服务器IP地址、主机名和FQDN映射信息，该文件修改后的内容如下所示。

```
127.0.0.1   localhost localhost.localdomain localhost4 localhost4.localdomain4
::1         localhost localhost.localdomain localhost6 localhost6.localdomain6
192.168.0.2  rhel  mail.sh.com
```

5. 编辑/etc/mail/access文件

修改/etc/mail/access文件，添加允许使用Sendmail服务器接收和发送邮件的网络192.168.0.0和域sh.com，该文件修改后的内容如下所示。

```
Connect:localhost.localdomain        RELAY
Connect:localhost                    RELAY
Connect:127.0.0.1                    RELAY
192.168.0                            RELAY
sh.com                               RELAY
```

对/etc/mail/access文件配置之后，使用makemap命令建立新的/etc/mail/access.db数据库，如下所示。

```
[root@rhel ~]# makemap hash /etc/mail/access.db </etc/mail/access
```

6. 编辑/etc/aliases文件

修改/etc/aliases文件，添加邮件列表，以便发送电子邮件时，只需要输入一个邮件地址就可以给多个人发送电子邮件，在该文件中末尾添加如下内容。

```
staff:zhangsan,lisi,wangwu,zhaoliu,luqi
//在staff:后面写上公司所有员工的账户名
```

接着使用newaliases命令生成/etc/aliases.db数据库，如下所示。

```
[root@rhel ~]# newaliases
```

注意：

当出现错误信息WARNING: local host name (rhel) is not qualified; see cf/README: WHO AM I?时，需要在Sendmail服务器上修改/etc/hosts文件，在该文件末尾添加以下这行内容。

```
192.168.0.2  rhel  mail.sh.com
```

24.2.8 控制sendmail服务

使用systemctl命令可以控制sendmail服务的状态，以及当Sendmail服务器启动时自动启动服务。

1. 启动sendmail服务

使用以下命令启动sendmail服务。

```
[root@rhel ~]# systemctl start sendmail.service
```

注意：

在启动sendmail服务之前，必须确保postfix服务已经停止，否则sendmail服务运行会出现问题。

2. 查看sendmail服务运行状态

使用以下命令查看sendmail服务运行状态。

```
[root@rhel ~]# systemctl status sendmail.service
● sendmail.service - Sendmail Mail Transport Agent
  Loaded: loaded (/usr/lib/systemd/system/sendmail.service; enabled; vendor preset: disabled)
  Active: active (running) since 日 2016-07-24 09:33:15 CST; 9s ago
  Process: 82229 ExecStart=/usr/sbin/sendmail -bd $SENDMAIL_OPTS $SENDMAIL_OPTARG
(code=exited, status=0/SUCCESS)
 Process: 82223 ExecStartPre=/etc/mail/make aliases (code=exited, status=0/SUCCESS)
 Process: 82222 ExecStartPre=/etc/mail/make (code=exited, status=0/SUCCESS)
Main PID: 82232 (sendmail)
  CGroup: /system.slice/sendmail.service
           └─82232 sendmail: accepting connections

7月 24 09:33:14 rhel systemd[1]: Starting Sendmail Mail Transport Agent...
7月 24 09:33:15 rhel systemd[1]: PID file /run/sendmail.pid not readable (yet?) after start.
7月 24 09:33:15 rhel sendmail[82232]: starting daemon (8.14.7): SMTP+queueing@01:00:00
7月 24 09:33:15 rhel systemd[1]: Started Sendmail Mail Transport Agent.
```

3. 停止sendmail服务

使用以下命令停止sendmail服务。

```
[root@rhel ~]# systemctl stop sendmail.service
```

4. 重新启动sendmail服务

使用以下命令重新启动sendmail服务。

```
[root@rhel ~]# systemctl restart sendmail.service
```

5. 开机自动启动sendmail服务

使用以下命令在重新引导系统时自动启动sendmail服务。

```
[root@rhel ~]# systemctl enable sendmail.service
[root@rhel ~]# systemctl is-enabled sendmail.service
enabled
```

24.2.9 配置dovecot服务器

Sendmail是一个MTA（邮件传输代理），它只提供SMTP服务，这就是说它只通过电子邮件的转发和本地分发功能，但是如果要实现异地接收邮件，就必须要POP3和IMAP服务的支持。一般情况下，SMTP服务和POP3、IMAP服务都安装在同一台服务器上。在Linux系统中，dovecot软件包可以同时提供POP3和IMAP服务。

1. 安装dovecot软件包

要配置dovecot服务器，先要在Linux系统中使用以下命令查看dovecot软件包是否已经安装，如果没有请事先安装好。

```
[root@rhel ~]# rpm -q dovecot
dovecot-2.2.10-5.el7.x86_64
```

使用以下命令安装dovecot软件包。

```
[root@rhel~]# cd /run/media/root/RHEL-7.2\ Server.x86_64/Packages
//进入Linux系统安装光盘软件包目录
[root@rhel Packages]# rpm -ivh dovecot-2.2.10-5.el7.x86_64.rpm
警告：dovecot-2.2.10-5.el7.x86_64.rpm: 头V3 RSA/SHA256 Signature, 密钥 ID fd431d51: NOKEY
准备中...                    ################################# [100%]
正在升级/安装...
  1:dovecot-1:2.2.10-5.el7         ################################# [100%]
```

2. 编辑/etc/dovecot/dovecot.conf文件

修改/etc/dovecot/dovecot.conf文件，该文件修改后的内容如下所示。

```
# --sysconfdir=/etc --localstatedir=/var
protocols = imap pop3 lmtp
//设置dovecot使用的协议
listen = 192.168.0.2
//设置dovecot监听的IP地址
base_dir = /var/run/dovecot/
//存储运行时数据的基本目录
#instance_name = dovecot
#login_greeting = Dovecot ready.
#login_trusted_networks =
#login_access_sockets =
#auth_proxy_self =
#verbose_proctitle = no
#shutdown_clients = yes

#doveadm_worker_count = 0
#doveadm_socket_path = doveadm-server

#import_environment = TZ
```

```
##
## Dictionary server settings
##

# "proxy::<name>".

dict {
  #quota = mysql:/etc/dovecot/dovecot-dict-sql.conf.ext
  #expire = sqlite:/etc/dovecot/dovecot-dict-sql.conf.ext
}

!include conf.d/*.conf
!include_try local.conf
```

3. 启动dovecot服务

使用以下命令启动dovecot服务。

```
[root@rhel ~]# systemctl start dovecot.service
```

4. 查看端口号

dovecot.service服务启动之后使用以下命令查看端口号110和143。

```
[root@rhel ~]# netstat -antu|grep 110
tcp      0      0 192.168.0.2:110          0.0.0.0:*              LISTEN
//110端口号存在，110端口号是POP3服务在使用
[root@rhel ~]# netstat -antu|grep 143
tcp      0      0 192.168.0.2:143          0.0.0.0:*              LISTEN
//143端口号存在，143端口号是IMAP服务在使用
```

24.2.10 测试发送Sendmail邮件

SMTP监听端口号25，才能同其他邮件服务器传递邮件，通过使用telnet命令登录Sendmail服务器的25端口，模拟邮件服务器，发送邮件给所在服务器的用户。

在Linux客户端使用telnet命令连接到Sendmail服务器的25端口，测试电子邮件是否能发送。

```
[root@linux~]# telnet 192.168.0.2 25
Trying 192.168.0.2...
Connected to 192.168.0.2.
Escape character is '^]'.
220 mail.sh.com ESMTP Sendmail 8.14.7/8.14.7; Sun, 24 Jul 2016 09:37:13 +0800
helo mail.sh.com
250 mail.sh.com Hello linux.sh.com [192.168.0.5], pleased to meet you
mail from :"test"root@sh.com
//设置邮件主题以及发件人邮件地址，邮件主题是test，发件人是root@sh.com
250 2.1.0 "test"root@sh.com... Sender ok
rcpt to:zhangsan@sh.com
//设置收件人邮件地址，收件人是zhangsan@sh.com
250 2.1.5 zhangsan@sh.com... Recipient ok
data
//这里的data表示开始写邮件
354 Enter mail, end with "." on a line by itself
This is a test mail.
//输入邮件内容
.
```

```
//这里的"."表示结束邮件内容
250 2.0.0 u6O1bDAM082351 Message accepted for delivery
quit
//输入quit退出
221 2.0.0 mail.sh.com closing connection
Connection closed by foreign host.
```

24.3 配置Sendmail客户端

在Linux系统中配置的Sendmail服务器可以支持Linux客户端和非Linux客户端（如Windows系统）收发电子邮件。

24.3.1 Linux客户端配置

在Linux客户端系统中可以使用mail命令来方便地收发电子邮件。

1. 编辑/etc/resolv.conf文件

在Linux客户端修改/etc/resolv.conf文件，在该文件末尾添加以下内容，指定DNS服务器为192.168.0.2。

```
nameserver 192.168.0.2
```

2. 使用mail命令发送邮件

例24.1：发送邮件给zhangsan@sh.com。

```
[root@linux ~]# mail zhangsan@sh.com
Subject: hello                //编辑主题后按回车键
test                          //开始编辑内容
EOT                           //按[Ctrl+D]键退出内容编辑
```

例24.2：以邮件主题为Hello，发送邮件给zhangsan@sh.com。

```
[root@linux ~]# mail -s "Hello" zhangsan@sh.com
test                   //开始编辑内容
EOT                    //按[Ctrl+D]键退出内容编辑
```

例24.3：以邮件主题为Hello，将/root/kk文件内容发送邮件给zhangsan@sh.com。

```
[root@linux ~]# mail -s "Hello" zhangsan@sh.com< /root/kk
```

3. 使用mail命令接收邮件

例24.4：在Sendmail服务器上使用mail命令接收用户zhangsan的邮件。

```
[root@rhel ~]# mail -u zhangsan
Heirloom Mail version 12.5 7/5/10.  Type ? for help.
"/var/mail/zhangsan": 1 message 1 new
>N  1 "test"root@sh.com     Sun Jul 24 09:37  11/383
&
Message  1:
From "test"root@sh.com  Sun Jul 24 09:37:47 2016
Return-Path: <"test"root@sh.com>
Date: Sun, 24 Jul 2016 09:37:13 +0800
From: "test"root@sh.com
Status: R
```

```
This is a test mail.

&
```

mail -u zhangsan命令输出信息描述如表24.3所示。

表24.3 mail –u zhangsan命令输出信息描述

输出信息	信息描述
N	表示一封邮件的当前类，状态可以是以下的任何形式 ● N：新邮件 ● P：要保存在系统邮箱内的邮件 ● U：未读邮件。未读邮件就是最后一次调用mail程序时在邮箱中列出但是没有检查其内容的邮件 ● *：被保存或写到一个文件或文件夹的邮件 ● 没有状态的邮件：表示该邮件已经读取但是没有删除或保存
1	标识邮件的数字顺序
"test" root@sh.com	标识发送邮件的发件人
Sun Jul 24 09:37	指定接收邮件的日期
11/383	定义包含在邮件中的行数和字符数（包含标题）

也可以以用户zhangsan登录系统后查看邮件，如下所示。

```
[root@rhel ~]# su - zhangsan
//以用户zhangsan登录系统
[zhangsan@rhel ~]$ mail
```

24.3.2 Windows客户端配置

在Windows 10客户端上，可以使用非常多的邮件客户端软件，这里以Microsoft Outlook 2016为例进行讲解。

当第一次使用Microsoft Outlook 2016软件时，会要求先添加电子邮件账户，如图24.1所示。

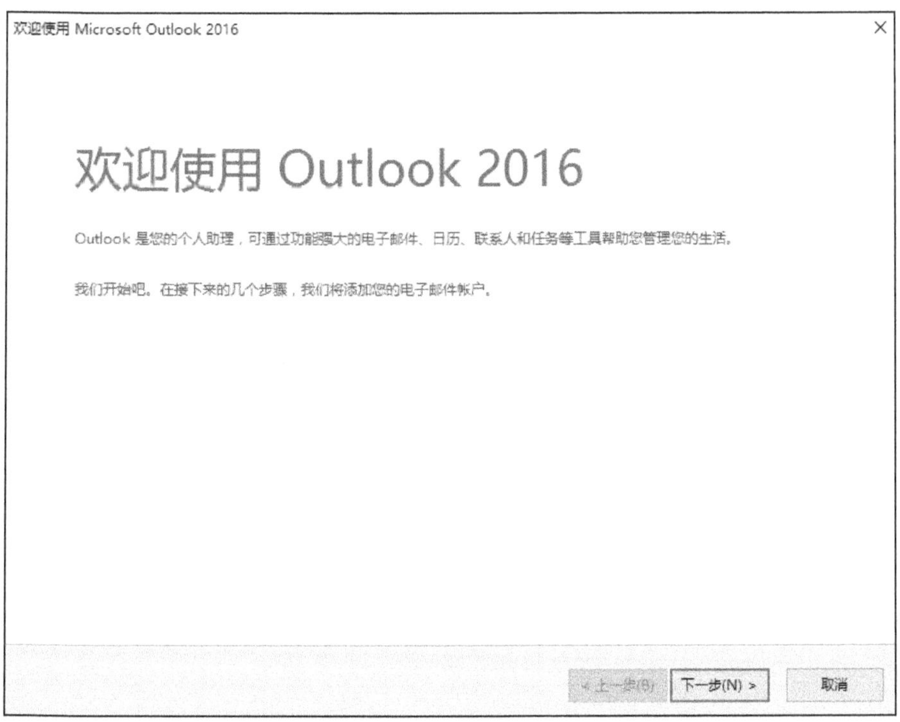

图24.1 添加账户

在图24.2所示的对话框中，选择【是】单选框，然后单击【下一步】按钮。

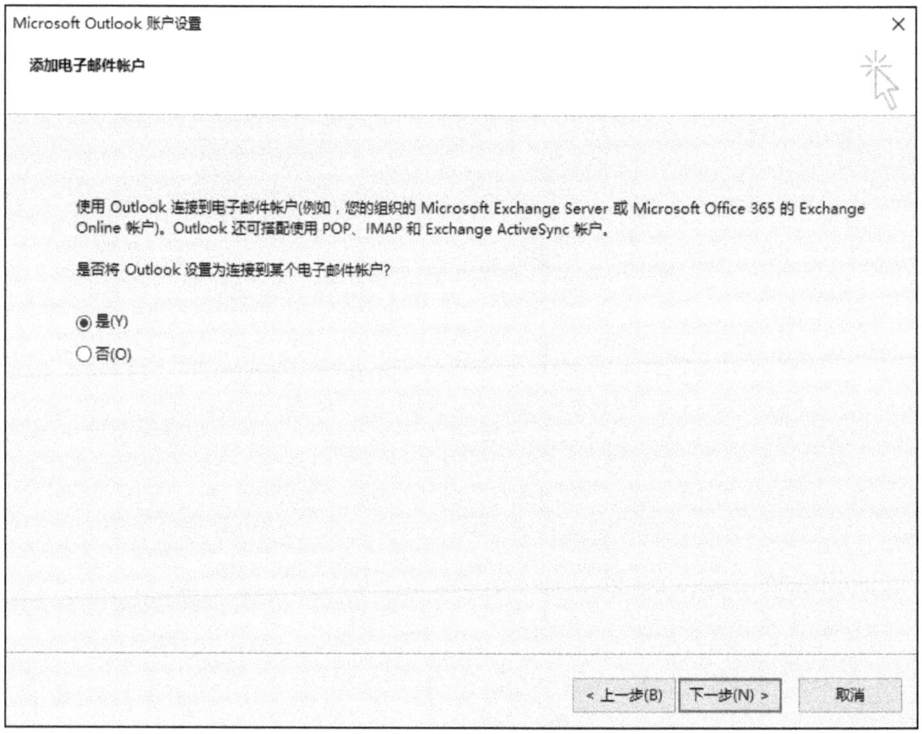

图24.2　添加电子邮件账户

在图24.3所示的对话框中选择【手动设置或其他服务器类型】单选框，然后单击【下一步】按钮。

图24.3　手动设置或其他服务器类型

在图24.4所示的对话框中选择【POP或IMAP】单选框，然后单击【下一步】按钮。

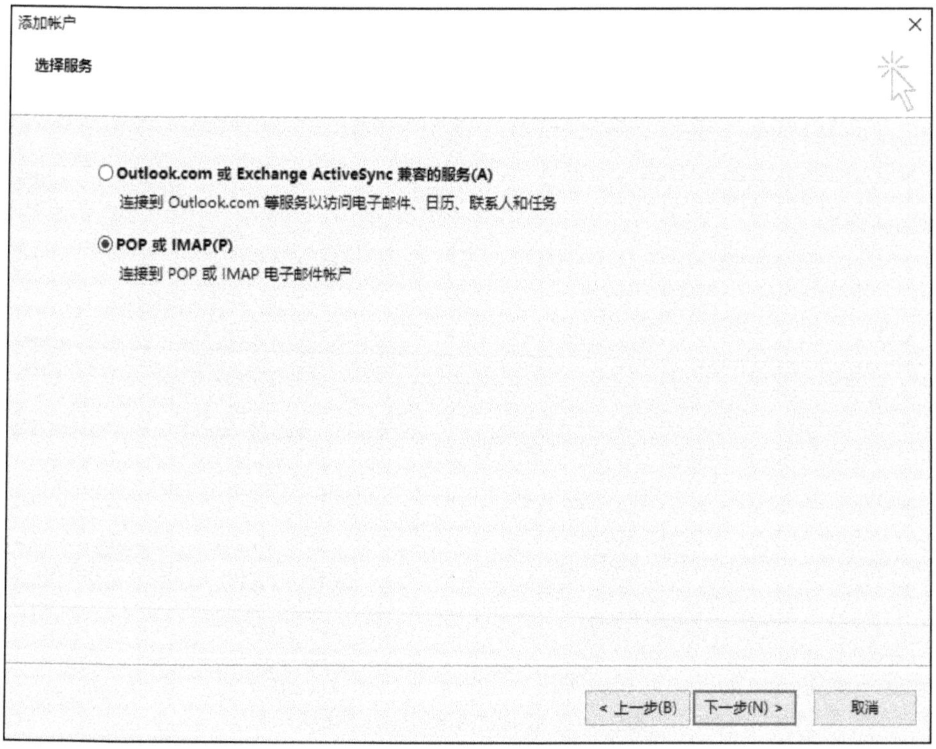

图24.4 选择POP或IMAP

在图24.5所示的对话框中输入用户信息、服务器信息和登录信息，账户类型选择“POP3”，然后单击【下一步】按钮。

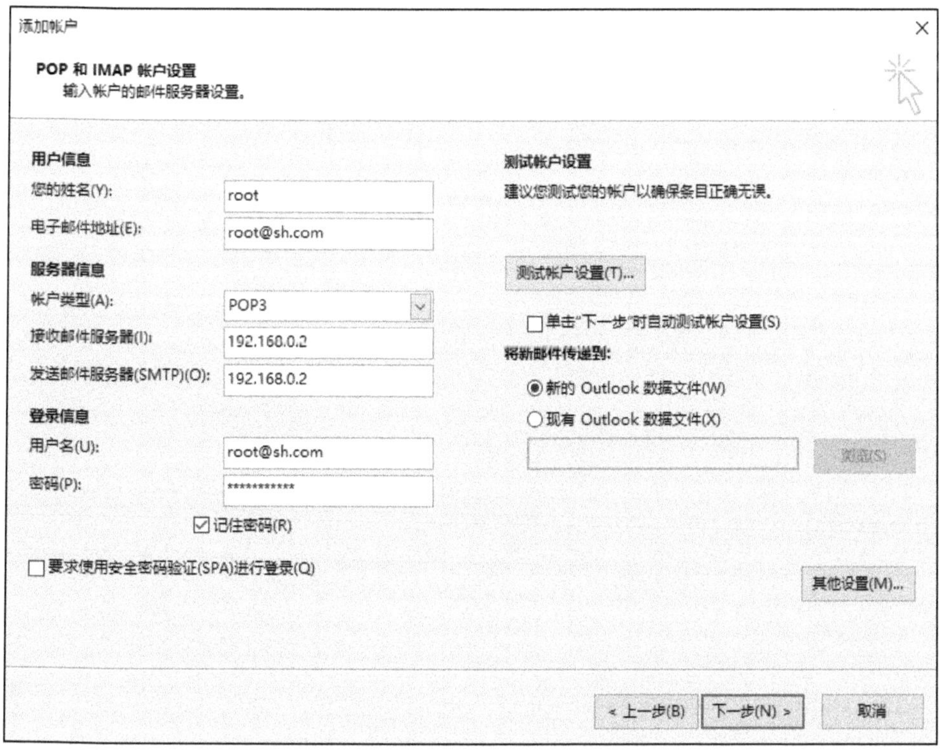

图24.5 POP和IMAP设置

接着显示图24.6所示的对话框，表示电子邮件账户设置完毕。

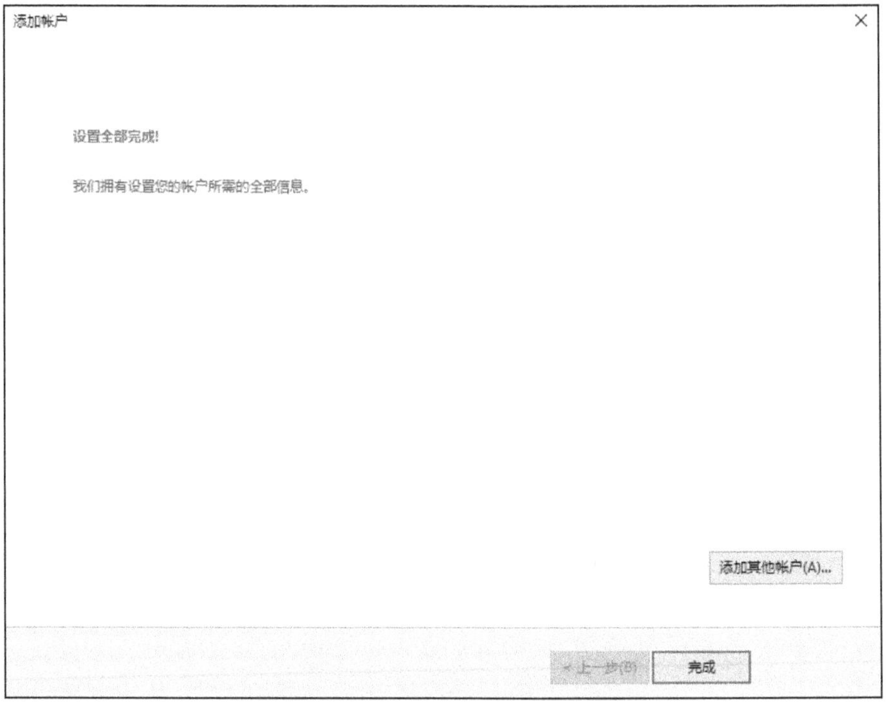

图24.6　完成电子邮件账户设置

Microsoft Outlook 2016软件界面如图24.7所示，接着就可以收发电子邮件了。

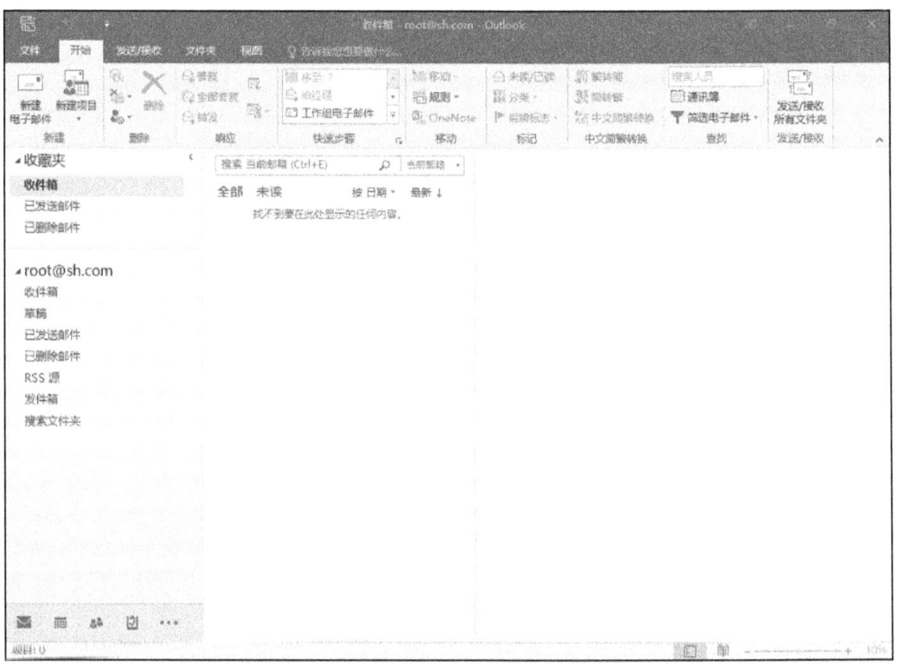

图24.7　Microsoft Outlook 2016界面

24.4　Sendmail服务器认证

在互联网上运行的Sendmail服务器，必须启用中继功能才能转发外部邮件，但是如果不加以限制，那么会使非法用户有机会执行各种操作，比如发送垃圾邮件，甚至被其他邮件服务器屏蔽，无法向外部转发邮件。

通过Sendmail服务器认证功能，基于SASL验证邮件使用者的账户和密码，能够有效地拒绝非法用户使用Sendmail服务器中继邮件。

1. 安装SASL库

在Linux系统中使用以下命令查看cyrus-sasl和cyrus-sasl-lib软件包是否已经安装，如果没有请事先安装好。

```
[root@rhel ~]# rpm -q cyrus-sasl
cyrus-sasl-2.1.26-19.2.el7.x86_64
//Cyrus SASL库
[root@rhel ~]# rpm -q cyrus-sasl-lib
cyrus-sasl-lib-2.1.26-19.2.el7.x86_64
//需要通过使用Cyrus SASL应用程序的共享库
```

使用以下命令安装cyrus-sasl和cyrus-sasl-lib软件包。

```
[root@rhel ~]# cd /run/media/root/RHEL-7.2\ Server.x86_64/Packages
//进入Linux系统安装光盘软件包目录
[root@rhel Packages]# rpm -ivh cyrus-sasl-2.1.26-19.2.el7.x86_64.rpm
警告：cyrus-sasl-2.1.26-19.2.el7.x86_64.rpm: 头V3 RSA/SHA256 Signature, 密钥 ID fd431d51: NOKEY
准备中...                ################################# [100%]
正在升级/安装...
   1:cyrus-sasl-2.1.26-19.2.el7       ################################# [100%]
[root@rhel Packages]# rpm -ivh cyrus-sasl-lib-2.1.26-19.2.el7.x86_64.rpm
警告：cyrus-sasl-lib-2.1.26-19.2.el7.x86_64.rpm: 头V3 RSA/SHA256 Signature, 密钥 ID fd431d51: NOKEY
准备中...                ################################# [100%]
正在升级/安装...
   1:cyrus-sasl-lib-2.1.26-19.2.el7  ################################# [100%]
```

2. 编辑/etc/mail/sendmail.mc文件

修改/etc/mail/sendmail.mc文件，在该文件中去掉以下三行内容最前面的dnl，启用Sendmail认证功能。

```
TRUST_AUTH_MECH('EXTERNAL DIGEST-MD5 CRAM-MD5 LOGIN PLAIN')dnl
//使Sendmail不管/etc/mail/access文件中如何设置，都能RELAY那些通过LOGIN、PLAIN或DIGEST-MD5方式验证的邮件
define('confAUTH_MECHANISMS', 'EXTERNAL GSSAPI DIGEST-MD5 CRAM-MD5 LOGIN PLAIN')dnl
//确定系统的认证方式
DAEMON_OPTIONS('Port=submission, Name=MSA, M=Ea')dnl
//启用Sendmail认证功能，并且以子进程运行MSA，实现邮件的账户和密码的验证
```

使用m4工具将编辑后的/etc/mail/sendmail.mc文件内容重定向到/etc/mail/sendmail.cf文件中，如下所示。

```
[root@rhel ~]# m4 /etc/mail/sendmail.mc >/etc/mail/sendmail.cf
```

3. 重新启动sendmail服务

使用以下命令重新启动sendmail服务。

```
[root@rhel ~]# systemctl restart sendmail.service
```

4. 验证SASL

使用以下命令查看输出信息中是否包含SASLv2。

```
[root@rhel ~]# sendmail -d0.1 -bv root|grep SASL
        NETUNIX NEWDB NIS PIPELINING SASLv2 SCANF SOCKETMAP STARTTLS
```

5. 设置发送服务器要求验证

在Microsoft Outlook 2016软件中，点击左上角的文件菜单，然后单击【信息】→【账户设置】→【账户设置】，如图24.8所示。

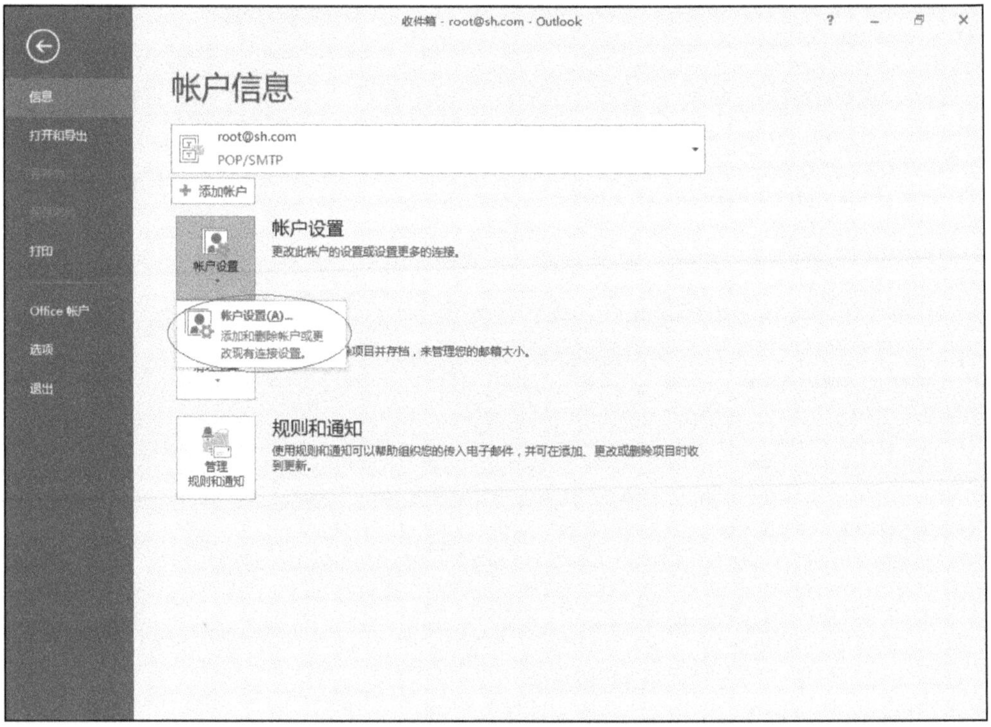

图24.8　Microsoft Outlook 2016

在图24.9所示的【电子邮件账户】对话框中，选择【电子邮件】选项卡，选择名称【root@sh.com】，然后单击【更改】按钮。

图24.9　更改电子邮件账户

在图24.10所示的【POP和IMAP账户设置】对话框中，单击【其他设置】按钮。

图24.10　POP和IMAP账户设置

在【Internet电子邮件设置】对话框中，首先选择【发送服务器】选项卡，选择【我的发送服务器（SMTP）要求验证】复选框，然后选择【使用与接收邮件服务器相同的设置】单选框，如图24.11所示，最后单击【确定】按钮即可。

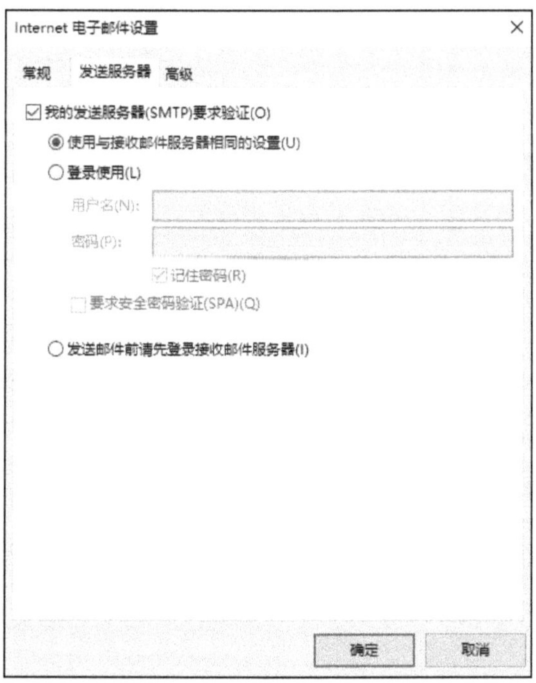

图24.11　我的发送服务器（SMTP）要求验证

第25章 配置Squid服务器

25.1 代理服务器简介

25.1.1 什么是代理服务器

代理服务器的功能就是代理网络用户去取得网络信息，好比是网络信息的中转站，大多被用来连接互联网和局域网。代理服务器好像一个大的缓冲区，能够显著地提高网页浏览的速度和效率。更重要的是，代理服务器是Internet链路级网关所提供的一种重要的安全功能，起到防火墙的作用。

代理服务器是局域网和Internet之间的中间代理机构，它负责转发合法的网络信息，对转发进行控制和登记。代理服务器作为连接Internet与局域网的桥梁，在实际应用中发挥着极其重要的作用。它可用于多个目的，最基本的功能是连接，此外还包括安全性、缓存、内容过滤和访问控制等管理功能。

局域网上不能直接上网的主机将上网请求（比如浏览Web网站主页）发送给能够直接上网的代理服务器，然后代理服务器代理完成这个上网请求，将它所要浏览的主页调入代理服务器的缓存，最后将这个页面传给请求者。代理服务器还可以进行一些网站的过滤和控制的功能，这样就实现了控制和节省上网费用。

由于一般代理服务器拥有较大的带宽、较高的性能，并且能够智能地缓存已浏览或未浏览的网站内容。因此在一定情况下，客户端通过代理服务器能够更快速地访问网络资源。

25.1.2 代理服务器功能

代理服务器具有以下主要功能。

1. 充当局域网与外部网络的连接出口

充当局域网与外部网络的连接出口（也就是网关功能），同时将内部网络结构的状态对外屏蔽起来，使外部不能直接访问内部网络。

2. 防火墙功能

代理服务器可以保护局域网的安全，起到防火墙的作用，为公司内部的网络提供安全边界，防止外界的侵入。

3. 网址过滤和访问权限限制

代理服务器可以设置IP地址过滤，对外界或内部的Internet地址进行过滤，限制不同用户的访问权限。比如代理服务器可以用来限制、封锁IP地址，禁止用户对某些网页进行浏览。

4. 提高访问速度

当有人访问过某一站点后，所访问站点的内容便会被保存在代理服务器的硬盘上，如果下一次有人再访问这个站点时，这些内容便会直接从代理服务器磁盘中取得，而不必再次连接到远程服务器上去取。因此代理服务器可以节约带宽、提高访问速度。

5. 节省IP地址开销

代理服务器允许使用大量的私网IP地址，节约公网IP地址资源，即用代理服务器可以减少对IP地址的需求。对于使用局域网方式接入Internet，如果为局域网内的每一个用户都申请一个IP地址，其费用太高。但使用代理服务器后，只须代理服务器上有一个合法的IP地址（公网IP地址），局域网内其他计算机可以使用私网IP地址，这样可以节约大量的IP地址，降低网络的管理成本。

25.1.3 Squid简介

Squid是一个主流的代理服务器和Web缓存服务器软件，可以运行在UNIX/Linux系统上。Squid对主机硬件的要求是内存要大、硬盘转速要快。Squid有广泛的用途，如作为网页服务器的前置缓存服务器，缓存相关请求来提高Web服务器的速度，为一组用户共享网络资源而缓存万维网、域名系统和其他网络搜索，通过过滤流量实现网络安全，局域网通过代理上网。

Squid与Linux系统下其他代理软件如Apache、Socks、TIS FWTK和delegate相比，下载和安装简单，配置简单、灵活，支持缓存和多种协议。用Squid结合iptables/FirewallD防火墙的解决方案，就可以获得通过缓存高性能的同时无缝访问Internet。

Squid是一个缓存Internet数据的一个软件，它接收用户的下载申请，并自动处理所下载的数据。也就是说，当一个用户想要下载一个主页时，它向Squid发出一个申请，要Squid替它下载。Squid接到请求后，首先与访问控制列表中的访问规则相对照，如果满足规则，则在缓存中查找是否存在需要的信息。如果有则将缓存中的信息传送给客户端；如果没有则Squid连接到所申请网站并请求该主页，接着把该主页传给用户，同时自己保留一个备份，当别的用户申请同样的页面时，Squid就把保存的备份立即传递给用户，使用户觉得速度相当快。

对于Web用户来说，Squid是一个高性能的代理缓存服务器，可以加快浏览Internet的速度，提高客户机的访问命中率。Squid支持HTTP、FTP、gopher、SSL和WAIS等协议。和一般的代理缓存软件不同，Squid用一个单独的、非模块化的、I/O驱动的进程来处理所有的客户端请求。

Squid将数据元缓存在内存中，同时缓存DNS查寻的结果，除此之外，它还支持非模块化的DNS查询，对失败的请求进行消极缓存。Squid支持SSL和访问控制。通过使用ICP，Squid能够实现重叠的代理阵列，从而最大限度地节约带宽。

Squid的另一个优越性在于，它使用访问控制列表（ACL）和访问权限列表（ARL）。访问控制列表和访问权限列表通过阻止特定的网络连接来减少潜在的Internet非法连接，可以使用这些列表来确保内部网络的主机无法访问有威胁的或不适宜的站点。

25.2 Squid服务器安装和配置

25.2.1 安装Squid服务器软件包

要配置Squid服务器，先要在Linux系统中使用以下命令查看libecap和squid软件包是否已经安装，如果没有请事先安装好。

```
[root@rhel ~]# rpm -q libecap
libecap-0.2.0-9.el7.x86_64
[root@rhel ~]# rpm -q squid
```

```
squid-3.3.8-26.el7.x86_64
//Squid代理缓存服务器软件包
```

使用以下命令安装libecap和squid软件包。

```
[root@rhel ~]# cd /run/media/root/RHEL-7.2\ Server.x86_64/Packages
//进入Linux系统安装光盘软件包目录
[root@rhel Packages]# rpm -ivh libecap-0.2.0-9.el7.x86_64.rpm
警告：libecap-0.2.0-9.el7.x86_64.rpm: 头V3 RSA/SHA256 Signature, 密钥 ID fd431d51: NOKEY
准备中...                  ################################# [100%]
正在升级/安装...
   1:libecap-0.2.0-9.el7         ################################# [100%]
[root@rhel Packages]# rpm -ivh squid-3.3.8-26.el7.x86_64.rpm
警告：squid-3.3.8-26.el7.x86_64.rpm: 头V3 RSA/SHA256 Signature, 密钥 ID fd431d51: NOKEY
准备中...                  ################################# [100%]
正在升级/安装...
   1:squid-7:3.3.8-26.el7        ################################# [100%]
```

25.2.2 /etc/squid/squid.conf文件详解

Squid服务器的主配置文件是/etc/squid/squid.conf文件，该文件由访问控制列表、参数设置和刷新模式条目三部分组成。该文件内容比较简单，更详细的内容可以参考/usr/share/doc/squid-3.3.8/squid.conf.documented模板文件。

在/etc/squid/squid.conf文件中，以“#”开头的行是注释行，它为用户配置参数起到解释作用，这样的语句默认不会被系统执行。

默认/etc/squid/squid.conf文件内容和文件结构如下所示，读者所看到的是已经将部分注释行删除的内容。

```
//第一部分：访问控制列表

acl localnet src 10.0.0.0/8
acl localnet src 172.16.0.0/12
acl localnet src 192.168.0.0/16
acl localnet src fc00::/7
acl localnet src fe80::/10

acl SSL_ports port 443
acl Safe_ports port 80          # http
acl Safe_ports port 21          # ftp
acl Safe_ports port 443         # https
acl Safe_ports port 70          # gopher
acl Safe_ports port 210         # wais
acl Safe_ports port 1025-65535  # unregistered ports
acl Safe_ports port 280         # http-mgmt
acl Safe_ports port 488         # gss-http
acl Safe_ports port 591         # filemaker
acl Safe_ports port 777         # multiling http
acl CONNECT method CONNECT

http_access deny !Safe_ports
http_access deny CONNECT !SSL_ports
http_access allow localhost manager
http_access deny manager
```

```
#http_access deny to_localhost
http_access allow localnet
http_access allow localhost
http_access deny all

//第二部分：参数设置

http_port 3128
#cache_dir ufs /var/spool/squid 100 16 256
coredump_dir /var/spool/squid

//第三部分：刷新模式（refresh_pattern）条目

refresh_pattern ^ftp:          1440    20%     10080
refresh_pattern ^gopher:       1440    0%      1440
refresh_pattern -i (/cgi-bin/|\?) 0    0%      0
refresh_pattern .              0       20%     4320
```

接下来分别从参数和刷新模式条目两方面来讲述/etc/squid/squid.conf文件。

1. 参数

下面将讲述在/etc/squid/squid.conf文件中可以添加和修改的主要参数。

- http_port 3128。

Squid服务器监听的IP地址和端口号。

- cache_mem 256 MB。

设置内存缓冲区大小。

> **注意：**
>
> 在256和MB之间有一个空格，不能写成“256MB”。
>
> 如果写成“256MB”，在日志中将出现这样的警告信息：WARNING: No units on ‘cache_mem 256MB’, assuming 256.00 bytes。

- cache_dir ufs /var/spool/squid 100 16 256。

设置磁盘缓存目录和大小。

- /var/spool/squid：设置磁盘缓存目录；
- 100：磁盘缓存容量大小；
- 16：第一层缓存目录数；
- 256：第二层缓存目录数。

- cache_log /var/log/squid/cache.log。

设置缓存日志文件路径。

- cache_store_log /var/log/squid/store.log。

设置网页缓存日志路径。

- access_log /var/log/squid/access.log。

设置访问日志文件路径。

- cache_effective_user squid。

设置squid进程所有者。

- cache_effective_group。

设置squid进程所属组。

- dns_nameservers 10.0.0.1 192.172.0.4。

设置DNS服务器IP地址。

- visible_hostname。

设置可见计算机主机名。

- cache_mgr root。

设置Squid服务器管理员电子邮件地址。

- maximum_object_size 4 MB。

对象超过此大小的将不被保存在磁盘上。

- minimum_object_size 0 KB。

对象比这尺寸更小的将不被保存在磁盘上。设置为0 KB，表示没有最小值。

- maximum_object_size_in_memory 512 KB。

对象大于这个尺寸不会试图保存在内存缓存中。

- reply_body_max_size 10 MB。

限定下载文件的大小。

- pid_filename /var/run/squid.pid。

指定Squid的PID文件。

- client_request_buffer_max_size 512 KB。

指定客户端请求的最大缓冲区大小。

- max_open_disk_fds 0。

为了避免磁盘的I/O瓶颈，如果超过这个数量的磁盘文件描述符是打开的，Squid可以选择绕过磁盘上的缓存。值为0表示没有限制。

2. 刷新模式条目

在/etc/squid/squid.conf文件中默认有以下这样的内容，表示设置刷新模式，用于确定一个网页进入缓存后在缓存中停留的时间。refresh_pattern规则仅仅应用到没有明确过时期限的响应。

```
refresh_pattern ^ftp:           1440    20%     10080
refresh_pattern ^gopher:        1440    0%      1440
refresh_pattern -i (/cgi-bin/|\?) 0     0%      0
refresh_pattern .               0       20%     4320
```

25.2.3 Squid访问控制列表

Squid服务器支持访问控制功能，通过该功能可以有效地控制客户是否能够连接到代理服务器，以及控制客户是否能够获取指定的访问资源。使用acl命令对不同性质的客户进行分类并赋予名称，然后使用http_access命令对一类客户实施允许（allow）还是拒绝（deny）操作。

在/etc/squid/squid.conf文件中，有以下类似的内容，代表Squid访问控制列表。

```
acl localnet src 10.0.0.0/8
acl localnet src 172.16.0.0/12
acl localnet src 192.168.0.0/16
acl localnet src fc00::/7
acl localnet src fe80::/10
```

```
acl SSL_ports port 443
acl Safe_ports port 80          # http
acl Safe_ports port 21          # ftp
acl Safe_ports port 443         # https
acl Safe_ports port 70          # gopher
acl Safe_ports port 210         # wais
acl Safe_ports port 1025-65535  # unregistered ports
acl Safe_ports port 280         # http-mgmt
acl Safe_ports port 488         # gss-http
acl Safe_ports port 591         # filemaker
acl Safe_ports port 777         # multiling http
acl CONNECT method CONNECT

http_access deny !Safe_ports
http_access deny CONNECT !SSL_ports
http_access allow localhost manager
http_access deny manager
#http_access deny to_localhost
http_access allow localnet
http_access allow localhost
http_access deny all
```

Squid访问控制列表的内容格式如下所示。

```
acl         ACL名称      ACL类型       值|文件
http_access      allow|deny      ACL名称
```

Squid访问控制列表类型如表25.1所示。

表25.1　Squid访问控制列表类型

ACL类型	描述
src	源IP地址
dst	目的IP地址
srcdomain	源域名
dstdomain	目的域名
srcdom_regex	使用正则表达式匹配源域名
dstdom_regex	使用正则表达式匹配目的域名
port	访问端口
proto	访问协议
method	请求方法
url_regex	使用正则表达式匹配特定的一类URL（网站目录）
urlpath_regex	使用正则表达式匹配特定的一类URL（网站中的一类页面）
maxconn	最大访问连接数
time	访问时间
arp	客户端MAC地址
proxy_auth	通过外部程序进行用户认证
http_status	状态代码

在使用访问控制列表类型time时，可以使用表25.2所示的时间表示方法。

表25.2　时间表示方法

简写	全称	含义
M	Monday	星期一
T	Tuesday	星期二
W	Wednesday	星期三
H	Thursday	星期四
F	Friday	星期五
A	Saturday	星期六
S	Sunday	星期日

访问控制列表中使用的匹配模式如表25.3所示。

表25.3　匹配模式

符号	描述
^	匹配数据的开头
$	匹配数据的结尾
.	匹配任何字符
\	匹配标点符号
[ab]	匹配一个字符，a或b
[a～z]	匹配任意一个小写字母
[a～z 0～9]	匹配任意小写字母或数字

下面通过实例的方式列举一些Squid访问控制列表。

例25.1：禁止IP地址为192.168.0.5的客户端使用代理服务器。

```
acl acl_1 src 192.168.0.5
http_access deny acl_1
```

例25.2：使用文件的方式禁止IP地址为192.168.0.5和192.168.0.55的客户端使用代理服务器。

首先需要创建/etc/squid/acl文件，该文件内容如下所示。

```
192.168.0.5
192.168.0.55
```

然后在/etc/squid/squid.conf文件中添加以下内容。

```
acl acl_2 src "/etc/squid/acl"
http_access deny acl_2
```

例25.3：禁止网络192.168.0.0的客户端使用代理服务器。

```
acl acl_3 src 192.168.0.0/24
http_access deny acl_3
```

例25.4：禁止来自sh.com域的客户端使用代理服务器。

```
acl acl_4 srcdomain .sh.com
http_access deny acl_4
```

例25.5：屏蔽网站www.sina.com。

```
acl acl_5 dstdomain -i www.sina.com
http_access deny acl_5
```

例25.6：屏蔽所有包含sex的URL路径。

```
acl acl_6 url_regex -i sex
http_access deny acl_6
```

例25.7：限制网络192.168.0.0的客户端并发的最大连接数为3。

```
acl acl_7 src 192.168.0.0/24
acl acl_8 maxconn 3
http_access deny acl_7 acl_8
```

例25.8：禁止下载gif和bmp文件。

```
acl acl_9 urlpath_regex -i \.gif$\.bmp$
http_access deny acl_9
```

例25.9：禁止用户访问端口21、80、1000～1024。

```
acl acl_10 port 21 80 1000-1024
http_access deny acl_10
```

例25.10：限制所有员工只能在周一到周五9:00～18:00使用代理服务器。

```
acl acl_11 src 0.0.0.0/0.0.0.0
acl_acl_12 time MTWHF 9:00-18:00
http_access allow acl_11 acl_12
```

例25.11：禁止MAC地址为00:0c:29:32:84:5f的客户端使用代理服务器。

```
acl acl_13 arp 00:0c:29:32:84:5f
http_access deny acl_13
```

例25.12：禁止通过HTTP和FTP协议浏览网站。

```
acl acl_14 proto HTTP FTP
http_access deny acl_14
```

例25.13：禁止请求方法GET和POST。

```
acl acl_15 method GET POST
http_access deny acl_15
```

例25.14：禁止通过外部程序REQUIRED进行用户认证。

```
acl acl_16 proxy_auth REQUIRED
http_access deny acl_16
```

例25.15：禁止状态代码200和301。

```
acl acl_17 http_status 200 301
http_access deny acl_17
```

例25.16：屏蔽所有包含“.foo”和“.com”的源域名。

```
acl acl_18 srcdom_regex -i \.foo\.com
http_access deny acl_18
```

例25.17：屏蔽所有包含“.foo”和“.com”的目的域名。

```
acl acl_19 dstdom_regex -i \.foo\.com
http_access deny acl_19
```

25.2.4 Squid服务器配置实例

在公司内部配置一台Squid服务器，为公司网络内的客户端计算机提供代理上网服务，具体参数如下。

- Squid服务器IP地址：192.168.0.2。
- Squid服务器监听端口号：3128。
- 内存缓冲区大小：512MB。
- 磁盘缓存：目录为/var/spool/squid，容量大小为20480MB（20GB），一级子目录16个，二级子目录256个。

- 缓存日志文件路径：/var/log/squid/cache.log。
- 网页缓存日志路径：/var/log/squid/store.log。
- 访问日志文件路径：/var/log/squid/access.log。
- squid进程所有者：squid。
- squid进程所属组：squid。
- DNS服务器IP地址：202.96.209.5。
- 可见计算机主机名：192.168.0.2。
- Squid服务器管理员电子邮件地址：root@sh.com。
- 允许使用代理服务的网络：192.168.0.0/24。

1. 打开内核路由转发功能

修改/etc/sysctl.conf文件，将net.ipv4.ip_forward参数的值设置为1，如下所示。

```
net.ipv4.ip_forward = 1
```

使用以下命令让配置的内核参数生效。

```
[root@rhel ~]# sysctl -p
[root@rhel ~]# sysctl -a|grep net.ipv4.ip_forward
net.ipv4.ip_forward = 1
```

2. 编辑/etc/squid/squid.conf文件

修改/etc/squid/squid.conf文件，该文件修改后的内容如下所示。

```
acl localnet src 10.0.0.0/8
acl localnet src 172.16.0.0/12
acl localnet src 192.168.0.0/16
acl localnet src fc00::/7
acl localnet src fe80::/10

acl SSL_ports port 443
acl Safe_ports port 80          # http
acl Safe_ports port 21          # ftp
acl Safe_ports port 443         # https
acl Safe_ports port 70          # gopher
acl Safe_ports port 210         # wais
acl Safe_ports port 1025-65535  # unregistered ports
acl Safe_ports port 280         # http-mgmt
acl Safe_ports port 488         # gss-http
acl Safe_ports port 591         # filemaker
acl Safe_ports port 777         # multiling http
acl CONNECT method CONNECT

http_access deny !Safe_ports
http_access deny CONNECT !SSL_ports
http_access allow localhost manager
http_access deny manager
#http_access deny to_localhost
http_access allow localnet
http_access allow localhost
http_access deny all
acl client src 192.168.0.0/24
```

```
http_access allow client

http_port 3128
cache_mem  512 MB
cache_dir ufs /var/spool/squid  20480 16 256
cache_log /var/log/squid/cache.log
cache_access_log /var/log/squid/access.log
cache_store_log /var/log/squid/store.log
cache_effective_user squid
cache_effective_group squid
dns_nameservers 202.96.209.5
visible_hostname 192.168.0.2
cache_mgr root@sh.com
coredump_dir /var/spool/squid

refresh_pattern ^ftp:           1440    20%     10080
refresh_pattern ^gopher:        1440    0%      1440
refresh_pattern -i (/cgi-bin/|\?) 0     0%      0
refresh_pattern .               0       20%     4320
```

3. 检查配置文件语法

使用以下命令检查Squid配置文件的语法是否正确。

```
[root@rhel ~]# squid -k parse
```

4. 初始化squid

使用以下命令初始化squid，创建缓存目录。

```
[root@rhel ~]# squid -z
2016/01/13 08:09:04 kid1| Creating missing swap directories
2016/01/13 08:09:04 kid1| /var/spool/squid exists
2016/01/13 08:09:04 kid1| Making directories in /var/spool/squid/00
2016/01/13 08:09:04 kid1| Making directories in /var/spool/squid/01
2016/01/13 08:09:04 kid1| Making directories in /var/spool/squid/02
2016/01/13 08:09:04 kid1| Making directories in /var/spool/squid/03
2016/01/13 08:09:04 kid1| Making directories in /var/spool/squid/04
2016/01/13 08:09:04 kid1| Making directories in /var/spool/squid/05
2016/01/13 08:09:04 kid1| Making directories in /var/spool/squid/06
2016/01/13 08:09:04 kid1| Making directories in /var/spool/squid/07
2016/01/13 08:09:04 kid1| Making directories in /var/spool/squid/08
2016/01/13 08:09:04 kid1| Making directories in /var/spool/squid/09
2016/01/13 08:09:04 kid1| Making directories in /var/spool/squid/0A
2016/01/13 08:09:04 kid1| Making directories in /var/spool/squid/0B
2016/01/13 08:09:04 kid1| Making directories in /var/spool/squid/0C
2016/01/13 08:09:04 kid1| Making directories in /var/spool/squid/0D
2016/01/13 08:09:05 kid1| Making directories in /var/spool/squid/0E
2016/01/13 08:09:05 kid1| Making directories in /var/spool/squid/0F
```

25.2.5 控制squid服务

使用systemctl命令可以控制squid服务的状态，以及当Squid服务器启动时自动启动服务。

1. 启动squid服务

使用以下命令启动squid服务。

```
[root@rhel ~]# systemctl start squid
```

2. 查看squid服务运行状态

使用以下命令查看squid服务运行状态。

```
[root@rhel ~]# systemctl status squid
● squid.service - Squid caching proxy
  Loaded: loaded (/usr/lib/systemd/system/squid.service; disabled; vendor preset: disabled)
  Active: active (running) since 三 2016-01-13 08:11:33 CST; 2s ago
  Process: 68538 ExecStart=/usr/sbin/squid $SQUID_OPTS -f $SQUID_CONF (code=exited, status=0/SUCCESS)
  Process: 68522 ExecStartPre=/usr/libexec/squid/cache_swap.sh (code=exited, status=0/SUCCESS)
 Main PID: 68541 (squid)
  CGroup: /system.slice/squid.service
          ├─68541 /usr/sbin/squid -f /etc/squid/squid.conf
          ├─68544 (squid-1) -f /etc/squid/squid.conf
          └─68559 (unlinkd)

1月 13 08:11:33 rhel systemd[1]: Starting Squid caching proxy...
1月 13 08:11:33 rhel systemd[1]: Started Squid caching proxy.
1月 13 08:11:33 rhel squid[68541]: Squid Parent: will start 1 kids
1月 13 08:11:33 rhel squid[68541]: Squid Parent: (squid-1) process 68544 started
```

3. 停止squid服务

使用以下命令停止squid服务。

```
[root@rhel ~]# systemctl stop squid
```

4. 重新启动squid服务

使用以下命令重新启动squid服务。

```
[root@rhel ~]# systemctl restart squid
```

5. 开机自动启动squid服务

使用以下命令在重新引导系统时自动启动squid服务。

```
[root@rhel ~]# systemctl enable squid.service
Created symlink from /etc/systemd/system/multi-user.target.wants/squid.service to /usr/lib/systemd/system/squid.service.
[root@rhel ~]# systemctl is-enabled squid.service
enabled
```

25.3 配置Squid客户端

在Linux系统中配置的Squid服务器可以支持Linux客户端和非Linux客户端（如Windows系统）代理上网。

25.3.1 Linux客户端配置

在Linux系统图形界面下单击面板上的【应用程序】→【互联网】→【Firefox Web Browser】，打开Mozilla Firefox浏览器。单击Mozilla Firefox浏览器右上角☰，打开图25.1所示的页面，单击【首选项】。

图25.1　Mozilla Firefox浏览器

选择【高级】标签页，然后在【网络】选项卡上单击【设置】按钮，如图25.2所示。

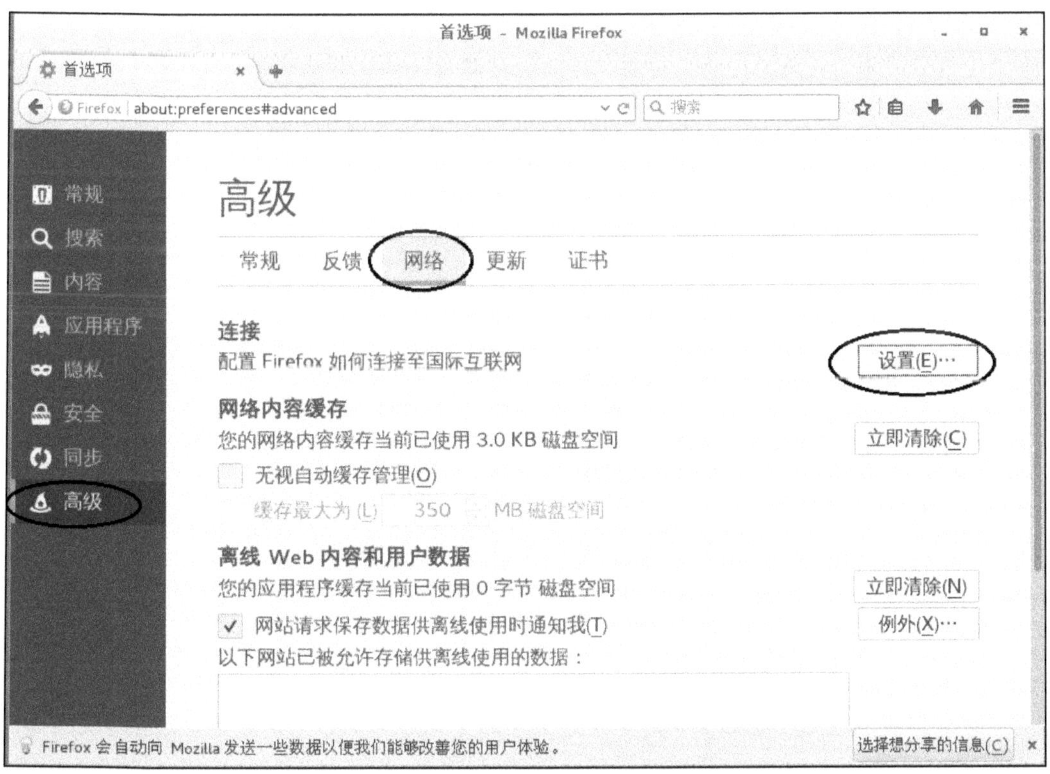

图25.2　【网络】选项卡

在【连接设置】对话框中，选择【手动配置代理】单选框，然后设置HTTP代理和端口号，并且勾选【为所有协议使用相同代理】复选框，如图25.3所示，最后单击【确定】按钮即可。

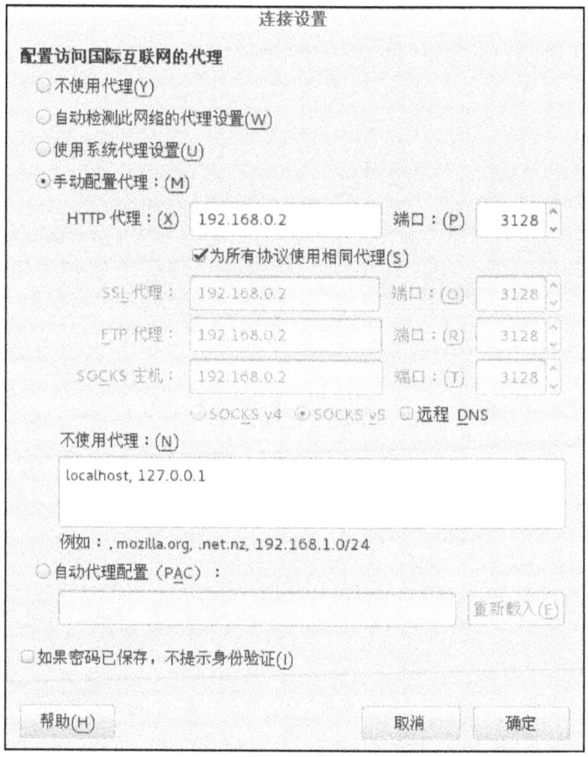

图25.3　手动配置代理

25.3.2　Windows客户端配置

在Windows 10系统上的Microsoft Edge浏览器中，单击页面右上角的 ···，打开图25.4所示的页面，单击【设置】按钮。

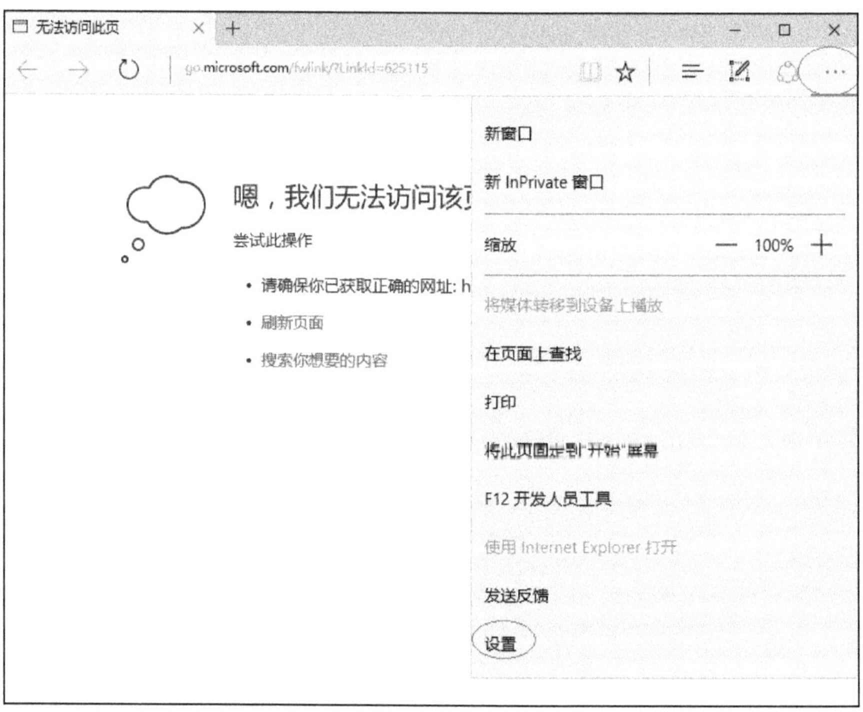

图25.4　Microsoft Edge浏览器

在图25.5所示的对话框中，找到【高级设置】部分，单击【查看高级设置】按钮。

在图25.6所示的对话框中，找到【代理设置】部分，单击【打开代理设置】按钮。

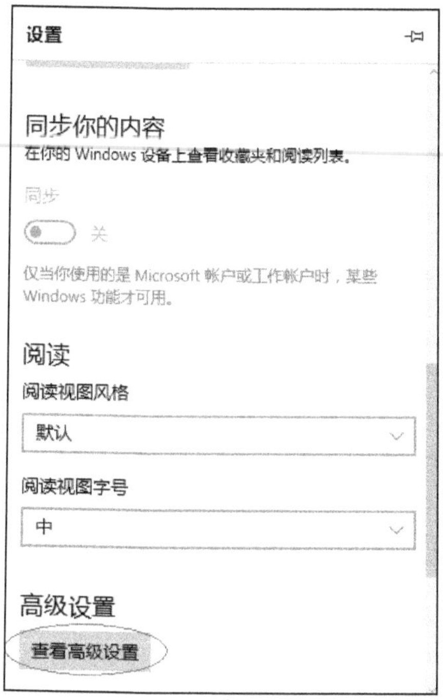

图25.5　查看高级设置

图25.6　打开代理设置

在图25.7所示的对话框中，选择【代理】标签页，然后在右侧页面开启【使用代理服务器】，接着输入代理服务器的IP地址和端口号，最后单击【保存】按钮即可。

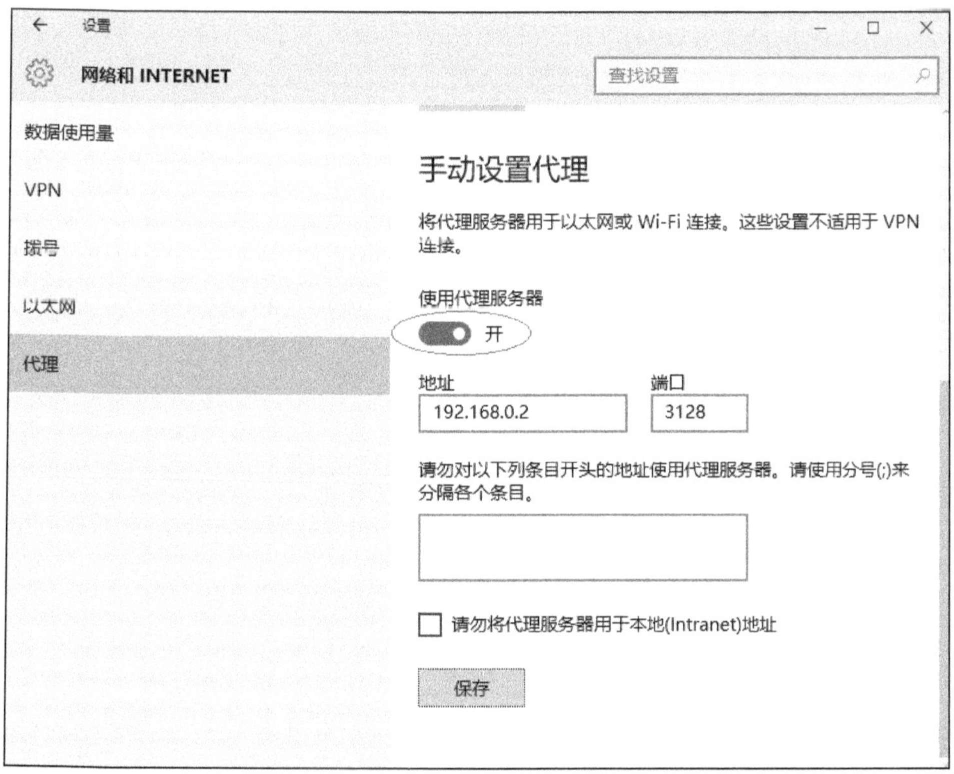

图25.7　手动设置代理

25.4 Squid日志文件简介

Squid服务器的日志文件默认都存储在/var/log/squid目录中，用来记录访问日志、缓存日志和网页缓存日志。

在/etc/squid/squid.conf配置文件中，可以使用access_log参数指定access.log日志文件，使用cache_log参数指定cache.log日志文件，使用cache_store_log参数指定store.log日志文件。

使用以下命令查看/var/log/squid目录中的Squid日志文件。

```
[root@rhel ~]# ls -l /var/log/squid/*.log
-rw-r-----. 1 squid squid    0 1月  13 08:11 /var/log/squid/access.log
-rw-r-----. 1 squid squid 5993 1月  13 08:11 /var/log/squid/cache.log
-rw-r-----. 1 squid squid    0 1月  13 08:11 /var/log/squid/store.log
```

Squid日志文件描述如表25.4所示。

表25.4　squid日志文件描述

文件	描述
/var/log/squid/access.log	Squid访问日志文件
/var/log/squid/cache.log	Squid缓存日志文件
/var/log/squid/store.log	Squid网页缓存日志文件

其中最重要的/var/log/squid/access.log文件是Squid访问日志文件。通过查看该文件可以知道Squid服务器运行的高峰时段、每个客户端的使用情况等众多信息。Squid访问日志格式可以是原始日志格式和普通日志格式两类，Squid默认使用原始日志格式来记录访问日志。

以下是/var/log/squid/access.log日志文件的示例内容。

```
1452645048.630 35105 192.168.0.5 TCP_MISS/503 3911 GET http://www.baidu.com/ - HIER_NONE/- text/html
```

/var/log/squid/access.log日志文件输出信息描述如表25.5所示。

表25.5　/var/log/squid/access.log日志文件输出信息描述

输出信息	信息描述
1452645048.630	客户端访问时间
35105	处理缓冲花费的时间，单位为毫秒
192.168.0.5	客户端IP地址或者是FQDN
TCP_MISS/503	结果信息编码/状态信息编码
3911	缓冲字节数
GET	HTTP请求方法
http://www.baidu.com/	目的地址的URL
-	默认未使用
HIER_NONE/-	缓冲级别/目的IP地址
text/html	缓冲对象类型

www.ingramcontent.com/pod-product-compliance
Lightning Source LLC
LaVergne TN
LVHW072303081026
849580LV00033B/2881
* 9 7 8 7 1 1 5 4 4 7 5 3 1 *